陽明後學文獻叢書

錢明 主編

王時槐集

上

[明]王時槐 撰

錢明 程海霞 編校

國家社科基金重大項目“陽明後學文獻整理與研究”

（15ZDB009）

浙江省哲學社會科學重點研究基地 學術成果
浙江省浙江歷史文化研究中心 學術成果

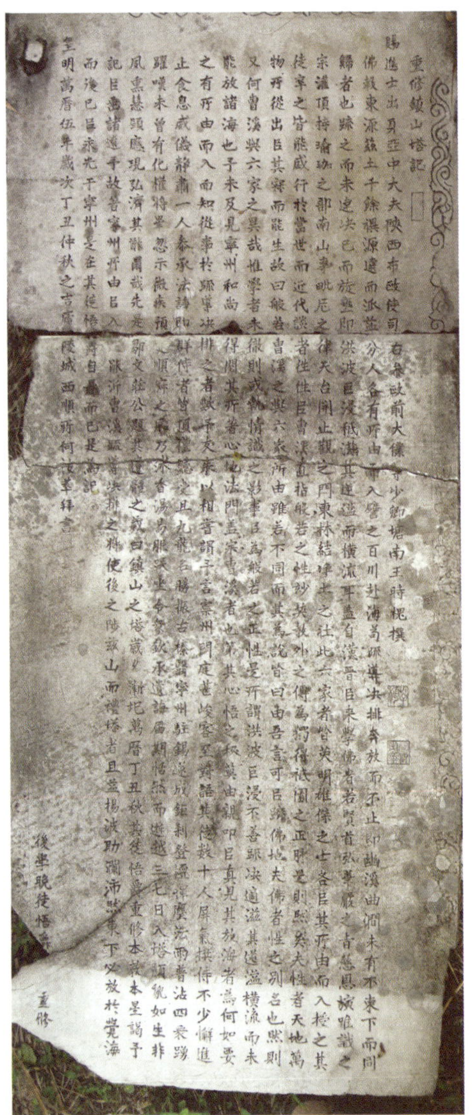

明萬曆五年王時槐爲江西武功山之九龍山

勝佛禪林所撰《重修鎮山塔記》

王時槐神道碑，明萬曆刑部侍郎朱世守題寫

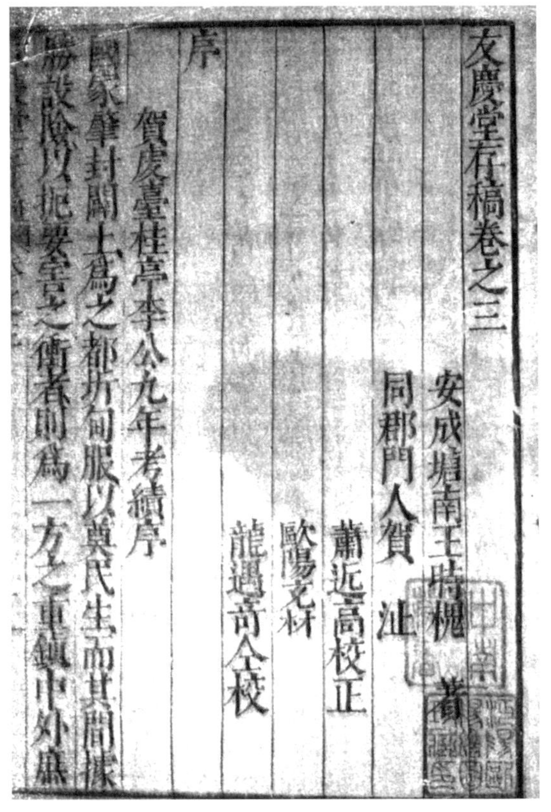

《友慶堂存稿》　萬曆三十八年刻本

（湖北省圖書館藏）

塘南王先生友慶堂合稿卷之一

門人 賀沚 校

書

與郭華南 癸酉

向所請教者見謂何如夫天地萬物生於寂寂者天下之大本也此體廣大無際六合一滙萬古一息宇宙生生起滅千狀而寂自若也然見寂即非真寂何也寂與己對故也當體自寂復誰見哉此理在探原反本極深而自得之但實透真原反身而誠便作天壤間了事人矣。

答友人 甲戌

夫人生天地間所謂靈於萬物者果何在哉吾性具足本與堯舜無異而甘自棄之淪於污下而不返不亦可哀之甚耶來翰謂終必罷廢此則非所敢聞。夫人性本善日用之間種種呈露見父則孝心自生見長則弟心自生如其不然則此心便自愧怍必改之而後快此在衆人皆然蓋天降之衷非由強作雖欲罷之烏得而罷之雖欲廢之烏得而廢之使其可罷可廢則孔孟既遠聖教日湮斯人宜爲魑魅魍魎久矣今執事試反之自心果能不孝不弟而不愧怍耶

《友慶堂合稿》　清光緒三十三年重刊本

（此據“四庫全書存目叢書”）

「陽明後學文獻叢書」出版緣起

王守仁，字伯安，生於明憲宗成化八年九月三十日（即西元一四七二年十月三十一日），歿于明世宗嘉靖七年十一月二十九日（即西元一五二九年一月九日），謚文成。三十一歲在離越城（今紹興市）十公里的宛委山陽明洞天結廬，自號陽明山人，學者稱其爲陽明先生。他是明代最有影響的思想家、政治家、教育家和軍事家。王守仁繼承並發展了中國傳統儒家的心性之學和浙東地區的學術傳統，創立了以「致良知」學説爲核心的陽明學，又稱「王學」。由王守仁開創並由其門人後學繼承、發展而形成的思想學派，統稱「陽明學派」或「姚江學派」。王守仁的弟子和傳人衆多，門下流派紛呈，他們對王守仁思想各有新的創設與展開，形成了後世所稱的「陽明後學」。從廣義的「陽明後學」概念説，其陣容相當龐大，所存文獻也相當可觀，可謂明代思想史中最爲豐富的原始史料之一，其中較爲重要的，據初步統計就有百餘種之多。將這些文獻資料整理出版，對於明代思想史、政治史、軍事史、教育史、文化史等研究無疑具有重要價值。

儘管可以納入「陽明後學」範疇的文獻資料，大部分已收入於《四庫全書》、《四庫全書存目叢書》、《續修四庫全書》、《四庫未收書輯刊》、《四庫禁毀書叢刊》等多部大型叢書，但散失情況嚴重，缺憾甚多。譬如有的著作未曾鐫刻行世，有的重要著作雖有刻本存世但卻未被收録，有的重要人物其著作雖被收入但缺漏不全，有的所收著作並非最佳或最全的版本，有的有嚴重的缺卷、缺頁、缺字等現象。這些問題已成爲深入開展陽明後學研究的一大障礙。

又儘管上世紀五十年代以來，已陸續整理出版了一批陽明後學者的單行本、全集本或注釋本，如黄綰《明道編》（中華書局一九五九年初版）、《何心隱集》（中華書局一九六〇年初版）、《林大欽集》（廣東人民出版社一九九五年初版）、《顔鈞集》（中國社會科學出版社一九九六年初版）、焦竑《澹園集》（中華書局一九九九年初版）、《趙貞吉詩文集注》（巴蜀書社一九九九年初版）、《王心齋全集》（江蘇教育出版社二〇〇一年初版）、《張璁集》（上海社會科學院出版社二〇〇四年初版）、《程文德集》（香港銀河出版社二〇〇五年初版，上海古籍出版社二〇一二年修訂版）、《王叔杲集》（上海社會科學院出版社二〇〇五年初版）、《項喬集》（上海社會科學院出版社二〇〇六年初版）、鄧豁渠《南詢録校注》（武漢理工大學出版社二〇〇八年初版）、《王叔果集》（黄山書社二〇〇九年初版）、季本《四書私存》（臺灣中研院中國文哲所二〇一二年初版）等，但這些只是所存文獻中的極少部分，不能反映豐富的陽明後學之全貌。

浙江省社會科學院自上世紀八十年代起，就非常注重對明清時期思想家文獻資料的整理編校工作，相繼整理出版了《黄宗羲全集》、《劉宗周全集》、《王陽明全集（新編本）》等。二〇〇〇年開始，浙江省社會科學院又投入一定的人力財力，由時任哲學研究所所長董平進行課題設計，錢明具體負責實施，約請有關高校和科研機構的專家，對陽明後學的主要代表人物的著作進行搜集整理，並與鳳凰出版集團合作，於二〇〇七年出版了「陽明後學文獻叢書」初編七種十册，内容包括《徐愛・錢德洪・董澐集》、《王畿集》、《鄒守益集》（上下册）、《聶豹集》、《歐陽德集》、《羅洪先集》（上下册）、《羅汝芳集》（上下册）。該七種十册書，由時任浙江省社科院院長的萬斌任主編，錢明（常務）、董平任副主編。叢書出版後即獲得海内外學術界的廣泛好評，並先後獲得浙江省哲學社會科學優秀成果三等獎和全國優秀古籍圖書獎。

在此基礎上，自二〇〇九年開始，浙江省哲學社會科學重點研究基地、浙江省浙江歷史文化研究中心又啓動了「陽明後學文獻叢書續編」項目，由錢明任項目負責人，内容包括《薛侃集》、《黄綰集》、《劉元卿集》、《胡直集》、《張元忭集》、《王時槐集》、《北方王門集》，即將由上海古籍出版社陸續出版。二〇一三年初，北京大學高等人文研究院與浙江省哲學社會科學重點研究基地、浙江省浙江歷史文化研究中心合作，開始啓動「陽明後學文獻叢書」的三編、四編工作，杜維明先生任課題負責人，由張昭煒、錢明擔任主編，並且與上海古籍出版社簽訂了長期出版合同，使整個項目在人員、資金、出版等方面都得到了充分保證。

我們計劃從二〇〇〇年到二〇一六年，用十六年時間完成包括「陽明後學文獻叢書」一編到四編在内的全部整理出版工作。整個項目計劃完成四十册書，約兩千萬字，將分期分批出版，力求集陽明後學文獻之大成。由於叢書一編出版後又陸續發現了一些佚文佚詩，所以本計劃還包括等條件成熟後陸續出版修訂本，對已出書進行增補和修正，並將一起交由上海古籍出版社出版。

凡入選本叢書的各種文獻資料，編者都盡量收集原書各種版本進行比較，辨其源流，選擇時代較早、内容完整、校刻最精者作爲底本。整理時用其餘版本通校，並於「編校説明」中列明底本、通校本及參校要籍的名稱、版訊。同時也盡量參考前人的校勘成果，充分吸收其合理意見，並盡可能對原書的引文進行復核。在編校過程中，還盡量進行輯佚補闕工作，收集相關傳記、序跋、祭祝類資料，力求完備。每一思想家的文集，大體上由編校説明、基本文獻及相關附録資料三部分構成。

本叢書中所收著作的版本搜集和選定、標點校勘、附録彙編等基礎性工作，皆由整理編校者獨自完成，自負其責；叢書主編的工作，主要是課題設計、組織協調、人員選定和落實檢查，部分善本孤本、佚文佚詩及附録内容亦由主編負責提供。浙江省社會科學院、浙江省哲學社會科學重點研究基地暨浙江歷史文化研究中心的各級領導、上海古籍出版社的領導和責編尤其是劉海濱先生、北京大學高等人文研究院院長杜維明先生以及海內外學術界的前輩和同仁，始終給予本叢書以極大的支持和關注，使得本叢書的各項計劃得以順利實施。

錢明謹識

二〇一三年十月

編校説明

王時槐(一五二二——一六〇五),字子植,號塘南,江西安福人。其先世爲撫州金溪人。明嘉靖二十六年進士,授南京兵部主事,歷禮部郎中、福建漳南兵巡僉事,累官太僕寺少卿,改光禄少卿。隆慶末,出爲陝西布政使參政。張居正柄國,以京察罷歸。萬曆中,居正罷,屢有詔起,皆不赴,萬曆二十年(一五九二),以南京太常寺卿致仕。

王時槐少習舉業,年二十三師從王陽明高足劉文敏,爲王陽明的再傳弟子。時江右講學之風興盛,時槐同時還受學於劉師泉、鄒東廓,問學於錢緒山、羅念庵,與羅近溪亦有爲學往來。時槐的學術思想實成熟於致仕以後:「屏絶外紛,反躬密體,瞬息自勵,如是者三年」,始「於空寂之體」,若有所見;後又加十年之功,「於生幾微密」,終有所悟。(《塘南居士自撰墓誌銘》)對自己的思想歷程,時槐嘗有一簡要概述:「蓋始者由釋氏以入」,「已乃稍稍疑之,試歸究六經」;接着又經「屢疑屢悟」之反復,「而後學定而無餘惑」。(同上)

王時槐在江右王門學派中佔有重要地位,對王學在江西的傳播做出過重要貢獻,並且對東林學派的崛起産生過實際影響。黄宗羲嘗評價其「以中釋知」而不以先天後天來範域良知的思想爲「言良知者未有如此諦當」。〔一〕高攀龍亦認爲，在「雖云陽明之宗，實則象山之派」的江右「諸老之中」，「塘南可謂洞徹心境者矣」。〔二〕袁中道説：「陽明之學，傳之淮南而後近（按：原文如此，疑脱「禪」字），惟塘南先生悟圓而形方，實爲嫡派。」〔三〕清人胡煦亦認爲：「陽明之傳，唯王時槐最得聖道之精。」〔四〕但另有人卻認爲：在明代贛學偏地皆是陽明弟子的時代，「奮然起而攻陽明之徒者，羅整庵始之，王塘南繼之」。〔五〕由此可見，在晚明清初，對王時槐的評價不盡一致。這不僅説明王時槐具有能爲各地各派所接受的學術個性，而且還折射出他與各家各派之間的某種複雜關係。可以説，在陽明的再傳弟子中，王時槐是一個思想涵攝面廣而又頗具創新頭腦的思想家。

王時槐一生講學不輟。萬曆二十年，吉安知府汪可受重建白鷺洲書院，聘王時槐、鄒元標爲書院主講。後又與鄒元標、鄒德溥等往復講學於安福復真、復禮、道東諸書院；與陳嘉謨主

〔一〕沈善洪主編、吴光執行主編：《黄宗羲全集》，第七册，杭州：浙江古籍出版社，一九八五年，第五四一頁。
〔二〕高攀龍：《高子遺書》卷八上《觀白鷺洲問答至涇陽》，文淵閣《四庫全書》本。
〔三〕袁中道：《珂雪齋前集》卷一〇《郋水素言序》。
〔四〕胡煦：《周易函書約存》卷一三《篝燈約旨》，文淵閣《四庫全書》本。
〔五〕計東：《送蔡先生還九江序》，見雍正《江西通志》卷一三九。

盟成立廬陵西原惜陰會，主持廬陵青原講會，並建西原會館於廬陵西門外。而且他講學時每事必録，嘗自稱：「自辛丑（萬曆二十九年）以後，自覺於學益專詣，未敢少懈，所見亦歲歲稍不同，然書之則不可勝書，亦不能一一記憶而描寫也。」其生平學行，所幸後爲其門人賀沚續補而至完備。因此，王時槐與其他同時代的人相比，其一生所見所聞，有較完整的記録，這在王門後學中並不多見。他從三十三歲開始著述，曾自述説：「自五月起，置小册，手書每月所看書若干卷及静坐功課，題曰《晴雨録》，必一書看畢乃别看一書，庶功不雜施，心志亦定，而事理漸徹，日無虚晷以爲常。」但他在自撰墓誌銘中講到《三益軒會語》時又説：「予初未有著述，六十三偶出《三益軒會語》。」好像是從六十三歲開始才著書立説的。他之所以要把《三益軒會語》説成是自己最早的著述，乃是因爲《三益軒會語》是其思想較爲成型的標誌，而時槐的絶大部分學術性著述也確實完成於《三益軒會語》之後。

王時槐的著述活動大致上可以五十歲爲界分爲前後兩個階段。前期以自省、家訓、政策類著述爲主，後期以語録、史志、自傳類著述爲主。前期的代表作有《晴雨録》、《省躬録》、《友慶堂家訓》、《漳南存稿》、《恩綸録》等，後期的代表作有《山館筆存》、《廣仁類編》、《三益軒會語》、《續能仁會志》、《石經大學略義》等。而《友慶堂摘稿》（二册）、《友慶堂續摘稿》（三册）、《友慶堂存稿》（二册）和《友慶堂續稿》（二册）、《友慶堂又續稿》（三卷）等，則是有關王時槐各類語録、書劄等單行本的合集或續集，基本上屬於「凡泛常應酬之筆悉删之，惟摘取論學書柬及詩文稍有關係者」。

關於這些著述的具體内容和刊刻情況，時槐的《教子手卷》曾作過詳細叙述：

吾平日少著述，惟《三益軒會語》一册，（已刻，板在家。）《友慶堂摘稿》二册，（已刻，板在家。）《友慶堂續摘稿》三册，（未刻。）《廣仁類編》二册（已刻，板在家。原文：已刻，板在金田。又改：係族人刻，今在家），後蒙郭青螺〔一〕刻名曰《語録》一册（板在家），《仰慈膚見》一册，《瑞華剩語》一册，《静攝寤言》一册（俱已刻，板在家），《朝聞臆説》一帙（已刻，在家），《友慶堂存稿》係賀瞻龍刻，二册，《塘南續稿》係吴察院刻，二册（板俱在家）。餘稿雖尚有數册，多係泛然應酬之筆，其言未盡合道，不足傳也。已上刻板者及《續摘稿》，皆吾手自編定，吾兒他日可留覽，庶知吾志之所存矣。尚有續稿未摘者，可取其關於學問者存之（原文：又《衛道編》一册，已刻，板在廬陵後堂，今在家）。又《恩綸録》一册，（已刻，板在家，今散失。）又《金谿鄉約》一册。（已刻，板在金田，係族人刻。原

〔一〕　郭青螺（一五四二——一六一八），名子章，字相奎，號青螺，江西泰和人，隆慶五年（一五七一）進士。據鄒元標《王塘南先生語録序》（收入《願學集》卷四，《四庫全書》第一二九四册，第一三〇、一三一頁），該語録由郭子章刻于楚，後耿定向于萬曆十九年（一五九一）得閱《塘南王先生語録》（參見《耿天臺先生文集》卷十九《别劉調父》），遂撰《讀塘南王先生語録》（同上書，卷十九）以記之。

文：尚有續稿未刻者。）

這説明，在時槐的生前及身後，其著述的單行本和合集本大都有過刻印，而且種類甚多，至少有十幾種。

王時槐著作的刊行過程，還有一個與衆不同處，就是過若干年時槐本人就要把各類著述的單行本結集合刻一次，所以友慶堂有存稿、摘稿、續存稿、續摘稿等數種。如萬曆二十一年十二月，時槐「手檢先年諸稿，凡泛常應酬之筆悉删之，惟摘取論學書柬及詩文稍有關係者，録成三册，題曰《友慶堂存稿》」；萬曆二十六年秋七月，他又「手檢甲午至戊戌（萬曆二十二年至二十六年）五年諸稿，凡泛常應酬之筆悉删之，惟摘取論學書柬及詩文稍有關係者，録成一册，題曰《友慶堂續存稿》」；萬曆三十一年，其弟子「吴公（安節）又取先生（指時槐）《續存稿》二册，行府刻之，題曰《王塘南先生續稿》，吴公爲序」；時槐過世後，尚「有《友慶堂又續稿》三卷，《文集》若干卷，以俟另刻」。這些存稿、續稿、摘稿等，在内容上很難説没有重複之處，且因多數已失傳，所以反而給後人整理時槐著作增加了難度。

王時槐的著述名目雖豐，但現存於世的並不多，主要有以下幾種：

1.《廣仁類編》四卷，二册。《廣仁類編》是王時槐於「萬曆十一年」即一五八三年所輯。據《自考録》「萬曆十一年」條載：是年，時槐「採集古聖賢親親仁民愛物之事類書之爲四卷，題曰《廣仁類編》」。此書共四卷，分爲二册，其篇首有陳嘉謨一五八三年所作的《刻廣仁類編序》，以及時槐本人同年所作的《廣仁類編序》。陳序言：

同年安成塘南王君，與予先後引疾歸田里，相與偕郡邑士友講學郡西西原山中，以共繹孔孟求仁之旨。久之，王君出其手集《廣仁類編》一帙，并其所自序示予，君之大意詳於所自序中，覽之當自得之矣。……兹編求仁之方也……「循一本之推而民物歸仁，是編固考鏡之資也已」。王君之族人争先壽梓，以廣其傳，其首事則國子生王子佩所、庠生王子登之、王子藴卿，三子皆有志於求仁之學者，于此見王君之仁之行於其家也。是爲序。

正如陳嘉謨所言，塘南手集此編的背景是歸田之後，與士友講學，「共繹求仁之旨」，因而是編是「求仁之方」，亦是「考鏡之資」。是編經由時槐族人王佩所、王登之、王藴卿合力付梓，「以廣其傳」。

對於此書，時槐本人在自序中亦曾作過詳細推介：

予閒居稽閲典籍，往往見先聖、大賢、敦誼之士，以孝弟慈厚、殊德偉行，流芳垂羨於篇帙間者多矣。惟散出而未比次，或無以便觀省也。敬仰前躅，爰據所聞，掇述而纂輯之，爲卷者四：一曰「篤倫」，二曰「德政」，三曰「惠濟」，四曰「活物」，各分條類，人紀其事，一展目之，而親親、愛人、澤物之實則備矣，合而名之曰「廣仁類編」。夫先聖、大賢、敦誼之士與其孝悌慈厚之行，不盡列於是編者尚多也。

此書實際上是時槐對孔門求仁爲宗思想的引證，因而對於研究其本人的「求仁」思想有一定的參考價值。然《四庫全書總目》表達了不同的學術立場，認爲：「是書分篤倫、德政、惠濟、活物四類，各摭故實配隸之，時亦及因果報應之説，蓋神道設教，以勸喻顓蒙，故不盡爲儒者之言也。」[一]此言值得深究。

至於《廣仁類編》的刊刻情況，據載於《增刊塘南先生教子手卷》的王時槐後人注稱，此書共二册，「已刻，板在家。原文：已刻，板在金田；又改，係族人刻，今在家」，此即是言一五八三年成刻的《廣仁類編》嘗以單行本流於族中。另外，「重刊塘南先生手輯《廣仁類編》原稿」，由族人出售時槐遺基得銀元二十元，並旅粤族商加捐，於清宣統二年而成。此重刊本江西圖書館有藏。

2.《友慶堂存稿》十四卷，四册。據《自考録》載，時槐七十二歲録《友慶堂存稿》，七十七歲録《友慶堂續存稿》，此事在時槐七十七歲所作的《友慶堂存稿自序》中亦有提及：

予自弱冠，承先覺指示聖門正學，敬信遵行，久未有得。晚歸田，益畢力研求，瞬息無懈，惟虚生是懼。誠自慙資鈍，用志不得不專勤，故于詩文殊未暇攻，即有酬答，亦不以拙

[一]《四庫全書總目》，北京：中華書局，一九六五年，第一一二〇頁。

陋爲歉也。歲癸巳，年且耄矣，試檢曩昔諸稿，其中有與友人論學及於世道、於倫理有關係者，不欲悉棄，姑取其什之一二，命童子録之，題曰「存稿」。後五年，復檢甲午以後諸稿，亦録取一二，命童子録之，題曰「續存稿」。總成數帙，藏於家。言雖不文，聊以示兒曹，俾知予闇於聞道而苦於致力之梗概云。萬曆二十六年戊戌秋七月既望，塘南山人王時槐書。

萬曆二十六年，王時槐自己把「存稿」、「續存稿」「總成數帙，藏於家」，未刻。據鄒元標萬曆三十八年春《王塘南先生全集序》載：「舊故有《友慶堂稿》數種傳世，參知蕭損之氏並刻金華，致書鄒子引其首，謹識先生大者簡端。參知爲先生高足，淡凝雅尚，步武師門，先生學其有托，而海内因參知得睹先生大全，又因先生遡吾吉鄒魯餘風。參知功在斯道者遠哉！」[二]也就是在時槐作《友慶堂存稿自序》十二年後，蕭近高將數種稿本合併，於浙江金華刻成《友慶堂存稿》十四卷，四册（以下簡稱《存稿》），延請鄒元標作序。值得注意的是，此《存稿》中包含了王時槐七十七歲以後的著作，因此，此本與王時槐七十二歲所録的三册《友慶堂存稿》、七十七歲所録的一册《友慶堂續存稿》，以及七十七歲將前兩者「總成數帙」而成的本子皆不相同。《明

[二] 載《友慶堂存稿》卷首。然收入鄒元標《願學集》卷四中的《王塘南先生全集序》，「舊故有友慶堂稿數種傳世」則爲「舊故有孝友堂稿數種傳世」，把「友慶堂稿」誤寫爲「孝友堂稿」。又，蕭損之，名近高，廬陵人，進士出身，損之乃其字，曾贊助過王時槐誠心堂的建設（參見《王塘南先生自考録・塘南王公誠心堂助建録》）。

史·藝文志》載有《王時槐存稿》十四卷，大概即是指刻成於萬曆三十八年的版本。此本在湖北省圖書館有藏，是目前所存的最早的王時槐著作總集，其内容涵蓋廣泛，且大多與時槐爲學相關，具有極高的研究價值。從其體例上看，卷一至卷三爲序，包括文集序、語録序、壽序、官調考績序、譜册序等；卷四爲記，共十五篇；卷五爲誌銘，共二十一篇；卷六爲墓表，共四篇；卷七爲傳，共四篇；卷八爲行狀，共四篇；卷九爲祭文，共十一篇；卷十爲雜著十七篇，附書十篇，附詩三十二首〔二〕；卷十一至卷十二爲公移，卷十一爲漳南公移十四件，卷十二爲原任漳南道公移六件；卷十三至卷十四爲語録，卷十三爲語録十八則，卷十四爲語録二十四則。值得注意的是，關於語録部分在《存稿》目録中寫爲「卷之十三、四合稿已備，兹爲重刷」，而在正文中，僅有前十二卷，没有十三、十四卷的内容。〔三〕此又引申出另一問題，即是在《存稿》之前即有所謂的「合稿」，在此「合稿」中有「語録」部分，並爲《友慶堂存稿》所直接收録。〔三〕

〔二〕《友慶堂存稿》的目録上注明篇數爲二十二首，但從其篇目來看，實爲三十二首。

〔三〕在國家圖書館所藏同版本的膠片的介紹上，亦寫明缺十三、十四卷。由此看來，四册本的《友慶堂存稿》有殘本的嫌疑，具體情形，有待進一步查考。

〔三〕萬曆三十八年春鄒元標序刊的十四卷本《友慶堂存稿》中所提的「合稿」不應是萬曆三十八年冬鄒元標序刊的《友慶堂合稿》的「合稿」，後者不具有時間上的可能性。如此來看，在《友慶堂存稿》之前有「合稿」存在，關於此「合稿」的具體情形，亦有待進一步查考。

3.《塘南先生友慶堂合稿》七卷、補遺一卷，七册。 該書由王時槐門人賀沚編纂，初刻於江西旴江[一]，卷首有萬曆三十八年鄒元標序[二]，卷末補遺了時槐所撰的《世德堂紀序》，清光緒三十三年時槐族人捐貲重刊，《四庫全書存目叢書》即影印清華大學圖書館所藏之重刊本。編者於上世紀九十年代初從寧波大學方祖猷處獲得萬曆初刻本（此據藏書印及書中避諱明廷而推知）的影本。原本存五卷，缺卷一、卷二。每卷首頁有兩顆藏書印，分别是：「餘姚黄氏廳庫藏書記」、「忠端是[始]，梨洲是續，難不忘攜，貧不忘買，老不忘讀，子子孫孫，鑒此心[曲]」[三]。忠端即黄尊素，梨洲即黄宗羲，故知此書爲黄氏兩代人所藏，後流於民間。現此書藏於何處不清。

[一] 「旴江」，鄒元標《友慶堂稿序》寫爲「豫章」。「豫章」爲南昌的古稱。「旴江」發源於江西廣昌縣血木嶺，流經廣昌、南豐、南城、臨川、進賢、南昌，在南昌滕王閣附近匯入贛江。

[二] 《願學集》卷四（《四庫全書》第一二九四册，第一二八、一二九頁）所載該序，標題及正文皆無「合」字，末尾未有署。據《自考録》，王時槐在世時所刊只有存稿、摘稿，而並無「合稿」，然載於清光緒三十三年的《友慶堂合稿》重印本卷首的鄒元標序卻有「合」字，末尾亦署「萬曆庚戌仲冬月」。此「合」字從何而來，與《友慶堂存稿》目録中已備的「合稿」有無關聯，有待進一步查考。

[三] 加□者爲模糊難辨字。據《清朝野史大觀》補（參見《黄宗羲全集》，第十一册，杭州：浙江古籍出版社，一九九八年，第八四頁）。

因光緒重刊本的目録及内容都同于萬曆初刻本，故可斷定前者的原刻本就是萬曆初刻本。[二]據黄百家《續鈔堂藏書目·序》和全祖望《二老閣藏書記》載，康熙二十九年至五十二年，黄家先後遭水淹、火焚，吞噬了從黄尊素到黄宗羲所藏的大部分書籍，幸存的藏書只有原來的五分之一。當時慈溪藏書家鄭性聽到黄家遭災的噩耗，急忙趕到續鈔堂的所在地餘姚黄竹浦，從灰燼中整理出殘毁書籍，這部分書，後來遂成爲鄭性二老閣藏書的精華部分。鄭性去世後，二老閣藏書傳給次子鄭中節。至乾隆年間，書籍開始散佚，到了晚清，二老閣被大火焚毁。閣中的少部分藏書現存於浙江圖書館、寧波天一閣、餘姚梨洲文獻館及五桂樓。[三]從該本蓋有「餘姚黄氏廳庫藏書記」而未蓋「續鈔堂」藏書印分析，該本可能是黄尊素所藏後傳給黄宗羲的。

[二] 上海圖書館藏有名爲《友慶堂存稿》的清刊本，此本前無序言，後無跋語，據藏書印「南海康氏萬木草堂藏」可知，此本曾爲康有爲所藏，但其具體刊刻年代不詳。全書僅存卷一至卷五（五册），内容同於七卷《合稿》本的前五卷。另外，在江泰榮所著《廬陵古文獻考略》中，嘗言及王時槐著有《友慶堂合稿》九卷，並曰：「明萬曆三十八年賀沚重加釐定爲《友慶堂存稿》二卷、《友慶堂續稿》七卷，後合刊爲《友慶堂合稿》九卷，於萬曆四十八年付梓，前有鄒元標序……後板毁書佚，清康乾間其裔重加校刊爲七卷。」（北京：中國文史出版社，二〇〇四年，第五〇八頁）此説不知據何而得，有待求證。

[三] 參見諸煥燦：《黄宗羲藏書與「二老閣」》，吴光、錢明主編：《繼往開來論儒學——浙江省儒學學會成立大會紀念特集》，杭州：浙江古籍出版社，二〇〇八年。

據鄒元標《友慶堂稿序》〔一〕載，該書的編纂原則是「語録諸文宜精，複者宜删」，故而《友慶堂合稿》可謂時槐著述之精編。但反過來説，因删節較多，《合稿》遠不能稱作王時槐之「全集」。通過對《合稿》與《存稿》在體例與篇目上的對勘，可大致做出如下推斷：第一，兩稿皆非全集，亦非全集與選集之關係，而是由同一編者即時槐門人賀沚根據不同資料先後編撰而成的王時槐文集。第二，兩稿差别甚大，互有異同，且各有偏重。如《合稿》卷五「説」十篇皆未見於《存稿》，「跋」十二篇有十一篇未載於《存稿》；而《存稿》卷十一、十二「公移」二十件則全部未見於《合稿》，卷五至卷九的「墓誌」、「墓表」、「祭文」、「行狀」與卷一至卷四的「序」文、「記」文，亦大都未見於《合稿》。至於兩稿所載之「詩」，《存稿》至少有三分之二的内容爲《合稿》所未收，《合稿》亦有近五分之四的内容不見於《存稿》。比較而言，《存稿》偏重「序」、「誌銘」、「墓表」、「行狀」、「祭文」、「公移」等往來應酬以及爲政處事方面的内容，而《合稿》偏重的則是「書」、「語録」等學術往來以及學術思想的内容；前者有利於查考時槐對同時代人的學術評價，進而體現其間的思想互動，後者絶大部分内容標注了時間，對於瞭解時槐學術思想的發展極爲

〔一〕鄒元標在一年内連續爲王時槐著作寫了兩篇序文，據鄒氏説，這是因爲「余憶先生語録及集序，凡至再，其何以復？惟是公謂王先生痛懲妄認虚談者，言爲有當，此真衛道盛心。元某（元標自稱）謂此俱無足憂者」（《願學集》卷四《友慶堂稿序》）。

有益。

4.《王塘南先生自考録》。 該書不分卷，其中主要有王時槐「萬曆庚子（一六〇〇）秋月庚戌」所作的《自考録》與同年所作的序，以及其門人賀沚所作的《續補自考録》與《明理學太常寺卿王塘南先生行述》，同時還載有與時槐同時的吴士奇於「萬曆三十三年乙巳冬十二月望日」即一六〇六年二月所作的《明理學太常寺卿王塘南先生傳》。時距時槐去世僅兩個月，此本初刻大概即在於此時。清康熙五十年（一七一一）時槐二十七世族孫王珀重刻，二十八世族孫王式韓編校；民國九年（一九二〇）時槐族後學王錫馨重刊。據王錫馨《教子手卷跋》：

> 自兵部貫亭公（疑即時槐二十七世族孫王珀）再梓後，板燬於火，書亦不多見。族弟鑪青、族姪亦豪，乃向湘粤族商集捐，用活字板翻印二百部，即以《手卷》（即《王塘南先生教子手卷》）附於後。其編次排印悉依先生（指時槐）最後改筆爲正行，其原文及疊次删潤者，仍於每句下分注雙行，注明原文某及又改某、自注某字樣，爰述其顛末，以誌不忘耳。

由此來看，康熙本並不包含《教子手卷》的內容，此與汪泰榮所言不同，汪氏稱：「清康熙五十年其族孫王珀重爲鋟梓，題《王塘南先生自考録》並附《教子手卷》，浙西陳詵爲之序。民國五年其族人重爲刊印。」〔二〕而實際上，其族人是於民國九年重刊此本，並附《教子手卷》。民國鉛印本除收入初刻本的内容外，另附有王時槐自撰的《重建塘南王公誠心堂助建録》、《增刊塘南先生教子手卷》、王補撰於民國八年的《教子手卷跋》以及王錫馨撰於民國九年的《教子手卷跋》。因只翻印了二百部，故今已不多見，國内江西圖書館有藏（此藏本是由王錫馨惠贈，江西通俗圖書館藏，後爲江西圖書館珍藏）。海外則有日本九州大學楠本文庫藏本。

5. 其他編著。 除以上四種著述外，王時槐還有少量編著存於世。如他曾以《羅念庵全集》爲底本，録有《念庵羅先生文要》六卷。據時槐撰於一六〇二年的《念庵先生文要序》（收入《友慶堂合稿》）言：

直指安節吴公按莅吾吉，篤崇正學，追慕先生，亟欲表章其遺言，以端士習，爰取先生舊刻全集，語時槐曰：「先生非以詩文傳，貴以學傳也。子蓋服膺先生之訓有年矣，盍掇其切要語梓之，俾海内志學之士有考焉。」予敬諾，乃檢閲得其十之三録之，題曰「文要」。

羅洪先是江右王門中難得的理論家，吴安節要時槐去掉《羅念庵全集》中的詩文，而只取其論學中的切要語，時槐遂檢取其十分之三而成「文要」，以彰顯羅洪先的理論貢獻。值得注意的

〔二〕 汪泰榮：《廬陵古文獻考略》，北京：中國文史出版社，二〇〇四年，第五〇八頁。

是，此序又言：

> 復綴鄙言於末簡，以見先生繫斯道之重如此。夫士患無志，志有在矣，貴在擇術。先生之言，誠入道之指南也。學者由其言以入，庶不惑他岐，而可望于孔氏之堂奥也夫。

也就是説，時槐本人還在《文要》的篇末發表了自己的意見，而對此相關内容的查考，將有助於瞭解王時槐與羅洪先思想的異同。

王時槐在史學上也有一定貢獻，曾編修過《吉安府志》（明萬曆十三年刊本，書目文獻出版社一九九一年影印），據《王塘南先生自考録》「萬曆十二年甲申」條載：

> 是冬，郡守余曉三公諱之禎，四川人，以府志屬某纂修，同志者劉瀘瀟、吉水孝廉羅匡湖名大紘也。府志舊頗冗泛，至是開局，杜門不通私書，而以人物傳密詢於九邑鄉大夫之賢者，慎書之，一無所狥云。

是年，時槐六十三歲。與其學術思想相關的也正是他的「密詢於九邑鄉大夫之賢者」的「人物傳」。時槐在其中爲江右先賢作評傳，此爲研究時槐與江右王門的關係提供了極有價值的素材。

此次編校，收入《廣仁類編》、《友慶堂存稿》、《塘南先生友慶堂合稿》、《王塘南先生自考録》四種。其中《廣仁類編》以江西圖書館所藏宣統二年重刊本爲底本；《友慶堂存稿》以湖北省圖書館所藏萬曆三十八年刻本爲底本;《塘南先生友慶堂合稿》所用之底本,係萬曆三十八年原刻本,然該本實爲殘本,僅存三至七卷,故第一、二卷及《補遺》部分,仍據《四庫全書存目叢書》影印光緒三十三年之重刻本;《王塘南先生自考録》則以九州大學楠本文庫所藏民國九年重刊本爲底本。在校點中,底本中仍屬通行的異體字一仍其舊,而一些俗體字則徑改爲通行的繁體字。原雙行夾注改爲單行小字。標點錯誤之處,謹祈學界同仁及讀者指正。

在本書的編校整理過程中,編者曾得到湖北省圖書館、江西省圖書館有關同志的幫助。《王塘南先生自考録》最早也是由國際陽明學大師岡田武彦先生提供的。北京大學高等人文研究院院長杜維明教授、全國中國哲學史學會會長陳來教授、國際儒學聯合會學術委員會主任張學智教授、浙江省儒學學會執行會長吴光教授、浙江大學哲學系主任董平教授等學術界前輩、同仁,亦給予編者以各種鼓勵與支持。浙江省社會科學院、浙江歷史文化研究中心、揚州大學社會發展學院的有關領導,則更是自始至終地全力支持這項工作。上海古籍出版社的劉海濱主任亦爲此書傾注了大量精力和心血。在此一併致以衷心的感謝!

錢明謹識

二〇一三年十一月

目録

王時槐集之一　友慶堂存稿

友慶堂存稿卷之二……（四三）

友慶堂存稿卷之三……（七七）

友慶堂存稿卷之四……（一〇二）

友慶堂存稿卷之五

友慶堂存稿卷之六……（一八〇）

友慶堂存稿卷之七……（一八九）

友慶堂存稿卷之八……（一九九）

友慶堂存稿卷之九……（二二七）

友慶堂存稿卷之十一……（二七九）

王時槐集之二　友慶堂合稿

友慶堂合稿卷之二……（四〇一）

友慶堂合稿卷之三……（四五一）

****

友慶堂合稿卷之五……（五三七）

友慶堂合稿卷之七……（六一七）

王時槐集之三　王塘南先生自考録

附録二：逸文與傳銘

廣仁類編卷之四

王時槐集之一　友慶堂存稿

王塘南先生全集序

憶吾吉正嘉前，宗鄒魯，稱濂洛，家相踵也。新建懸鈴，耳目一新。諸前輩斷斷自信，載在《困知録》，猶可攷記。而羅念庵先生起，尊信其説，然以潔履凝操，足取信天下，新建學得先生始信。先生後有塘南王先生，言必曰「文恭」、「文恭」，而静定幽探，耆年如一。新建學又得先生一衍。

元標自綰髮參海内諸同志，總其塗有二端。有謂學在透性，透性别無餘事，此即程伯子「識仁」之旨，然于伯子所謂「識得此體，以誠敬存之」之語，便以爲落第二義。王先生獨不然，曰：「未悟爲悟，盲引衆盲，卒墮坑塹。」言甚辨。有謂大德曰生，孔生機在轍環易世，欲易世，機在轉當事者，以易千萬人。然予睹未轉法華，竟爲法華轉者。兩者俱自敗之道也。王先生年未艾，懸一榻金牛鷺渚上，口不挂當時事，堅志熟仁，不易乎世，世未有不易者。夫學有規矩，惟静與無欲爲正，猶衣之有幅也，衣而無幅即不衷。先生泊乎無營，澹乎無欲，步而步，趨而趨，夫非吾道規矩正宗耶！《易》曰「立不易方」，先生以之回視海宇所稱透性易世者，何如？予不無遐思矣。

舊故有《友慶堂稿》數種傳世，參知蕭損之氏並刻金華，致書鄒子引其首，謹識先生大者簡端。參知爲先生高足，淡凝雅尚，步武師門。先生學其有托，而海内因參知而得睹先生大全，又因先生遡吾吉鄒魯餘風。參知功在斯道者遠哉！

萬曆庚戌歲仲春月吉旦，眷晚生鄒元標頓首拜撰。

友慶堂存稿自序

予自弱冠，承先覺指示聖門正學，敬信遵行，久未有得。晚歸田，益畢力研求，瞬息無懈，惟虛生是懼。誠自慙資鈍，用志不得不專勤，故于詩文殊未暇攻，即有酬答，亦不以拙陋爲歉也。歲癸巳，年且耄矣，試檢曩昔諸稿，其中有與友人論學及於世道、於倫理有關係者，不欲悉棄，姑取其什之一二，命童子録之，題曰「存稿」。後五年，復檢甲午以後諸稿，亦録取一二，題曰「續存稿」。總成數帙，藏於家。言雖不文，聊以示兒曹，俾知予闇於聞道而苦於致力之梗概云。

萬曆二十六年戊戌秋七月既望，塘南山人王時槐書。

友慶堂存稿卷之一

序

三五劉先生文集序[一]

吾吉當嘉隆間，先輩相與講於[二]聖學者甚盛。予皆得摳衣侍隅而請益焉。然篤修實踐，不愧屋漏而可質神明，貞白瑩潔無纖芥玷缺者，在先輩亦交相警以爲未易能也。若三五劉先生，則真所謂躬行而有得焉者矣。是以當其時，學士大夫莫不欽企金玉之輝，村童巷豎莫不感慕慈厚之德。嗟夫！此豈聲音笑貌之可及哉？先生既親受業王文成公之門，志大而識遠，然深患後學談空玄而遺倫物，言有餘而行不副，每聞士人馳説於窈冥而染情於世味，輒爲蹙額疾首歎

[一] 此序亦載于《友慶堂合稿》卷三「序」中，並注爲「癸巳」。
[二] 《友慶堂合稿》卷三《三五劉先生文集序》無「於」字。

惋而不已，故其言曰：「今世學者喜言不睹不聞，似密矣。然於可睹可聞者，顧疏脱而不檢，其可乎？且喜言著察，似精矣。然於行與習者，竟恣肆而踰閑，其可乎？」是以先生力崇身範而不襲浮談，爲令而惠澤旁流，立朝而奉身勇退，特召而堅卧不起，居鄉而挽俗還淳，至辭受嚴於一介，嚬笑謹於細微，言訥若不出諸口，守正而不懈於獨，使後學望之肅然生敬，就之翕然誠服，咸知學在真修，而無敢弛焉自潰其防者，則先生衛道之功甚大矣。

先生未嘗留意著述，惟其酬應之筆，劄記之語，題詠之什，皆足以占其學之所詣與志之所存者。同邑周穀似中丞特爲摘其緊切者，捐金助梓以廣其傳。先生令子啟獻、啟兆以予沐教于先生也蓋久，宜有言弁諸集端。予竊慨先覺日遠，横議滋繁，所謂談空玄而遺倫物者，益昌熾而未知底止，正學豈將淪墜乎？先生不可作矣，予故具論先生飭躬砥行之大端，俾讀是集者，當有省焉。若徒以文詞聲律泛觀之，則非先生立言載道之本旨，而亦非今日同志校刻之夙心也。

穀似先生集序[一]

世恒以詩文爲希奇珍怪譎異非常之事，必探玄摹古，稱物引類，雕章琢句，疲精剔慮而後僅

[一] 此序亦載于《友慶堂合稿》卷三「序」中，並注爲「癸巳」。

能之，故凡學爲詩文者，必顓顓焉忘寢食摧腎腸，睥睨古人之近似，剽掠百家之棄餘，曼衍於荒忽謬悠，掩襲於艱涉險奥，自以爲工詩文矣。然其述作，竟湮墜以不傳，何哉？彼其中誠未之有也。予嘗讀孔子所删三百篇，往往出於閨房貞女、巖壑幽人之手，而濯纓本孺子之吟，設科爲館人之語，乃皆附七篇以傳。至如方外之徒，惠能不識一字，及吐詞爲偈，雖近俚俗而垂世不刊。彼固未嘗顓顓焉苦心握管爲也，顧能傳若是，何哉？彼其中誠有之也。蓋詩文者，言之寄而心之影也。心有所未至而强飾[一]於言以爲至，人將即其言之似至者，而測其中之所未至，固昭昭乎不可掩也。童年而老態，燕産而越談，知其難矣。信筆劄自足以傳神，而論篤殆未可襲取也歟！

予同邑周少宰穀似先生，蚤登巍第，治邑而奏殊績，持憲而秉風裁，開府而外靖海氛、内裨國計，天下士[二]延頸企慕，謂爲通材。先是謝病家居，則掩關讀《易》於百里之外，衣布素，茹脱粟，蕭然一室，如孤寒窮阨之士然者。時出，徒步山蹊，人莫辨其爲貴顯也。家近復真書社，數從鄉之先生長者，攜衾炊黍而問學焉。持澹泊清超之資，勵静專邃密之功，故涵養日深，而造詣

[一] 飾，《友慶堂合稿》作「飭」。
[二] 士，《友慶堂合稿》作「争」。

其興致之軼塵、風格之殊調，率然出之而自協聲律，盎然融液而不滯色相，不拘拘焉古人之步趨，而鑿鑿焉有關於世教，是誠有悟於言語文字之外，良由其獨發於力學邃養之餘而然也。先生評詩有曰：「道充氣盛，詩出而不知爲我，是之謂神。深入實際，真造無始乃爲到家。」其論文曰：「士貴於識，識生於養，而先於辨志，志定養盛而識自充。由是而之藝文，若蠶之絲，若泉之流，豈可僞爲哉？」嗚呼！吾是以知先生之詩文，發於力學邃養之餘，所謂其中誠有之也，將必傳於世無惑矣。先生没，令〔一〕子吉先、開先裒集鋟梓，以予辱交久而知契深，宜綴一言，遂不辭而僭序之。

刻時雨樓講議序〔二〕

《時雨樓講義》者，廬陵邑侯啟新錢先生手著，以示諸生者也。侯以粹資邃學，精思默契，能因六經四書之言，以深悟聖賢心得之藴。嘗病學者徒知剿陳詞，掠蔓説，以飾末技，干進取，曾

〔一〕《友慶堂合稿》「令」前有一「其」字。
〔二〕此序亦載于《友慶堂合稿》卷三「序」中，並注爲「癸巳」。

不能以聖賢之言實體諸心，而真見斯道之果不可離者，於是每政暇，必臨學宫，集諸士，展籍叙講。講畢，侯爲剖析，此理非高非遠，即吾人身心所本具者。諸士聞之，灑然若撤宿障而開天聰也。已復手著《講義》授之，乃諸士咸欲鋟梓以廣其傳。邑博艾君、龍君、董君欣然是之，謁予一言繫於篇端。

予不敏，竊惟在昔上世，未有文字。自聖賢出，會道於心，因寓於筆，以貽來學。故六經四書者，是聖賢所以描寫乎自心也。逮我國家欲得士如古聖賢者，以輔治理，遂定制必讀六經四書，使其窺聖賢之心，以自明其心，而進於聖賢。因試以文，庶觀其果能真契此理與否。故時文者，是國家欲諸士自描寫其心，而望其皆爲聖賢也。嗟夫！國家以經術課我，實以聖賢期我也。豈曰徒剿陳詞，掠蔓説，即科第之，榮禄之，則與夫伶人賤工以淫聲豔曲徼寵倖者何異哉？

吾郡自正嘉以來，先覺如鄒文莊、羅文恭諸公，一時以聖賢正學倡於鄉，士類多所興起，海内至評吾郡爲東南鄒魯，可謂盛矣。先覺日遠，正學漸湮，誠慮人材風俗浸以頽敝，足爲隱憂。今賴我侯，復即聖賢立言之本旨，以揭示吾人固有之自心，刊落枝葩而披露根源，將使諸士因經以悟道，而勃然趨希聖之塗，吾郡鄒魯之風，其復有興乎！予承邑博諸君之委，不得辭，輒爲推我侯授講之惓惓，惟在冀諸士自明其心，以聖賢爲必可學，以國家期待之厚爲不可負者如此。

若夫侯之紬繹敷宣，深切洞明，則《講義》具在，覽者當自得之。

論學緒言序[一]

孔門之學，主於求仁，然仁之難言久矣。自韓退之以博愛言，後之儒者遂專以狥情逐物爲仁，其失彌遠。程子蓋嘗闢之。雖然，豈直退之未識仁哉？如子貢稱「博濟」，宰我問「從井」，則皆博愛之説也。是在孔門之徒固亦有然者矣。《論語》中所載孔子言，「出門」、「使民」、「居處」、「執事」、「言訒」之類，皆求仁之方也，未嘗專以愛言。至答顏子之問，直曰「克己復禮」，致力於視聽言動「四勿」而已。夫禮也者，理也。是心之體也，而愛特其用也。惟不克己，則本原汩於習氣而禮不復，禮不復而徒以狥情逐物，託之乎萬物一體之説，衹見其襲世態，染俗紛，而卒爲膠擾流蕩之歸矣。故求仁莫要於克己，此孔門明訓，而萬世求仁者所當知也。

吾同郡友兑嵎蕭公，夙禀醇厚弘大，其資固近於仁，自少志學，一以求仁爲宗。蒞官所至，推誠澤物，救焚拯溺，惟恐不及。事必周於慮，人必悉其情，即法令所拘，能默施德意於劑量之餘；艱危所遭，能畢致全力于焦勞之際。隨分自效，惠利旁流，而浙陜之政，洗冤賑莩，厥功尤

[一] 此序亦載于《友慶堂合稿》卷三「序」中，並注爲「癸巳」。

著。如公者，可謂能究博愛之用矣，然未嘗狥情以逐物。嘗攷其論學之言曰：「吾人學問先須打破習見，洗蕩習心，將一副倚靠支撐習氣徹底放下，不然，拖泥帶水，無彀手之期。」又曰：「本原處非倒巢剗穴，蕩然一洗，非意根見解徹底一空，不可言大翻身，終不能結正果也。」又曰：「此學非徹底一空，只從口吻上承接，世界上轉換，意念道理上安排，必無了手時。」又曰：「學問既見大端，惟日精日純，意氣不妨剥落，駸駸不已，自有全體脱化時矣。」嗟夫！兹非孔門「克己復禮」之微旨乎？吾是以知公之善求仁也。予曩者侍公席末，以學相砥切滋久，所沾益甚深。於公之卒，既悵然傷斯道之失所依託，且懼後學徒見公宏偉充溢，盎然與物之度，而未察其克己之功之密也，輒因其令子中行，以公《論學緒言》徵予序，乃備著其説，以見公志於仁，而必於探本澄原致力，庶覽者將有省於斯焉。

刻永思録序

予友敖君主静之卒也，距今三十餘年矣。其存時，筆札既自投於江。所繪《青原會圖》，諸先輩暨予皆有題識，以重傷主静之志者，亦復被燬。其孤庠生翔，受學予門，追繹不忍忘，乃手録鄒文莊、羅文恭、劉師泉三先生所爲銘贊誄章，及得主静所書《仙仰紀遊》一紙於執友之手，合而刻之以傳，謁予泣曰：「先君舊交至契者，今惟先生在焉。知先君深而言足取信，亦惟先生是賴，先生其有意乎？」予覽竟憮然以悲，則爲之言曰：嗚呼！夫斯道之欲大明於世也，豈不難哉？蓋不有先覺，莫爲之倡。得先覺爲倡矣，又必藉精明英特之士，相與羽翼翊贊而恢張之，如五緯之繼耀於日月，而百川之增潤於江河也，然後斯道之大明可冀矣。顏子没而孔子有「喪予」之歎，豈漫言哉？誠深慟夫萬世之不幸也。予故謂斯道大明之難者，此也。吾郡鄒、羅諸先覺，得聞會稽之學，發明勸導，以開後進，殆無遺力。後進固多興起，而所謂精明英特之士，卓有大志，肩負鉅任而疾趨以往者，不數數見也。於吾友中所僅見者，惟主静一人而已。主静一聞正學，篤信精思，至忘寢食，端重堅凝，内專而躬踐，毅然以希聖爲己責。儻天假之年，將以其肩任而疾趨者，於先覺之傳必能羽翼翊贊而恢張之。斯道自吾郡大明，以及於四方，殆可冀也。而得年僅三十三以卒，吾黨所爲深悲者，豈直交游之私慟已哉？

自主静没，吾郡中年少有大志如主静者竟鮮，邇年乃復得安成劉邦楨，受學師泉先生之門，其志鋭力苦，一如主静，而得年僅二十七以卒。嗚呼！造物之於英賢果何意耶？予故謂斯道大明之難者，此也。惟道非外鑠，性本天成，人固有之，詎云終泯？賴先覺遺訓，炳然具在，後來傑士特出而精詣者，吾知其必可待也。主静之没，孰云不壽？彼不朽者，炯炯攸存，視世之碌碌庸庸，草木同腐者，相萬萬矣。讀斯録者，其有所感也夫，其可以奮起而共爲世道之計也夫！

贈郡節推鑑塘朱公膺召北上序

君子之仕，一於道，不涉於俗。夫道與俗之不相及也遠矣，而其辨在幾微之間，是故君子慎之。何哉？世所謂污下而不自愛者，其陋易知也，其跡易辨也，非所以語於幾微之間也。惟事或均善，而情異趨，以其情之異趨也，則容有緣善以涉俗，而於道遂背而馳者矣。其事之善也，又足以掩其情之俗也。世將惑似而迷真，固亦莫之病也，而君子則病之。君子者，居是職，任是事，非能與世所謂善者異也。乃其心惟俗之病，出乎俗則入乎道矣。廉也或藉之以規皎厲之名，敏也或藉之以徼幹濟之譽，法守也或藉之以揚果毅之聲：是三者何莫非善事也。彼以爲非是不足以誇觀聽而希通顯，蓋誠有利之而然也。有利之必將炫露以巧售，依憑而詭遇，以必收三者之利，則謂之俗也固宜，而安在其爲道也？君子者，根諸本心之不容已，揆諸義理之不可違，以爲非是不足以成吾之是而已，而安能遘會伺便，以邀世之必利我也？吾道固如是耳。夫據其外而觀，此兩者之並擅其長於官常，誠不異也。豈惟觀人者不得而異之，即自考之不精者亦且冒焉自許，曰：「吾已無愧於道矣。」嗟夫！孰知其蘊情蓄慮，發端於幾微之辨，若是乎其懸絶也哉。

予嘗持是以概當世之達官貴人，能是三者未嘗乏，而情一於道者殆不多見。乃今得吾郡節推鑑塘朱公，真誠介特，方嚴峻潔，出其天植，非假修飭。所居廨宇蕭然閑寂，室人僮御，不以自隨，孤跡旅寄，等於禪刹。敝篋殘編，疏澹僅給，而疲神決事，殫精論囚，明洞幽遐，獄無留牘。鉅慝宿蠹，一繩以法，勢豔干謁，不少狥貸。蓋直躬踐軌，而不知機術之可措心；率典程度，而不知徑竇之可投足。乃英標卓樹，臺章疊上，顧積勞淹叙，群望滋鬱，然獨矻矻勤事，竟無附麗。津塗疏隔，奚爲特援？旁擠陰忌，且有其人。亦復適然視之，不爲攖念。予於是慨然歎曰：「向予所謂仕不涉俗以希世利，而惟道是遵者，公豈非其人耶？」今年銓部拔列省司理令長之最，疏其名以上，公得膺召戒行。諸生某某來謁，言予曰：「公且不祈知於軒裳珪組之門也，亦何愛於草澤之夫之一言乎？」雖然，仕者之未遇於世也，其機嗇，其慮危，一有遇焉，機順而慮平，能砥直於其嗇且危，而顧波靡於其順且平，是君子□所尤慎也。公是行也，將得予所謂順且平者矣。予聞君子位日達，而道日進，以其知學也。學明則性定而義精，性定者不搖，義精者不惑，是以中之所素豫者確焉，其不可得而奪也。公行矣，異日者侍禁陛而柄樞衡，尤謇謇焉其不詭於言，而侃侃焉其益峻於節也，必於學而得之。予辱公以道相期者有日矣，故於其行也，未敢以世俗之誇侈者瀆公焉。

贈邑博程木庵致仕序

昔孔子示門人以無言之教，端木氏疑焉，迺孔子推而本諸天曰：「天惟四時行，百物生已耳，未嘗言也。」他日又曰：「吾於二三子何隱哉？固無行而不與也。」至子思述《中庸》，尊孔子之道，極於配天，而叙其所自致力，則曰：「吾子臣弟友之未能，惟于言行之庸者日慥慥焉而已。」夫孔子之道，高之極於天載之神，而卑之不越乎子臣弟友之近，是知四時百物之外無天載矣，言行慥慥之外無聖學矣。故孔子所自致力者不以玄悟爲奇，而其教人也不以多言爲勝，然則世之談孔子者，必推其道至於荒忽杳邈、不可測知之境，而謂慎修於然諾步趨之間爲淺焉不足以幾於道者，何其悖也！嗟夫！世之悖也久矣，以虚見爲入微，惟恐其揣摩之不幽且眇也；以誕誕爲密授，惟恐其吐詞之不巧且新也。至稽素履而核躬蹈，則事君親而忠孝之義隳，臨貨賄而貞介之節喪，猶嘐嘐然號於人曰：「吾惟心是學，非以跡也。」噫！是索天載於四時百物之外，而岐聖學以爲有出於慥慥言行之表也。夫孔子之道是即卑而高，即近而遠，即庸而奇之道也。惟高焉、遠焉、奇焉之是務，而曰「是庸近且卑者之不足爲」，將亂階滋兆，豈直悖聖已哉？是則今日之末弊也已。

浙之臨安木庵程先生，以明經膺貢，初爲吾省新建司訓，其同列郭華南氏，予友也，數爲予稱先生之賢。已而先生陟吾郡永新學諭，予於青原山中、金牛江上，兩得晤焉。先生侃侃論學，貌恭而氣凝，意顓而詞懇，望其容知其爲真誠諄謹、澹樸内修之君子，聽其言諄勤切到，皆彝倫日用之常經，固不能爲奇險語也。久之，予竊咨探行事，則數聞先生卻貧生贄幣，革廩餼例金，絶邑庭請謁，定校藝程課，諸有志於學者群集升講，示以孔子躬行之道，咸翕然興起。始先生將至，隸人迓於塗，告曰：「往任是庠者，率不能協於僚，蓋地氣使然。」先生曰：「烏有是哉？殆利爲梗耳！」乃薄利篤讓，寅寀竟相與深結懽爲莫逆云。於是先生任且五年，忽念繼慈年高，屢乞歸養，諸司勉留不獲，巡臺邵公嘉歎曰：「孝思可則也，宜特獎以風有位。」邑中劉子某、賀子某等偕諸同志以百年來僅覩師範，攀戀莫釋其情，謂予知先生者，盍有言？予曰：何言哉？惟先生持義也嚴，而臨財也介，造士也誠，而慕親也孝，進不媚世而孤直明，退不待衰而幾智決，節完而道彌重，是真能遵孔門言行慥慥之實學，而挽世儒浮談玄解之末弊也。惟兹邑士人尚服膺夙訓，無忘先生身教於羹牆可矣。予言曷足爲先生多哉？姑濡筆不琢其辭以塞請。

贈葉君夏洲之任仁和司訓序

予嘗謂仕者之任職最不易稱者有三，而錢穀、兵戎、刑獄不與焉。夫錢穀、兵戎、刑獄，簿書委頓而難稽，存亡呼吸而多詭，情僞隱曖而互淆，故仕而得比者恒歎其難，而予所謂仕不易稱者，非此之謂也。夫仕有治人者、有教人者。治人者以幹濟勤敏爲能，教人者以矩範表率爲重。幹濟者或偏材可辦，表率者非純德莫勝。故二者較之，教爲難矣。錢穀、兵戎、刑獄皆治人之事也。教人之職有三，曰司成也，學憲也，學博也。司成總教於成均，學憲督教於列省，學博分教於郡邑。此三職者，非義理洞明則不能倡正學以示章程，非踐履峻潔則不能肅儀刑以垂矜式，故教人者是身爲先覺而達善於人者也。是任五典三綱之寄，而奮司徒典樂之責者也。蓋充其極，非孔孟周程其人不可，此其爲不易稱也，詎不然哉？學博者官列於郡邑丞尉之後，甚卑矣。以教言之，與司成等。且夫士始於郡邑，進於省會而後升於成均，是學博者造士於其始，學憲之與司成造士於其終也。夫泉汩其源則末流潰，木撥其根則柯幹摧，士壞於郡邑，則鄉國安所論俊焉？然則學博者，豈直與司成等？推原教本，所繫尤重焉者也！嗟夫！仕之未易稱也，莫如教，而教之尤重也，莫如學博。當是職者，顧自卑其官而薄待其身，豈可哉？

廬陵葉君夏洲，得爲浙之仁和司訓，將行，問言於予，予爲道其説如此。有疑之者曰：「邑庠教事，獨學諭得專之，司訓者視學諭爲行止耳，即善教不敢專爲也。而仁和諸士多能文者，亦奚藉於教爲？」予曰：不然。夫教人者非必提耳而命、專席而講也，在吾所謂矩範表率者而已。矩範表率不在乎他，在吾義理洞明、踐履峻潔而已。若此者豈分於學諭、司訓耶？夫造士者貴於勵行，不徒以文也。《記》曰：「德成而上，藝成而下。」文雖工，藝耳。仁和諸士所藉於教，得非有出於文之外者耶？葉君居家以孝友聞，督課諸子皆有立，蓋吾鄉所雅重者。是行也，尚勉之哉！不自卑其官而思稱其所難爲，吾不得不厚望於君焉爾矣。

壽宗師兩峰劉先生七十序

嘉靖己未夏五月七日，兩峰先生年躋七十，某適自閩以罪歸家，既得與諸同門友敬拜先生稱壽矣。於是旅進薦觴幣，禮成而肅退，未敢有所言也。退而相與謀曰：「維先生潛修不仕，操履峻潔而充養純明，以學以誨，不厭不倦，魯鄒正學信其在兹。然先生晦跡秘光，不求知於世，世亦卒無知先生者。今年七十，高矣，天將相先生以張斯道乎？吾儕夙出陶冶，均沐生成，是不可無一言之獻也。」未幾，陳子嘉謨以諫議出使湖東過家，蕭子浩、劉子三錫暨家兄時松俱以赴春官試，落第歸，則又往往相與謀，宜有言以壽先生。於是越歲辛酉，某乃敬申諸同門友蓄積之誠意，以其管見窺測先生高深之一二，陳其蕪説而爲壽焉。

竊惟孔子之道大而近。其大也，涵天地萬物以爲量；其近也，一語默一動止，必有成法，不可踰越。是故極高明者必道中庸，而智崇如天者必禮卑如地也。孔子没，學分而教漸微。漢儒以明經爲學，得於刑名度數爲多，晉承其弊，以爲是粗淺而非精妙也。於是一切反之，談老莊，崇玄虚，糟粕六經，土苴禮樂，使人恍惚夢幻而無依據，以是爲奇悟，至道蓋陵夷。至唐，異説熾而名教幾盡矣。宋儒深嫉晉唐之失而惜漢儒之未至也。春陵、河南、新安後先繼作，要皆不詭於聖人，及數傳已久，守筌蹄而失魚兔，蠹簡册而還櫝珠者固亦有之。我明陳石齋、王陽明兩先生患其將蔽而失真也，於是遡周程朱氏以達於孔子，而兩先生所言或不無與程朱相出入，蓋互相發明，非有異也。然後學不喻其指，往往借性命以崇空談，忽實行而棄名檢，故或垢言穢德，而以爲不必泥形跡；詆經斥傳，而以爲獨能悟至理。附勢染利，一同市人，且曰：「吾不爲格式之學。」嗟夫！是則今之弊也已。先生天性英毅，行方而節勁，簡重而真確，静修而誠踐。起居食息，事無鉅細，必敬無怠，苟非其義，一毫不以假借。精思力詣，堅苦刻勵，實加困勉之功。其教人隨材開導，大率以斷除嗜慾，銷磨世味，戒懼於獨知之密，體驗於事爲之著，以修身而復性。及門之士浮談玄解，不敢陳于先生之前，雖材質人人殊，要皆知近裏著己。然先生沖度淵識，融朗瑩徹，造化所爲始終，古今所爲成毁，天地萬物所爲一體，固神悟而衷涵之。惟其設教謹嚴，學者莫能概聞而悉窺之也。蓋孔子語仁道之大，至於天下皆歸，而其功必在視聽言動以禮。其大也如彼，其近也如此，則夫先生之自爲與教人者，誠斯道之正脈而孔氏之家法歟！

先生早業邑校，以文章負時名，及游陽明先生之門，遂棄舉業不事。後十餘年，今少保存齋徐公督學江右，禮聘先生强起，一見竟歸，杜門獨棲一室，曰「學易亭」。時與東廓、雙江、念庵三先生往來砥切。先生雖退藏斂静，而篤實輝光，自其族人及郡邑學者，莫不慕服。某與諸友執灑掃之後，事先生今且二十年，始見先生若無甚異於人，及久而侍几席，測之愈不可窮。視其所爲如歲寒松柏，萬卉零敗而挺然獨存者也。先生當世衰學敝之際，以天下大老爲後進儀刑，所謂天將相先生以張斯道，非耶？昔者孔子道雖盛行，然江漢秋陽之贊，泰山河海之言，日月丘陵之譬，得群賢而益信。先生學孔子者也，惟旅進薦觴幣以壽先生，則既與諸同門友從事矣，若夫發明先生之學以信來者，尚有待其人乎。某淺陋，烏足以言之。

壽平川郭先生八十序

士之志於學也，必曰「師聖賢」。夫聖賢獨能以儀範垂當時，風教施百世，綽然爲後學之彀率準繩，而莫之能易，何哉？豈非以其禮卑而行方，踐隅而蹈矩，仕止語默，取予動靜，人倫事物之間，嶄嶄焉川澄山立，示人以不可狎視之跡而然耶？雖然，士之行未加修者，吾以跡示之可矣；行修矣，而吾徒跡之示也，彼將無以進其不逮而增其高深，則吾教不已窮乎？是故聖賢者不徒修行已也，蓋有明道之功焉。行之修也，顯法象於惟精；道之明也，契沖漠於惟一。夫是以聖賢爲後學之彀率準繩，至於今而不易者，行立身法之防，而道開心法之蘊也。

我明紹興、增城兩先生以正學迪士，士之勃然興、粹然成德者衆矣。然或襲棄垂於唇吻，涉影響於測意，忽實踐而踰大閑，毀廉隅而甘穢染，遂使天下之士誚讓訕詬，因以疑正學於兩先生者，蓋不無一二於千百。而其有懲於是者，則又諱道而不敢談，狥象而遺其本，硜硜信果而拒良知天理之説於不足信；其又不然者，或執良知而疑理爲未徹，執天理而疑知爲墮虚，遂使兩先生合轍之旨翻爲岐路之泣。蓋道之未易明也如此。

吾鄉泰和平川郭先生勁氣直節，孤標危行，善養無害，剛大浩然，其薄於希世而勇於引退，惠於及民而介於治躬，勤小物如賓祭之承，慎屋漏如大庭之見，儆耄期如始學之力，片言跬步無不協於矩度者。而先生受學甘泉先生之門，潛思極詣，探源造奥，悟天理於一動一静之間，而實有得於天地萬物之一體。乃先生嘗示人曰：「陽明先生有言：『良知即未發之中，無内外動静而渾然一體者也。』今之學者其有不知良知者乎？亦惟於未發之中求之而已，其有不知未發之中者乎，亦惟於無内外動静而渾然一體者求之而已。」又曰：「良知與天同體者也，然不翕聚則不能發散，天道且然，而況於人乎？今學者但知千變萬化之爲用，而不知凝然寂然之爲體，未見其能與天同體也。」於哉！世之爲良知之學者，其有能知先生之以未發之中、凝然寂然之體爲良知者乎？彼不知未發之凝寂，而誤以知覺運動爲良知，正孟子所闢告子以謂犬牛與人同者也。夫以知覺運動爲良知，紹興之一脈幾晦，得先生揭未發之一言，闡幽洩秘而正學復明。然則先生明道之功蓋大矣。

今年冬十一月四日壽八十，其族弟、庠生汝賢輩語某，宜有言以賀。某曩獲侍先生于青原山中，幸瞻儀刑，又嘗莊誦訓詞於萃和之編，望塵而願學久矣。惟先生殆所謂行立身法之防而道開心法之藴者，將後學之彀率準繩攸賴，是先生永爲斯道之壽未艾也。某讃陋，烏足以言，敬僭陳膚臆，庶因以請裁誨焉。

壽郭一崖丈七十序

儒者之學，有造其理者，有踐其事者。夫理之造也期於悟，事之踐也篤于修。是二者要皆足以入道。至其弊也，期悟者墮空寂，探幽眇以爲最極，而斥修者之有爲。篤修者滯名相，循度數以爲典實，而疑悟者之無據。於是二家者流分岐而互詆，列幟而並馳，有燕越殊方，而燥濕之不相入者矣。且夫盈宇宙皆理也，亦皆事也，譬水與波，然非能撥水而執波、棄波而索水也。彼見爲有二以相是非，曷若即踐而悟，兼足目之力以會其全乎？豈直儒者則然？予嘗假息釋氏之宫，察其徒所受學，或屏除一切，攝心冥慮，遊於萬有之初，曰是達摩、惠能見性之宗也；或持念觀想，禮懺歸向，曰是天台永明修浄之業也。彼豈知見性者見事之性也，修浄者修性之事也，然則儒者見爲有二，以相是非，亦何以異此哉？予於儒者之學，從事也蓋久，資暗功疏，莫知所入，晚乃得侍一崖郭先生于京邸。已而先生與予皆退休，數聚講於青原、金牛之間。先生端重醇厚，坦夷開朗，正直而顓恪，樸素而静雅，粹和而簡易，弘博而惇飭，即其天植宿禀已符於道，而先生朝暮孜孜，日有課業，檢志肅衷，一以聖域爲嚮往。至與鄉人居，欽欽誾誾，若不自異，乃其中所獨契者，殆淵涵融邃，未易以淺智測也。以予竊窺先生，蓋所謂踐事以造理，篤修而因徹於悟者耶！

今年春二月，先生壽七十，邑庠生某某謁予言以賀，惟吾郡先覺日遠，斯道一線，未有所屬。予庸昧膚陋，不知其力之不足，欲追隨先生杖履之末，長驅遐詣，極其所之，以親臻往昔至人大安樂之境。先生亦欣然進予教之，不予鄙也。先生既深明儒者之學，兼足目之力，會事理之全，尤以其餘力旁通釋氏之言，予故兼及之，以就質於先生。若夫先生隆孝友於天常，獻讜直於禁陛，將綸命於島服，迪士類於京兆，名完節重，爲鄉邦大老，則陳詞稱壽者率能言之，予不復嘖。惟先生由從心之年進於期頤，以究其所謂後天地而永存者，此吾儒之極功也。予滋爲先生願之矣。

壽鄒穎泉丈六十序

是歲秋七月，穎泉先生鄒君年躋六十，復真諸同志友謂予宜有言。予曰：夫在昔傳記所揚厲祝勸，率稱世德也尚矣，且德之貴於世也。曷以哉？夫天將以斯道弘錫廣被，開億兆之神理而扶末季之元命也，則必有先覺者挺生特起，首倡斯道，以大呼疾號，警寤於天下。天下之士久蔽而驟閳，積愓而乍激，反之而寤其所本明，索之而得其所未失。於是豪傑之朋必灑然翕然，川匯而響應。雖然，先覺者非可常值，蓋千百年始一見也。幸而值先覺者倡其端，尤必賴後哲者繼其緒，譬之積薪於火，增潤於波，然後燔灼奔決之勢益張而愈久。嗟夫！此豈易能哉？夫先覺者難乎其繼，是宜後哲者之不常得其人也。求所謂後哲其人者於天下，猶將難之，矧求所謂後哲其人者於一家，而以厚望於先覺者之子若孫，非山川之獨重其靈，而氣類之特禀其粹也，而安有是耶？昔孔子之聖，一傳而《二南》以授，再傳而《中庸》遂作，是以道始於洙泗，偏于寰宇，而施於萬世也不衰，蓋窮古天地，莫之比盛也。自是而降，若邵子文繹《皇極》之旨，胡仁仲發《知言》之藴，朱叔敬陳《問學》之要，蔡仲默受《洪範》之數，陸伯微述《周易》之綱，亦皆能承考志以羽翼斯文之傳，纘前修以恢張未墜之緒。雖未易以望孔氏，然以先覺之後，得若人者爲之子，能以其所聞於父者，揚餘波而嘘末焰，使其先世首倡特起之道不隨以淪熄，而益延以大焉。斯所謂後哲之昭於嗣服，而世德之不愧於作求也。詎不然哉？

吾邑鄒文莊公，得千載不傳之學于會稽王文成公之門，退而設教于復古、青原，四方豪傑之士輻輳而景附，一時枝詞蔓説、謬悠譸張之談，屏息噤口而不得肆。公語不涉奇，行不踰則，温恭慈恕，不厭不倦。士之望其容者，神解而意銷；里人之薰其德者，若享春醪而迎熙日之融煦也。公既往而道益光，自其郡邑以迄於四方，知公之學者，莫不信其博大精純，不詭於聖人，而吾邑村夫野豎率相戒於室曰：「吾儕毋爲非義，獨不聞鄒公教耶？」其敬信如此。夫公爲近代先覺，所謂千百年始一見者也。潁泉君爲公之子，尤能承公之學，以祗修於厥躬，以講磨於士類，其將由邵、胡諸君子之後哲以追蹤孔氏也，決矣。揆諸世德之云，其允無怍哉！於是諸同志欣然相語曰：「誠然哉，惟公暨潁泉君所爲一德而世求者，宜遵何道也，子盍遂言之？」予曰：夫孔門之學主於求仁，公以萬物一體爲度，以戒慎恐懼爲功，以子臣弟友慥慥相顧爲實事，以江漢秋陽皜皜莫尚爲全歸。甚矣，公之不詭于孔氏也。潁泉君擴乎其虛受而不逆也，粹乎其汎愛而不矜也，秩乎其宜家而不忒也。進而仕，著造士活人之績；退而休，篤維風勸學之心。甚矣，君之不詭於文莊公也。諸同志曰：「子言誠核非溢詞，盍書以壽君，且以佐君之益進而不止，庶先覺之難乎繼者，於君竟得之？是則吾黨交修之義也。」

壽蕭文岡丈八十序

夫天之生人，厥類惟均，乃其中有所謂大賢君子者出焉，豈天固獨厚而使其自有餘哉？天能畀人以性，而不能使人人皆盡其性也。惟大賢君子獨能知性之在我，兢業以存之，精研以徹之，實踐於子臣弟友，起居食息、涖官居鄉之際，以體受而全其天之所畀者。於是天以覺人之責付之大賢君子，使之推誠而設教，隨方而化物，開示仁讓以挽澆漓之陋風，直指良心以啟冥頑之錮習。故大賢君子身之所處而人服其德，言之所宣而人禀其訓。資敏者遂興起於聞道，質下者亦漸磨以革心。然則非天之獨厚於大賢君子，固將因大賢君子以振鐸秉麾，誘導斯人，使趨於善而咸歸於盡性之域也。歷遡千古，即無論孔孟，若宋周程張邵朱陸，我明江門、會稽諸賢所謂奉天之命而覺人者，其人也。吾郡鄒羅諸先正實踵承之，在今世則廬陵文岡蕭先生殆所謂其人焉。先生蚤受學鄒文莊公之門，既拔賢科，爲霍山令，仁慈真懇，先德教而後刑辟，邑人誦戴迄於今未衰。比解組歸，與郡中同志講學于青原、西原、復古、復真、遊仙，退而家居，則月聯鄉族爲會。其教人不爲奇僻幽玄、曠蕩杳眇之説，第舉愛敬仁惻之良心，子臣弟友之大節，矜煢獨、息紛競、退讓謹畏、惇和厚俗之實行，諄切而勸誨。見人有一事之善，喜動顔色，爲之播揚稱述，惟恐其不彰。人有忿争相持不肯釋，必傾竭衷腑，廣譬曲諭，以破其藩籬，銷其矛戈，竟以凍解霧散，懽然如初。若此者，未易縷數也。先生存心貞白，制行端確，中外瑩潔，繩直砥平，無纖芥可疑，故人於先生聽其言必諒其衷，無不灑然悦服者。晚更得勿庵先生爲其弟，鋭然以希聖爲己任，朝夕切磋，兄弟自爲師友，故先生之教，大行於鄉族，其後進奮然興起於學者漸衆。至割貲樂施，勉修一節，以自表見者，益有其人。善類浸昌，里俗滋厚，所謂天以覺人之責付之大賢君子者，其先生之謂乎？

今年夏五月，先生壽躋八袠，郡中諸大夫士屬予言以賀，予惟先生爲世先覺而能以斯道覺人，上則奉天之成命，下則使鄉邑之人同趨於善，以歸於盡性之域，是先生無疆之壽，將等川嶽而莫知其涯涘也！豈直世俗所稱期頤之祝而已哉？遂敬書之以爲先生壽。

壽朱易庵丈七十序

夫道廓然無際，彌滿充塞，其體至一，不可得而異也。而於廓然至一之中，則有條理脈絡出於天成者焉，其端至賾，犁然不可得而混也。譬之一室焉，非異也，入其室則門廡堂奥、户牖庖湢之各一其所焉，非混也。譬之一身焉，非異也，揣其身則頭目指股、毛髮腸胃之各一其狀焉，非混也。夫廓然者，其乾一之包羅丕冒，亘萬古而不易者乎；犁然者，其坤二之生萌顯露，列萬彙而不雜者乎。夫乾非有出於坤之外，而犁然者寔寓於廓然之中。此道之所爲統同焉而非蕩，纖曲焉而非支者歟？惟末世學者不能大觀而博識，於是僅有所窺而莫會其全者，蓋多矣。見於至一者，則病條理脈絡之涉於多歧；見於至賾者，則病彌滿充塞之淪於玄虚。而或能兼照而並觀者，則又執二見於未忘，非合一不測之旨也。嗟乎！學蔽於見，而欲期斯道之明也，不其難哉？是義也，孔子於《易》備言之，其發明大哉至哉！統天承天，易知而簡能者，剖微洩秘，殆無遺藴。而《大學》總八條於至善，《中庸》析至誠於九經，周元公遡無極以明宗，推二五以盡變，固不以玄虚多歧爲嫌也，其庶幾孔氏之家法歟？我明先正王文成公患宋學之枝蔓，而稍揭其宗，誠示人以會道之全也。而未悟者或執一以廢百，遂蕩焉以無歸者容有之矣。師泉劉先生獨憂之，始特發乾坤之旨，學者乍聞而大駭也。易庵朱先生爲及門高第，潛心殫力，深體而實踐，積數十年精研磨礪探涉之功，乃涣然契於統宗會極之原，而燦然明於星分川列之用，沖然其無一物而非寂也，塊然其妙萬有而非淆也。蓋先生所自得，如匹帛之辨於經緯也，如大地之晰於畛域也，如指掌之察於膚理也，合之不越於吾性之大，析之不遺乎一息之微。是以鄉邑後學望風而請益者，聞先生之教，高之若凌宇宙而實近也，卑之若校絲粟而實遠也。於是學者得由先生之教，以無疑于師泉先生之説，而因悟文成公示人以斯道之全之密旨。然則先生所謂恢前烈而開來緒，其功蓋甚大矣。

今春三月，先生年七十，復真諸同志謂予宜有言以賀。予不敏，未足以窺先生，惟幸侍先生提耳之誨，而親挹盛德之輝也，非一日矣，乃强顔僭述其學與教之近似，而謬測其本於乾坤之旨者，以就質于先生焉。

壽朱松喦丈七十序

學以盡性爲宗。性者，天地萬物所從出焉者也。是故宇宙廣矣大矣，而性通六合之外，不知其邊表也；古今悠矣遠矣，而性徹億劫之餘，不知其代續也。性者，天地萬物之一原，非有我之得私也，是一切群生所共宗而同禀焉者也。古之至人，不形骸其身而性其身，故其身充塞於無外也；不情識其心而性其心，故其心彌貫於無朕也。昧者不性之悟，則拘拘焉牿形骸耳矣，則擾擾焉縈情識耳矣。此豈直愚不肖者爲然哉？即號爲慕古好修之君子，儻于性焉未悟，則猶未免拘拘焉以形骸爲學也，擾擾焉以情識爲學也，其功之不懈於瞬息，志之勤苦於終身者，祇以壅培其滯小之根株，遏伏其起滅之末燼，而所性不存焉者多矣。夫性非離形骸情識而爲言也，性其形骸，則形骸充塞於宇宙矣；性其情識，則情識彌貫於古今矣。故曰一也。宇宙一身也，古今一息也。非有二也。此羲農堯舜、禹文周孔之道之所以爲大，而萬世之下志學者，所當殫精畢命以從事於斯者也。或曰：「是固然矣，其如吾人形生神發之後，氣質習染之污，不能不遠於性也，則何如？」予應之曰：「性其形骸是銷形骸之累也，性其情識是祛情識之蔽也。蔽且累者病也，而性非病也。惟性之不受病也，故本性以治病，病釋而渾然一於性矣。是萬世之志學以希聖者所宜從事也。」

予少未聞道，得從吾邑兩峰、師泉二先生游，晚就復真諸同志質疑請益，久乃稍有所省，而易庵、松嵒兩朱君開我矇瞶至渥也。今年夏五月，松嵒君壽七十，復真諸士友委予言。夫松嵒君高朗而警達，博綜而遠覽，其學必本諸心以合德於天地爲至，而幾微端緒，脈絡條理，銖分縷析，淵源所自，得于師泉先生者爲多。至禪詮玄典亦旁蒐廣涉，以會歸於吾道，即其專研而遐詣，蓋老而未嘗倦也。非實有悟於盡性之宗之不容已也，而能然乎？君之於學也邃矣，學邃而壽益崇，以昌隆千古聖脈，以俟於後世。君能自任之，亦諸同志所共期也。予不敏，姑陳其管窺之見，所謂以盡性爲宗者，請質于君，冀還示一言，證其可否焉。

壽王君方塘六十序

昔孔子稱「多識前言往行，以畜其德」，而以多見聞闕其疑殆，而慎言行之，可以寡尤悔。且夫惟多識而後德可畜，惟多見聞而後有可闕，且慎以寡言行之尤悔也。苟徒曰：「吾惟致力於畜與慎者耳，何疲精役志於博見聞、廣知識爲哉？」是或未免於孤陋固滯，亦何由高視遠覽以涉於大方也？　蓋自漢儒以傳經爲學，往往沉溺於訓詁考索之末，宋世理學始明，而傳遠失真，其流弊卒歸於訓詁考索者，亦或不免焉。我明陳白沙、王文成二先生有憂之，乃以靜養端倪、致良知爲訓，曰「吾能握其機，何必窺陳編」，曰「悟後六經無一字」，蓋救宋末之流弊也。而後學者復昧焉，則一切束書不觀，遊談無根，憑胸臆測之見以妄意千古之絶緒，程子所謂「如扶醉人」，詎不然哉？　吾邑方塘王君獨不然，尊孔孟之正學不在空言，信陳王之粹旨足捄末弊，而又不遂墮吹齏懲噎之失，以安於孤陋固滯之歸也。則取典墳而下，凡聖賢名碩之著作，經子史傳之紀載，風謡聲律之篇什，國故邦獻之遺事，稗官小説之緒談，莫不窮覽而旁探之。聞一異書必力購，如饑者之於飲食也，得一奇文必手玩，如窶者之於貨財也。平生於書無不讀，而又能評品群儒往哲造詣之純駁，名公鉅卿建樹之優劣，蓋以一人上下今古之論議，而以一心含茹宇宙之精華，嘻其盛哉！是可謂於前言往行能多識而見且聞之者也。

君蚤遊黌序，屢試無所遇，輒棄舉子業，以鄒文莊公傳文成之學，師事之。所謂畜德而慎言行者，固師門立教之宗，而君已得於躬承之素者，君之非徒博而不能反約，可知也。而其居鄉能賑饑貸乏，四衆爲之感德；教家則趨庭授業，一難爲之競爽。君誠非徒知之，亦允蹈之者哉！

是歲春仲，君壽躋六衮，其家族謀所以爲賀，屬其侄某謁予言，予因爲備著先正本以一時捄弊之言，而昧者誤墮於孤陋固滯之失，使後學將有感於君，而思進於孔門之正學也。抑予夙守偏枯，不通大方，蓋孤陋固滯之尤者，尚圖就君請正，願君開博大宏邃、鉅麗富有之寶藏，俾予得震心怵目，少進其未逮焉。

壽胡母周大夫人八十序

世常言，孔氏之教熄，學者各逞其私見以亂天下，紛起而錯出，呶呶焉其若鄭雅之相奪，而水火之不相入也，必一切芟夷攘斥而後孔氏之道明。予則謂，孔氏之道非有外于近世學者之所云也。譬之車然，方而爲軫，員而爲輪，曲而爲轅，平而爲軾，彼僅見其一而不見其餘，遂指不見者爲非，而執僅見者爲是。夫孔氏之道，是軫軾輪轅之於車也，執軫軾輪轅之見以相非，而孔氏之道晦。然必盡斥軫軾輪轅之説，以求所謂車者，則無亦厚誣末學，而絶望于孔氏之過也。蓋自孔氏之後，探理性者躭玄寂，遵典憲者膠訓詁，蹈廉隅者滯形器，希事功者矜技能。專内則遺其身，與物則摇其精。兼修則岐，而互遺則蕩者。其門户競出以相高，而其説之異同離合，無慮千百而不可勝窮也。雖然，孔氏之道豈有越於數者之外哉？夫孔氏之道高而能下，近而愈遠，索之而幽，踐之而實，散之爲政事文章，斂之爲聲臭莫測，故凡後學之卑高、遠近、虚實、寂感、顯密之不一，皆孔氏有之，而孔氏不墮於卑高、遠近、虚實、寂感、顯密之見，是則孔氏之道也。明興，越中王先生倡明聖學，海内之士翕然振起，迄今且未百年，而談學者門户則衆矣。若予所稱數者之云，蓋往往而是。吾郡廬山胡君挺出其間，以英特之資，勵堅凝之力，深詣獨契，貞醇明瑩，粹然一歸于正。四方學者及門稟業，殆無虚日，而君因材納牖，應疾投劑，不執世論，不沿往緒，聽其言者，若忘燕粤之殊塗，而安庭宇之暇適也。君之言曰：「學莫大於盡性，必篤倫體物，吾性乃盡。性盡天全，是爲至命。雖然，執生狗有，猶難語盡，性性存神，物物過化，盡之云者，其在兹乎？」嗟夫！如君者，豈有擇於近世異同之辨哉？而倫物非無也，神化非有也，其致一焉，性也，抑豈墮於卑高、遠近、虚實、寂感、顯密之見哉？以予窺君，其將度越當世，而庶幾孔氏之家法者歟，非耶？

是歲春三月，君母周大夫人壽八袠，友人王君託命予言，且曰：「君六十之期，在歲仲秋，母子繼壽蓋希有也。」予聞大夫人蚤歲食貧，事舅姑甚孝，相其夫晴岡先生甚勤，徽音懿行，宗閭欽悦。以大夫人之賢，是所以成其子者，遡所由則遠矣。夫摯仲之賢，顯於純德，鄒母之賢，徵於亞聖。在昔傳記稱壽母者，固不直以壼閫言也。故予於君之學特詳之。夫發明孔氏之道，以開學者於方來，是君所爲彰聖善之詒穀者，莫此爲大也。是則君之繼壽於未艾也，而果爲世之希有也夫！

刻宋僧萬言書序

夫聖人之學主於求仁，仁者，此心生生之理，其體渾然沖粹純一，其萌芽始於愛親敬長，擴而充之，以惇倫阜物，安民而濟世，達于四海。一生生之理之所流貫，而後爲仁之全功。此聖人盡性之學也。釋氏之學，主於出世，故潔己而離俗，超然高騖於埃壒之表，其曰普度，大抵思以其道易天下云耳。要其作用，與吾聖人終未可概以爲同也。宋僧明教嵩上書仁宗，極言釋氏之道有合於吾儒，有裨於王化，而世以異端斥之者爲未然，此其意豈亦有慕於聖人之道，而不欲自列於名教之外者耶？

夫道在天下，非一人之私，惟擇其大中至正者，是崇是尚，遵而行之可矣。與其護持而牽書以傳，問序於予，輒以鄙見綴數語於卷端以塞其請，且以質諸海内任道君子，庶覽而裁之焉。合，孰若舍己而從善？予於明教嵩之書未暇悉評其説，而重以悲其志也。吴中僧可先欲梓其

恩綸録序

臣時槐庸下無狀，遭遇兩朝，聖明在上，海宇無事，臣得濫占仕籍，奔走備役，抵今二十有五年。憶昔以諸生叩闕，臨軒賜制，天寵初承，已乃郎署奏課，恩推所生，褒章薦錫，比歷官中外，閩海飭兵，冏寺典牧，皆得受敕行事。臣祗畏簡書，勉思寸樹，違時任事，竟成顛踣。今上踐阼，大賚普天。臣適抱疚南還，遠辭禁掖。久之，釋經趨朝，瀝情陳請，重荷特俞，宸翰再頒，尤出異數。臣疊膺涣汗，世沐洪渥，即糜軀隕首，莫效涓塵。念驅馳不任，屢摧中路，犬馬之年，忽焉衰落，義當乞身，忠慙酬國。瞻極捫心，豈勝悲歎。皇言如綍，敢忘肅恭？爰承公署餘閑，手緝一帙，敬壽於梓，時奉展對，珍襲密櫝，垂示嗣人。即此身林壑投老，無階上答，誓當砥節導俗，俯全末景，仰副清時，且貽迪子孫，尚世世結貞，永思圖報云爾。

續修族譜自序

吾王氏同出於刺史公，至五世爲定國公、經國公二大派而已。今吾譜則皆定國公之後也。

經國公之後何不入譜？東山已譜之也。定國公之後，同一大派，而昔正統間尚固公修譜，景泰間稷時公修譜，何派同而譜分也？尚固公之譜，不主復倫之議也，稷時公之譜以復倫也。倫可復乎？曰：「何爲而不可也，以弟繼兄，紊也，悟其非而復爲弟，禮也。」然則，尚固公何爲不主復倫之議？蓋其紊久矣。遽復則族人難之，此東山之所由分也。尚固公何不附東山？東山於我疏也，稷時公於我親也。尚固公内不主復倫，外不附東山，故修本支譜爲中立之計，一時之權也。今續修者何？蓋從吾族之公議也，一本之親，不可解於心，天秩之序，世遠而論定。故續修之，以萃涣叙彝而親親也，推先人權宜不得已之情，正百年相持不能定之禮，聯數世睽違不能一之宗，順衆志而協天理，其在今譜乎？譜何不會東山而一之歟？曰：「譜緣情而起，應時而成者也。」其有待哉！其有待哉！

高洲張氏族譜序

予得閲高洲張氏所藏先世遺墨，見永樂間翰撰周公孟簡所爲譜序，具稱張氏之先，一以捍元兵而死以成大忠，一以避元難而遯以存宗祀，至擬之比干、微子云，有味乎其言之也。乃郡庠生全吾君諱信謁予曰：「吾張雖歷代遠而系序明，然缺焉未梓久矣。邇者偕吾弟儒、侄堅輩聚族而謀，將輯而傳之，願言以弁其端。」予曰：「周翰撰公序文，足爲百世珍矣，奚俟予言哉？」雖然，予於張爲世姻，自先大夫與其尊公兩景先生昆弟爲莫逆，予復與全吾君昆弟以道義經術切偲益密，而君之諸子侄及予門，以正學質問者，尤彬彬也。矧其輯譜於久曠之餘，誠美事，予安得不爲欽贊而樂道之？按張氏其先世出後魏平陸侯，傳至後唐諱欽字德廣，爲青州清河人，官清遠節度使，留鎮永新，支派浸繁，或徙永寧，徙官山，徙茶陵，而族漸分。傳十四世，當宋末諱坦字履翁，學士院檢閱，聞文信國公倡義勤王，以彭震龍戍永新，遂盡家財率子弟僮丁併力拒守。元兵壓境，城陷，履翁死之，有子十二人，或戰死或潛遯。有諱子寬者，逃依上城外氏，乃卜高洲居焉，即今高洲之開基祖也。入我明永樂中，諱漢信以賢良徵爲國子博士，改除通政司經歷，嘗編輯家譜，未及梓而卒。傳數世，有寓衡靖二州者，皆以明經膺貢入仕。而家高洲者，殷裕而雅馴，瓜瓞昌綿，而弦誦滋盛，耆碩崇長厚之風，俊髦挾英特之氣，壼幃矢冰霜之節，蔚蔚乎爲邑之名宗矣。嗟乎！張氏之先如履翁之捍敵而死，誠足爲大忠矣！不有子寬公，則孰與開高洲，以衍履翁之胤祚於無窮？然則周翰撰公所擬比干、微子之云，殆未爲侈論也。今全吾君偕弟侄聚謀族人輯譜以傳，可謂能仰體子寬公之心，以光大履翁之緒，且以見忠臣志士之後，其駿聲丕烈垂澤之遠，愈久而增熾，不可湮泯，則茲譜又匪直爲張氏一族之重已也。抑予尤有願焉，惟張氏子孫尚追繩祖武，作求世德，孝友以篤倫，仁讓以惇叙，敬慎以禔躬，謙沖以下物，詩禮以奮庸，仕則翊運匡時爲名臣，處則端儀率典爲良士，人將稱之曰：「張氏之多賢，果不愧爲先世忠臣志士之後，揚駿聲而振丕烈也。」是則永爲兹譜之重矣。

廬陵丁塘劉氏族譜序

吾吉諸世家大族皆有譜，其譜往往遡源及流，遠至千百其年。蓋吾吉當東南夷曠蔓衍之區，無論四方多故，而此邦非雄桀盤據用武必争之地，是以世家大族得代相保聚，即支分派别，宅析而址遷，亦往往不出其鄉，故雖數十世之子孫散處旁邑，若不相聞，尚能追繹本始，不昧其祖之所自出，猶得遡源及流而譜之也。雖然，亦有知所自出，灼有明徵，而世遠人蕃，地散而跡疏，未可盡聯，則通譜或未暇緝，而惟譜其親支之近而可詳者以傳，兹誠重宗示信之一道也歟！

廬陵丁塘之劉，出自安城之蜜湖。蜜湖之譜載十一世九郎徙丁塘，而丁塘之譜則祖且權。蜜湖族人内翰喜聞君爲叙之曰：「蓋九郎攜其子若孫同家焉，且權則其孫，行仁字也，世次統系皆可考，其爲吾湖所自分無疑。」且權公歷傳數世，分皂源珠園、對家園下屋。又數世，分横塘派。分雖不一，而統曰「丁塘志」。肇基之始也，丁塘之譜不忘蜜湖，而於且權公之上世不詳焉。自且權公以迄於今，則生娶、卒葬、仕隱必詳，存遠而篤近也。譜自七世祖諱茂實，承兄明甫太守之志，始修之。入國朝天順間，松雪君承父誠庵大尹之志再修之。嘉靖間，西澗茂才承兄舒庵鄉進士之志三修之。已而蜜湖議修通譜，移書丁塘，往復甚勤，而竟未果。今丁塘族之尊者瑞虞等，以譜未續者六十餘年，世系益繁，宜增修之，乃率其族姪庠生夢蘭、智周暨忠勁、愈康等謁言於予。予嘗講學於丁塘之里，因得登劉氏之堂，則見其尊幼秩秩然，淳樸而雅静，澹素而端恪，皆能以禮義繩檢相觀而成，予敬而嘉之。兹復集謀增緝宗乘，則譜凡四修矣。夫不援遠代以加於舊譜之前，而惟增近系以續於三修之後，且删冗補遺，義例允協，此其繼承之孝，紀述之信，敦睦之仁，體裁之慎，具見之矣。抑予謂譜既成矣，一展籍而支分派别，昭如指掌，是萃族之成案也；不俟展籍，而重念一本之同，兼愛於支分派别者，如一身之髮膚肘股然，是萃族之真心也。爲劉氏後賢者，據成案而益推真心以厚族，將錫類貽燕，悠永昌熾之澤，曷有涯哉？蓋夫蓋嘗受學於予，且倡遊藝之會以勸善於鄉，予益知劉氏之多賢，故樂爲之言，因期來祚之保艾於無疆焉。

吉陽文林山曾氏重修譜序

南方古無曾姓，蒧、參之孫曰據，漢末避新南遷，爲南方諸曾始祖。其分派諸名，筆記載之詳，予不重述，惟就文林山一派序之。按據之後曰珪、舊、略，三兄弟同居吉陽，其後各分占一方之勝，惟珪仍居吉陽。珪之後，又各分，惟珪長子寬居吉陽。傳至吴中丞上柱國常侍延輝，始自吉上槎莊徙居永豐睦陂上羅原，以四子分東西南北四宅。文林山祖、吉州團練使崇德得西宅，傳至忠州推官朝陽孫紹祖子學甫，自睦陂徙古新淦石人坪，再徙吉水文林山。紹祖兄十一郎，徙吉州螺湖橋，紹祖弟小三郎，徙吉水午岡，再徙大湖山。學甫宋紹興三年發解江西，既而講明明德之學於玉山書院，必誠意，毋自欺，能自慊，乃可止於至善。學者議論歸之，稱爲玉山先生。朱新安嘗推許之，謂「當時四方學者，莫之能及」。有《玉山家乘》傳後，宋程明道、楊龜山、真西山並爲文引其首，其文精確典贍，照耀今古，則玉山之學可見。宋景炎三年，賊亂中原，諸郡以城降，文信國提刑江西，起兵勤王，玉山後立中，率吉諸豪士從之出。諸誠陷，君旨旌其閭曰「學善之家」，蓋《大學》「止至善」之意。傳至元，登景定張益榜進士，號「滄山」，始自石坪徙院背，時以其官名其地，爲「文林山」云。詳攷忠州推官朝陽之後，進士仔肩，又進士參軍度，進士庠解元，進士方伯鼎，皆居上羅。司户元忠，諡文節，徙曾田。進士名臣、民瞻徙溋塘並蝌坑。進士文炳、文彬並徙谷村。然或散或微或止，各記其地於名次之下。今承朝陽之脈，惟文林、湖山兩枝。文林、湖山之相遇若途人者數世矣，一旦覈綜世系，然後知途人之爲兄弟，則可知天合之親不可以時世間也。曾氏源流，上至夏禹，傳及葴，脈脈相承，皆出曾子與門人之所記。漢孔安國筆之書以詔後世，宋曾元忠諡文節再攷證之，曾玉山又删定之，故輝公一派譜較他譜獨詳。我朝肅宗皇帝詔求曾氏血胤，以輝公長子之派承襲，則以四宅譜有所證據故也。

孝廉肖伯委質予門問學，其尊人字汝升，嘗慕聶貞襄「主静」之教而問焉。貞襄進而誨之曰：「玉山之學以誠意爲本，滄山之學以修身爲本，合内外之道，定静之宗旨也，子歸而求之有餘師矣。」由此觀之，爲曾氏子孫者不獨當世其傳，且當世其德。蓋曾氏子孫之所守者，天下國家之所法，其爲天下國家所法者，則曾氏子孫尤宜守也，肖伯兄弟勉乎哉！

友慶堂存稿卷之二

序

歐陽南野先生年譜序[一]

蓋孔門特揭求仁爲聖學之宗，而先儒復以萬物一體之説申繹其旨。世之君子明於一體之仁，然後可措於經世，以達吾道於天下，誠以聖學非孑然獨善之爲，而必以通志成務爲大也。雖然，仁之難成也久矣。夫仁者，能一體於物，以其忘己而不以己異物也。故至誠孚而機事融，物我之藩垣盡撤，然後能群於物而德不孤。德不孤者然後動不括而行自裕，則天下之事吾得以默運，其扶危保泰之微權，乃至功存宗社而不見其跡。此聖人善用其仁，以措於經世之至道也。彼不能一體於物者，以其不能忘己，内焉不忘其自賢之心，外焉不忘其達世之跡。故欲市己直，

[一] 亦載《友慶堂合稿》卷之三，並注「甲午」。

寧忤其君，而不知納約之方；欲揚己善則獨立於峻，而不知協恭之義，乃竟於國事成敗不克共濟，而惟孑然孤特之爲恃。嗚呼！是好修者自爲名高，則得矣，抑孰知其出於有我之私，而大戾乎一體之仁，安足以語於君子通志成務之學哉？予故曰：明於一體之仁，然後可措於經世以達吾道於天下也。是道也，吾獨於歐陽南野先生見之。先生立朝，當世廟，端拱玄默，崇軒黄之秘，嚴祝祠之典，外朝罕御，而英明操縱，恩威莫測，睿哲果斷。臣下奉令，祇役捄過不暇，一時執政，又非有秉義格心之賢，徒巽愞委隨以持禄自全爲事。先生自留都召入，諸大僚以先生宿望隆重，或未能平心抑氣以和於朝，而先生一本至誠，與人共事，洞見衷腑，畢集衆思，不與以己。至大義所關，必難徇世者，則亦不露聲色，正而不劌，有而不居，於是公卿以下，莫不傾信，知先生能融物我於形骸之外也。及丁内艱，服闋，特召爲大宗伯。時儲宫未建，中外危疑，上意所嚮，莫敢瀆請。先生焦心勞慮，任爲己責，其忠勤懇切之誠，見於議禁中成婚之疏、府僚不概設之疏、請醮戒詞之疏、太廟代祀之疏，皆以微婉之詞明經常之禮，因將順之機寓匡弼之實。是以上鑒其悃款，察其樸直，雖降旨出於勉從，亦終不以爲抗激而加怒也。最後議康妃葬禮之疏、請早正東宫之疏，則披瀝罄竭以悟上心，而先生遘疾不起矣。當疾亟時，上遣中使賚賜問疾。訃聞，上震悼，遣中使視斂，手諭内閣問故，下所司議恤，而公卿以下咸臨喪盡哀，曰「人之云亡，邦其殄瘁矣」，此豈非先生至誠一念，上契宸衷，下孚有位，以致然哉？蓋先生立朝，先後僅七閲歲，乃其調劑於事勢乖隔之間，融釋於人情崎嶮之際，折衷於群口紛拏之論，銷彌於兆端未萌之先者，不知其幾。而聖明倚毗，方圖爰立，雖天奪之年，未究所施，然國本不移，宗社所賴於先生以默扶潛翊於人所不及見者，可勝言哉？以予所窺，先生惟能忘己以一體於物，故能措於經世以達其道於天下。是真有得於聖門求仁之學，非世之所稱學道，孑然孤守，無裨於世者之爲也。

先生年譜成，其孫詹録君宗翰持以示予。予以爲聖學將於是焉攸繫，欲使後之覽者知先生經世大業本於求仁，故僭爲論述其近似如此，庶志學之士得有考而擇焉。

梅山語録序

昔王文成公倡道東南，海内名賢，親受學以鳴於世者甚衆，而吾吉尤稱盛焉，蓋王公學貴根極性真，不涉枝蔓，四方學者聞其緒説，不無以穎敏慧利承當，而脱略於準繩踐履者亦時有之，惟吾吉先輩皆端方謹密，其學必徵諸律身制行之實，而精義造微，終不越經常而爲奇詭之談。此其所以爲得歟！安成師泉劉先生，王公高第弟子也，力肩正學，志堅而思苦，嘗以「主宰貴一，流行貴精」之説指示學者，蓋聖門敬義不孤之遺旨也。予友易庵朱君調以相甫，蚤爲邑諸生，已乃棄去，受學于先生之門。天禀真醇，而志趨顓切，世味泊如，而静研幽奥。其體於衷也，瞬息不懈；其檢於身也，屋漏不欺。其正於家也，厚倫常而以順處逆；其措於事也，出誠信而斂退晦藏。雖當路見知，頻加禮遇，而丘壑屏跡，終守枉尺之戒，不少渝也。其學之大指，原本於師泉先生，故於心性意氣之辨致詳焉。然析而不支，合而不淆，要其所自得者爲多矣。若君者殆所謂律身制行、蹈於準繩，而精義造微、不涉奇詭者歟？

嘗講學於梅溪之山，乘暇手筆若干條，存於家，題曰「梅山語録」。君既没，予始得受讀之，以呈于吾郡司理行素劉公。公既請祀君於賢祠，復以是録爲可傳，亟付梓，屬予識其端。惟君闇然潛修，自分無聞于世，何期遺篇殘帙，賴我郡公以傳。蓋公正身率物，有不言而躬行之實學，故於君未面覿而神孚。而公在吾郡，每加意於草澤之貞心砥節、匿景而韜光者，必表揚崇異之，以勸頽風，此其有裨於世教至大矣。惟是録寔出君力學苦心，故其言若摹寫之甚艱，而乍觀者亦或未易領會，是在嗜學之君子試三復而深繹之，庶得其立言之指歸，而知其中之所存者遠矣。

六藝會録序

廬陵曾生廷玉、劉生蓋夫，偕其鄉諸君子爲六藝之會，蓋擇其醇厚端謹、樂善好修、志同而氣合者，每月一會，以相砥策夾持而進於道也。會既成，有願續入者，諸君必審察其志行，無疵而後得入，不妄與焉，曰：「吾會以取善受益，未可泛交，懼敗群也。」行之既久，乃特迓予至因果禪院，同盟畢集，爲會者三日，則見諸君皆恂恂樸雅，視聽顓一而意向勤篤。蓋其鄉之父老子弟平日不聞虛浮杳眇之談，不習炫耀矯飾之態，故以理義倡之而易信，以矩矱導之而樂從也，所謂三代直道行而純璞尚未斲者，殆庶幾焉！矧諸君又慎擇而不泛交，宜茲會之彬彬濟美矣。有問予者曰：「成周以三物教人，德行藝皆六也，今獨以藝名，得無少偏乎？」予曰：「非然也。德者根於心，行者見於事，藝者要其成名，雖三而道則一也。且六藝豈必索諸彌文多岐之末哉？吾人日用倫理之間，鄉閭應接之際，言動秩乎其不苟，是之謂禮。太和沖然其與物，是之謂樂。遵孔子之言射，而念念反求諸己，體孟氏之言御，而事事範我馳驅。達書契之原，則當不愧古者結繩之心，識虛盈之數，則深戒乎非分妄求之計。審能是，則律身行己不襲六藝之跡，而實契六藝之精，則會雖以六藝名而實收修德飾行之全功矣。予故曰：要其成者此也。夫執六藝之跡而滯於外則繁勞而鮮功，通六藝之理以善其身則易簡而有獲。予故願茲會諸君胥勉之。異日者諸君德成而行立，孝弟仁讓之風，雍雍乎其宜於家也，藹藹乎其睦於鄉也。將不但吾郡邑則而慕之，即四方且仰芳躅而揚永譽矣。」於是諸君持會録，徵予一言，遂書此以致吾惓惓屬望之私云。

壽一吾李君六十序

昔孔子於見過而内訟者，特發「已矣乎，未見」之歎。夫「未見」者，重惜於既往；「已矣」者，絶望於將來。何見過者之難其人哉？即無論天下之遠，豈在聖門如閔、冉諸賢，尚不得爲見過其人哉！獨於顔氏之子稱之曰：「有不善未嘗不知，知之未嘗復行。」然則見過之學必如顔子，然後足以當之歟？夫所謂過者，非一事之失、一念之差之謂也。夫學不能研幾而入微，以至念起而差，事至而失，則墮於惡矣，不得謂之過。過之云者，謂念未起，事未形，而習氣潛伏，未能徹底融化之謂也。習氣潛伏之過，隱而未露，故見之爲難，見且不能，況於自訟？如程伯子獵心未萌，自謂已無此好，而周子弗之許，是程伯子且有歉於見過之一驗也。極而言之，則夷之清、尹之任、惠之和終不得以班於孔子，蓋其獨擅之偏長，即其有執而未化，正所謂習氣之潛伏者。然則見過之學在三子猶難之，況其他哉？是宜孔子之重惜而深歎之也。或者曰：「習氣之過潛伏未露，何自而見之？」曰：「戒慎不睹，恐懼不聞，是見於其所不見也。」孔門有修慝之訓，釋之者曰：「惡匿於心，惟極深研幾，密密内省，乃能自見其匿於心者，所謂見於其所不見，是見過之説也。」過愈見則性愈徹矣，孔子江漢濯、秋陽暴以至於皜皜莫尚，是過化而性純之極功也。蓋孔子自謂「學《易》乃無大過」，然則聖如孔子，猶未肯以習氣隱曲之過爲能遽無也。

今世學者或冒認有悟，便自謂無過而以見過爲落第二義，故往往任意恣情，終日終身一憑習氣用事而不自覺，吾是以知見過之學誠千古入聖之秘要，宜孔子惓惓焉屬望之特勤也。嗟夫！聖遠道衰，彼空談不檢者，比比然矣。惟吾友一吾先生李君學以見過爲宗，凝神内省，瞬息不懈，而飭躬勵節，不愧屋漏。家故食貧，乃堅忍自守，纖利不染。往者邑先達太宰歐陽公以君爲肺腑内戚，雅重其賢，思一濟其貧，適有以事持千金乞援者，公命其人必先致厚餽於君，君固卻不受。當是時，太宰貴盛隆赫，人咸知君在至戚，欲因以求通者甚衆。君杜門蕭然，寒窶自甘，一切辭避，若將浼己，蓋其抗志塵外者遠矣。邑侯閔公督理賦册，延請入局裁訂綜覈。君矢公秉直，一無所狥，而晦跡讓能，不自居以爲功，故事成身潔而超然竟爲塵外人也。嗣是郡邑大夫數加優禮，君棲静養素，益臻幽奥，心跡清瑩，絶於瑕纇。人徒知其持身端肅而不知其學以見過爲宗，日嚴内省，戒懼於不睹聞之地，以銷鎔潛伏未露之習氣，所自致力者，殆非凡近之所易窺也。

今年夏四月，壽躋六十，君方以罔極永慕謝絶賓客，其門下士劉子永命等謁予，願有言以伸後學之私臆。予惟君以道爲壽，未可徒以期頤效祝，爰述其學以見過爲宗，發明孔門之秘要，以警末世之空談，其有功吾道甚盛。是則君將以穹壤無盡爲壽，非予所能涯量者矣。

壽弘宇劉先生八十序

夫君子所爲自樹於宇宙者，在秉義持節，瑩潔清嚴，皭然無緇，出則守正不阿，範馳驅而羞詭遇之獲；居則貞介不渝，端儀刑以垂鄉郡之式。此在《大易》，庶幾所謂能獨立而無悶於遯世，爲大過人之行也。末世淺識之流，徒以名登甲第，位躐崇秩爲榮，抑孰知其人儻卑瑣垢污，節毀而行隳，則議者將指斥訕譏而不齒焉。孰謂登甲第躐崇秩，果足爲重哉？廬陵弘宇劉先生以嘉靖乙卯領鄉闈魁薦，仕至寧國令，遽解組歸。予嘗謂發身不必甲第，而德義之隆有加於甲第之上，歷官不必崇秩，而操履之粹寔渝於崇秩之外者，則弘宇先生其人也。然以予觀於吾郡其不甲第不崇秩而能卓然自樹於宇宙者，未暇悉舉，乃其最著者，吾得八人焉。若孫貞孝先生、劉石潭先生，予生也晚，未及見而竊景慕之。若彭石屋先生、劉晴川先生、劉師泉先生、劉三五先生、劉見川先生、尹求庵先生，則予皆幸一見，或屢見屢請益焉。彼皆發身止於鄉薦，歷官未及上大夫，或僅占一命，甚者竟不仕以老也。今其德義典刑後進，高山景行之仰爲何如哉？信知君子所自樹於宇宙，在此不在彼也。

弘宇先生初膺鄉薦，時予適遷閩臬過家，見諸新科返舍者無不張鼓吹盛騎從以爲侈，先生舟及江滸，獨布衣徒步入里門，予則敬歎曰：「是有遠識者，殆非凡人哉！」先生令寧國，清勵絶俗，卻常例之供，罷不經之費，里役爲之頓蘇，滌冤伸枉，疏滯舉廢，弊剔而不苛，法行而允協。歸則息軌杜門，直以不能婞妸媚俗，違己徇時，致遭讒構，飄然謝事，邑人奔送悲號，如脱慈母。間與予屏外紛而絶干謁。四壁蕭然，缾無餘粟，人皆以爲難，而先生晏然處之，不以攖其衷也。蓋先談當時事，侃侃以古人風節爲重，至人品之污下，世態之頹陋，則鄙誚唾斥，切切焉醜之。生平生所見於邪正黑白之際，洞晰而不少紊，宜其所自樹者瑩潔清嚴、皭然無緇之若是也。

予向所稱八先生者往矣，以概論於今世，如先生殆其儔匹哉！歲甲午冬十一月，先生壽躋八衮，同郡諸大夫屬予言以賀。予惟先生之壽匪直壽於一身而已也，蓋以其瑩潔清嚴、皭然無緇，使吾鄉之大夫士咸有所矜式，是合鄉國以成其壽也。由八衮以臻期頤，固無俟於預祝，乃鄉人觀法攸賴，則願先生壽益無疆，以錫類此邦於悠永者，誠萬口同然之祝矣。《南山》之詩曰：「樂只君子，德音不已。樂只君子，保艾爾後。」敢以是獻歌以佐壽筵之觴。

壽族叔卓所先生六十序

昔孔子自言「六十而耳順」，説者曰：「所聞皆通也。」有繹其義者曰：「如大舜之聞一善言，若決江河，沛乎莫禦，是所聞皆通之旨也。」雖然，聖人之所聞皆通，豈謂其聞彼哉？自聞而已矣。惟自聞之功徹根柢而洞幽微，性天朗晰，無纖芥之疑蔽以障其中也，則廓然虚者彌宇宙，瑩然靈者貫古今，天籟發於空漠之界，元聲隱於寂静之餘。聖性之淵澄而宥密者，蓋不涉於耳根以爲聞，而天聰畢達，即一息洪纖喙息，自莫逃於所聞之外。夫所謂「所聞皆通」者，殆此之謂歟！或者曰：「釋氏有耳根圓通之説，其言浄極光通達，寂照含虚空，而必本於反聞聞自性，其亦吾聖人之性天朗晰，不涉耳根以爲聞，而自無乎不聞之旨歟？」夫孔子之耳順非末學淺衷所能窺測，即如説者所云，或亦近之。惟吾儕生於千百年之後，有志於希聖，其亦必由自聞之功，務期於性天朗晰，無纖芥之疑蔽，庶可幾焉。儻緣物循聲，日聞於外，是自逐於物交之引而反窒其天聰之性也，而可乎？

予族叔卓所先生受學於易庵朱公之門有年矣，而予得相與促席於螺水之上，朝夕以正學切磨而共勉者，亦復不記其年。予以艱嗣，嘗躬趨數百里外禱於南嶽太華之山，先生不憚遠涉，必與予俱往。及予得弱子景衡，先生即謀於室中劉孺人，擇遣乳媪就予家，襁而哺之者數年，復爲塑觀音大士於元陽，以祈永齡。幼患疹，先生皇皇爲覓明醫調治，歲時惠問勤篤，迄於今吾兒幸已冠婚，而沐先生之垂貺未衰也。先生於予可謂道義骨肉之深契矣。今年春，先生壽躋六十，予宜有言以賀，惟先生不泛獵於載籍，不旁攻於詞藝，遂得以其清暇專志於身心之學，終日杜門，不接外事。凡族里之間，時有事端未一、論議各持之際，先生方退處燕息，一切不以聞於耳而奪其心也。此所謂不緣物循聲、逐於物交之引以爲聞者乎？其真有志於自聞之功，務期於性天朗晰之域而後已者乎？ 夫學以盡性爲宗，聖凡無二學也。耳順者，聖人盡性之極致，而不逐物以自聞者，學者求盡性之始事也。彼以耳順爲必不可幾及而遂安於逐物，不知自聞以爲功，則惑之甚矣。或者曰：「始學之望聖域遠矣，得無阻於遲暮而難成乎？」予曰：「千年暗室得一炬而暗銷，此頓造之説也。安知耳順之真境，不即在於志學之初機乎？ 泥階級而昧頓機，非善繹聖人之旨者也。」予於先生以正學結深知，故於其壽也，不以世壽侈談而以仁壽致祝焉。

重修金谿總譜自序

吾王氏同出於唐末吉州刺史公，傳五世，定國公爲南塘派，經國公爲東山派，自唐末歷宋元，迄我國初，本爲一族，今存洪武癸亥譜可攷也。正統間，南塘派下稷時公以先世因元俗以弟繼兄，倫序斯紊，始有復倫之議，族中長幼持論未能協一。於是正統戊辰，本派下先叔祖尚固公以不主復倫自修本支譜。景泰庚午，稷時公修復倫譜。成化戊戌，東山派下南軒公亦不主復倫，修東山譜。三譜成而吾王氏之族涣矣。然攷三公自序，咸以情盡相視如塗人爲慨，而南軒公惓惓謂：「同祖而出，列屋而居，老死同里，宜千百人疾痛切身。」此其志不樂於睽異明矣。但吾族人因各據譜自爲一宗，遂至彼此相見不叙昭穆，直以賓主相稱，分庭抗禮，恬不爲怪。是以中丞心遠公、别駕方衡公，先後續修東山之譜，猶未總協。然攷二公自序，咸以尋始之末，合異反同，屬望於子孫，則二公之志切于聯宗亦甚明矣。

嘉靖辛酉，南塘派下稷時公與尚固公子孫，自以同出五世之祖，不宜分異，始合爲一。隆慶戊辰刻南塘譜，嗣是各派科第益盛，人文寖熾，理學昌明，世遠氣平，而衆論自定。萬曆甲戌、乙亥間，東山派下督府鷺洲公暨方衡公偕南塘派下時槐及族中諸俊彦，講學於元陽，皆以昭穆序坐，情誼日以孚洽。邇者族之諸父老大夫士咸相與謀曰：「世豈有一本分爲異族者乎？東山、南塘同出始祖，豈宜分異？今二派久涣思合，千百人一心，叙倫聯族，此其時矣。」乃歲癸巳，東山、南塘二派下子孫總合爲一，遂刻總譜，乃告祖廟，大明叔姪昆弟之儀，分尊者雖貧賤不得少貶也，分卑者雖貴富不得少僭也。禮度雍雍然，情愛愉愉然。族之人咸欣歎曰：「何幸復覩一本太和之盛事也。」邑人聞之，亦曰：「金谿王氏惇睦乃爾，誠不愧衣冠禮義之世胄也。」惟兹總譜之修，族衆既踴躍從事，則其議必得精敏詳慎、矢公勤事者，乃可當編摩之任。遂授簡於二十三世雲程、而組，二十四世文焕、湯孫、大猷，涓吉開局於元陽，咸殫慮忘勞，歲寒不輟，裁訂義例，删剔繁委，體要無遺，審諦弗爽。經始於癸巳季冬，鋟梓於甲午仲夏。而譜告成，僉謂時槐宜序其端。予惟古稱孝者，志貴善繼，事貴善述，蓋默體其心而代終其事乃爲善也。夫昔因議禮持論以致分譜，此豈吾先人之本志哉？特一時有激而然耳！乃今復原一本，叙大倫而總譜之，以慰先人未安之志，以成先人未竟之事，可不謂繼述之善哉？夫一族之人是吾刺史公之一身也，凡人一身毛髮爪膚，無不護愛。假令割臂斷股，視如秦越，尚得爲人乎？知此則知今總譜之成，真足以上報刺史公罔極之德，且仰副三公修譜、二公續譜，先後屬望聯宗之至情，而錫類於不匱矣。繼今以往，吾族人益崇仁讓，勿倚貴富而驕，勿恃强悍而侮，勿覬利而争，勿挾詐而動，勿懷疑忌而起怨，勿徒責人而自恕。當知君子保族之道，必以恩而掩義，必守柔而懲忿，必推誠而戒僞，必自反而省愆。居其厚勿居其薄，族乃可保矣。《詩》不云乎，「無念爾祖，聿修厥德，永言配命，自求多福」，惟修德以和親，乃可祇若於天命，庶上焉足稱念祖之純孝，下焉足垂世祚於無疆矣。時槐不敏，願與吾族人共勉之。

誠心堂助建録序〔二〕

誠心堂建於予族里金谿之下塘南下。塘南者，予先世本派衆居之地也。先是衆居燬於火，先考偕諸弟徙郡城，餘客寓楚，而遺址僅存，迄今七十餘年矣。族中及門諸士孝廉尚賢、庠生文焕等以予歲時返族里，展祠墓，必集諸同志講學于元陽道院，因倡議建堂於遺址之上，以爲講授

〔二〕　是序以《重刻塘南王公誠心堂助建録自序》之名，載于《王塘南先生自考録》卷末，且落款爲：「萬曆二十六年，歲在戊戌，春正月壬子，塘南山人王時槐書。」

之地也。是議初出，予自忖德非所堪，亟寢其議，而郡侯張公、邑侯楊公聞之，特捐俸賜助以爲衆倡，各邑及門諸士咸翕然胥應，予遂不得辭，乃亦自捐金共成之。於是僉議司出納費者族弟庠生法程，督工役者族叔一鯨、姪而柏，而族弟正思、姪文焕、桃孫則皆經理區畫，畢慮而協勞於其間者也。經始於萬曆乙未冬十一月，踰年而一堂二室及門屏僅完。堂以誠心名者，蓋取周子所謂「本必端，端本誠心而已」，程子所謂「且省外事，但明乎善，惟進誠心」之旨也。惟予衰耄，於道未有聞，無能裨益於及門諸士，直以吾人在宇宙間所當篤倫盡分，踐形全歸，以還天命賦畀之初者，惟此學；所當繼往開來，輔治章教，以扶萬世太平者，亦惟此學：則其要在誠心而已。願與同志諸彦共勉之。爰敬述建置之由，備録郡邑侯而下助費之數，付梓以垂不泯云。

松嵒朱君學語摘録序

予自有識，粗知慕學，則獲交於里中易庵、松嵒二朱君，二君皆受學於師泉劉先生之門，先生之學以性命並致其力，敬義博約，兼體而德不孤，爲聖學之彀率。學者必由是以入，庶不墮二氏之偏空，俗學之逐末，此其立教之大指也。二君在先生之門，皆日臻邃奥。易庵沉凝而密證，松嵒清逸而洞朗，其脱然不染世滓，而飄飄在埃壒之外，終其身無一念不在於學，則二君之所同也。松嵒君蚤歲嘗慕仙，已而聞聖學，憬然有悟，遂舍他岐而一歸於正。蓋其資有足邁等夷者，故在同志中不矜特行，不混凡情，由由然與士友偕，而風神夷曠，灑然自别也。予愚鈍，不逮二君，徒以一念嚮往，不敢後於二君，故與之遊處數十年，沾受提撕切偲之益甚多矣。二君既卒，予嘗得《易庵語録》，序而傳之。松嵒令孫惟約嘗受學於予，既成進士，以行人奉使過家，檢尋祖遺諸稿，摘其論學切要者，手録屬予一言。予乃敬述其學所師承與其深造之概，庶覽者知松嵒君之積志顓勤而躬蹈實踐，非徒以言語文字表見於世者也。若夫因録中之言，以遡師泉先生之旨，而達聖門一脈之淵源，則具眼者當自得之矣。

榮壽録序

蓋古之至人，其言壽不可以千百億數量計，豈直以留形久視言哉？夫不以留形久視言壽，而其壽乃至千百億，且不可數量計，此其道必超形氣之外，而獨全其不朽之真也明矣。然稽古稱壽莫辨於《詩》，惟曰「黄耉台背」、「耇艾眉壽」而已。則是亦以留形久視爲祝也，何哉？蓋所謂超形氣而全不朽，必學焉有得於道，而後能學焉，欲有得於道，非假以年歲之久，以證性凝命，而優入不可思議之境，亦未易能也。然則留形久視之祝，正願其藉是以爲超形氣、全不朽之資云耳，故箕疇五福，言壽與康寧，而必貴攸好德，其以是歟？

予同年陳蒙山先生今年仲秋壽届八袠。先生壯而解組，未老而杜門謝客久矣。及壽期，雖宗姻契友，里中後進，欲以一觴一言及門者，皆辭免。然藩臬大夫郡邑侯，雖未嘗一接顏色，而尊重其德音，以爲是吾吉齒望兼隆之大老，非凡壽比也，則特移書幣，侈篇什，復表其廬，以彰其邃學之輝光。而同鄉宫保曾公暨諸士紳，或遠自京師，近在鄰邑，肅緘製軸而稱賀焉。既辭之不得，於是其令孫應鳳，手録成帙，將付諸梓，謁予一言以序其端。予惟先生平生行誼與其肥遯養高之節，人所共知也。予則自弱冠時獲侍筆劄，締心盟，已而共受學於兩峰先師之門，及退居林下相與結社，朝夕切偲，迄今又三十年矣。竊謂今之知先生最深者，宜莫予若也。先生天秉清明高朗，予不逮萬一，而精研理學，既臻聖門之堂奧，時以其餘緒發於詩章楮墨之間，片紙隻字，人争傳之以爲奇玩，而不知先生之粹然藴蓄、淵然神會者，有在於言語文字之外也。今將由八袠躋期頤未艾，所謂藉留形久視之資，以畢其超形氣、全不朽之學者乎？是編題曰「榮壽」，蓋孔言「仁壽」，孟言「仁榮」，先生有焉，非凡情所稱榮壽者可及也。敬書以爲序。

壽見臺曾老先生七十序

天地清純渾厚之氣，渟涵藴蓄，而時一暢達於貞元會合之際，則必有惇大博碩之名人出於其間，上以扶國家之熙運，下以垂士庶之典刑，故進而登朝則展采凝績，而百辟是憲；退而居鄉則軌儀範俗，而法程攸賴。此所謂維嶽之秀鍾而名世之希覯者歟？

吾吉自歐陽文忠公挺生於宋，德學事業，節義文章，固爲百代宗仰。嗣是名人輩出，吾吉遂以多賢甲稱寰宇。入我朝，若六卿之長則羅文莊、歐陽文莊、聶貞襄之理學，周文襄之事功，王文端、劉端毅、張簡肅、周簡肅之德望，皆八座具瞻，一時倚重，其炳著者也。至平章大政，與夫在廷侍從，而並以勳德聞者，尤有其人，未暇具論焉。是所謂會貞元而出名世者，顧特見於吾郡，蓋其盛如此。乃今文江復有見臺先生曾公。公蚤占巍第，發硎省署，尋典銓選，歷躋卿貳，荐陟司空，特晉宮輔，請告南還。已而詔起留京太宰，三疏懇辭。又踰年，上念公不置，特詔以太宰再起。是歲春二月，適值公届七袠，時槐淺陋，未足仰窺高深之一二，顧沐教最久，誼當效一言之祝。竊惟公淳誠天秉，非由揉習，貞練夙成，不大聲色。投艱荷鉅，而川澄山峙，常度不易；推心應物，而好賢愛士，扶植滋勤。忠贇訏謨而上契宸衷，望繫安危而中無朋比。是以德重名完，皭然粹白，海内識與不識，莫不曰：「是誠爲休休之大臣也。」及請告暫還，時與鄉之耆舊接席而交懽，於其俊彥折節而延禮，沖和襲人。狎見者且忘其位分之尊；矩矱攝躬，承風者默消其鄙薄之習。恩篤於天倫，義急於拯恤。復倡歲會於里中，進諸生而勸學。里中人士薰其身教，信在言前，則又莫不曰：「是誠爲慥慥之君子也。」所謂惇大博碩，進扶運於國家，而退典刑於士庶，公真其人哉！惟公精明康豫之身，丘園固未可久淹，而弼亮經綸之業，施措亦知其未竟。乃今簡召屢下，公所宜勉遵成命以展盡素學於方來，懋著名世之鴻烈者，其必不容自已也。在昔鷹揚之尚父，起渭釣而奏丹書；有斐之賢侯，瞻淇竹而賦抑戒：皆年躋大耋而輔國宣猷，孳孳未懈。時槐不敏，敢敬以壽國壽蒼生者，爲公遐壽無疆之祝焉。敬書以爲慶。

賀郡丞儆齋林公考績序

國家所爲登進賢良，畀之以民社之寄，豈徒使挾長蓄鉅之士出奇逞鋭，以張其材智之有餘而夸示於一世已哉？蓋將使民安袵席、伏田里，恬愉休暇，相生養以無患，是則擇賢任用者之本意。而在大賢君子純心濟世之學，固亦不越於此也。然末世談吏事，往往以矜侈炫露、苛細繁急者，謂足以招譽聞而躐顯峻，乃稽其成效，則所謂使民恬愉休暇而相生養，視古之循牧或不相及者多矣。夫下之無裨於民，遠之莫逮於古，則彼以矜侈炫露、苛細繁急爲賢者，無亦末世談治者之過論歟？是以大賢君子秉純心以濟世，雖智洞幽微而渾乎其若晦也，雖材決壅閼而澹乎其不居也。蓋古之言治者尚豈弟而嘉悦使，重因利而與行簡，近民貴於平易，而聲色期於不大，其不擾也如烹鮮，其若忘也如種樹，此其所涵藉者誠邃，而大庇於斯民者甚渥矣！吾吉在海内爲平夷樸野之邦，其民率顓蒙柔脆，朝夕僅以耕作貿易營衣食爲事，其士人誦章句、攻筆劄以干進而已。且今時承國朝重熙累洽之化，郡境益以無事，至獷悍剽掠恣睢不逞之奸萌，則寂然無有也。是以凡剖符結綬以臨吾邦者，惟以純誠鎮静撫摩之，俾遂其相生養而無患，固郡人所深望而胥戴焉者也。嗟夫！此非大賢君子，内積清和仁厚之德而獨契淵懿沖粹之學，不以違道希世爲事者，其孰能與於此哉？若今郡丞傚齋先生林公，真所謂其人歟。公至性天成，精明中朗，而優裕敦大，神凝而機戢，澹泊而慈恕。其學博涉遐覽，宏詞逸韻，蔚然炳煒，即所素藴者，殆非凡近所可窺。然公之爲政敏而不恃，勞而不伐，事至前而應之，順達於迎刃而不自耀其跡也；訟及庭而理之，情折於片言而不故煩其察也。郡二千石久虚其任，公綰章視事者二年，案無留滯之牘，而襟宇泰然其若澄；獄無株連之繫，而體要秩然其自理。是以家樂業而人按堵，四境之内，莫不含嬉戴慕。而公之所爲韜光斂鍔，翛然不以世態汩其中者，殆非末世談吏事者之所可知也。公莅郡三載，兩院嘉其最績，列疏以聞於上。郡屬十學博士郭君等謁予言以賀，予竊惟世降昇平，民幸無事，譬之嬰孺貴乳哺而無資藥石之勤，譬之稺苗貴滋潤而無假揠助之力，如我公之撫摩吾郡，誠足爲當世長民者之表儀，不獨郡人戴孔邇於勿諼而已也。至其以最績行當沐璽書之褒，膺特簡之命，則皆公之餘事，予故無庸瀆言之矣。

壽族叔立吾公七十序

夫世風之薄，以仁讓之不行也，仁讓不行，以學之不講也。蓋人性本善，然生而不聞聖賢之訓，長而不趨道義之門，則耳目之所濡染，不越乎塵棼雜揉之境；里巷之所接狎，漸入於垢濁邪暗之群。於是淳謹者化爲澆漓，慧利者轉爲狡憸，果敢者肆爲荼毒，始也以爲無傷，久之則視爲固然矣。彼見比屋而居、同井而習者，人人如是，則以爲徧宇宙、稱人豪，不過以智力加於人焉足矣，而遑恤乎其他？倘有以仁讓告者，反駭聽而嗤笑之。嗟夫！此其迷謬顛踣，不至於大亂不止也。聖人知其然，故自家塾黨庠之間，髫齓童丱以上，必聯師儒、明禮義以教之，及道隆化洽，無論農工儂販之人、樵牧爨汲之輩，皆得側聆孝弟之緒談，竊窺端慤之常度。即庸下者且知狙詐貪噬之可恥，在高明者，其力於謀道可知也。是以三代以上，民風一歸於仁讓，則以學素講而人性賴以不昧者此也。孔、孟、濂、洛以及我明江門、會稽諸先覺，惓惓焉發明聖學以喚醒人心、啟迪後進，豈非深有見於世風之頹而思亟挽之也歟？吾吉夙稱東南鄒魯之邦，而安成南鄉賴兩峰、師泉、三五三先生倡學于復真，其時吾族諸叔柳川、石泉、潛軒三公實相與切磋而興起之。時槐弱冠得受業兩峰先生，已幸登第，始獲承柳川公之教。及謝事歸，則潛軒公命予延易庵朱君聯講學之會於元陽，復率族人舉行鄉約。一時族之耆舊俊彦咸欣欣以仁讓相勉，數年之間，族人不以一字鳴於官司，官司亦無以一役追呼及於吾族者。潛軒公没，予亦衰憊，乃吾族叔立吾先生屹然飭躬而範俗，既以正學徵於踐履，復月聚族之後進於誠心堂，講摩砥切不少懈。以予不能出户則扁舟過螺水入西原，與予静對而密訂焉。夫以世風之頹，而吾族乃曩者有柳川、石泉、潛軒諸公倡學於前，今則有立吾先生倡學於後，則吾族諸耆舊俊彦有聞於聖賢仁讓之訓久矣，其真爲鄒魯之人而共追三代以上之淳風矣乎！

立吾先生蚤受學于鄒文莊公，遡其源流，遠有端緒。以選貢爲萍鄉邑博，介直毅方，儀刑振肅，諸士帖服。居家孝友慈誨，言動必蹈準繩，此其足垂吾族之矜式，尤有出於會講提撕之外者也。今年先生壽躋七袠，族人謂時槐宜有言以賀。敬爲道世風之繫於學而先生之以身範倡學，所繫於吾族之重者如此。時槐不敏，願與族人其勉於仁讓之風，庶以仰副先生屬望之懷，亦即以此祝先生南山之壽於未艾云。

壽大誥封潘母劉大夫人六十序

夫人子於親，能以其身致豐禄以修養，飭華署以迎歡，且當受象服以增榮，斯足稱庭闈之大慶，而天性之至樂矣。然在昔聖人之訓必曰：「立身行道，揚名以顯父母。」何哉？蓋禄位褒寵，自吾一身得之，而因以侈耀於吾親，固足以聚百順而極無方之娱，然猶以吾一身爲悦者也。若夫立身行道者，以吾道而仁一邑，則一邑之人戴德；以吾道而施列郡，則列郡之人協心；以吾道而及海宇，則海宇之人嚮風。隨其晉陟之位、過化之境，被其澤者，莫不愛慕而歎誦，則咸曰：「是吾民孔邇之父母也。」則又必推吾父母所自出之親，咸曰：「是吾民沐恩所自出之大父母也。」若然者，是謂合其所統御億兆之人之同情以奉吾親，所謂以億兆人爲悦者也。夫以億兆人之同情爲悦，其視以一身之榮耀爲悦者，不其尤大矣乎！是宜往聖之訓尤致重於此也歟！乃今於吾邑侯南海澄源潘公具見之矣。侯以名進士涖治吾邑，精明而仁厚，鎮静而勤練。德器粹然，不大聲色，而弊剔訟清，窮簷按堵；政體肅然，不事繁苛，而綜覈燭察，奸萌慴伏。一切編役督賦、戢下繩頑之令，人稱安便，歡聲載道，以爲吾邑先後來涖治者固多賢侯，而今侯實兼長而備美焉。於是母大夫人以是歲春正月壽躋六袠，一邑士民莫不舉手加額，遥致祝頌曰：「我侯之仁所煦燠拊摩於吾儕者，真父母之於乳哺不啻也。而大夫人是吾儕之大父母也。微我侯，吾儕曷賴以生？微大母，曷由得我侯以生吾儕？是吾儕由我侯生之，而我侯之深仁渥澤使我室家胥快而婦子攸寧者，何莫非太母之仁澤潛流而默濡所致？吾儕其可不知所自也？顧何以罄吾私哉？第願太母壽齊嵩岱，福侔滄瀆，悠永康寧，以膺綸綍於洊加，錫祚胤於戩穀，是則吾儕所爲一念密祝之忱而已。」於是邑諸生彭篤祁、篤禝等謁言於予，以爲大夫人壽。予曰：諸生感德之情是即通邑民庶之同情也。予愧非能言者，且亦何以加於一邑士民祝願之詞哉？昔讀《詩》，魯人頌其君侯之德政而推本於壽母者曰：「既多受祉，黄髮兒齒。」夫古今人感德祝願，信有同然者哉？敬以吾邑士民之同情，足以徵我侯顯揚之有在者，具述之以獻於侯，以爲大夫人福壽無涯之祝。

送郡別駕忠齋王公祖督運北上序

蓋觀於仕者之涉世，有材諝敏練，機慧融朗，足以招奇譽而躐崇階者矣；有建事樹勳，憂國庇民，足以濟時艱而開泰運者矣；復有廉靖端嚴，堅凝正直，不阿世而炫功，獨以勁節高標，屹然自持者矣。是三者爲品不同，在末世皆號爲賢傑者也。雖然，是三者既皆以賢傑稱，則即其處心積慮皆足以自安，而豈復知三者之上更有所謂繕性踐形之學，爲聖賢之域，而當勉焉以求其所未至哉？予乃今於吾郡别駕忠齋王公見之。公始以單騎蒞吾郡，以清嚴自持，以法紀御下。事無鉅細，綜核必致其精，而不乘以忽易之心；政崇體要，裁決不苛於察，而適中乎物情之竅。案牒不假於胥史，故舞文之宿蠹頓銷；追攝不及於閭閻，故擾獄之群奸盡熄。抱牘之吏惴惴焉，重足而立於庭也；戴德之民忻忻焉，合詞而頌於野也。公之佐吾郡如此，其賢可知矣。然公不以是自足也，間嘗語時槐曰：「夫聖賢治心修身之學，豈非吾儕受職而臨民者之急務哉？倘仕而不知學，則一言一動必與道悖，喜怒乖而好尚僻，以此出令而加民，將自玷而遺殃於衆矣。且國家授之一命，豈徒豢養我哉？將以生民之命寄我也。吾不學而以悖道之身臨民，且遺之殃焉，可乎？是故治心修身之學不容緩矣。」予聞公之言而悚然敬服之。公又嘗以《大易》乾元、坤元之旨下問於予，予不愧淺陋，陳其膚見以對，公不予鄙也。夫仕而克舉其職，是末世所稱之賢傑也，而復知有聖賢之學以爲急務而孳孳焉，此當爲聖賢宫牆之内所稱之賢傑，非可以稱於末世者例論也。以公之志，充之以底於成，吾誠莫測其涯涘矣！予言曷足以概公高深之一二哉？於是公以督運北行，且重念大夫人高年在堂，便遂省覲之私。屬邑諸君命予致一言以張公之行。予竊慨夫世之以學爲空談也久矣，故往往以仕不必學、學無裨於仕也，曾不知聖門論治平必本於誠正，獲上治民必先於明善。蓋學之切於仕也如此，公獨深知其然。予是以樂爲公道之。夫公之佐吾郡，特出其緒餘，而郡人已戴慕之不置。乃予所期望於公，尤有出於世論之外者，則誠不敢僅同於郡人戴慕之情而已也。

白鷺洲膳田册序[一]

吉郡白鷺洲書院始于宋淳祐辛丑，郡守江公萬里建於洲上。理宗賜「白鷺洲書院」五大字。置田租八百石，設山長一員以主教事。歷元至國初，洲嚙於水，書院頹廢。嘉靖壬寅，郡守何公其高移建于城南仁壽山，尋改爲邑學。萬曆癸巳，郡守汪公可受復建於洲上，規制大備。歲時集九邑諸英彦治經肄文於其中，而兩院巡道、郡守、邑令先後置田以資給之，合鄉紳義民所捐

〔一〕《友慶堂合稿》卷三「序」中亦載，並注「癸卯」。

助，共田地山塘陸頃玖拾餘畝。歲壬寅，直指安節吴公按莅吉郡，謂兹書院比于鹿洞，宜以明善誠身之學督勵諸生，庶得真儒以需國家任使，以佐治平、裨風化，不宜徒以絺章琢句訓習爲也。於是歲集九邑諸英彦，倣古六德六行六藝之教以勸迪之，而兹書院庶幾哉可望鹿洞之遺風，而不徒爲詞藝之場矣。

廬陵陳侯圭謂：「書院固藉膳田以資給，而膳田必履畝以覈其實，稽佃以時其輸，計費以程其用，而又必勒成一籍，使來者得有據以杜群小侵没逋負之漸，乃可以存當路作人之盛心，而貽後學之永賴也。」於是一一周察而綜理之，産有定壤，佃有專責，租有常供，費有經制，授梓成册，覽者一披閱而瞭然指掌矣。蓋侯智能遐燭而慮晰幽微，故不下庭除而若躬歷於荒僻之野，其爲郡邑人士造就曲成之至計，不啻如家之父老，私紀其室廬丘壟以遺子孫，惟恐其疏漏者，此其意良勤而功滋大矣！刻成示時槐，命以一言。予惟士遇明時，既群列於庠序，復專業於書院，而且於明經課文之中，申之以考德砥行之實學，更豐餼而優禮之。上之人所屬望於諸士何其厚也，爲諸士者其尚務正學以立言，毋飾浮詞以倖進，居則束躬，仕則濟世，俾後來者指而稱之曰：「是書院得人之盛若此也。」則諸士庶無怍於教養之素，而且爲兹籍之光重也夫。

慶詔旌節壽鄒母周大夫人七袠序

蓋世稱母德之賢必徵於子，即在昔傳記垂簡策而聞於後，則往往有然者矣。然嘗慨先王之教浸衰而里俗之趨日薄，凡常情所屬望於其子，與其平日所督課而責成之者，亦惟以榮利顯達爲急，至崇德秉義、束躬砥行，必希聖賢而卓樹於宇宙者，固不數數然也。若此者，即嚴父之見且不越乎是，而況於慈母乎？儻爲其子者，誠有遇於世，既榮利而顯達矣，人遂以是歸賢於所自出，至崇德秉義、束躬砥行與否，亦不數數然也。若此者，即父在，不必以是歸賢，而況孑然持節之母乎？

予是以側聞鄒母周大夫人之善教其子，獨能於常情所期榮利顯達之外，而一以崇德秉義、束躬砥行督敕而警勉之，以底于成，則誠欽嚮歎仰，以爲非凡近所及也。大夫人爲鄉進士昌泉先生元配，昌泉先生早世，大夫人年未及三十，所生三丈夫子皆幼穉。大夫人矢冰霜之節，啣哀茹苦，身代嚴父之事以督誨之，其爲教必遵文莊公之矩範，即居處庭除、服食唯諾、進退疾徐之際，動有準繩，無少踰越。稍長，尤以文莊公所開示後學、戒懼於子臣弟友之間者，時時責望曰：「必無忘爾祖誦法先聖之大訓。」其伯子爲侍御瀘水君，仲子以明經首選，季子以廪生入國學，皆英氣奇資、博贍宏特、遠到不群之器。而大夫人莊肅端重，正容謹度，以示訓誡者，曾不少假貸也。諸子小有疏違，必召至屈膝庭下，以受呵斥，甚者且操箠撻臨之，不殊爲童稺時。夫以侍御君及其仲、季皆愓勵修飭、清淑瑩潔，蔚然以德義稱賢，表見於世，不但如常情所期榮利顯達之士而已。而大夫人且嚴毅匡迪，必遵法文莊公以進於聖賢之域。此在近世號爲賢父者尤難能之，而大夫人乃身兼父道，竟致其子皆篤志正學，進列臺端則謇諤獻忠於朝宁，振業膠序則文行駿起於彙征。文莊公之遺芳餘澤於是爲不衰，而大夫人之有功於鄒氏甚鉅矣！

大夫人既以完節聞於朝，得奉綸音，表厥宅里，壽考康寧，而諸孫皆彬彬繼出，人間之福咸膺而未艾。是年夏五月朔，適躋七袠，其姻家彭君紹亭屬予一言以賀。予惟自昔以母德稱賢者，曰孟、歐、尹三氏之母，蓋皆以德義成其子，不徒以榮利顯達爲言，而三氏之子若子輿、永叔、彦明又皆爲一世亞聖大賢，以善承母氏之教，而母之賢益彰。今大夫人之賢誠匹休孟、歐、尹三氏之母，無容讓矣。即侍御君與其仲、季，吾知其崇德秉義、束躬砥行者，必無遜於子輿、永叔、彦明，乃所以自爲壽於大夫人，即日升川至，未足以爲祝。而予淺陋，曷足以名言之？

壽黄母王孺人六十序

國學生儀庭黄君之配曰王孺人者，予先兄學博前峰先生之女也。昔予髫年時，先兄偕予以治經攻文爲事，歲負笈出就外傅，矻矻共講習，晝則同館舍聯席，午粥夜燈冬一火，皆兄弟共之，讀至漏下二鼓，倦就寢，亦共一衾，以貧故不能人自爲寢食膏火也。先兄顓静端飭無外慕，惟屈首畢志以力學不少懈。已而並遊郡庠，復偕予師事兩峰劉先生，請問聖賢正心修身之學。先兄聞言即能信受，予每以越中之説與伊洛不盡合者致疑。先兄曰：「吾信吾心，乃無疑於師訓也。」明年予遂連登第，以外艱歸，復侍先兄講學于西塔、神岡之間。及予官閩臬，先兄乃省闈中式，受官浙之昌化學諭，嘗手書示予曰：「吾今爲諸生師，乃益知正心修身之學之不容已也。蓋吾一言一動，一取予嚬笑，皆爲諸士準繩，吾敢不祇奉聖訓，兢兢勖勵以自樹立於宇宙哉？」於是昌化諸生咸謂：「師範如前峰先生，蓋自國初以來所未有也。」先兄事親至孝，友愛敦睦，重義薄利，秉正而踐方。善行種種，不可殫述。顧位不竟施，天寔嗇之，所遺二子及女耳。其子既振業郡庠，能不墜其家學；而女歸儀庭君。儀庭君温恭清慎，粹然矩度，君子也，而復早世，諸子且幼，孺人撫字篤愛，不啻己出，教訓婚娶，捐貲經費，慈渥而均一，煦煦焉日望其有成，以慰儀庭君於不泯也。孺人識明而材贍，深知大體，治家有條，儉勤束躬，而誼周宗戚，足稱女士，而不愧先兄垂後之夙心矣！乃其諸子皆彬彬文學，卓爾不群，行將高騫並起，顯名於世，以光大儀庭君之緒業，而昌隆慶祚於悠遠也，則在孺人亦且有無窮之令聞哉！

是歲秋八月，孺人年届六袠，予弟若姪及諸孫輩詣予，請一言以爲壽。予既舊辱儀庭君道義姻厚之末，且嘉其德器之賢，今復喜其諸子之茂繼先猷，而益光大之，遂追憶先兄，於予倫叙雖屬功親，而志孚道契至深，殆踰同乳之戚。因幸孺人之懿淑不愧予兄，而予即耄矣，尤欣然有快於私衷也，敬濡筆不琢其詞，付弟姪持以爲孺人壽。

永嘉萬氏續修族譜序

蓋二儀初判，人類肇生，傳遠浸繁，聖王者出，乃爲之别生命氏，俾無忘所自出而各親其親。然則凡人之族，未有不原於鴻濛之初者，果孰爲近遠哉？氏分益遠而愈繁，且轉徙不一，遂不能盡合爲一，而其間榮瘁亦復不齊，其勢然也。然則凡人之族未有不聚散顯晦者，果孰爲優劣哉？今世名宗碩姓莫不有譜以聯其族，此誠篤親重倫至意，顧或有自嫌於世近而祚薄，必遠遡於曠代，及旁援於侈艷者；抑有既爲世族矣，且指繁而貴盛矣，尤必遠引泛收以益張大之者。是在卓識君子，宜皆所不取也。予是以觀吾邑侍御心源萬君之續修族譜，不追引上世之遼邈而未可稽者，不旁及遐郡他宗之盈熾而莫詳其系出之實者，獨斷自宋代肇基之祖以來灼然可據者譜之。雖萬氏本爲世族，而繁且貴，無俟外聯，然侍御君不襲常情，此其智過人遠矣。按萬之先舊傳爲鳳翔人，漢槐里侯修之後，侍御君以爲遠不可稽，存而不論也。惟近自宋贈太師鐳之子勉懷爲吉州守，生汝珽，始家泰和，傳七世康年爲宗學博士，始家安成，具載於我明永樂間鄉薦士資中所修之譜，至晰而核可據也。嗣是而降，世益綿衍，甲第科貢，後先相望，其德義風節、文章政事、才猷經術表見於世者，代不乏人。而侍御君起家巍第，晉秩内臺，歷秉臬憲，譽望茂隆，方需崇陟，而高蹈遐棲。乃以其暇豫之日，手自編摩，不煩族費而成兹譜，精慎明確，鑿鑿有徵，足爲傳宗信史，此其爲篤親重倫至意，勤且厚而識尤卓矣！予又見侍御君手著《訓誡》一編，以教其族人，凡孝親遜長、宜家正室、謙柔儉約、力學守身、治生裕後之道，靡不畢備。夫萬之族固彬彬多賢，乃今得侍御君緝信譜以勸其惇叙諧睦之大義，復示《訓誡》以作其飭躬循理之真修，將世繩令德，以懋昭先烈於彌光，增培餘澤，以永綏後禄於來裔者，其未有涯涘也！侍御君以予夙依儀範，承末誨至渥，特授簡索言，遂不愧僭書且敬爲萬氏諸賢願之。

慶節壽彭母劉孺人五十序

蓋嘗讀《易》於坤爻發「含章可貞」之義，而孔子以「妻道」「臣道」之「代終」者言之。且夫人臣當國運熙隆之日，大君御極而宗社無虞，得含章美而效忠貞，猶易能也。乃或天步惟艱而遘中葉危疑之會，爲臣者瘁躬畢慮以扶國本，而翊泰祚於無疆。此所謂有得於代終之義者，不其難哉！惟婦之於家也亦然乎！居而順事者爲易，茹苦而矢節者爲難，至力能扶孤以延一綫之緒而垂光大之業者爲尤難。孔子所以等妻道於臣道，而均致重於代終也，其以是歟？予是以聞吾邑松田彭母劉孺人之節行，而重爲之嘉歎也。孺人出梅林著族，歸松田爲國子生重吾彭君元配，事舅姑孝養惟謹，相其夫力學南雍，詞藝蔚然有聲。大司成亟稱許之，試京闈已入彀，竟置副卷，意忽忽不樂，尋以病卒。時孺人年二十有九，所生子甫及一歲，姑在堂已老，孺人矢志秉節，奉姑鞠子，茹苦啣哀，服勤織紝，不踰閫閾，即期功宗戚，歲不一見。遺孤稍長，出就外塾，禮師督誨，責成不怠。乃其子英資鋭學，屹然自樹，行將顯名於世，以光大其先業，蓋孺人代終之功於是爲大矣！且里中適值荒歉，尤能出粟賑饑，至助修講學之堂宇，捐葺利涉之杠梁，一無靳嗇，以其識明而不徒僅僅於房幃之見也。

今歲八月，孺人年届五十，里之文學劉君以剛、叔仁，高君占甫、調卿、伯躍偕其同儕諸賢謁予一言爲壽，予惟國朝之制，婦之節以三十而下、五十而上，乃爲完節而得上請，表其宅里以爲世勸。夫所謂婦之貞者本於天畀之性也，彼自完其性之不容已者而已，抑豈有覬於國恩之下及而然哉？且當其遇變含悽之時，旦夕之荼毒未易堪，而異日之褒嘉莫可必也。自非天植其性，無待於外，而堅金石於不渝、歷冰霜以無悔者，詎能襲取而爲之？矧志有切於植孤則情不遑於他恤，此孺人所爲自盡其衷者然耳。即褒嘉與否，宜非孺人之所與知也。予特因諸君之屬筆，樂爲道之以爲孺人壽。

壽州守心蘧劉君七十序

友人心蘧劉君解組而歸，特倡志道之會於其鄉，月聯其鄉之父老子弟聚集講摩，以孝友惇睦、正身宜家、推慈恤弱、息争厚俗之誼，交相勸迪，娓娓焉意至勤也。君以是年季秋届七十壽，同盟諸君感其德，詣予曰：「君蓋嘗及先生之門，從事於聖賢之學久矣，乃今復以其自得者倡於吾鄉，將使人人志於道以飭行篤仁，而錫類於勿怠也。願一言彰其盛美，吾儕且奉之以爲君壽。」予惟君子之所貴於道者，謂其能繕性淑躬，以自完其天，出而仕則循分舉職，以明儒者涉世之效；退而休則與人同善，以充吾俱立俱達之心量於無外焉。君子者以其身樹立於宇宙間，舍是則何以自成而及物？將俯仰有餘怍焉！

予與心蘧君砥切於西原、智度之間，固以是相期勉，而無暇及乎他也。君秉忠信質直之資，一任本真而外無矯飾，夙承其大父南坡公家學之傳。蚤歲食貧，而内奉慈親，逮于弟妹，孝友備至。既以明經入仕，初判成都，晉守荆門，其介潔之守、縝練之才、澄静之度、明徹之識，政平而不弛，慮晰而不苛，以是上下交孚而賢聲駿起。乃年未衰而心獨遠，力請謝事而歸。歸則不以塵機末務瑣細羈束，顧嘗就予談物外之奥旨，味世人之所不味。且聯會於其鄉，若將與鄉人偕進之於是道者，是予所謂昔之君子俱立俱達之心，何期君之有意於是也？矧其禮崇先祀而情周族里，約從儉樸而念惻孤煢。同盟諸君率稱之，其非溢詞矣。抑予聞人自少壯以至耄耋期（賾）〔頤〕者，是壽之有量者也；不以少壯而强，不隨暮景而衰，貞常堅定，悠永而長存者，是壽之無量者也。君誠有契於斯，則其爲壽也益遠。同盟之所爲壽君者，寧有涯哉？予齒加於君十有三年，竊嘗以此自省，則願與君共勖之。

壽外舅鄒南岡翁七十序

世所謂剛介貞確之士，秉直執義，忠正無邪，勢所不撓而利所不回者，不可謂無其人也。然其節著於當時，聲施於後世，則必以其受一命之寄，就任使之列，拔起庸衆，而托跡廟堂。故矢心而讜論，則謨猷上達；持憲而力争，則貞諒四播。是以海宇得仰其孤風，而史臣得筆其特操。譬則臨高而招，順風而呼，宜其所及者遠也。乃若棲伏巖穴之幽，避匿榛莽之叢，其危言峻節，不出比閭族黨之近；其亢誼卓行，僅施於耕氓賈豎之間：則往往抱古名臣之心，而不愧法家拂士之度。然竟以湮泯蔽晦，不復聞於世者，或不少矣。若吾外舅南岡翁蓋其一也。翁剛介貞確，得諸天性，平生不能以一語狥人，是非可否，必道其衷，不肯纖芥迂曲以隨人意。家故業農，視世所謂勢利炫艷，一切不入其心。素無盈資，澹焉自足，終不少詘以覬非分。大樸渾渾，爲無懷、燧人之民；而仗義嶄嶄，負批鱗、引裾之氣。假令躐尺寸之階，享釜庾之禄，攬法軌之柄，涉喉舌之津，其將攄發吐露，贊國是而折險壬，張典憲而繩違枉，以庶幾古之遺直者，蓋無難也。而布褐棲遲，木石儔侶，僅僅焉以其侃侃之心、鑿鑿之行，徒使子姓憚服，媚族翕乎，鄉鄰欽慕，義則甚高而聲施顧未遠也。所謂名不聞於當世，而義無愧於古人者，翁豈非其人哉？

今年冬十二月十有三日，翁壽七十，槐辱爲翁子婿，當有言。惟翁不事詩書，獨其蘊藉蓄積，即古服周孔而蹈準繩者，固無多讓。乃繁縟諛佞之言，翁則素恥之不樂也。翁行不近名，故爲道其不聞於世者，以見翁之於世泊乎無所求。翁不樂繁言，故雖以言壽翁，而不復琢綴其詞，懼翁之以繁縟厭我也。

友慶堂存稿卷之三

序

賀虔臺桂亭李公九年考績序

國家肇封闢土，爲之都圻甸服，以奠民生，而其間據勝設險以扼要害之衝者，則爲一方之重鎮。中外庶邦，非得人不理，而其間膺特簡、秉節鉞，以折萌銷釁而握保釐之樞者，則在名世之重臣。以重臣蒞重鎮，既畀以專制之權，俾得畢其施措之猷，以樹大業而收殊效，非可以旦夕計也，則尤貴積久以重任，此吾大中丞桂亭李公所爲。沐上知，蒞虔臺，至於一再考而聖眷彌隆，以兹重鎮難其代，特留任之。迄於今九年之久者，於以見上優任重臣，而加念東南重地。所綏戢寧謐于江廣閩楚之群生者，上恩至大，而李公之勳績於是丕茂而宏深。誠以久道成功，有所因而得竟其經濟之素藴也。屬郡吉南贛守佐諸君以時槐吉之人也，乃命之一言。予自忖衰落，今幸跧伏草野，安居休暇以老，不聞户外之警及鄰壤烽煙之馳者，則寔賴公覆庇彈壓之功德陰被之，是予食公之賜渥矣！憶予昔當嘉靖間謬僉閩臬，備兵漳南，得數趨虔臺，衆戟之下稟令奉教祇役者三年。彼其時雖三年之近，而虔臺已屢易，未有得專任者。以故四省之交，其崇山邃谷、幽林密箐之區，往往巨孽遺兇𠧧聚狐伺於其中，時一出掠，遐邇震駭，歲歲有之，甚則蔓延於湖西之境，雖隨起而旋撲，而群生之罹患滋甚矣！安得如公今日以訏謨峻哲、長駕遠馭之略，又多歷年所以究其經畫籌策，潛運而威奪之，以至兇頑屏跡，屬境帖然，川澄而燼息，吏得俛首以治簿書，民得力田以供租賦？於是虔鎮舊稱羽檄旁午、戈鋋相望之地，而今袵席無虞若是，公之有大造於四省之群生也何其盛哉！公挺生中州，晉列諫垣，論議指陳，直聲風著于寰宇。及蒞虔，適值藉榷採之名而來者，將於虔睥睨而投足焉。公嚴重自持，不動聲色，乃心折而去，即此一端，知公之弭亂保境、沉機先物，人享其安而莫知誰之爲者，多此類也。邇者，東倭入犯朝鮮，廷議徵用虔兵，倭退，奉綸音錫公鏹幣。南征播酋亦用虔兵，事定，疏且上聞，以公蒞虔不獨貽四省之安，且得以其營伍精練之餘鋭，收功於東倭、南播，以釋上慮。公誠所謂社稷臣哉！惟昔韓、范名公，出擁節旄，入侍黼扆，曾未有膺一方鎖鑰之寄，如公沐上眷，蒞虔臺，若此之久者，知上倚畀於公以柄台衡者，匪朝伊夕，虔人不得而私之。雖然，即公在朝，宜不忘虔人，將遐照而普潤者，其未有艾也。敬書以爲賀。

慶節壽周母歐陽孺人七袠序

歐陽孺人，予及門士周宇和之母也。予自歸田，則與郡中諸士友以正學相砥切於西原、智度之間，而宇和數從予遊，不遠百里裹糧而來赴，無問寒暑，至則必數月而後返。其爲學能屏外紛，棲静室，内省而密探，一切塵情俗態，脱然不以干其衷也。予因問宇和：「何獨無家累相關涉乎？」宇和曰：「是賴吾母之深慈，躬綜家政而令輔也殫志專業，以奉先生之教。輔也乃遵慈命不敢違也。」予曰：「有是哉！昔人稱孟、歐、尹母之賢能以善成其子，皆卓然爲世碩儒，乃今而禀母訓，不以家累奪其學力，是而母孺人之以善成其子，真出於尋常煦煦之慈萬萬也，孟、歐、尹母宜不得專美於前矣。」已而宇和之友人劉以剛、歐陽汝信、李道卿等復爲予具言孺人出邑之義，歷著族，歸車田，周爲前溪公之繼配，事姑遇娣姒，孝敬諧睦，勤慎而矜恤，甘菲薄而重賓禮，急賑貸而寛逋負，誼周宗戚而恩逮群下，庭闈之内，未嘗見其疾言遽色。然此猶自其性行之懿淑者言也，乃其冰霜大節尤人所難者。蓋前溪公蚤世，遺孤宇和僅四齡，孺人年二十有六耳，人或慮其苦節之艱，孺人則矢志堅貞，含悽而隱慟，槁寂而劬瘁，以育其孤底于成立，即伯子出前母而渥愛均等，竟由國學通仕籍，督誨其孫懋學等，一如所以成其子者。孺人暮齡且蔬食，曰：「吾持此戒，庶以種善因而銷宿業，以畢吾餘年足矣。夫身享世福而習甘脆之養，非吾所以惕志崇修之本願也。」即是益足占孺人之賢，蓋其所見者遠矣。孺人今壽届七袠，願一言以章之。予惟孺人之懿德，以予所聞於宇和及諸君者則備矣，而柏舟之節尤其大者。在國朝之制，婦節以年未三十者至五十以上，得膺特詔旌嘉以風於世。今孺人秉完節以及耄期而未聞於當道，蓋孺人自不欲以此得名，故士論暫遲之，將有待耳。雖然，即孺人一念之堅貞，渝金石而徹幽明，固自有昭融顯赫、不容終晦者在也。是可以壽孺人，而俟綸褒於異日矣。敬書付諸君以獻於壽筵。

賀安福澄源潘侯考績序

蓋嘗聞先哲有言，爲治者期於理人，譬則攝生者期於愈疾云。夫善攝生者，非謂其博涉玄秘，襲方外之緒談，以炫異於外也；固有質任斂束，不自露其奇，而按視所及，輒能起沉疴而祛宿錮者矣。惟善理人者亦然，不矜侈以徼名，而渾乎其章之含也；不繁委以伐勞，而凝乎其神之邃也；不脂韋以迎合，而確乎其守之勁也。然措設而人舉安，端肅而弊自剔，庭無滯繫，野無苛責，而萬姓帖然其樂生。此所謂外無希世，而獨秉貞衷，殆古所稱民之元命者歟？若吾邑侯澄源潘公，蓋其人也。惟今海内名邑編齒叢聚，賦役煩而人文著者，則大宰必遴選甲第之中，以英傑表見者，剖符而蒞治之。彼既以英傑表見，其必思以奇自樹，則將炫露於可喜之跡，而未暇密致其拊摩之誠；曲狥於遘遇之會，而或少渝其沉毅之節。非不煒然馳譽，而於外不希世而獨秉貞衷者，或不無少讓也。吾邑在東南號爲劇地，而潘侯以宿學宏猷、賢聲才望蔚然特出於南海之濱，乃遂以進士高第膺簡命而臨吾邑。侯愷悌莊慎，纖細洞照而不以機察爲明，體要崇肅而不以縱貸爲德。治獄得情，雖豪右不能干以私；持法平允，雖孤煢皆得伸其屈。理之所不可，執之彌堅而未嘗大聲色以爲高；民之所便安，體之必周而未嘗弛法紀以爲悦。督教惜陰，而尤以躬行不言爲重；校文膠序，而默示抑浮崇雅之機。以故僚屬宗其典刑，士民懷其孚翼。若侯者，豈直以庇民舉職爲卓稱，其殆學焉而有契於道者乎？彼矜能衒智以鳴於世，而貞心實蹟或未逮者，其不足以望侯之末塵矣！於是侯當三載考績，邑之佐領諸君謁予言以賀。予惟侯以治狀論最，臺院特疏以聞於上，行當賜璽書以需不次，奉綸章以榮所生，且以風海内爲庶邦司牧者勸。惟國朝典制，掖垣憲院之臣有缺，則以郡理邑長之論最者特召而顯庸之。然則吾邑於侯方切蔽芾之愛，而將動九罭之思，是則邑士民繾綣不容自已之情也。吾知侯必且垂念於兹，所以貽邑人永賴之澤者，其曷有涯乎？敬書以賀，且以識群情瞻戴之私云。

賀周母劉孺人八十壽序

昔讀《詩》，於《思齋》見媚順事親之禮，《雞鳴》見勸相君子之道，《樛木》見逮庶慈淑之德，

《鳴鳩》見鞠子均愛之仁。蓋周室盛時，王化明而彝倫叙，乃宫闈之内有女十焉，以徽柔懿粹之衷，修孝敬温惠之職，是以上事尊人，默佐君子，推慈均愛於庶孽之間，一一致其誠心篤誼，備徵於《詩》者如此。此豈非萬世而下爲婦爲母者之所宜承式而儀刑者哉？若吾邑東周母劉孺人，則不俟詩書之所訓習，不聞王化之所沾濡，而於宫闈倫理，恪修而祗事，揆諸詩人所詠歎者，莫不符合而無歉焉。其殆天植之特純而非凡情之所可及者乎！孺人出比里著族，歸爲對溪周公元配。逮事舅姑，恭順勤慎，得其懽心。對溪公五昆仲同居，公獨以才當户，而壼内之政則孺人任之，攻苦服勞爲諸婦先。公起家不訾，孺人所佐理之力滋大矣。食指既繁，孺人綜治有條，且能以身下諸婦，居常於娣姒怡愉諧協，室中雍肅無少違也。孺人既舉家嗣武定君矣，復勸對溪公宜增置貳室以蕃後胤，乃更納劉氏，復得子。孺人拊育之不啻己出，人見其煦愛幼子，恩意有加，亦皆莫辨其爲異母出也。督教諸子及孫，一出於正，遂令武定君委贄於潁泉鄒先生，請事聖賢之學。武定君才識敏練，發跡成均，筮仕名郡，績譽方起，遽解組而歸，侍養承懽，且倡會道東講院，尤惓惓焉。而孺人以遐年目擊螽羽之振、綵服之娱，殆里中希有之慶也。其冢孫懋奇亦稟孺人之命，謁予螺川而受學焉。孺人之式穀貽家者誠厚矣。至其履盈而不忘澹約之素，捐橐以推濟煢獨之急，尤其朿躬恤衆之餘也。

今年春三月，孺人壽躋八袠，邑之諸文學劉以剛等屬予一言以賀。予頃歲偕郡邑士人以正學切偲於螺水之上，乃周之多賢，一時及予門而津津嚮往者蓋彬彬焉，今復得聞孺人之懿芳若此。夫諸賢以英資茂齡嚮往於學，猶有待而興也，而孺人孝敬慈仁，無所因而悉有衆善，此其爲周氏崇世德而培積慶，垂保艾而延奕葉昌熾之祚者，寧有涯哉？予以爲壽孺人者在兹，即期頤未足侈談者矣。敬書以爲壽。

夏派劉氏重修族譜序

往予聞樂野劉君受學於師泉劉先生之門，復聯味蔬會於其里中，以勸善而導俗。君既老，命其子庠生師舜、師禹委贄謁予於西原，以予昔嘗沾承師泉先生之緒論，願請事焉，且以世其家學於勿替也。予於是知君之學淵源有自而濟美得人，因以占劉之先德必有篤慶而流光者矣。君嘗欲輯其族譜而未果，既卒，君之子舜、禹偕族庠生振鷺、嘉賓詣予，言曰：「吾劉之先出唐末武功大夫團練使諱欣，由長安提兵鎮安成，因家白石固岡。四傳諱偃，南唐保大中徙盧陵。夏派七世祖諱澄，宋皇祐進士，再傳諱彦作、彦章。彦作居上宅猿嶂，傳至桂爲國學生，生四子，世益蕃衍，分爲四大房。彦章居下宅鳳巖，傳至碧巖公以後亦合居猿嶂，歷宋元，有父子兄弟一時並顯者。入我明，述爲洋縣令，淑爲大平令，勗爲岳陽丞，淑毖由工曹選入翰林。大學士東里楊公、春雨解公叙其族譜足徵也。兹以世遠族繁，久缺續修，懼無以承先志而詔後人，敬倡衆集費，攷正編次，業已付梓。其族之在他邑，若安福之寮塘、泰和之芙塘、永豐之沙溪及各省屬，咸各求名筆，弁於譜端。惟吾夏派諸生幸夙承先生之教，敬請一言叙之。」予惟族之稱爲昌大輝光、悠長延永而垂澤莫可涯涘者，誠以碩德名賢照映後先，繩繩相因而代不乏也。若夏派之先，稽諸往牒，出而仕者皆著勳猷，退而處者式修行誼，可謂盛矣。而予近聞樂野君之慕學以貽穀，及見其諸後進之彬彬繼起，英茂而秀朗，行將蜚騰振舉以益弘前烈於方來，其可佇俟也。惟尊親而重本者必降于孝友，睦宗而萃涣者必勉於仁讓，根衷而溥愛者必原於問學。以問學植其根原，而孝友以宜於家，仁讓以周於族，乃可謂世德之作求，而綿奕葉無疆之澤，則於今日之輯譜，真足傳百世而彌芳也已。敢以是爲劉氏族賢敬願之。

送郡司理具茨毛公陞儀部序

昔先聖有感於虞周盛治之際，而致歎於得才之難，豈不以國家所需以建大業於當年、阜生民於寰宇者，則必貴才哉！顧才有通有局，夫居一職、專一事，殫精於其智之所及，畢力於其責之不可辭，勤瘁揉習以底于有成者，亦足稱才矣。雖然，猶未免於局也。何者？彼誠勉焉以自竭，而非綽然其有餘也。乃若質近於天成而功不煩於積鍊，投之以庶務之繁，而注厝常暇豫以有條；試之以群情之慝，而洞察自鏡照於不遺。遂能使事中其竅而人服其神，若無藉於焦慮疲形而風行泉達，自有未易及者，是則所謂才之通者哉！先聖所歎於才難，殆以是歟？以予觀於今世，垂紳結綬以臨民上，而率以才稱者未嘗乏，惟吾吉司理具茨毛公即古所稱通才，宜不啻過矣。公精敏而瑩徹，介肅而直易，温然其無所矜飾，而疏滯決壅，若排川澮而之四瀆也；凝然其無事苛峻，而吏猾民奸，若執明炬而燭群幽也。禮不衰於下交，而法所不可，未嘗少屈以狥人；教每謹於士習，而側陋之賢，尤爲篤念而優異。不獨於閭閻疾苦，纖細必鑒，即衣冠之在林麓者，且晰其静躁之品；不獨於莅治九屬，儀刑有在，即皁冗之循宿玩者，且杜其沿襲之愆。臺院憲使，資其明察，而庶政庶獄，咸協於中；按節他郡，稽其績效，而不競不絿，一貞於度。蓋公既灼知物態之隱伏，故村氓野豎，望之而憚其神明；復不大聲色以宜民，故弊剔人懷，晏然若依於怙恃。以公之真才，即郡理之任，何異牛刀之試於一割？誠當爲清世鼎石之重臣，而膺海宇霖檝之大柄者矣。於是公奉簡命晉陟儀部以行，郡之士民瞻承慕戀，思攀轅而不可得，乃十學諸生受教於白鷺者，習生孔化、劉生學成、黄生金章等謁予，願一言以導公之行。予惟公之藴藉宏深而施措優裕，非予所能贊述也。玆無論吾郡，即邦禮之司，以典郊廟禋薦、廷陛覲會、中禁建設、外夷賓貢、尊老勸賢、造士修文諸大制，以公列秩其間，猶爲發硎之餘緒，矧以其清暇，得益遠覽遐探以密契至理之淵奥。吾知其邃詣崇植，以需不次之宸眷而揚未艾之洪烈者，將於玆行兆之矣。敬書以爲獻。

壽萃源劉君七十序

夫寓形宇宙，讀聖賢之遺言，而命之曰「儒」，儒之名豈易稱哉？蓋悟性希天而直接姬、孔之嫡緒，是儒之詣極者也；粹養真修而俯仰天地爲無怍，是儒之亞聖者也。若汲汲於聞道，兢兢以飭躬，力阻遠探而志越流俗，亦足稱踐履之儒矣。至其淳謹得於夙成，雅馴由於素尚，知正學之當求，親良朋以同善，且合志宣力，以羽翼講社義聚之風，是思以涉滄溟之涯，而望嵩華之峻，是謂儒之氣合而聲求，不亦爲聖門之所亟與者哉？予未及識萃源劉君，乃於考槃、清修之册，得讀傚所先生所著大篇，而知君里居行誼之概。君蚤遊邑庠，詞藝煒然，已而以親老，奉詔例歸而侍養，庭闈怡順，允協天倫之懽。且師事文莊鄒公，嘗直書院之事約，已而節費，復增田製器，院事秩然一新，諸同志交賢之。優遊林麓，翛然有以自適，至外紛塵態，一不以干其衷也。灌園種樹，琴書以娱志，壺觴以樂賓，渾乎若樸，澹乎若晦，邑侯邑博表其廬曰「恬篤耆儒」，曰「潛德真修」，可以想見其爲人矣。若君者所謂資本木訥而近仁，情甘静逸而遠俗，是善類之所共孚而吾黨之均倚藉者也。知君者特以耆儒稱而表其恬德，可謂名稱其實者歟！於是君壽躋七衮，朱生允作以復真諸同會友人之意，謁予一言以賀。爰稽其素行所揄揚於鄉嚳之足徵者，爲僭述之如此。顧予衰甚矣，第馳神於復真，而願與吾鄉英傑賢豪之士切摩於一堂之上，則此念未少忘也。倘餘年尚堪策杖於百里之程以赴，當得期君一晤，庶以予所自勖於遲暮者，一陳於君以請質焉。遂以爲君凝命永年之祝，斯則尤爲奇幸矣乎！敬書爲壽以俟。

送盧陵玉海陳侯陞南兵部序

蓋嘗謂觀治功之有成者，惟徵諸民心而已。然均之爲得民心也，而尤有辨焉。有莅境停驂之始，按牘決事之初，一聽斷，一興革，而民已欣然譽之，以爲是英朗迅捷之才也。或遲之歲月而譽言浸衰，豈民心可暫結而莫保其終乎耶？無亦以歡虞必收於近效，而淪浹竟難於倖致者歟？乃若秉執無間于初終，施措不渝於久近，而下民始而知戴之，既而諦信之，久而至於累資歷考之遠，而愛慕悦服若嬰孺之於襁抱，有不能釋者，此殆所謂久道而成功。非其蓄諸中者沉密而有餘，及於民者誠切而深厚，宜未易以得此也。

邑侯建安玉海陳公以名進士筮仕吾郡之禾川，期年而賢聲卓著，銓部以公宏才宜膺繁劇之寄，遂改授盧陵。盧陵附郡城而當孔道，訟牒叢委，羽檄紛馳，積案停獄，宿猾遺奸，村市不逞之徒，與凡因敝襲玩，莫之釐正者，事緒至不一也。公精識灼鑒，既得於天成，決滯排壅，神情暇豫而迎刃以解，折群言於淆亂，察微釁於幽曖，應冗沓於蝟毛。即閭閻匹夫匹婦之咄嗟誶語於蓬樞之下，公皆若目擊之，往往於聽鞫之際，時出一語以發其隱伏，莫不人人震慴，以爲真神明不可欺也。既得其情而法不苛責，一從平恕，是以人皆舉手加額，畏且愛之。蓋至於三載考績之後，復歷再稔，愈久而下民愈鏤心刻腑，願永借末光而不可得。嗟夫！此豈可以聲音笑貌爲哉？覈户册以成賦，而纖細眇忽，不得影射爲奸；矜輸納之繁費，而周防曲謹，群小帖焉斂戢。惡少無賴狐潛虺伏於闤闠之間，酗博侮奪，私竊號召，幾爲亂階。公密覘而陰緝之，遂以靖息。郊坰之外，有家聯黨聚、世倚悍暴、掠財於里社，甚至乘夜殺人滅跡而莫可究詰者，公躬臨其地，矢心悉智，形索而顯證，不踰旬而罪人斯得，萬姓爲之歡呼。直指吴公以鷺院擬於鹿洞，宜倣紫陽之訓以造士，不當僅以詞藝爲事，下令歲集九邑之彦，示以正心修身之學。公鋭意行之。吴公既竣事北上，或謂兹會宜不數數然也。公曰：「吾儕自以學相成耳，寧獨爲吴公哉？」則又捐俸以資鷺院，且備紀其先後臺憲郡侯而下所設餼田履畝而圖列之，勒成一册，以杜侵没。予嘗集諸人士切摩於西原，公時過而勸迪之，士類藉以興起。復助金於敬止堂、明學院之建及益國、文信二先生祠田之設。公之篤志風教尤其勸賢導俗之盛烈，不徒以簿書文法稱最而已也。是宜民之愈久而繹思攀轅而無從，乃真可以徵治功之成，而非徒近效收於一時之所能及者歟！以公聲實兼隆，宜膺諫垣臺察銓衡之任，乃上意在優賢以當大受，必豫拔而歷試，以需不次之階。公遂得南兵部之命以行，邑之鄉大夫屬予一言。予蓋辱教指於公也舊矣，頃侍公於白鷺正學之堂，公自以内省於衷與其泛應於造次違順之境，若欲焉於澄定協一之難者，然則公固不以其優於理民者自多，而所遠期於振古之德業者未有涯也。《詩》有之曰：「樂只君子，德音不已。樂只君子，邦家之光。」公兹行也，將益以正學出其洪猷，以鼎鉉於清朝而霖雨於一世，則吾邑人且終承照臨之餘澤，而無俟今日之繾綣延跂於旌車之下爲也。敬僭述之以爲公前驅之導焉。

壽義齋劉翁八十序

夫古之所爲尚齒而尊老者，豈徒以其歷年數之多，足以加於後生小子之上哉？必謂其德性淳而行誼端，爲族閭之所觀法也；必謂其閲事久而揆物精，爲群衆之所取裁也。故上焉者禮於朝廷，次焉者賓於郡邑，又其次亦得以樸素愿謹，見於賢士達人之所贊述而垂令名焉。至若以道術稱大老爲世宗，海宇人士瞻望而儀刑之者，則尤非凡近之所可企及者矣。

吾邑吉溪義齋劉翁，先嫡母誥贈宜人之族也。翁早業儒無所遇，乃旅遊於外，能經營封殖以裕其家，性慈祥不忤於物，睦宗篤戚，和鄉而恤煢獨，以故一時與翁狎處而締交者，莫不信其衷無畛域而行無疵垢，咸神契而情孚焉。諸嗣暨孫振振繼起，而仲子廷獻且及予門稟學，足以占翁貽穀之遠矣。今年夏四月，翁八十，予既爲贊其像，復敬以一言壽之。若翁者，非有奇異殊特之跡以自炫於里閈之間也。獨其恂恂焉安常而履順，使鄉之人皆稱爲惇厚易直之善士，以此躋高年而介遐祉。且視聽精明，體力輕健，目擊子孫之森立，以娱志意於桑榆之境，不亦宜哉！

予愧年先於翁而衰甚，不能登翁之堂爲祝也，輒濡筆以代壽觴之獻焉。

廬陵麻岡郭氏族譜序

蓋嘗觀於世族之家，莫不有譜以聯其宗，然昔之大賢君子於譜必加慎焉，既明其先之所自出，復覈其派之所由分，務得其真而不使荒忽疑似者得入吾譜而稱宗。何哉？誠以天親不可以人爲，故譜者所以篤吾親也。儻不此之慎而或涉於泛及焉，則何以重天彝而昭嗣服？其失滋大矣！予以是於廬陵麻岡郭氏之譜得受閱之，見其遡源而之流，辨異而剔謬，近而有徵者必謹書，遠而莫稽者不概及，其真足爲信譜矣乎！按譜，郭之先出周王季之後，封於虢，後爲晉所滅，其族奔京師，依城郭以居，因以郭爲氏。戰國時隗爲燕王太傅。漢興，有曰其、曰蒙，皆高帝功臣，封列侯。唐汾陽王子儀，傳六世在徽爲鴻臚卿，以言事謫守廬陵，因家焉。鴻臚生暉，始徙邑之麻岡，從周大祖戰，没河南，追封廣國公，遂爲麻岡一世祖。廣國公再傳爲國子祭酒靖。祭酒子爲吉州觀察使熙。觀察生三子，而孟、季皆他徙，惟仲子聖居麻岡。三傳諱謐，今爲炯村江邊寮下派；諱議，今爲留田南村派；諱謂，仍留居麻岡，而焦塘、橋東、葛陂皆謂派也。宋咸平、天聖間，肇修族譜。寶祐間，麻岡樞密院判諱彌邵合修，歐陽文忠公爲序。我明洪武間，麻岡諱居敬續編。宣德間，刑部郎諱鼎真增刻，大學士楊公榮爲序。正統間，員外郎諱俊續修，大學士金公幼孜爲序。景泰間，麻岡諱總政、炯村定邊大尹諱持厚續修，翰林劉公儼爲序。弘治間，葛陂寧國大尹諱恂重梓，而恩官諱惟亨彙詳之，石城輔國將軍拱楉爲序。自宋迄弘治，屢修之譜，皆綜核精確無濫及者。嗣是而後，乃有疏於攷信、不無蔓引者，諸君子共憂之，曰：「是不足以重吾宗而示後也。」於是麻岡、焦塘、橋東、葛陂、炯村江邊寮下、留田南村各派子孫相與矢盟於王望山，必協志慎修之，務崇本始，達枝幹，一一審諦以垂不刊之信。僉謀既定，乃集費涓吉舉事。族之貴顯者，東陽大尹汝薦、南雄郡丞君杜寔督率之，而族彦士彬、士采、崇德爲之編輯，貢士育顯爲校訂，其總理則以齒長而練習，若時鳴、紹倫、應燈得任之，而分理則某某，咸與有勞者也。既成帙將授梓，乃屬予一言以弁其端。予於東陽、南雄二君，嘗以正學共砥切於西原者有年，二君皆能以所學措之實政，爗然績譽隆起，大受其方未艾，而貢士君於予爲舊交莫逆，知其爲端行君子，行當表見於世者也。夫以郭之族繁衍昌熾而名碩輩出，以予所知者，既卓爾不群，矧其族英茂秀朗之士，予所未及接者，尤彬彬盛也。乃今復以譜宜傳信，率衆矢心，必慎無濫，以成茲典，可謂慮遠而識宏矣！惟郭氏後裔尚作求世德，修身惇行，推慈溥愛，以宜親族，居爲良士，出爲名臣，以丕紹先猷於勿替，則茲信譜誠足以垂百世而彌光也哉！敬書以俟之。

賀瑞金邑侯圖南堵公考績序

夫剖符結綬，專城而聽治，其道不一，然要之使斯民安於田里，得遂其生養和平之福而已。蓋世所稱幹濟者期於材，而非飾文具以爲能也；敏達者期於識，而非工伺察以爲慧也；振勵者期於果毅，而非操激切以爲威也。惟負真材、抱鉅識，而以德義自强者，乃出其所長而措之爲安民澤物之實政。此豈非古之循良而黎庶之永有攸賴者哉？

予是以於瑞金邑侯圖南堵公之爲政而深嚮往焉。予未及瞻公清範，頃歲直指按歷兹境，嘗下檄屬公偕贛邑陸侯摘輯王文成先生全書，既成，予得受讀之，見其簡要而昭晰，則竊意公之邃於正學也。而吾吉爲虔接壤，於瑞邑風聲相及，則又獲聞公之善政稔矣。公德器沖夷，素履端潔。瑞邑故號僻阻之區，公以愷悌貞肅涖之，督賦一惟正之供而無羨徵，御下一法紀之守而無姑貸。聽斷折於片言而不加苛罰，尤占矜恤之情；警緝申於保約而每示勸懲，遂收寧謐之效。復以邑之人文未振，乃於造士尤惓惓焉。崇儒宫而頹圮聿新，倡建塔而形勢增勝。集諸生以校藝，躬自批閱而訓迪滋勤；念寒士之乏資，特捐助給而弦歌斯盛。且其舉墜興廢，凡有關於典制而不當任其弛敝者，必酌其宜而整葺之，然民不勞，財不費，而一邑免於荒陋之譏。蓋公之所運量者有方，而即此益知其默施於民者至渥矣。是宜士服其教，人遵其令，而閭井晏然其胥戢也。曩者直指吴公已特薦於朝，今值三載考績之期，臺院將復彰其最狀以聞於上，行當奉綸章褒錫以需峻陟，於是邑庠博士彭君等屬予一言以賀。予所謂真材鉅識强德義，而措之爲安民澤物之政若公者，殆其人乎！蓋《傳》有之曰「如保赤子」，言安民也；《詩》曰「遐不作人」，言造士也。公於此二者既悉心殫志，以能結士民歡愛之誠，即古所稱循良曷以加焉？愧予耄矣，何由一遂摳承，以畢其遥企之私，惟公芳獻令譽方隆未艾，兹最績升聞，由之以崇階大受，此直游刃發硎之初兆也。異日者，膺特簡以竟遠業，予於公誠跂俟之矣。

壽郭母丘孺人六衮序

蓋自昔所稱「宜家繁胤而綿祚於永世，必歸重於内德焉」，則傳記具詳之矣。在《易》示順承之有慶，而贊光大於代終；《詩》詠瓜瓞本於周姜，百男兆於大姒。而魯侯膺純嘏之錫，必原其自於壽母焉。誠以慈淑孚於庭闈，而徽懿貞於壼範，即毓秀而凝祉，固有不期然而徵應於弗爽者，信往牒之足稽而宜垂世以章勸也哉！豐邑郭母丘孺人，中都留守蟠石君之元配也。蟠石君爲太常一厓先生季弟，予往侍先生教未最稔，以是於孺人之賢得與有聞焉。丘爲邑著族，而孺人生有粹禀，孝敬而柔婉，端束而顓静。父晴厓公奇之曰：「必以配良士，不輒許字也。」蟠石公已游膠序有聲，一厓先生乃謁晴厓公曰：「公誠擇良士而字，若吾弟庶幾哉不辱館甥乎！」晴匡公乃許，於是孺人得歸蟠石君云。時蟠石君方鋭情經史，而孺人綜家政、事姑嫜、和娣姒、禮宗姻、勤織紝，潔亨祀於蒸嘗，修饋宴於賓友，秩然其有緒，中外亦翕然其共賢之也。孺人衣布素而甘蔬味，出其性然。蟠石君歷任閩廣，至中都，孺人皆從行，蟠石君所至能其職，孺人寔翊成之。有子理問君，蚤艱，嗣孺人，諭以種德樂施，賑饑恤乏，成梁以利涉，給櫘以助殯，葺神宇而刊内典，以結善因。迄今有孫男十一人，瓊玖輝映，振振膝下，即古所稱百男瓜瓞之意，在孺人誠有之矣。是年孺人躋六衮壽，其姻戚諸君屬予一言。予惟孺人以厚德而篤家祚，乃其福履彌臻，世澤方熾，而胤續昌繁，即《易》、《詩》所歸「重内德以章勸於來今」者，曷以加焉？異日者，諸賢嗣且以英傑特起，行將表見於世，以迓綸綍之光榮，以彰保艾之積慶，其可涯涘哉？敬書以爲賀。

壽霧山曾君七十序

蓋聞昔之有道者，以天地爲旅泊，以古今爲瞬息，以形質爲贅疣，則宜等彭殤、一椿菌，而不復計慮於俄頃期頤之數也。然詩書所載稱箕籌之福、岡陵之頌，必以壽爲言，何哉？無亦以君子砥德飭躬，大之垂範於後學，施澤於海宇；次之表正於鄉族，保艾於嗣人：必資於壽而後積久以有成，恒永而徵效也歟！霧山曾君，予未及挹其清輝，乃其令子庠生德新大素甫及予門受學，予是以側聆君之素履而嚮往之。君蚤治博士業，期進取無所遇，而尊人中峰公遺世，君乃輟經而理家，孝友篤至，基緒漸起，而秉心勁直，不設畛域，持己端方，與物孚信，御下慈煦，禮賢而急公，勸善而釋棼，暮年一以課孫力學爲事，翛然不以塵累干其衷也。君有兩賢嗣，皆英茂秀朗，而諸孫翩翩繼出，足以承先志而益振家聲。君之式穀貽芳爲有徵矣。於是君届七袠，大素問予所以壽其親者，予謂砥德飭躬以表正於鄉族，保艾於嗣人，在君之自壽者，誠有之矣。入敬順於庭闈，出精研於經術，立身篤行以需顯揚，以成若考未竟之志，而昭錫類不匱之光。是在大素伯仲所以壽其親者，宜知所勉也，遂書之以進於壽筵。

三益軒會語小序

萬曆甲申春，於郡城西北隅智度庵之側，縛茅爲丈室，僅容一席，庳陋甚而稍隔市塵，題曰「三益軒」，義取直諒多聞之益我也。予每以旬之二日偕同志友數輩來聚於此，辰集而申罷，戒不得治一觴一簋以恣俗懽，惟啜茗清對，相與講磨切偲以究其學之所未至。會事簡澹而心期真懇，似於古人師友之義不甚愧焉。久之，因自追繹所言，懼其於道無當也，姑筆存之，藏諸密笥，俟他日得自考云。

鷺洲會語後序〔一〕

予與羅公廓、鄒汝光别久，幸值兹會，每日促席密論，諸生不得盡聞。一日，汝光謂予曰：「諸學有微言、有顯言，今吾輩促席皆微言也，諸生在坐，可無顯言以開導之乎？」予乃僭言曰：諸賢亦知學之不容已乎！夫學非徒以文藝干聲利之謂也。凡六經四書之言皆先聖示人以做人之方也。夫既生而爲人，便當盡人道，堯舜周孔不過能盡人道耳。不能盡人道，則與鳥獸何異？且如孔子言「學而時習」，正示人學做人之謂也，豈是出此一言，使千載而下，將我此言做文字博聲利乎？今朝廷欲安百姓、致太平，故急於用賢。然賢者未易識，故以經書教之，使諸生讀此書、明此理，發之爲文，果通暢，則以爲必能知聖賢之理，必做好人矣。故登之科目以用之，而付之以安百姓之任，豈意讀書者口誦而心違、飾綺語以欺主司，而竟不以做好人爲志乎？即當其幼時，父兄教以讀書，不過曰「他日可以得官、榮身、肥家」而已，此朱文公所謂「只讀上大人時已錯了也」。故士人自幼不知做人爲何事，只望得遂榮肥之計耳。如此則身雖爲士，而其心與市井競刀錐者無異。故倖得一科目，即思囑託官府、侵虐鄉閭以取利，出而仕即思剥民。

〔一〕又載于《友慶堂合稿》卷五，目録標題爲《鷺洲會語跋》，文中標題爲《鷺洲會語後跋》。

苟得以取利，自以爲千載一時；若不得厚利，則與不仕者何異！至於百姓困苦，朝廷利病，視之漠然，此正所謂讀書不識字，即登高第、陟崇階，適以滋世之害也。嗟乎！海内民生之不遂，禍亂所由生者，職此之由矣。且士而藉科目、得厚利以肥家，豈是好消息？吾恐天地神明，必陰殛之，然則爲士者孰若做好人之爲得哉？做好人者當何如？必正心，必修身，未仕則孝弟篤於親長，仁讓孚於宗閭；出而仕則忠直輔於朝廷，德澤加於百姓：此之謂聖賢之學，所謂講學者講此者也。講此學者欲人人從事於此，以真做好人，近則福家鄉，遠則福邦國，以不負朝廷求賢之至意，以不失聖賢垂訓之本心，以自求多福於無疆也！豈曰教者漫爲空譚，聽者聊應故事，而謂之講學，則何益哉？

吾吉舊稱多賢之地，今來赴會必皆有志者也。願諸士從此自勵，以希聖爲期，内而存心，外而制行，無一念一刻不循乎天理，無一言一動不遠乎邪僻，在庠序則爲良士，登科目則爲賢臣，爲天下造福。退而不仕則與人共勉於善，以維世風。此則自孔、孟、濂、洛以至今日，所以講明正學之本指。而凡爲士者，均當從事實體而力行，必不容已者也。敢敬爲諸賢願之。

壽王母顔大安人七十序

頃歲臺臣指斥大僚罪狀，忤上旨得譴斥。議者以大僚故善結中貴人，益疑忌顧憚上威嚴，莫敢言。吾邑儆所王君初筮仕刑曹，私計以近侍竊柄庇奸，干涉滋重，上英明不世出，宜不惜隕首陳言，冀仰裨萬一，乃疏列左右簧鼓蠹政，言極切至，詔下所司拷訊，繫獄罷秩歸。於是王君抗直忠敢之聲播宇内矣。邑中人則曰：「王君固賢，而所爲禀教以有成者，寔本其家世厚德所貽至遠也。」始君大父汶東先生邃《易》學，持身介特，言咲取予不苟，爲里中弟子師，教肅而道尊，所造就後學至衆。東虚先生繼之，孝敬端慎，庭帷雍穆，勸誘鄉人，俾率於義。元配顔大安人克佐内政，以德學督慈誨。子六人，明經治律，彬彬皆俊乂。而君成進士，得沐恩加榮於二親，乃東虚先生益斂飭恥言聲利，大安人服御澹然，恬然不殊寒素。時君以建言罷歸，東虚先生已捐世，大安人怡然曰：「吾子能以忠讜報國，復何憾！」嗟夫！君所禀承於世德者厚矣，宜君傑然秉直以自見於明時也。

今年春二月，大安人壽七十，邑之媚友某等屬予言以賀。予蓋數接君於復真、青原之間，相與講聖賢正學。君氣温而内瑩，謙抑而融朗，蓋將鋭然遠詣，肩任斯道，匪直以效忠一節自止者。乃復聞世德之厚若此，方今上求賢若渴，即以言得罪諸臣，不旋踵拔用，往往陟崇顯，君且旦夕奉特恩召還可跂俟。大安人壽躋期頤，將屢拜龍章褒錫之榮未艾也。敬書以爲壽。

壽曾母蕭大孺人八十序

予自歸田，則與螺川士友時聚於西原、白鷺之間，以聖學相砥切。泰和曾生惟謙德卿委贄從予遊，德卿已領鄉薦，然氣斂神潛，守樸而處下，温恭質問，其中退然，若寒士無所遇於世者。予每悼末世澆薄，士僅能通章句操筆札，或少蒙有司賞識即意態侈然，雄亢驕溢，目中若無與敵，甚者恣睢僭侮不可近。而德卿已發賢科，獨恂恂若是，予是以心嘉之。後數歲，予過其近鄉，又見德卿之弟庠生惟謹，蓋前邑侯曙台唐君奇其文，以爲必魁多士者，然其謙撝斂下，若不勝衣，視其兄不異也。有語予者曰：「德卿伯兄惟誠游郡庠，文學德器亦蔚然與二弟並著。」予益欣歎，何曾氏多賢萃一門，且爲同胞昆弟，可謂盛矣！

是歲冬彭生約時、王君欽詡暨予弟時極詣予言曰：「先生誠樂與曾氏三昆弟之賢，然揆所從來，則實本庭闈之訓，請得而具詳之。前山翁以隱德稱於鄉，好善而樂施，厥配蕭大孺人實佐之，敬慎以飭家，澹約以奉身，處裕而不居其有，廣施以益闡其仁。歲饑，倒廩發粟以賑鄉之艱食。至睦族睦親，則孤嫠煢獨尤多矜憫，而蒙割分之惠者相屬也。鄉族咸歸德於翁，而誦大孺人克相之功不衰。授經三子，督誨弗倦，用能以詩書發家，而行誼稱士君子之林。曾之多賢，蓋有以也。今大孺人年八十高矣，願一言爲壽，且以勸三子之益進焉。」予惟家不徒貴其裕，貴能施以廣仁；子不徒貴其顯，貴能學以入道。大孺人之仁慈也徵於相夫，而聖善也徵於迪子。《詩》稱「錫祚胤於宮壼，增遐齡於壽母」，大孺人具有之矣。予聞傳記，兄弟共學，咸志於希聖以揚其親之令名於百世者，莫如二程、三陸，是在德卿與其伯季胥加勵焉。予辱契誼之素，不能不厚望於斯矣。

壽劉母賀孺人六十序

禾川劉生用平及予門請事聖賢之學，端謹淳静，聞予言能默焉内省，漸入微密，非徒以口耳承襲。其神氣帖帖不外馳，殆可激引開導、造而就之者。大凡學者之資，高明者近敏而懼其涉於浮也，專實者近正而懼其阻於鈍也。用平恂恂斂束而能致思以探理緒，其誠近正而非以鈍阻者歟？予既與久處，因得聞其母賀孺人懿行之概云。孺人出邑之清塘鉅族，奩歸汶水爲愚齋公元室。不數歲，厥翁捐世，厥姑奉其祖姑，皆煢煢寡居。愚齋公曠達不治生事，家計日落，孺人獨茹苦服勤，日纖纖躬紡績織紝以資供饋。已而愚齋公遘疾，孺人籲天祈代不獲，誓相從地下。愚齋公誡之曰：「吾上兩母，下諸孤，以付汝俯仰事育之，吾所屬望於汝至重。汝年僅三十耳，第畢力不負所託，吾願足矣。釋此不爲而從吾地下，是重吾遺恨，何益乎？」孺人泣受命，奉兩母寢興服食、省問扶持悉承志無違，先後襄大事一如禮。督教諸子、延師授經、婚娶諸費皆出自機杼。家既貧，敝衣菽水，劬劬鍼紉，常至夜分，如是者蓋數十年。既老，每值忌祭展墓之日，尤悲泣不自勝。而性慈甚，見人乏食，寧輟食食之。其平生奉姑相夫極柔婉，至訓子御下則特嚴整不少貸，可謂得肅雝宜家之道矣。於是孺人壽躋六袠，用平自以母苦節三十年，有人所難堪者，而懿德弗彰，申祝靡從，爲子者罪何以贖？予謂孺人能恪遵愚齋公治命，事母育孤，一無遺憾，是其所自爲壽者大矣！而有子三人，伯氏振業郡庠，蜚英有待；季氏殫力樹殖，克勤其家：咸足慰母心而資壽愷者。惟用平尚益懋正學，隨分盡養，左右無方以修不匱之孝，則所爲昭母德於不泯，怡母壽於無疆者，將於是乎在勉之哉。舍是無足爲母光重矣。用平亟避席謝，願奉其祝爲母榮，遂書授之，俾獻壽筵。

友慶堂存稿卷之四

記

惜陰會館記[一]

予往以學未聞道，欲遠市紛，藉僻地畢力精研之，擇郡城近郊，得金牛禪院。背郭而面江，不出人寰而境疑世外。遥空極目，列岫如屏，一水横帶，孤洲延亘，登而覽者足以廓塵心而起幽思。江岸故善崩，一徑險甚，非攀緣顛頓不可至，故冠蓋罕所涉歷。而僧舍且敝陋，頹垣敗壁，無丹堊之飾、結構之巧，是以冶遊、酒博之徒往往棄而不顧。予獨愛其荒落闃寂，有窮山杳谷之氣、大樸不斲之味。以予之拙而喜静，莫此爲宜，遂寓榻於其間。自嘉靖己未迄今既二十年矣。遡先聖之遺旨，體真宰之元化，察性情之密機，晝夜殫精，未敢少惰。今且老，於道尚未有聞，惟

[一] 《友慶堂合稿》卷三有載。

顯然尤悔，粗免一二，不可謂非兹山之助也。邇年以來，郡中英賢好修之士辱不鄙夷，時過而論學，謂宜稍加整葺以爲會講之地。予乃召匠闢門通徑，增築而補治之，名其軒曰「内省」，堂曰「崇正」，廳曰「高明光大」，門曰「惜陰會館」，願得吾黨之薄聲利、研理性、卓然以聖賢自期者，日萃於斯，共從事於正心誠意之學，庶以進予之不逮焉。是舉也，友人永豐謝君經適至，欣然協贊，而僧綱榮濟塞旁岐，繕環堵，實佐成其役事云。

重修白鷺書院記

廬陵白鷺書院，自宋淳祐辛丑江文忠公古心爲吉郡守，始創建於郡東二水夾洲之上，文宣王有殿，周程張六君子有祠，堂廡齋舍、樓閣庖廩，一一備具。集郡邑諸生講肄其中，郡人歐陽巽齋守道時以進士任贛州司户，公延至院中，爲諸生師。復以名額疏請於朝，理宗賜御筆「白鷺洲書院」五大字，置田租八百石，設山長一員。元至正間，監郡納速兒丁重修。逮我明前郡侯勸學造士，葺治弗替，已而洲齧于水，院宇寖頽。嘉靖壬寅郡侯西蜀白坡何公始遷建于城南仁壽山。隆慶辛未改爲邑之儒學，而以舊學之文廟尊經閣爲白鷺書院，於是書院在郡城内之北，然規制未甚備也，諸生亦無復講肄於其中者。萬曆丙戌，邑侯毘陵啟新先生錢公潛心正學，重念諸生徒以剽掠枝蔓、綴飾浮詞以徼進取，不知反躬以自盡人道而一遵孔孟之遺矩，是以士習日污，民俗愈敝，家鮮孝弟廉靖之風，人恣争攘嚚憸之行，有足悲者。以移風易俗當自士始，乃政暇則臨學宫，横經講授，命題課藝，第其等差，復集兩庠博士諸生月再聚於院中，示以正心修身之學，俾實體力行以追宗濂洛而上遡魯鄒，庶鷺院之設可繼鹿洞之芳而不爲曠宅矣！顧兹院僅一閣一堂，侯乃捐俸市材增建道心堂于閣南，而舊堂之前增敞亭宇，中設門屏，揭扁於堂曰「尊德」，門曰「萬古道脈」。奉安先聖孔子牌位於閣中以示學的，移祀江公祠於西廳以便瞻禮，布席授几，皆有位序。入是門、與是會者皆肅然飾敬慎之容，而恍然脱凡近之志，或默坐澄心，或質疑請益，禮静而不煩，故塵襟自斂；言簡而義晰，故靈機自闢。以子臣弟友相砥切而學有實地，以根衷復性相究極而道有統宗。諸生乃津津焉，若復覩盛際於虞周之上，接清班於闇侃之末，而知以正心修身爲學，果有出於詞章科目之外者。惟兹修緝之役，邑貳尹徐君樓寔董之，經始於秋仲，逾月而工成。徐君屬時槐爲記，時槐不敏，嘗辱侯召至院中，樂觀義聚之隆者，誼不得辭。竊惟國家定制，俾諸生治六經四書，以聖賢之言反諸身心而實踐之，且聯師儒以督其成。以爲士能是，則退而處爲鄉之善人君子，出而仕爲世之良臣名吏，此國家造士之本意也。世降道衰，士之所學直曰「以文詞博進取」云耳，不知有所謂反身實踐者；師之所教亦姑聽諸生自爲文詞已耳，甚則諸生有累年不一見師長者，即月課猶爲曠典，又安能責其反身而實踐也？教學之法名存實亡，是以士退而處或敗類於鄉，出而仕或播惡於國。有道君子位兼治教者，惻然憂之，故既臨黌舍以課藝文，復集書院以勸德義，庶孔門四教、周家三物之學不致偏廢。若朱子之知南康軍用此道也，江文忠公爲吾郡創白鷺書院寔本朱子之意，而今邑侯啟新先生重修書院以續江公之遺跡，蓋亦與朱子之意同。盧陵人士何其幸哉！孟子曰「豪傑之士無所待而興者也」，今諸士既躬逢賢侯之倡導，即奮志爲希聖之學，已未免爲有待而興矣。雖然，人性至善，萬古如一日，即倡之而悟、導之而趨，亦不過觸吾固有之善、萬古不容泯者也。以諸士固有之善，寧有倡之不悟、導之不趨者乎？誠悟而趨，不越子臣弟友之常，以全根衷復性之理，退則善鄉，出則善世，夫然後不愧孔門之後裔，足稱是院之良士，而我侯嘉惠斯文之勤爲不終負也已。時槐衰且陋，願黽勉桑榆，拭目以觀其盛，是爲記。

廬陵縣儒學新建文昌閣記

廬陵儒學自郡北而遷于城南也，既十有六年矣。殿廡列祠、堂樓齋舍、階序門楔、繚垣壁池，丹堊繪飾，凡增治而完美之者，悉已具備。惟學宫前臨江滸有地夷曠，蕪廢弗理，邑侯毘陵錢公顧而歎曰：「是多士出入所必經者，而蕪廢乃爾，且非所以挹奇秀而壯儀觀也。吾將建閣於兹以延攬青原群峰之勝，攝受瀘、禾二水之會，庶多士出王遊衍，將亦有感於斯，而益開其高明廣大之襟抱者。」於是申白於郡守京口楊公，俞其議，侯乃捐俸、市材、集工，經始于萬曆丁亥正月，落成於八月。閣制上下皆疏楞亮格，内外朗徹，俯檻而周盻，憑高而遐眺，則翠巘崇嶂，若逡巡揖遜於其前；清瀾迴波，若逶迤渟注於其下；横洲紆嶼，若逆遡環擁於其左。蓋學宫當一邑山川最勝之地，而是閣又當學宫萃勝之區矣。督其役者，邑簿翁君濟美寔任之。閣成，名曰「文昌」，學博艾君世美、董君杰、樂君承蓁屬予言爲記。予惟國家建學，教多士以文也，夫所謂文者何哉？堯曰「文思」，舜曰「文明」，禹曰「文命」，其萬世人文之肇始乎？孔子曰：「文王既没，文不在兹乎？」蓋以萬世之文自任也。子思子曰：「於乎不顯，文王之德之純。」蓋曰文王之所以爲文也。然則孔門之所謂文以承堯、舜、禹、文之道脈者，亦曰：「純其德而已矣。」《易》曰：「見龍在田，天下文明。」又曰：「文明以止，人文也。」其亦以純德爲文之謂乎？自聖學不明，漢以詞賦，唐以聲律，皆飾言以爲文，而純德之學遂衰。宋濂、洛、關、閩諸大儒以無欲、定性、主敬之説力挽之，士始知飾章繪句之外有所謂正心誠意之學者。至我朝白沙、陽明兩先生抑浮華而重本實者，惓惓焉夫以堯、舜、禹、文之文傳至孔子，而子思以「純德不顯」言之，及《中庸》之末章尤致意於衣錦尚絅而曰「惡其文之著」，且以淡簡温可與入德，由内省不愧屋漏，以造於篤恭不顯，復引文王天載之詩以終之。子思之發明純德之文也，可謂深切而著明矣。學者循子思之言以追繹堯、舜、禹、文、孔子之緒，誠能由内省不愧屋漏，不的然著於外，而務闇然純其中，則萬世之文自是彌昌，豈直吾廬陵今日之文之昌而已乎！或曰：「士何敢望純德，第從事

《詩》、《書》、『六藝』亦足以爲文矣。」予曰：《詩》、《書》者，孔子刪述之以示純德之訓也；「六藝」者，孔子以爲志道據德依仁之後乃可遊焉者也。惟學主於純德，則餘力學《詩》、《書》、「六藝」之文無不可者，不然，徒誦遺編，或貽買櫝還珠之誚；專攻材藝，或墮玩物喪志之失，將以稱於天下曰文，可乎？廬陵自昔爲節義文獻之邦，六一以捄時行道爲賢，信國以正氣浩然爲忠，雖未敢謂其能紹孔門之絶緒，然大節偉然，由之以入於純德，此其基焉。矧是邑近爲陽明王公過化之地，今且復賴我錢侯倡道勸賢，於月試諸生經義之外，必召集白鷺院中，示以正心誠意之學，汲汲焉惟懼後學之僅以詞藝自足，而不知志於孔門純德之歸也，而又建兹巍閣以振勵之。夫仰止鄉先輩之大節，私淑前鉅儒之過化，躬沐良師帥之作人，士生是邑可謂厚幸矣！其卓然從事聖學以純其德，而上承堯、舜、禹、文、孔子之絶緒，以大昌斯文於萬世，寧復可多讓哉？予誠固陋，猶將自振於頹殘之末，且拭目以觀是邑斯文之盛。是爲記。

知止堂記

吾邑汶源儆所王君既成進士，筮仕刑曹，尋以言事忤旨，罷秩歸。歸則益專志正學，飭躬端行，以檢束於家而儀範於一鄉。鄉之後進既夙慕其讜言於在朝之時，復親見其真修於引退之日，相與咨嗟敬歎，以謂是當代冰玉精潔之君子，而將爲異日廟堂柱石之名臣者也。予數得侍君於青原、白鷺之間，蓋目擊而心孚，有不煩叩請而投契者矣。一日，君語予曰：「吾近於戊子之歲始構一室，僅蔽風雨，名其堂曰『知止』，願爲我記之。」予因問君名堂之義，君第遜謝。有友人聞而私繹之曰：「夫際壯盛之年，負宏鉅之材，繫海宇之望，而遭聖明之世，固宜起幽滯、蒙特召，以攄發其素，而顯遂其光大之業，此有識所共期，而常情亦自以爲有待者也。君則不然，惟安於止焉而無復他覬者矣。」復有言者曰：「夫躁動者涉塵境而滋擾，守寂者寧遺物而内凝，此西竺之觀空而趨定，函關之專氣而歸無者也。君得無有意於斯乎？」予曰：「殆不然。夫由前之説止於獨善，由後之説止於偏空，請得以聖學之止爲君願之。蓋《大學》止於至善，以仁敬孝慈信爲言。夫至善者，性之別名。性爲天地萬物之本，彌綸六合，貫徹萬古，無聲臭而非空寂也，神變化而非色相也，高之非無，卑之非有，善斯至矣。止之云者，居於是而安焉，無復他適之謂也。是故舉仁敬孝慈信五者以言乎性之彌綸貫徹則備矣，不可以有無言，是至善也。彼離棄倫物，舍五者之常道以趨空，是見性於無也；矯飾枝節，狥五者之彌文以矜行，是執性於有也。皆自戾其性，非所謂至善之止矣。學者誠戒慎恐懼，默識其本心，真得吾性之同體乎！天地萬物不可以有無言者，是謂知止，由之以盡倫經世而非强作也，由之以篤恭不顯而非沉寂也，是謂自得其性。《大學》所謂知至善之止者也，庶其在兹乎！夫民止於邦畿，不遠人也；鳥止於丘隅，從其類也。是謂擇善地以爲安，非逃虚滅影而後爲止也。而世儒襲異學之説，顧以夢幻一世，薄倫類而叛名教，棲心於無何有之鄉以爲止，則過矣。儆所君稟醇厚而蹈準繩，於世儒奇詭之談未受染也，其進於至善之止也孰禦？」敬以是復君，庶陟降於斯堂，日顧諟焉，吾道有攸屬矣。

喜雨亭記

萬曆丁丑夏，不雨者踰月，麥禾且槁，邑民皇皇憂悸，莫知所爲計。雨田倪侯適自覲還，齋沐肅壇敬禱于山川，甘霖隨應凡三日，環邑之四郊，霑濡優足，歲則大熟。民歡呼，願建亭志喜以無忘侯之德，侯弗許。庚辰夏，侯陟松貳守，已行，郡節推書峰陳侯來視邑篆，民具呈以請。公署其牘曰：「斯民感懷真念，誠不容已。」其令典史唐某擇地樹表之。於是許建喜雨亭於北關之外。木石、瓦甓、工作諸費悉出於民，不煩官帑。衆樂捐金，胥佐其役，不日遂成。復屬王君世方、周君鑑徵余言爲記。往余於戊寅歲，因邑庠博士及諸生索言，贈侯考績則已具，侯爲政精明、擿奸燭隱之狀敬著於篇矣。今乃獨舉禱雨得應一事，固未足以盡侯，然藉是以繫思而彰遺愛於萬一，余故不得辭也。雖然，民之不能忘情於喜雨，雖久而必於兹亭之成也則亦有由矣。蓋吾邑土瘠而民貧，既無山澤之樹畜、舟車之貿遷，與夫術藝之纖巧以專美利，而資其養生所恃者惟穀麥，而壤故下，農力倍勤，而穫入素薄，瀦泄少不預，而風雨一愆其度，則龜拆且彌望，而蟊賊乘之。即幸而屢豐，雖豪族且無三餘之積以待凶饉。中産之家壯而秀者，之四方、任負販、授句讀，藉之補給以爲常。至如農人，釋犁鋤則乘歲隙，涉鄰境，計日庸食，以僅免凍餒於其身與其妻子，然尤有穀未及熟即指畝以償貸，食既無從則鬻丁以輸税者。矧其一遇旱魃，民之束手坐斃者宜無算矣。世風又日趨下，浮文僞飾、繁委之節，始有一二勢家以侈導之，往往享上賓、禮顯秩，必鼎俎列異珍、牆屋施綺繡，先期徧市水陸希怪之味於通郡大省之間，經營累月乃敢致書。至則一箸踰百品，一錒直數金，剪繪縷結，眩目怵心，徹席更設旅薦而疊奇，主人猶恐焉，懼無以恣極歡而擅獨盛也，私覸承筐，率亦稱是。下民即不能爾，然望風襲倣，恥儉而浸奢。佻薄無賴或寧無鉼粟之貯，而不可無外貌之飾，因之惰體棄業，怙縱而蹈非，識者已知其隱然有決裂潰壞之勢，矧其一遇旱魃，大患固未易言。是宜丁丑之夏不雨，大爲父老憂，乃深幸侯之誠禱神應，喜而志之不衰也。若夫侯剸煩理劇，有迎刃立解之材；發伏折疑，有遐照莫遁之智；遏惡摧强而兇徒斂跡，辨賢敬德而善類獲伸。虚税補以墾田，而疲民一蘇；課士資其儲餼，而膠序振業。其弛張注措，宏闊卓偉，有非予言所可殫悉者。今侯復自松得左遷，夫以侯之官且屈，而民不忘情於喜雨之亭，則余之綴言以記，殆非世之近諛者比。因附著民貧俗侈之弊，俾邑中人士無徒恃於天澤，必務儉與勤，以仰副司牧者保民之至意焉。侯諱涑，字霖仲，浙上虞人，萬曆甲戌進士。

永新縣常平倉記

夫爲民牧者莫先於使民足食，孟子所謂「受人之牛羊，必爲之求牧與芻」者是也。《傳》有之曰「如保赤子」，且夫赤子不能自食，所謂時其乳哺、察其饑寒疾痛而安全之，非父母之責哉？民之生也，必資五穀，然而雨暘寒燠，欲歲歲之時若而無愆忒也難矣。故五穀難必其歲稔，民於是有艱食者。民食之艱，是赤子之失乳哺而牛羊之失牧與芻也。予嘗見牧民者平時徒以簿書期會飾治，其視裕民足食之事以爲迂拙繁勞，故一切廢而不講，即試爲之，猶然以虚籍取浮譽，而廩積之不裕如故也。假令幸值屢登之年，即亦得優遊在職叙遷以去，一遭旱潦，饑莩載塗，則不過悵然咨惋，以爲天實爲之，莫可致力。嗟夫！此其與忍棄赤子而坐視牛羊之斃何異哉！吾郡九邑邇年頻罹水旱，雖諸邑賢侯拯民孔亟，然或倉無陳朽之儲，即存一二，又數無斂散之策。饑者偏於四野，據册而給，則名多詭而下户莫伸其控號；集人而覈，則勢難周而枕藉已盈於道路。勸貸於富室，應者無幾而塞責或出虚文；發賑於官廒，窮鄉未霑而市猾因之牟利。談者往往謂救荒無善策，予竊謂非策之果無，則以其講於裕民足食之無其素也。一吾陳侯來爲吾郡之永新，軫念於兹，既皇皇殫力以活群饑，則復慨然歎曰：「是特暫濟於一時，而非垂裕於可久也。」於是捐俸贖數百金，平價收糴置倉於邑治之東，議倣古常平之法，歲豐穀賤則增價而糴以實倉，歲歉穀貴則減價而糶以賑民。入無過數十，使富室不得專利；出無過一兩，使市猾不得冒販。糴不以擔負役民力，糶不使需索費民財，復列爲十條以示經久，俾後來者率守勿墜。已而僚屬暨諸鄉大夫士民感侯之義，胥樂助之。倉穀既盈，侯乃具聞於臺院大府，咸嘉悦，且下各屬舉行如式。邑耆民某某等與諸庠士議是不可無紀，乃金生某、李生某等詣予徵言。予惟古之仁人能與民造命而植生，使境内有恃以無患，所謂天不能災而地不能竭者，則以儲蓄豫而斂散之得其道也。孟子曰：「狗彘食人食，而不知檢，人死則曰：『非我也，歲也。』」此則不務儲蓄而徒罪歲者之爲也，其視仁人之心何如哉？今侯建常平以貽永利，惟後來者善行之勿墜，其爲茲邑造命而植生也，蓋無涯矣！抑予聞侯端恪而廉介，真誠而懇至，踐義而慕道，繩直而矩方，請託不行而視民如子，其事未易一二述，茲常平法特其裕民之一端云。侯諱三省，字某，發跡巍科，浙之餘姚人。

元陽觀重修殿閣記

安成邑城之南七十里曰「金谿」，吾族世居之。金谿南水口之山曰「小蓬萊」，山之麓有道院曰「元陽觀」，其創始之年不可考，屢經兵燹，荒廢不治。有宋紹定己丑，朱溪廣福觀知觀事者曰委和，乃相地於小蓬萊之北二里許，移元陽於茲重建之，迄今三百餘年，道流世守，未之有改，而其間隆替起仆之跡，計亦莫知其幾也。三清殿，天順辛巳，道士李粹仁重修，至弘治癸丑復修之，三舍尚書劉公撰記。玉皇閣，弘治癸亥重修，東溪憲副劉公撰記，迄于嘉靖之季則五十餘年矣。殿閣圮壞，道士康如峰募緣鳩工，經始於己未之冬，殿則稍改舊式，旁闢兩巷以通往來。閣則締構雖新，規制襲舊，不復改異。至庚申之冬而落成，及隆慶壬申，丹堊備飾矣。惟外門揭「蓬萊之山」，内門題「歸鶴之亭」，則皆如峰之師左貫微修於殿閣未葺之先者也。如峰謁予一言勒之貞石以示久遠。予寓跡郡城，壬申之春得請歸田，每歲冬還金谿展祠墓，必集吾族衣冠衿佩之士，以聖學相切磨於元陽。晝促席，夜聯榻，或會更旬朔，於是元陽遂爲揖讓絃歌之地、人文炳朗之區矣。予嘗舉行族約，稽覈清丈，亦必於元陽，而吾族人執經校藝、攻治聲律者，則元陽爲督課肄業之場，事涉僉同、議關萃涣者，則元陽爲約束會盟之所，至折衆紛、釋私釁，相與定公是而勸修睦，咸於元陽，未易縷舉。故元陽在吾里稠居之旁，雖稍迫近，而自士人講學之外，其群聚列坐於斯以有事者常接踵而至焉，則兹觀已圮而重新亦未爲不可也。抑予猶有慨焉，彼老氏之徒不達老氏清浄無爲之旨，僅以崇宫宇、業焚修以受信施、資衣食爲事，吾儒或薄之；乃爲吾儒者亦未達孔氏求仁之旨，僅以挾篇册、綴浮詞以干進取、博榮肥爲事，安知不爲彼老氏之徒之所薄乎？願吾儕實以聖學自砥切，復性盡倫，端行澤物，以光宇宙。予不敏，輒因授記於元陽，致屬望於吾里族英賢之士，庶其採擇於斯焉。

望僊庵葛僊塑像記

武功自圖平而上十里許，庵曰望僊，道人應祥居焉。郡城西能仁禪院僧子旦偕某化緣，新塑葛僊暨黄衣白鶴二真人像，奉于庵中，索予言爲記。予憶往庚戌歲嘗遊武功，陟絶巔，夜宿葛僊壇中，壇僅蕞爾小室，疊石而成，在孤峻處，四無鄰壁。是夕風大作，揭揭焉哮吼震撼，疊石若將墜壓然者。予鼾睡其下，達曉既覺，同遊者訝曰：「吾儕蓋不能寐也，石且壓，奈何？」予曰：「是風也，儻乘吾息焉而隕石，則武功安足稱神明哉？」是後予入仕，與是山别者二十年，乃謝事歸。一夕忽夢身在此山第一峰之上，坐磐石俯視山麓村舍，居人往來可指數，覺而異之。予自是得竟釋塵鞅，於道稍有契入處，豈葛僊警發於予而啟其沉瞶耶？予既願與世違，逝將匿光避影於武功最深之地，以究吾世外之業也。姑書付子旦勒石置庵側以俟。

上杭縣溪南三圖撫民館記

嘉靖乙卯秋，予以南主客郎始被漳南之命，則南都諸士友爲予言漳南山川險遠，奸宄恣睢，難治之狀甚具。且謂上杭之溪南三圖尤盗藪，積數十年，蚓結豕突，種益繁，往往白日出睚眦殺人。予曰：「誠難哉。然此遥聞耳，必躬涖其邑而徐覘其勢乎？」於是以是冬來任，則往謁提督南贛軍門汪公。公復爲予言：「溪南三圖民憑險數犯法，大不順，已集諸司議所爲鎮伏之，有成牒矣。子且謂何？」予曰：「誠難哉。然此故案耳，必躬入其壘而深察其情乎？」於是趨回杭，明年二月，予乃遣人齎榜往，與之期曰：「吾必以是月某日單騎詣爾三圖，將有以教爾，爾慎毋恐。」乃三圖民密相語曰：「吾地異時未聞一郡縣官來者，今憲司獨奈何來？豈誅我耶？」於是以數百人持矛擐刃出二十里外，曰「鄉兵來迎」，意實備我也。至期，予果單騎往，則見諸鄉兵，喜而慰勞之，策騎直入其壘中。三圖民無少長婦女咸聚觀，愕不知所謂。坐少定，衆知無他，則與其酋長徒步涉諸山巓，徧觀形勢，下茇崇福僧舍，予乃揚言諭於衆曰：「爾來前，爾知憲司所爲來之意乎？夫爾三圖蕞爾彈丸區耳，而盜藪之聲徹于都下，提督軍門且必不爾釋，爾所負罪甚重。雖然，吾嘗爲爾計之，夫履坦途、安常業、全首領、垂子孫者，豈非人共願乎？而爾不此之爲，顧爲盜。夫爲盜，晝恐恐不遑居，夜恐恐不遑寐，視聽食息恐恐不遑安，懼官司且發兵，出不意殺我也。豈惟兵哉？有如官司出片紙懸奇賞，則爾同室之人且能取爾首往獻。嗚呼！亦危甚矣！爾獨不是慮乎？即慮之，曷不改爲良乎？豈爾生理狹，饑凍迫，姑冒死爲此乎？不然，則官司素以化外絶爾，不爾宥，不爾教，爾即欲自新無繇乎？且爾情必安出，吾固不爾誅。」諸酋長皆伏地泣，請死。予復曰：「夫爾三圖當潮、杭之衝，顧榛莽未闢耳。闢之則潮、杭人争出其途，且當爲通津大市，爾何衣食患哉？吾念宜莫如置縣，其次莫如置館，且夫闢爾地鎮以一官，則爾不見絶化外，爾遂可改爲良，爾役於官、貨於纏、傭于市，屠者、酤者、僦屋者、投戎者，無往不可衣食。且爾三圖，吾目中盡矣，即加誅豈難，顧吾尚有可衽席爾者耳。」諸酋長皆伏地泣，願奉令。予乃下其議於有司，僉謀具協，請于督撫阮公、巡察樊公，皆曰：「其惟置館允宜哉！」於是予廉得張某者，三圖雄桀也，終不馴，非剪之以威於衆不可，亟密遣二壯士夜入壘，斬其首以出，梟於杭之城東。明日三圖民始知之，益慴服。尋復自斬其兇渠楊某、李某等若干人，來請罪。予曰：「是可矣。」雖然，峰頭市固三圖民出入阨塞處也，興化鄉巡司宜可遷，復請於二公，皆報可。於是命官集匠，度崇福寺故址爲撫民館，左爲公署，右爲社學，環爲兵營，築城四塞，遷興化鄉巡司於峰頭。興工之日，三圖民爭指導匠師循山伐木，欣欣持酒食迎勞，曰：「憲司幸生我。」自戊午春二月迄於秋九月，費河税金四千緡，工告成。嗚呼！夫三圖民非盜也，彼形貌、嗜欲、語言皆吾民也，獨以地頗阻遠，歲不得一見縣官，異時小不率則有之，人遂以盜藪名，乃縣官往往談及三圖，輒摇首置不問。嘻！此豈可獨咎民哉？彼盜聲舊矣，我復化外絶之，彼永無天日可望，不盜何待？乃今三圖民歸順伏罪，集議有司，請命二臺，既闢榛菜館之矣，繼今以往，凡捕盜通判之來鎮此館者即爲三圖民之親父，凡三圖民之附館傍城以居者即爲捕盜通判之愛子，推赤心以待之，何所不感？秉公廉以壓之，何所不服？擇美利以貽之，何所不悦？垂條教以繩之，何所不戢？群子弟延師以訓之，何所不勸？募壯健籍伍以練之，何所不武？修保甲明鄉約以匡敕之、糾擿之，何所不威？而又必彌年竟月專鎮此館，不得輒以他事去，俾民視聽熟、心志一。吾知三圖之必爲禮義鄉也無難矣。《詩》不云乎，「牖民孔易」，愼哉所爲牖之也，可獨咎民耶？是役也，永定令許子文獻先憂蚤計，寔首倡議；原任上杭令朱子世徹經始度基；繼掌上杭事通判周子廷琮鳩工飭材；新任上杭令李子仁卿考成完飾，均著其勞。郡守徐子中行協情籌畫，績用滋多。而長汀典史王相、預備倉太使鄧兆圖，先後董匠視築，衝暑歷險，瘁躬所事，亦爲可紀者也。捕盜通判鄒子子進，則創始作鎮，忠信樸茂，真爲三圖慈父乎！庸書以俟之。

廟山壙記

嗚呼！是維先妣劉宜人、姜宜人合葬之墓。始者，已葬二妣於廬陵城北之螺山，太史念庵羅公寔誌姜宜人之石。自葬之年迄於今，姜宜人已十有八年，劉宜人十年矣。卜者曰：「山獨而童也，非吉地。」時槐初不諳方輿家，已乃讀其書，又數從方輿家精詣者指授山川體勢性情之秘，久之，若有省，則信言者之不妄也。江之東七十都沙山廟之右有地一區，山自南來，迢迢逶迤，下崇岡度平疇，西折而之東，逆轉抱穴如鉤，雙流夾山行，紆徐環穴後而會，再折而北，循高阜之麓以出，逆合于江。卜者曰吉。捐厚直得之，以萬曆丙子冬十一月二十八日奉二妣自螺山遷於此合葬焉，負壬向丙兼亥巳，劉宜人左，姜宜人右。嗚呼！時槐不明不慎，俾二妣遺魄不安其藏者若干年，罪則大矣。將改卜尤臆決是懼，乃齋沐叩玄女之占，得天對申，曰「登山採寶」，蓋吉兆也。豈神矜憫不孝悲苦莫知所釋，而特陰相之耶？抑二妣慈懿之德宜去故宅新以迓山川之祐，所謂久而天定者耶？

始時槐待罪光禄，恭遇穆皇登極，覃恩二妣得並贈宜人。劉宜人生成化丙申十二月五日，没嘉靖丙寅十二月十日，享年九十有一。生子早夭。姜宜人生成化甲辰正月三日，没嘉靖己未六月二十六日，享年七十有六。子二，長曰時椿，娶廬陵何家坊謝氏；次即時槐，娶廬陵東門陳氏，贈宜人，繼娶水東鄒氏，封宜人。孫男九，景修，郡庠生，景憲、景正、景光、景旦、景簡、景道、景普、景弼；孫女五。曾孫男三，乞生、丐生、馬生；曾孫女一。先考贈光禄少卿積齋府君，先二妣厭世，祔葬于安福南鄉金田鈀鎚井之原。祖妣左孺人塋右，穴小不復可祔，故二妣莫得而從焉。嗚呼！姜宜人實生不孝之身，罔極之德固莫殫述。劉宜人分則稱嫡，恩同所生，撫摩提鞠不啻己出，脱簪推食教之，俾有成以底於今。惟不孝且頹焉，老爲世廢斥，即莫能隕首以少酬二妣高厚之慈。嗚呼！豈不悲哉！景明者，時槐仲子也，治《易》遊郡庠，生嘉靖癸丑正月十五日，没萬曆乙亥九月十九日，年僅二十有三。娶安福柘田劉氏，興化府通判如川公女，生女曰軫娘，尚幼。惟景明夭而乏嗣，卜葬宜有所依，乃相二妣塋外之右竁以窆，摧心瀝血勒此幽珉，嗚呼痛哉！

郡侯静峰汪公生祠記

夫職在親民而能振作修治，燁然聲當時而聳後觀者，世蓋有其人矣。然就其中緣政而辨德，因材而論品，則其人有優劣相亞，甚則矛盾而不相及者焉。何哉？蓋有志在利達者矣，有志在事功者矣，有志在道術者矣。以事功而望道術，猶足相亞也；如徒以利達爲志，則雖其政舉而材贍，燁然可稱，乃其德與品則陋矣。以予竊窺於吾郡侯静峰先生汪公，是所謂以道術而出之，爲親民之政，即事功直其緒餘，而利達與否，則公置之度外者也。是宜公在郡，士服其教，民安其澤，咸感慕其真誠惻怛之實而不能已，及去郡，而追思永歎，莫知其所以然而然也。公夙負異禀，高識遐覽，卓冠一世，精明所燭，超六合而隘人寰；身心所期，薄拘儒而希極聖。以公之道術如此，出而售之，焉往而不優裕？况吾郡乎！公在吾郡，弊剔利興而不見其作爲之跡，理繁飭廢而莫掩其沖澹之氣。於民也，事事而所欲與聚，物物而綜核必周；於士也，聯師儒以講肄，勤課試以激勸。蓋其拊綏匡直，條舉目張，在常情宜日不暇給然者，而公悠然其有以自適，恬夷虚湛，若終日晏然無一事之干其衷也。公去郡，郡人紀其政無慮數十事，曰「下車問俗」，曰「崇獎孝弟」，曰「肅清積蠹」，曰「迅決獄牒」，曰「蠲省贖鍰」，曰「人户自輸」，曰「官運便民」，曰「糧差併納」，曰「嚴革羨徵」，曰「禁取鋪行」，曰「躬勸農桑」，曰「杜絶請託」，曰「重抑豪右」，曰「表揚節義」，曰「禮遇隱逸」，曰「督行鄉約」，曰「申飭保甲」，曰「木鐸諭俗」，曰「嚴禁溺女」，曰「裁節侈費」，曰「緝治訟師」，曰「芟夷大憝」，曰「捕懲誘略」，曰「均田西昌」，曰「築建鷺院」，曰「驅逐娼優」，曰「屠牛有禁，山禽水族戒毋濫殺」，其諸纖細善狀，有更僕未易悉者。郡之士民涵濡而歌誦之，家尸祝而人鏤結固宜矣。公去郡之二年丁酉，郡人爲立生祠塑像於螺川之上，屬予以言。予以爲公之真誠惻怛，實政及民之深，人所共知也，公之本道術以出之而非徒以事功自見，人或未之知也，乃不辭而筆其素所私測者以爲記。公諱可受，楚之黄梅人，萬曆庚辰進士，辛卯冬以禮部郎來守吾郡，甲午冬入覲，遂擢山西學憲。其以道濟世之勳烈殆方隆未艾云，系之以詩曰：

吉壤千里，九邑攸屬。郡侯臨之，以率群牧。載觀他郡，政亦有聞。或飾治具，顯秩是營。或斷事業，蔚有成績。揆諸道術，尤難儔匹。惟我汪公，度越凡品。道契性真，粹然天禀。握符涖郡，百務斯輯。獄平賦薄，徭輕蠹滌。片言聽斷，庭無滯繫。夜犬弗驚，民不見吏。下户分徵，里役頓蘇。官爲代運，萬姓咸紓。公澤無涯，施及世世。匪直一時，人受其賜。翼翼鷺院，賴公聿興。躬督課習，大振斯文。矧其介潔，皭然冰雪。退食之居，寂如禪室。公誠有道，誰與倫比。我窺其似，詞非溢美。螺水湯湯，公像在堂。郡人式瞻，永矢勿忘。

吉安守禦所重建旗纛廟記

我國家肇造區宇，驅逐胡元，削平僭僞，一以武功成大業。及宗社奠安，萬邦底定，尤以鎮壓奸萌、潛消陰慝，以保護泰寧於億萬年之久，則武功不宜弛廢而弗振也。故自洪武之初，於都城則以勳臣總營務，於省會則以閫帥督戎職，而諸險阨肯綮要害之區，大之設衛，次之設所，歲練而月校之，以示威重，嚴隄防，乃今二百餘年。環海以内，晏然按堵。即有小警，旋就撲滅，蓋以烽堠相望，遠近犄角之勢固有在也。吾吉在豫章之南，虔城之北，其地平衍，其俗顓樸，其人以治稼穡、攻經史爲事，非有雄健獷悍跳梁大不逞之徒思以攘臂決裂於其間者。故國初不復設衛，而於郡城立守禦所，誠以履泰不忘艱貞，未可恃久安而疏武備也。然以予所睹聞正嘉以來，亦時有不虞之釁起他郡而延及近郊者，當其時往往以堅鋭不支爲慮，至張皇選募以當鋒鏑，幸而警熄乃已。然則平時講武以修緩急之防可不爲之預圖哉！

守禦所在郡治之北，署後空地，周圍約百餘丈，舊建廟以祀旗纛之神，每歲季秋揚兵，即有事於神，以行廟宇，久而漸圮。揮使曾君承祖視所篆，慨然曰：「是宜亟葺，不然非所以肅神壯武而作士氣也。」顧費無所措，乃謀於衆，僉議以先年軍屯奇零米，每名以升斗計，共佐其費，咸翕然樂從，具請於郡，申兩臺諸司報允，而署郡事司理毛公亟給發，乃集材鳩工，曾君且捐俸以助。經始於癸卯五月，迄十月廟成，奉旗纛神位於中，而左右樹列旗幟，一室，一貯軍器，一以棲止掃除之役。前敞展謁之亭，規制宏麗，焕然改觀。是舉也，其同寅今陞萬安守備王君言、雅黎遊擊蕭君孟京、揮使蔣君甲先、郭君儼等咸協志贊成。於是曾君詣予，願得一言紀述以示來者。予憶昔年嘗僉閩臬，備兵漳南，蓋於武事特加之意，彼其地軍伍，亦僅以常操演陣、荷戈鳴炮、疾趨塞故事而止。乃下令諸軍合民間募丁皆挾弓矢，中的者計矢賞勸，不能一矢者示懲，以有司戎職兼督之，月有程試。久之，兵壯，中無不善射者，山海之寇賴以少靖。夫士氣患不作，作之必思自效；兵技患不習，習之必可致精。吾吉雖夙席承平，所謂未可恃久安而疏武備者，今其時也。茲所一時諸君，皆英毅有爲，而曾君視所事卓然自樹，不獨一新廟貌而已，其督運北上，且能持廉恤下，軍士感德，懽呼載道。吾以是知吾吉武事將益大振，而曾君暨諸君事業茂隆，其未有艾也。敬書以爲記。

吉安府儒學教授肖峰郭先生去思記

蓋嘗謂仕者授一命以上，各因所居之位，以盡當爲之分，至責其成效，能稱塞者不無矣。乃其中有舉職爲難，儻非其人必不克膺其任者，則有三焉。何哉？夫所謂仕者，不越乎牧守兵戎、財賦刑名、制作之司，以共佐事功而已。是數者，皆可以才力智識經營揣量而爲之，誠以所重者在才識，而德之純否不具論也。乃若以身爲人師，則不徒以才智建事功，而必貴以德範示儀刑。此非學術淵源而操履崇粹，庶幾涉孔孟之堂奥者，曷能任之？夫身爲人師者有三：司成也，督學也，郡邑之學博也。學博職卑，而師道則與司成、督學等，皆必學術操履不愧孔孟之徒者，而後諸士宗仰而信服之，可不謂舉職之尤難哉！白沙先生曰：「身爲五典三綱主，官作司徒典樂看。教授蘇湖原有様，莫將資級小儒官。」蓋言學博所繫之重如此。吾吉郡儒學自宋以來，居教職而稱賢者，稽諸郡志可攷也。乃今復見肖峰郭先生，由選貢以萬曆辛丑八月來任教授，至癸卯五月改遷陝西涼州衛學教授以行，吾吉諸生亟誦其賢，惜其遷之屈而追憶其德範之未可忘也，相與伐石紀思而問言於予。予惟先生發跡非由科第，宜凡情所薄也；居任不及二載，宜感人未深也；改遷尚淹末秩，宜不足來獻諛者之口也。乃諸生亟誦追憶，欲乞言勒石以識不忘，此豈可以聲音笑貌爲哉！予聞先生端方自持，介潔有守，振頹激玩，無所曲狥。嘗出示諸生進見不必執贄，但投刺通謁而已。新及庠者贄雖甚薄，一無所問。歲鄉飲有耆年求與賓席者，峻拒不聽，曰：「此尊尚齒德大典也，即亞席無人，寧缺之，可以私情濫及耶？」於貧生且時給助之。宫牆内外，舊或視爲閑署，市人得出入喧聚，至狎歌縱博於其間，乃一切禁斥，人始知爲禮義清嚴之地，肅然改觀矣。夫學博爲人師，職任至重而常情每薄視之者，則以或近小利而未崇大體故也。惟於利也無所近，則於道義也必慎所持，由是可以屹然自立，而不惑於阿比之私；可以毅然振刷，而不踵於積弛之弊；可以起親炙觀望者之敬畏，而章程軌度以風多士，自秩然其軼群也。若此者，人或未易能，而先生獨有之，是宜諸生追慕於去後而願紀誦於不忘也歟？雖其于孔孟之堂奥，未知精詣與否，而在吾郡學，寔爲希覯矣。或以先生之賢宜顯陟而顧左遷，何以示勸？予則謂優於德而嗇於遇，固不足爲賢者病，且與其倖遇於一時以爲榮，孰若留芳於永譽之爲不朽也！矧先生年尚壯也，第守正以俟時，吾知其必有遇矣。先生諱登龍，字某，袁之宜春人。

重修復古書院記〔一〕

吾邑自鄒文莊公親受學於王文成公之門，歸而以其學開示後進，邑之人士獲聞治心修身以希聖賢之旨，翕然信服。適永康松谿程公來令兹邑，以爲邑之不治由於禮義之不興，而禮義之衰由於正學之未倡也，令倡正學以淑人心，使人知謹於一念之微以達於五倫之實，將移風易俗，挽澆漓而還淳厚。此其爲邑人造福至大矣，是吾爲令者之責也。顧師友觀摩必有居業之地，善類合而群志專，庶可期於學成而所被者廣。乃於嘉靖丙申特建書院於城東，題曰「復古」，歲聯

〔一〕《友慶堂合稿》卷三載有此篇，注明時間爲「癸卯」。

諸士質疑請益於其中。久之，英賢輩出，即四郊之民，知違教習非之爲恥，鬪訟漸稀，邑以無事。於以信正學之興，果足以勸德而善俗，蓋文莊公之功於是爲大，而松谿公以禮教代刑罰，宜邑人之永慕而勿諼矣。迄今六十餘年，書院漸圮。巡按察院安節吴公檄下捐金修葺，增祀訥溪周先生於其中。邑侯澄原潘公加意振作，首出俸資助給。貳尹徐君俊亦協力多方贊成。文莊公之孫、侍御瀘水君德泳殫精督理，撤舊易腐，起堂基之卑濕，廣翼室之未備。經始於萬曆癸卯某月，落成於甲辰某月，計費金二百緡，而書院焕然改觀矣。潘侯特馳使以書幣命時槐一言以紀其事。予惟書院一也，有上之人所爲修者，有諸士所爲自修者。夫措費鳩材、集工而役事，以壯其棟宇，是上之人所爲修，以示作人崇善、默垂化導之盛心也。居肆而篤功，繕性而飭行，以恥爲鄉人、必希聖賢爲期，是諸士之自修，以身任求志達道之實學也。今按臺、邑侯皆惓惓嘉勵斯文，不徒以攻詞藝、徼榮進爲教，而惟書院是葺，豈不謂書院以復古爲名，必願諸士爲古人爲己之學，居則爲良士，敦孝友忠信之行以淑於鄉；出則爲良臣，懋宣力濟世之業以輔於國，而後無負於兹院，且爲不愧復古之名之真儒哉！蓋予昔嘗侍文莊公，竊聆其緒説，而側窺其躬範矣。其言以戒懼於本體爲心法，以致力於子臣弟友爲實功，以全生全歸爲究竟。此外，二氏奇僻之談不出於口，而居身之戒皭然不染。聲利俗好，一切遠絶，推仁及物，惠周煢獨。迄今村夫野竪猶憶誦其德不衰。凡我後賢來遊來歌於兹院者，其尚追蹤於文莊公，以上遡孔顔之正學，而奚必他有所慕哉！乃若藉口於超世荒唐之説，而毁節踰閑，染聲利而傷名教，吾不知其可也。茲院舊有饍田，以江陵禁學而廢，前邑侯今爲侍御淇園楊公清復之，今潘侯復以新墾餘糧若干抵其額賦，其優恤茲院意甚渥矣。院中諸務往歲浸弛，乃僉議舉彭生德立、李生汝禎經理三年，不憚勞費，綜覈至悉。而鄒生遵督視修葺之役，智慮精審，區畫有方，皆效勤於茲院者，法得併書。

資福寺重修殿宇堂舍山門記

資福寺當安永二邑壤地之交，冠蓋往來經涉之會，予棲跡螺水，僻居而簡出，未得一過寺而縱覽焉。乃予嘗聞徐曰仁先生正德間奉使過資福，爲題其壁，深以邑之士大夫或侵而利之，而又有驛給誅求之累，以爲資福懼；鄒東廓先生嘉靖間手爲題跋，極贊徐先生爲萬物一體之仁。予竊景慕焉，則又以未得一過寺瞻仰其遺墨以爲怪也。今年仲春，寺僧玉鉛詣予言曰：「吾寺肇自唐貞觀四年，僧歸然卓錫於此。我明永樂間僧紹隆志願重興，其徒覺行、覺圓募義弘建，迄今歲久頹圮。玉鉛不忖微力，敬告安福南海潘侯、永新成都莊侯，首賜捐給，而鄉大夫宫亭甘憲使、玉槎朱吏部偕諸檀信，咸欣然助施，因得重新殿宇，開設官廳，左右書舍，環以周垣，外竪坊門，於殿中莊嚴佛像，大士聖僧一一完飾，焕然改觀矣。請一言以紀成功。」予謂資福昔弘建於紹隆，而今玉鉛重新於二百年之後，可謂能繼其前人之志矣。二邑賢侯首捐給之，誠亦憫念資福之地當孔道而不無困累者歟？諸鄉大夫暨諸檀信咸樂施以成兹役，以此風示邑人，則徐先生所謂「侵而利之」者可保其必無也。資福自是其益興盛矣乎！抑吾聞佛之垂教以見性爲宗，以淨戒爲行業，以出世普度爲究竟，若崇飾殿宇、莊嚴色像，特其萬行中之餘事也。故《般若經》不取於色見聲求，而《普賢品》以法供養爲供養，最初祖以梁武爲無功德而特揭淨智妙圓之旨。玉鉛學佛者也，得無有志於是乎？遂不辭爲之記，而因以示資福之徒，當有英傑者宜知所勉焉。

友慶堂存稿卷之五

誌銘

貴州布政司參議雪峰先生黄公墓誌銘

嘉靖己亥，雪峰先生黄公以左遷來爲吾吉郡庠教授，時槐年十八爲諸生，蓋始進也。公至則召諸生躬試其經義文字，糊名品次之，置時槐第一。諸分教師曰：「吉庠，人材藪也，宿儒績學者固多，王生年穉且始進，奈何特拔首諸生，願先生慎之！」公曰：「吾知論文耳，不知其他。」無已則更試之，復召試，得其文，徧示諸分教師曰：「吾固不謬也！」竟置第一。明年督學憲使按郡品次諸生，時槐仍占首列。後七年遂濫舉于鄉，成進士。於是士無賢不肖，咸追歎公能拔穉年始進之士於庸瑣窮屈之中，以爲即古稱神鑒不是過也。而公所指誨又不獨文藝科名耳，蓋深以修身砥行爲大賢君子事業是期。比時槐釋褐，公適爲廷評，得見于京邸。已出，僉閩臬，公適參貴藩，得見于芋原。旋丁内艱，公適過螺川，得見於廬次，蓋己未初秋也。嗣是不復繼見。

公則無所遇於世，掛冠而奄逝。嗚呼，悲哉！公卒之有十六年，當萬曆丙子，吾吉郡庠諸生追憶公昔爲教授，儀刑榘範世鮮儔匹，遺德令聞不宜湮泯，相率詣郡守陳狀，請祀名宦之祠。夫萬曆初距公教授時已三紀餘矣，其去已久，其地且遠，其身已没，而諸生願祀之勤如此。嗚呼！此豈聲音笑貌之所及哉？公之子啟暎不遠二千里，持武昌府判陳君富春所爲狀來問銘。惟時槐沐公生成造就，有罔極之恩焉，固自恨不能隕身以報公之知，銘其安可辭？乃齋肅揮涕而敬銘之。按狀，公諱大廉，字潔甫，姓黄氏，别號雪峰，世爲閩之莆田人，系出桂州刺史岸之後。國初有諱某者始析居邑之黄石市西，至曾大父荔軒公諱某復徙耕壩，贈大理左寺副。先愚公諱某，封大安人曾氏，公之父母也。公幼穎異，先愚公抱置膝，試聲偶，立就，喜曰：「吾家自荔軒公崇學輕財，葬先世及旁親之不能葬者十有五喪，善積弗酬，其在此子乎？」年十六，補郡庠弟子。嘉靖壬午以《詩》舉鄉試第三人，壬辰登進士，授長洲令。長洲爲吴鉅邑，公以清嚴涖之，平户徭，裁占役，覈詭糧，修水利，撤淫祠，興社學，抑豪蠹，絶請謁。義所不可，雖權貴不少狥，視金帛若將浼己，治狀卓著。而强有力者不得肆，則搆飛語害公。公遂棄歸，杜門息軌，家徒壁立。久之，御史白其誣，得起爲吉安郡學教授。公以禮律諸生，平居非束帶不見，始見贄盡卻之，談經課業，揭示成法，斥浮敦雅，以振斯文之衰。貧士量捐資給，尤以謹繩尺、砥名檢爲先，不率者撻記之。庚子膺聘典楚試，歸語諸生曰：「吾得一奇士，年方志學，而詞鋒凜然，不可正視，他日必爲國家重用。」即今中極殿大學士張公也。督學憲使集列郡高等士于白鹿洞，延公主教事，因材牖迪。凡公所屬目，後多領薦辟。辛丑陞國子助教，病士習恣逸，著條格使不犯。時大學士存齋徐公攝祭酒事，有純德君子之褒。尋轉大理評事寺副，讞獄詳允，材聲滋起。丁未遷廣東提刑僉事，貞白自勵，務以峻潔持憲表正庶僚，然竟不諧時，調改廣西，以大安人憂歸。服除，補四川，釐禁茶法之弊，以便商民。乙卯陟貴州布政司參議，酌損供億，以蘇郵傳之積困，講授經史，以化羅施之陋俗。三殿大工，詔下採木，公歷險取辦，縮費戢擾，民受其賜。戊午萬壽節捧表入賀，時分宜秉鈞，其子怙勢納賄，藩臬官陛見後必私謁，公獨不往，曰：「吾平生所守謂何？安能卑卑作兒女子態耶？吾且不能持賄也，又焉用謁？」礪峰康公歎曰：「十三省入賀官，不私謁相門者，獨黄君一人耳，壯哉！」公在貴陽四年，臺院薦疏凡七上，然久淹不調，遂懇疏乞休，次《歸去來辭》以見志。辛酉春三月，遘疾彌劇，召二子誡曰：「吾歷官三十年，未有以報國，惟力行清白，不以贏金剩粟負吾夙心。小子識之，勉自樹立，毋愧吾言可也。」命家人扶坐，正襟而卒，神志炯然不亂，是月之二十七日也。距其始生弘治戊午某月日，享年六十有四。

公孝友夙植，先愚公早背，語及必嗚咽流涕，事曾大安人百方敬順，五十而慕，聞訃奔歸，三年不出户。世衰禮廢，初喪弔客至，必治款席，已復沿門致謝。公以棄哀狥俗爲恥，即藩臬郡縣臨弔無所款，第稽顙喪次而已。服除乃出謝，人始知有居喪之禮。始未第時，荔軒公墓地爲貴勢者所侵，公以書生挺身控于御史，得還舊物，蓋其誠孝天性然也。於昆弟姻族賙貧瘞死，急義樂施，未易縷數。同年主事黄君卒於亂，力疾經紀其家而厚其遺孤。山陰沈公束以言事下獄，傾槖資恤其家人。馬平張公翀以直諫謫戍貴陽，即躬馳候慰，措田給膳，不避時忌。而性嗜簡編，於世味泊如也。尤慎取予，一介之微，儻有未安，曰：「趙清獻必不如是。」家僮或告匱，則曰：「勿悲！貧者，士之常耳。」居常正容謹節，不以詞色假人，非公事不造有司之庭，亦未嘗輒以一字干謁有司。聞人善，好之不啻口出，而嫉惡如仇，剛方勁毅，不疚不撓，然卒以此見忤於世，是以望雖隆而位竟厄，身已退而室屢空。蓋其有待於外者，公曾不以屑意，而得全於天者，固浩然獨存，非凡近之所可測知也。

公元配林氏贈安人，繼王氏封安人。子男二，長啟暘，衛庠生，娶評事周公某女，早喪；次即啟暎，邑庠生，娶尚書康公某女。女三，適某某。孫男二，念祖、繼祖。孫女二。以某年月日葬公于安樂里之巖山，從先愚公之兆。所著有《四書詩經講解說意》、《通鑑提綱》、《性理集要》若干卷，藏於家。銘曰：

世去古遠風浸微，刓方揉直紛凋摧。乞播媚竈甘朵頤，道之不競吁其悲。有偉哲人英特姿，繩趨矩踐冰霜持。勢不可懾利不回，相門避跡衆所奇。獨清不爲涅者緇，皎皎白日中天馳。用行舍藏綽有餘，囊金雖罄氣沛如。坐令頑懦挽波靡，山頹木壞予疇依。我銘載德非阿私，貞珉永揭爲世規。

廣西梧州府知府見川劉先生墓誌銘

隆慶丁卯，予與友人陳君世顯結會于西原之山，萃郡邑士之慕學者講肄其中，則相與謀曰：「惟茲螺水之上，士不聞正學久矣。夫談侈而行疏，薄修而懸解，非所以挽淳崇實、示吾黨端凝之趨也。而見川先生秉德蹈義，恭慎方嚴，貞介而純白，後學蓋傾心信嚮之，誠得藉重先生稅駕西原，吾會其有興乎！」於是滌志肅期以請，先生許焉，乃月一至西原，至必竟三日乃去。先生既素以行義之高服諸士人，諸士人已顒顒瞻企。比先生至，又不爲空玄奇險語，顧獨舉六經、《論》、《孟》、仁孝、敬信、廉恕、忠勤之節以相儆勵，時及國朝故實、先輩儀刑，稱叙婉切，聽者忘倦，西原士友津津多奮起矣。先生蒞茲會也凡八年。萬曆甲戌，子孟雷登進士，先生蒼鬢丹顔，視聽清朗，洒洒然輕健未衰也。是歲秋八月十有三日，遽以疾不起。將葬，進士君委銘於予。嗚呼！先生不朽者固有在也，奚俟予銘？惟天不慭遺以終惠西原之士，是則宜予有言以識吾黨之深悲也。

先生諱教，字道夫，姓劉氏。先世自安成山莊來徙，今爲廬陵藤橋人。曾祖某，祖某，父贈刑部主事某，號止庵，母贈安人羅氏。先生七歲能詩，刑部公異之，貧不能得書，書僅口授。漁石唐公以巡察按郡，先生年十五，投詩上謁，大見奇，廉其貧甚，屬郡守竹岡徐公給廩資成其學。徐公爲擇聘，得故翰林編修改齋王公之女，是爲王安人。嘉靖乙酉先生年二十，領江西鄉薦。己丑就銓選得爲泰興學諭，尋遭内艱，服除，補江陰，遷廣平令，陟刑部主事，歷員外郎、郎中，奉命恤刑江北，擢廣西梧郡守。乙卯聞繼母張孺人訃，奔歸。服闋，遂不復仕矣。江陰士務華鮮實，先生聚之學宫，勸德程藝，日有常課，夜分治茗，躬督六年如一日，士習丕變。廣平民强悍逞訟，號難治。先生冰蘗堅毅，廨宇蕭然，衣敝茹澹，等於寒士，而咨問疾苦，若拯焚溺，計丁均役，推誠燭奸。民大悦畏，相戒莫犯。廉不爲激，明不爲苛，事無留決，犴獄屢空。嘗題「視民如子，知我者天」，揭之堂柱，以示己志。歲旱，便宜發倉，令民捕蝗易穀，禱雨輒應，化災爲穰，人稱神感。在刑署時，貴溪、分宜柄政，縉紳争出其門，先生既同鄉又於分宜爲年家，顧引匿不一往見。巨鐺麥某縱子弟殺人，事下刑署，同官巧避不爲訊，先生獨持法正其辜。梧州故設都御史臺，握符擁旄，彈壓百粤，藩省而下，受成幕府者，道相屬也，則往往有徵責，於市商數煩苦。先生特請裁損，諸横徵者始戢，而民間蠹費一切報罷，閭井歡呼。若先生所謂薄於希世而厚於得民，非歟？

先生博綜遐覽，游神千古，晚既不仕，棲静讀書，手不釋卷，其所自得，形諸篇什，沖逸夷曠，不涉斧鑿，而融和暇豫，獨全其天。蓋中之所存者誠粹，故其言有不容掩者矣。先生退居一十九年，杜門息軌，監司守令罕識其面，而甘貧味道，纖垢不涅，高標遠韻，殆如寒泉秋月，瑩徹輝映。聞其風者，將追攀莫及，而自起塵滓之愧。少師興化李公，雅重肥遯，諭指郡大夫勸之仕，先生固稱病，乃得免。友愛兩弟，恩義尤篤，至性天成，鄉族誦法。先生生正德丙寅某月日，享年六十有九。子男二，長即進士君，娶某氏；次孟雨。女三，適某某。葬以乙亥某月日，墓在本里馬鞍山。銘曰：

仕不紆轡直於繩，孤貞獨許政已成。扶凋起瘵惠無垠，翛然避世鴻冥冥。用之莫究達我心，節完身退道彌尊。西原法席從群英，教不以言視典刑。幽衷安寄在遺文，琅琅拊戛金石鳴。後生遡德悲思縈，曷以慰之考吾銘。

廣西按察司副使少龍賀公墓誌銘

予自弱冠則與少龍賀公同爲郡邑諸生，公之生也，蓋先予七年，予以兄事之。而公夙稟顓誠渾厚之資，又予所不逮，予是以願自附於交誼之後也。嘉靖辛丑始與公聯筆硯，共攻應世之文凡三年，而公以癸卯秋舉鄉闈《易》魁。時予師事兩峰劉先生，請事聖賢之學。而公之父、教授龍岡先生以聖學於兩峰先生切偲至密。龍岡先生嘗語公曰：「夫學貴虛。虛者，萬有之宗也。」公當其時，以壯年雄文起巍科，方津津焉負策名樹勳之氣，聞其説不無遺物之疑，然欽佩庭訓則固已默藴於衷矣。丁未，予與公同舉於禮闈，歷仕中外，不獲偕聚。隆慶壬申，予乞骸歸里，公亦已謝事，則見予往往與郡中諸士友講學於能仁。一日，忽語予曰：「諸君雅會，豈獨爲君子乎？吾曩聞庭訓，未能忘。固不宜自後於諸君。」於是每月必赴能仁會，雖風雨寒暑不懈，躬執弟子禮於兩峰先生之門。公始慕養生，繼探釋典，已乃專精於聖學，蚤夜持循，孜孜勤力，惟恐道未聞而年不待也。然志不分而神日定，雖群處雜酬，亦凝然鎮静，不殊燕室。蓋後學望其容而知其所造之優邃矣。萬曆庚辰秋九月，語予曰：「吾夜夢神人持九華之衣授吾云：『服此則沖舉。』吾服之。又授吾冠，冠之，吾乃奮身而上，步躡空界，見空中宫闕崔巍焕爛，非人間境。子且謂是何祥也？」予抗手賀曰：「是吾兄得道上昇之兆也。」是年冬十二月某日，果無疾而卒。比踰月，予復見公於夢，問曰：「公生天界乎？」曰：「然。」「是學之力乎？」曰：「然。」復爲予言天界事頗悉，吁！亦奇矣。豈所謂有道者神清不墜，真能御風而泠然行者歟？非耶？

公諱涇，字汝明，先世出永新，徙廬陵，今爲廬陵梅塘人。初登進士，授建安令，首崇節約以挽侈俗，均里甲、平賦役，飭釁序、正士習。政成，召爲南省兵科給事，建民勒碑以紀遺愛。居諫垣，侃侃持風節，中貴、勳舊、部臣有所違闕，指摘論斥，無少隱避。其議兵政曰「備城守、節勞費、實軍餉、振軍威」凡四事，條留都事宜曰「議事權、簡官軍、濬城濠、肅門禁、訐奸細、處操船、重應援」凡七事，皆剴切稱旨，並見施行。復議武舉，三中省試，即不第，宜令授職自效，遂爲定制。倭奴内犯，直逼金陵。公檄勳臣督守，激帥府率師陣江上，賊聞宵遁，人多其功。秩滿沐恩，封龍岡先生如其官，母劉、妻王並孺人。未幾，擢温州守，内務清簡以寬民力，外嚴戍守以防倭患。政起民孚，而竟以南省戇直，爲忌者所搆，得左遷。温人爲建祠尸祝之。已乃節推惠州，轉廣州同知，陟南韶兵備僉事，適巨寇張璉煽亂，詔下征討，公躬歷溪峝瘴癘不測之區，計擒渠兇，凡七越月而賊平。督府上其功，擢湖廣參議，踰年陞廣西副使，遂掛冠歸。

公天質重厚，遇事周慎，籌慮纖細不遺，而據理秉法，能不遠於物情，故所至人皆宜之。然中蹈而漸振，位不大顯以去，竟弗究其用。比居鄉，歲祲捐賑，里人食其德。念族屬散諸邑，謀於兄郡丞心泉先生及弟鄉進士泚，割私第斂費建祠，置祭田，舉歲蒸以聯族涣。每月能仁之會必偕其弟與二子赴之，曰：「人生不聞聖學即爲虚生，毋徒役役外馳也。」復與予十日一聚于金牛、白鷺之間，至則凝坐終日，時出一二語，示其新功，而虚己下問，弗明弗措，若有深嗜而不知老之至者。又慮能仁月聚，士友裹糧爲艱，乃倡衆捐金買田，具膳輪直，定盟以永兹會，曰：「吾郡賴鄒、羅諸先覺發明正學，一脈如綫，不可及吾儕而淪晦也。」嗚呼！公之篤念於斯道可謂勤矣。生正德乙亥某月日，享年六十有六。子二：一槐，郡庠生，娶某氏；一模，娶某氏。女四，適某某。孫男二，某某。其孤將以某年月日葬公于天華焦岡山之陽，蓋預卜也。先期持公姪御史君某所爲狀來謁銘。予辱道義，結知最深，非予誰宜銘？乃揮涕銘之。銘曰：

蚤抱材以售世，庶其有遇，弗究其志；晚遵晦以退休，皇皇其求，惟道是謀。孰專力而鮮功，清澈沖融，宜神明之與通。吁嗟公乎！即乘箕尾凌空濛，公固不藉是以加隆，而望至道以如渴，疾無聞其若痌。茲非公之所爲不朽，而永遺後學之玄蹤也耶？

廣安知州九亭伍公墓誌銘

夫學貴砥行，必屹然其特立，而無渝節也；貴根衷，必淵然其獨得，而非襲取也。吾鄉先輩爲學者往往庶幾乎此，若九亭先生伍公亦其一人哉。乃末學談愈高而行不逮，見若超而中無據者多矣。予是以讀瀘瀟劉君所述公遺狀，爲之感慕欷歔。敬銘之，庶吾黨志學之士有警勸焉。

按狀，公諱思韶，字舜成。其先閩寧化人，五代時福州長史某始徙家安成。九世洪，國朝洪武四年進士，官上元令，孝友卓著，事載郡誌中。嗣是科第繼起，世躐庸顯，若封刑部員外郎某、贈華州知州某，公之曾大父、大父也。父諱某，母朱氏。公年十九補邑庠生，聞陽明王先生倡明聖學，偕其友趨會稽事之，會母喪不果。而滁陽朱遜泉勛出王先生之門，來爲邑博。公時往叩其說，精思力踐，鋭然以希聖爲期。嘉靖戊子舉鄉試，明年丁外艱，動循古禮。事繼母劉氏，撫其二弟，以孝友稱。自奉至菲薄，而祀先必豐潔，齋沐盛服將事，祀畢享胙，設司儀糾在坐諠譁失禮者，族長幼凜凜如約，衆始知所謂肅肅在廟者，交相戒，必謹於禮矣。嘗授經嘉興項氏，時嘉興守貳皆公同里，遇公特厚。有富民犯法，持千金因項氏，求脱罪於公，且曰：「兩公甚尊禮公，言出必從。」公艴然曰：「吾儻受金私請，兩公寧以此尊禮我哉？」亟麾去之。入南雍，大司成甘泉湛先生得公論學詩，喜甚，徐察其行誼端飭，歎曰：「後學如伍先生，法器也。」丁未謁選，得守廣安。州有上官按部索賄者，公正色曰：「願公以清白風天下。」嘗委官督運，比還，陰納銀器以獻，公懲以法。且以暮夜金至，是吾廉不足取信也，深用爲愧，益自刻責焉。縣有重獄久不決，其人輒訴於大吏，願得公一鞫。公訊知其情，不復泥成案，據實申覆。大吏或難之，公曰：「某徒知任其愚直，因情論法，不知其他。」然所訊決，人無不稱允者，請勿復問。大吏莫能致詰，然以其抗讜不少屈，心忌之。公爲州執法禁非，請托謝絶，抑浮節費，獎善維風，於民利病若拯焚溺。蒞任五年，已奏最績，遽解組歸。時分宜秉政，於安成士紳每講姻誼相推轂，或諷公宜少折節，可需顯陟也。公曰：「吾平生所學謂何？忍自淪喪至此哉？」州人既挽留不得，爲生祀名宦祠焉。歸則偕鄒文莊公研究正學無虚日，不數入城郭，不以一字干有司，市猾有僞爲公手劄干寅齋陳侯者，侯曰：「伍公豈肯以私干人哉？必詐也！」亟覈之，果然。予嘗得卒業公所著《鴻磐》，述其論學至詳，多所自得。而首揭「明明德」爲宗，曰：「明德之謂，一明於家國天下之謂，貫學者學此，誨人者誨此，何必更立他説哉？」又曰：「人得天地之心，生生不息，爲四端爲百行，而生生者則不覩聞者也。」又曰：「《易》言用九、用六，時用、致用、利用、日用、藏用、前用，未嘗言體也。不惟不言，且曰『易無體』，故獨運於宇宙而無與對者，無體之妙用也。」又曰：「道生天曰先天，學合天曰後天，故天弗違道，聖弗違天。自伏羲至孔子皆後天而奉天時也。」又曰：「九爲天數之周；用九者言其健之周也；六爲地數之中，用六者言其順之中也。非用老而不用少之説。」諸如此類，皆精研獨契，無所沿襲，殆發先儒所未發云。

生弘治庚申某月日，卒萬曆戊子某月日，享年八十有九。配萬氏。子二：長惟察，郡庠生，娶某氏；次惟直，娶某氏。二子皆禀學於予，承公志也。女一，適某。孫男二，承懽、承恂。孫女三，適某某。曾孫女一。其孤卜以某年月日奉公葬於某里某山某向。銘曰：

志之勁，以荷鉅而履峻，惟道是任；行之方，以踐矩而蹈常，厥德允臧。守之嚴，勵冰雪其孤寒，貞白斯完；見之決，棄章綬如屣脱，義無枉尺。矧其揭明德以定宗，析至理於群淆。匪陳言之遞傳，寔心得於深造。嗚呼！是不可以占先哲之篤修而示末學之則傚也耶？

松喦朱君墓誌銘

萬曆庚辰夏，松喦朱君年七十，予從復真諸同志之後致詞以祝之，曰：「學以盡性爲宗。性者，天地萬物所從出焉者也，是故宇宙廣矣大矣，而性通六合之外，不知其邊表也；古今悠矣遠矣，而性徹億劫之餘，不知其代續也。」君不以爲謬，復書曰：「子之言是也。吾惟日用間不離虚靈二字，致力在此，受用在此，結果在此，庶幾所謂盡性者乎！」明年春二月十日，君以疾卒，其孤持友人朱易庵所爲狀來索銘，且録君論學稿數十條示予，其略曰：「夫天下之物，成矣曷免於毁乎，始矣曷免於終乎？惟無始故無終，無成故無毁，是謂太虚。虚故靈，靈故常精常明、常寂常運，融乎浩乎，其機莫可遏，而化莫可窺乎！古之君子之學于太虚也，曰『終始』、『保合』，曰『精一』、『允執』，曰『易簡』、『理得』，若是者曷師諸？其惟盡心乎！」嗚呼！君之於學可謂精研而遠詣矣。天不憖遺，吾道益衰，惟君平生志行之卓犖奇偉，不可使湮泯無傳，予銘宜不得辭也。

君諱叔相，字汝治，丰骨清逸，神氣馴雅，翛然有出塵之態。五歲能析荆排字，比就外傅，授書習倣，不煩而能。長治《春秋》，工時義有聲，久之，歎曰：「科名，一生榮耳，不足傳世也。其惟古作乎？」則棄去，就内翰石磐張公學爲古詩文。築一室，環植花卉奇山怪石，圖史器玩布列有序，日哦詩彈琴其中，津津焉惟楚騷、唐律，神與之馳。已復歎曰：「詞藝身外技耳，不足語道也。其惟養生乎？」則又棄去，蒐訪丹經，招延方士，披閲討論，洞曉内外旁正指訣，設旋陽、純陽位，晨夕瞻禮，意欣欣其有遇也。時鄒文莊公倡聖學于青原，君試往聽之，猶未爲然。里中士人朱以信與靜對靈峰、武功之間，因論良知即陽性也，格物即消陰也，幡然悟曰：「吾乃今知聖學足以兼仙矣！」遂執贄文莊公之門，飭躬正家，悉遵古禮。君性故至孝，先是丁外艱，蔬食廬墓，里人創見，駭爲異事。及居母喪，執禮益虔。服闋，文莊公舉酒賦詩以彰其孝，劉三五、周訥溪二公邀爲南嶽之遊，因論氣質偏處難化，君曰：「逸豫，吾之痼疾也。」於是深以厭喧耽寂爲戒。書院輪直會事，邑中清理稅册，皆委瑣，一任之不辭，意欲從性偏難克處克之。江浙諸先輩會講於龍虎山，君往赴，則聞師泉劉先生論學不襲陳言而剖析精徹，乃復執贄師泉先生之門。自是終其身無日不以會友講學爲事。陟武功者三年，日啖苦菜，宿瀘山絶巔，夢異人授以三十六字。陟三峰，偕易庵侍三五公，連歲靜處，不問寒暑。居家侍其叔顧崖君，倡家會於宗祠，又與上城劉氏倡鄉會於重興，迨其暮齡益皇皇欲底大成以還造物。至世態之低昂，家計之贏詘，未嘗以纖芥於其衷也。縣令上虞倪君聞其高義，特表其門曰「昭代逸民」。君學宗師泉先生，而所自探索研摩，多出獨得，時以語人，人或莫省其説，予故特摘其論學條數語深切著明者。及其平生志學之勤，庶來者有考云。

君生正德辛未某月日，享年七十有一。卒之前一日，視古松凋、牡丹不開，指示姪肯誠，蓋默悟其兆矣。是夕，患痰痿，其子扶侍問：「手足尚能舉動否？」君曰：「戀此何爲哉？」而神志凝然明定如平時。君家安成南里之槎江，自其上世累葉殷厚而醇謹。父諱某，母某氏。配某氏，子男一，章。孫男四，世寶、世賓、世寅、世實，皆聞學能文。曾孫女二。以某年月日葬君於石礱下，從南窓公之兆。銘曰：

蚤遺聲利，志在傳世。繼捨雕蟲，而思委蛻。三變至道，兩事明師。精研實踐，惟日孜孜。桑榆愈勵，學期歸全。獨悟虛靈，以完其天。著書盈帙，垂遠斯存。勒石墓門，過者必欽。

朱康夫墓誌銘

吾吉聞陽明先生之學，結會聚講最盛者稱安福，安福之盛乃在南鄉，兩峰、師泉、三五三先生爲諸士宗師，而予友易庵朱以相羽翼之。康夫爲易庵族姪孫，志堅力苦，必師聖賢，殫精研慮，無一時一念不孳孳於道。在南鄉後進中，足踵易庵而服三五先生教，莫康夫若也。乃稟氣孱弱多疾，竟不及下壽而逝。嗚呼！吾鄉雖稱多士，求如康夫之專篤迅決，斂聚凝確，金石可渝，之死而不二者，豈復有其人耶？嗚呼悲夫！康夫諱汝昌，先世自邑之大橋徙泰亨。高祖諱某，嘗以知過省身，且戒其子孫，迄今鄉人猶以知過稱之。曾祖諱某，祖諱某。父諱某，母周氏。康夫生嘉靖戊子某月日，殁萬曆甲戌某月日，享年四十有七，娶王氏，未有子，以弟勖之次子培爲子。女一。是年冬某月日葬本里歐田，祔母塋左。始康夫年二十棄舉子業，受學三五先生之門。先生闢雲霞之館於三峰之巔，康夫縛椽依其館側，已而先生講學九峰、青原、復真、復古之間，康夫無不侍几杖焉。康夫執父喪，動遵古禮。母塋築治未堅，亟犯風雪，督役必躬必誠，受母治命，演誦佛典，敬事弗怠。遇弟篤愛，付以家務，幾微無間。諸父乏嗣者恤其寡母，早逝者植其遺孤。疾革且捐産以給祠祭，乞母銘於師泉先生以畢其孝慕之志。語勖曰：「子欲葬我於母氏之側乎？宜少遠，勿驚犯母塋以傷吾孝。」蓋康夫至性淳厚，天倫敦重每如此。病作氣喘，友人以塞兑爲諷，康夫曰：「吾得良朋對榻，劇談此學，吾則灑然沉疴如失矣。」目且瞑，神志不亂，第曰：「吾存此良知以俟命矣。」

既卒，師泉先生誄曰：「康夫始而苦修於去念，既而決力於守念，又既而開竅於克念。蓋非闊略倣像於懸想，無一不見之實行，孝友惇之家族，德義孚之鄉井，切偲入之同志。」夫讀師泉先生之言，康夫之學可知也。將葬，其弟勖先期來謁銘，且曰：「吾兄戒卜葬勿近母塋，易簀之言可念也。雖然，吾忍使吾兄遠吾母乎？是吾母乘氣之藏，不得及吾兄也。請違兄戒，近母塋卜兆何如？」予曰：「不亦善乎，而厚乃兄！兄孝且不相掩，蓋兩得其道矣。」予與康夫數相晤於復真，康夫顒顒静恪，近思切問，務内著己，其所鑽求磨礪，一以致知不淆於意爲宗，而銖積寸累，踐實履卑，口不能爲高談而其心獨苦，貌不能爲外飾而其行獨修，古所謂木訥近仁之士，殆康夫其人非耶？使康夫而壽，遠到宜不可量，而竟止於是，固不獨爲吾鄉士類之悲已也。銘曰：

昔謂子爲生耶，知固無生；今謂子爲死耶，知固無死。吁嗟！康夫存此知以俟命，命且我立其誰俟？知通晝夜非終始，儵然委蜕藏於此。

趙中庵墓誌銘

趙中庵諱師孔，字時卿，予老友也。時卿齒少於予者僅六年，既五十乃受學於予。其資清逸而高朗，不受塵縛，惟孜孜焉以聞道爲急。而其行甚脩，不襲虛見、恣空談，孜孜窮年，終不冒認未得者，以自止足。予誠嘉其日進而未已也。而壽六十有四，遽奄然以逝。嗚呼！是吾黨之厄也，寧不重可悼耶？時卿先世當宋末自長沙寓安福，五世祖曰某，徙邑之西鄉洋澤，傳九世曰某，生子四。時卿其仲子也，爲邑庠增廣生，屢試無所遇，竟廢舉子業，日訪方外服餌之術，已乃悔之，曰：「覓外藥不如專內功。」則掩關静坐以鍊氣爲事。久之，復悔曰：「執有象不如還真空，其惟佛氏乎？」則歷名山、禮禪宿、閲經教，冀有悟入。及聞鄒文莊公發明良知之旨，乃歎曰：「道其在是乎？固無庸舍聖學而旁馳也。」同里斗乾周君因語之曰：「以子精勤若是，盍往螺川謁塘南王子，當受切磋之益。」於是肅贄來謁予於金牛山院。自是連歲必過予，具述其研摩淬礪者，以請裁割。大抵漸次積累，泛參而徧索，殫思而力詣，展轉探涉，顯證於有爲，密測於幽眇，塞而求通，躓而益奮，不知其幾。功屢遷而入細，見不執而愈新，蓋其學誠與年而並進者。

予倡會西原，西原士友每歎安福同志之多，必首賢時卿，以時卿精神志氣所興發於朋儕者多矣。孝友大節本於天植，伯兄師皋蚤慕玄學，爲之助喜；既没，撫其遺孤希全，誨迪如己子。仲弟師益性厲少容，每以温詞融釋，及能自樹，尤以欣暢。復以其子希天明經遊泮，則命之從事聖學，以崇遠業。季弟師善家浸衰落，遂授以私産，與之合食以維持之，竟弗克家，則付仲弟孤姪綜理，不屑屑焉家計之問也。歲聯里之同門諸友爲季會，家之子弟爲月會，皆以正心脩身諄切致勉。嘗曰：「末世學者妄稱妙悟而脱略躬行，以『戒慎』、『恐懼』、『求放心』爲下乘，往往認賊爲子，可痛戒也。」自撰《鄉約十條》，以孝弟、仁讓、敦樸、守儉、懲忿、息訟爲一鄉勸。一鄉之中或有釁端賴以潛消默解者，殆不可一二數。歲饑，有不能舉火者，輒分粟往給之。已而瓶罄不自給，即轉貸不皇恤也。慈仁及物，即毒蟲微命不忍踐傷。邑侯閔公、吴公敦請賓宴，固辭不赴。歲辛卯率族人新祖祠，躬自督役，垂成而嬰疾，家人請禱不許，以六月某日終於家。娶某氏，側室某氏，子一，岱孫，尚幼，女二。以是年某月日卜葬於湯家壟。予往聞先輩言，當鄒文莊公倡道之時，邑之人士莫不稟學，獨西鄉鮮有至者。而今則西鄉彬彬多問學之士，雖由瀘瀟劉君建復禮書院，聚講以振起之，而時卿以真志實踐默孚於聲應氣求之外，以共成其美，厥功殆非淺矣！銘曰：

寓心於物表之超，其志之卓耶？篤脩於素履之操，其行之恪耶？聯盟於簪盍之交，其善之博耶？予銘勒貞石以永昭，其將有慰於冥漠也耶？

五山朱君墓誌銘

夫自聖學之衰也，世之號爲高明者往往襲虛無杳渺之談，以爲吾性超乎一切，而孝弟倫物不足爲有無，於是傲然自放，而實行爲之不脩；其醇謹者知持身循軌，不致爽忒，然又或以爲學止於是而心性非其所急，於是塊然滯跡而大本竟莫能徹也。抑孰知性具倫物？故知性者不能不盡於倫物，而倫物之盡又非能外性以爲功也。此之謂致一不二之聖學，而安得自作二見以取捨於其間哉？若吾友朱君肯誠，殆從事於致一不二之學，庶其近之者歟？君諱意，字肯誠，别號五山，吉之安福南鄉槎江人。父古壇翁諱某，母某氏。肯誠生而病癇，父母憐之，戒勿治舉子業。稍長，見其叔父松嵒先生以聚友講學爲事，及讀王文成公《傳習録》，欣然曰：「士所當爲者正在此也。」乃數赴講會。一夕在青原，聞予與朱易庵先生密談，勃然有動於中，遂執贄師事易庵先生，復同受學於劉師泉先生之門。師泉先生示以性命並脩之旨，諦信不疑，退而遵行，必見諸事爲，不少疏怠。古壇翁疾，肯誠扶攜寢起，搔摩、澣滌、服餌，一一躬親，悉當其意。踰四年疾亟，醫告弗治，肯誠百方禱祈，願以身代，計無所出，乃潛入土主廟叩籲，手自刲股肉持歸，密烹以進，翁嘗之甚甘，疾良愈。翁異日詢所烹進者，得其故，泫然泣，既而喜曰：「吾有此孝子，能行人所難行，吾復何憾哉！」踰三年，翁疽發於背，肯誠侍疾，水漿不入口者七日，夜蚊噆膚不手撲，曰：「吾求生吾父，顧可殺他命耶？」月餘，翁歎曰：「汝孝不自有其身，惟吾知天地知耳！」踰九年，翁乃没，執喪一如晦翁家禮，廬墓三載，朝夕攀號，過者咸爲墮涕。廬近虎穴，虎頻出，望廬蹲伏若素馴者。客或造訪，先期群鵲繞廬而噪，驗之常然。肯誠以荒郊不無乏祀之魂，夜必設食。一夕鬼訴於廬側，更求食，乃更食之，其孝誠所感如此。踰七年，母彭没，廬墓哀慟，復三載如一日。其於學也，始去念，繼守念，終克念，一以致知爲宗。嘗以學無猛力，不能通晝夜，與里中友劉邦楨結盟共棲於玉霄之山，矢以達旦不寐，務使此心精明，不少昏憒。兩人相對危坐，設手板相戒，目稍瞑即板擊之，尤苦未能清朗。而山故多虎，則出户外露坐，曰：「學不成，何貴此身？直宜飼虎耳！」如是者月餘，里人頗駭其所爲而不知其用志之獨苦也。尤善開導人，遇友朋必傾懷誘勸。友朋既素高其行誼，及接其丰神英發振拔，聽其言諄懇明切，無不灑然悦服者。所著有《易説》，足以概見其學。假令天畀遐齡，必能大闡師門之遺緒，以扶斯道之中衰，而使先聖致一不二之正脈不致淪墜也。乃不及究其遠業，豈不悲哉！至睦宗族、葺祠墓及經理復真書院，皆盡其衷誠。臺院廉獎篤孝，歲優金帛，而邑侯屢召賓筵，則固辭不就。穀似周公開府閩中，專使禮迎，且因所知力贊其行。肯誠曰：「貧道人惟知山中聚友共學耳，豈宜一涉穠豔之途哉？」蓋其介如此。比感疾，友人來問，尤以學致勖曰：「天下皆僞，吾一人不可以不真；天下皆虛，吾一人不可以不實。」有垂涕於側者，則曰：「生死旦暮也，何泣爲？第願諸君力進此學，以誠身淑後耳！」生嘉靖甲午某月日，歿萬曆壬辰某月日，享年五十有九。娶某氏。子男二，世龍，娶某氏，世鳳，娶某氏。女一，適某。孫男一，祥保。孫女一。其孤卜以是月某日奉葬於永新四都田西石壁，祔祖塋也。嗚呼！肯誠力探性宗，而務敦實行，所謂能從事於致一不二之聖學，非耶？予辱肯誠同志切嗟之末舊矣，於其卒也，誠重爲世道慟焉，匪直爲交遊之戚已也。易庵先生既狀其行，予乃爲之銘。銘曰：

我聞聖學，智崇禮卑。一性所貫，倫物兼資。孰本之撥，孰空而馳。慨兹末學，岐焉二之。嗟嗟肯誠，玄覽實躋。誓期遠陟，以近爲基。天乎斯人，胡不慭遺。我抱杞憂，道降日漓。爰昭學矩，勒此銘詩。

易庵朱先生墓誌銘

吾吉得聞聖學之傳，蓋自王文成公倡之，而鄒文莊、劉師泉兩先生親受業於文成公之門，兩先生登壇振鐸，大發其旨緒。後學及門請益者無慮千百人，而易庵朱先生則心領而躬行，潛契而深造，蓋兩先生之真傳密印、高第弟子也。先生諱調，字以相，姓朱氏。先世出宋安成令諱元航，留家邑之朱村，八傳諱子材徙大橋，遂世爲安成大橋人。又累傳贈刑部主事諱悅，至太學生尋樂公諱襄，先生之父也。母孺人某氏。先生幼端重不好弄，識者知其非凡兒。年甫壯，爲邑庠諸生，勤治經義。嘗讀史至焚香奏帝，悚然有警於衷，適督學憲使臨郡，先生偕諸文學旅進就試，忽見紫衣人執其袂曰：「子非藉此立名者，何自苦乃爾？」言訖遂不見，先生因自思「舉業非究竟法，吾其惟聖學之歸」。即告祖廟，焚舊業，師事鄒文莊先生，聞戒懼慎獨之訓，默體顯證，砥策弗懈。已復聞劉師泉先生性命並脩之說，有會於心，亟往師之。時偕王白室、朱松嵒諸君静棲於武功、九龍之山，遠涉吴楚、新安諸郡，求友質訂，經年忘歸。歸則侍三五劉先生，結廬於三峰之巔居焉。予嘗偕族人聯會論學於元陽道院，特屈先生枉教。先生欣然，亦偕其族之諸彦來會，自是歲以爲常。每歲青原、復古、復真士友大會，先生雖祁寒暑雨必杖屨而赴。先生貌恭而容粹，神斂而志凝，静坐終日，不事言説，而環席側侍者欽其素履之端，挹其清瑩之度，測其藴藉之淵源，莫不顒顒然滌誠以瞻嚮也。時有請問者，隨機開示，簡切疏朗，不襲陳言，不涉險語，後學亦灑然有醒。於是遠邇摳承，殆無虚日，至室不能容，門人相與闢梅溪之館以爲先生講授之地，題曰「求仁所」云。先生嘗曰：「人之生也，陰陽合德而剛柔有體，故學者必開闢陰陽，然後學有門徑。孰爲主乎陽也而名吾之心性，孰爲主乎陰也而名吾之意氣？尊乎心性，使智崇如天，不容混乎後天之意；沉乎意氣，使禮卑如地，必須奉乎先天之心。庶幾日新日進，德崇業廣，天地可配矣。」先生涵養邃奥，未易窺測，而其大指要在於是。蓋師泉先生以性命並脩爲教，後學宗之，然能會其肯綮者或鮮。惟先生見融而思徹，析而非支，合而非淆，可謂直承嫡胤而實有諸己者歟！晚年更揭「斂氣觀心、忍慾成行」八字以示學者，欲令由此練習，以爲入道之基，可謂俯垂接引之苦心矣！

先生孝友天植，早失二親，追痛永慕。奉養庶母，情踰所生。推産庶弟，慈鞠孤姪，厚倫篤愛，真意流浹。有連理生於圃，甘露降庭柏之祥，人以爲和氣所感。聞人有善，極口獎贊，念及無告，若己痌瘝。遇狂悍者，包荒含垢，不以纖芥奪其矜恕之素也。先後邑侯欽仰高義，往往式廬問政，先生必悉閭閻疾苦，畢陳無諱。邑侯嘗以督理丈册、表正鄉約非先生不可，則肅誠敦請，先生亦不固辭，然秉直持平，讓能而晦跡，故終事而輿情胥服，亦其廓然順應之一驗也。易簀之先日，有問學者，答之曰：「吾學吾，汝學汝，何二之有？」口占一詩，有「翩翩吹入紫雲層」之句。萬曆丙申六月七日卒，距其始生正德壬申三月，享年八十有五。配同邑汶源王氏，側室劉氏。子男一，允震，邑庠生，娶澈源鄒氏。先生不事著述，所遺有《梅山語録》藏於家。其孤卜以某年月日奉葬于朱村下馬臺乙山辛向。先期持鄉進士王君繼文所爲狀來謁銘。予於先生沐教最深，亦僭謂能知先生於萬一者，顧哲人萎矣，斯道一線，誰當負荷？乃潸然隕涕而爲之銘。銘曰：

我明正學，倡於會稽。海内競傳，或涉他岐。惟吾吉郡，動遵矩式。不奇不雜，庶幾聖脈。鄒劉二師，並起安成。親授易庵，洞啟天扃。易庵力學，亹亹翼翼。其行孔修，其言則訥。性命並詣，非一非二。鳥翮車輪，齊飛共馭。嗚呼易庵，是謂真儒。鄉邦典刑，士類蔡著。神歸玄漠，道在遺言。百代不泯，視此銘文。

先叔東窓公墓誌銘

公諱七茂，字秀夫，别號東窓，世爲吉之安福金田人。公於唐吉州刺史府君諱德載爲二十二世孫，於處士府君諱庶立爲曾孫，於壽官府君諱續友爲孫，於處士坦庵府君諱希昇爲第二子，於誥贈奉政大夫、光禄少卿積齋府君爲從弟，於時槐爲叔父。始坦庵府君娶高洲張氏，生子曰四華，晚遊於楚湘陰之界市，娶鄭氏，公乃生焉，小字曰楚，蓋志所從出也。生正德戊辰某月日，年九歲歸金田，已而徙吉郡城，復客寓楚，歲一往返或數歲一返以爲常。隆慶壬申，年耄矣，而丹顔蒼鬢，津津然健也。是冬返吉，明年春復客楚。萬曆甲戌秋八月以痰疾卒於旅舍。嗚呼！孰謂公考終之地即其誕生之鄉？昔之志所從出者，乃竟兆今之所歸盡也。嗚呼悲夫！公體脩氣清，雙目炯炯，性慧朗而能沉思，不妄語笑，平居未嘗有慢容狎態，亦未嘗輒訾人過失。與人論事，不率爾可否，久乃吐一詞，必諦當，人皆屈服。即遇家人父子，無疾言厲色。至酬酢賓友，執禮恭慎，温澤婉抑而雅馴有文，恂恂儒者也。好讀書，博涉經傳諸史，能言聖賢大旨、古今治亂之跡。慮事周而不詭，静而有則。善飲酒，累觴沾醉而不亂。公之生也，後於先光禄府君者三十年，雖序爲昆弟，而公以諸父視先君，不抗席而坐，不比肩而趨，時時候先君質問經史。先君亹亹開析，灑然融受。先君喜曰：「吾弟穎敏如是，宜以明經掇科第顯於世，蓋無難。」乃幼失庭訓，竟以商名掩其儒，實可歎也！憶時槐爲童子時，及見如此。先君已没，諸叔父相繼淪逝，公獨以德範凝重爲群從子姓所敬憚。雖佻薄不檢者見公必改容斂飭，公以正蒞之，曾不少峻，而衆翕然帖服焉。嗚呼！先君律身理家之儀刑遠矣，獨幸有公在。公不憖遺，將棄吾群從子姓而誰與誨勵軌迪之也？嗚呼悲夫！公享年六十有七，娶上城劉氏、湘陰周氏。子五，時權娶朱氏，時彬娶陳氏，時桃娶余氏，時標娶劉氏，時極，廬陵邑庠增廣生，娶蕭氏。彬、極，劉出，餘周出。女一，適高洲張作。孫男二，景通、景選。孫女一，許聘大橋朱某。湘之距吉也，陸行乃七百餘里而遠，扶櫬東趨，顛頓艱阻，懼遺魄震驚，而水行必浮洞庭，下江漢，遡鄱湖，風怒濤激，怖駭百狀，尤非人子所能安者。僉議以是冬某月日暫窆於湘陰某山之原，蓋將有待焉。於是時槐揮泣西向遥拜而爲之銘。銘曰：

生於斯，没於斯，玄宫暫啟託於斯。故鄉必歸待其時，德音有赫在庭除。山川不隔神所馳，芳標兩地何差殊。示我後人永于思，有欲考者視銘詞。

先兄浙江昌化教諭前峰先生墓誌銘

前峰先生爲昌化教諭者僅八踰月，明年夏四月五日以疾卒。方其始遘疾也，邑大夫、鄉先生與其諸弟子延醫而問訊者溢於門；及其疾亟也，捐鏹帛材具以治其後事者交於道。其已屬纊也，徬徨奔走，入而拊其棺，出而望其旐者，哭之莫不盡哀。嗚呼！先生一教職耳，非分符牧守者比，而感人若此，蓋其所風者遠矣。卒之前一日，手書遺其從弟時槐于蜀，曰：「與子道義肉骨，分形合志，不幸短命，先子而逝，永言訣矣，且於子有望焉！」嗚呼悲哉！小子又何以副吾兄之望？惟先生學醇德厚，忍使盛美闇而弗章，小子安所辭責？於是敬拭淚以爲之銘。

先生諱時松，字子操，姓王氏。先世出唐吉州刺史諱順，當乾符末始家安福之金田，遂世爲金田人。曾祖諱續友，祖諱希模，父諱五蘭，號萍湖，母李氏。先生生而端雅静慤不好弄，風骨氣態夐異群兒。先君郎中府君方汲汲以督課諸子姪詩書爲事，熟目之，謂萍湖公曰：「此殆非凡兒，謹教之不可失也。」先生十年始受《毛詩》，治舉子業。下筆爲文詞，敦裕融達，出之於沉思精研之餘，而未嘗泛駕狂趨於法度之外，博之於經傳子史之奥，而不敢鑿空憑藉於胸臆之私。久之，蒐羅藴蓄，日粹以富，其文益浩渺閎肆，温潤奇崛，一時朋儕避席推讓，歎不可及。蓋先生探討實功銖積寸累，綜核淹貫，旁通曲暢，不爲涉獵無根、溝澮立涸之學，故所成若是。然先生嘗顧謂時槐曰：「學止如斯乎？」歲甲辰，與蒙山陳子論文於西塔禪寺。陳子言：「有兩峰劉先生者，越中陽明王先生高第弟子也。其談學本性善，崇踐履，不爲言語文字，由鄉人而可至於聖人之道。」先生欣然喜曰：「我固知學當有此也。」遂率時槐偕陳子往謁兩峰先生，一見有契於心，遂執弟子禮。兩峰先生嚴毅崇峻，教無多岐，一以致知爲宗。時槐愚鈍，每未有省，先生獨灑然曰：「知者，心之體，致之以復其體也。吾信其必爲孔氏嫡傳矣。」自是東廓鄒公、雙江聶公、念庵羅公講學于復古、青原、玄潭，先生與時槐必俱往。退則以其學行於家庭父子、兄弟、妻孥、臧獲之間，推之鄉黨、朋友交接之際，入孝出弟，言忠行敬，心體之，身踐之。故先生德之所進，内坦蕩而貞恪，外謙和而慈恕。事親極其孝，承顔順志，不忍失其懽也；待昆弟盡其友，憂樂同之，不啻在己也；馭下篤其恩，奸良畢察，而多所矜貸也；處友達其誠，表裏洞然，使人皆得而見也。歲乙卯先生舉于鄉，三上春官不第，乃曰：「苟可以行吾志，豈必進士哉！」遂以壬戌春授昌化教諭。昌化隸杭郡，然僻小，異時以鄉舉來爲教諭者蓋鮮。往往教諭至則徒以名師諸生，乃諸生絃誦藝文，一切置不問。先生既素以文章擅長，雖已之官，猶酷好讀書攻文不少倦，則遂以身督諸生，令日聚泮庠讀書攻文。先生親爲講説旨趣，點擴文字，已乃出其所自爲文示諸生偏觀之，日近晡，令家人具食食諸生，以爲常。諸生貧窶即束脩卻不納。先生欲以其學於兩峰先生者教諸生，則又不樹標幟、不設畛域以起諸生疑憚之心。時時因事顯理，即藝勖德，孝弟忠信、立志做人之訓，諸生蓋耳熟焉。於是諸生交相賀，以爲得師，邑大夫、鄉先生、父老亦莫不咨嗟慕歎，曰：「自有昌化以來，教諭未有如今日者也。」先生嘗遺書時槐曰：「成己成物只是一事，吾乃今益信吾教僻邑即盡職，當路未必聞，然吾必爲此者以畢吾志，庶不愧吾學耳！」歲癸亥五月朔，忽遘疾，知不可起，手書奉其父母及貽諸弟與其子，明白如平時。疾僅三日而卒，距其始生正德己卯，享年四十有五。先生娶南賦周氏。子一，景周，郡庠生，娶廬陵馬坑陳氏。女一，適某。其孤卜以甲子冬某月日葬先生于吉水黄洲鋪之原。先生仁孝至性，得諸天植。萍湖公年未躋耳順，尚健也，先生日侍其側，察其寢興服食，依依瞻戀，若深懼乎其遂衰。萍湖公曠達自喜，不事繩檢，先生委曲迎順，苟可悦親，即世俗娱樂之具不爲嫌也。至其與人無賢愚貴賤，開吐衷藴，禮遇周盡。時槐質賦偏隘，執方局隅，不善與人群。先生嘗曰：「子可謂介矣。雖然，介可能也，仁爲難。庶其勉夫！」嗚呼！時槐自入仕以來，擯挫遷斥於閩蜀之區，荼毒患苦，備嘗世味，齒摇毛落，歲聿云暮，蓋至於今，乃若涣然有悟於求仁之學，恨不及吾兄之存也。豈不悲哉！銘曰：

有蔚其文，令德孔章。小試昌序，厥聲煌煌。相在爾室，其儀不忒。無小無大，鮮不爲則。官卑壽嗇，而道彌光。歸於兹丘，長發其祥。平生共學，兄弟匪他。棄予中道，天乎奈何！

塘南居士自撰墓誌銘〔一〕

予姓王氏，名時槐，字子植，其先出唐吉州刺史諱順之後，世居吉之安福南鄉金田下塘南。嘉靖間，始徙吉郡城，然不敢忘所自出也，故自號「塘南居士」云。父諱一善，邑庠生，初贈南禮部主客郎，加贈光禄少卿。嫡母劉氏，封大安人，贈宜人。生母姜氏，贈宜人。姜爲楚湘陰著族，先大夫晚寓湘，姜宜人來歸，生予於湘陰之界市。自幼先大夫親授句讀，解經義，漸習制舉文字，教以孝弟忠信、端身正行之大節。十歲始自楚攜歸吉郡，劉宜人鞠之如己出。十六遊郡庠，十九爲廪生，二十五舉于鄉，明年成進士，嘉靖丁未歲也。初除南兵部車駕主事，而先大夫捐世，服闋，例得補北，予以南請復補前秩，陞本部職方員外郎、南禮部主客郎。任滿得請封，陞福建漳南兵巡僉事，以剿倭有微勞，陞俸一級。在漳五年，頗憚心力，竟爲言者所中，歸。丁姜宜人憂，服闋，補蜀之下川南分巡僉事，陞尚寶少卿，晉本司卿、太僕少卿，復爲言者所中，改光禄少卿。丁劉宜人憂，歸。服闋，仍補光禄。穆皇登極覃恩，得請封陞陝西參政，分守關西。抵

〔一〕《友慶堂合稿》卷七亦載有此銘，銘末附文言：「此志銘撰於萬曆十六年戊子季夏九日，時先生六十有七也。後乙未迄癸卯，歲有改訂，甲辰以後不復經筆矣。先生卒萬曆三十三年乙巳十月初八日卯時，享年八十有四。」落款爲：「三十八年正月内中丞衛公、侍御顧公會題。」又有補文爲：「請謚尚俟部覆焉，門人盧陵賀沚綴補。」

任甫三月，遂引疾乞休，奉旨准致仕，隆慶辛未冬十月也，時予年五十矣。萬曆辛卯九月，詔起貴州參政，陞南鴻臚卿，俱未赴任。尋陞南太常卿，具疏懇辭，奉旨有「清修恬尚」之褒，准以新銜致仕，壬辰春三月也，時年七十一矣。

自弱冠師事兩峰劉先生，請事聖學，已而入仕，雖以其鈍功所及，求質於一時諸先覺，切磋於四方良友，精神所注，未敢荒昧，顧跡涉塵鞅，迄無專力，以是五十而未有聞焉。及退休，大懼齒衰，惕然慚悚，則悉屏絶外紛，反躬密體，瞬息自勵。如是者三年，若有見於空寂之體。又十年，漸悟於生幾微密，不涉有無之宗，以爲孔門求仁之旨誠在於此。蓋始者由釋氏以入，浸漬耽嗜，如醒初醒，已乃稍稍疑之，試歸究六經，實證於心，則如備嘗海錯而後知稻粱之不可易，以自迷自反，屢疑屢悟，僅僅漸通，非襲人唇吻而得，故卒之真若憬然有窺於孔子之道之爲大中，遵信而不忍少悖。因歎世儒膠訓詁、牿形器，雖名尊孔子，實則未知之。乃至尊釋氏者，則叛孔子，亦安得爲智也！始者竊喜釋氏生死之談，至是若有信於晝夜通知之理，無足驚詫者，而後學定而無餘惑。嗟夫！誠資下錮深而覺之太晚矣。予既老，無他營，惟以孔孟正學與郡邑諸同志時時聚於西原、青原、復真、元陽之間，每自苦意見造作之爲障，而居安達順之未易能也，故汲汲求友，冀交助而相成，誠没齒未少懈焉。

初娶廬陵東門陳氏，早卒，贈宜人。繼娶水東鄒氏，年六十七而卒，封宜人，生子一，曰景明，郡庠生，年二十三而夭，遺所生女一，適廬陵邑庠生葉日爍側室。陳氏生子一，曰景憲，年三十二而夭。鄒宜人重慮艱嗣，復爲置側室螺湖黄氏，生子一，曰景衡，郡庠生，娶吉水毛氏，少保大司馬東塘公之孫女、上林丞諱楠之女。衡之生也，鄒宜人育之篤愛，不啻己出，人多其賢。衡年二十一，毛氏年二十三，俱卒。所生男一，曰允方，聘廬陵賀氏，予同年憲副少龍公之孫女、鴻臚序班諱一模之女。

予初未有著述，六十三偶出《三益軒會語》，七十以後出《仰慈膚見》、《瑞華剩語》、《静攝寤言》、《朝聞臆説》及《存稿》、《續稿》，誤爲同志相知者梓行之。

生嘉靖壬午七月二日，卒某年月日，享年若干。墓在某地某山某向。自以德薄，不可以辱大賢名筆，乃手書生平履歷之概，虚其卒葬以俟補填，付孤孫刻石納於壙中。銘曰：

孰成毁乎，孰初終乎？孰抱一以遊無窮乎？渾渾爾，繩繩爾。徧界也莫知邊畔，歷劫也莫知底止。惟大化以爲徒，庶允契於斯語。

亡室鄒宜人墓誌銘

嗚呼！是予室鄒宜人之墓也。宜人佐予德甚備，而爲予宗祀計曲慮周，護存一綫之脈，以奉蒸嘗於未墜，功尤大。予尚忍銘哉！顧宜人德與功在予心不能忘，則安忍湮没不以示吾後人？乃揮涕而銘之。宜人姓鄒氏，出盧陵水東雙江口著族。父諱文欽，淳厚端直，有隱德。母李氏。嘉靖庚寅四月十二日，宜人始生，丙午春，年十七歸於予。是秋予舉于鄉，明年成進士，授南駕部主事。是冬先考光禄府君捐世，予奔歸。服闋，復補南駕部。宜人從任者五年，予每晨趨部視事，宜人即扃邸宅，誡僮豎不得一窺户外，御下不苛而肅，雖鄰宅近隔一垣，終歲不聞吾室中一謦欬聲，其静治如此，故予得敬守官箴無疵議焉。乙卯予出僉閩臬，宜人從任者三年。閩屬吏歲時以俗節修饋，宜人若將浼己，力贊予悉拒不納。時倭寇大擾，予馳驅兵間，比事寧，所餘兵餉八百金，宜人聞之亟語予，宜悉歸縣庫。予曰：「業已下縣領貯矣。」因私歎宜人屹然有丈夫之志如此。壬戌，予僉蜀臬，宜人從任者一年，始予以憑限期迫，先從陸單騎往赴，宜人舟行稍後。所過州縣，屬吏修饋悉卻之，如在閩時不異。明年予轉官尚寳少卿，宜人遂自以家事爲己責，不復從予赴京。隆慶庚午，予得奉穆皇帝登極覃恩，宜人始受封。辛未予出參陝西藩政，具疏乞休。萬曆乙亥，宜人所生子景明夭，甫浹月，宜人語予：「盍亟爲宗祀計？」乃問媒得螺湖黄氏女，方及笄，聘之。宜人躬出郊詣其家，迎之以歸。黄氏女初若不快於心，宜人婉曲慰諭，其事甚委密，有人所難言者。已而爲予叩佛禱神，百計乞嗣，復勸予謁南嶽。己卯黄氏女幸生一男，命名曰景衡，志嶽賜也。宜人擇乳媪育之三年，即抱置床褥間，躬拊摩之者十有二年，閔閔焉惟憂其柔弱脆薄，莫由即睹其成人，以爲懼也。及稍長，遣就塾延師授經，誡不得以滴酒沾脣，足跡不得出市中狎俗流，起居食息皆誨之以正，其愛而知勞如此。辛卯予奉詔起參貴藩，踰月轉南鴻臚卿，俱未行，尋轉南太常卿，宜人固留予勿行，予深嘉其見之卓也，即上疏請老，奉旨致仕。予因得優遊草野，偕諸同志問學，於道少有窺焉。已而衡兒婚，且遊郡庠，幸舉一孫。而宜人疾不起矣。宜人事姑孝，歲時家祭，潔誠不怠，待諸姪矜恤意勤，遇宗姻問遺無違禮，於孤煢者必施濟之，蒞群小多恕而必軌於度，以是人皆敬悅無間言。既没，親屬哭之失聲，疏者咸蹙額而嗟惋焉。於其外家弟姪及孫女出適者一無私厚。凡外事或予有難處者，宜人有聞輒以所見據理爲予言，要令不失其正。以是匡予不逮者滋多，可謂明於大義矣。平生衣無絲帛，食惟蔬水，補敝甘澹，以終其身，人間之福一無享受，有足悲者。以予貧多宿貸，勉自節縮爲予計酬，雖貧甚，怡然安之，終無慍意。予乃幸室無交謫，得全晚節，不致虧缺云。躬事紡績，以督諸婢，日不少懈。治庖款客，一一親視，即穉子將命及門，設食慰問，無肯慢也。暮年念佛有常課，持月齋甚謹，願以真修期生淨土。疾革，神志恬然以逝，丙申十月十一日也，享年六十有七。所生子景明郡庠生，早夭，娶安成柘田劉氏別駕如川公女。孫女一，適廬陵夏逕葉日燦云云。以某年月日奉宜人葬于廬陵水東七十都廟山下，象形祔先妣劉姜二宜人、亡男景明三壙之右，合爲一塋，壬山丙向兼亥巳。銘曰：

似續妣祖兮，不墜予宗。維爾劬瘁兮，實尸其功。壼範既備兮，此義尤隆。嗟爾去我奚之兮，慘割予衷。勒爾功以詔予後勿諼兮，宜百世其追崇。安遺魄以合於所事所生之兆兮，尚允慰于兹封。

亡兒郡庠生景衡偕配毛氏合葬壙誌

吾兒名景衡，字汝陽，年少無號，其同學友以「敬中」稱之，世爲安成之金谿人，先世出唐吉州刺史諱順之後，吾兒其二十四世孫也。刺史公留寓安成，至我明嘉靖初，先大夫封光禄少卿積齋府君始徙吉郡城居焉。予先娶封宜人鄒氏生子夭，乃納側室螺湖黄氏生景衡，萬曆己卯十月十四日也，時予年五十八矣。景衡治《易》，年十八爲郡庠生，性資明慧而温馴，爲文清而不滯，駸駸欲上進者。年二十一忽得疾而卒，己亥五月二十四日也。娶吉水毛氏，太保兵部尚書東塘公之孫女、上林苑監署丞後塘君諱楠之女，生萬曆丁丑十月十四日，卒己亥九月二十日，年僅二十有三。毛氏生長貴家而無驕侈之態，性端静而柔順，生子一，及四齡，乳名婁孫，今爲命名曰允方，聘廬陵梅塘賀氏，予同年憲副少龍公之孫女、鴻臚序班範宇君諱一模之女。嗚呼！吾兒與婦以數月之間相繼而逝，獨遺吾年幾八十，孰與扶其衰？弱子呱呱在抱，孰與扶其長？造物之於予殊慘矣，豈予誠積戾所招，宜蒙重譴耶？抑造物尚矜予而特留一綫以不伐其宗耶？兹卜庚子年三月十七日之吉，以吾兒與毛氏合葬於廬陵城西第一都青塘之原，艮山坤向兼丑未。吾兒居右，毛氏祔左，爰記其家世生卒之概，刻石納之壙中以存不泯云。

先兄吉府典膳人峰公偕配謝劉二孺人誌銘

公諱時椿，字子齡，姓王氏，别號人峰，吉之安成金谿人。公於槐爲伯兄，先世諱順，當唐末自撫之金谿來爲吉州刺史，卒于官。其子興周因家于安成之南鄉，仍名其地曰金谿，以示不忘所自出云。歷宋元至我明，後嗣繁衍，公其二十三世孫也。先考誥贈光禄少卿積齋府君，諱一善，嫡母白石劉氏，生母姜氏，並誥贈宜人。劉宜人生子夭，姜宜人出楚湘陰長樂里著姓。先府君以明經遊邑庠，屢舉不第，因偕諸弟客于楚，卜娶姜宜人，始生公及槐。皆年及十歲，始攜歸吉郡。公資禀有英氣，敏慧多材，稍長，於諸家工技一拭目即能手製，若夙習然者。先府君曰：「是能治家者。」遂不督以詩書文藝之事。然公以詩書文藝亦往往通大指，操筆札寫其胸中所見，詞義琅琅，不在文士之後也。槐稍長爲郡庠生，而公常在楚侍先府君。及嘉靖丙午槐舉於鄉，先府君自楚歸，始命公偕槐北上試禮闈。明年槐舉進士，公因納授長沙吉府典膳，是秋槐任南京兵部車駕主事，公歸吉郡。而先府君病劇，至冬不起，時姜宜人已自楚歸，得公侍二母、視含殮，先府君可瞑目焉。戊申春，槐奔歸襄事，因親炙先師劉兩峰先生、三五、師泉二劉先生于復真書院，請事聖賢之學，公亦欣然共學，已乃慨然曰：「人生貴力學明道耳，豈貴冠裳哉？吾向者授吉府職殊謬也！」遂取原領部劄焚之，自是不以烏帽袍帶見客，惟角巾野服而已，蓋其見卓而志決如此。居常坦夷脱略，由由然與人偕，不設蹊徑，以是人樂與之遊。金谿族人議建祠輯譜供祀，公捐金割田首倡之。槐於隆慶辛未冬以陝西參政疏乞致仕歸，公與槐每以月之朔望集家之弟姪會于友慶堂，示以孝弟仁讓之訓以爲常。嘗念吾家自嘉靖初因金谿故宅毁，始徙吉郡，然郡城風氣薄，不逮金谿遠甚，亟欲卜築金谿以爲後嗣世居之計，乃問之蓍，不甚吉。公曰：「是有數存焉。吾即不能躬爲之，當以俟吾後人畢吾志耳！」晚聞淨土之説，心悦之，嘗素食持佛號不輟。病革，神志不亂。公生正德戊寅正月，卒萬曆戊寅六月，享年六十有一。其孤卜以某年月日葬于金谿古塚上，祖塋之前，乙山辛向。娶廬陵何家坊謝氏，生嘉靖癸巳，卒萬曆乙未，享年七十有五。葬古塚上，祖塋之右，同向。副室廬陵劉氏，生正德辛巳，卒萬曆丁酉，享年六十有五，葬楚湘陰張家沖，亥山巳向。謝孺人淳静端懿，劉孺人柔順慎默，皆足爲良助，並以賢稱。子男八，景修，郡庠生；景光、景道，俱謝出，而道早卒。景正、景旦、景簡、景普、景弼，俱劉出，而簡、普、弼早卒。女四。孫男五，允奇修出；允彦、允亨光出；允裔正出；允慶，廬陵邑庠增廣生，旦出。孫女八。娶聘嫁皆名家。嗚呼！公與槐生同母，居同室，學同師，飭祠譜、訓子弟以隆孝友也同事，晚而思卜葬金谿也同心，白首林壑無外慕而歡然以共處也則同老焉。乃公先槐而遺世，迄今已二紀於兹，而槐孑然獨存，即學有寸得，孰與質正？事有籌度，孰與折衷？家庭卑幼視長者爲儀刑，而予以薄德任之，孰與贊成？朝暮煢煢，孰與協塤篪倡和之義以暢吾志而畢餘生也？豈不悲哉！先府君行誼具見于鄒文莊公所撰墓誌，而《長沙府志》復列于《孝友傳》中；姜宜人墓誌則出羅文恭公，而劉宜人暨姜宜人改葬，槐復手勒壙記，皆足示後人，得有攷焉。惟公暨謝、劉二孺人之葬並未及銘。辛丑春，其孫允慶深以祖德不聞於後爲懼，請於槐曰：「微叔祖，孰能深知吾祖者？失今不銘，後將泯泯矣。」槐乃揮涕而爲之銘。銘曰：

聞學而脱屣冠裳，志之勇也。承先而思還故里，義之重也。中夷而外坦以與物同，氣之沖也。上秩祀而下宜家，本之隆也。稽芳躅之在躬，占來祚其延踵也。螽斯振振，後必熾昌。不朽者存，庶其永慰于兹藏。

貴州道御史劉君在南墓誌銘

往吾邑南里先進劉兩峰、師泉、三五三先生倡集諸士，歲萃於復真書院，以正心修身之學互相切摩，一時善類興起，里俗率歸淳厚。及先進凋謝，諸士失所宗依，御史在南劉公復偕諸大夫入書院振勵之。公之言曰：「里俗之淳漓觀於士習，士習之隆替繫於鄉大夫。今復真正學不力，無以勸士而訓俗，吾儕從大夫之後，責不容諉，盍共勉諸？」里中人士既素服公端静質直之行，及聞是言，益悦慕而傳誦焉。萬曆戊戌，公已預訂季冬二日復真之會，至期公寢疾，猶促仲弟往供會事毋怠，後二日而公不起矣。里中人士奔哭于其廬，退而撫膺歎惜於巷陌之間，莫不曰：「哲人萎矣！若公者，可復得耶？抑孰與勸士而訓俗耶？」公之伯子綺以予辱同志末誼，屬予銘。予敢僭謂知公者，遂不固辭。

公諱思瑜，字伯美，姓劉氏，先世出宋尚書、水部員外郎、運使、開國公德言。言之季子稅任吉州節推，歷官太常寺丞。稅之伯子承亮爲駙馬都尉，居於安成之西，科第浸繁，遂以叢桂名其里，傳十一世諱崇甫，始卜居南里九女窟社背。又傳十世諱權，號沂南，敕封行人，公之父也。母某氏。公生而穎異，五歲能誦詩占對，六歲手書《赤壁賦》、《醉翁亭記》，九歲能文，弱冠補邑弟子員，議行家約以睦族庭。二十四舉於鄉，五上春官不第。嘗習静玉溪山，不聞外事，亦不謁邑侯，有以事請求者，謝卻之。即赴禮闈，寧破産以贍路費，無他營也。少宰周轂似公聞其介，亟歎其遠識。有巨室願締姻者，公以利厚奩爲恥，竟不求聘。里有二盜，斃於獄，衆欲分其盜貲，公曰：「不可，第以歸義社，歲收息以濟貧可也。」在都下，鄉同年吴某客死不能歸，公謀貸以佐其喪。庚辰，公始就石城教職，迪諸生必循禮制。有丁艱而設戲自娱、受室而久曠學業者，召而飭責之。有鄉科因清明祭其先，遂治席邀宴、潛設俳優以俟，公曰：「古人祭必悽愴，忍爲樂乎？」竟辭而别。石城新進諸生舊必入贄，而後謁文廟，公特令諸生先謁文廟，不問其贄。諸生貧者，既卻其饋，復捐金給租以賑之。示諸生學規八條，曰尚志、修行、懲忿、改過、安貧、鎮俗、練事、治生。於是諸生翕然尊信，公賢聲籍籍起矣。癸未成進士，授行人，奉命册封魯王、清江王，皆卻其贈遺之厚。秩滿得請封沂南公，如其官。有媢家以武廕當襲，慮爲人奪，賴公力竟得襲，攜金珠致謝甚厚。公曰：「子之得襲，制也，吾何私？」悉卻之。己丑擢貴州道御史，巡視西城，特究奸逆重情，餘事纖細，不概推鞫。有中貴之甥甯某，先負姜某金，後盡有中貴之貲而宿負不酬，姜訴拘，甯匿不出，乃夜具千金求逭罪。公不納，竟拘甯正法，亦不露其卻金之事，外人竟亦不聞之。又嘗辭籍没富室之事，謂不當以利導主上。又疏陳三事，曰定志，曰葆神，曰養氣。又疏請修省以弭天變，疏請早建儲宫以正國本。皆留中不報。兵馬何某，偶以一人因訊而斃，論者議何當抵，公曰：「非杖斃也，議抵，過矣。」論者遂咎公黨何，左降郴州判，公一不爲意。冢宰陸公語人曰：「劉御史誠有福量者耶！」公歸省侍親側，沂南公促之行，公戀慕不能割離。已而沂南公暨母夫人先後厭世，公哀毁一遵禮制。諸臺院藩臬郡縣致吊奠者，公亦不躬往謝，曰：「縗絰趨候上官，是狥人以非禮之恭也。」即家有當行吉禮，寧遲之不舉，以俟他日。其謹禮如此。家用不給，輒身脱束帶及毁室中簪珥以應之。甲午服闋，明年補判磁州，不入州署，憩於别館，時時進諸生論學。兩院請督教於會城，辭不赴，惟勸州守築磚城以杜水患，州民賴以安堵。宗室參戎武衛，以公爲兩院所重，嘗厚餽求公一言薦援，皆直拒之。丙申，公謝事歸家，或諷以城居，公曰：「吾家故在泉石間，尋幽攬勝，酣暢賦詩，足以自老，安得違素志而涉塵境耶！」公天常篤厚，事二親及叔父孝敬並至。女兄嫠居，問遺勤渥。撫弟愛姪，迄於族姻，情義兼周。雖家無贏積而樂於施濟，推食給衣，醫病殮死，捐助不靳。嘗修輯家譜，族人欲刻公奏議於譜後，公曰：「諫草固當焚，可梓之以博譽耶？」戒戢僕役，肅然無敢恣肆於外者。而性益平恕，不念舊惡，以是人咸歸德焉。平生澹泊自甘，不許人私，不利人有，未嘗以廣宅拓産爲事，曰：「此眼前浮景，非吾志也！」既息跡世榮，獨惓惓欲興起復真之學以開後進，不啻饑渴，其所存者遠矣。疾革，語其子曰：「吾嘗謂無德不報，乃有負不及償者，汝曹異日勉酬之。吾磁州餘俸旦夕且至，宜分贈諸戚屬，以致吾永訣之情。」語畢不及其他，而神志恬然不亂，遂卒。距其始生嘉靖甲辰正月十三日，享年五十有五。配某氏。子男二，綺、紈，俱庠生，娶某氏、某氏。其孤卜以某年月日奉葬於某山之原。銘曰：

學貴躬行，匪尚詞説。吾鄉先覺，早有成式。復真正學，多士所宗。允蹈準繩，以振頹風。孰踵前修，劉公繼出。口無侈談，實踐彌力。孝友在家，仁慈在鄉。豸繡立朝，正直是將。貧不妄取，進不上援。清標介守，玉潔冰寒。勇退急流，志期明道。胡不憗遺，以光末造。壽年有盡，德慶滋長。我銘貞石，百世其垂芳。

一吾李君誌銘

公諱挺，字秀卿，姓李氏，別號一吾。其先自南唐避地虔、吉間，後卜居安成之東。宋進士贊皇尉子益徙邑之南城外，傳十八世諱時瑩，以孝友聞，公之曾祖也。祖行遠、父源世有隱德。母尹氏。公始生，有白鵲噪庭之祥，里社異之。幼不好弄，及就塾師授書，不督而習。一日問曰：「聖賢以學教人，在正心修身，非爲科第也，奈何直以此干進耶？」師大奇之。已爲邑庠生，再赴試省闈，輒棄去。肅贇鄒文莊公之門，得聞良知之訓，有契於衷，篤志研求，至廢寢食。家故貧甚，而薄視聲利，若將浼己。少保冢宰歐陽約庵公於公爲姑夫，雅重公賢，偕之入京，時時以朝政語公。公一持正論以對。有以千金進謁者，歐陽公曰：「第以此謁秀卿，得一言可矣。」公曰：「吾以書生惟蔬食是甘，何以金爲？」竟拒之。聞母孺人訃，水漿不入口者三日，舟次奔歸，啣哀未嘗啟齒。及遭父憂，悲慟彌至，鬻産襄事，饘粥不繼，其篤孝苦行，天性然也。歐陽公没，公受遺言，匡翊其子成卿一歸于正，造就之力爲多。文莊公没，公謂學不可以無師，亟趨三五劉先生之蓬圃受教焉。先生深器重之，命公當與夏雲屏公締兄弟交，以勤切磋、期遠到。公遵其言，即造雲屏公廬，拜而請益，遂爲肺腑至契云。雲屏公時以見過爲學，公敬諾之，刻志銷磨，不遺餘力。三五先生没，同志創崇訓祠，共聚以尋繹師訓，復以所事先生者事公。公不得辭，嘗語門下士曰：「先師教人大指，惟曰『尋孔孟之正脈，守宋儒之繩尺』，蓋爲學而不修行，則玄虚而無實；修行而不研幾，則冥行而罔覺。且先師之意尤嫉空談爲世詬病。嘗曰：『孝弟忠信、禮義廉恥，乃扶持國家命脈，爲學者第一義。』凡我同志，其恪遵師訓，毋致荒墜可矣。」邑侯閔公以方田册務特請公偕雲屏公督理，二公矢心公慎，册成，邑人胥服。公以曾祖客死于外，而於母孺人未及侍疾視殮，心切痛之。每遇諱臨，一月不御酒肉。自高祖以下，生忌時祭必齋三日。葺祠訂譜，率族勸善，兄弟均産，子姪均愛，至情融貫，非由矯飭，可以徵實學矣。邑中别駕周少岡公於公敬禮親炙，意特殷厚。公以所學交相淬勵，而周子聞二、姚子一三皆數就公問學。神乎氣合，常浹旬促席不能别。公省躬警策，日有課程，夜必焚香告天庭中，手書一聯云：「日暮途長，猛着腳跟走萬里；肩小擔重，打起精神荷千鈞。」諸弟子在門，公不徒以言教，而真誠默感，莫不翕然從服。即里中有相搆者，得公一言而釋，至以過失聞於公爲恥。公養邃而行益純，自院道而下，表宅式廬延致賓席者，先後迭至。公掩户高蹈，即邑侯不輒往見。或特有叩請，絶口不及其私，惟事關風化，及目擊民艱，則不避而直言之。友人瞰公粟罄，時有餽貺，公必分以濟乏，曰：「吾固不宜獨飽也。」邑中侍御鄒瀘水君祇承文莊公家學之傳，孽孽嚮往，公數與聚，論於西林、復古之間，遂爲密友。命二子受學瀘水君之門，誡之曰：「吾無以遺汝，第敬聽師教，勿違吾願足矣。」間謂瀘水君曰：「吾疇昔之夜，夢有以石刻示予者曰：『抱日月而長終，任乾坤以遨遊。』吾世緣其畢於今歲乎？」已而公疾浸劇，中外戚屬暨門下士環侍爲選藥，視寢者數十人，晝夜皇皇不懈。公幼子尚未聘，姚子一三即以女許之。公與諸友訣别，惟以真志實修宗孔孟爲訓，而語其家族以繩先德勉爲善而已。呼諸子立榻下，注目雲屏公以相屬焉。少頃，指畫一三掌曰：「吾去矣！」拱手而逝。萬曆癸卯四月十一日也，距其始生嘉靖乙未四月五日，享年六十有九。公家無長物，幸賴周少岡公預爲備棺，而少岡公之子國士洎郡守趙湯盤公、琴山成卿諸親厚者爲備殮，具崇訓祠。諸同志共議捐費爲襄事之助，國士復割田四十石以備祭掃，即此足占公之德感於人者深矣。公初娶陳坪劉氏，繼水車高氏、下塘左氏，側室郭氏。子男四。國楨，高出，先卒。國裁、國襄、國衫，俱郭出。裁娶黃石歐陽氏，襄聘社布王氏，衫聘姚氏，即一三女。女一，高出，適觀橋劉克偉。其孤卜以癸卯八月某日奉柩葬於某地。公之學初從見過而入，至其密密行持，有獨致精虔而人不及知者。予曩得侍公，竊窺其似，因問曰：「公行持至密，抑或有斷續乎？」公曰：「吾此心記憶弗忘耳！」久之，則聞公與雲屏公曰：「看來見處分明，便是性真作主，推之應感，自不增減。向謂掃除意識，畢竟是隔一層，性真現前，自會潛消。」予乃喜而歎曰：「公之學至是徹矣！」所著有《崇訓篇》、《論學膚見》、《孝弟勤儉箴》，存於家。其孤持瀘水君所爲狀來徵銘，予謂末世學以浮談奇見當之，非學也，必如公躬修力踐，是爲慥慥君子，誠後學之矩範哉！予銘宜不可辭。銘曰：

聖遠吾道嗟其衰，異學紛紜僻且奇。談何容易行或虧，於世奚補風滋頹。誰哉憂世挽澆漓，一崇正學排群非。以身踐道謹廉隅，日乾夕惕嚴步趨。惟公篤行世所希，我銘昭揭百世垂。

鄒母劉大孺人長寧學諭少梧鄒君偕配林孺人合葬墓誌銘

予與少梧鄒君居比隣，予甫十歲，與君共筆硯、治經史。已而予弱冠，則與君聯邑中名士十二人爲文會，且與君同師兩峰劉先生，請事聖賢之學。及予幸發跡科第、退而歸休，君亦謝事以歸，則與君促席於智度、西原之間，砥礪身心，交相策勉，以無負此生，意甚殷也。蓋予自少至老所同盟密契之友，惟君而已。君以萬曆己亥五月十四日卒，距其始生正德己卯正月二十七日，享年八十有一。其二子於庚子冬十二月十五日葬君於吉水神嶺下虎形之原，後四年甲辰，二子以堪輿家言神嶺下地最吉，而君之母劉大孺人先葬於鍾家莊，以爲未吉，君之繼配林孺人近卒，當卜葬。於是敬遷劉大孺人及奉林孺人以是冬十二月十六日合葬於神嶺下乙山辛向，劉大孺人居中，君左而林孺人右。先期持銅仁郡守曾君可漁所爲狀來謁銘。

按狀，鄒氏之先自唐四承務郎居撫州宜黄，至孫諱仁，遷徙廬陵淳化鄉之小水龍溪，傳至天祥，徙郡城東嶺子上，生南源公諱府，領廣東鄉薦官，至懷慶府別駕，始徙郡城内大有倉之北居焉。南源公子諱貴，號梧岡，德器粹然，温厚君子也。遊泮未售。劉大孺人其配也，大孺人出瓜溪著族，端慎而慈惠，孝敬而儉勤，淑譽孚于宗戚，生弘治癸丑九月一日，卒萬曆丁丑七月十九日，享年八十有五。生子一，即君也。女三，安福庠生羅曖、同邑螺湖胡應榮、涑溪貢士王之麒其婿也。君諱光祖，字念夫，號少梧，生而穎敏，擅文詞，爲邑庠生，每試輒高等。廩食應鄉闈者九，屢中副榜，以序貢授南昌司訓。君既以明經稱邃學，而尤負長材，接人應務，動中禮而協群情。其諧僚寀、迪諸生，卻餽而恤貧，造就而扶植之者甚至。於是兩臺諸司皆賢之，而督學憲使肖崖鄒公尤加優禮，陞長寧學諭，人咸謂君之材宜剖符專城以究其施，不當循資以學博叙遷已也。然君雅志有在，竟不赴職，而飄然歸隱矣。君初娶草岡周氏，工部主事諱某之女，先卒，生女一，適圳溪庠生劉文郁。林孺人者，君之繼室也，出吉水坪下。孺人柔静而仁惻，無疾言遽色。君未仕時，家事無鉅細，孺人綜治有條，以是君得無内顧，畢志於學。及筮仕南昌，以地隣吉郡，吉之舊交於君者時時過從而訊問，後先相屬也，而當省試之年尤甚。孺人修中饋禮賓無少疏怠。君之不赴長寧而歸隱也，孺人寔贊其決，識者以是知孺人之賢，有資内助，真可謂一德相成者矣。孺人暮齡持佛戒，素食者十餘年，疾革尤諭二子「異日祭掃勿設牲酒以毀吾戒」，而神志不亂，泊然以逝。豈誠有得於净修之驗耶？生嘉靖乙未八月二十五日，卒萬曆甲辰十月十八日，享年七十。子二：貞吉，娶梅岡王氏，庠生鷺原某之女；元吉，娶井頭黄氏，斷事浴湖某之女，先卒，續劉氏。孫男二，鼎孫，貞吉出，彝孫，元吉出。銘曰：

君材與學出人群，怒飛未展垂天雲。豫庠振鐸士類欽，量移解組竟辭名。西原智度會彌勤，與君交儆在身心。君朝有聞夕則寧，況有令子遵儀刑。神嶺山川瑞秀凝，慈母賢配同幽扃。慶祚綿延廕後人，昭示不朽在銘文。

文林郎瀏陽大尹須山蕭先生墓誌銘

嘉靖丁酉，予始爲郡諸生，時夢山翁公令廬陵，負材名，於士類罕許可，獨援取邑庠尤雋異者二三人，時時召至，親與校評詞藝至勤密。而須山公在二三人中尤温粹醇雅，翛然出凡態。予時雖尚少，蓋見而心識之。已而，公領庚子鄉薦，予亦幸登第，各占仕籍，出入不相聞者有年。比各謝事歸，得再見，公則已頹然稱大老，乃其禮恭氣和，由由與人款遇，後進瞻望欽伏，莫不推厚德尊事之。嗟夫！如公淵奥未易知，顧予則亦少窺其概矣。公卒而諸孤委銘，宜不得而辭也。

按狀，公諱敷，字汝教，姓蕭氏。先世居廬陵右田，洪武中諱善芳，徙龍須登科山清江里，故今爲廬陵清江人。曾祖齊鄴、祖升、父正芮，俱隱德弗耀。母蕭氏。公自少有志節，嘗讀書城西，隣女求奔，徙舍避之，人服其特操。初仕爲蜀之巴縣令，巴附郡郭當孔道，巨室大豪未可繩以一切，而使輶頻臨，供臆滋艱。公精敏明練，不矜不激，聽斷迅捷，吏胥斂手，撫綏勤惻，政令稱平，上下安便之。先是，郡守坐民盜主守錢，三十人論成輸作，多瘐死，郡倅以查覈擬辠者五百人。公具得其冤狀，力爲申理，部使者有所徵索，拒之不應，第引過稱謝而已。又條上恤里甲、均徭役、蠲逋負、清刑獄數事。會三殿災，詔采大木，郡守議必括富民採伐轉輸，公不可，曰：「木産夷中，富民不習其地，安得重困之？無已則富民出金，傭商代役，殆兩利也。」中丞黄公是其議，下諸郡爲式。公尤重憫役人良苦，躬勞問，餉饑藥疾，役人大悦。巴木既三倍他邑，顧報命獨先它令。或以木故蒙譴，則又以屬公，於是往來酉陽、石柱、永寧、播州蠻夷中數千里，越兩期事乃集，公私不至交病，能聲大著。公復白中丞，以役人攀石入箐，冒重險犯不測、顛頓踣仆、百死一生之狀，繪爲圖，上之朝，識者尤歎其見之遠矣。然竟以初議與郡守不合，改令瀏陽。瀏陽士鮮知學，公至，民間子應明經試者纔三十人，即爲言督學使者，盡取入邑校，大新學舍勸勵之，士乃翕然思奮。邑逋負屢數十年，公嚴主保之禁，酌緩急之徵，豪猾者不得持柄，而細民即持一錢得上納，賦入益裕。歲運米以小艇抵郡而後發，豪猾者即又不得詭險溺私，没入爲奸利。歲饑，不俟報而開賑，全活無算。有粥子女者，捐俸贖還之。當入覲，不謁御史而行，御史曰：「令固慢我。」及覲還聞之，即棄官歸。湖南部使者、長沙太守高其義，遣官屬移書吉安守、廬陵令，即其家强起之，卒不聽。公孝友敦睦，鄉族歸重。既返初服，飭祠修譜，輯墓虔祀，以禮教率其族人，儉素如寒士，一冠至二十餘年，終其身不邇聲伎，未嘗輒至城府。第時時課諸子姓，質經校藝，親爲删訂，飲酒賦詩，陶然自樂也。所著有《龍須山人稿》。萬曆癸未遘微疾，猶延客觴詠如平時。客退少休，連呼好好者三，遂卒，十一月二十七日也，距其始生正德癸酉五月一日，享年七十有一。娶清源王氏，繼小艅劉氏。子男三：近蘭，郡庠廩生，娶張氏，知縣贈按察使江孫女；近露，娶葉氏，典膳宇孫女；近高，郡庠廩生，娶劉氏，工部尚書文懿公宣孫女。孫男九：可薦，郡庠廩生，娶王氏，理問應麟女；可炳，聘劉氏，通判三錫孫女，俱蘭出；可拔，娶劉氏，同知欽鶚孫女；可掄，聘吴氏，監生□□女；可揚，聘劉氏，經歷文綸女，俱露出；可風，聘王氏，工部主事□孫女；可翰，聘劉氏，左布政使吾南公佃孫女；可遴，聘劉氏，經歷文魁女；可衡，聘習氏、吏部侍郎豫南公孔教孫女，俱高出。曾孫男三，洪杰、洪光、洪邑，俱薦出。女三，推官杜純子宗舜、同知欽鶚子學時、知縣輔宜孫文星其壻也。孫女六，縣庠生張瑩子應文、縣庠生王詡子郡庠生彦達、按察副使彭公宜所子壽祝，其孫壻也。餘未字。曾孫女三，俱未字。公子若孫既繁，又皆以經術行誼蔚然有聲於膠庠間，行將繩武聯陟以大發公未盡之緒。天之酬德則厚矣。以卒之年十二月十八日，葬里之田東石佳嶺，真武形首巽巳趾乾亥，與王、劉二孺人合兆。銘曰：

士以詞鳴，令則多仁，厥問斯隆兮。政成稱最，一言勇退，秉義何崇兮。薖軸考槃，家學有傳，英賢世踵兮。天錫壽豈，優游廿載，典刑攸重兮。談咲以盡，歸全得正，閟此玄宫兮。我銘有徵，不侈其文，永示無窮兮。

隱士光宇彭君誌銘

憶予爲諸生時，得侍一庵彭先生，竊窺其邃養厚蓄、德器端凝，而儀刑整暇，心嚮往焉。時先生方以文學受知故相國存齋徐公，稱爲江浙第一名士。然予所欽服於先生尤有出於詞藝之外者。已而先生以貢得爲沔陽司訓，予亦謬歷仕路，不及繼見而先生卒矣。予既歸田以老，先生之孫、鄉進士惟成元性甫委贄及予門，請問聖賢之學。元性資稟清粹，外恬而中坦，蓋可與幾於道者。乃益喜先生之有後也。元性持大行朱君惟約所撰光宇君狀謁予銘。光宇君者，元性之父，先生之冢嗣也。予辱通家世誼，銘不可辭。

按狀君諱以明，字德馨，先世出漢大司空長平侯諱宣，居淮陽，傳十六世琅，刺使袁州，因家焉。又傳八世儀，徙廬陵老岡巨陂，又傳七世雲卿，元初入倩油田，遂爲廬陵油田人。雲卿傳五世泰，號嘉會，捐粟賑饑，得奉詔旌，以《易》授二子，鄉人因知向學。商文毅公聞其賢，爲製贊。再傳瀰，蚤卒，配胡氏，年二十一，矢志守節，壽八十終，羅文恭公爲製贊。子蘭，號南麓，事母至孝，劉見川公爲撰銘。南麓公長子諱炳文，是爲一庵先生。先生初娶荷陂伍氏，蚤卒。續娶小車劉氏，恭襄公裔孫女也，生光宇君，甫四歲而劉卒。君稍長，慧敏增進，即薄視時藝，獨喜讀西京大曆間文字。先生每誡其務高之過，然心實奇之。自南麓公家業振起稱殷裕，已而公及先生相繼卒，君煢煢在疚。外侮荐至，君私計此直覬覦吾先世貨財耳，遂悉出槖中所儲，散施之，釁端寢息。尋補邑庠生，綜覽益博，然屢試不售，乃屏棄平時所熟習者，一意從静中期自得，發之爲文，試輒高等。竟沾痰疾，益杜門謝賓客，不復以應酬往還狎接鄉人，惟歲時族間大禮一赴之。嘗坐一室，自題其上「志伊學顔」，曰：「吾老於此已矣！世緣塵境，空華過目，不足爲吾念也。」蓋君既有藴，弗爲世用，故曠然有物外之情焉。晚年所詣益温粹雅澹，無復壯時英峻之氣，要其所識達者遠矣。君平生於家計盈縮不屑籌慮，而尤好施予。嘗鬻田以自給，人有求貸者，即以鬻田之金應之，即其人不能償，弗問也。至於叙正老岡同宗之倫，辨明巨陂先世之墓，制豪僕之侵侮以恤叔父之遺孤，盛資嫁之奩具以厚同堂之姊妹，皆其重本篤親之大者。與人交，直吐其衷，恒以檢點身心相砥切。事或拂逆，泰然處之，即燕居無戚容。教其子，惓惓於聖賢義理之學，有過必督飭之，不事姑息。疾革，惟以學業、墳墓命諸子加意，無他語，而神志清明不亂，遂卒，萬曆己丑十一月二十日也，距其始生嘉靖甲辰正月十二日，享年四十有七。嗟夫！君學積而未沾世榮，行脩而竟嗇上壽，然其踐履足以占世德之作求，燕貽足以垂祚胤於昌後，君其可以無憾矣。所著述甚多，而《二十一史論贊輯要》，行于世者其一也。配安成浮山劉氏，先卒。

子三：長即惟成，甲午舉人，娶安成斗塘胡氏；次惟直，郡庠生，娶同邑劉氏；惟發，邑庠生，聘草橋郭氏。其孤卜以丙申十月某日葬君於巨陂山，祔一庵先生塋右，寅甲山申庚向。銘曰：

予聞光宇君之自矢曰：「無一不可與天知，無一不可與人言。」夫仰焉不愧其自得於天心乎，俯焉不怍其自盡於人道乎。信斯語也，誠致勖於闇然，亦何疑於蠖屈？宜趨廷之有傳，徵嗣服之煒燁。勒貞石於幽扃，永不毀其昭揭。

郭母胡大孺人墓誌銘

萬曆壬辰秋八月念九日，廬陵郭子一鶚奉其母胡大孺人卜葬於本里江頭虎形，祔其族三世祖塋，辰巽山戌乾向，先期持同年友周進士懋相所爲狀來謁銘。按狀，孺人出廬陵長塘。長塘之胡爲邑鉅姓，而孺人爲大尹三江先生長女，慈柔端慧，出其天植。邑之橋東郭氏龍源君爲司理，東泉先生之孫、隱君兩山公之子也。於是東泉先生求孺人爲孫配，三江先生許焉。孺人年十九歸龍源君，時東泉先生厭世，兩山公柄家政，性故嚴急，且慮孺人出名閥，習侈泰，宜不屑治内事。乃孺人至，則御荆布，執中饋，躬親委細，瞿瞿焉婉順勤勩不怠也。而兩山公猶喜客，客見過，必留款盡懽，客請退不可輒投轄固挽之。孺人祗承其意，亟治飲饌精典，常指顧趣辨。兩山公乃大悦曰：「是能婦，吾無慮矣。」兩山公没，龍源君遊邑庠，屢試鄉闈無所遇，而喜延方士煉丹砂，費且不貲，家益旁落，然終不問生産，猶好施予。孺人於煉砂事一聽龍源君所爲，不少違拂，而獨於其捐橐濟人，直以爲美事，必力贊其决。業師羅姓者當貢，貧不能行，脱簪珥得三十金以應。族兄有難嗣，謀納妾者乏資，割田六畝貸之。已而羅没，有後，家頗裕，族兄亦有子矣，然兩者皆不復償。孺人悉置之不問也。歲甲辰乙巳大饑，既分己粟以食里之貧者，不足則復借發三江公之廩以給之，其仁厚如此。所生諸子中，擇仲氏一鶚，授經督教之甚力。龍源君没，仲氏始以戊子鄉試中式，孺人以其克承先志，輾焉以慰，乃重念龍源不及見其有成，益愴然以悲，誡之曰：「而祖、父世修淳謹，以貽爾後人，幸叨先庇躐科名，慎自檢飭，丕振家聲可矣。」仲氏乃肅贄及予門，願聞正學，蓋遵慈誨也。萬曆庚寅月日，孺人感微疾卒。距其始生正德辛巳，享年七十。子男三：一鵡，次即一鶚，幼一鷃。女三。孫男五：鎮東，郡庠生，鵡出；鎮方，邑庠生，鶚出；鎮京、鎮立、鎮安，鷃出。銘曰：

不憑其素習，而養伸闈閲，斯爲孝之德耶！不私計其濩落，而惠加里族，斯爲仁之博耶！不重違其夙心，而力贊乎多矜，斯爲順之正耶！矧功成於式穀，慶衍於繁裔，信慈祉之允孚，佇綸綍其昭垂。後有欲攷，徵銘辭。

友慶堂存稿卷之六

墓表

封南京兵科給事中前應天府教授龍岡賀先生墓表

昔孔子繫《易》，發「智崇禮卑」之一言，遂爲萬世學者不易之準的，蓋嘗持是以概後學，能無愧於斯者，實難其人焉。夫通敏超悟之士，妙契遐觀，非不涉玄洞奥，融釋一切，獨證本始也，然往往稽行考素，不無脱略疏曠，而周慎矜廉之節，或所未逮；繩趨矩蹈之士，篤誠顓樸，非不砥言礪行，敦純貞固，抑抑其儀也，然往往探賾研幾，不無局方滯隅，而高明有融之睿，或所未徹。夫其操履也如此，其契悟也如彼，學者能各得之以擅長，而不能兼有之以全善。嗚呼！求其智崇禮卑，無愧孔氏之云者，豈不難哉！若龍岡先生者，吾鄉無少長賢愚，莫不信其爲篤誠顓樸、繩趨矩蹈之士也，其事親孝，涖官廉，仁而守正，教於庠勤迪而有恩，處家訓子動準於理，可謂周慎矜廉、抑抑其儀者矣。嘉靖丁未，時槐得與先生冢嗣憲副君同舉進士，自是始獲從諸子弟之後謁問先生，乃先生不以槐不肖，時時進以聖賢之學。蓋於是槐乃知先生匪直爲篤誠顓樸、繩趨矩蹈之士已也。先生之言曰：「今世學者談格物則皆逐物矣，夫格物者爲良知謀，非爲事物也。良知本虛，當應事接物時，此心果有所爲歟？抑無所爲歟？如無所爲，則活潑不滯，而虛虛斯得矣；有所爲，則屬起意，非致知也。」又曰：「吾前時每親見此心無一物處。」既乃曰：「見無一物處猶屬有也，非性也。有無並離則性矣，性則天矣。」又曰：「吾之格物，逆數也。逆數者，反觀之謂也。物來順應皆吾之逆數也，此與老、佛所謂虛者自不謀而近。世諱言虛以避禪，非惟不知禪，且不知聖矣。」

已而槐備員南曹，歲壬子至甲寅，先生手書貽槐者凡五通，其旨一一與面語不異。槐珍襲藏之，不敢墜失。

始先生丁外艱，哀毁踰節，苫塊三年，濕氣侵體，病疽幾殆。家人失火將及先祠，亟取神主奔避，不問他資。以鄉薦得令耒陽，清獄緩逮，省刑薄贖。訟牒造庭，據理開諭，聞者感泣。雨旱虔禱，所叩立應。以内艱去，復令麗水，政如耒陽。内閣張公家在僯郡，適膺召命，遠近馳候，先生竟不一見。踰年爲忌者所中，當赴調。囊無餘資，鬻衣治裝以行。改應天教授，率諸生講學實踐，謁贄悉卻不受。諭以某某貧儒，不能治喪舉火，盍往賙之，以敦友誼。復捐廩羨，時加振恤，諸生悦服。甘泉湛公、渭崖霍公雅重其賢，忘勢爲友。解官歸田，諸生樹碑以識去思。憲副君入仕，勖以正學，無問利鈍，子姓燕見，必肅無怠。嗟夫！以先生篤誠顓樸、繩趨矩蹈，卓卓在人可睹記，乃其探性天之本虛，辨格致之非逐，達有無之並離，原逆數之異禪，此其妙契遐觀，即古所謂通敏超悟之士，宜無多讓。孔子所稱智崇禮卑者，先生殆庶幾其人焉。非耶？

先生諱鈞，字信夫，姓賀氏，世爲廬陵人。憲副君爲南京兵科給事中，得推恩，封先生如其官。生成化丙午，没嘉靖乙丑某月日，享年八十。墓在里之獅子山，配封孺人劉氏。子三：涇，即憲副君，渭、沚，並庠生。女四，適某某。孫男四，一槐、一楨、一模、一杞。孫女四。夫學之衰也，以玄解爲悟，宜其行之弗符；以矯厲爲節，宜其智之弗徹。安得復起先生以卒所請，俾後學知深造實踐之的乎？槐淺陋不足以知先生，敬書其一二，表於墓上，俾過而覽者將必有感於斯焉。

秋江劉君偕仲子邦楨墓表

予未及識秋江劉君，識其仲子邦楨。年方少，即鋭然從事於聖賢之學。予嘗竊歎，邦楨曷能若是，豈其有聞於庭訓乎？已而得吾友朱易庵所撰秋江君墓誌，始知君果篤義好修賢者也。

君諱世蓉，字子秋，安成南里上城人。十歲而孤，事母盡孝，儉約忍讓，與物無競，而姻戚里族禮遇勤厚。水部象峰君解組歸田，倡立鄉約、義倉、橋樑、保障諸美事，君贊成之功爲多。鄒文莊公講學於里中，君率子侄往聽，誡之曰：「貴躬行，勿徒資口耳也。」諸子應試或不利，曰：「是有命，何戚戚爲？」聞人嘉言善行，丁寧諭其子，且令劄記。生正德庚辰某月日，卒萬曆甲戌某月日，享年五十有五。娶某氏，生男四：汝楠，邑庠生；次汝槐，爲兄時操後；次汝棟，邦楨其字也；次汝權。君葬在本里後山，月形祔祖塋右。其伯、季子皆志於學，而邦楨早卒。邦楨自幼穎敏不群，比長益英邁，見局促卑瑣者，若將浼己。初治《尚書》，攻舉子業，即下視取魁元，如探囊物。一日見《陽明先生録》，慨然曰：「此聖賢事業也，舍此而利禄，是於陋矣。」遂厭棄時義，獨坐金溪山房，閉户静思。時就正于朱松嵒、肯誠二君。自春陵以下，諸儒語録列置座右。家甚貧，而治生之計悉置不問。弱冠將議婚，適值父喪，堅辭不受室。母强之，合巹而出，苫塊外宿，醯醬不入口者三年。人或問講學何爲，曰：「吾欲與天地合其德耳！」始受業於易庵，繼及師泉先生之門。其志顓思苦，至忘寢食，而篤信發憤，勇足以奪三軍；潛悟默照，智足以析幽渺。蓋兩師皆驚歎，以爲法器，而同儕之朋瞠乎莫追其後也已。復謀諸松嵒，倡重興之會，尤自慮氣昏，陟玉霄之巔静坐，夜不就枕者數旬。凡復真、復古、元陽、爐峰、青原之會，雖寒暑風雨必赴。出無僕從，裹糧徒步而行。鄉族有動念於學者，必密造其室，誘掖開導，惟恐其不入於善也。嘗曰：「吾儕爲學，直以了性命爲極，若悠悠便安，何能有成？必真切於良知明照之體，煅煉於意念形氣之病，其庶矣。」夫蓋得於師泉先生性命並修之旨而實體之，故其言懇到如是。疾劇，絶口不言身後事。目且瞑，其從兄中夫呼曰：「形氣解矣，靈明能無改乎？」以手指其心，揮其妻使勿近，遂卒。萬曆庚辰五月二日也。距其始生嘉靖甲寅某月日，年僅二十有七。娶廖氏，無子。祔葬于秋江君塋左。邦楨之卒也，其伯兄、季弟汲汲欲發秋江君之幽光與邦楨所爲自拔於流俗者，以垂不泯。嗚呼！秋江君質直長者也，而有子邦楨英挺如是，固其庭訓則然，抑天寔鍾其奇秀耶！世俗以有子占科第、被褒寵爲親榮，吾不知視邦楨之學道有聞，使後之人推本其賢於父者，所得孰多也？予故特表之，俾馳情聲利者將有所省，且以著邦楨歸全之孝而侈秋江君錫類之光榮焉。

忝峰劉君墓表

嗚呼！是維先師兩峰劉先生之賢子正夫之墓。先生受學於陽明王公之門，堅苦刻勵，真修力踐，篤實而輝光，德已著而望愈尊。鄉郡有志之士聲和景附，爭出其門下，莫不瞻想欽歎，知先生爲後學山斗，不可企及。而正夫爲之子，忠信簡質，尺步而繩趨，以能上不愧先生而下見信於一時賢哲。遊從之士可不謂難哉？蓋凡爲人子者，其父之德義未甚彰顯，即以身自勉而稱賢，在中材猶能之；惟盛德者爲其父，有如纘緒踵武，十失一二，人將指而訾之曰：「是家學之衰也。」又或因子之不肖而遂疑其父曰：「彼且不能以善貽子，何德義之云？」夫由前之説，是謂辱身；由後之説，是謂辱親：其爲不孝均矣。予是以深嘉正夫之克承家學，且俾後學因之以益信先生錫類之光，此其負過人之賢而稱能子也。不其然耶？

正夫諱昭諒，始士友以正夫足肖先生，咸稱之曰少峰，乃正夫辭曰：「吾懼不德，忝所生也。」遂自號忝峰云。世爲吉之安福三舍人，其先出南唐工部尚書適傳，至十五世曰日新，實助文信國勤王，遺令子孫無得臣蒙古。又六傳至文七居士諱艮輝，嘗居夕求樓，稽首北辰，以愈母疾。又再傳則兩峰先生也。正夫稍長，侍先生講學于郡之青原乾峰、贛之雩寧二邑，座下環聽常數百人。先生性嚴毅，所指誨詞義峭峻，正夫從傍屬耳，初不甚省，久乃漸悟。先生喜曰：「可教也！」先生既不治生事，而士友以請益來者屨盈户外，正夫内綜家務，外應賓客，雖囊無贏資，而盤餐成享，未嘗疏闕。先生數命出遊，則輿馬食具，不戒而辦。是以先生無少顧慮，得以遂其四方之志。性至孝，服膺庭訓，無纖鉅，莫敢違。先生或不懌，必跪受督責，尤慎祭祀。於先世祖及旁親之諱號、生没、葬兆必備考，謹書之，曰：「吾嘗見孫不稽祖諱，因而誤犯，甚則祖禰以上，莫詳所出，徒設虚位以祭者有之矣。吾兹懼焉，謹書之示來者知所重也。」先世遺墨，片楮隻字，珍襲以藏，如文七居士夕求樓詩，得於敝篋蠹紙中，特昭揭之以聞於世。而先生雅不喜著述，其遺稿一二僅存者，竟蒐輯鋟梓，貽示學者傳誦，皆正夫力也。居喪沾疾，醫以酒調劑，正夫執禮拒酒，固强之曰：「慎疾非孝乎！」乃許稍進。其爲學主於實心以敦實行，不能爲玄談，而天質顓愨，非由矯勵，故言出其口，事經其手，即鄉族無問疏戚，信之不疑。嘗戒其子曰：「吾與若曹承先德之後，成立爲艱，一蹶其身，視他倍尋。昔人謂兢惕猶恐不及，矧緩散乎？」又曰：「堯舜之道，孝弟而已，今學者動稱解悟，妄意幽眇，而徵諸實踐，或蹈非僻，可爲深戒。」疾革，呼其子弘傑，令謹視文書箱，已而發之，則皆先世手澤及更歷之由，與夫祀典創制之詳也。嗟夫！可謂終其身永慕者矣。蚤攻舉子業，遊邑庠，屢試鄉闈不利，晚欲棄去，又以先生主入賢祠當在駿奔之列不果。戊寅赴試，督學憲使江公署其卷曰：「文義精雅有度，莊士也。」人以爲實録，且服江公識鑒云。生正德辛巳某月日，没萬曆己卯某月日，享年五十有九，以某年月日葬於盧陵大陂頭之源。娶石橋左氏。子男二，長即弘傑，次弘任。女三，適某。孫男三，道聆、道錤、道鉷。

予往見先輩以道德譽望重一時，而其子莫能敬承，或顛越悖戾以虧名教，大貽先世之辱，予惻然傷之。其在吾郡若正夫之不愧於先而有令名者僅一二其人耳。大司成東廓鄒公嘗貽先生詩曰：「爲向佳兒歌拷扭，瑶琴逸韻振遺編。」大司馬雙江聶公曰：「兩峰爲天下布衣第一人，得正夫足稱有子矣。」大宗伯洞山尹公嘗至三舍，於諸後進中獨亟稱正夫曰：「真兩峰子也。」侍御三五劉公曰：「洞翁素號知人，慎許可，正夫宜自勉矣。」夫四公者皆吾郡先覺，卓然師表一世者也，而正夫受知若此。予辱世誼之末，其知正夫不後於四公，然其言固未能重於四公也，故特表其行於墓上，且附以四公之言，俾過其墓者知起敬焉。

龍安府司理潔吾朱君墓表

君諱仲廉，字中甫，姓朱氏，別號潔吾。其先世溧水人，洪武初祖仕顒始徙安福，數傳諱瑀，以明經令東流。其長子，郡增廣生世文，生子魯，有隱德，娶周孺人，生君。君少穎異，善屬文，弱冠補邑庠弟子，七越月而以《春秋》中江西鄉試，隆慶丁卯秋也。庚辰赴禮闈不第，謁選授無爲州學正。君廉，得諸生中貧者卻其贄，更資給之。其爲教於課業之外，一以興行端習爲本，士心悦服。嘗督送諸生他郡應試，學吏從行病死，爲捐槖治棺歸窆，人多其德。攝合肥，葺治頽城，修州志，核而有體。壬午充順天同考試官，得名士九人，臺薦屢上，陞蜀之龍安司理。龍安地僻而陋，且新闢也，君雖以操法爲職，然原情察冤必依仁恕，數從直指行部讞獄，多所平反。署江油，會詔征羌夷，徵軍餉二千石，令民輓輸，民怖不敢行，君密白戎道：「今二萬軍道出江油，令人持米一囊即可省民輸之費千金，計良便矣。」戎道深然之，邑民賴以安堵。油簿張患疫危甚，且闔舍病，群下皆避忌莫敢近。君獨躬往調視，衙卒乃稍稍以次入，進劑餌，張竟得不死，每泣語人曰：「朱公生我。」江油大旱，君連禱得雨，士民歌誦之。龍安郡守暨貳皆以大計黜，有欲褫其府帑以重罪之者，君陰爲設處以蓋其愆，兩人竟不知也。白草夷人素梗化，君奉檄躬示利害，侃侃曉諭之，衆咸感動，指天日誓無敢背德。自是帖然歸附，莫有異志。徐中丞疏薦，奉旨紀録叙用，而君重念二尊人春秋高，懇歸養。已而量移成都，請益堅。當事者爲疏請，以原官致仕。歸則偕其弟章奉二尊人承志盡懽，率諸宗老創初祖祠，又葺小宗祠，盡挈先世所遺廬産以授弟章，而已別營室以居。悼邑俗之近侈，乃條從先約勸行之。又講求邑中利病其大者，如南充二役法令數易，而奸猾倚法爲弊益纖密，莫可窮治。君能洞晰其故，往往爲邑大夫言之。邑大夫信其言，多所採用，邑人允賴。君嘗受學於三五劉先生，先生學貴躬行，蹈繩尺，不尚浮誕。以君之進而仕則秉正施德，譽望稱於當年，退而休則孝友仁儉，表儀著於率履，其真有得於三五先生之緒旨者耶！君生嘉靖乙巳十二月四日，卒萬曆辛丑十月二十五日，享年五十有七。元配劉氏，合葬於西里十一都龍雲寺邊。世常謂仁者必有後，今所謂仁人如君者而竟艱於嗣，吾黨誠劇談君之貞衷宏度有餘思焉，而欲以嗣續之常理問之造物者，莫知所從也。雖然，世之庸下而有後者比比是也，亦有有後而莫掩其不仁之詬者矣。君子不以其有後而貴之，然則篤於仁而嗇於後如君者，固自有不朽者存，其爲後莫大乎是。矧弟章將有子以奉君祀，孰謂君真嗇於後耶？予故特爲表之，以慰君於沖漠，且俾論世者無疑於天道而知所勸焉。

友慶堂存稿卷之七

傳

袁烈婦傳[一]

萬曆癸酉秋七月既望之五日，袁烈婦死，其夫弟以道、以遵禮葬之。是日大風怒號拔木，鄉之少長女婦夾河聚觀者數百人，莫不欷歔泣下，嘖嘖歎烈矣烈矣。烈婦姓蕭氏，諱賢英，出廬陵湖陂鉅族，始父廣伯最憐愛，曰：「是不可與凡兒。」而母袁雅知外侄以達秀朗可婿，遂歸以達爲袁氏婦云。以達早孤，蕭爲冢婦，理家政、事其祖父母無違志。已而以達遘疾，隆慶庚午，蕭年二十有七，而以達卒，未有子，遺一女，曰外珠。蕭撫喪踴慟，屢絶復蘇，間語外珠曰：「吾不與汝父同死者，惟汝累耳。」服且除，又時時語外珠：「汝能死乎？」家人莫省所謂，意嫠居憤懟時

[一]《友慶堂合稿》卷三有載。

一激耳。久之，有自母家來者云，婦服三年釋，且無子，宜爲終焉計，母業已許某氏。蕭默不應，言者去，蕭持短襦奉祖姑，祖姑曰：「汝服也，何遺我？」蕭曰：「高年服此宜耳。」薄暮復與其娣姒款款坐，語別就寢，夜乃密開户出，外珠隨之出，則趨河側，蕭投焉，外珠亦隨投。蕭時年三十，外珠十歲，明旦蕭屍止水涯不流，外珠浮下數里止焉。嗟夫！蕭之死非必在沉河之夕，彼其聞母家來者之言，則已別其祖姑娣姒，特未以語之人也。亦非必舉念於聞言之頃，彼其數問外珠「能死耶」、「否耶」，則獨矢諸心已久，而言者適以成之也。蕭之夫叔庠生袁子某、弟蕭子某、姪某及其姻家庠生劉子某，亟以其事語予。予聞已惻惻隕涕，夫綱常之於天地至大矣，蕭以藐然女婦全歸之，宜張其事以愧吾黨之爲丈夫者。論曰：世恒言死者，從容視慷慨尤難，即婦之於夫，訣絶於牀第，聞訃於迫遽，不忍其哀，捐軀以從之，雖非易能，猶可以一時痛憤爲也。乃服除哀遠，歷寒暑三四，而久顧不變其志以死，而其死又不爲憤決之詞，無幾微見顔面，竟安意密跡死，視死如逆旅之得返舍然者，蓋所素定者審矣。嗚呼！若蕭者可不謂甚難哉？而女隨以溺亦其節孝之相感也。夫臣死忠，子死孝，婦死貞，性也。蕭非能異也，失性者異蕭也，乃性則人人具也，豈獨蕭哉？豈獨蕭哉？

近溪羅先生傳[一]

萬曆戊子秋九月，近溪羅先生卒。後九年丙申冬，其孫國學生懷智伯愚甫謁予於螺川，予延之三益山房，相與静對。臘盡春回，兩越月而後别。予因得先生《會語》、《庭訓》、《榮哀》遺編卒業焉。予初以伯愚習聞先生緒談，意其或襲口吻而無暇受新益也，乃與默坐，不漫出一語。既踰旬，試叩焉。伯愚則若一無所聞者，虚中密究，務期自得。予乃大快，以爲先生真有後，可以續衍先生道脈於方來也。伯愚以先生傳屬予。顧予淺陋，曷足以模寫測量於萬一哉？先生諱汝芳，字惟德，世爲建昌南城人。始年十七，因有感於薛文清公「萬起萬滅」、「亂心」之説，即閉關，置水鏡於几上，對坐澄心，久之成疾。及讀王文成公《傳習録》，大喜，疾遂瘥。已而爲郡庠諸生，入省城見顔山農公，聞體仁之説有悟，師事之。年二十有九，舉於鄉。明年會試中式，不赴廷試，歸，學益勵。一夕忽悟《大學》格物之説。年三十有九，始赴廷試，成進士，授太湖令，以教化代刑辟，期月訟息民和，政聲籍甚，擢刑部主事，歷郎中，出守寧國，政如太湖。丁外艱歸，後七年奉穆皇遺詔始起，復補東昌，陞雲南按察副使，年六十有二陞參政，得請致仕，還從

[一]《友慶堂合稿》卷三有載。

姑，開誨來學，偏涉撫、吉、洪、饒、楚、粵、閩、浙、留都、徽、寧諸郡，大會同志，東南之學丕振。蓋歸休凡十有二年，享年七十有四，門人私謚曰明德先生云。先生平生學以孔孟爲宗，以赤子良心不學不慮爲的，以天地萬物同體、撤形骸忘物我、明明德於天下爲大。自少至壯而老，無一息不在學。自家居以及四方，妻孥童僕、族閭村市以及通都大邑，縉紳大夫，千百徒衆之相接聚，無一人不勉以學。自令長歷郎署，領郡符佐藩臬，所至無一地不以學爲政也。其作人化民，風動遐邇，詳具太史復所楊公誌、侍御養貞詹公碣、大學士瀫陽趙公表、郡司理鳳岑萬君狀中，予故不具論。憶嘉靖乙卯，予以南主客郎出僉閩臬，道經太湖，先生時爲令，留止信宿，邀至演武場觀兵壯射。先生語予曰：「吾兹校射中一矢以上者賞，有差不中者罰。蓋不中者不得受募金，即以增給中者。是移罰爲賞也。官不費而兵壯自勸矣。」又曰：「吾此心每日在百姓身上周迴，不暫釋也。」予聞其言，悚然謹識之。及入閩祗服未敢忘，復倣其校射賞罰之法行于漳南，久之，以靖山海寇警，幸獲成效。壬戌，予以内艱服闋入京，先生時爲刑郎，邀予夜對，亹亹劇談。已而語人曰：「吾與王子劇談，誠祝天願，其有契於吾言也。」其切偲懇至如此。乙丑，予爲符卿，先生以寧國守入覲，既見政府存齋徐公，出語予曰：「吾適見公，首言：『公當勸主上以務學爲急，然必於其左右暬御焉先之。公誠能使諸大閹知嚮學，即啟沃上心一大機栝也。公奈何僅循内閣故事以塞其職耶？』公大以吾言爲然，因歎曰：『諸君講學只三五巷談，不足風世，得君相同心學道，寰宇受其福矣。』」一夕，先生招予過其邸舍，聯榻而寢。比四鼓，先生問予曰：「近日何如？」予曰：「吾惟直透本心耳。」先生詰問本心，予請示。先生曰：「難言也。譬如蒸飯，必去蓋乃知甑中有飯，去甑乃知釜中有水，去釜乃知竈中有火，信未易言哉！」予曰：「豈無方便可指似處？」先生曰：「莫如樂，第從樂而入，可也。」萬曆戊寅，予歸田既久，先生亦謝事還。予買舟訪先生于從姑山房請益。先生曰：「學必有定向，庶可決成。」予請示，先生直以一語酬答，予慨然有省。予留從姑踰旬，見先生天真粹朗，彼己盡忘，八荒洞然，了無畛域。語笑動靜，食息寢處，神機自運，不涉人力。朝夕盂蔬，與客共食。客至盈座，亦無增味，熙怡竟日。諸生不問，則默無繁言。蓋先生以精神感人，有出於言詮之外者矣。予見先生博大渾涵，普愛同人，略無揀擇，境隨靜鬧，不生取捨，乃自愧予之淺衷局量，耽僻厭煩，誓當頓捨宿障，庶可通於大方也。時有士人以專持佛號求往生爲學者，予問曰：「若此者何如？」先生曰：「得無全靠彼乎？」予曰：「學者攝心方便之門不一，亦均之爲有靠矣。」先生曰：「此當有辨。」臨別，先生送予舟行，以勿復致疑爲囑。甲申，先生過螺川，訪予白鷺院中。予試問玄門之學，先生曰：「豈嘗有所聞乎？盍言之？」予漫述艮背之説。先生曰：「内典謂，吾人自咽喉以下名爲鬼窟。」因極口贊中庸二字，曰：「平常是道，何事旁求！」蓋自是別後，五年而先生棄人間矣。先生既沒，海内咸望風追仰，然予竊謂，後學真知先生者蓋寡。彼徒見先生之標末，而未窺先生之底裏，故或妄意以爲慕先生之學而未免失其矩步以蹈於縱蕩之歸也。先生脱略蹊徑，渾無朕跡，人所共知，而不知其中貞白無瑕，一切外物嗜好都絶，芥視千金，皭然不涴，舉以與人，若拂輕塵，寔出性成，非由强作。當太湖離任，邑吏以公費餘七金，請受爲路資，竟斥置官庫而行，其介如此。至鬻産貸金以急師友之難，傾囊倒囷以應饑乏之求，即人以禮饋，隨手散施，澹然其忘情也。先生之薄利殆罕其儔，而昧者以有慾之心藉口於先生之脱略蹊徑，遂蕩然潰防敗節以僭附於狂簡者，不亦遠哉！先生蚤歲於釋典玄宗無不探討，緇流羽客延納弗拒，人所共知，而不知其取長棄短，迄有定裁。今《會語》出晚年者，一本諸《大學》孝弟慈之旨，絶口不及二氏。伯愚嘗私閲《中峰語録》，先生一見輒持去，曰：「汝曹慎勿觀此。禪家之説最能令人躲閃，一入其中，如落陷穽，更能轉頭出來，復歸聖學者，百無一二，戒之哉！惟潛心《大學》孝弟慈之旨足矣！」先生之立教，一出於正，而昧者以浮詭之心藉口於先生之探討延納，遂冥然蔑倫叛聖以沉溺於詖淫者，不亦遠哉！抑予讀先生《會語》，嘗引「何思何慮」而曰：「此心非無思慮也。惟一致以統之，則返殊而爲同，化感而爲寂。」又曰：「感通其用，雖千變萬化而莫窮，然不動其體，則亘古亘今而無變遷也。」又曰：「吾自朝至暮，敬畏天命，如執玉捧盈，工夫豈不緊密？但視世儒之把捉修飾者不同耳。」嗟夫！先生之學可謂大而有本、中凝一而外融暢者矣。彼徒見標末而未窺其底裏，輒號於人曰「吾爲近溪先生之學」，而竟以恣情爲率性，墮於無忌憚以反中庸者。予故謂後學真知先生者寡也。夫不知先生，於先生何病？予特懼夫萬古學術毫釐千里，所關繫者至大，敬著其説以俟知言者擇焉。

彭節婦劉氏傳

節婦姓劉氏，出安成之梅林，爲郡庠南江諱某之女，嫁于松田爲太學生彭君諱玙之配，事舅姑孝養恮謹，相其夫力學南雍，詞藝蔚然有聲，試京闈已入彀，竟置副卷，意忽忽不樂，尋以病卒。時節婦年二十有九，所生子立隆甫一歲，姑在堂已老，節婦慟毁欲從夫於地下，所親亟止之曰：「汝即死，使姑無以終，子無以長，非夫君之志也。」節婦乃忍死奉姑鞠子，茹苦啣哀，服勤織紝，不踰閫閾，即期功宗戚，歲不一見，遺孤稍長，出就外塾，禮師督誨，責成不怠。乃其子英資鋭學，屹然自樹，行當表見於世云。節婦善持家、識大體，里中值荒歉，輒出粟賑饑，至助修講院、修葺津梁，不少靳，亦足占其所見者遠矣。節婦年踰五十已老，而冰霜凛冽，人無間言，予故得具論之。論曰：婦之貞蓋天性也，彼不涉詩書，豈聞有身外之名哉？不知務名，而獨全其節，此誠出其秉彝之不容已者，可謂自完其天也。矧其奉姑鞠子以慰夫之志，其間劬瘁萬狀有難言者，是宜特爲昭揭，庶於世有勸焉。

奉議大夫大理寺右寺丞文南賀公傳

往予備數符卿，文南賀公始成進士，則數語其同年友，欲就予問學。予謝不敏，固引避乃已。後數年，予廢歸田，公位日顯，久之以憂歸，予與之談海内人品之高下，公歷言某某爲道德士，某某爲經濟材，某某爲委瑣時流，若鏡照而尺量，咸至當不少爽。予乃歎公有奇識，非儕輩所及。先是，公之冢子委贄及予門，公聞之大喜，曰：「是吾志也。」最後予乃以幼兒締姻，公亦已退休，則相與朝夕以道義交勸，益稔以密熟，視公所施於族戚朋舊鄉井之間，一出於真實篤厚。予乃歎曰：「世之知公者鮮，予今始信公非世態中人也。」歲時與士友論學於西原、白鷺之間，公每赴焉，於予言深信不疑。予因極談學以希聖，自正心修身以底於全歸，而後爲不朽，公欣然有當於心，將棄紛入静以從事，而疾作不可起。嗚呼！此直吾交遊婣戚之慟而已耶！

公諱一桂，字秋芳，姓賀氏。先世出永新良坊，傳至閣華公，徙廬陵之梅塘。曾祖諱嵩，號中齋，祖諱鑾，號莞溪。考諱沂，號心泉，以鄉薦官至長沙府同知，進階奉政大夫，始徙田坊。妣周氏，封宜人。宜人夢一金瓜入懷而公生。幼穎慧，四歲能屬對，九歲從心泉公於鳳陽，嘗觀迎春於市，市人雜遝，擠公仆地，乃堅持一巨人足嚙之，得手援，識者占其有異智云。弱冠補邑庠弟子員。莞溪公及其家衆皆病疫，心泉公方守威州，公禱神願以身爲祖代，是夕神見夢於蒼頭：「某疏業已上鑒，然所祈代者不可得，獨某子父可無恙耳已。」果如夢。嘉靖戊午省試中式，乙丑登進士，授溧水令。溧水邑衝，而適值歲歉益疲。公至，爲捐倉粟，均田糧，平徭役，簡遞馬，脩圩隄，所裁省無慮數千萬計，邑水倉舊在日球湖南，距邑五十里而遠，委輸守視爲艱，民甚苦之。公特移之江蘭埠，僅二十里，遂爲永利。開府馮公有滑胥擾於溧市，公收捕笞責之，馮公怒曰：「令乃輕我。」公抗言：「令固當坐視民受害以媚一胥而徼寵臺院乎？願投劾歸耳。」馮公意解，益稱賢焉。公在溧，溧民家誦户祝，名列薦剡者十四，銓部課最，得封父母及配。隆慶戊辰，召拜廣西道監察御史。公感激愈自奮，疏數十上，諫竇珠織造鰲山燈及出宫女、止大倉銀論救詹御史參劾陳中貴諸事，上皆報可。會日食示變，公條陳十事曰：勤召問以親政務，決壅蔽以攬大柄，重内治以清化源，早諭教以正國本，慎命令以一政體，開言路以廣忠益，振紀綱以挽頹風，懲欺玩以振積弱，重守令以固邦本，練兵實以飭武備。錦衣百户王爵恃貲交通，恣横莫可制，公疏上，得旨正法，一時稱快。尋以疾請告，二年還臺，巡按山西，慎獄洗冤至衆，又兼攝戎院事，清豁虚籍，民免株連勾索之苦。復疏請戎院可無專設，蓋自是無專命御史清戎者，公之力也。萬曆癸酉，監臨省闈，得士爲盛，已巡按順天，歷視邊塞，酌定互市之議，督北畿學校。時江陵當國，條下督學使者，課士格例嚴刻。公獨持寬平，所品第，士咸服其鑒。丁内外艱，服闋，江陵已敗，公還臺。當癸未大察，培植曲全，爲力滋多，陞大理寺丞。公懇疏乞旨得歸，絶口不言時事，有忌者陰擠，公竟奪職。時論怫然稱屈，而公不少置辦也。距其公卒，享年五十有八。公襟次開朗，與人無疏戚，務從其厚，遇事當危劇，據理迎機，片言剖決，悉中情竅。人有緩急求助，即倒囊無所靳嗇。嘗舟行唐福江中，值洚水淹没民舍，被水者升屋攀木悲號，公以舟渡，全活者數百計。爲諸生時，結茅長春之園，晚更市歐王二園，增築之。比歸休，時時邀所知晏坐園中自適，迄無外營。公子三人：長德煇，太學生；恂恂世其家；季、仲尚幼。論曰：以予觀於大理公，蓋坦夷深厚人也。今世之淺者未諒公，徒以公受知江陵致訾耳，不知公之初入臺也，以戊辰江陵未當國之日也，而竟遭迴臺中十有六年，江陵歿，乃得陟李丞，公之無所利於江陵也明甚。矧江陵剛愎自用，慘覈少恩，百司重足而立，公所密陳忠告、默移潛運，以扶善類而緩苛責者，不可縷數，至海内豪傑即未識面必陰爲推轂，多致通顯，然公卒不自言功，故外人不得悉聞也。且當國者既以材見知，公因得少效匡正之力於萬一，亦安用硜硜決絶爲哉？儻直以不當受知致疑，此則宋人譏楊、胡二賢汲引於京、檜者，殆未可爲公評也。予既次公行事，又恐後之不知公者，或附響於貴耳之夫，故特論著之如此。世有知公者，必能信予言，有信予言者，亦必能知公矣。

友慶堂存稿卷之八

行狀

華南郭君行狀

萬曆壬午，予友華南君以福建連江學諭得陞國子助教，予聞之喜曰：「方今環海内，郡邑職教事者，其道德儀刑真足爲多士師，孰有及吾華南者哉？拔一華南足以示海内職教者勸，是世道之幸也。」然意其必且過螺川，得叩其近所邃詣以增益於予，遲之不至。已而秋盡，則聞貴溪訃音，靈輀以舟泊螺川矣。予既奔哭于江滸，而其孤復口述君歸時在道之言曰：「吾往聞王子植言，或未盡契，今吾學已明，繹往所聞，洞然無可疑，吾兹歸將得面證，是一大快事也。」嗟夫！予於君締交四十年之久，所共商榷論辨無慮千百，予乃不知君所謂往未盡契而今洞然者是何旨趣也，欲有證而不待，予則安所從質矣？嗚呼！豈不重可悲夫！

君諱春渠，字以受，姓郭氏，吉之萬安下驛里人。先世自唐中丞瞿三世孫府翁徙下驛，傳至今，已二十餘世。父諱某，號湖西，母劉氏。湖西公與劉隱德懿行具載予與緒山錢公所撰墓誌中。湖西公生五子，君其季也，自幼負鉅人志，嘗侍父兄側，聞正論必注聽不暫離。年十二三見鄉先達劈泉王公即敬慕，數從之遊。弱冠理家，家故貧，伯仲且析爨，或瓶無儲粟，甚則竟日不食，亦曠然不爲慮。即舉炊，乏僮婢，薪汲舂燎必躬操之。而事湖西公，致養具潔，務盡其懽。歲丁酉以治《易》，得爲郡庠諸生，庚子試在優列，充廩生。先娶羅氏舉子女矣，而羅早卒，君時年三十，或勸之娶，君曰：「推慈均愛，婦人所難，吾懼穉子之見凌於後母也。」竟不復娶。戊申，鄒文莊、羅文恭、錢緒山三先生聯江浙諸先輩講學于青原山中，環坐而聽者數百人，君往赴。始聞陽明先生之學，則甚疑，退而精思，久之，乃有悟曰：「人生不恃此則死矣。吾將畢命以從事。」奮勵刻苦，習静斂聚，至忘寢食。一日，忽覺胸次炯然，如赤日當空，自喜以爲本心真體顯露如是，守爲至寶。數夕後忽如有失，大恐悸。時夜方半，亟攬衣趨叩羅先生榻前，跪而請曰：「春渠向得炯然，今遽失，得無遂死乎？願先生一言救我。」羅先生慰諭遣之，其精誠懇切如此。於是師事鄒、羅、錢三先生，而於同郡先輩若歐陽文莊公、劉晴川、郭平川、劉兩峰、師泉、三五、周羅山諸先生，皆造門請正，至取友則以周仲含、胡正甫、蕭可發、陳世顯、敖主静諸君爲可共學，結席連裀，質問商訂，蓋皇皇若不及焉。己酉與予並棲郡城郊外之西峰禪寺，竟日静對，各各内觀，不雜語，不散步，惟以静中心得互相咨決，盂蔬杯粥，寒暑不懈，如是者蓋二年。當其時，君與予學皆未明，獨其專志苦切，不謀而合。撫今追昔，亦不知其何心也。豈天秉之衷，適與君符，有不偶然者耶？予復集螺川願學之士十餘人爲惜陰之會，其賦資慧朗過君者不少，至畢用全力則朋輩皆以爲不逮也。已而予就任南署，君還萬安，與鄒西渠諸君聯會于南臺禪寺，如其在西峰時。予每以改官或丁艱歸，君必過予，静對久之，不輒别去。蓋君篤志有在，而於予尤不鄙夷，乃相信特深若此。辛酉閩寇犯境，君奉湖西公避居郡城學舍，侍養晨夕，無少疏怠。湖西公甚安之。比卒，執喪謹禮，終事益虔。郡庠故事歲得貢廪生一人於禮部，君以序名在第二，督學憲使賞識其文，越序拔置第一當貢。君時年五十五矣，所知率爲君賀，君固讓曰：「彼序在吾上，失今不貢，將永淪棄矣。越次得之，甚非吾心也。」督學不能奪，竟依序以其人貢。後二年，君始得貢，人以是益服君高誼云。辛未得授南昌郡學司訓，至則於常課之外，必以聖學誘迪諸生，又自以習氣未融、真性未徹，與魏舜卿、萬曰忠諸君時聚于北沙湖水之上，共究所未至。嘗曰：「學不從『窮理盡性以至於命』立志者，非學也。」二君與定交爲莫逆云。舜卿謂君天禀端樸，了無俗情，見地稍遲，質爲近魯，自壯至老，自屋漏至大庭，自暇豫至紛錯，自夷坦至嶮崎，自友一人以至友天下，無不兢兢焉惟問學是勉，惟不若古人是懼。曰忠謂君其行履清苦，闔闐之間，有人所甚不堪者，而恬然有以自安；其趣操嚴潔，取捨之際，有人所共以爲無累者，而介然不以自浼。精神收斂，恂恂似不能言，而講學求道之誠則竭慮凝精，虚懷篤踐，必欲追古人而上之。識者以二君爲知言。丙子陞連江學諭。連江舊無以聖學倡者，諸生既夙所未聞，君至則以孝弟忠信飭躬勵行、必爲君子之説，諄諄開譬，不爲高遠奇險語，而斂金捐俸，葺學宫，置膳田，諸生悦服。在連江踰五年，得陞國子助教，蓋異數也。壬午七月，取道遊武夷謁紫陽朱子、陽明王公祠，至鉛山感疾，舟次貴溪，黎明語其子曰：「扶我起，設椅坐我於官艙中。」坐定曰：「要本分做人方得到此。」遂卒。時八月八日寅刻也，距其始生正德癸酉某月日，享年七十。子男一，與肅，娶某氏。女一，適某。孫女幾人。以某年月日卜葬君於某山之原。君惇本重祀，族祠頹圮，率衆建修，費至千金，復創小宗祠以聯近屬。君資無以踰人，而學專於務實。平生無聲利之俗過，無矯僞之俗念，探討性命如饑如渴，一言一動必循矩矱，稍或違失輒悔曰「當死」、「當死」。然其學，始也執言詮而疲於揣摩，守情識而勞於防檢，戀光景而眩於變幻，馳空寂而墮於杳冥，兼體内外而落二邊，盡掃諸見而無依據。如此者不知其轉换之歷幾寒暑，而困勉之凡幾千百也。歲乙亥，君乃以書抵予曰：「吾是秋嬰疾，杜門者四十餘日，若有省焉。夫性湛然具足，不受污染者也。而過焉、不及焉，其流行發用也，非性之罪也。惟流行發用之過且不及，必學焉以易其惡，以協於中，此精一之功所不容已也。」予乃寘書而歎：「夫千古聖學以銷吾病也，非以益吾性也。君之學至是徹矣。」有疑者曰：「夫湛然之與流行本爲一物，則不受污染之與過不及何從分異，得無於真性地中作二見乎？」予曰：「不然。夫太極判而陰陽分，神知發而善惡出，性至一而用至變也。惟至變者不能無偏，則性因以晦而性非遽毀也；修治其偏，則性因以顯而性非修得也。故君子慎修於用以顯性，而非以益性也。人生而静以上不容説，矧得而污且潔之？惟悟其不可污而能致力於其所可修，踐形以盡性，是精義致一之學也。」蓋君積數十年困學之功，不拾唾以苟安，不乞餘以暫活，力鑽獨往，而必欲自得其本原，故能縛解障撤，而灑然神會於真性之域如此。君官雖處卑而顯誠彌著，以故所至，多士景從，當道優禮。撫巡督學牒下褒嘉，蓋數數然也，竟得晉秩成均，亦足稱良遇。然君所藴藉，實以千古聖學自期，則雖世之號爲知君者亦或未能盡悉於此也。君晚讀《楞嚴經》，欣然有當於心，而讀《曇陽傳》則不喜，此其中必有獨見而然。蓋在閩時事也，今欲叩君而無由，予則不能不重以悲矣。河南程子有言：「尹焞魯，張繹俊，俊没，即聰敏如子貢，不得與於斯道之傳，而曾氏以魯得之。恐過之，魯者終有守也。」我明自陽明先生倡學以來，南方學者信嚮甚衆，然以利根領會之易而保守之難者亦不少矣。若君者，殆洙泗、伊洛所稱「魯者有守」而庶幾於得之者耶！如君之志與學，固不可湮泯無傳，將使後之聞斯道而興起者宜有感於君而益勸也，爰掇所知敬列於狀，授其孤，俾丐言於當代有道大君子，庶垂光於有永焉。

福建右布政使洞巖周公行狀

公諱賢宣，字仲含，姓周氏。世居吉之萬安城北倉前，徙城外下園。先世出唐天寶間有爲吉州刺史者，傳至公高祖某，以仲子貴，贈湖廣德安知府。曾祖某，祖某，以公貴，贈福建布政司參政。祖妣某氏，贈淑人。父某，荆府倉大使，初贈工部營繕司主事，再贈福建延平知府，加贈福建布政司參政。母某氏，初贈孺人，再贈恭人，加贈淑人。公生而端重純謹異群兒，七歲隨父任荆府，從郝進士守正爲師，適督學憲使按郡，郝試以聯對云：「權衡人物，獨持公道合天心。」公應聲曰：「掌握兵符，自運神機驚鬼膽。」識者預占其他日必以文武材爲世重用。嘗獨處倉側，夜讀至二鼓，則見巨蛇出簷間，昂首吐舌，如是者屢見之，迄不爲動，久之，蛇竟隱不復出。嘉靖乙酉，歸自荆，贅婿于王氏，遂受學王學博舜鵬之門，始聞陽明先生致知之學，鋭意嚮往。初婚數夕，即宿外館，或訝之，公曰：「吾以愛身明道爲志，敢恣欲乎？」每日治經義外輒静坐，曰：「吾儕不以聖學自勵，徒章句是攻，將所爲安身立命之道竟何取也？」庚寅補邑庠生。丁酉，督學試高等爲廪生。庚子丁外艱，居喪守禮無遺闕，而邑中後俊及門受《易》者常數十人。公平居不妄語笑，而莅生徒益嚴。諸生作止揖旋皆示以成法，非質疑請業不得漫語。夜坐一堂環侍，戒之曰：「學貴檢身律行，省愆徙義，不爾，即以詞藝博通顯，終爲陋儒耳。」坐久，命歌古詩以振昏惰，諸生惕然斂服。癸卯試省闈，初場卷甫畢將出席次，而軍卒遽奪硯，遺墨污其命題。公私計以卷污，例不得入次場，欲自明之，懼貽軍卒重刑，奈何乃執卷見御史，白其污狀，終不言軍卒奪硯所致。御史特允付謄，遂得捷。友人聞者賀曰：「是發科不獨以文勝，直以陰德勝耳。信學問有得乃能若是，豈凡情可及乎？」比歸，則丁内艱，哀毁痛至。聞歐陽文莊公得陽明先生正學之傳，往師事焉。時偕郡中同志爲惜陰會于青原、梅陂之間，無論寒燠，必赴弗懈。已乃肄業南雍，大司成松谿程公叩其學有自得，試文又出諸士上，歎曰：「是江右賢傑也。」雅器重之。癸丑登進士，適值館選，同鄉柄政者意在公，有勸其當入謁者，公曰：「士重始進，躁動失己，其可哉？」尋授繕部主事。踰年復諷以欲改部，固可圖也。公曰：「已在繕部，於同官共事，情義正諧，即不忍捨之。且棄故就新，與婦渝節何異，非吾願。」乃止。丙辰以修葺陵寢橋梁工成，欽陞五品□。丁巳督荆州税，藩校有小艇八十餘，號「滿江紅」，剽掠恣害。公盡收付縣役，月僅以二艇應藩府耳。藩府怒，陰伺其短無所得，而江警頓靖。會命下採木，禁川、貴、楚各商販買，荆市蕭然。或慮解額必虧，勸以加税。公曰：「商禁私販，又加税，彼何利而爲之，是愈虧額也。不若減税以誘之。」遂揭示木商，榷税視昔減十之三。商聞競集，終歲乃盈解額，公私兼利，遷正郎。適三殿鼎建，公移文取材諸省定限水運，毋致稽停以貽民害，復慮舊材積而不用，必至侵損，將更苦三省之民，遂以興工爲請。中貴人訝曰：「是欲速京堂之轉耶？」公曰：「是何言？惟惜材集事，少裨大役，逭臣子責，得外補幸矣。」故事，國家工作，商人預輸物料，徐給其直，非多方賄請終不得直，滋患苦之。公酌宜出納，官商交便，而中貴人規爲私利則又纖悉稽覈，宿蠹爲之銷萌。然竟忤中貴人，不得以功叙卿寺，顧出爲延平守。公至延，一以厚風俗、端士習爲急，引見博士弟子，諄諄諭以程門道南之旨，必追蹤鄉先哲如楊中立、李願中兩先生所爲學，而後足稱延之後進爲無愧，諸生翕然嚮服。永安盜起，聚黨千餘，勢浸兇熾。公曰：「是愚悍烏合，可以智破也。」乃遣諭禍福，俾早自爲計，毋干誅討。賊果散遁，得其魁酋付戮，而境内按堵。永安之貢，號稱繁庶，屢爲流寇垂涎之區，公特爲築堡，且清廢寺田爲歲葺資，而他邑賊所潛窺，公密行間諜顯示威奪，不煩血刃而功成無跡者居多。於是延民感慕，祠而祝之，有永懷祠、崇報祠、撫安碑、遺愛碑、安貢堡祠，游可齋、李澹齋、陳青田諸公各爲撰記賦詩以彰不泯。陞福建按察副使，巡視海道，其駐節當在漳州，始聞報，適倭夷侵擾泉郡，道梗莫通。公攜家僮航海趨漳，遭颶風，瀕危不爲動，七晝夜抵月港，入漳城。倭已迫城下，公經畫明肅，士氣增振，賊稍卻，追及漳浦破之，建議築城設縣於月港，兩院疏請命曰：「海澄又次第撫剿廖選、蘇柯普、楊一、陳明光、范繼祖、賴宗泮、曾三諸賊。」復建議設縣於東西洋，兩院疏請命曰：「寧洋廣賊吴平逋竄入漳，躬督師追破之，懸示諸軍，俘獲賊所掠惠潮婦女，令首官得受金，違者重罰。」於是得所俘獻百五十餘口，鞫實續食給歸其家。而在漳尤與鄉大夫士講學於芝山書院，一以仁讓修身及物爲教，而漳俗右族收門幹恣横侮者爲之斂戢。訪問廉靖貞晦之賢，必躬禮其廬以示表勸。陟藩司參政，督理糧儲入賀萬壽節，而閩中督府塗公爲言者所中，公時爲相國李公所知，欲以公代塗公，乃力言塗在閩善狀，塗得無恙。先是，公擒巨寇楊一，爲水將王道成奪其功，已而坐失事，塗公將以軍法議斬，公力解之曰：「王道成罪不當至死。」竟特釋之。識者謂公辭峻擢而不掩人以自利，持正議而不倚法以修怨，皆人所難能者。歷陞按察使、右布政使，會左使陳將入覲卒于任，公盡取司帑羨金貽其子，有勸以當少留爲覲資者，公曰：「佐喪固大事也。吾北行以俸餘治費足矣。」隆慶辛未大察，有懷舊忌者入謡言，遂以拾遺論罷。中丞石塘李公，故深知公，乃倡言鳴其誣狀於銓部，而竟不可挽矣。公曰：「吾心事神明可質也。」手撰文告於京城隍，遂行。既歸，有與公厚善者問公知所遭傾陷之由否，公曰：「當其時，吾且有兒女之殤，豈亦有傾陷者乎？」言者歎服。公自以蚤聞正學，晚得退休，尤當畢力從事以光斯道，嘗捐貲倡諸鄉大夫建館于白雲之巔，至是偕諸同志及後進群彦講習其中。每歲九月大會郡同志于青原，獎率善類，孳孳不倦。公孝友仁慈，出諸天植，侍父疾湯藥必親，日夕榻側，衣不解帶者累月。與兄小亭君連舍共老，敬愛盡歡，而崇飭祠墓，訓迪卑幼，賙睦族屬，敦誼勤厚。初登第，同榜及第温君染疫，所親皆避忌，公獨以調攝，已復綜治其後事。同邑賴生客死於京，捐俸殮襯以歸。在荆時，嘗道夷陵，傷葛學博墓圮，祭而葺之，且出其遺孫遣戍之辜。其利濟及人，未易縷數，皆本其性然，非有强而能也。平生不妄取予，任漳時訪一年家，偶見名畫在堂，一目之，已而年家持以獻，公變色拒之。邑人有充公役以冒費坐永戍者，公憫其非辜，密爲白於上官得免，其人聞知，餽金以謝。公曰：「吾非爲汝惜也，懼罪汝則將壞條編法，爲吾一郡累耳。何謝爲？」竟卻之。蓋其介如此。邑有大利病，必盡誠告於郡邑大夫，因得罷行，貽惠桑梓者爲多，然終不以己私干謁，故郡邑大夫敬禮有加焉。門人以著述爲請，公曰：「先哲言之備矣，惟日用倫理，勉自檢飭，無愧人道可耳，何更多言乎？」生正德辛未某月日，卒萬曆甲申某月日，享年七十有四。配王淑人。子男二：焜，副理問，娶劉氏；燈，聘郭氏。女二，適某某。孫男二，某某。孫女三。其孤卜以某年月日奉公葬於某山之原。

嗟夫！吾吉人文自宋以來始浸起，士君子率以忠義直節相高，而理學尚蔑如也。乃近於正德、嘉靖間，先覺如鄒文莊、羅文恭、歐陽文莊、聶貞襄四先生始得聞學於王文成公，退而相與發明斯道以示郡邑諸後進。諸後進勃勃興起，絃歌之風徧於九邑。士始知由忠義直節上遡先聖精一求仁之旨，而理學遂以漸振海内，稱吾郡爲東南鄒魯，殆庶幾焉。然繼四先生之後而有作爲士類所共仰者，惟公及胡廬山數君子耳。公既没而廬山公亦逝，吾黨之慟可勝道耶？予始接公於留都，晚得追陪于青原，能仁之間，請益蓋數數焉。公嘗語予曰：「天地之大德曰生，生生之謂易，此孔門宗旨也。」又曰：「夫子所稱寂感本諸易之無思爲者而言，蓋謂生生之易自兼夫寂感也。今捨生幾而專辨寂感則誤矣。」公之學得諸歐陽文莊公，以萬物一體爲宗，故公與人，無賢愚疏戚，一以開誠達順遇之。歷官中外，事無鉅細，必揆法酌宜，動協情理，不矯不拂，故跡無凝滯而自合於道，功成不矜而人皆安之。接其容如春陽之煦物，無絲髮之少間也；聽其言如時雨之沾濡，不驟及而入之深也。久而與之處，真推心置腹、表裏洞徹，使人人得見其衷而不疑也。豈所謂大德生生之學，實得於内而融暢於外若此耶？予頃緝郡乘，既述公梗概，列於「儒行傳」中。而公之孤理問君復以狀屬予。予不忖膚識，敢僭謂知公者，謬爲叙撰，不及百一，尚冀當代有道大君子更爲推極其精蘊，以一言彰其垂世之光，庶以永於不朽焉。

兵部右侍郎贈尚書兑嵎蕭公行狀

夫學主於經世，而經世之本曰仁，此聖門正宗也。自道之不明，擅通材、抱鉅識者，以需世用，往往隨其所至樹勳流譽，而於學或未聞。乃汲汲焉稱務學者，澄心束躬，默探固守，非不各有所詣，而一涉世用，或倀倀焉莫效尺寸者，殆不無也。嗟夫！求其學之必本於仁，而以仁經世，必隨所至，盡其真誠惻怛，以收弘濟之功，而後謂之實學。若是者詎不難哉？予是以於吾友兑嵎蕭公之没，誠重感於斯世斯道端有攸賴，而天不憖遺，安得不怛焉内疚以悲也？

公諱廩，字可發，姓蕭氏。先世出長沙，徙吉州，宋末諱某始自泰和瀘源贅萬安石田里，遂爲吉之萬安人。三傳諱某徙石田里之東堂。又四傳諱學敏，永樂間舉人材，歷官福建尤溪知縣。又三傳諱纘，成化癸卯以貢入南畿鄉試中式，任湖廣潛江知縣，公之曾祖也。祖諱乾元，弘治己未進士，以御史疏斥劉瑾，忤旨廷杖，落職爲民。比瑾誅，起福建憲僉，陞雲南憲副，抵任遂乞休。平生忠勁清節，一時歸重，祀閩中名宦邑學鄉賢祠。配王氏，生子五。長曰暘，嘉靖壬午江西鄉試中式，初任福建將樂教諭，士服其教，去任爲建專祠，官至湖廣零陵知縣，有惠政，配彭氏，繼劉氏，公之父母也。以公貴，祖暨父俱贈通議大夫、兵部右侍郎。祖母王、母彭俱贈淑人，劉封大淑人。

公生有至性，穎敏端凝，不逐群兒狎。五歲值憲副公喪，戚見于容，識者異之。始就塾師，零陵公不甚督教，年十有一，猶授《魯論》。一日忽自謂胸中豁然，覺能多誦習也。塾師因倍授之，果然，自是日誦萬言，逾年經史畢功，遂能攻文詞。零陵公乃屬意督教，已而見公讀六子書，怒曰：「是將以泛觀奪志。」亟焚其書，跪庭下竟日乃罷。公私計力能博涉，不宜安孤陋恣玩愒，密請於彭淑人，得書鑰取家儲群籍潛讀。讀已，復置故處。如是累歲，讀竟所儲無餘帙。零陵公不知也，時在將樂，校諸生文，有援引故實者欲檢書參覈之，公從傍口誦甚悉，零陵公驚問所從得，對曰：「家儲書讀已竟矣。」亟探數帙問之，一一占對無遺滯。零陵公乃大奇之，曰：「汝能肆力多學勉爲之，不汝禁也。」尋遭彭淑人喪，服闋，以《易》試有司，已能屈其儕輩，聞同邑周洞巖公學《易》尤邃，往從之遊。洞巖公因攜之稟學於鄒東廓、歐陽南野兩先生之門，公一聞其説，知聖賢可學而至，遂鋭然以斯道爲己任。己酉舉江西鄉試第二人，庚戌下第歸，聞零陵公棄養，哀毁居喪，一遵古禮。癸丑入南雍，時公配張已卒，會歐陽乾沙公官留都，以女歸焉。明年返舍，益篤志聖學。當是時，王文成公之學盛傳于吉郡，郡之諸邑歲會數舉，而同邑亦間月爲會，會必數日，英賢畢聚。公嗜學如饑渴，則又偕邑中有志如劉一齋檜、郭華南春渠、鄒西渠士元、劉敬亭峴月爲一會，於幽閒僻遠之地，斂容習静，至廢寢食，時出所見，交證互質，務求至當。而同郡先輩如羅念庵、聶雙江、劉兩峰、劉師泉、劉三五、郭平川六先生皆往復請益，至友人胡廬山直、鄒穎泉善則氣合神孚，所心期而共勵者尤惓惓焉。公五上春官不第，惟取友明道，志在希聖，家計世態悉置度外。乙丑會試登第，廷試對策，勸上講學親賢，致力孔孟道術，興起堯舜事功，必以亦臨亦保、惟精惟一爲要。胡翰林正蒙會闈同考座主也，得其卷，惡其講學之説，曰：「此必江西吉安人也。」抑置三甲末，及偕諸同年謁胡，胡大詈曰：「主上聖人也，汝何敢以講學勸乎？吾見多矣，學愈講則其人愈不肖矣，吾是以特抑汝者此也。」切責移時不休，公拱立順受，不出一語，亦不少動色，徐俟語畢而退，諸同年皆嘖嘖歎服，於是賢聲蔚然起都下矣。以銓除待次，久寓都下，適魏敬吾在諫垣，萬思默、徐魯源皆在郎署，相與夙夕切磨以省躬飭行，彼此警策，孳孳弗懈。丙寅授行人司行人，奉差蘄州，行都昌王祭禮，卻其常餽，惟與鄉先生顧日巖問、桂巖闕相聚論學。戊辰，今上正位東宫，賚詔下蘇松常鎮浙福諸省，卻饋訪友如蘄州。己巳，滿考進階，蒙恩贈零陵公如其官，尋選授福建道監察御史。京師地震，公上疏以敬禮中宫爲言，意蓋有所指諷。又中貴與人訐，奏不下法司而御批中出，公疏言非祖制，且宦豎漸不可長。又同官以言中貴事降級，公疏救，奉旨切責。復論理財用人，勸上萬分節省，愛惜長養，勿啟倖門，首以今冢宰二山楊公爲薦。薊鎮募兵都城，公疏謂非强幹弱枝之術，且使兵無固志，見利而動，殆未可也。其論列不避時忌而關大體類如此。庚午奉敕查理陝西三邊四鎮兵馬錢糧，公至延綏，疏言邊兵入衛備極苦艱，於薊無益，而於榆大損，得旨議罷。至甘肅見撫院及參遊諸將收兵大濫，優人、匠役、退校、亡命皆入標下，衆至千萬，割派諸軍以給衣糧，獨溢常數，平居驕縱莫制，遇事輒恃護標避敵攘功。諸軍積忿，勢不相容。公議汰革，撫院難之，惟以慮激他變爲詞。公曰：「此鉅蠹隱禍也，不爾，吾必請於朝。」撫院乃以其事屬公，公以誠心開示各兵，令自投首，老弱遊惰者汰去，獨留精鋭二千，特爲議餉，毋割諸軍。各兵自度不可者引退且半，公乃率兵道約日簡閱，去留定於頃刻，寂無敢嘩，諸軍翕然稱快。公具疏，復歸功撫院，撫院乃悦服。至固原，楚府故有護衛所在，固原領群牧，牧地二萬餘頃，歲僅入四五百金于楚，而給養牧卒歲費至數千石，且蓄奸導虜，爲患叵測。公建議收入兵餉，可贍卒萬人，而歲令有司輸楚千金，斯存兩利，且塞他釁。公徧歷四鎮，因事條列，具中機宜，大率裁侈節繁而不失經常之制，救敝杜漸而常存博大之體，尤以禁役軍迎送，省屯軍操守，均土軍地糧馬價，爲足兵食重計。該省兵籍失稽，吏緣爲奸，公既核實，創會計册，遂爲成式。復置格眼册以稽營軍常給，置長單以稽行軍徵餉，按單覈册，弊無所容。今三歲一遣使閱邊，猶遵行之。西事將竣，適有丈量牧地之議。先是，牧卒地無別賦，馬有定孳，而屬之茶院，不隸有司。久之，牧卒因侵旁近膏腴，指爲牧地，地且日增，而孳顧益耗，違法犯科，重爲民病。督撫議丈其地，增賦至五萬金，茶院不可，互相牴牾，部議以公能任西事請命勘處。公議以土皆王土，民皆王民，不宜自分爾我，各執偏見，乃躬歷督丈，定牧課孳，不失舊額，餘畝則壤成賦，歲徵萬有七千金，蓋窮徼土，異中州，故務從寬大以垂永久。而其地有曰毛居士井，尤衆所互争，乃丈歸公地，歲賦千金以抵年例，衆遂大定。公又建議以苑牧州郡各私其屬，何異一堂藩籬自隔，莫若以苑僕卿貳得兼守巡，牧卒居民並隸統馭，庶心一而政和矣。部議亟是之。有掾史以侵盜擬戍辟，仍令守支，公曰：「彼已罹重法，法外無以加矣，而復令守支，是恣之使盜也。請改令齊年交代，彼任非久，則猶重犯法，即少犯易覺，弊鮮而吏道亦通矣。」遂著爲令。該省織造絨羯，費至百萬，疏請減三之一。而穆皇聖躬違和，疏以宫掖太廣、御幸太多爲諫，上覽之怒，中官欲激成其罪，賴上聖明得免。壬申冬還京，今上登極覃恩，贈零陵公監察御史，母彭、劉，配劉，繼配歐陽，贈封俱孺人。癸酉巡按浙江，浙江視諸省獨稱繁，而前院病去已踰年，文案遂山積。公至目涉手判，決滯剖疑，宿牘盡洗而情法允協，人稱神明。比鎖闈，程士矢公祇慎，殫志周訪，分卷互校，乃躬總其成，尤慮掄材未盡，復督簾外十人檢閱落卷，得士十有一人，榜首其一也，今十一人者皆登甲第通顯矣。甄別群吏，達之銓曹，以備大察，必極精確。疏舉王文成公從祀孔廟，而靖難死事諸臣及理學名公則爲建祠，或請謚典表章節孝以勵世風，緝訪必親鞫，枉則釋之。所至時舉利病語所司行罷，所司或未及前聞，及遵行，人皆稱便，乃共驚服。尤加意刑獄，臨安有盜逸，而執平民宋良相抵盜，嘉興王居賜舉首盜情，而爲劇盜指誣，慈谿有叢毆致斃、株連已死者數人，復執富民劉麻二抵死，皆特爲辨釋。浦江瓊十二被殺，屍沉於水，縣以姦謀罪坐其妻，公獨疑之，乃廉實則殺之者樓正六七也。會稽有被殺者，不得其人，公面詰死者之姪陳十八，得其陰誘人拉殺之狀。紹興胡膏爲光禄丞，當世廟時陷陸給事極刑，論罪不服，公曰：「而非誣告人致死已決乎？」德清陳平安爲群兇所殺，不得其主使之人，公詳檢案詞得其人，寔勢家子也，則皆正其重辟。永嘉田糧失額數萬，公得積猾楊瀞等六人，發其陰慝，當重譴，令條宿弊，許首正以自贖，不數日而故額盡復。其他摘伏發奸未易縷舉，而法必當情，不爲苛峻。每於論斷如律之中，尤存忠厚矜惻之意。至奏復上虞三湖以通水利，奏設烏鎮同知以靖寇盜，詳定《賦役全書》，校刊《海防彙政》，則皆爲地方計慮至深遠矣。江陵執柄，政尚操切，有議查增稅額以獻媚者，公疏言浙利已盡括，在官無可查增。又江陵新構堂宇，費出内帑，有獻費助役者，公獨若不聞也。至以理學策士，以災異疏聞，以培比養宥密勿、責近效致書，皆大拂江陵意。會覆勘捕獲鑛徒，公上疏明其冤濫，江陵擬旨切責，復命猶以違限持之，竟從罰治。既還臺，掌河南道，未幾，巡視京營刷卷，京畿有傭夫與吏宿仇，後犯竊被獲，吏因誣以强劫，捕役加酷刑垂斃，送部科已不能言。公徐飲食之，少甦，一鞫得其情，因著令凡捕役獲盜，不得擅刑，官驗所獲盜無傷始受鞫，不爾，罪坐捕役，積弊遂革。丁丑陞太僕少卿，提督京邊馬政。舊制，薊昌宣保騎徵季報循環，時薊鎮上疏請省繁文，且以山陝馬數不報太僕爲詞，公疏言：「高皇以近畿馬數責之太僕，慮至遠也，山陝馬數責之行太僕足矣，若議省繁，改爲歲報則可，安得舉舊制盡廢之？」大昏禮成，覃恩贈零陵公太僕少卿，二母二配贈封俱恭人。戊寅改太常少卿，提督四夷館，尋陞南京太僕卿。公署故在滁，滁佳山水而卿寺官浸崇矣，則往往視爲清暇養望之地，公振理積弛，務盡心力，疏言六事，其一謂馬價之入南浮於北，而江北尤甚，請覈成化間議裁省廬、鳳、淮、揚所入以示優恤，於是江北得歲省馬價數千金。庚辰改光禄卿，先是議者以江南白糧有餘，奏請改折寬民，然行罷不常，乃議徵八折二，遂爲定制。辛巳陞都察院右僉都御史，巡撫陝西，贊理軍務。始至陝，適有方田之役，人争求羡於額外，公獨以邊地故多荒地，荒而糧存，催科者必取盈民以重困，今當毋拘成額，一以履畝實計之，總會通省失額至十八餘萬石，疏請蠲除，部議難之，公曰：「巡撫無能，寧罷去，毋貽地方無窮之害也。」竟得所請，數百年積疲之患頓甦。徊民流行拾麥，過耀州，關吏阻遏，因雍積數百，遂至拒敵，州官欲剿殺爲功，公曰：「彼非叛逆，可不兵而解耳！」遣官持牌往諭，獨懲首禍，餘悔罪者給票，聽其散還勿問。佪民見牌感泣羅拜，遂各投散。因著令佪民所居，聯以保甲，出拾麥不得持兵，不得十人爲群，及歲饑，令佪民入保甲者並得受賑，有犯論如律。佪民曰：「公實生我，敢有異志乎？」然江陵方事苛急，見公散佪之疏，猶擬旨以寬縱切責焉。是歲陝中旱饑，流亡彌野，公以先事請賑，庶冀更生，乃揮涕具疏，疏成猶掩涕不已，竟奉俞命，乃下有司省刑緩徵，收糴勸分，毋抑價以招商，毋抑富以滋亂，地方被災有重輕，饑民應賑有等差，倉儲庫積給發不足則請內帑，州縣清審必親，支給必慎，毋利宿猾以妨實惠，勸分所得，不必輸官，惟受其成數，令民得附近關支。尚義賑施，奏請旌表，或給扁褒嘉，富民舉息，官爲籍記，稔熟追還，收養遺棄，官爲給驗，以俟領回。復設粥廠，令州縣約日同舉，以給老弱廢疾，坊村散設，擇人分任其事，提攜嬰孺乳養，廠中記名候領。異境流至，一體哺給，醫病瘞死皆有條式。及思邊有餘糧，乃預給官軍二季，又以本代折給之，客餉之積亦減價出糶，因得以陳易新，而諸生及夫役孤貧，人爲之給。於是黍粟流布，天澤既降，行者給糧，耕者給牛種以勸歸耕。是役也，請免通省起運存留錢糧者凡二年，請發內府金錢者凡七十餘萬，捐地方儲積者爲金十數萬，爲稻黍四十萬，勸分富民總之亦數十萬，而所活饑民無算。韓宗繁甚而貧，公既令長史司啟王，勸其宗親富者推情賙恤，而有司亦爲措給。一日群擁一叟至會城，索月糧。公召責其子曰：「月糧利寔歸衆，而汝獨以老父蹈不虞，是不孝矣。」其子感寤，所司議遣以應得之糧。公曰：「是教之使來也。通查一季，發平涼給散可矣。」乃無復有越境者。而計縛清水火星之妖，擒緝鄜洛竊發之寇，先事曲防，殆無遺慮，地方遂以大定。嘗曰：「吾於旱災時，此心每日一周遭。」八郡三陲，默計有應處措者、有應防禦者，輒草檄下所司，每檄至或事適起、或有司方掣肘，緣檄而行輒幸無事。及撫浙之命下，猶疏請内帑二十萬金以充抵補之數，且曰：「非天澤上恩並臨屢施，年登而境靖，吾雖倖陞，不敢離此以艱災遺後人也。」其他如封殖聖賢忠節陵墓，奏設宜禄縣治，歸併州縣里甲，督撫按茶，節序餽儀，更迭以酬，不煩有司。藩臬諸道遠獻土物，一切拒止，匪直上下清肅，而驛遞免賫送之累，行户無取辦之苦，皆歡然稱便焉。將行，吏書以贓贖充積爲言，公曰：「此可留以備荒。」一無所問。壬午皇嗣篤生，覃恩改給零陵公。都憲誥命以邊功蒙恩陞俸一級，兼沐金綺之賫，癸未陞右副都御史，提督軍務，巡撫浙江。先是，浙以減餉激兵變，及事定示懲，未盡正法，而兵益驕，有議撤兵者，有議募家丁别營以相制者，有議調廣右兵於浙者，公曰：「撤兵何以備緩急？别募則兵患愈滋，調客兵將激亂且去虎得狼矣。夫治亂貴静，應機貴密，吾知所處矣。」及蒞任戢民肅伍，示以無事，徐因他事擒治其渠魁，又因簡閲逐其尤無良者百餘，乃改立營制，削其兵額千餘，令毋再補，所省兵餉既不貲，而地方積釁不動聲色，晏然銷殄矣。時江陵已敗，公以裁冗員則廢事、嚴催科則斃民、督積穀則濫罰，皆江陵敝政也，悉奏革之。復奏釋部糧株連犯屬數百人，蠲逋至數萬。中官奉命織造，上疏言民力殫盡，不堪重役。王文成公祠以江陵禁學而毁，疏請復之，賜額曰「勳賢」，令有司歲時致祭，費出三院贖鍰，而公獨捐俸百二十金佐之。督兵巡海獲功，欽蒙上賚，而公令嚴兵肅，所過郡邑不知有兵。往者軍行出洋，遇捕薧平民輒馘充倭首以獻，公知宿弊，令下敢犯此者抵償，乃竟事，無敢擅殺者。或擒獻鞫實得釋，而軍士亦給賞示勸。公於浙陜皆再涖其地，正己率屬，剔弊祛害，節費裕民，竭誠畢衷，真以一物失所、一事未善爲己責。舉措興革不狃目前，而務垂遠計，薦剡必得名實之真，劾章不加文致之罪。郡邑秩卑者去其泰甚，而小過不輕斥，至長吏則以大體相成，俾人知自愛而塞違杜漸，即不檢者莫能播虐下及。胥史必謹飭繩束，使無罹法，咸得自全。所舉遺賢皆一時名碩，若今臺長悟齋吴公、司寇漸庵李公、司徒一齋温公、雅齋胡公、立亭孫公其人也。所至見前政時有舛謬，必曲爲掩覆，徐救其失，同寅協和，推賢遜美，無不得其懽心焉。私衙日給，取辦俸金，食無兼味，不輒殺牲，屬境物産一無所取。浙中偶用衾褥，濱行酬直驛中，郡守請辭，公曰：「以安吾心，不然是成吾過也。」甲申陞南京工部右侍郎，尋改刑部右侍郎。乙酉改兵部右侍郎。門無私謁，舊屬將吏無敢通候者。有織造中官懇一刺於宣鎮，僦居主人求一資於從子，皆峻絶。召至會極門者三，奉御札，議守備南京、賑恤河北及星變飭邊防諸大事。欽蒙賜金、綺、羊、果、酒者蓋屢屢焉。以邊臣疏奏往績，蒙恩准照陞職給與應得誥命，兼沐金綺之賜，尋充萬壽展表官，提京闈，武場取士百人，復充同知武舉官。是冬三品滿考，廕一子中行以邑庠生入監讀書。丁亥三月疾作，踰月具疏乞休，奉旨勉留。大司寇繼峰舒公來問疾，猶起坐正衣冠，談國事，明日手書遺其子曰：「吾居官處家皆有法度，人或病其約，然以約失之者鮮矣，小子識之。惟善事太淑人毋墮。」孝謹之風，廣嗣教子而已，不及他事。別紙言：「國恩莫報，慎毋請乞恤典，亦毋得輒受親舊門人故吏奠賻。」已乃取水浣漱，肅楮將具奏謝恩，手不能書，且語塞不可辨，遂斂容而逝。四月二十四日也。元輔列卿而下皆臨喪盡哀，蒙恩予祭給全葬，令布政司專官造塋，贈兵部尚書，皆異數云。

公生嘉靖癸未某月日，享年六十有五。娶張氏，累贈淑人；繼娶歐陽氏，累封恭人，贈淑人。子男二：長即中行，娶陳氏；次明中，蚤夭。女二，適某某。孫男一，自開。孫女三。公至性敦倫，事親篤孝，生養没思，時薦歲祀必極誠敬，常以不得奉零陵公之終及彭淑人不逮養爲恨，語及悲慟，對案輒不能食。間述憲副公以諫歸，食貧，王淑人御子婦嚴，零陵公暨彭淑人躬執臧獲之役，日食一粥，夜或不寢，或竟日跪榻前，則涕泣交下不能已。彭淑人遺一隨侍已老，遇之加優。事劉太淑人恭勤備至，於伯兄敬若嚴父。先世遺産悉授諸侄。仲姊早寡，育其二孤；幼妹未歸，資遺特厚。族人貧者捐俸置租，千石分給之。外家四世以上皆爲修墓道、置祭田。鄉邑利病必達于當路，不以爲嫌。平生師友義重，不以存亡弛念。公爲新鄭高公所取士，而江陵與新鄭相傾，公往來南北必枉道往候之，及新鄭大故，爲位哭於京邸，偏約同年具儀致哀，雖犯時忌不恤也。胡公正蒙捐館，經紀其喪，撫其遺孤，兩至浙皆勤恤其家。其他鄉會座主及督學業師、故交宿契，凡衰落者致力扶植，殷盛者闕情休戚，蓋無所不用其厚焉。性喜讀書，或輟食失寐，披閱不倦。嘗曰：「處天下大事，不可不多讀書，譬之弈有定譜，可舉而行，不諳故實而膺艱大之任，難矣。」所著奏疏十卷，《陝西荒政》二卷，詩文十卷，《微言》二卷。

公學以一爲要，以求仁爲旨，以剥復爲功，而獨宗程伯子，以爲曾子之「格致誠正」未若顔子之「有不善未嘗不知，知之未嘗復行也」，欲學孔子者當自顔子始，欲學顔子者當自程伯子始。伯子之學見於《論性》二章，而其功莫要於「識仁」一語，曰「仁者以天地萬物爲一體」，曰「不得以天地萬物撓己」，故「克己以盡己則物我協於一」矣。此堯舜精一之旨也。一則精，不精直是不一。又云：「易有大極，一而已矣。而儀象卦爻皆太極也，必無一毫缺少，亦無一毫互混，是一也，非天下之至精乎？一豈不精？不精豈可言一哉？」其論剥復曰：「不剥則不復，毋論習心客氣，即學問得力處，亦須剥落，剥盡則純而固矣。」嘗欲收拾精神，退處山中，掃除平日所得，再從下學工夫做起，頂立乾坤究竟大業，故名其堂曰「修業」，而竟未逮也。

其孤將以某年月日奉公葬於某山之原，以予受教於公最深，手述行實委之撰狀。予昔獲交于華南郭君，因郭君獲交於公，而公登第時予適爲符卿，每出官署還邸舍，則相期促席以正學砥切，如是者凡二年。及予入陝，則公適以巡邊至，予得睹公行事，交孚於上下，則益信其學之有所發明。已而予棄官歸，公兩過家，復與予聚談于金牛、白鷺之間。公學在經世，而予方愧省躬滌過之未能，誠彼此不漫許，而各吐其衷膈以深致交儆之義也。惟公以「修業」名堂，其志則益遠矣。今即其天常之厚、學問之力，忠誠著于朝端，惠澤施於列省，正言讜論足以酬國而匡時，幹濟經略足以排難而起敝。推慈布悃，拯焚溺如在躬之痌瘝；惕勵憂勤，任職事若殖生之迫切。所謂本仁以經世，而隨所至必盡其真誠惻怛以收弘濟之功。而爲實學者，公真其人哉！惟其博大崇深之邃蘊，渟涵注措之洪猷，以予淺陋，有不得悉窺而概狀者，尚俟當代名世鉅公畢發其幽光，以永昭於不朽焉。

存庵金先生行狀

往予始仕，得爲南駕部主事，適存庵先生亦以初授至，同署共事稱寅寀，顧猶不知其爲同志也。蓋先生宿研聖學，深自崇晦，不出諸口，而予亦顓蒙僻守，恥尚言説，故兩人衷所嚮往，雖皆鋭情遠業，而竟隱默無少襮露焉。一日偶促對密談，微伸膚見，大爲先生所許可。予於是得竊窺先生宏邃淵涵之萬一。先生既不予鄙，則時時示以學貴主静以潛養未發之中，直遡明道程子以達于孔顔之正脈，既不踵先代訓詁考索之繁，亦不襲近世馳空遺實之失。及徐視先生，氣温而栗，貌恭而順，喜怒不形而動必循軌，應事酬物，屹然不易其介，而又渾然不涉於矜。予於是敬服先生，以爲真誠踐履、精粹純一之君子，在今世寔鮮儔匹，而以余淺陋所目擊而心契，沐至益於儀形指授之末者，誠不知其涯涘矣。其後歷官中外，良覯稀阻，晚各謝事，山川遥隔，而彼此檢身，期俯仰以無怍者，則余於先生蓋交相信，必無佚轍，殆可質諸駕部結盟之始，而兩無遺憾也。

先生卒於萬曆庚寅八月日，以辛卯十二月日葬於邑之六十六都大石月山之原，後五年其孤、鄉進士錫周不遠二千里，謁余螺川之滸，請狀先生行實，將乞銘于太史名公有道之筆以垂不朽。余自以平生心腑之交莫踰先生，其曷可辭？敬摭實而僭述之。

先生諱立敬，名中夫，姓金氏，學者稱爲存庵先生，世爲浙之臨海人。出宋秘書郎諱九萬之後，六世祖諱福德，國初以才授將仕郎。高祖諱恩，辭辟不仕。曾祖諱鍹，郡飲賓。祖封南京刑部主事，諱紘，號梧窗。父江西督學憲副，諱賁亨，號一所。以先生貴，祖父並贈通議大夫，順天府尹，祖妣朱、陳二安人，妣張恭人並贈淑人。自將仕公少孤，隨母適高伯王氏，因冒其姓者四世，一所公始疏於朝，復金姓。

一所公學宗濂洛，德義隆重，爲斯文山斗。既卒，當道爲建特祠於白雲山麓，春秋享祀。先生生有異禀，幼端重不妄言笑，甫髫年即有志聖賢之學。聞一所公與客談學，竦然動念，退自劄記，因録諸儒要語以備觀省，一所公深器之。先生逮事梧窓公，得其懽心。既没，致哀，墓木皆手植。嘉靖丁酉舉於鄉，以兄惺庵公未第，不赴春試。額派北行，途費悉卻不受。家居食貧十餘載，不一干有司。及惺庵公領鄉薦，庚戌偕行，遂同登進士，以便養告，就南車駕主事，督造上供舟艦，裁節冗濫，任勞秉法，不狥私請。時與洪芳洲、朱肖岩二公及余共相策勵，必追古人。而先生每以海内談學者往往薄名檢，越矩度，藉圓轉融通之説以行其恣情濟慾之私，則痛切憂憤，迺益務凝神砥節，思以其身發明斯道於幽獨不欺、纖曲無疵之地，以挽衰世之頹波而樹真儒之準式。蓋力肩斯任，未肯少懈也。先生與兄惺庵公暨弟充庵君皆在郎署，則迎養一所公于金陵。諸公卿大夫既侈羨以爲盛事，而見一所公如泰山喬嶽，瞻望莫及，先生昆季如珠璧珪璋，後先映照，則信爲一門人瑞，不徒以簪紱科名稱貴已也。先生尋轉南吏部驗封郎中，嚴僉撥吏役之規，革奤緣納班之弊，人以先生賢聲方著，當柄銓察陟卿貳，而國相忌其峻直，竟擢福建參議。至則倭犯閩境，督撫檄統廣兵往援，廣兵素恃驕悍，未易馴戢。先生正部伍，肅號令，同甘苦，禁不得擅取民間一物，諸兵慴服，迄無敢譁。蒞鎮武平，山寇出没無常，加意輯治。問民疾苦而撫恤之，繩斥貪殘以風群屬。聞弟充庵君之訃，悲不自勝，乃請以賫捧行，取道過家，上慰二親，下撫弟之遺孤，極爲周悉。入賀事竣，陞福建督學憲副，以一所公舊居是職，其教旨具見《道南録》中，重梓以頒示諸生。復修道南書院以崇祀典，修養正書院，檄取郡邑英雋之士肄業其中，親爲講解，不滯陳言而直示正學，閩士彬彬奮起矣。上疏請祀羅豫章、李延平二先生於孔庭。蓋先一所公督學閩時，疏上未報，先生續承先志以請，旨下禮部，竟未舉行。校試諸士，所選拔後多爲名人，要其識鑒有出於詞藝之外者。署篆藩臬，所入俸薪分給養正書院，藩司羨餘皆封置於庫，亦不白之兩院以徼廉名。憲長有攜庫金入覲得他轉者，或欲摘發之，先生密爲代償以泯其跡。臬司屠照磨署縣，身爲倭擄，先生捐俸助其家，俾贖以歸。閩軍起變，歃血露刃，凌辱將領，諸司避禍不敢出，先生躬往曉譬，諸軍感其至誠，聽命解散，遏亂銷萌，定於俄頃。海上多故，諸道糧餉仰給藩司，先生視篆，經理有方，士皆宿飽。讓溪游公常稱先生禮樂文章、甲兵錢穀靡不咸宜，蓋非溢美矣。踰年閩寇平，論功，賜金幣。壬戌，念二親年高八袠，具疏乞休，即出境東歸，已而部議未允，直指使代爲懇請，始奉俞旨。歸則二親壽康無恙，承歡力學，大慊素心。甲子，一所公捐世，先生與惺庵公皆踰艾之年，執喪哀毁，苫塊蔬食，不入私室者三年，吊客待以素饌，殯葬不用浮屠，一如禮制。隆慶改元，詔起山東兵憲，改四川督學，皆以母老不赴。戊辰陞河南參政，尋以惺庵公迎母就養于閩，先生始赴任。刻《二程全書》以訓諸士，注釋《聖諭八行》以厚民俗。藩臬二司朔望舊不謁孔廟，先生特舉行之。訪二程故里，爲文以祭，言於督學，拔其裔孫列泮庠，以示優崇先哲之意。己巳，轉山西憲長，所屬賚餽贖鍰，悉卻不受，迂道南歸省母，遂上疏乞休，得奉俞旨。時惺庵公亦以四川憲副請告家居，進奉菜綵之歡，退諧棣蕚之愛，天倫至樂，人世稀有，邑里稱榮覲焉。壬申冬，母張恭人壽幾九十而終，先生且六十，執喪哀毀，不異居父喪時。服闋，起江西憲長，尋陞湖廣右使，轉左使，旌别屬吏材否以裨大計，清覈錢糧出納以釐宿弊。適江陵封君爲護衛官請託，堅拒不從，同官皆錯愕懼禍且不測，先生不爲動。封君雖甚怒，竟不能有所中也。已而江陵遭父喪不奔，鄒進士元標具疏，廷杖遣戍，先生極口稱賢，同官益駭其説。蓋江陵勢灼中外，即士大夫偶語私談，一涉譏嫌必遭擯斥，故皆摇手相戒，以避險穽。先生獨直行己志，足占其特操矣。惟先生望重一時，在位名公亟爲推轂，江陵猶勉順輿論，姑蓄怒未發以觀其後。及擢順天府尹，入見江陵不致謝，有以言事忤江陵削職者，去之日，縉紳無敢相聞，先生獨送之郊外。上疏節支費、裁冒濫，得旨，歲所省累千萬。己卯，晉工部右侍郎。明年春，上將謁陵，先生力贊尚書，疏請減扈從，損費不貲。明年轉左侍郎，叙勞賜金幣。適趙主事疏詆江陵，諭指銓司以王官處之，先生言于銓司以爲不可。辛巳春當大察，議黜建言諸臣，杜其復用，先生謂：「太宰此舉豈欲勒元祐黨人碑乎？」江陵怒，諷言者指斥先生，得旨致仕。歸則結廬龍顧山下，杜門習静，時以所自得著書以俟來世。非遇公禮不輒至公庭，至邑閭利病，則具達有司罷行之。教家以忠孝清白爲先，自題齋柱云：「朝宁中屹屹，寧拂意於人，無寧殉人而喪己；園林下熙熙，能忘機於世，即能遯世以長生。」敬事伯兄，友愛季弟，篤恩孤姪，尊祖睦族，恤貧念舊，必致其情。自奉儉薄，衣無重采，食不兼味。其學主於思誠而必由静入，嘗曰：「吾於敬恕二字常目在之。」是以遇人無大小，不見惰容，遇事即拂逆，無少動念，曰：「吾于此曾下苦功，非性能也。」又曰：「學者欲於未發前用功則爲落空，於已發後用功則爲逐末，惟必有事而勿助勿忘，庶動静合一，於道可幾矣。」又曰：「丈夫當浩然與天地常存，安能視人眉睫與世浮沉，甘自輕乎？」疾革，整巾端坐，與親友訣别，口自占曰：「朝聞猶自愧，得正復何求？」戒子姓師法聖賢，囑喪事悉依家禮，語不及私，遂卒。兩臺奏聞賜祭，命藩臣來蒞其事。所著《約言存省》、《聖諭八行注解》及詩文若干卷，行於世。先生生正德乙亥，享年七十有六。初配陳淑人，伊陽教諭西溟公女，繼配王淑人，庠生思任公女，並受封贈，皆先卒。子男六：錫宸、錫周、錫韓、錫申、錫命、錫綬。女四，娶適云云。孫男十四人，孫女十四人。惟先生位躐上卿，壽臻大耋，弓冶繩芳，瓜瓞衍慶，而鴻名駿譽洋溢海宇，所謂天畀全祉以厚有道，雖於先生無加，而實盛修自致之明驗也。若先生學不苟同而中有定力，謹庸矜細而非支也，探微造奥而非虚也，循濂洛之宗傳，繹孔顔之嫡緒，則末學近儒有不能測其畔岸，而碩大輝光將以垂百世而無盡，有非余所能概狀者矣。

友慶堂存稿卷之九

祭文

祭雙江聶先生文

惟公英豪天挺，元哲神畀。功在四方，道垂來祼。時事屯艱，當者色沮。公車所臨，銷氛萬里。末學多岐，出俗入禪。公剖其微，扶日行天。邦家倚公，安危緩急。後學仰公，準繩彀率。平陽三吳發跡，八閩攬轡。政稱神明，風行霆厲。單騎按部，幽枉畢伸。墨吏望風，解綬宵奔。平陽孤城，適當狂虜。豕突獸駭，震摇畿輔。我士積脆，虜恣悖凶。老帥束手，欲避其鋒。太守臨戎，遂專閫外。色變旌旗，聲先徼塞。卻敵保境，論功第一。方叔召虎，展其儔匹。握憲提兵，潼關開府。才高見忌，名重遘侮。青蠅止棘，慈母投杼。天威之下，人謂必死。公無怛容，怡然就縛。不激不挫，宜岸宜獄。困辨有録，燕居有述。身嬰三木，神凝六籍。天子神聖，發蔀洞幽。明其無罪，放還故丘。曾幾何時，胡騎内犯。僉曰惟公，今之韓范。天子知公，恨用之晚。

召公於家，豸冠霜簡。一歲九遷，司馬峻陟。公益矢心，忠誠罄竭。居中決算，坐制要荒。靜若岱衡，動如龍驤。正笏垂紳，不大聲色。鞭笞四夷，獨振長策。俘馘驅殄，虜功迭奏。帝心嘉懌，褒酬崇厚。功成身退，天道則然。請老歸農，道尊名完。顧惟聖遠，正學日湮。周程之後，世宗陽明。知行動靜，合一之説。本以矯偏，轉滋蔽惑。承訛襲謬，認用爲體。終身皇皇，靡所底止。公乃惻然，特揭未發。曰惟寂哉，是維帝則。前定豫立，古有明訓。致中敦艮，乃能泛應。陋儒習聞，主其先入。昌言排之，不遺餘力。始焉衆譁，久而翕定。如夢斯寤，如醒得醒。泰山北斗，學者瞻依。曳杖興歌，海内同悲。某等桑梓末塵，衣冠晚造。江漢飲波，莫探淵奥。公有茂功，史氏所書。公有正學，百世所師。觀化全歸，不朽者存。遥陳薄酹，聊以告忱。

奉先師兩峰劉先生主入祀復真書院告文

惟師真修實踐，端毅精純。學術之正，砥平矢直；鍊治之密，玉琢金鎔；矩度之肅，如木斯繩；聲利之遺，如屣斯脱。教不繁詞，以身率士，其言彌近，其道彌崇。末學侈談，躬則不逮，師示型範，以挽頹趨。會稽之門，英豪森列，貞確如師，殆鮮倫儔。不奇以僻，遵于中道，聖脈茲傳，後生允賴。斗嶽高標，身晦益光，明德炯然，昭垂無斁。某等夙依門牆，沾承緒旨，沐教滋弘，報德莫及。敬偕同志，設位復真，永妥師靈，庶伸對越。蘋藻告虔，有赫其鑒，尚其默相，開我群蒙。

劉三五先生主入祀復真告文

惟公真修實踐，繩直矩方，教不以言，身範孔章。仕止進退，辭受取予，語默動静，一循道軌。胸次晴空，節操冰玉，仁不狥時，清不絶俗。蒿目世患，疾首人窮，獨敦古誼，力挽頹風。北斗泰山，士望攸繫，起懦廉頑，迴瀾砥柱。會稽一脈，傳遠浸微，行不逮言，識者姍嗤。賴公儀刑，吾道始肅，士恥遊談，仰遵芳躅。後學追思，願奉對越，兩翁泉翁，儼其同室。有赫不昧，庶鑒茲誠，默垂佑相，昌我人文。

奠周穀似少宰文

惟名賢之挺生，寔世道所攸繫。慨振古其才難，殆曠代而一值。儻山川之靈淑，得其人以顯庸。顧中道而遽奪，宜萬口其悲恫。惟我公之崛起，蚤鍾秀而負奇。甫弱冠以蜚英，兩治劇而聲馳。既徵列于銓曹，旋持憲於僉臬。爰抗疏以南歸，益幽棲而静攝。屏塵跡而掩關，甘澹寂於道院。衣布素若儒生，獨羲易之躭玩。已奉召而不起，尤禁語而守默。繼潛心於理學，就復真以諮益。沐簡命之再下，遂不次以超躋。晉開府於閩淮，兩仗鉞而秉麾。頃特陟於少宰，誠朝野所共欣。暫省覲於兹闈，亦引疾而乞身。奉綸音以促駕，擬攄情於再疏。胡微恙之乍膺，遽全歸於冥路。某等夙受教之勤渥，知鉅抱其罕儔。方大用之爲賀，佇峻業以旁流。嗟厚蓄之非常，悵所施其未竟。何天畀之既隆，乃遐齡之獨靳？豈斯世之無禄，致降割于哲人？遡彼蒼其難問，徒哽咽以摧神。陳一酹以告哀，匪鄉郡之私惻。靈不昧以丕昭，庶炳若其來格。

祭人峰兄文

嗚呼！惟時槐與吾兄，同胞僅兩人耳。始而少也，與兄同履乎貧賤之境；比壯且老，同甘乎清苦之味。以兄高朗豁達，學通大義，當槐之仕而稍進也，兄不加侈；及槐之退而處約也，兄不加戚。蚤聞正學於南山、青原，晚聯勝會於復真、爐峰。探性命之淵微，每言下而即悟。年幾耳順，浄業是修，欲究生滅之原，以畢全歸之願。兄之志，可謂奇矣，是以雖沉疴而無一語之亂，迨易簀而無一念之昏。方以長逝爲美事，且戒家人以勿悲。此非有得於朝聞，詎能委順於觀化若此耶？嗚呼！槐學也不力，老且無成，方仗兄以並馳，胡先予而永棄？自今以往，槐復何恃以畢餘生耶？嗚呼悲夫！嗣有八男，壽踰六袠，兄於世福亦可無憾。惟幼男幼女，嫁娶未周，槐儻可效其誠，固當無所自愛，兄宜不以此嬰慮也。䖸陳薄奠，以告幽冥。宇宙無窮，兄弟永隔。再見何日，萬古無期。瀝血摧心，莫知我痛。

告上杭縣城隍祈晴文

上杭爲邑，在陵谷之奥，榛莽之叢，土磽而産薄。即年穀繼升，民猶菜色。又溪㟁不逞，旦出夕没，焚劫擄殺，何月無之。兼以世風日下，官漁吏獵，蠶食狼噬。哀此下民，其不能爲生久矣。時槐罪重愆深，尸位兹土，穢質戾氣，上干天和，乃今年三月以來，連雨不絶，迄於四月中旬，風雷迅奮，雨下若注，山溪驟漲，城郭崩壓，村田湮没，廬舍漂流，人畜溺死，杠梁摧敗。小民扶老攜幼，奔走哀啼，或寄棲城隅，或投託旅肆，或延踵頽垣之下，或含悽積塗之中。米價頓高，民生益蹙。蓋造庭陳牒、捧腹待哺者趾接而肩摩，其數已萬計矣。惟爾明神，實能弭災降福，下民是依。如時槐負戾在躬，即顯戮陰滅，豈所敢辭？奈何明神遷怒下民，俾一方父老子弟，徒以時槐之故，罹此慘毒。且四野稻畦久濡多損，庶冀陽光暫晅，桑榆未失，有如積淋不輟，是使邑罄民魚。惟爾明神，誰供禋祀？饑莩横迫，寇攘荐興，危阽死亡，豈神所爲祗承帝德、庇護群靈之常理也？兹特竭誠遣官祭告，願以眇然不德之身，代當黎庶死亡之禍，惟神其圖之。

祭同年陸五臺太宰文

惟公以剛大正直之氣，長駕遠馭之材，高邁遐超之志，精明鑒别之識，其憂勤於國家也，深達治體而劑量之有方；其憐惜於人才也，洞晰醇疵而器使之必當。其見定則排衆紛而獨行其是，有沛决江河之勇；其好善則起沉淪而不居其德，有拔彙朋亡之度。或越拘攣而事機允協，人始服其不群之見；或棄舊嫌而力援共濟，世咸仰其無我之衷。若公者，真可謂當代之柱石，後進之典刑。惟位雖崇躐於冢卿，而施尤未竟其藴藉，則凡情或莫能悉窺，而有識者誠竊爲之私慨矣。時槐蚤幸厠于榜末，初尚阻於瞻承。既踰數歲，屬有奇遭，一邂逅於東魯之郊，目擊而遂成心契。及同官於金陵之署，公暇而極沐耳提。公本博大而恢宏，予寔淺隘而迂滯，然公不以其格調之稍殊，而且以爲根器之可進。既促席於典客之司，復聯榻於鷲峰之院，究談儒釋之宗，深研生死之理。予始者積疑而未融，公愈益懇詞而勸誨。至於守職應務，時有執心，公必直言規正，匡其僻謬。惟其愛深而望切，是以語密而教勤。已而予方備數於外臬，寸牘不入於中朝，竟叨荐陟，寔賴特援。予既謝事歸田，追繹公之夙誨，畢力斯道，庶期晚聞。公復貽以遠緘，示之净業。蓋精徹於幽玄，非局跡於事相，可謂不惜秘授、直示衣珠者矣。公膺簡眷柄銓衡，乃不我遐遺，三疏而驟用之。予自顧衰齡，懼負知己，引疾請辭，得奉俞允，雖重違推轂之盛心，亦庶幾無辱公哲鑒之萬一矣。頃者公已退休，遥瞻千里，予方圖摳侍，暫阻微痾。忽聞公遽厭塵寰，棲神安養，奔號莫及，摧痛何言？惟公净修有力，大願必諧，證極果而高躋，奚世緣之有憾？時槐薄陳一酹之虔，敬述銘心之感，宇宙無窮，形神杳隔，嗚呼哀哉！幽靈不昧，有赫其臨之。

奠陳蒙山年丈文

嗚呼！先生以沖粹天成之資，高朗卓特之識，精詣遠到之志，博探密證之學，介潔清超之守，篤倫憫世之仁，周悉不遺之悃，筆札吟詠之奇，皆朋儕所欽服，以爲未易及，後進所景仰，以爲莫能忘者。先生誠可謂鍾靈秀以挺生，垂典刑於不泯者矣。先生受學兩峰劉公，聞道甚蚤，即倡同志啟會，西原螺川諸士始知嚮往，皆先生力也。筮仕廬陽，召列諫垣，出貳蜀臬，所至秉直開誠，恪舉其職，一芥不妄取，一刑不妄施，一言不苟訾，於人而釋冤活死之陰功尤多。及晉陟參知，年尚壯也，乃高蹈不出。奉詔特起，竟耽志林泉，掩户不涉城闉，即院道郡邑大夫式廬願見，不得一接顏面，翛然塵外之標，可望而不可攀。一切俗緣寂無干涉，獨於鄉邑有事關民瘼者，則蹙額恫心，必以聞於當路，不啻疾痛之在躬也。其課子訓孫，一依聖賢之旨，見於《袖覽》上下篇及附録者具在，可以廣傳，不獨以示其後裔而已。其學一遵孔孟，雖泛觀二氏百家，而必以盡人道、重綱常爲的，見於《四書周易就正》諸著述者具在，尤足爲末學入道之指南也。時時觸物寄懷及抒發胸次之微者，必寓於詩。詩既清徹融逸，迥出凡調，而揮毫兼妙，人争傳玩，以爲世寶。此雖先生遊藝之餘，亦足以占其中之有獨異者，非凡近可幾矣。初示恙時，即預發訣别之語。比至易簀，神凝氣定，奄然以盡。蓋先生養邃而天全，故得正以令終如此。惟道德之光儀既遠，山斗之瞻企靡從，後學何以請益而質疑，鄉閭誰復矜念而拯恤？此則群情所悽惻之同然，而士類均爲追慕不能自已者也。時槐等辱締心盟之最久，何期隔世以永離。悲痛尤深，奔號莫及，敬薦一觴，薄伸哀臆，有赫其臨，庶垂幽鑒。

奠劉述亭文文

惟公貞純端静，粹然金玉之資；澹泊清超，迥出塵埃之表。寔自天成，非由揉習。然不徒恃其禀受之淳淑，而尤致力於學問之淵源。始旁探於西竺之典，繼深契於東魯之宗。於世味翛然不入其衷，於性真廓然獨悟其奥。言動必協於矩度，精神默會於專凝。西原群聚，時有發明，而不涉奇僻之談；一室高棲，絶意著述，而曾無炫露之跡。渾然與物而不孤，介然違俗而有守。挹其謙虚者，咸知其爲温温之恭人；瞻其型範者，皆信其爲慥慥之君子。公誠當代之完儒而末學之師匠也。至於蚤登巍科，筮仕邑博，晉翰苑而列豸臺，移南兵而遷郎秩，先後僅垂一紀，清輝推重百僚。解組歸耕，位不滿德，固未及盡展於時，而甘貧家食，充然自怡，乃其所獨詣者遠矣。逮至易簀之辰，口占二詩，直洩無生之旨。公之所屹立於宇宙而不朽者，其在兹乎！某等締盟最久，沐教至深，凡諸士人均沾陶冶。公今逝矣，吾儕何由摳侍而叩請，後進何由彷佛其步趨？憑棺一哭，匪直交情之慟，實爲世道之衰而不能已於悲切也。薄陳一酹，庶其鑒之。

奠王性海文 代西原會中作

嗚呼，惟君夙受密因，生有異質。玉色金姿，冰清雪潔。妙契天真，神超物表。廓然洞觀，窮幽析眇。六合一塵，萬境非實。憫彼群迷，沉淪苦業。憬然獨悟，願學無生。不背東魯，而慕西征。雖治禮經，而探宗乘。如貧得珠，如醒斯醒。雖登仕籍，而耽禪悦。蔬食布袍，離喧守寂。雖寓人間，而出人間。一切世垢，了無相干。凡君所爲，人皆莫及。性直則然，非由揉習。嗚呼君乎！胡德之粹，而壽之嗇。況嬰疾疢，痛楚纏迫。豈真宿障，有對必酬。如脱穢服，而御珍裘。四大非我，亦復何憾。惟我朋儔，曷勝悲歎。吾吉先覺，舊傳理學。遠遵孔孟，近承濂洛。君視儒釋，抑何異同？君今逝矣，欲叩靡從。君誠有知，不遺吾儕。庶其炳靈，匡我不逮。薄陳素奠，聊伸私臆。不昧孔昭，儼其來格。

奉送二世五世祖主入祠告文

惟吾金谿南祠諸孫千百其繁，實由我刺史公肇造于吉州，二世祖開基於安成之金谿，五世祖則爲南祠一大派之所自出，揆諸大義，皆應崇祀。緣先代雖明禋歲舉，而典禮猶未爲周備。蓋但知始祖之爲至尊，已特祀矣，而未思二世祖選勝以貽謀，五世祖演派之丕烈，均缺祀焉，是非奕世嗣人之所能安也。今時槐等敬聯族衆，協請共議，輿論僉同，咸興永慕，兹謹奉二世祖考妣、五世祖考妣之主同升于始祖考妣龕之左右，庶蒸嘗並肅於悠遠，而孝思少伸於萬一。敬率族人虔詞奠告，惟我列祖考妣靈昭有赫，尚垂幽鑒，俯臨歆享，覃施洪慶，永昌來祚。

友慶堂存稿卷之十

雜著 附書八首，詩三十二題

刻大學古本跋

《大學》一書本出於《戴記》，漢鄭玄注，唐孔穎達疏，傳之千百年，未有疑其缺誤者也。至宋程明道先生取諸《戴記》中而表章之，稍疑錯誤，乃移「淇澳」至「没世不忘于絜矩之道」之下。伊川先生因之，猶以爲未盡也，復以「此謂知本」爲衍文〔一〕，移「聽訟」一條於「未之有也」之下，而結以「此謂知之至也」一語，繼之以「康誥克明德」至「止於信」以加於「誠意」章之上。朱子又以爲未定也，乃分經文十傳，更置之，且疑其缺文，復補綴之，則今儒生所誦習之《章句》是也。格物之説，鄭玄訓格爲來，物爲事。明道先生云：「物來則知起，物各付物，不役其知，則意誠不

〔一〕《友慶堂合稿》卷五「跋」中所載此句爲「復以此謂之本爲衍文」。

動。」伊川先生以格爲窮至，物爲物理。司馬温公云：「扞禦外物而知至道。」孔周翰云：「扞去外誘而本然之善自明。」江德功以格爲執法度以齊物，宋深之以格爲及己及人，李孝述以格爲擦磨此心而出其明。朱子獨宗伊川之説，則今章句之所注者是也。陽明先生云：「古本未嘗缺誤也，當依其舊，格之訓正，物之訓事，本非隱語也，不必他釋。」然世之學者蔽於誦習之久，信今文而疑古文，信以物爲理而疑以物爲事，無亦爲先入之言堅主於中者之過也？夫文義固不暇論，且身家國天下之本，有不在於吾心者乎？謂之曰心，有何形狀？非以其虚靈之知乎？此知之良根諸秉彝，萬古不能易，即千經萬典皆從此知流出，家國天下皆從此知運用。縱使先儒以《大學》之文先後更置不一，乃吾心之良知決不因文字之更置而有改異。凡爲學者，安得捨吾心之良知以爲學乎？世儒執議論之異而不自信此心之必不容異者，則尤惑之甚者矣。陽明先生《大學古本》有自序有傍注，近世刻者附以先生《大學問》及鄒文莊公《後語跋》二篇，廬陵錢侯欲重刻以惠諸生，屬時槐校閲，乃復摘先生集中數條及鄒文莊、羅文恭二公集中語有足發明者，併刻入之。讀者誠毋泥於先入，惟切己反求，虚心以繹其旨，當自信其秉彝之良而契孔曾心法於千載之上矣。

螺川請益別言

吉水石樓徐侯，今吾省參知魯源先生之兄子也。侯起家進士，初任浮梁令，以材堪治劇，移令吉水，涖邑踰歲，仁明介慎，誠惻而精裕，士民親戴。乃魯源先生自閩憲來參江藩，駐節虔城，侯請遵成制當引避，士民萬口乞留，拘於例不可也，侯遂戒行矣。先是，侯時一過郡，以時槐夙沐先生教指，誼在通家之末，必辱顧焉。廬陵啟新錢侯乃數召予侍侯，以正學相研切。於其行也，錢侯馳縑素之軸，命予曰：「子之以正學進説於徐君，尚未竟也，盍罄所見，手書之以爲別？」予竊惟侯家學淵源宏博沖邃，方瞻承叩質之不暇，豈能復有寸臆足仰裨於高深哉？無已，請得述所聞於先生者，願侯更爲剖決，開我未悟焉。始予備數符司，先生爲儀部郎，每公退，必邀予靜對，夜幾半乃罷，以爲常。其言多砥切激發，未有定指。越數歲，予家居，先生適爲吾省憲使，嘗自青原出，泊舟江滸，仍邀予會舟中，雷雨大作。先生曰：「雷以動物，天之仁也。謂天之良知則不可。」予曰：「孩提之愛，仁也，即良知也，然則仁與知豈截然異者？」先生默然不答。又數歲，予往候先生于蘭江，宿瞻堂三夕，先生勤勤詰難，不甚可否。頃先生過吉，則語予曰：「孔子特發學之一字，真微言哉。夫言知者誤認虛明光景，言仁者或墮情愛意見，故不若學之一字，功密而義至精也。」至謂予狹隘褊小，不能忘我同人，達善於天下，尤中吾膏肓沉痼之疾，私心銘佩，誓期痛省以圖少進，詎敢忘墜？惟自愧資識闇昧，於先生所示仁知之辨未能了了，且謬意此理充塞宇宙，總名爲心，天地與人原無分別。此心真體本不容言，强而言之，則指其貞純曰仁，指其靈徹曰知，亦非有二。學者學以復其仁知之真體，外仁知無學也。彼認虚明光景、墮情愛意見，正坐不能復仁知之真體而妄談學耳！予將竭其膚見，終有請於先生，兹敢預以奉聞於侯，以侯夙承於先生者至渥。儻不我棄，申繹先生之旨，以發吾荒惑之蔀，是侯垂别之慈，等於起仆澤槁之功莫大焉。即錢侯所爲授簡見命之至意，端亦有在於斯矣。

安福鄉約從先録跋[一]

夫所貴於善治者，非徒以法制懲於違犯之後，而聽斷晰於微曖之情也，必也勸善使恥於蹈邪，崇讓使恥於搆訟，明分使恥於逞亂。其可乎？是故莫善於鄉約之行矣。夫鄉約所爲裨於治者，以孝弟仁義耳提於里社之間，使人得習聞而知邪之未可蹈也；以平氣修睦面釋於釁隙之初，使人得息忿而知訟之未可搆也；以什伍聯盟預訂於暇豫之日，使人思循分而知亂之未可逞也。且訟有可飾詞於公庭，而不能逃於村曲之公議，盜有可誣指於胥史，而不能掩於宗戚之真

[一]《友慶堂合稿》卷五「跋」中有載，並注爲「癸巳」（一五九三）。

知。故善治者嚴整鄉約而力行之，則耳目以集衆而益明，詞牒藉鄉評而漸息，奸宄無所潛蹤，盜賊於焉衰止。愚故曰：「莫善於鄉約之行也。」吾邑當嘉靖間，永康松谿程公來爲令，特行鄉約，民俗丕變，迄今五十年，民追誦之不衰。邇歲復得新安懷溪吴侯，以慈惻醇誠，視民如子，救災恤旱，痌瘝乃躬，焦勞拊摩，不遺餘力，民咸依戴，如嬰受乳。侯復以民俗日漓，教不孚而盛治未可望也，乃請于太府卜公。公曰：「其惟鄉約乎！」於是吴侯按程公舊籍，參取雲亭吉水條規，兼附保甲之法編梓，下之四郊，題曰「鄉約從先録」。侯復單騎躬歷而勸諭之，於是鄉大夫暨諸父老子弟咸涓期結社，旅集而齒讓，環列而肅聽，欣欣然如乍覩威儀於曠代，而新沐教詔於希聞也。吾邑之民，其自兹勸善崇讓，明分以祇承我郡邑侯頒行之德意，而風淳俗厚庶幾其可望乎！吴侯以録示時槐，且命之言。竊惟爲治不徒恃法制聽斷，而以鄉約，是在上者以三代之遺直待吾邑人也，吾邑人有不以三代之民自待而甘爲末世嚚儉之歸者乎？抑吾邑人誠願如約矣！儻爲約長副者不身先奉法，顧憑私狥利於其間，復爲兹約之梗，侯將復以治亂民之法繩之，殆不可逭，是則可重戒也已。愚頽廢林壑，固當勉自振策，與諸父老子弟共宣德意而遵行之，俾勿壞。敬書以爲跋。

贈少梧丈北上

少梧鄒君，予與共學四十餘年老友也，始少時以文藝相追琢，已乃進於聖賢之學。予愧浮沉仕轍，學無專力，今頽然且衰，猶倀倀乎不足望古人之涯際也。而君博覽雄裁，抱奇蓄鉅，渟涵蘊藉，久不見售於世，遂得以數十年之力，密探古人之秘奥，可謂天厚其成而大其所受者矣。蓋予往者出而仕則若有妨於學，退而休乃於學若稍進焉。甚矣，予之不善學也。今君領歲薦而北行也，上將有獻於君，下將有覺人建事之責焉。以君數十年力學之所詣，將隨分而盡性，惟所投而不渝其貞，豈若予之妨學於仕而貽悔於遲暮之餘者耶？夫士之涉世也，患其弗通於世，通者於性或斲，凡情隱其中而世味摇其外，則斲性而毁學之咎歸焉矣。予固知君能以仕爲學也，於其行也，敬書此以贊其成焉。

書僧無宗卷〔一〕

自曹溪派下分爲五宗，門庭險峻，不涉蹊徑，使人神契於言思之外。彼其所自證悟者，蓋皆

〔一〕《友慶堂合稿》卷六有載，題爲「書生無宗卷」，並注爲「癸巳」（一五九三）。

從竭精畢智、辛苦萬狀而後得之，非偶然者。世遠而佛法衰，於是緇林有所謂傳宗者以千七百則公案遞相指授，不必竭精畢智、辛苦參究而謂能得於唇吻之餘。若然，則亦教焉耳矣，何宗之足云？自是以後，世之學士大夫英敏高朗者，能讀四家評唱，更叩一二雄傑之僧，沿聲襲響，歷入耳根，便以意識卜度摶量，遂亦自謂能於第一義諦徹悟頓了，不由階梯，立躋佛地。甚者且以孔子比於鈍根下乘，姑存世法，未爲究竟。此説滋倡，予甚懼焉。於是談宗者競玄解而忽實踐，緇林既破毁戒律，儒流亦不修名檢，云是有爲有漏之因，未悟無修無證之理。予竊以爲，世法既壞而高談上乘，即佛門亦且以爲大妄語人，安在其能出世也？至其潰大防，釀禍亂，尤難言之矣。豫章之蓮華山院僧來謁，自號曰無宗，持卷乞予言。予謂今世方尚談宗，而是僧以無宗爲號，何耶？豈亦以破戒談宗者爲未然歟？予無力，不能發明孔子之正學以挽儒流，無宗僧儻能勉其徒以竭精畢智，真參實究，勿逐唇吻而毁戒律，庶無以邪解而冒正悟，以自敗其宗而反增佛門之一厄也哉！因漫書其説於卷以貽之。

議舉先師劉兩峰先生入鄉賢祠呈 代安福庠生作

竊見本縣原充儒學廩膳生員，今故劉文敏，德本性成，學務深造。早歲攻舉子業，博綜廣覽，文名已擅於膠庠；中年聞聖賢學，篤志潛修，行誼尤嚴於踐履。應貢有期而遽甘引退，高風足振頽波；强聘以試而竟不終場，獨行可塹往哲。言動雖造次之頃，必蹈準繩；義利謹纖芥之防，不苟辭受。端坐如泥塑，晝夜殫精，研理欲於念慮之始；發蒙若筮決，再三弗瀆，戒支離於詞説之煩。表章遠祖之蠹字，孝不忘於細微；開諭族屬之紛争，人咸服其讜直。冰清玉潔，行可質諸鬼神；動察静存，志不愧於屋漏。前撫院柏泉胡公、玉崖周公、吉陽何公或貽書，或延館，或行獎，並降禮以襃嘉。前督學二泉邵公、端峰邵公、一所高公、竹江趙公、存齋徐公，或稱其儀範端莊，或稱其教法端嚴，或稱其學行宜薦，或固邀相見，或力勸應試，每枉重而推許。邑令尹蓮渠胡侯不輕嚬笑，特揭「養高」之牌以表其廬。鄉先達念庵羅公最慎交遊，獨發「卓爾」之吟以揚其美。即其實修日著，聲譽已達於憲臺；然其韜晦彌甚，足跡不履於城府。親及紹興之門牆，守師訓而至老不變；深懼異學之淆亂，排邪説而守正弗渝。年既踰耄，精明炯炯，獨得超然其益深；疾且彌篤，胸次悠悠，臨没凝然其不亂。雖布衣之未貴，而與東廓、雙江、三五三先生並齊名於鄉邑之評；惟粹養之潛孚，乃有少龍、蒙山、松逕諸縉紳咸師事於已仕之後。節概峻整，閭里目爲王彦方；學術純明，士林擬諸羅仲素。所謂不以名位而從事於正心誠意、修身謹獨之學，立德足以範俗者，殆其人也。某等生同桑梓，覩懿德之有徵，敬奉條規，惟蔽賢之是懼，爰詢衆以僉同，謹列狀而陳情。伏乞特賜鑒允，批行本縣，入祀鄉賢，庶先哲之遺芳不墜，後學之觀感攸興，其于風教大有補矣。

請祀理學先哲呈 代兩學諸生作

竊見本府九邑文章節義，雖自宋元以來，代有其人，而聖學心傳，稽諸成弘之前，猶未概見。乃當正德之末年，陽明王公倡絶學於兹境；爰至嘉靖之盛際，吉屬先達聯同志以精修。夷考其時，親炙會稽之門者固多；尚論其賢，不愧鄉郡之評者亦衆。然要其深造有得，真足探孔孟之遺緒，實踐無虧，必可垂儀範於後來，則有十二名公允宜追崇祀典。邇者恭逢隆道振文之盛舉，恢復舊學已廢之遺基，乃於白鷺書院之側新創陽明王公之祠，凡在生儒均切欣躍。惟士林私臆，在王公專祀固爲甚尊；若後進典刑，則十二名公理應配享。請備陳其實德，願俯鑒於群情。如原任國子祭酒、贈禮部右侍郎、謚文莊鄒公守益，純粹温潤，至性出於天成；與物同人，達善溥於士類。原任禮部尚書、贈太子太保、謚文莊歐陽公德，以經世爲學，思悟主以匡時；以覺人爲功，每因材而勸學。原任兵部尚書、贈少保、謚貞襄聶公豹，首揭未發之旨，而學脈始明；獨抱戡亂之材，而國威藉重。原任左春坊贊善、贈光禄少卿、謚文恭羅公洪先，清明峻潔，言行無纖芥之疵；收攝葆聚，涵養入精純之域。原任翰林編修、贈太常少卿王公思，直言敢諫，身竟殞於孤忠；致虚立誠，學惟謹於四勿。原任工部員外郎劉公魁，諫雷壇而逮獄，直聲震於當朝；蒙恩宥以歸田，行義孚於故里。原任福建道御史劉公陽，治疲邑而視民如子，膺臺選而未老乞休。特徵不起，清節彌敦。原任四川參議歐陽公瑜，醇誠率物，易直存心。歷仕中外，惠愛具徵於士民；引退林壑，貞白取信於童孺。原任歸德知府尹公一仁，暢達之材，政教隨所至而著聲；勤篤之志，誨誘每及人而不倦。布衣劉公文敏，棄廩貢而絶意干進，辭聘檄而殫志研精。浮華盡斂，躬行可質諸神明；矩矱獨嚴，心得必根諸踐履。原任嘉興府同知劉公邦采，志道之勤，每忘寢而忘食；析理之密，尤分漏以分更。斥虚見，而加困勉百倍之功；厭玄談，而示博約並進之學。原任黄岡教諭周公禄，恭默不言，以見過爲實學；静專自力，以知止爲真功。究理彌精，韜光不露。以上十二公者，均吉郡之鉅儒，寔會稽之高第。飭躬制行，上焉於師門而有光；著書立言，下焉於後學而有裨。雖良知之旨，亦四海所共聞；而實體於身，在諸賢爲獨邃。是以文山螺水，咸稱媲美於魯鄒；即其羽翼發明，誠大有功於東越者也。如蒙俯賜優録，列祀於王公俎豆之傍；庶使先哲英爽，永昭於白鷺宫牆之内。明師良友，幸瞻奎聚於昔年；合席同堂，益樹風聲於曠代。吉郡幸甚！斯文幸甚！

議舉黄雪峰先生名宦祀典呈 代府庠諸生作

竊見已故原任本府儒學教授黄大廉，挺生閩邦，蜚英甲第，初結綬於長洲，繼振鐸於吉郡，涖官積二載有餘，距今踰三紀之久。然而師道端嚴，山斗具瞻於疇昔；士心依戴，儀刑垂譽於來今。遡往跡之未湮，敬敷陳其梗概。爰自下車之伊始，力挽諸士之陋風。贄儀則秋毫不納，貧寒無謁見之艱；日課則批評必親，俊彦沐淬礪之益。平居非衣冠不相見，師生之禮法始明；朔望必講習以升堂，膠序之絃歌斯盛。定期月試，輒捐俸以供需；糊名躬閲，務拔尤而激勸。以名節爲一生之大閑，敗行者必斥責而弗貸；以言動爲守身之常法，縱度者每匡直之惟勤。取予雖一介必嚴，新進之束脩未嘗概受；恩義於諸生兼盡，窶儒之婚葬多所給資。丰標峻整，望門牆而惰慢潛消；藴藉弘深，聆謦欬而疑蔽頓釋。博綜淹貫，若洪鍾之待叩，而不事空談；蹈方踐隅，如大匠之引繩，而動由矩矱。患祀典之弗虔，躬親齋沐，而士以後至爲恥；病時義之浮靡，教崇經傳，而文以理勝爲優。在一時及門而蒙賞識，率累科膺薦而列朝紳。匪直鑒别之獨精，寔由造就之所致。闢振文之侵地，復泮宇之舊觀。鎖闈西楚，得碩輔於青衿之中；主教南康，修洞規於紫陽之後。升陟藩臬之崇，益勵冰蘗以全晚節；家留清白之譽，竟無尺寸以貽後人。某等或親炙其光儀，或私淑其遺訓。悵師模之日遠，徒切景仰之誠；念秩祀之久稽，深懼風猷之墜。幸奉明條，恭伸下臆，伏乞俯察輿情，特賜俞允，批行崇祀本學名宦祠，以酬芳蹟於不泯，以彰德範於方來，其於風教大有禆矣。

書詩人堂卷後

予與賀少龍先生蚤同硯席，已乃同舉進士，及晚而倦休，復同問學於先師兩峰劉公，倡集郡中士友聚講聖賢之學於郡城西能仁禪院。先生老益嗜學，志圖全歸，日有專功，精進不懈，而於予蓋相信最深，遣其二子一槐、一模委贄受學於予。然予視先生德與年並高，非所能及也。先生既殁，其伯子持先生所撰《詩人堂引》來謁，願綴一言。予受閱之，則知是堂初建於郡城西，以祀唐杜參軍審言。而下，賀之先菊軒公諱弁與焉，久而淪廢。今所謂能仁禪院者，即其詩社也。菊軒裔孫仲善復構堂於龍溪，解春雨公大書堂名與記，賀氏蓋世珍之。予乃慨然歎曰：「夫昔爲詩社而列詞賦之賢，今爲學館而聯道術之會。其地同也。昔之詞賦也，菊軒公振其遺響；今之道術也，少龍先生倡其絶學。其出於賀同也。然以聖賢傳心之正脈，而較諸騷墨寓情之逸韻，其所入孰爲精奥？然則先生有光於前烈，不已多哉！惟解公能發菊軒之詩名於高文妙筆之間，予不工文字，無以發少龍先生道德之輝，則甚愧也已！抑詩一技耳，菊軒之後，仲善能繼之，矧先生任千載道術，爲其子若孫可無繩美於斯耶？」姑附書卷末以俟之。

南京刑部侍郎疏山先生吴公像讚

予自弱冠幸從吾郡諸先覺遊，得聞正學。吾吉於撫郡接壤，而近乃諸先覺時時稱述撫之多賢，力學而好修者則首推吴疏山先生云。比予占一第，則先生已請告家居矣。嘉靖丙寅，予備數冏寺，于時上方寤寐海宇清純端介、德學茂隆、久栖巖谷、掩其聲光而不爲世用者，特賜召起，以副中外具瞻。於是先生入朝，予始得親炙謦欬，以慰夙心。先生静樸澹素，貌温而氣恬，神斂而言訥。時方以矯飾文致爲習，及見先生則如夏鼎商彝，迥出塵表，即其孤標古態，與世異趨，而衷誠洞朗，人自悦乎，則莫不歎其爲先進貞風，真儒宿範，果非以凡情涉世者可望也。明年予以内艱歸，不及終聞教旨，先生尋陟南刑貳卿，無何謝世，而論學格言及考正《孝經》，諸士友遞相傳誦者，予亦幸獲卒業焉。慨哲人日遠，摳侍靡從，予且衰病滋甚，無能爲先生一發其緒餘，以伸仰止之思。感慕今昔，敬爲贊言。贊曰：

聖學瞉率，盡性是宗。曷以徵之，禮卑智崇。性超域外，踐實在躬。高明斯極，亦蹈中庸。末學掠虚，行或不逮。去性遠而，世教奚賴？猗與先生，立其大者。成德爲行，義方敬直。恂恂在鄉，後學準繩。侃侃在朝，邦國典刑。羲皇禋祀，淮南弓旌。特疏上請，以振斯文。孝有全經，人紀攸肇。建議表章，聖謨炳燿。晚膺簡命，胡不憖遺。道則彌光，未竟厥施。雅言盡性，匪探幽渺。勁節不渝，式占慥慥。粹藴難名，芳蹤可繹。昭示法程，永垂無斁。

書求仁册

蕭友惟幾以垂老之年，委贄及予門受學，予嘉其志而慮其爲力之或未勇也，徐察之，則其功甚鋭，其思甚密，其見甚達，時出其所體會者，質諸同志，筆之私劄，皆明晢而雅暢，其不合於聖門之旨者蓋鮮矣。且能薄利以濟人於厄，故其族之賢君子若文岡、勿庵兩君皆播之詩章以誦之，族子敬明爲書「求仁之册」。惟幾曰：「選也學未聞道，烏足以當之？」乃自書其近功之概，將持以爲就正之資。予曰：「惟幾誠志壯而功弗懈，即所見亦近之矣。夫學以希聖，譬涉滄溟，而後知江河淮濟之洪波鉅浸，未足爲特奇也；譬陟泰華，而後知龜蒙凫嶧之孤岑峻阪，未足爲最勝也。惟幾尚益勉之哉！」年垂老者力愈奮，譬之適遠途者，日晏則步驟愈急，蓋期於必至也。予年視惟幾又加衰矣，尤願益自鞭策，與惟幾共勉之。

書示孫婿葉日燦致勉

學者宜立志修身，先要分别君子小人界限，明白必爲君子，必不爲小人。欲爲君子，必孝弟以事親長，慈和以宜家室，謙恕以慎交遊。擇賢而友，勿比匪人；循理而行，勿蹈邪僻。不謀非義之財，不踐非禮之地。淫聲亂色不入視聽，妄言鄙語不形齒頰。宜斂勿浮，宜静勿躁，宜儉勿侈。讀書宜勤勿怠，朝乾夕惕，如臨深履薄，庶日趨於君子之歸，身安名顯，可光先而裕後矣。不然則爲小人，立身一敗，尤悔益至，名辱家墜，良可懼也。葉子爍爲予孫婿，予念骨肉至戚，日夜望其成立，憂其失墜，特書此警之勖之，可揭寘座右，深省而服行之，毋忽。

湯母鄧孺人像贊

端静束躬，冰霜砥行，凜凜焉修中饋以奉姑嫜，閔閔焉授遺經而成胤嗣。蚤勸學以宜家，有雞鳴雜珮之風；晚罹艱而矢節，兼丸熊畫荻之教。秉一志金石不渝，是以女而勵奇士之操；撫二孤珪璋並耀，是爲母而垂嚴父之緒。褒揚上廑於臺院，有爗其光；清芬允播於鄉閭，世傳不泯。是可續柏舟於振古，示貞範於來今者矣。

題劉忠愍公手筆卷

劉忠愍公精忠烈節，争光日月而留芳千古。世之人士，聞其遺事，莫不情激而神慕焉。故雖散逸殘編，得之者咸知珍誦，矧其手筆僅存，嗣人什襲以爲奕代宗傳之寶，固宜也。是卷乃公之裔孫、庠生子龍特檢於故笥中，輯之以垂示於有永者，予幸得見之。即其泛常寄聲於家庭，片言隻字皆金石之訓也，覽者可以悚然而起敬矣。爰綴鄙語於卷端，以識予景仰之私衷云。

書周季清扇

學者最初立志，便要知有歸宿處。得此真歸宿處，則自身超於萬物之上矣。然後出其所得，隨方接引，與萬古之人同歸於善，此學之準的也。此豈可與譾譾自好、聊以小蹊小徑自安者道哉？必也萬古豪傑特立之士乎！

先考光禄府君自題教子圖跋

右先考贈光禄府君自題教子圖也。府君蚤治《易》，爲安福邑庠生，積學不售，遂棄去。客楚之湘陰，先妣姜宜人始來歸。嘉靖壬午七月二日，生時槐於湘陰之界市，比七齡，命入鄉塾，能捨其幼時戲弄之具，一意讀誦。每授書數過輒能記，已而屬對偶，頗便捷，府君偕先叔南衢公喜曰：「此兒可教也。」尋返螺川，召善畫者寫一幅，府君衣巾坐，時槐執經侍側，自題四句於其上曰：「黌泮蚤游，雲程未遇。經授後人，伸我屈志。」及時槐登第，府君厭世，而家衆舊廬遭隣火延燬，是軸遂不存。今時槐且老，痛念府君屬望之勤，督誨之切，雖幸叨仕進，不致淪墜，而府君音容不可復瞻，罔極之恩，莫知所報，曷勝悲愴？乃復以家藏府君遺像摹寫此幅，奉之中堂，晨夕展敬，以申永慕之萬一，且以示吾後人，無忘祖德於世世云。

湯生君斂字説[一]

夫性不可以斂散言，而其用不得不斂散者也。散之則天地日月山河大地庶物露生，斂之則藏於無朕，泯於無跡，此屈伸闔闢之常理也。然不屈則不能伸，不闔則不能闢，故斂者常爲造化之根矣。夫斂常爲造化之根者，何也？以性本未發也。性惟未發，故性之發用，伸者必屈，闢者必闔。蓋萬化必歸其根，亦不得不然矣。《大易》首示「潛龍」，《中庸》終於「不顯」，而孔子特揭「退藏於密」之一言，其有旨乎？《詩》云：「不識不知，順帝之則。」此義微矣。湯生邦會以君斂爲字，請予一言，敬書斂之説以勉之。

[一]《友慶堂合稿》卷五「説」中有載。

書

答管東溟

首夏得捧台翰，兼領嘉刻三部，悉心展讀，紬繹數四，恍然開我心目。詳味教旨，真有悟於斯道之大全，而又灼見岐學之流弊。學必以孔子爲宗，而不力拒二氏，以自作異同之障；理必以融通爲徹，而尤慎守方矩，以堅護吾道之防。既直探釋門上乘之密義，復推重宋儒扶世之大功，至謂理則儒釋不宜相礙，教則儒釋不宜相濫，而尤深嫉夫末學之誕肆，日流於無忌憚之中庸，皆老丈獨得之見，非近世沿襲依傍、淺窺而漫臆者所能幾其萬一也。生甚愚鈍，於海内賢哲論道之語，亦頗得聞教焉，而獨以爲博大精切，中正而無敝，未有踰老丈者，敬佩服矣。往者得諸道路傳言，頗謂老丈延接方僧太廣，似非儒者家法，今讀尊刻，何中正乃爾！豈曩者猶未脱狂簡之風致，而今則已入中行，其家法必亦迥異於曩昔，否耶？隔遠無由面叩，願不棄，幸終示之。

答蕭存忠[一]

所云「覺體無倚靠，若還太虛，又似有所住」，此疑良是，但從覺體無倚靠處悟入，到得真悟處，則無倚靠中真住，乃是真無倚靠也，不然則成頑空矣。「還太虛」三字亦未妙，第密密自參自證，他日當自得之。

答友人[二]

承問「静時或有一團黑境，或糊塗無分曉，或全無着落」，愚意此心之知，雖見黑境而此知不黑也，雖見糊塗而此知不糊塗也，雖見無着落而此知即着落也。今不認自心之知而妄認外境，可謂誤矣。若不認外境而直認自心，則當下靈覺更無改換，何樂如之？

[一]《友慶堂合稿》卷二「書」中有載，並注爲「戊戌」（一五九八）。
[二]《友慶堂合稿》卷二「書」中有載，並注爲「戊戌」（一五九八）。

答吴安節公〔一〕

伏承台翰，謂「陽明先生無善無惡之説，正恐落一善字，便覺涉於形象，故提出心體，令人知本心善亦着不得也。第宗其説者，致有流弊，不若無聲無臭字義直截穩當」。尊教及此，可謂既自悟心體，而又慎於立言，具占衛道憂世，意至切矣。大率聖學失傳，自紫陽以後，爲學者往往守定一箇天理在方寸之間以爲功夫。雖亦可爲天地間賢人君子，但於聖門無聲無臭之旨不相契，則聖脈幾絶。故陽明先生憂之，特揭無善無惡，亦苦心之言也。今則復因藥發病，遂有藉口無善，而縱恣無忌者。明道先生曰：「與學者言，如扶醉人，扶得一邊倒了一邊。」信矣。臺下乃深信無聲臭之旨，而直示藉口無善惡之弊以救之，此則大有功於陽明先生，實吾道之大幸也。拙稿蒙賜大序，鼎言之重〔二〕，光寵無量，自懼學無精詣〔三〕，恐爲臺下知言之累，敢不益自鞭策，畢此餘生，求所未至以承渥愛，敬謝〔四〕。

〔一〕《友慶堂合稿》卷二「書」有載《答吴安節公二首》，此篇爲第二首，並注爲「癸卯」（一六〇三）。
〔二〕《友慶堂合稿》中此句爲「深愧淺陋過辱鼎言之重」。
〔三〕《友慶堂合稿》此句前有一「尤」字。
〔四〕《友慶堂合稿》此句爲「敬此附謝不盡」。

寄寶慶族叔思履

別違久矣，莫由通候爲歉。槐年力愈衰，惟掩户省躬以俟歸盡而已。頃到鄉展先塋，得與族中尊幼聚於誠心堂者二日，偶論及吾族總譜已修，倫序明而群情協，足稱盛美。今所缺者惟總祠未建，似於《大易》萃涣之典未爲完備。往者以費頗浩大，舉事爲艱，今聞尊叔在楚有近貯罰金七百之數，初議於楚中建一總祠，尚未果也。槐與族中諸尊幼共議，尊叔重念總祠，誠爲高誼，但與其建于楚中，似不若建于金谿，尤見尊叔隆祖聯宗，莫大之盛事也。然族中亦不可坐視其成，惟望尊叔肯出此貯金爲族人倡，則族中亦當量各家稍裕者，酌數斂金以佐其費，庶見一族同伸報本之誠。此議一出，族中尊幼人人欣躍，以爲千百年未就之鉅典得成於今日。此寔賴尊叔高見卓識，超越常情，乃我始祖列祖在天之靈篤生尊叔，成此大事，誠族中億萬年世世瞻仰無涯之幸也。槐意謂此議倘果蒙尊叔見允，族中須於金谿選買吉地建之，以爲一族奕葉昌祚之基。總祠中止奉祀始祖、二世祖、定國公、經國公四位祖考妣，此外不得概入。每年以立冬日，族衆群集，祀於總祠，冬至日兩祠照舊，各祀本祠，庶尊尊親親，情文具協，吾族自此可卜其大昌熾矣。槐耄矣，何幸獲覩此盛舉也。此總祠之建約費千金，得蒙尊叔特捐首倡，族人量斂佐費，自不敢後也。兹謹肅此奉懇，萬祈尊裁，慨賜俞諾，槐偕族衆，曷任懸馳切願之至。

寄吴安節公

頃歲幸借台光，按莅敝省，時槐特辱垂知，賜教稠渥，且留神世道之計，重念末學之失，距詖放淫，以明聖門墜緒，以植人紀大閑，蓋惕然有深憂焉。此其功德又不但爲敝省士類之殊遭已也。白鷺倡會，仰藉憲命，檄下有司舉行，於是鷺院少足以望鹿洞之遺風。及台旌北上之後，廬陵陳令恪遵不廢，臺下所爲，造就陶冶於敝郡人士者至矣。時槐衰耄，學未大明，無足比數，乃臺下不鄙，誤以賤名列疏於朝，在愚陋既增悚怍，且懼重累臺下知人之鑒也，感赧之私曷可云喻？年來體力益憊，懸知繼此瞻對無期。今春偶思《石經大學》似爲孔門原書，本無舛錯者，輒以膚見略爲淺述，以發其概，不敢冗談，題曰「略義」。謹以二册馳上，敬請裁示是禱。

同郡城諸公達道府縣議改兑書

今歲旱災，敝郡最甚，蓋自四月末旬以至六月，亢暘不雨，池沼枯涸，泉源盡竭。田稍高者既鞠爲荒草，田低下者亦無從挽汲。穀始含漿，皆變白色，不成顆粒，是以十無一收，小民困極。目今日食已難措給，來歲春夏之交，饑莩枕籍，勢所必致。仰賴仁臺在上，閔念痛惻，多方賑恤，必有良策，萬姓更生有望。但生等切思，旱災既極，即蒙仁臺賑恤博濟爲艱，輒敢不忖僭瀆台慈，大賜拯焚援溺之恩，乞以小民萬分乏食之狀，上達兩院，俯憐具奏，將本年兑淮之糧特許改折，庶留涓滴之澤以救坐斃之民。查得萬曆十七年、二十五年敝郡俱以災傷，蒙兩院題准，將兑糧全改折。今年災傷視前更甚，懇乞查照前例，題請改折施行。萬民活命，生等不勝迫切懸祈之至。

答蜀中龔懷川憲副書

八月末旬，舍表劉世祉賫到台翰，併賜《飾籚亭草》及疏稿，敬領。伏詢台履，知高棲物外，静養玄詣，曷任遥慕。恨無由一聞秘旨，以開凡陋也。惟敝邑昔年借重福星照臨，德澤入人之深，迄今追憶，自不能忘。至冰清玉潔之操，則臺下天性夙植，非由揉習。乃浮議猶肆指摘，此直可付之一哂。彼自不辨黑白，又豈足爲今日之定評哉？生因以《亭草》示敝鄉諸士人，咸切爲憤惋，各成一詩以見衆志之公。生乃具一册，俾人自書之，復於遺愛亭中摹得碑文一紙，又索之友人家，得《遺愛亭紀》一册，俱奉上。肅此代布遐悰申候，餘惟起居珍嗇以需簡召，以副蒼生之望。不盡。

寄賀汝定 二首[一]

使至，得手翰所述，「近來新功皆切實明瑩，平正而邃密」，深爲喜慰。別紙六條亦[二]皆無可疑者，惟第五條所問「其中有精」之説，大抵鄙意所指，精者即中涵真幾之謂，非氣凝有質之云也。蓋真幾不可以有無言，若氣凝成質則涉於渣滓矣。昨歲賤生之辰[三]避入仰慈山中者兩月[四]，偶據所見筆之，謂之《仰慈膚見》，今春刻[五]一小帙奉備覽。覽此即可以代面談也。

又

來問第一條言「生幾不可識，不可爲，則存乎悟」，甚是甚是。第二條言「不逐物不着空，庶幾中矣。不然，徒知一意向裏而不知中，其不至於沉空守静，厭棄倫物，墮昏塞而趨偏枯者幾

[一]《友慶堂合稿》卷一「書」中載《答賀汝定二首》，此爲第一首，並注爲「壬辰」（一五九二）。
[二]《友慶堂合稿》卷一「書」中無此字。
[三]《友慶堂合稿》卷一「書」中無「賤生之辰」四字。
[四]《友慶堂合稿》卷一「書」中無「兩月」二字。
[五]《友慶堂合稿》卷一「書」中無「今春刻」三字。

希」，皆是也。餘所問者語未甚瑩，然自是執事用功所得，今姑未暇詳論。惟鄙人近來自覺此心之生理本無聲臭，而非枯槁，實爲天地萬物所從出之原，所謂性也。生理之呈露，脈脈不息，亦本無聲臭，所謂意也。凡有聲臭可覩聞，皆形氣也，形氣云者，非血肉粗質之謂，凡一切光景閃爍、變換不常、滯礙不化者，皆可覩聞，即形氣也。形氣無時無之，不可着，亦不可厭也。不着不厭，亦無能不着不厭之體。若外不着不厭而内更有能不着不厭之體，則此體亦屬聲臭，亦爲形氣矣。於此有契，則終日無分動静，皆真性用事，不隨境轉而習氣自銷，亦不見有真性之可執，不言收斂，自得其本然之真收斂矣。此意未嘗漫以語人，今以聞於執事，試體驗之，如何？風便再希翰示交修之益也。

詩

贈别謝居敬還寧都〔一〕

真性號先天，大覺開元始。寥廓杳無邊，萬古永不毁。聖凡本同具，豐嗇無彼此。智者達

〔一〕《友慶堂合稿》卷七有載，並注爲「甲午」（一五九四）。

根原，朗然悟茲理。是謂明得盡，六合爲一體。其次莊敬持，致曲誠可擬。頓漸雖稍殊，造極亦等耳。謝友來虔南，嗜學能憤悱。予衰幸遇之，縱談傾底裹。聞言心不逆，如決通渠水。歲寒發歸棹，臨岐復何語？願言奮全力，鵬摶九萬里。

書葉魚山卷三絕[一]

姻家葉魚山老而慕道，謁予西原，委贄受學，其志勤矣。是卷蓋寫其趨見之跡，懇予一言以示警策，因手題三絕付之。[二]

衰年學道未嫌遲，力猛還應得效奇。世上幻緣都歷盡，急須回首更何疑。

其二

從來聖學說全歸，試問歸程識者稀。老去合尋真樂地，萍蹤飄泊事全非。

[一]《友慶堂合稿》卷七「絶句」有載，並注爲「乙未」（一五九五）。

[二]《友慶堂合稿》無此小引。

其三

境無好醜由心起，心既澄空一事無。便向塵寰了人道，即名出世是真儒。

次韻答陳蒙山年丈[一]

弱冠投師初問道，忽忽於今已耄年。休嗟暮景愁綿力，未許當仁讓昔賢。七人誓辦彌天志，是時與蒙山諸丈聯七老會。千古重看正脈全。赤日高懸螢焰熄，不須更斥異端偏。

贈沈完宇堪輿[二]

吉地（人）〔神〕所司，善人天必祐。先哲垂此言，還誰能信受。慎終誠大事，吉兆世所珍。勤求竟難獲，將無善力輕。試觀貴顯者，先世多仁厚。因之召地靈，此理應非謬。沈君挾奇術，山川遊歷偏。願爲善者謀，庶於世有勸。

[一]《友慶堂合稿》卷七「律詩」有載，並注爲「丁酉」（一五九七）。

[二]《友慶堂合稿》卷七「古詩」有載，並注爲「丁酉」（一五九七）。

贈熊楚陽日者[一]

大易謹避趨，所貴識時位。丹書重吉從，惟在敬與義。人事倘合宜，天時諒不悖。舉世祈亨通，卜吉防咎悔。皇皇問日家，拘忌非無謂。寧知達家邦，質直爲真諦。視履能考祥，休徵自符契。我愛君平占，往往依孝弟。因占而勸善，世風良有裨。楚陽挾奇術，叩請門如市。願君采予言，向人頻舉似。

送楝弟攜子往湘陰

一别俄經十五秋，瀟湘遥隔思悠悠。歲寒正喜重相聚，春到那堪更遠遊。有子定應尋舊業，無家何以繼先猷。金溪一片遺基在，未可他鄉竟滯留。

送彬弟往湘陰

别去經年久，歸來適歲除。弟顔仍沃若，我鬢已皤如。正喜乍聯袂，驚聞復脂車。殊方莫

〔一〕《友慶堂合稿》卷七「古詩」有載，並注爲「丁酉」（一五九七）。

淹滯，應念返鄉廬。

送柱弟別去武岡

柱弟別去武岡七越歲矣，歸不浹月，即又言別，詩以送之。

七年楚客歸何晚，握手旬餘復楚行。渺渺孤征他國興，依依惜別此時情。還應重念千年譜，莫滯浮蹤萬里程。儻與澧陽通問訊，好將此語寄遥聲。先叔祖尚固公派下子孫客寓武岡、澧州兩地，今澧州久不相聞，故句中及之。

題林生問學圖詩二首

瓊州林生汝御特過螺川問學，將別，寫此索言，予願索我於形骸之外，率爾成句。

像從寫出已非真，況復寫成不相肖。若憑此紙説傳心，誰云着相能觀妙？

其二

別有本來真面目，乾乾惕若是心精。珍重林生須密契，直於海外見墻羹。

贈王明宇詩二首[一]

天地本至仁，生人資並育。萬靈佐化工，寧忍恣淫虐？云何日者言，多忌防犯觸？諸神秉殺機，逢之立傾覆。倘以加善人，造物何其酷。豈宜不善者，巧避還蒙福。敬以問王君，此理誰能燭？

其二

王君蚤治經，儒學夙通徹。已乃讀父書，五行精所擇。據理推象緯，自是超凡術。吾嘗叩其言，審諦極詳密。願君普勸諭，爲善可獲吉。勿徼非分福，造物無差忒。以此道陰陽，庶幾符大易。

病中悼亡兒念孤孫遺懷二首

老病經年冬復春，虧盈常理未須嗔。千生如幻了非實，萬劫長存別有真。夢裏逍遥占後

〔一〕《友慶堂合稿》卷七「古詩」有載，並注爲「庚子」（一六〇〇）。

果，悟來沖漠是前因。呱呱在抱知成否，人力難施付大鈞。

其二

宇宙孤蹤亦自憐，敢隨塵境漫憂煎。天親真愛誰能割，人世良緣未易全。直須洞照形骸外，一任神栖造化前。證入普門齊攝受，他年法眷總無邊。

周生日嚴別歸詩以致勉[一]

宇宙一大事，所嗟知者希。誰能舉一念，於此問路蹊。鈍根吾自愧，況復年已衰。徒以平生力，豹影聊管窺。未遇同心人，開口難竟詞。周生忽遠至，青年負英資。静探徵雅志，切問占潛思。天禀幸清淑，願言慎所之。及時當惕勵，勿爲塵所欺。中庸尚絅章，示我入道基。

書寫真梁紹東卷二首

至人别有真，墨妙誰能寫？欲識世外姿，還歸知道者。梁君擅絶技，落筆奪天巧。試問塵

[一]《友慶堂合稿》卷七「古詩」有載，並注爲「庚子」（一六〇〇）。

寰中，亦遇至人否？遇之傳其神，不在毫楮間。我願窺奇蹤，萬古開心顔。

其二

梁君爲我寫衰容，見者人人稱絶類。幻影空留未足言，君當索我形骸外。

送祜姪往湘陰詩二首

吾家弟侄客楚者多矣，恐久戀他鄉，竟忘先人故地，兹祜姪行，口占小詩，致予望還之意云。

吾家自有千年譜，湘邸聊爲逆旅遊。重念先人根本地，應思歸計莫淹留。

其二

祖遺丘壟纍纍在，每逢霜露一悽然。高堂華屋他鄉客，好將一酹慰幽泉。

題楚山雲望卷

爲李一吾丈之曾祖，奉父命代從弟死，已而改戍赦還，客死荆州，子孫不知其葬處。

愁雲迷楚望，荒塚正纍纍。孤魂不可問，空遺百世悲。卓哉孝友心，神明恒護持。天地爲蓋藏，吉壤良在兹。何必返故丘，然後慰所思？不亡者斯存，舉目如見之。曾孫學希聖，先德益光輝。信哉世濟美，昌祚復奚疑。天常萬古在，炯炯日星垂。

題蕭節婦册

淡江蕭節婦，予族姑也，年二十五失所天，矢志不二，貧苦撫孤，竟以成立。今年近八旬，予聞而起敬，特附短韻於諸名公篇章之末。

節義本天秉，人類同得之。世鮮奇男子，全歸者誰歟？束髮掀長髯，往往愧裙襦。彼託閨中質，乃稱女丈夫。堅貞出至性，辛苦成孤雛。食貧兼禦侮，金石志如初。白首竟全節，柏舟今古符。佇看綸褒下，庶以風州閭。

題蕭節婦册

三溪歐陽先生道德行義，後學宗仰，其儀刑於家，子孫既多賢者，復聞其孫女歸蕭，年二十一而孀居，遺孤始生數月，乃能矢節不二，且遭值多艱，翁歿而姑難事，尤以孝稱。今年屆五十。予因歎先生遺教垂芳之遠，輒書拙句附於册末。

柏舟持節古稱難，況復家逢百舋端。穉子嚶咿愁待哺，高堂嚴重懼違歡。當年茹苦身今老，此日留芳節已完。懸知祖德徵閨範，佇俟綸旌下禁鑾。

書安福徐貳尹册 諱俊，浙會稽人

凡名邑爲令者必出甲第，彼有勸於前，故其自樹也爲易；若丞簿往往出胄監曹掾，則以無所勸而自待輕者多矣。惟我朝名臣況公出曹掾，官至郡守，功業著于史册。然則人貴自立耳，他途豈足爲賢者限哉？今吾邑貳尹紹野徐君，發跡曹掾，而廉潔仁明，正直不狥，剔弊而釋冤，捐俸而輯圮，勤事而戢下，擇賢而取善，邑人誦聲載道，是可敬仰也。予老於螺川，未及識君，第聞其賢而賦之。

即占科第未爲珍，所貴真修在立身。舊聞況守能專美，今見徐丞亦邁倫。瀘浦已傳芳政久，螺川遥聽誦聲頻。願言砥德期無倦，留取清光照萬春。

題對月遐思册 爲永新尹以極作

山中清賞偏宜月，此夕惟君獨愴然。至情未許凡人識，永慕還應智者傳。榮沾天上恩光重，善養慈闈福壽全。更願勉旃崇聖學，立身行道是真詮。

題節壽遺範卷詩 爲劉東野祖母節婦胡氏作

古來節義傳青史，何事於今罕所聞。即受冠裳爲士者，猶慙抗志追前賢。寧知脆質處深閨，冰霜凜冽誓自持。銜哀之年纔十九，有兒初乳嗟其悲。艱危此際誰能堪，獨厲松筠歷歲寒。寸衷百折終無改，信哉金石非全堅。一線之脈延宗祀，晚看家祚方隆起。貞風慈誨兩有成，煒煒芳聲播閭里。九原持以報夫君，幽魂允慰在玄扃。八十餘齡稱節壽，慶貽世胤列奇英。天酬完節乃如斯，還期旌詔下彤墀。採風會有周爰使，山謠聊續柏舟詩。

書螺鷺懷清册 并引

昔懷川龔侯涖治吾盧陵，適鶴皋周公爲郡守，皆以清節慈仁覆庇下民，賦無羨徵，訟無濫罰，官署蕭然如禪室，閭閻婦子熙熙然咸樂其生。邑人慶其有遭，爲稱唐人之句，以歌詠之曰：「湘潭雲淨暮山出，巴蜀雪消春水來。」蓋以周爲湘人，龔爲蜀人也。及去任，士民勒石頌德，抵今三十餘年，追憶之不衰。乃予耄矣，病卧山齋，忽有持《飾篚亭草》示予者，覽之則知龔侯誤被人言，構亭以表素心，而諸名公爲之題詠者也。吾邑諸仕紳聞之，相與咨嗟而竊歎曰：「彼不知我侯而有言，獨不聞侯昔治吾邑之政哉？」予謂：「君子之砥節飭躬，凡以自慊耳。求全之毁，孟氏固已言之。在内省無疚者，自綽然有餘，宜無暇介然於衷而汲汲焉以自白爲也。我侯夙負高朗，將以獨立不懼、不見是而無悶之學，直希聖軌，吾儕亦何庸以世俗之情爲侯辨釋哉？」諸士紳曰：「雖然，侯則何恤於斯？顧吾邑人食舊德者，自不能已於言也。」於是人各占一詩以附《飾簠亭草》之末，具録於册。而瀘瀟劉君題曰「螺鷺懷清」，予乃僭書鄙見以引其端，并感述三首。

志士勵冰蘖，吾道固當然。但推噱蹴心，千駟等豆羹。真性本天植，寧受外物牽。詎云徼聲譽，亦豈避譏嫌。金石矢不渝，庶以畢歲寒。

其二

白璧不可玷，青蠅徒營營。矧伊高蹈者，超然世外心。把炬擬燒空，於空何損增。所以古賢哲，坦蕩無戚欣。握蘭自幽芳，群猜奚足論。

其三

不知何必愠，止謗貴無辨。龔侯秉特操，螺水留清鑒。四年臨士民，孤潔非外衒。迄今垂三紀，父老尤勸念。邑亭勒遺愛，永爲來者勸。願侯起台鼎，海宇瞻真範。

歐大初以形家術遊郡别歸安成贈詩[一]

豪家選勝偏難遇，野老無心獲吉藏。信知徼福非人力，直緣種德自鍾祥。莫訝山川深秘惜，神寔司之寧可測。何如念念積陰功，地靈應授儲真宅。歐君挾術獨稱奇，名公倒屣争迎之。好勸人存方寸地，密移造化此其機。

題泰和劉孝子春魁册[二]

先聖稱至德，必以孝爲先。舜孝其至矣，竟以精一傳。精一孝乃純，此理還誰識。希舜如有志，視此爲標的。劉生信賢哉，卓行足風世。但充希舜心，至孝塞天地。

爲鄒彭李三君賦述

鄒坦泉、彭雲亭、李瑞南三君修葺復古，卓著賢勞，侍御瀘水先生亟稱之，敬爲賦述，以

[一]《友慶堂合稿》卷七「古詩」有載，並注爲「甲辰」（一六〇四）。
[二]《友慶堂合稿》卷七「古詩」有載，並注爲「甲辰」（一六〇四）。

示勿忘。

復古昔年開道院，士風民俗頓還淳。文莊往矣儀刑在，遺教流芳久更新。歲歲儒紳頻集會，顧瞻棟宇嗟頹敝。幸仗聞孫侍御君，獨承家學振其世。萃材經始躬督之，臺憲邑侯欣助施。高堂傑閣增宏麗，翼然鳥革兼翬飛。講筵重啟當春暮，八百士人聯盛聚。洗心肅聽金石鳴，斯文正學古昌熾。人稱侍御功何偉，侍御尤遜三君子。坦泉孝行夙有聞，雲亭雅量咸推美。瑞南束躬慎步趨，三君並以賢聲馳。況乃協勞董茲役，殫精畢慮真忘疲。惟茲道院屹已成，芳名不泯歸三君。三君之功曷以酧，漫託毫素揚清芬。正學千年傳復古，三君永譽垂來今。

題新淦謝母尹孺人壽册 謝生堯言母

謝生雅抱忠信資，頻過青螺款我扉。問學每知崇實踐，聽言終不涉多岐。今年夏仲諸友集，敬業堂中共晨夕。心心相質真切磋，謝生亦來依講席。我聞謝母夙稱賢，徽音淑譽宗閭傳。年躋七袠神彌健，歲晏獻祝開賓筵。謝生歸矣奉萱闈，但將善養供歡娛。無忝所生宜自勗，式彰慈訓芳聲馳。持此祝親壽千百，謝生應不愧吾詩。

曾友廷玉功在西原小詩述贈 有序

予自隆慶壬申歸田，聯郡中士友，以正學相切磋於西原舊矣。其初僅會於佛殿，萬曆戊寅，予同年憲副少龍賀君倡諸友斂金議創會堂，未究厥志。至癸未，同年大參蒙山陳君始建求益堂于佛殿之左，廊東向，顧堂小而室數椽，未足容衆也。丁亥，予偕諸友集費建體仁堂於佛後殿之左，南向。癸卯，少龍年丈之弟、郡丞賀汝定復倡諸友集費建敬止堂於佛後殿之北，南向，則堂敞而室亦備。蓋三堂壤接而居連，廚次器用悉備，稱郡中一大儒宮勝地矣。總題曰「西原會館」云。惟兹體仁、敬止二堂之建也，僉議必得忠信端慎、勤敏而明練者以督其役，庶費無濫出而工可程期，規制有體而纖密具周。於是，諸同志翕然舉曾友廷玉以當其任。乃廷玉至，則兢兢焉殫精畢志，真能視會事如其家事，支費必覈，度材必審，區畫有式，工役有稽，外堅緻而中修飾，不踰時而成輪奐。凡遠邇來會，登兹堂而止於兹室者，莫不歎廷玉之籌慮縝詳，而勞績之卓著也。蓋廷玉本之以真誠，而又釋置家務，無問寒暑綜理於其間，故能成功如是。且廷玉每歲躬察會租之入，兼攝會事之繁，一一需用之具，必經其手，其有功於西原之會甚大矣。諸同志咸謂予曰：「是宜一言以嘉乃績，且俾郡中士友永念廷玉之賢，而積勞其不可忘也。」予乃敬述其事，繫之以詩曰：

西原秀出螺水濱，斯文炳蔚集群英。遠宗孔孟近周程，越中繼緒垂來今。吉人願學何彬彬，尚友千古締新盟。顧兹義聚良匪輕，後先堂宇宜經營。執事之敬惟曾君，偉哉勞績衆所欽。西原永永傳芳聲，吾道日月瞻重明。

送郡侯具茨毛公北上

郡侯具茨毛公陟儀部北上，康生士元謁予手筆識别，率爾成句。

幾年郡署挹清光，瞻對雍温道味長。春陽已見迴幽谷，干旄時枉到山莊。九重特簡初趨闕，萬姓遺思漫倚棠。老我不禁頻佇望，還期尺牘遠貽將。

題郭孝子册 郭名九德，安福蕉溪人

郭君孝於親，劉君紀其行。匪以譽郭君，將爲世道勸。郭君吾未識，直據劉君言。傾貲更割膚，真爲人所難。倘非根衷誠，襲取誰能然？佇俟特詔旌，庶以風閭閻。抑聞曾閔孝，力學乃歸全。曷以告郭君，勗哉師前賢。

追憶族弟東池因示秀姪

長憶當年敦族誼，東池於我獨情親。道重惜陰同結社，約期善俗共聯盟。議修總譜倡尤力，歲寒首事躬揮筆。草堂小構開誠心，捐金助我彌欣切。廣仁全帙予手編，内典常披起信篇。懇題亦樂兼諭族，君皆入刻付流傳。平生大義屹自持，吐詞侃侃無偏私。愧我衰殘思寸樹，賴君勁直匡維之。筮仕嘉禾初惜别，卑棲擬展淩霄翼。哲人遽萎衆傷嗟，寧獨予衷倍悽惻。撫今念昔不勝情，宇宙悠悠成永隔。

勉族侄秀孫

孟子稱亞聖，六一爲名臣。幼齡皆失父，力學竟大成。我聞秀侄資，聰慧夙所秉。立志宜遠大，孟歐即前鏡。誦讀貴專勤，容止在端飭。孝親兼悌長，謹信防愆忒。學成身自尊，庶以光先人。我沐而翁愛，注念良獨殷。耄言愧迂淺，或可助高深。

偶述[一]

水盈必洩，日中必昃。木拱必枯，帛陳必裂。春至冰銷，薪盡燼滅。萬有非堅，數窮斯畢。蕞爾幻軀，虛空聚沫。暫有還無，吾何與力。一任化工，何欣何戚。前億萬年，後億萬劫。逍遥自然，惟變所適。逝者如斯，綿綿一息。

漫筆[二]

煖後花妍，霜前木落。陰霾夕昏，日光晨旭。快覩祥雲，愁聞災眚。往復平陂，空勞欣慘。入夏乍寒，近冬驟熱。頃刻變幻，誰能逆測。幾年童丱，轉盻鬢皤。浮名寂寞，荒塚嵯峨。萬古如斯，何足詫異。嗒然忘我，庶幾真際。

〔一〕《友慶堂合稿》卷六「雜著」有載，並注爲「庚子」（一六〇〇）。

〔二〕《友慶堂合稿》卷六「雜著」有載，並注爲「庚子」（一六〇〇）。

友慶堂存稿卷之十一

公移

一件議處操練民快事

福建按察司整飭兵備、分巡漳南道僉事王爲議處操練民快事宜以備攻守事。照得汀、漳二府各縣額設民快，每名每年給工食銀七兩二錢，傳爲固守城池，遇警調用而設，承平日久，武事不講，民快空有其名，坐糜工食，控弦發矢，曾無一技之能，脱有緩急，何所倚賴？亦安事竭民脂膏，養此無用之物哉？嘗竊思之，民快之不精由於教習之未至，教習之鮮效由於激勸之無方，且上之人欲人之趨乎此，必有術以誘之；欲人之不爲乎彼，亦必有法以督之。故能轉弱爲强，化怯爲勇者，機在我也。今者民快在官僅同廝役，雖行操練，略無賞罰，彼固以爲工食可以徒手取也，亦安事武哉？平時既不講武，一旦有警，又不得不驅而用之，此真不教而棄民，其亦可哀也已。本道猥以凡庸，初備任使，深惟地方之計，日夜焦勞，竊以爲民快之中壯健可教者尚多，上之人苟持其柄而鼓舞之，當必有可觀者。然亦不必益財而增費，惟即其應得工食之中，微寓餼廪稱事之意，則激勸之道斯存矣。爲今計議合無，自嘉靖三十五年正月初一日爲始，行令各縣，將民快工食盡數徵收在官，不許各役自行取討。除巡捕官時常操練不論外，每月終，該縣掌印官親臨操場，將各民快逐一比較弓箭，其遠以八十步爲準，其發以九箭爲率，但能中一箭者，即將本月工食如數支給；其中二箭以上者，除本月應得工食准支外，二箭者加賞銀一錢，三箭者賞一錢五分，四箭者賞二錢，以次增之，至九箭全中，賞銀四錢五分。若九箭全不中者，即將本月工食盡數扣除，其給賞之銀即於扣除銀内支用。該縣仍置立稽查扣支工食，循環文簿送道，用印鈐發。每於比較次日，該縣將扣除過無箭民快銀若干内支出給賞有箭民快銀若干，尚剩銀若干，備開在簿，送道查考。本道隨將簿籍倒給，仍照所報有無中箭等第、該扣賞銀數目給示，回縣張掛，使各快通知，以杜他弊。其剩銀貯庫，如後月扣除數少，不彀給賞之用，即將前月剩多者通融支給，該縣不得將此剩銀别項支用。如一二年後，武藝漸精，應扣者少，應賞者多，則給賞數目自可酌損，臨期變通，聽本道再議。呈奪如此，庶各役知工食不可以徒取，武事不容以不習，藝精者見利而益勸，藝劣者畏罰而思奮。在官無額外一錢之費，而可以獨運其激勸振率之權，其於武事或亦不無小補。本道未敢擅便，合就呈詳。嘉靖三十四年閏十一月　日呈。

南贛軍門汪批：民壯乃在官身役，食費皆在民之膏脂，坐糜若直徒諉無兵可用，則當事者習其法而不察焉之過也。據呈民壯食費寓激勵振率之權，所議極爲明悉。查昔前院陽明王公鎮臨之始，令也行之，存乎人耳，古今豪賢所見，固有不謀而同者矣。即便查照施行。此繳。

巡按福建監察御使胡批：據處周悉，即如擬行，屬查照施行。繳。

一件操練軍士事

欽差整飭兵備兼分巡漳南道、福建按察司僉事王爲操練軍士事。照得國家制法，民出財以養軍，軍出力以衛民，承平日久武事不講，軍士空糜糧食，較其技能反出凡民之下。及地方有警，當事者又懼軍之不足用也，則往往調客兵、募壯勇以從事。是民既出財以養軍於平時，又出力以代軍於鋒鏑，弊亦極矣，尚可坐視而不爲之所哉？爲此仰抄案回府，着落當該官吏照依事理，即便轉行所屬汀州、漳州衛，上杭、武平衛，龍巖、南詔二千户所，備將後開事宜一體遵照着實舉行，毋得違錯不便。抄案依准，並具行過日期呈來。

計開：

一、軍士舍餘除常操不論外，每遇二、五、八、十一月，以初三日爲期，該府縣掌印官督同清軍捕盜管糧官併該衛所掌印管操官，親詣操場，將各軍士舍餘逐一比較弓箭，但能中一箭者，即將本月分米或銀如數支給，其中二箭以上者，除本月應得米或銀准給外，二箭者加賞米一斗或銀五分，三箭者賞米二斗或銀一錢，四箭者賞米三斗或銀一錢五分，五箭者賞米四斗或銀二錢，六箭者賞米五斗或銀二錢五分，七箭者賞米六斗或銀三錢，八箭者賞米七斗或銀三錢五分，九箭者賞米八斗或銀四錢。若九箭全不中者，即將本月分米或銀盡數扣除，其給賞銀米即於扣除銀米内支用。

一、舍人餘丁若遇歇班月分不必比較。

一、步弓闊二尺五寸，以八十步爲度，把子高九尺，闊五尺，俱照依發去尺式製造。

一、比較過次日，照依發去告示，填寫各軍舍餘有無中箭姓名，應支扣各若干數目，送道用印鈐發，該衛所張掛，仍收在縣，季中類繳。

一、各府縣置稽查支扣軍士舍餘月糧文薄一扇，每於比較過次日，照依發去式樣填寫，分别舊管新收，開除實在銀兩數目，送道查驗發落。

一、軍士舍餘鎗、鈀、牌、銃、拳、棍、弩、手等藝，能兼者聽，不能者勿强。但令人人習射，每比較，止據射以定賞罰。

一、軍士舍餘應支銀米照常逐月放支，不許出初旬之外。俱該府縣官親自給散，各軍支領，衛所官不必經手。

一、衛附府者，府官會同比較；所附縣者，縣官會同比較。

一、該府縣將發去案驗刊刻小票，預散軍士各一張，庶使通知。

一、發册式、告示式、尺式。

嘉靖三十五年正月　日。

一件查革無名供應事[一]

福建按司整飭兵備兼分巡漳南道僉事王爲查革無名供應以肅官守事。本道近於嘉靖三十四年閏十一月十三日赴上杭縣新任駐劄，據該縣呈送鋪陳什物、心紅紙劄、廩給下程等物，問其出辦所由，輒云科派取給。本道竊爲赧然汗下，即日已經卻出未受。隨行該縣備查本道原額各項供應事件，據呈報數目前來，乃知先年相沿廣立名色，多方支取，其數甚繁。其始也，止是供送合用之需，其後也，遂致折取剩餘之價。有司惟知循舊，公然解銀赴道而不以爲嫌。前道偶未深察，亦公然收銀私帑而不以爲過，蓋實非前道取予之未嚴，良亦由積習相承之有失。本道乃矍然駭懼，自念叨冒常俸公廩已足養廉，日用一切供給惟當自捐俸廩買辦。此外一芥即爲不義，況其多乎？除已行該縣禁革外，緣照宿弊積污，非奉本院明文，永示遵守。誠恐典憲未昭，

[一]《復真書院志》卷六《王塘南先生語録》載有《詳革分巡漳南道陋規》，注：「嘉靖三十五年二月　日呈。」

弊源潛伏，非惟本道事體終涉穢濁，抑慮有司依違或啟遺奸。合行呈請鈞裁，批行嚴禁，庶本道不爲矯强於一時，而成規遂可不刊於悠久矣。爲此理合備由開款具呈，伏乞照詳施行。

計開：

一、廩給。查得本道每日原有本等廩銀三錢，則此外一粟一蔬，不宜他取。厥後不知起自何年，輒將廩銀全解。此外又令里長出辦小菜，除量收外，每日折銀五錢，計一年，共該銀一百八十兩。又每月令馬首出辦食米，計一月六石，除量收外，每石折銀一兩二錢，俱解道，深所未安，合無嚴禁。今後本道日用米菜下程，止許該縣就於廩銀三錢內支買送用，逐日領取。本道刊給米菜數目小票，照數買畢，仍填用過銀數在票，每月終繳票查算。除支用外，尚剩廩銀若干，方許扣解。若本道出至外縣，則上杭廩銀應合停止，所有家累在衙，聽本道將俸銀或餘廩發縣支買送用，回日查算。所至本屬各縣，一如上杭查算扣解之例，不許再令里長、馬首供應。其折解米菜價銀盡行查革，庶得明潔，伏乞鈞示。

一、心紅紙劄、油燭柴炭、内班門廚皁隸食費。查得本道誌書内開，原議定於上杭雜用綱銀内買辦，厥後不知起自何年，將油燭柴炭、内班門廚皁隸食費俱令里長供應，其心紅紙劄雖係綱銀内動支，但又以五日一送，每次該紙銀一兩三錢七分，計每月共該銀八兩二錢二分，除量收紙外，餘銀俱解道，深所未安，合無嚴禁。今後本道合用油燭柴炭及内班門廚皁隸食費，俱查照誌書内原議，於雜綱銀内量支買用，不許再令里長供應。其心紅紙劄，除本道見駐上杭缺紙，則取用。若有用剩紙銀，該縣收庫作正支銷。如遇本道出至外縣，則上杭心紅紙劄悉免辦送。其折解餘紙價銀盡行查革，庶得明潔，伏乞鈞示。

一、卓圍。查得本道每年上杭里長辦送卓圍，春夏二次，每次折銀一十六兩計，一年共該銀三十二兩，俱解道，深所未安，合無嚴禁。今後本道除卓圍果甚垢敝，許該縣量支官銀置造。若舊者堪用，即免辦送，不許再令里長置辦。其折解卓圍價銀盡行查革，庶得明潔，伏乞鈞示。

一、皂隸。查得本道每年上杭縣徭編皂隸一十八名，除見在雇役十一名外，尚剩六名。每名每年該銀一十二兩，通共該銀七十二兩，俱解道，深所未安，合無嚴禁。今後本道皂隸，除嘉靖三十五年已編一十八名，合將多餘之銀行令該縣徑自收庫，作正支銷外，自嘉靖三十六年以後，止許審編一十二名，不許多編六名。其折解皂隸價銀盡行查革，庶得明潔，伏乞鈞示。

一、抄案吏。查得本道所轄汀漳二府，長汀、龍溪等十六縣，每月輪撥吏三名赴道抄案。其初止令書寫，厥後不知起自何年，輒令每吏一名納銀一兩二錢，即將本吏放回，計每年通共該銀四十三兩二錢，俱解道，深所未安，合無嚴禁。今後本道文案止用原跟吏書謄寫外，不許各府縣再撥各吏赴道，冗濫無益。其折解抄案銀盡行查革，庶得明潔，伏乞鈞示。

一、水面銀。查得上杭原立布牙，蓋爲平市價、便商民而設，厥後不知起自何年，輒令布牙每年納水面銀二十兩，俱解道，深所未安，合無嚴禁。今後上杭布牙所取牙錢，合行該縣量爲酌定則例，不許仍藉水面名色多索以病商民。其折解水面銀盡行查革，庶得明潔，伏乞鈞示。

一、店面銀。查得本道原有官地竪造店房賃民居住，每年納賃銀，共該二十兩解道。竊照前銀係是賃直，固難豁免，但以之解道則非矣，深所未安，合無嚴禁。今後本道店房行令上杭縣徑自聽民賃住，如數納銀貯庫作正支銷。其呈解店面銀盡行查革，庶得明潔，伏乞鈞示。

一、吏書廩糧。查得本道原額跟隨吏二名，每日各該廩給銀一錢二分，書手每日共口糧二分，每分該銀六分。竊照前銀原爲吏書日給而設，厥後不知起自何年，輒將各役廩糧銀全解，其日給小菜食米，又令里長、馬首各供應，深所未安，合無嚴禁。今後本道除出至外縣之日，則本道廩給自可兼供吏書，許該驛將吏書廩糧銀全解外，如本道見駐上杭，則吏書日給米菜等項，俱令該縣就將各役廩糧銀内支買送用，每月終一體查算。如有剩銀，方許解給，不許再令里長、馬首供應，及仍前全解，庶得明潔，伏乞鈞示。

嘉靖三十五年二月　日呈。

巡按福建監察御史吉批：據呈見該道約己裕民，肅政維風，其流溢浸漬之餘，不直一路之濡沐已耳，詫仰詫仰！可即開示所屬，使科派之弊無緣而滋，相觀之化有感而孚矣。繳。

南贛軍門汪批：所呈乃嚴義利之辯，慎理欲之坊，省費不止於一分，賜民何啻乎百倍？況不惟自淑，思以昭來，斯尤俱立俱達之真體，仁賢之心有不容已者。即行所屬悉知，以廣靖共之風。此繳。

一件查革重大積弊事

福建按察司整飭兵備兼分巡漳南道僉事王爲查革重大積弊以肅官箴、以蘇民困事。照得本道所轄汀州府在山谷榛莽之區，爲八閩垂盡之境，雖版籍隸在中州而荒阻寔同外服，以其去會城最遠，遥瞻本院憲威，尚似未甚切邇，故郡屬下僚末吏，廉潔自愛者固有，恣横殘民者尤多。譬則往鼯穴伏，穿窬宵遊，掩人不知，寵賂特甚。蓋非啻今日爲然，寔亦由相沿已久。官府朘剥民脂，動稱原有常例，公科擅取以爲當然，致使傜户上役無不破家，道路哀號，莫由控愬。其中亦有賢者，或心悟其非，因循而不能違衆；或矗遏其流，患本終難於盡除。至於瑣猥自棄之流、饕餮不檢之輩，則或踵弊而樂遂其私，或因舊而復增其數，民窮盜起，政紊法乖，此大亂之道而不能一朝居者也。除近行該府將各項宿弊概行裁革外，緣照合郡之吏治積污，一方之生靈久困，幸遇本院按節之伊始，寔群吏祇承之一初，合行呈請，明示嚴禁，該府縣官吏，除已往許令改圖外，今後如有仍踵前習、恣情黷貨者，本道廉實坐贓參呈，庶俾維新之風再覩，偏壤之民蒙賜矣。爲此理合備由開款具呈，伏乞照詳施行。

計開：

一、庫役之害。查得汀州府原設慶豐庫，收貯錢糧，年編庫子看守。今該府重大差徭極爲民害，莫有甚於慶豐庫子者矣。蓋以該府官一切私衙用度，公堂賀贐，餽送酒席紙張，置造器皿首飾，買辦布段金扇金花表禮，或以各府酧答爲由，或以上司問安爲名，每月花幣何啻二十餘副？又有菜銀紙銀等項名色，每供下程一副，輒至費銀數兩，小民但充斯役，必致傾産蕩業，所不忍聞。各縣倣傚，流毒無涯，應合嚴革，伏乞鈞示。

一、門役之害。查得汀州府有支應門子，凡本府官買辦小菜、油燭柴炭，甚者製造什物，打發匠作工錢，安排酒宴，皆出自門子。又各官接受里甲之物亦發與收領，責令納價，故鄉人懼編此差，飛詭之弊日滋，應合嚴革，伏乞鈞示。

一、斗級、倉夫之害。查得汀州府縣管糧官但斗級到倉，每正副一名，取拜見銀四十兩，以至公私用度、賀贐酒席花幣之類，亦如慶豐庫子之例，一切取諸斗級，及收錢糧官復受賄，不行曬晾，以致虧折，仍累賠補，苦不可言，應合嚴革，伏乞鈞示。

一、該徵之害。查得汀州府縣收糧官取各該徵拜見銀兩，姑論長汀則每名五兩，五十里則二百五十兩矣。每石常例六分，萬石則六百兩矣。併開倉使費，每年何止千金？掌印官知此而分其所得，故積弊久而未革也。民每懼此，喜于納銀。後雖議改，徵銀常例索取如故，民困何時可已？應合嚴革，伏乞鈞示。

一、禁役之害。查得汀州府縣每年禁子上役送常例銀，如府則禁子三十名，送掌印官六十兩、理刑官三十兩，以致司獄、刑房、吏書亦不下數十兩，各縣援以爲例，應合嚴革，伏乞鈞示。

一、里役之害。查得汀州府縣官每日私衙供送下程、造辦器物及一切酧答酒席禮儀、撥處長夫盤纏等項，名色不一，動輒出票科派，里長但知奉官府之票，甲首但知應里長之求。官派者一而私費者十，小民茹苦，莫知所謂，日侵月剥，漫無紀極，應合嚴革，伏乞鈞示。

一、牛判之害。查得汀州府縣，凡民間宰牛，輒赴掌印官告明，納銀一兩，在官准令宰殺，名曰牛判。或掌印官有所陰厚之人，輒令宰牛之家赴彼納銀討帖來告，亦准給判。竊照宰殺耕牛，律有明禁。除真正倒死，許其聞官相剥，豈有收銀給判之理？矧又推此與人以市私惠，甚屬有違，應合嚴禁，伏乞鈞示。

一、饋送之害。查得汀州府縣每於上司新任，或俗節除歲及慶賀問安等項，輒買辦金花紗段、改機絲布、牲牢酒果，廣購異品珍物饋送，及至上司卻出不受，則府縣官盡數收入私囊，且上下相臨，理宜迴避，豈容筐篚相通？非惟小民受供辦之累，抑且官府敗清肅之規，應合嚴禁，伏乞鈞示。嘉靖三十五年二月　日呈。

南贛軍門汪批：所呈八害的的時弊，切切民恫，政紊法乖，民窮盗起，治其末何如培根？

遏其流豈若澄源？ 依款通行所屬，仍刊示俾知舊染維新，違者廉實來聞。此繳。

巡按福建監察御史吉批：朝廷設官爲安民計，非欲其藉寵榮庇貪恣也。如該道所呈，皆民之隱害，蓋取者爲常例而略不知恥，供者爲故典而恬不動意，上行下效，日浚月剥，民奚不窮？欲地方之無虞也得乎？ 凡此不直汀州一府爲然，其餘亦或不減也。除本院另行外，依擬嚴禁，如有玩縱故違者，照新例拿問，從重呈處。仍刊刻大字告示，令小民周知，俾各官常目之有警可也。繳。

一件議處紙贖以備儲蓄事

福建按察司整飭兵備兼分巡漳南道僉事王爲議處紙贖以備儲蓄、以安地方事。案照近據汀州府長汀等縣申，將本年四五等月賑糶過稻穀數目開報到道，查得長汀縣賑過五千六百七十石一斗二升，寧化縣賑過一千四百八十二石，上杭縣賑過三千四百三十五石六斗，清流縣賑過四千八百九石六斗，連城縣賑過一千三百七十石三斗，武平縣賑過一千四百二十八石八斗，歸化縣賑過二千九百九十六石二斗，永定縣平糶過六千一百四十三石六斗九升三合六勺。該本道看得長汀等縣地方土瘠山磽，産穀不多，每遇小潦小旱，百姓即枵腹告饑。今歲之被水患，猶幸倉穀素積，隨施賑糶，民得不死。但計賑糶數多，各縣倉廒率皆空竭，來年豐歉之事，未可預卜，萬一臨饑無措，良足深憂。除原糴收銀在庫者，似應行令趁時買補，然猶不足以實原儲之數，合行議處。切照各縣追收紙贖原爲買穀之用，近來盡數追銀，不惟儲蓄無裨，抑且侵費難免。合無議將自今以後，每年七月起至十二月終，長汀等縣紙贖通令追穀入倉備賑；正月起至六月止，姑仍追銀在庫聽用，如此庶百姓秋成之後納穀爲便，而官又得以實儲春作之時納銀爲便，而官亦得以備用，似爲官民兩利，豐歉無虞。再照山谷愚民徒知目前，不思遠計，每值新穀一登，恣意狼籍，或低價發糶轉搬他境，官府禁止爲難，故雖豐稔之後，亦易阻饑。若官爲及時以納贖收之，似於地方不無小補。本道未敢擅便，擬合呈詳。

嘉靖三十五年八月　日呈。

巡按福建監察御史吉批：據呈見便官便民，且徵遠計，依擬仍移文各道，查照通行。繳。

一件議處防禦以安地方事

福建按察司整飭兵備兼分巡漳南道僉事王爲議處防禦以安地方事。嘉靖三十六年四月十二日奉欽差提督軍務兼巡撫福建地方都察院右副都御史阮案驗款開，「分巡漳南道於汀州府縣衛所選練軍民兵共一千名，衣甲、器械、操練、犒賞、祭祀、火藥、旗幟、金鼓、哨探等項，該道量一年之費應該若干，即行該府所屬縣分於概縣丁糧内照數均派。機兵每日給工食銀三分，一年該銀十兩八錢。軍除月支正糧外，日給飯食銀一分」等因。依奉該本道查照各道定派則例，大約置造軍器該銀一千六百七十八兩七錢，加給工食該銀三千六百兩，犒賞、哨探、操練、祭祀、火藥等項該銀二千二百二十一兩三錢，通共該銀七千五百兩，已於本年九月二十日行汀州府，轉行各縣，於丁糧内派徵，去後未報。續該本道看得汀屬地方節遭寇攘，小民貧困已極，殊非他郡之比，若復加此額外科擾，誠恐民不堪命。及查前項置造軍器，似可查將原蒙巡按福建監察御史吉批允：「優養精兵以保障地方事，已徵見貯上杭庫銀内支用，其機兵與軍雖係選練，未經出征，不爲甚勞。彼既有本等工食月糧，似不必另行加給。至於犒賞哨探等項，亦可姑俟用兵之日，臨時計處，似不必預爲派取，徒增煩擾。隨於嘉靖三十七年正月等日通行汀州府長汀等八縣，將前項銀盡數停止，免行派徵外，但未經呈詳。」

巡按福建監察御史樊批示：恐後無憑遵守，合無候呈詳允日，將前項團操軍民兵一千名、軍器工食犒賞哨探等項事宜，姑如議施行；其前項銀兩備行汀州府縣盡數永爲停止。本道未敢擅便，合就呈詳。嘉靖三十七年三月　日呈。

巡按福建監察御史樊批：如議行。

一件優養精兵以保障地方事

福建按察司整飭兵備兼分巡漳南道僉事王爲優養精兵以保障地方事。案照嘉靖三十六年十月二十九日准，本司巡海道副使陶關蒙巡按福建監察御史吉批，「據該道會同守巡建寧、分巡漳南福寧等道呈議，各道精選驍勇一百名充爲親兵，遇有警急以備衝鋒間諜之用，每名議給銀三兩，置買盔甲器械，其操演花紅、銀錢米餅並差遣哨探等項，每名每年該銀五兩，俱於各道贓罰銀内支用。又每名年給工食銀十兩八錢，於所屬各縣丁糧内派徵」等因。蒙此依擬行繳，依蒙備關到道，已行汀漳二府分派各縣追徵工食，及行汀州府動支贓罰，俱經解上杭縣貯庫選募去後。續該本道看得汀漳地方節遭寇攘，小民貧困，非他郡之比，若將前項銀兩每年追徵，誠恐民不堪命。其本道驍勇一百名，似可於原練兵快内選充，不必另給工食，以省繁費。隨於嘉靖三十七年二月初五日通行汀漳二府，將前項銀兩盡數停止，免行派徵外，但未經呈詳。

巡按福建監察御史樊批示：誠恐後來無憑遵守，合無候呈詳允日，將本道驍勇一百名准於原練民快内選充。彼自有本等工食，不必另給。其前項銀兩，如已解上杭貯庫者，行令存留以備。原奉提督軍門都御史阮案驗議處防禦以安地方事，内開：團操軍兵一千名，置造軍器支用完日造册另報。其未徵解者，通行汀漳府縣盡數永爲停止。本道未敢擅便，合就呈詳。嘉靖三

十七年三月　日呈。

巡按福建監察御史樊批：如議行。

一件地方事

福建按察司整飭兵備兼分巡漳南道僉事王呈爲地方事。嘉靖三十四年十二月初二日奉欽差巡撫南贛汀漳等處地方提督軍務、都察院右副都御史汪憲牌，「前事仰本道官吏即將崇福寺設館移官等項事宜一一詢訪停當，或行或止，或别有經理，不拘成説，酌議停當，呈報施行」等因。奉此案查前事，先該前任本道僉事梁奉本院案驗，備行汀州府同知李仲僎，議於上杭縣峰頭市地方建立公館，每季輪撥巡捕官一員，選領上杭、永定二縣民快六十名防守，已經具由呈詳去後。今奉前因，本道竊念地方重事非可草率而定，若止依憑傳聞之言，附會道塗之説，漫不躬探目覩以驗其眞，博咨廣詢以審其是，深思長顧以要其終，恐徒啟一時舉動之端，又或非後來經久之策。隨該本道於嘉靖三十五年二月初四日親詣峰頭市，初六日徑入崇福寺各地方周覽形勢，兼察人情，信宿而後返。竊見峰頭市地方止是沿溪一徑，淺隘單薄，似非屯鎮之所。崇福寺地方寬平廣衍，設館良亦近之，然竊計此地事機終非設館可制。及觀山川環合，似於創邑爲宜。兼行咨問輿情，千口一詞稱便，然猶未敢遽決，仍行悉心查議間。本月十一日據上杭縣溪南里捕盜義民劉鳳爵、耆民張元渠、廖日聰、千長葛里生等連僉具呈，乞恩添設縣治以安生民事，「切見溪南僻在一隅，界連廣東程鄉大埔看牛坪、笙溪等處，諸巖虎穴之地，盜心常萌。嘉靖年間始因賊首江義、葛用貴等繼年作耗，撲滅之後，劉全等仍行東搆西出。時蒙前任梁僉事撫安，毋敢暫離，後因渠魁葉春魁等搔擾，狼煙相接，商賈不通，民若出外生理，輒疑新民，四方拒絶，以致困於死地。查得成化年間田心等處賊首鍾五等作亂，蒙鎮守太監盧統兵剿平，開設永定縣。正德年來，漳州大風障等處賊首作亂，蒙都御史王具奏，開設平和縣。嘉靖五年，廣東小鄭等處賊首作亂，開設大埔縣。至今民皆稱德。痛此三縣昔皆干戈之地，今爲文獻之邦。切思本里上通江漵，下達廣潮，四通八達，最爲險要。鳳爵等忝居捕盜，不辭萬刃之罪，只得備呈，乞照田心、大風障事理，設縣轉災爲祥。如蒙乞將上杭、永定等縣田糧户口多寡分扯，在於本里崇福寺地方奏建縣治，革故鼎新，則生民沾澤萬載」等因。本月十八日又據上杭縣通縣里老李宗憲、黄守富、唐堯儒、鄭譽等呈同前事，「切照本縣溪南里萬山稠密之所，相距縣治窵遠，以致管理不周，頑民相繼釀亂。先因賊首江義起釁，虽經撲滅，奈後兇徒踵接爲非，至今未息，誠恐將來不救必成巨患。查得本里崇福寺地方寬坦，山遶水環，堪設一縣，如蒙乞將上杭、永定等縣丁糧量撥湊建，則生民子孫受賜」等因，各到道案候間。本月二十七日又奉本院批，據永定縣申爲立新制、除亂本以圖長治事，准知縣許文獻議於崇福寺地方設縣緣由。奉批，仰分巡漳南道議報。奉此，又經遵行查議間。本年四月初七日又據永定縣里老張顯宗、蘇仲堂、闕槐、簡廷淵等具呈爲俯順群情，添設縣治以弭盜安民事，「切見上杭縣溪南里爲因地方曠險，官府隔越，以此頑民肆志，隣境俱受其害。先聞本道議築縣城，小民懽悦，近見未蒙速建，誠恐事久日遠，民害愈深。今查本縣原有疆界糧米，情願割建新邑」等因到道。隨該本道竊念上杭溪南地方山川僻遠，狐蜮潛萌，其爲汀漳二郡之患蓋已數十年矣。近奉本院矜憐赤子之無知，恫切一方之被禍，爰下設館之議於有司，德甚大也。本道庸愚，無所知見，仰奉憲牌鈞批，蚤夜畢精以思，及單騎躬入盜藪，既粗定一得之見，復博採士夫之言，又略分以諏民情之公，且虛心以探新民之意，已而詢謀僉同，咸稱塞亂之原，無踰建邑之計。本道乃僭不自揆，妄執不疑，請先自設館之未甚便者言之，而後建邑之便者可論也。何也？以峰頭設館言之，彼新民盤據，實在崇福左右，相距峰頭蓋將十里而遥，崇福在群山之中，峰頭在群山之外，若設館峰頭以制崇福，猶如鍼灼不中膏肓，此其無益者一也。如謂崇福之盜欲出，必由峰頭，以爲扼吭拊背，不知由崇福而東則可達松口以入廣，由崇福而西則可循中心坪以犯上杭。彼豈必盡趨峰頭哉？此其無益者二也。峰頭原係小徑，逼臨江滸，小店數家，茅椽僅蔽，若以捕盜官鎮之，築城則無地可建，不築則孤弱無依，將見官難久住，傳舍徒存。此其無益者三也。以崇福設館言之，彼新民者固素爲不馴，誠可憎矣。然豈能縶縛閉塞，使其老死崇福而不出哉？若謂縱其出入自如，則名雖設館，又將何以行其譏察之術？ 此其無益者一也。彼新民者耳目心志大略與吾民同，非若貴之苗、廣之猺獞化外而必不可服者也。以子民之官治之，則彼將轉而爲良，以捍賊之法禁之，則彼將恐而思亂。今崇福尚未館也，而新民已洶洶，偶語謂捕盗官領兵來，將殺己矣。此其無益者二也。且築彈丸之區，以一官領數百兵快在其中，必當思其作爲宜如何，欲安静以鎮之乎，則透漏必多；欲緝捕以制之乎，則事變可慮。且官兵爲内，新民爲外，彼此相疑，血脈不貫，彼必側目狼顧，惡我之居其穴中也，則我亦危矣。群數百之新民錮在深山之中，生理不通，惟强遏之曰不許出，外出則擒爾妻子，此於人情事理可能乎？ 此其無益者三也。夫峰頭、崇福設館之未便者各有三，若崇福設縣之爲便，則有九焉。縣令，子民官也，非捕盗官比。新民知上將撫養我不疑駭矣，一便也。崇福雖在深山，然東至廣之松口，驛路止三十里，西則可越永定而直抵上杭。惟崇福未闢，故廣杭商旅寧迂迴數日之程而後得達。若設縣則商旅皆取捷路，往來必多，荆榛之場遂成衢會，妖氛之氣自廓清矣，二便也。外人畢至，内險俱失，既免負固，兼之挑脚、開店、歇客、充牙之類，生理自廣，新民蒙利，三便也。有縣官則有生儒，有吏書，有門庫隸快。規制既定，漸次擇新民之秀者入於庠，壯者役於官。彼頑風可易，衣食兼資，四便也。彼新民其初百十人也，今且五百餘矣，若棄爲化外，將成劇患，以縣牧之，繁庶可知，五便也。崇福山中，粒米所需，必走市糴，兇狠固不容誅，饑窘亦當加憫，故設縣通商爲利之大，六便也。峰頭搬磯，新民動索多價，汀旅甚病，若崇福設縣，則此患不禁自消，七便也。新民未戢，故上杭、永定、龍巖、漳平四隣之境頻受其害，設縣則兩郡旁邑土著之民可晏然帖席以卧，八便也。且涓涓不塞，流爲江河，與其興師動衆於他日，費將十倍，假令俘馘有功，建邑之議尚在也，孰若先事薄費，暫勞永寧，九便也。大凡天下之事，創議者難，享成者易，狃目前之安，甘事後之悔，亦人恒情也。禍未發而豫議築建，誠爲多事而難從；變已成而旋議收拾，則雖易從而已晚。竊恐今議一出，疑者必多，故又輒預爲五不足疑之説，亦不得不先爲本院陳之。夫設館不增官，不具奏，其力易，建縣則時艱用詘，未識廟堂之計謂何，一疑矣。不知謀國者有數百年之計，有不終朝之計，則安將從？此不足疑也。上杭四十里，永定一十有九里，割之則恐二邑不支，二疑矣。不知析地分疆，理宜通融，未可膠固，已備行永定知縣許文獻細算，本道覆核，議將上杭多割以屬新邑，仍量分長汀、武平、連城丁糧以補上杭，在各邑不覺其割，在新邑已見其完矣。其數謹列於後，此不足疑也。闢城池、造公署，所費幾何；張官置吏，養生徒、蓄隷兵，歲費幾何，皆當熟計，非可漫然徒議建邑也。恐官帑有限，丁糧不敷，三疑矣。不知城制公署官吏人等，其視他邑自可倍損，已備委永定典史錢述親入崇福丈量估勘，及行知縣許文獻將歲費俸糧工食細算，本道覆覈，其數謹列於後，此不足疑也。崇福地方相距大埔之看牛坪密邇，恐新縣與寇爲隣，四疑矣。不知崇福、看牛坪雖號連壤，峻嶺崇山寔相隔絶，據險當關，控守爲易，且崇福之新民既靖，看牛坪之群盜益孤勢漸衰矣。但請念新造之艱，姑於峰頭暫委一官，量領兵快以爲聲援，數年之後，地方若寧，另議當撤，更請於看牛坪地方亦委官，量領兵快以相犄角，則兩境各安，此不足疑也。新民素稱獷悍，恐喜人怒獸，或非縣令之利，五疑矣。不知山澤頑民情狀亦多，非可盡視爲盜而永棄之也。大率終梗者必誅，革面者可撫，志在決裂者難服，志在草竊者易馴。勢已强而公然四出者當威以惕之，勢未成而名猶效順者可順而導之。今新民情狀，本道熟察，頗見一二，如使設縣之後，新民反噬，致不利於縣官，本道以身當之，此不足疑也。惟照事涉更張，理難輕躁，本道臆見之愚，雖粗自信，尤慎利一害十，揣料不周，伏望俯念一方生靈久遭塗炭，兩省壤界漸類蠻獠，乞賜鈞裁轉訪，如果事體不爲甚謬，懇祈獨斷，大造斯民。爲此將查議過築城設官、分丁撥糧事理開坐，併原奉鈞牌批申粘連具呈，伏乞照詳施行。嘉靖三十五年四月　日呈。

一件地方事

福建按察司整飭兵備兼分巡漳南道僉事王呈爲地方事。卷查嘉靖三十四年五月二十三日奉欽差巡撫南贛汀漳等處地方提督軍務、都察院右副都御史汪案驗内開，「查得福建上杭縣溪南三圖乃盜賊出没之地，訪得彼地中心坪地方平夷，人煙頗集，若設一官於此駐劄，提調官兵守把，遏其要衝，各處强賊不得越境，或將汀州府捕盜通判移於彼處駐劄，案行本道，酌議呈報」等因。依奉行據汀州府呈，准本府同知李仲僎關稱，「親詣溪南地方，徧觀形勢，止有已廢崇福寺基址稍寬，寺傍原有社學隙地，堪以建竪衙門，且其地進有廖日貴等良民爲之羽翼，退有峰頭等鎮爲之應援，合無將本府捕盜通判移彼劄駐，專一練兵團操，禁緝交通，取撥上杭、武平、永定等縣所民快餘丁約共三百餘名，半年輪班固守，仍建築城堡以自衛」等因，具呈到道。該分巡福寧帶管漳南道僉事王覆議呈詳去後。續該本道到任，奉本院案驗，「看得所議前項事宜，頗有次第，但遥擬不如躬歷爲真，案行本道再加詢訪停當，或行或止，或別有經理，不拘成説，酌議呈報」等因。隨該本道於嘉靖三十五年二月初四等日親詣崇福寺地方周覽形勢，寬平曠衍，堪以設館，但此地恐終非設館可制。隨據溪南里捕盜義民劉鳳爵、耆老張元渠、廖日聰、千長葛李生等連僉具呈，乞要於此地建設縣治等情。本道看得設縣委爲化民息盜、久安長治之計，已將查議過築城建署、設官置吏、分丁撥糧事宜具由，於本年四月初九日具呈本院。隨奉憲牌内開，「看得所議甚明，但未經三司會議，事干題請，難便施行。除行布政司會同按察司並守巡各道會議外，牌仰本道即便查照會議」等因。依奉外，今照上杭縣溪南三圖地方實係盜賊潛伏之區，蓋凡近來汀漳乍起乍散之寇，大抵皆此輩也。彼平日陽則效順，號爲新民；陰則行劫，漫無畏忌。若設縣統治，誠似有補，但係分疆析界，跡涉更張，事干題請，遽難旦夕就緒，是以布政司會議二年，竟無定論，徒爾養寇愒時，不無反悮地方大計。合無及今姑照先議，於崇福寺設立城堡公館，將本府捕盜通判移彼駐劄，專一練兵防盜，舉行保甲，化導頑民。其民快即將本道團操五百名分作二班，半年輪班撥換防守。仍將寺傍社學修復，擇取新民中子弟年二十以下、資質頗美者聚於社學，官爲延師教之。如遇歲考，許駐劄官徑送提學道，姑發在學觀禮，則頑梗漸消，幾微可遏矣。其築城建署工料委官估計銀數，就於上杭縣庫貯河稅銀內動支，本道俱未敢擅便，合就呈詳。

嘉靖三十六年九月　日呈。

福建軍門阮批：准築城委官，動支錢糧，趁時處分。此繳。

南贛軍門周批：既查設館易行，亦可以坐制奸宄，依擬委官估修，刻期完報。大抵封疆之任，有人經理，自可以漸而平，速行建。繳。

一件計斬賊首獻功事

福建按察司整飭兵備兼分巡漳南道僉事王呈爲計斬極惡賊首獻功事。案照先該本道訪得上杭溪南三圖新民不下數百，雖多係不逞之徒，然渠魁不過五六人，如張四滿即張元渠者，尤其極惡不悛，大賊首也。欲靖溪南，非盡殲此五六渠魁不可，欲五六渠魁盡殲，非先滅張四滿不可，已經具揭呈稟本院外，但彼賊徒奸黠，每官府舉動未發先知，故禍本力拔爲難。本年十月二十一日，該本道自贛州回劄上杭，密與知縣朱世徹定謀，陰召捕盜義民賴榮祖、劉鳳爵等赴道面與畫計，據各役俱稱若「擒張四滿於巢中如探虎穴，就令入而成事，恐難出而獻功」等情。隨該本道另行密訪，得張四滿常在峰頭地方飲酒淫宿，但峰頭離巢不遠，亦恐難擒，惟乘夜以計斬之當可得也。本道復陰召賴榮祖，密授方略，示以但能斬首來獻，許賞銀二百兩，仍給與一票，内開止剪張四滿一人，其餘俱係吾良民，不許拿害之意。令各役執去行事，恐被兇黨來追，即出此牌以安反側。各役俱遵行前去。至本年十一月十七日據上杭縣申稱本月初一日據賴榮祖等呈稱，各役密召家丁賴木生、劉三四等伏賊出入要路，劉鳳爵入巢誘張四滿出至峰頭公館飲醉，三更人静，賴木生突入將張四滿斫死，斬取首級囊之，乘夜急趨至黎明，赴縣獻功。彼夜賊巢寂無知者，該知縣朱世徹隨將首級懸示城外，百姓環堵群觀，人人稱快。除一面出示撫安餘黨及督兵守城以防他變外，將首級一顆差人馳解到道驗實。看得張四滿住居溪南三圖之張下嶺，自號四天大王，糾合杭、連、永定等縣奸徒七百有餘，結巢成聚，陰約廣東看牛坪等處積寇，無慮千數，劫殺公行，實爲兩省荼毒著名之首惡，而數十年覊縻不治之元兇也。張四滿一除，尚有渠魁五六人，計可漸次殄滅，其餘則多係脅從，可以恩威壓服而定矣。爲照張四滿雖則一夫，往時議者皆稱非煩大兵數千攻之不可得，今乃曾無亡矢遺鏃之費而罪人斯得，此非仰仗本院明威震慴，何以至此？所據賴榮祖等有功人役，先該本道許以二百金之賞，緣將來正在用人之際，前賞似難吝惜，合無候呈詳允日，將河稅銀内照數動支，給與各役收領，以彰明信，以勸後功。惟復別有定奪，本道未敢擅便，合就呈詳。嘉靖三十六年十一月　日呈。

南贛軍門周批：不煩聲色而坐馘首惡，非本道宿軫經猷，何以有此？賴榮祖等如數給賞，仍再給二兩重銀牌各一面，紅絹各一疋，以示優異。繳。

福建軍門阮批：不煩兵革，元惡就戮而地方安輯，該道之策奇矣奇矣。仰即給賞如數，以勸將來。此繳。

一件地方事

福建按察司整飭兵備兼分巡漳南道僉事王呈爲地方事。嘉靖三十六年九月二十三日奉欽差提督軍務兼巡撫福建地方都察院右副都御史阮批：「據本道呈議，上杭縣溪南三圖設館委官駐劄防守緣由。奉批，准築城委官，動支錢糧，趁時處分。此繳。」又奉欽差巡撫南贛汀漳等處地方提督軍務、都察院右副都御史周批：「既查設館易行，亦可以坐制奸宄，依議委官估修，刻期完報。大抵封疆之任，有人經理，自可以漸而平，速行建。繳。」依奉隨行上杭縣知縣朱世徹估計工料，造册另報。及委長汀縣典史王相一面督工建築外，該本道看得崇福寺地方設館誠得止盜安民之計，但以府捕盜官孤懸僻地，不免單薄，而峰頭市密邇崇福八里之遥，似應移一巡司於此以爲聲援。隨行永定縣備查所轄三層嶺、太平、興化鄉三巡司，孰爲不甚緊要，堪以遷移。據申稱查得興化鄉巡檢司路通大道，官府公差往來不絶，似可遷移峰頭，且峰頭離興化鄉止四十里，亦可策應，具申到道。隨批「溪南三圖崇福寺既議設館以府捕盗官鎮之，似當移一巡司於峰頭以爲公館之聲援，以備府官之調遣，然後體重勢安，可垂經久之計矣。仰府再酌議妥當，以憑轉詳」去後。今據該府呈稱，該本府知府徐中行覆，「議得府館之設，本爲宣德化以親乎民，經久之規，尤當備體統以壯其勢。崇福公館僻在上杭百里之外，設有藩衛則居重馭輕之勢安；峰頭毗連閩廣之邊，控其要衝則扼吭答背之機便。及查興化鄉密邇縣治，地稱安静，則巡檢祇是冗員；峰頭内援溪南，外詰暴客，則遷改誠爲急務。況易散爲要，官無添設之煩；力省功倍，治有變通之益。且於彼地團鄉民爲義勇，既可以備府館之聲援；募下户當弓兵，又可以贍貧乏之衣食。至使惡少亡命之徒馴服於羈紲，而默奪其無賴之心；深山窮谷之氓狎習夫威儀，而丕變成親睦之俗。參酌時宜，博詢黎庶，遷改巡檢司一節允爲長便」等因，具呈到道。爲照興化鄉巡檢司設在永定，則委非緊要，徒存空名。移在峰頭，則當潮杭交會之衝，爲盗出必經之地。且商旅往來苦被勒害，巡司改置厥利已多，而況崇福公館得峰頭巡司以爲外援，則府官坐鎮之勢尤見重大，而頑民之邪心自銷；山洞曠僻之區遂爲衢會，而地方之梗俗可變。既經該府縣重復查議妥當，似應允行。合無候呈詳允日，委官估計遷改，其合用工料就於上杭河稅銀内動支，造册併報。惟復別有定奪，合就通行呈詳。嘉靖三十七年三月　日呈。

福建軍門阮批：如議行改動支。此繳。

南贛軍門周批：據議官匪增置，勢扼要衝，善之善者。依擬改遷，完日册報。繳。

巡按福建監察御史樊批：如議行。

一件專委任以防守事

福建按察司整飭兵備兼分巡漳南道僉事王呈爲專委任以防守地方事。據汀州府呈，准本府捕盜通判鄒子進牒稱，「該蒙本道牌爲地方事，先該本道議於上杭縣溪南里三圖崇福寺地方建設公館城堡，移汀州府捕盜通判在彼駐劄。呈奉撫按衙門批允，『依奉已經委官督工築建外，仰職即便離任前赴崇福公館，專一劄守』等因。依蒙外，爲照卑職督管八縣巡捕併操練軍士民快，今既在溪南防守，又欲管理巡捕。緣彼處相隔本府四百餘里，往來路途遥遠，事體未便，即今六月二十四日往詣防守。本職見管巡捕事務，合牒本府轉呈，另委官員兼管。職守溪南，深爲穩便」等因，牒府備呈到道。

該本道看得該本捕盜通判既委專一駐劄溪南，所據本官原管八縣巡捕併操練事務，委難兼理。且溪南新民今始投誠歸順之時，而城館既建，寔係轉移化導之會，必得捕盜通判繼今以往，終年竟月無一日不在此館，則新民耳目心志漸見，日久而相安。本官條教約束亦自漸漬而易入，庶頑風可變，地方自靖矣。若既防守溪南，仍令兼管巡捕，則將來本官必寄空名於此館，乍往乍來，且棄空城於山中，愈久而愈廢矣，而徒使今日殫心區畫、費財經營，非惟無能爲地方分毫之利，祇以貽他日深長之憂。合無仰祈本院軫念俯賜批示，今後該府捕盜通判務令終歲專一駐劄溪南公館防守，不許輒離，將原管該府八縣巡捕操練事務俱委該府管糧通判帶管。本道仍將奉到詳允，明文刻石館中，永爲遵守，庶俾分任既專，責成有定，地方大計，不勝甚幸。緣係專委任以防守地方事理，本道未敢擅便，合就通行呈詳。嘉靖三十七年六月　日呈。

欽差提督軍務兼巡撫福建地方都察院右僉都御史王批：據呈溪南公館誠宜專官駐劄，若無捕盜事權，何以綏戢兼行？仰道仍查就近地方巡緝一事，令其照舊帶理，不許擅離，其隔遠操練事務俱委管糧通判專一承管，着實責成，敢有夤緣窺避及受直息事或騷擾滋弊者，該道不時嚴訪，從重參呈，本院定遵照敕諭事理，先行拏問，各取分任准結，仍如擬刻石奉行。繳。

一件地方事

福建按察司整飭兵備兼分巡漳南道僉事王爲地方事。據上杭縣申稱「蒙本道於溪南三圖撫民館右傍建設社學一所，備行本縣遵依，選擇本圖童生葛鼎堯、劉貴、楊文美、張顯爵等共三十四名，俱年幼俊秀，堪以作養讀書。又選得葛用玉、葛用珠、劉廣勳、虞仕仁四名俱年稍長，頗知書寫，堪充吏農」等因到道。該本道看得溪南三圖人民鮮習詩書，不知體法，今該縣選得葛鼎堯等堪教讀書，葛用玉等堪納吏役，即如該縣所申，俯加作養收納，俾上觀官法，下親師訓，庶風氣漸美，頑梗可變，其於地方未爲無補。除將前項生童行縣擇取，生員劉廣前去社學開教，及查各生每年應合官爲措處束脩，見有峰頭市驗放連城杉板銀内堪以議處，支給另報外，其葛用玉等合無准令該縣徑自起送布政司納撥府縣吏農，俾其習知官法。緣係處置地方事理，合就呈詳。嘉靖三十七年七月　日呈。

南贛軍門周批：俱如議行。繳。

巡按福建監察御史樊批：依行。

一件地方事

福建按察司整飭兵備兼分巡漳南道僉事王呈爲地方事。據上杭縣申，「蒙本道牌：『照得上杭縣溪南三圖地方近已建立社學及選集童生葛鼎堯等三十六名堪以作養讀書，仰縣即擇取志行端雅生員一名，以禮赴彼處授書教導，其應給束脩亦合官爲措處，每年應給若干，於何項銀内堪支，一併查報，以憑轉詳。』依蒙，該本縣查選得儒學生員劉廣給帖前赴溪南開教，訖其應給束脩銀一節，本縣訪得峰頭市原有驗放枋木銀兩堪以備用，隨喚峰頭牙行張茂先、賴水生、童守明各到縣審，據稱『本處下水地方常年有連城客人收買枋木，在此經過發賣，向係新民驗放，每年放枋二萬有餘，每枋一千抽銀二兩五錢計算，一年得銀五十兩，内除擡送工銀每枋一千銀一兩五錢，約枋二萬，該銀三十兩，尚餘銀二十兩，俱係新民用費』等情。該掌縣事、本府通判周廷琮看得前項驗放枋銀已經多年漫無稽覈，自今以後相應清出入官，合行給帖，責令張茂先、童守明、賴水生專一管收，於每年五十兩之内除銀三十兩以充放木工費，尚餘銀二十兩歸納縣庫以給溪南社學延師束脩之用。每年本縣查社學所教生童若干，於中分別長少，計名定數給之。如生童年十二歲以下者爲少，每名年該束脩銀三錢外，供應銀五分；年十三歲以上者爲長，每名年該束脩銀四錢外，供應銀五分，給與其師收領附卷。如前銀支有餘剩，仍貯縣庫公用」等因到道。案照前事已經行縣查議去後。今據前因看得溪南三圖地方民頑俗鄙，不知禮教，今已設館委官鎮守，復選其少而頗秀者，教以讀書，必須官給束脩，庶彼樂趨于善。既該縣查將前項驗放枋木銀内堪支，及議每年計生童長少，照數定給，餘銀貯庫，俱已妥當，似可允行。緣係處置地方事宜，將爲成規以垂永久，本道未敢擅便，合就呈詳。嘉靖三十七年閏七月　日呈。

南贛軍門宋批：驗木餘銀，准照數定給，有餘貯庫，用爲成規。其師教有方，子弟有秀異者又在該道加意獎掖之。此繳。

友慶堂存稿卷之十二

公移

一件海洋賊船事

福建按察司整飭兵備兼分巡漳南道僉事王爲走報海洋賊船事。嘉靖三十六年正月初四日酉時蒙巡按福建監察御史吉批：「該本道呈詳漳浦縣後江頭剿倭兵夫擒斬功次議賞緣由，蒙批各擒斬有功人役如議行，該府縣即照格給賞，不許少緩，其各文武職官等功罪仍速查勘明白，呈報以憑，具題施行。此繳。」蒙此案照前事，先該本道看得各文武職官督兵破寇，雖有微勞，然始不能御其來，中不能防其遁，終不能殲其類，致使兵費繁勞，地方受害，亦屬有罪，已經查勘明白，正在呈詳間。隨據漳州府呈稱「見蒙本院憲牌『行委泉州府推官歸大道前來本府查勘』」等因，本道竊念各官功罪既係推官歸大道奉委盡心勘實呈報，本道欲行再呈，恐涉煩瀆，以此未敢冒昧，暫止案候間。今蒙前因，本道遵依查得漳浦縣後江頭用兵以來其攻戰事由，雖已陸續具呈，然多係一時急報，不無疏漏未盡，今當通查始終顛末之詳，敢一一備述之，而後各官之功罪可論也。

謹按嘉靖三十五年十月十三日據銅山水寨把總指揮張僑、守備玄鍾澳指揮顧喬岳等飛報，「本月初十日有濂澳雙桅白艚船一隻，駕使至鱟殼澳地方，内倭賊八十餘徒棄船登岸，職等督兵對敵，生擒真倭三名：一啵囉、三啵囉、四公；又真倭一僕，賊從四名：楊僖、楊三郎、蘇明、陳德源。餘倭奔至詔安縣五都地方，本日夜在礁尾澳搶船過渡至漳浦縣後江頭地方。本縣主簿黄裳督兵生擒賊從二名：楊秀宣、何三。餘倭奔入土城内據險屯劄」等因。本道隨行漳鎮府衛及附近縣所各備倭防守巡捕等官領兵協同寨澳官兵勦捕，節據張僑、顧喬岳與賊對守相顧，莫敢進攻。本道隨親筆密具方略，及差官千户晏秋元往行犒賞及優恤死傷兵士，仍嚴牌催督，張僑、顧喬岳仍相顧，莫敢進攻。本道知其氣挫難振，本月二十六日委漳州府通判汪全督領主簿黄裳召募白葉峒兵，平和縣典史李儒召募弩手，併後墩李希禎兵共二百七十餘名；又委南靖縣知縣譚世美督領漳州衛千户曹魁梧、龍溪縣縣丞徐玭、省祭官林坦共召募海滄兵，併南靖縣主簿梁科、漳浦縣典史陳集、龍溪縣巡檢唐文英各管押本縣民快共七百三十餘名；又委武舉生李崇武自領選募家丁鄉兵共七十名，俱犒勞懸賞激勵以往。又行汀州守備指揮黎鵬舉、漳州衛指揮王謹前去協謀行事。本年十一月十一日通判汪全督兵進薄土城攻戰，彼倭閉門不出，密藏垛隙，專用鳥銃打傷我兵，不得進城。本月十二日彼倭寫小帖一紙投出城外云「我今船被水漂散，我是日本公道好人，買賣欲去南灣，可借船幾只，我去不用你來相迫。若迫我一人捨死，萬人不敢當。日本也人郎字，大明守君收下」等因。通判汪全將前帖禀報本道，隨行本官設計亦具一帖投入城内，許以船隻，但令出城投降叩首即許放去。至十三日以武舉生李崇武家兵前去伏路，仍令捕盜郭廷等去彼城下詐誘。至辰時分，彼倭窺見我兵稀少，遂開城門，有倭賊三十餘人執械出城，當被李崇武家丁截殺，斬獲倭首三顆，餘倭退遁入城，仍閉門不出。禀報本道，看係我兵初利，隨遵照本院鈞示便宜區處，動支漳浦縣庫銀九十兩，發通判汪全轉給充餉，具由詳報外，仍行通判汪全計議，措辦抵當鳥銃之具，令該地方取草千擔、火把百十，創做長闊板梯四面、小梯百餘，及取農家糞車二十輛，裝草重疊，高將一丈，將各官兵分撥方向，主簿黄裳、典史李儒領兵攻城西北，武舉生李崇武領兵攻城西南，主簿梁科、百户趙簡領兵攻城東南，鎮撫楊勳領兵攻城南，百户李向陽領兵攻城東，革職千户王鉞領兵入各隊打鉛子大銃，典史陳集管各兵飯食，知縣譚世美又令置毒城邊井中以絶各倭水源。分布既定，至十六日寅時，通判汪全與守備黎鵬舉、把總張僑、指揮顧喬岳、王謹、知縣譚世美各親臨督各官兵將裝草車輛四面推進，藏兵於後，各兵衆多，車不能蔽者，人持草束一把遮身，與車並進。彼倭登城放打鳥銃鉛子盡入草中，我兵不傷，直抵城下，各兵用鎗取草舉火將城上敵樓焚燒，彼倭慌無抵敵，我兵尤懼倭賊兇詐，不敢當先攻進。知縣譚世美戎服持刀馳至城下，親冒矢石督戰。把總張僑、指揮顧喬岳各奮勇倡諭各兵，但肯衝鋒向前者，登時賞銀一兩，仍給票一張，許賞銀九兩，當有驍兵陳良、吴正良等應賞奮進。主簿梁科督催驍快林世岳、周潛等亦當頭鋒，各扶梯掛城蟻附而登，諸兵乘勢争進，用鋤掘城，二三處崩陷。本日午時城破，本日未時千户曹魁梧、省祭官林坦、長泰縣典史甘正耀、古雷巡檢司巡檢李珠亦各領兵俱到助戰。是日我兵生擒賊從並通事共三名：張尊瑞、葉章、莊二郎，斬獲首級十三顆，又用鳥銃打死九僕，用鎗戮死十一僕，有割耳在證。時見殘倭止有七八人在於城内走動對戰，其餘躲入房屋曲巷。天昏難擒，姑收兵劄守。彼倭乘夜奔入山林逃遁尚不知數。十八日通判汪全等督兵四處搜捕，生擒真倭一名，賊從二名：楊秀榮、陳阿成，斬獲賊首三顆。彼時各官皆謂剿倭俱已盡絶，欲將各兵散回，惟知縣譚世美尚欲再搜，一面將已獲倭賊解道。審據陳阿成供報，方知彼夜倭遁尚有三十餘人。本道隨行通判汪全等仍督兵再行追捕，并出榜四處張掛曉諭堵截，懸以重賞，晝則放火燒山，夜則埋伏要路。彼倭晝伏夜行。二十日，我兵搜至石磐頭山斬獲賊首一顆，二十一日搜至燈心坑斬賊首一顆。二十二日彼倭在焦山嶺下擄去民人鄭六父引路，尤恐伊回報官兵追捕，隨將殺死。二十五日我兵搜至竹港，生擒真倭一名，餘倭尚二十餘人見我兵追搜窮急，於本日夜二更時分奔至礁尾灣，搶獲小船過渡至詔安縣後村地方，三更時分奔至前河灣，搶獲鄉民何明道裝鹽小船一隻，盗駕開洋去訖。各該官兵水陸追捕無獲，將兵收回防守。

該本道看得前項文武職官督兵剿倭，其破城斬級之功、疏懈漏脱之罪二者較量，似難相掩。伏蒙本院批示查報，輒敢冒陳。爲照漳州府通判汪全崎嶇召募，歷萬山瘴癘之鄉，兢惕臨戎，親合圍矢石之下，始投帖以誘賊，一戰而獻馘者三，旋載草以攻城，再戰而殲夷者半，運籌克中乎事機，發蹤動收乎明效，此其功當首論者也。南靖縣知縣譚世美當群寇之方熾承委，而慨然請行，收散卒以兼督激勸，而士氣自倍，置毒井中以絶賊營之水食，戎服挺刃以厲諸兵之先登，矧賊已潛遁之時，人皆謂爲盡絶，而衆方欲散之際，獨畢力以窮搜，材略既優，鼓舞特善，此其功當次論者也。銅山水寨把總指揮張僑、守備玄鍾澳指揮顧喬岳鷙殼迎敵，已俘獲而獻功，後江臨城，能懸賞以激衆，雖海防不備，似垂翅於東隅，然陸戰殫勞，收桑榆之奮翼；武舉生李崇武伏兵城側，格殺三倭，摧强寇於方張，先士卒而倡勇，遂使敵氣頓衰，我兵大振：此皆功之次者也。汀漳守備指揮黎鵬舉一聞寇警即就道而往赴，與衆共計，能慎重而識幾；漳州衛指揮王謹裝草攻城，亦贊成其籌畫，搜山尋捕，竟斬級以來歸：此其功之又次者也。南靖縣主簿梁科臨陣甚勇，龍溪縣縣丞徐玭、漳浦縣主簿黄裳、漳州衛千户曹魁梧各調募著勞，陸鰲所鎮撫楊勳、玄鍾所百户李向陽、漳州衛百户趙簡、古雷巡檢司巡檢李珠各助戰斬級，此雖殊績無稱，然實瘁躬共濟，似亦可尚者也。龍溪縣省祭官林坦調募著勞，漳浦縣典史陳集、長泰縣典史甘正耀、平和縣典史李儒、島尾巡檢司巡檢唐文英、玄鍾所革職千户王鉞皆分投押兵，此雖奔走微勤，然亦迅往犯難，似應併録者也。

再照寨灣重寄，本爲内地之藩垣，顧兵船弛疏致寇突侵而莫禦，及賊據土城已半月之久，而擁兵相持，無一策之施，鋭氣不張，大事幾悮，此則把總張僑、指揮顧喬岳之罪也。夫城已破矣，雖暮夜難戰，亦當屯兵以環守，乃不知出此，至窮寇奔逸，莫能畢力以盡殲，意外之謀慮未周，阱中之虎兕復脱，此則通判汪全、知縣譚世美與守備指揮黎鵬舉、指揮王謹及張僑、顧喬岳均有其罪者也。及照本道職專督率，坐爽機宜，致使群兇長驅入境，地方蒙其慘毒，兵士之死於鋒刃者二十有八，官帑之匱於供費者七百有餘，小民怨咨，公私困累，損威傷重，罪狀彌深，此則本院神明畢照，而非本道所敢巧飾者也。緣係查勘文武職官功罪事理，本道未敢擅便，合就呈詳，爲此備由具呈，伏乞照詳施行。嘉靖三十六年正月　日呈。

一件議定賞罰以勵人心事

福建按察司整飭兵備分巡漳南道僉事王呈爲議定賞罰以勵人心、以安地方事。照得近據汀州府武平等縣山寇竊發，雖該本道嚴督官兵追捕，各賊旋即遁散，而擒斬之功爲數尚少。蓋緣先年用命者或有後時之賞，而怠事者未寘極重之刑，雖勸懲亦每舉行，然條格莫先懸示，以故官府督率徒勤，而兵士勇氣未奮。當此人心漸靡之日，是宜更爲振勵，庶幾後效可期。除該本道一面查將各該失事巡司併捕盗、鄉團保、千百長等役提究，及將擒賊陣亡、被傷兵夫應賞恤緣由見在呈詳外，行據該府將賞格查議前來，該本道再加酌議。如臨陣生擒賊首一名者，似應賞銀一十二兩；賊從一名者，賞銀六兩；斬獲賊首一顆者，應賞銀十兩；賊從一顆者，賞銀五兩。如非臨陣，但平時設策生擒賊首一名者，應賞銀十兩；賊從一名者，賞銀五兩。夥賊自相擒斬來獻者，與免本罪，仍照格給賞。其獲賊財物，即許擒拏之人盡數取用，不必入官。如力不能擒斬，但將賊情報官、指引官兵用計擒斬者，亦如身自擒斬之賞。陣亡者給埋葬銀五兩，被傷重者給湯藥銀一兩，傷輕者給湯藥銀五錢，俱以面前傷爲準，背後傷不論。及照該府捕盗衛所巡捕、縣掌印巡捕、巡司等官，併捕盗鄉團保、千百長等役俱有地方之責，若使人自爲敵，隨地捕禦，更何賊之能乘？似應今後但賊起本處，不即密報撲除，賊突入境，不即督兵截殺，賊劫比鄰而不救，賊遁他處而不追，或臨陣退縮而不前，或調發遷延而不至者，俱輕則許統兵官綁解本道加以峻刑，重則拏解本院處以軍法，干礙職官俱參呈提問。其賞恤事宜俱如前擬，仍乞本院俯念許於上杭庫貯河稅銀内查支。一面登時給與賞恤，使人速得爲善之利，一面呈詳候允，取具各縣印信領狀併各人親領呈報，如此庶賞明而且速，罰重而不爽，人心知勸懲之甚嚴，地方將責效之可望矣。緣係議定賞罰事理，本道未敢擅便，合就呈詳。嘉靖三十六年十月　日呈。

南贛軍門周批：軍門賞罰俱係先年題擬，賞太輕而無以勸，罰若重而罔以行，人心玩廢，職此之由，但宜隨事酌行之，若係擒斬有名大賊首者，雖多費亦可也。本院豈敢拘以常例哉？依議懸示，候設館效成，地方寧帖，仍照例行。繳。

一件地方賊情事

福建按察司整飭兵備兼分巡漳南道僉事王爲地方賊情事。案照嘉靖三十六年十二月内節據汀州府呈，「廣東流賊二夥，其一夥係程鄉縣葉田賊賴楠、王子文等六百餘徒，由長汀經過，出劫江西瑞金、會昌等處。又一夥係程鄉縣豪居車干賊梁能、梁統等二千七百餘徒，由寧化攻城不克，出劫江西南豐、廣昌等處」等因。據此該本道看得前賊既出，必由原路回巢，隨行通判鄒子進將原調赴贛兵督押，隨賊追剿，及行上杭、武平二縣，各調集鄉兵於要路截殺。節奉欽差巡撫南贛汀漳等處地方提督軍務、都察院右副都御史周憲牌「督行本道依奉」外，續據報，葉田賊於本年十二月十四日自瑞金突至長汀成上地方，通判鄒子進督兵殺死强賊一名，賊遁武平，本道親詣武平縣，督行知縣徐甫宰委典史梅金統民快並鄉兵迎戰。十八等日，千長賴應緯等斬獲賊首級七顆，民快修惟恩等斬獲首級二顆，生擒賊從一名：項四。千長林鐸等斬獲首級七顆，生擒賊從一名：賴天明。捕盜義民鍾鳴珂等斬獲首級二顆，生擒賊從一名：王子義。冠帶功生練廷相等斬獲首級三顆，生擒賊從四名：曹文、葉元瑞、余忠、吴甲孫。鄉兵熊略陣亡，義民梁廷楝、鄉兵賴應緯、廖福、鄧金和、彭廷憲、陳全、賴珠、藍茂德、聶子亨、蔡生、賴邦寧等十一名俱被傷。各賊敗走，乘雨沿山奔回葉田本巢去訖。帶管汀漳守備、汀州衛指揮劉佐督巡軍伏截，生擒賊從一名：王四。將各功級申解到道，審據賊犯曹文供稱廣東程鄉縣人，住歸將都二圖；見獲葉元瑞住阮洋，移居東石；余忠住草田，吴甲孫住黎坑云云等情。隨將各賊首級責令曹文等面認，王子文面上有疤，原缺一齒；及賴葵、李琛、林崇長、韓二孜俱係頭人可認，其餘首級係各哨，難以盡識。又審王四係賊旗手，因密帶祭旗呪文在身，前來武平楓樹下打聽官兵消息，被巡軍捉獲等情。二十三日又據捕盜義民鍾鳴珂、千長劉韜等在隣界地名銀塘缺曹田山尾捕擒賊犯二名：鍾才、鍾旺。審得鍾才、鍾旺俱住草田，係賴楠甲下，鍾才係甲頭，鍾旺係長幹，因劫人回轉，恐怕官兵搗巢，逃遁前山被擒，隨吊葉元瑞、余忠等面認同盜是實，隨將葉元瑞等七名、首級二十一顆就近解赴南贛軍門審驗外，該本道看得葉田之賊已被我兵殺敗回巢，尚有豪居車干之賊未回，又經督行長汀、寧化、上杭、武平等縣，將原集各兵俱照原定信地屯劄戒嚴。續據汀州府呈報，「廣昌之賊突來寧化縣地方，離城五十里，因見該縣有備，旋奔石城，過瑞金、會昌分作二夥，其一夥由小路突至武平縣簽坑地方，又一夥亦由小路至長汀縣成上地方」等因。該本道又經密定方略，行各領兵義民頭目遵照。嘉靖三十七年正月初三等日，節據武平縣報，賊由簽坑奔至白鶴嶺對敵。義民劉鑑清等生擒賊從一名：楊爵。千長林鐸斬首級一顆，義民羅勳等斬首級三顆，鄉兵鍾玉佩等斬首級二顆，千長吴世喬生擒賊從二名：李忠、李一孫。頭目林鐸、劉楠、鍾玉舉、鍾成寵、余顯富、賴友保、陳珊七名俱陣亡，鄉兵陳積才、羅尚德、羅元亨、堯明經、羅大賢、劉爵、何玉文、羅亮、鍾萬富、温伯貴十名俱被傷。餘黨乘天暮衝道回巢去訖。據此案候間。又據上杭武平二縣報稱，賊自成上地方奔牛皮坪，義民李迺楫殺死賊徒十餘人，被賊搶屍燒化。連夜奔過武平近城白石下。驍勇僧正璽斬首級一顆，義民鍾鳴珂斬首級一顆，千長吴世喬等斬首級一顆，頭目劉喬、鄉兵劉爵俱陣亡，餘賊奔過武平所，遁回本巢去訖。將各功級申解到道，隨審據李忠供稱廣東程鄉縣車干民，係賊首潘有智手下；楊爵係江西撫州府崇仁縣人，移居廣昌地方，專在車干豪居等處放賒魚子云云等情。隨將各首級責令識認，據稱内三顆係賊首曾世科、榮松、石松，又六顆係賊夥，不能盡識。又審李一孫供稱法名信圓，向在程鄉車干鷓鴣籠野湖庵住坐。有施主謝世輝等爲盜，一孫原在武平縣招信地方往來。去年十二月二十五日謝世輝等令一孫裝戴修齋巾前來，假作抄化，到招信探聽消息，三十日謝世輝、蔡俊等到招信，一孫就報知各賊「某處各隘有官兵截捕，你等卻要救命」，以致各賊知由僻徑避去等情。李忠因被傷重身死，將楊爵、李一孫並首級九顆解赴南贛軍門審驗外，爲照前項强賊流劫汀贛，其在葉田者則王子文寔爲渠魁，今已伏誅，而賊從亦擒斬頗多；其在豪居車干者則賊從，亦有擒斬，而魁首竟爾脱遁。及照我兵先後陣亡八人，被傷二十一人，而千長林鐸，素號忠悍，亦殞鋒鏑，尤爲可憫。所據前項有功、陣亡、被傷人役俱應賞恤，查得先爲議定賞罰以勵人心、以安地方事，該本道議如臨陣生擒賊首一名者賞銀一十二兩，賊從一名者賞銀六兩；斬獲賊首一顆者賞銀一十兩，賊從一顆者賞銀伍兩。如係擒斬有名大賊首者，另議超格重賞，不拘此例。陣亡者給埋葬銀五兩，被傷重者給湯藥銀一兩，傷輕者五錢。呈奉南贛軍門詳允依奉外，今照各兵生擒賊從項四、賴天明、王子義、曹文、葉元瑞、余忠、吴甲孫、王四、鍾才、鍾旺、楊爵、李忠、李一孫等一十二名，似應每名賞銀六兩；斬獲首級二十九顆，似應每顆賞銀五兩；陣亡兵夫熊略、劉楠、鍾玉舉、鍾成寵、余顯富、賴友保、陳珊、劉喬、劉爵九名，似應每名給埋葬銀五兩；被傷梁廷楝、賴應緯、廖福、鄧金和、彭廷憲、陳全、賴珠、藍茂德、聶子亨、蔡生、賴邦寧、陳積才、羅尚德、羅元亨、堯明經、羅大賢、劉爵、何玉文、羅亮、鍾萬富、温伯貴二十一名，俱傷重，似應每名給湯藥銀一兩。以上俱係照格。其斬獲有名大賊首王子文，似應超格賞銀五十兩；陣亡林鐸似應超格優恤銀十兩。合無候呈詳允日，俱於上杭縣庫貯河稅銀内動支給領，以勵人心，以爲將來之勸。再照武平縣知縣徐甫宰竭誠以鼓率諸兵，奮身而親冒矢石，調度有方，人願爲之效死，揣料中機，功竟獲乎全收，合無量移優奬以作忠勤。惟復別有定奪，本道俱未敢擅便，合就呈詳。嘉靖三十七年正月日呈。

一件急報賊情事

福建按察司整飭兵備兼分巡漳南道僉事王呈爲急報賊情事。嘉靖三十七年九月十二日申時奉欽差提督軍務兼巡撫福建地方都察院右僉都御史王憲牌，「據延平府申，本年八月二十二日，有流賊二百餘人從歸化縣突劫將樂縣余家坪余盛忠等家。又據延平衛申，本月十八日有流賊五百餘徒從龍巖縣打劫永安縣姓傅姓曹人家，備仰本道督調軍民官兵及義總、千百伍長、鄉兵併力刻期擒剿，獲功解報。如或賊勢猖獗，仍會同分巡武平道相機夾攻，務盡撲滅以靖地方」等因。奉此簿查本年八月二十日據委官駐劄撫民館、汀州府捕盜通判鄒子進呈，「據上杭縣溪南三圖捕盜義民劉鳳爵、千長劉萬通、葛李生等呈稱，『隣界廣東大浦縣看牛坪慣賊每來本圖勾引新民同去出外行劫，緣本圖已蒙設立府館鎮守，各民傾心向化，決意不從，反生釁隙。役等已將勾引賊徒葛張清等二名擒殺呈明外，今訪彼處賊徒一夥近由永定往龍巖地方去訖，誠恐出外爲非，又稱係是本圖人氏，役等自願起集鄉兵前去搗巢截殺』等情到館。該職看得劉鳳爵等欲要集兵殺賊，一則志期報效以白心跡，一則利賊之歸奪其財物，合無俯順」等因到道。已批仰令劉鳳爵等起集壯丁，赴該館點閱登記姓名在卷，仍行上杭縣查將親兵銀量支送館犒勞發行，只許至永定地方截殺，有功定行優賞，並速移文永定縣會兵策應繳去後。至本年九月初八日，據本官呈，據義民劉鳳爵等呈，「遵依集齊鄉兵五百九十餘名，赴館給賞發行間，不意看牛坪賊徒有四十餘人打劫將樂縣地方，先回到本處張坑地方，放銃吶噉，役等隨即約同大埔縣墷坑千長官相、張寧共合七百餘人，於八月二十七日辰時與賊對敵，斬獲賊徒巫廷聰、陳梅峰、巫長滿首級共三顆，生擒賊徒羅亞正、李明共二名，鄉兵廖日新等三名被傷，大埔千長官相等斬首三顆，生擒三人」等情。將擒斬功級解報到館審驗明白，行令候各賊回巢再往永定縣必由之路截殺外，將賊犯併首級解道審驗，行上杭縣查議賞恤間。續據大埔縣申，「本年八月十二日據本縣墷坑頭目官相、張寧等呈稱，『本月初八日有看牛坪賊首温祖源、陳光、丁三光、范繼保等糾黨約一百餘徒出往福建地方爲盜去訖』等情。本縣隨密令官相等領兵於本月二十七日辰時入搗看牛坪巢穴，有賊徒四十餘人前來對敵，當被官相等斬獲賊首巫書欽、陳柱共二顆，生擒賊總巫奸滿、陳文旭、劉元守共三名，併將賊屬饒氏等三十一名口擒拏解縣監候，及照温祖源等流劫福建地方未回，除督官兵於各歸路處所截捕外，備由通行申報」等因到道。又經批仰該縣將官相等厚加給賞，并嚴行截剿去後。又據歸化縣申，「哨探得將樂縣余家坪强賊於八月二十九日夜五更時分密遁該縣龍鬚山小路，往泰寧縣地方去訖」等因到道行間。今奉前因，該本道看得前賊自本年八月初八日於廣東大浦縣看牛坪本巢，糾黨突越福建永定、龍巖、永安、歸化四縣，打劫將樂余家坪，奔往泰寧地方。查大埔所報，止有百餘徒，計今沿途誘掠合夥，遂至數百，其勢益張。本道竊計此賊今聞上杭、大埔各集鄉兵於永定等處截殺，彼必不由故道而返，必將奔江西石城、瑞金，過長汀而歸廣東，此一路也。不然則自泰寧轉寧化，趨武平而歸廣東，此又一路也。除本道將溪南獲功被傷人役一面厚加賞恤以嘉其報效之義，已擒賊犯羅亞正等究明具招另詳，及通行長汀、寧化、武平等縣督調軍民官兵并義總、千百伍長、鄉兵於要路截剿另報外，合就通行呈報。嘉靖三十七年九月　日呈。

一件急報賊情事

福建按察司整飭兵備兼分巡漳南道僉事王呈爲急報賊情事。案照本年八月内廣東大埔縣看牛坪賊首温祖源等一百餘徒糾同延平府永安縣歇案賊首李友勝潛從永定、龍巖二縣經過，突劫永安、歸化、將樂、泰寧等縣地方，已經本道於本年九月十六等日節行呈報。續據領兵委官汀州府同知黄震昌呈稱，「前賊遁至永安縣白沙地方散訖緣由前來，該本道隨行駐劄溪南撫民館通判鄒子進及上杭、永定等縣督兵於賊歸要路伏截」。又經具由於本年十月初六日呈報外，今據通判鄒子進呈稱，「遵依密差兵快前去高陂地方，緝知前賊果將回巢。本職隨行永定縣併太平巡檢司集兵截殺，各賊知風，其烏合之衆在於古鎮坪分賍，先散去訖。尚賊一百餘人原係看牛坪出去者，將馬騾一十餘頭丢棄，竄遁山林，欲潛入巢穴。本月初七日有賊二人來投生員賴演田舍買飯，賴演報知太平司巡檢裘鏞，督兵擒獲賊二名：戴五、張韶，審據供報各賊遁躲去處。各義民、千百長人等陸續擒賊賴正顯等一十六名，斬首二顆。前賊又竄至永定縣錦豐窑地方。本月十一日，本職親督興化鄉巡檢羅親、大使鄧兆圖、溪南三圖義民劉鳳爵、耆民劉萬通、生員劉廣、張顯榮等率領新民四百餘人沿山搜捕，陸續擒賊林三等八名、賊婦二口，斬首一顆。十三日，本職親往永定縣督義民蘇子魁等分投擒賊陳信等七名，內一名係賊首李友勝，又斬首級二顆。本職親將前後獲賊隔別鞫審，供認情詞不約而同，委係一夥大盜，所獲贓物俱發上杭、永定二縣貯庫。及照溪南三圖新民與看牛坪之賊先年皆其黨與，今三圖民一旦慕義畏威，擒斬賊徒，獻功報效，深爲可嘉，將來地方量保無虞矣」等因到道。據此看得通判鄒子進駐劄溪南三圖地方，乃能督率新民截賊報效，計其生擒賊共三十三名，斬首五顆，所據本官調度有方，各兵夫奮勇赴敵，均應獎賞以勸將來。況溪南三圖之民正當歸誠向順之始，尤宜賞不踰時，庶使益堅其善。查得先爲議定賞罰以勵人心以安地方事，該本道議臨陣生擒賊首一名賞銀一十二兩，賊從一名賞銀六兩，斬獲賊從一顆賞銀五兩。

呈奉南贛軍門批允遵依外，今照前項擒斬功次，合無候呈詳允日，查將上杭縣庫貯河稅銀內動支，照格給賞。其通判鄒子進亦將前銀內支一十兩充獎，以示優勸。惟復別有定奪，除將擒獲賊犯李友勝等本道見在具招另詳外，緣係擒斬功級議賞事理，合就詳報。嘉靖三十七年十

月　日呈。

福建撫院王批：賊首並黨類收捕數多，深用嘉尚。除具題外，俱如議動支，盛張鼓樂，大行旌賞，以示激勸。速繳。

一件急報賊情事

福建按察司整飭兵備兼分巡漳南道僉事王呈爲急報賊情事。案照本年八月内廣東大埔縣看牛坪賊首温祖源等糾同延平府永安縣歇案賊首李友勝等突劫永安、歸化、將樂等縣地方，已經本道將前賊生發遁散緣由節行呈報，及行駐劄溪南撫民館通判鄒子進，並上杭、永定等縣各督兵於賊歸要路伏截，生擒李友勝等共三十三名，及斬首級五顆，又經查將有功人役應照格給賞緣由於本年十月二十七日呈詳外，今據通判鄒子進呈稱，行仰永定縣巡捕委官太平巡檢司巡檢裘鏞密差人役四處緝拿賊首温祖源正身解報。隨據本官呈，「本月二十三日據賊犯王紹家屬王綱、王綸等報稱，求請林鳳同綸用計套賊首温祖源即温祖緣並王紹來家飲酒，隨報本縣知縣許文獻，即差裘鏞帶領民快、弓兵、鄉兵賴伯政、盧用等共七十六名前去林鳳家圍擒，温祖源等脱走，官兵追至地名南坑，當時對敵，生擒温祖源、王紹，並獲賍銀、金圈、銀茶匙、牙梳、長鎗等物，送解本縣查驗監候」等因到職，備呈到道。據此看得温祖源係積年潛住看牛坪有名大賊首，今既擒獲，深快人心，合無照依原定賞格，將各員役擒獲温祖源係賊首，該賞銀一十二兩，王縚係賊從，該賞銀六兩，俱候呈詳允日，行上杭縣於庫貯河税銀内照數動支。惟復别有定奪，除將温祖源、李友勝等併招另詳外，緣係擒賊議賞事理，合就通行呈詳。嘉靖三十七年十一月日呈。

福建撫院王批：如擬照例行賞取領。速繳。

一件軍務事

福建按察司整飭兵備兼分巡漳南道僉事王爲軍務事。嘉靖三十七年十二月二十二日巳時，奉欽差提督軍務兼巡撫福建地方、都察院右僉都御史王信票，「仰本道即查陸路各將領連日拒守情節，並殺獲功級，並被擄人口贓仗，賊遯日時、分布劄守各緣由，備報按院知會，仍呈本院以憑查題」等因。奉此卷查本年十月二十三日夜有大倭船一隻、哨船二隻，倭賊千餘徒突到銅山水寨西門澚，二十四日未時擁衆盡數登岸。把總指揮徐濂督軍兵攻敵，家丁徐明、李民悦、史崑等用鳥銃打死倭賊三名，弓弩中傷十餘徒，兵夫陳學賢等奮勇對敵，被鎗一傷，奪獲鳥銃一門、倭刀一把。二十五日，倭賊流劫東坑銅砵社畲安村，千長張夢麒督社兵與敵，殺倒倭一名，奪獲番刀一把。本日倭賊攻打銅山所城，署印百户王承烈督軍兵，敵退。十一月初二日，倭賊將原駕大船放火燒毁，仍搶船駕往漳浦縣烈嶼地方登岸。初四日，至竹塔，攻開土城，放火擄掠男婦，將居民廖喬尊殺死。該巡海道副使邵梗督委千户馮奎領龍溪縣義總江必蓄等兵四百名，百户陳爵領生員楊日新募兵四百餘名，百户王克用領團練等兵二百餘名，武舉生陳忠言領龍巖縣義總梁崇文等兵三百名前去追剿。初九日倭賊遁至西林地方屯住。

又有倭賊一夥約一百餘徒於本年十月十三日夜駕大船一隻、小船三隻，突來泉州同安縣濳頭登岸，奔至翔風里地方。十八等日，巡海道督委千户羅章領團練兵五百名，千户賈瑞、晏秋元領團練兵三百名前去，俱聽參將王麟督剿。二十一日夜，倭賊濳奔長泰縣山騰嶺屯住。二十七日，本縣帶管巡捕巡檢陳子明領兵二百名前來協捕。十一月初二日，各官兵與賊對敵，兵夫吴汝滔殺死穿紅倭賊一名，又魏邦賢殺死倭賊一名，被賊搶屍回營。初四日夜，倭賊密由巢後登山濳遁南靖縣地方，知縣譚世美督義總余子淵等兵追捕，倭賊連夜奔平和縣翠微地方。初八等日，參將王麟督千户羅章、賈瑞、晏秋元等兵追擊，隔溪用鳥銃疊打，賊忙遁向小溪，至西林地方，與前銅山登岸之倭合夥。巡海道隨行參將王麟回至漳城，往漳浦等處督剿。

又有倭賊一夥約一百餘徒於本年十月二十六日駕大船一隻、哨船一隻突來井尾巡司，將船燒毁登岸，突至白石佛潭橋劫掠。十一月初四日，漳浦縣委帶管巡捕巡檢孟禄督武舉生李崇武等兵追至西蔡寶安地方對敵，殺傷倭賊四人，井尾巡司兵擒獲賊犯一名：王孔時，係福寧州人，百長吴元沛等對敵，斬獲倭首二顆：初七日，漳浦縣督兵快並千長吴元沛等對敵，斬獲倭首二顆；百長周獻廷擒獲賊犯一名：魏元周；總甲蕭璧擒獲賊犯一名：林清；小廝一名：林都春。送縣解巡海道詳審。初八日，倭賊突奔西林地方，與前銅山、灣頭二起登岸之倭合夥。

又有倭賊一夥駕船一隻於本月初九日在廣東潮州土名漁洲登岸，約有五十餘徒，突至黄綱驛小東村屯住。十二日，倭賊突過本省詔安縣搭橋村地方，本縣知縣龔有成行千户陳恩，并委陰陽官林君聘領土橋等社鄉兵前去把截。十三等日，千户陳恩督兵擒獲賊犯一名：陳京儕，係西潭人。奪獲騾一頭、鐵鍊一條。百户鄧繼忠擒獲賊犯一名：陳來成，係海滄人。俱送縣監候。賊遁大陂深田至西林地方，亦與前銅山、灣頭、井尾三起登岸之倭合夥。

本月十二日，本道自汀州上杭縣馳赴漳城，遵奉軍門明文，調募汀屬上杭、武平、永定三縣鄉兵共一千名，行委汀州府同知黄震昌統領，前來剿賊。十三日，倭賊至埔尾攻打土圍，參將王麟督發千户馮奎、晏秋元、百户陳爵等兵前去截應，倭賊撑小船過河至北山村，兵夫林茂等用鳥銃打死倭賊二名，奪獲竹鎗一把。軍兵陳賢、陳蘭等擒獲賊犯一名：謝爾静，係惠安人，奪獲倭刀一把。餘賊併力攻打埔尾土圍不開，被鄉民張世敬等奪勇抵敵，殺死倭賊三十餘名，打傷無數。參將王麟將謝爾静解巡海及本道審，發漳州府監候。十五日，二道會行參將王麟統千户馮奎等兵前往雲霄遏截。倭賊撑小艇八隻欲來過河，參將王麟督兵柯和仔等奪獲倭艇一隻，並在艇綿葛布六疋、米一籮、衣服一綑，計一十五件。各賊遁回。千户馮奎，百户陳爵、王克用，生員楊日新，率兵出雲霄洋中誘戰，被倭賊四面突出，將千户趙一煬殺死。十七等日，百户王克用督兵廖友源、陳勝等伏路擒獲賊犯二名：吴悔浩、吴國臣，係京兜人；兵夫鄭希賢等擒獲賊犯一名：杜柱，係高山灣人。俱送參將王麟審解。

隨奉軍門親臨興化，督委指揮蕭椿、王毫統領賴兵一千五十餘名，都司白震統領廣兵八百餘名，都司王夢麒統領廣福兵三百餘名，前來督剿。彼倭賊因見埔尾攻打不開及被殺死傷數多，并欲駕船過河，節被官兵打退，又聞大兵已到漳城，各慌懼，於十九日五更，盡數奔遁梅州大陂，至上湖村。二十一日，千户賈瑞、馮奎等督兵追獲一名：何篤岩，係中寨人，送參將王麟審，係被擄釋放。百户鄧繼忠督義士許瀚、捕盜許良等兵追捕，將鳥銃打入賊營，賊躲不出。本日夜，參將王麟差兵夫柯和仔等前去謀劫賊巢，將巢後高墻剜孔進入，取出鉛子一包、倭刀一把，倭賊醒覺吹螺，各賊俱起，柯和仔等即時吶噉出巢。奪出被擄一名：張良太，係大陂人。倭賊趕出，被柯和仔等用長鎗戳倒賊徒數人。將張良太送參將王麟審放。賊衆疑懼，於二十三日卯時拔巢南下，奔公子嶺，至詔安縣南關外東城村屯住。知縣龔有成督西山等社土兵，併鳥銃藥弩手，固守城池。二十四等日，倭賊至北門城下。千户陳恩督兵用鳥統打死倭賊二名，斬取首級送縣驗訖。義士許瀚領兵至洪坑舖對敵，擒獲賊犯一名：林再謹，係灣頭人，奪獲暹刀一把，并在身新烏布甲一領、綉金青絲一尺、結義誓書一紙。總甲沈杞擒獲賊犯一名：徐宗玉，係龍溪人，俱送縣監候。二十五日卯時，倭賊奔由雙港土橋遁，過分水關往廣東，攻開黄岡土城屯住。隨該本道親詣詔安縣，同參將王麟、都司白震、王夢麒行委指揮蕭椿、王亳領賴兵劄守分水關，千户馮奎、百户陳爵、武舉陳忠言、李崇武兵劄守古卓嶺，千户晏秋元、羅章、百户王克用兵劄守白鵞寨，詔安縣主簿王熥領義總兵劄守客河逕、廣兵劄守土橋。二十九日未時，倭賊一陣突到小娘坑打劫，千户晏秋元等督兵郭義、柯富等對敵，斬獲首級一顆，奪腰刀一把，兵夫陳芳擒獲賊犯一名：鄭喧，係浙江温州人，解本道審，發詔安縣監候。十二月初二等日，參將王麟等督兵陸續奪獲被擄人十二名：廖國等，俱送參將王麟及本道審放。初三等日，參將王麟等及詔安縣督兵分投哨捕，隨據義總蘇張學等在古卓嶺擒獲奸細一名：吴一性，係潮州東界人，及差兵擒獲四名：文世選、李包、蕭茂仁、黄廷敬。賴兵陳大隆、羅玉廉在分水關擒獲賊犯二名：陳永泰，係平和縣人；李新成，係四都人。搜獲衣服一綑、銅錢五百五十六文。總甲沈謨等擒獲賊犯一名：林廣謨，係梅嶺人，搜獲身帶包袱内長衫二領、烏棉布女衫一件、烏棉布男衫一件、手帕一條、小兒襪一雙、小女裙六截、青棉布一丈二尺、潮州餅銀六錢、腳纏一雙。兵夫劉淵、張五等擒獲賊犯一名：李良進，係詔安縣二都人。百户王克用擒獲賊犯一名：陳雲天，係佛潭橋人。社長吴士慶擒獲賊犯一名：楊洪，係雲霄人，搜獲身帶簪頭耳塞銀一包、青女衫一件。俱解本道及送詔安縣監候。初六日倭賊四百餘徒自黄岡城騎馬八疋，分作五枝，突奔古卓嶺，至土橋。參將王麟、都司白震、王夢麒等督兵對敵，廣兵何易元、周進、家丁陳思德等鏢倒賊馬一疋，殺賊二名，奪獲倭鎗一柄。鳥銃手王貴打倒倭賊十餘名。兵夫劉四、吴用、陳福、謝理誠、林興達俱被傷，餘賊遁回黄岡去訖。參將王麟等隨督兵劄洋邊山頭伏截，家丁晏璉擒獲賊犯一名：何建德，係梅嶺人，搜獲身帶銀五兩六錢。兵夫郭義擒獲賊犯一名：林二，係詔安縣四都人，搜獲身帶銀三兩八錢。兵夫蔡慶擒獲賊犯一名：蔡華仔，搜獲身帶銀二兩二錢。義總江浩然等擒獲賊犯一名：李守卿，係平和人，搜獲身帶腰刀一把、青絹旗一面。俱解本道及送詔安縣監候。十一日五更倭賊將黄岡城内房屋燒毁，盡數奔往陳塘驛，至潮州府南洋地方去訖。

該本道看得前項倭賊一在銅山，一在灣頭，一在井尾，一在漁洲，先後各棄船登岸，合爲一大夥，勢頗猖熾，然各該官兵遵奉軍門威令，多方驅剿，賊既莫能内侵，且野無所掠。埔尾之攻，殺賊數多；土橋之戰，賊亦遭挫，以致喘息宵遁。但潮陽去閩未遠，在我隄備尤當戒嚴。隨會同參將王麟、都司白震、王夢麒酌量將千户馮奎所領義總兵，百户陳爵所領募兵，武舉生陳忠言所領龍巖兵，李崇武所領募兵，千户晏秋元、羅章、百户王克用所領團練，通共一千五百餘名，俱係久劄疲困，俱於本月十四等日掣回。參將王麟亦於本日馳赴浯嶼防剿訖。本道仍同都司白震、王夢麒督指揮蕭椿、王亳領賴兵一千名，廣兵八百名，何易元、楊文奎等兵三百名，詔安縣主簿王𤇍督義總兵四百名，分布分水關後嶺平路各要路劄守，候再哨。賊遁甚遠，另行通掣外，爲此備由具呈，伏乞照驗施行。嘉靖三十七年二月　日呈。

一件患病事

福建按察司整飭兵備兼分巡漳南道僉事王呈爲患病不能視事，懇乞委官代管印務，暫容給假調理事。照得本職素患病怯血疾，一向餌藥扶養，勉强視事。自嘉靖三十七年十月内督兵汀州剿殺山賊，十一月以來奉軍門明文，督兵赴漳城，及奔馳詔安防剿倭賊，每衝冒風雨，親歷各關隘，野處露宿，飲食不時，嵐瘴侵迫，僻邑荒城，醫藥頓乏，舊疾遂作。然彼時軍務方殷，尤恐跡涉規避，只得力疾支持，加以案牘繁委，批答詳覆，寸晷不停，精竭神耗，積弱成危。至十二月末旬以來，自晨至暮，粒米下咽，旋即盡吐，止是挹取米汁，時一嚥之。尚謂或是偶然，冀可旬日漸復，不期於嘉靖三十八年正月初九日夜下血數升，忽爾迷眩不醒人事，良久始甦。連日以來，耳目昏瞶，披對公移，如聵莫辯，厲聲附耳，僅同蚊音，腰膝痿痺，寸步人扶，雖欲强起，勢莫能支。竊念方今寇警未靖，本職待罪地方，義當捐軀效死，第緣病勢危急，若不懇呈暫行給假調理，雖微體本不足惜，不無重悮軍機，即復隕絶，莫能自贖。爲此理合具呈，伏乞照詳，將本道印務暫委巡海道帶管，容職暫回上杭調理，倘獲安痊，仍即趨出供職施行。須至呈者。嘉靖三十

八年正月　日呈。

軍門王批：近日漳州四起倭寇，竟致遠遁，地方免於傷殘，皆本道親行監督、殫精防剿之力，因勞成病，最宜調攝。但見今寇泊海嶼，窺伺未定，正賴賢豪共圖戡滅，況漳城重寄，尤不可一日缺人，姑候巡海道回日暫轉上杭調理，不妨原理印務，少愈即出任事，以副本院倚重至意。此繳。

陽明後學文獻叢書

錢明 主編

王時槐集

下

［明］王時槐 撰

錢明 程海霞 編校

王時槐集之二　友慶堂合稿

友慶堂合稿序

鄒元標

《友慶堂稿》，侍御桐柏顧公彰教鷺渚日，屬塘南王先生門人賀汝定氏編也。侍御公曰：「先生一代耆儒，語録諸文宜梓，複者宜删。」汝定尊命惟謹，而公刻於盱江〔一〕。致書鄒子，曰：「先生于本體未嘗不贊引，而末學妄認虚譚流弊，諄諄針砭，不少假貸，似今日救世良劑。子一言序諸簡端。」予憶先生語録及集序，凡至再，其何以復？惟是公謂王先生痛懲妄認虚譚者，言爲有當，此真衛道盛心。元標謂此俱無足憂者。昔有私挾田父幼子之楚者，田父數年犇而之楚，冒他人子歸，面目相肖也，語言相似也。歸而情若楚越，何者？天親不可人爲也。老農果腹詠遊山澗，羽客向之譚天，饌仙廚甚具，然其腹枵然，又欲從農家持鉢，世之妄認虚譚何以異此？人心至神也，耳目至衆也。三尺豎兒晶晶瑩瑩，欺人者衹以自欺，無論虚譚與冒認者，即身都講席，賓賓學子，纖毫疑情未徹，後之人洞若肺肝，矧此戔戔者乎？使道而可假借也，宋至

〔一〕「盱江」，文淵閣四庫影印本鄒元標《願學集》作「豫章」。

今數百年，何獨濂、洛、關、閩？我明二百餘年，又何獨薛、陳、胡、王諸君子以道鳴也？元標謂無足憂者此也。道非一人之道也，千聖之所總萃也，天地日月之所昭鑒也，鬼神之所炳靈也。考三王，俟百世，一以真精神爲之流貫，千古在前，千古在後，非人所得與。子不得獻之父，臣不得獻之君，弟子不得獻之師。以誠而基，以静與無欲而入。世儒非不譚生生矣，不知天地大德生於春，長於夏，秘於秋冬，卦至十月，剥落極矣，復其[一]見天地之心，乃以斡環濟世爲夫子家法，口談生生，身落世間，行言與人俱盡。王先生學從誠静與無欲入，五十挂冠，八十四而化。精凝神一，何深不極，何幾不研？讀先生集者，貴知所源本焉。先生同時有衡廬胡先師及盱江羅先生、文潔鄧先生，皆側身巖穴，濯濯風塵之表，用能通微致大。九原可作，吾將誰依？予因先生，又思及諸先生，求真儒豫章，若酌水於河，鑽火於燧，有餘師矣。敬以是畢侍御公澄清斯道、表章前哲盛心，而於王先生語，終不敢下一注脚。或者曰：「聖道易簡，王先生語未免令末學望洋而返。」不知直下承當，廓然無聖，寥寥有幾，王先生所謂風急天寒，儒門定脚者也。萬曆庚戌仲冬月，眷晚生吉水鄒元標爾瞻父頓首拜撰。

[一]「其」，鄒元標《願學集》作「始」。

友慶堂存稿自序（存目）

王時槐

王塘南先生語録序

鄒元標

此塘南王先生語録也。或問曰：先生學在是乎？鄒子曰：得道者忘言，先生可以忘言，其有言者，先生生平潛修密證之所書也。入燕者，身經吴、越、齊、魯、曹、滕之墟，道路險夷，風俗美惡，丘壑瑰奇，覩宫闕宗廟，百官美富，輒識不忘，老于都門，視前所經者，若固有耳。先生自得，非斯語所能盡；先生斯語，兩忘之矣。且夫人有語者，有所以語者。語者人皆得襲跡也；所以語者，己不得隱，人不得欺，神也。余侍先生三十餘年，窺先生神萬一矣。先生結髮入朝，皓首爲儒，家數空而一介不苟，詔三命而堅卧不移；和而介，幽而貞；《漸》上九象曰：「其羽可用爲儀吉，不可亂也。」海以内惟先生以之，此先生所以語也。苟徒規規然執是語爲先生學，而不得先生神，焉在爲善學先生。余嘗疑良知之學流而浸，假圓通之説，文巧宦之習，甚至使世人以學爲詬病之人也，譚若瓊屑，未落口響隨聲消。先生秉氣寒凝，初終若一，使世知儒之必有真，學必有的，則兹語惡可弗傳耶？余友郭相奎轄楚，折簡予曰：「王先生，吾與子嚴事者，兹刻其語，鏡來學，子曷一語爲前茅？」余謹拜書，用引其端，若復從先生語録中下一註脚，是爲剩語，且負先生。

讀塘南王先生語録

耿天臺

先生殫精佛學者，乃其粹履醇心，歸然儒宗也，爰述與同志商切云。

余讀先生語甚契，如會規中揭仁爲宗，推明生理真機一條尤契。聞羅丈在白下，曾提示此意，有僧噪以爲毒藥，豈謂未達向上一義耶？先生謂：儒以敦倫體物爲性真，不容已，確矣。謂：佛談事理無礙法界，是以倫物不礙性，性中本無倫物然乎？又謂：文成良知之學，非有異于程門，第救宋末支離弊爾。學者因之駕空慕奇，敗缺甚甚，若借寇兵、齎盜糧者，試詳此弊，良知非耶？抑講良知者未參第一義耶？顧世談第一義者，敗缺尤甚，何也？會語中言：欲天下萬世同歸于善，是其心體原如是，故自不容已，得我心矣。第中多分疏，諸名義語不知何物，老子是何年代，將遮件加贈如許名號，費渠分疏，當初命名一箇「道」字，已是無中生有了，如何又有先天後天等稱號？曰性曰心，又是何人從中爲他分剖？憑何證佐曰性？先儒已謂不容説矣，如何又剖析箇氣質天地出來？曰心已難名狀矣，如何又分箇人心道心、意與念出來？文成提掇一良知，若已洩露天機，即《學》、《庸》中拈箇知味的知，便貫到平天下知天地化育矣，柰何又有真知、情識、照了、思慮等分別？比從何處爲他剖析？真知中分箇情識，禪家亦有忘頭求首之譏矣。乃又于識中分別至八至九，只恐曉了此箇在胞中更空不去也。嘗想各名號前已有只助得談柄，討世俗人驚羨，曰博曰徹，於自己身心家國天下了無干涉也。人編排，幸得一子思將教道性等一氣推到天命，再得孟子將心與性一口歸之于天。善夫！吾人渾身滿眼，徹内徹外皆天也，無時無處非天也，何不反諸身，只求箇天哉！先生言曰：「心彌宇宙，故欲與天下之人同歸于善；心貫古今，故欲與萬世之人同歸于善。」原本心之真，自不容已，只此不容已處，便是生理，便是天命之不已也。余每見人稱舉種種名號，并儒佛分別，便頭暈目眩，口噤不能對，只幸得此箇心可作印證。聞談學對自心不過，不敢信爲學，通之人心不去，不敢信爲學，推之天下，考之古今，證此心不過，不敢信爲學。先生謂：「欲天下萬世同歸于善，由本心原自不容已，參會到此，即意而無意，念而無念，情識、思慮、照了、覺察、分別都是好的，不必分疏也。」先生或見世學者鹵莽冒認良知，故爲之條分縷析，如此亦是欲人同歸于善不容已也。余謂此非良知之罪，其志其根器原自別耳。抑先生于佛學研之久矣，中多闢佛語，亦是目及學佛者破敗恣睢，此心對不過也。余詳黄面老子四十年來説法，種種作用，種種經教，大意無非欲人同歸爲善耳。近學佛者，曰佛惟以生死事大，只自了此破敗恣睢爲無礙，此是癡人説夢。不思同歸爲善，乃無忝所生，欲了生死而破敗恣睢者，其心已死，如何能了生死？黄面老子決無此法，何者？其心其性，諒不與我殊。余以自心參之，非意之也。試質諸善知識，以爲如何？

友慶堂合稿卷之一

書

與郭華南 癸酉

向所請教者，兄謂何如？ 夫天地萬物生於寂，寂者，天下之大本也。此體廣大無際，六合一漚，萬古一息，宇宙生生，起滅千狀，而寂自若也。然見寂即非真寂，何也？ 寂與己對故也。當體自寂，復誰見哉？ 此理在探原反本，極深而自得之，但實透真原，反身而誠，便作天壤間了事人矣。

答友人 甲戌

夫人生天地間，所謂靈於萬物者，果何在哉？ 吾性具足，本與堯舜無異，而甘自棄之，淪於污下而不返，不亦可哀之甚耶？ 來翰謂終必罷廢，此則非所敢聞。夫人性本善，日用之間，種種呈露，見父則孝心自生，見長則弟心自生，如其不然，則此心便自愧怍，必改之而後快，此在衆人皆然。蓋天降之衷，非由强作，雖欲罷之，烏得而罷之；雖欲廢之，烏得而廢之。使其可罷可廢，則孔孟既遠，聖教日湮，斯人宜爲魑魅魍魎久矣。今執事試反之自心，果能不孝不弟而不愧怍耶？如其尚以不孝弟爲恥，則可見此心之良與堯舜無異也。且此心豈是因人講説，被人逼迫而後生哉？此心不爲堯存，不爲桀亡，與生俱生，萬古如一日者也。孔子曰：「仁遠乎哉？我欲仁，斯仁至矣。」今人視聖賢爲不可及，而自甘污下者，所謂家有陶朱之積，棄而不顧，乃行乞於市，以爲饜足之道也，亦良可憫矣。顔子曰「欲罷不能」，蓋真見此性之不容已。學者果知自性之良，則知雖在愚夫愚婦，同具此性者，皆欲罷而不能，非獨顔子爲然也。執事所謂終必罷廢者，是自窒其混混之源，而力障其放海之勢。生之不敢聞命者，此也。

答族生永卿 乙亥

金牛數月，遠勞賢者，乃鄙人未能少效切磋以助進修，愧歉多矣。學無多説，只在志真。若慕善也甚於求生，而畏不善也甚於避死，何患學之不明，而所到之不遠乎？今學者之病，在於猜疑億度之日多，而困心衡慮之功少，是以空騰詞説，無裨實事耳。願時時與族中同志奮迅勇決，研究此理，勿作宇宙間凡夫。至禱。

答族生永卿 乙亥

所諭「去念守心」四字，俱未佳。念不可去，心不可守。真念本無念也，何去之有？真心本無相也，何守之有？惟寂而常照，即是本體，即是工夫，原無許多歧路費講説也。何如何如？

答族弟登之 乙亥

所諭以内變抱鬱，此固情之不容已者。但天理之發七情，自有當然之則，若過當而不能融化，即爲真體之累，此處須識其病而節宜之。不然，非惟累心，且將累身；不惟累身，且將貽憂於父母。君子達觀順變，不當如是也。但於此能調停適中，便是實學矣。

又云「下手無實功夫」，此是不誑語。既知無實工夫，便須求實功夫，更無别商量也。譬如喫飯，覺饑便喫，何商量之有？若對飯不喫，只管講求喫飯之方，又稱歎飯之當喫，又自悔己之未喫，如此不已，總屬空談，竟何益於飽哉？願言努力，流光易邁也。

答蕭兑嵎 乙亥

夜來趨候請教，未悉。弟愚鈍之資，從事此學者幾三十年，而未有所得，蓋往往執意見，分門户，起爐作竈，自立主張，恃此以爲究竟，而不知本性未徹，縱饒展轉扭捏，出奇入正，終非原來舊物，宜其用力愈勞而愈無湊泊處也。歸田以來，一切刊落，全身擔荷此事，久之漸覺有省。今雖未敢謂爲大徹，然似於舊時種種同異學術，盡皆不取不捨。此體廓然，充塞宇宙，形形色色，條理脈絡，不匱不紊，非由造作。道固如是，然非有直還天地之志，非有洞視萬古之識，徒欲將此身與世上凡夫較量得失，争論同異，護持門户，則藐乎其小矣，似不足以語於大道之域也。佛老孔子，誠當有辨，但近世談者，以管窺天，總成戲論。欲恃此以撑持宇宙，恐難矣。弟雖妄意及此，然年來愈覺了事之難。蓋既識程途，方知遥遠，今更無他念，惟誓用全力，畢此生耳。

答朱易庵 丁丑

遥瞻道席，未能頻侍，懸念如何！伏承尊翰指示先後天之真面目，且云「不可離且混，始合孔門脈絡」，皆至教也，弟謹服膺矣。弟邇來於此處鑽研，亦稍稍窺得其近似，今蒙明示，亦朗然信之不疑矣。夫知者，先天之發竅也。謂之發竅，則已屬後天矣。雖屬後天，而形氣不足以干之。故「知」之一字，内不倚於空寂，外不墮於形氣，此孔門之所謂中也。末世學者，往往以墮於形氣之靈識爲知，此聖學之所以滋晦也。此理難言，言之亦難逼真，翻成語病。惟高明俯察於言語之外，一批教之，以爲不甚悖謬否？

答友人 戊寅

所云「静中欲根起滅不斷」者，非有他也，是志之不立也，是無愧悔痛奮之心，而尚安於流俗庸衆之儔也。凡人志有所專，則雜念自息。如人好聲色者，當其冶豔奪心之時，豈復有他念乎？如人畏死亡者，當其刀鋸逼體之時，豈復有他念乎？故曰：欲根起滅不斷，是志之未立者，此也。學問一事，須是在宇宙間真修實踐，做古今大丈夫，不是隨群逐隊口講便了。願及時勉旃，不在空談也。

答周守甫 己卯

來翰謂：「兢兢於禮，動皆勉强，非出自然。」夫學成而性復者，順以出之，皆自然矣。學未成，性未復，勉强循理，久久馴習，亦漸近自然，此古人所以貴困勉之功也。夫學無分於動静者也，特以初學之士紛擾日久，本心真機盡汩没蒙蔽於塵埃中，是以先覺立教，欲人於初下手時，暫省外事，稍息塵緣，於静坐中默識自心真面目，久之，邪障徹而靈光露。静固如是，動亦如是。到此時，終日應事接物，周旋於人情事變中而不捨，隨處盡倫，隨處盡分，總與蒲團上工夫一體無二。此定静之所以先於能慮，而逢原之所以後於居安也。豈謂終身滅倫絶物，塊然枯坐，徒守頑空冷静以爲究竟哉？今人不知學，但見向裏尋求，稍稍習静者，便詆以爲禪，吾見避禪之名而受俗之實者多矣。以趨俗爲學聖，此學之所以不明，而世儒之所以迷昧而可哀也。濂溪、象山，宋人詆之爲禪；白沙、陽明，近世詆之爲禪，皆世儒之藫談也，何足計哉？

答鄧元中 己卯

辱遠翰覽悉，學問一事，生切己研修，輾轉疑悟，不知其幾，誠苦心殫力數十年，迄今乃僅有一斑之見，非漫然道聽塗説者比。執事若必欲明此大事，須齋心肅志，胸中洒洒，不掛世俗塵念，直欲畢此生擔荷千古宇宙道脈，乃可從容虚懷相扣，未可草草漫談也。

來翰所稱「孔子及知行」云云，亦未爲不是，但吾輩今日希聖，當下時時刻刻身心用功，要有切實不放過處，不然，孔子自是往聖，知行自是套語，與吾有何干涉也。所云：「今之言心法者，以私意客氣是去，見解物蔽是除，恐體小用枯，非《中庸》盡性之學。」生意以爲，若果去私意客氣，除見解物蔽，此與《中庸》之所謂慎獨内省者，亦似不異。又執事自云：「孔子心如太虚，舉天下之物，無以翳之。」然則吾輩之有物以翳其心者，恐亦不出私意客氣、見解物蔽也。由去且除之之功，以希孔子之太虚，亦未爲不可，執事何是古非今之太過乎？且欲溥萬物而不遺者，必廓然太公，心溥萬物而無心者能之也。若捨己而逐物，則與《中庸》所謂致中和以位育，篤恭不顯以平天下者異矣。執事豈以存心爲小且枯，而營營於事物者乃爲光大乎？是徒知粧枝綴葉之爲榮，而不知培根護本之爲要也。執事抑豈以心爲在内，事於内則必遺外，是以謂之枯小乎？是不識心也。心不可以内外言也。此理未易談，聊爲執事發其端耳。

吾心不蔽，謂之真知；吾心不牿，謂之真行。言心則天地萬物皆舉之矣。心不可以内外言，知行亦不可以内外言也，幸深思之勿忽。學者但切己反求，自明其心，則百家衆説，是非邪正，皆莫能逃吾鑑。若自不反求，自心不明，乃欲以昏昏之鏡而辨世人之妍媸，其可得乎？執事所謂莫能辨其正宗以爲的從者，職此之由也。執事果有必爲聖人之志，請勿悠悠漫談，須發憤猛省，此生不當虚度，勿甘爲庸下，便忘寢忘食，務求全其天之所以與我者。如有未明，宜親炙大賢君子洞明斯道者，以請質正，勿聽庸人之言，以自惑其聰明。歲月如流，轉瞬白首，勿謂少壯可因循也。

答李見羅 庚辰

學問一事，大抵有志者所從以入，各有方便之門，固難以一律齊。然深造遠詣，至所會歸處，必合轍於孔門，乃爲諦當。弟向所入手，誠出入於傍歧，蓋輾轉參尋，端緒頗多，已而於傍歧中，見其極致之理，不越孔門之旨，乃知孔子之道，誠大中至正，萬古不可易，非强爲也。道固本然如是也。惟世儒判有無，分寂感，離體用，即未論孔門，彼二氏亦且排斥，以爲二見，若混有無、寂感、體用以爲一者，又彼家所謂顢頇佛性，其不足語孔門之旨均也。近見老丈所刻《道性善集》，其義至精，可謂不墮二邊，而直顯中道矣。此意弟似能佩服一二，俟買舟東下面證，茲未易以楮墨畢陳也。

答李潛庵 庚辰

承諭「虚」之一字，足占體認之切。惟此體充塞天地，至虚而常生者也。虚而生，故不沉寂；生而虚，故不滯跡。二邊不倚，冥於中道，此孔門之旨也。高明以爲何如？

答曾忠甫 庚辰

久不相對，亦頗聞有督理營構之勞，既不能辭避，只可就此擾擾勞役中，默察此理如何，勿以躁心厭之，勿以俗心馳之，象山先生所謂「管庫踰年，其學大進」者，此也。若起心動念，謂此是俗事，有妨於學，必待何時了此，然後屏跡入山，方可爲學，則障道矣。至如凡人，一味貪逐外事，日與之馳，冒認即事即理之云，以自誤其平生者，則又其最下焉者矣。惟高明其勉之。

答李潛庵 辛巳

讀來諭，知重念此生欲了此大事，足占志趣之正也。吾儕爲學，若於全生全歸一著未穩，則終身討論切磨，只在俗人眼目中做得箇無破綻之人而止耳，豈足語道也！以老丈精敏之力，更信得古人果有此全歸一段事業，決志欲了，吾道大幸矣。

答萬思默 辛巳

所語「性本離念」一語，且云「不得以即念即空爲解」，知兄苦心。但弟意此件到親切處，無可著念，無可措心，只在當人自參自轍自信而已。若徒執即念即空套語而不悟，正恐迷入生死浪中。若必欲於念外覓性，又恐墮斷見坑内。且如日中避影，愈避而愈不可得，兄將何以處此也？願與兄各各勉旃，俟他日面會，可不言而默證耳。何如何如？

答鄒穎泉 辛巳

辱手翰，諭及「病中覺前此浮泛，惟一靈光是真宰」云云。兄透悟至此，深爲可賀，捧誦不勝欣幸。吾輩學不加進，正爲不識真宰，是以雖曰爲學，然未免依傍道理，只在世俗眼目上做得箇無大破綻之人而止耳。平日未透真根，若到劫數成壞時，知其抵敵不過也。古人性命之學，直是萬古不朽，兄所謂真宰者是也。但「靈光」二字，不知兄認取如何？此處倘未親切，則雖號爲靈光，而實非真宰。願更以見示，庶弟得以奉至教而續請益也。

答劉抑亭 壬午

所云「以心制事，似屬二乘，即事即心，猶如認賊爲子」，生則謂：離事求心，乃爲二乘，以心制事，初學則然，非二乘也；即事即心，誠爲大乘，但所謂即事者，豈即世俗一種裝點矯飾之事哉？其必有道矣。又學者每認心内事外，則未免牽己從物，若謂心事不二，則未免認物爲己。此處若非一切捹下，畢力自證，徒以言語文字解説，縱令明白，終非實得。何如何如？

答賀弘任 癸未

所舉佛家以默照爲非，而謂「廣額屠兒，立地成佛」等語，此皆近世友朋自不肯痛下苦功真修實證，而徒剽掠禪家現成語句，正所謂拾人餘唾，乞人殘羹剩汁以自活者也。彼禪家語，蓋有爲而發，彼因見有等專内趨寂，死其心而不知活者，不得已發此言，以救弊耳。今以紛紛擾擾嗜慾之心，全不用功，却不許其静坐，即欲以現在嗜慾之心立地成佛，且稱「塵勞爲如來種」以文飾之，此等毒藥，陷人於死，真所謂以學術殺天下者也。禪家云「上品醍醐，遇此等人，翻爲毒藥」，正謂此也。何也？禪家貴悟，然悟非一蹴可致，必數十年深研力究剥落之極，庶幾蓄極而通，如夢忽覺，一覺之後，夢境都盡，乃得稱悟。如果真悟，則開眼閉眼，總是此體，成佛不成佛，亦爲剩語。禪家向所云云，蓋指此也。然禪家到此，亦别有修持，别有精進，但比凡人之修，作用不同耳，非謂悟後無修也。譬如明眼人行路，比之盲人行路不同耳，非謂眼明後即不行也。且今人果能深研力究剥落之極，一覺而夢境都盡否耶？如未能然，却不許人用功，而欲立地成佛，真所謂凡民自稱帝王矣。且凡爲此語者，必學不通方，未能隨機接引之人也。如程門專提主敬，陽明先生專提致良知，則皆徹上徹下、顛跌不破之語，乃知至人立教，終不令人因之走作，上根固不俟言，下根亦可循之以入塗轍，吾輩只可以此與朋友砥切共學，何必玄談哉？學必以孔孟爲宗，今人不知正學，往往喜借禪語，徒長虚見、恣誕説，其自誤誤人亦多矣。學無多説，若真有志者，但自覺此中擾攘，不得不静坐以體察之，便須静坐；或自覺人倫事物上欠實修，不得不於動中著力，便須事上鍊習。此處原無定方，總其要，同歸於主敬而已，同歸於致良知而已。如此精進勿懈，步步踏實地，即是步步超三界也。故曰下學而上達，其學愈下，則其達愈上矣。每念未得與賢友共相研磨，以明此理。古人有言：「提耳而命之，可使不識一字之凡夫立造神妙。」何時可共圖之。

答郭以濟 癸未

所云「居敬窮理，二者不可廢一」，要之「居敬」二字，盡之矣。自其居敬之精明了悟處而言，即謂之窮理，非有二事也。縱使考索古今，討論經史，亦是居敬中之一條件耳。敬無所不該，敬外更無餘事也，故曰「居敬」二字盡之矣。認得只是居敬一件，則工夫更無歇手時。若認作二事，便有換手，便有斷續，非致一之道也。所云「居敬只是提撕，而非把持」，良亦近之。大抵學問工夫，惟在還此心本來面目而已，此之謂敬也，豈把持之謂哉？居敬是心體上功夫，若捨心體而求抑妄念，則是棄本逐末，宜其愈抑而愈紛擾也，即此便是大不敬矣。但能於心體上敬，則妄念不待抑而自無矣。

與蕭兑嵎 甲申

弟自歸田以來，一紀有餘，更無他念，獨於此理實殫志研摩，今雖未能大徹，然絕非守昔年舊見，聊安一隅已也。蓋弟昔年實自探本窮原起手，誠不無執戀枯寂，然執之之極，真機自生，所謂與萬物同體者，亦自盎然出之有不容已者。此非由承接唇吻而得之，亦非學有轉換，殆如臘盡陽回，不自知其然也。兄之學，本從與物同體入手，固爲聖門正脈，但此中最宜精研，若未能入微，則亦不無儱侗漫過、隨倩流轉之病，終未得透底純净，以臻肫肫皜皜之境界。知兄於此深詣，必有非弟所能臆窺者矣。何時略示餘緒，以開固陋是禱。

答蕭敬之 甲申

所云「動中覺無紛紜，而静中往來不勝」，足見體念所及也。夫心體本虚。生生者，虚之用也。惟學致虚，則其生也無妄，静亦如是，動亦如是；惟不能致虚，即離本而逐末，始流入於憧憧往來而不知所底止矣。動中非無紛紜也，心交於物而不自覺也。静不與物交，乃僅見之。今但當暫省外緣，專力凝斂，久而後得之，非筆舌可傳授也。

答郭以濟 甲申

所云「居敬非把敬做一件事看，惟心常惺惺」云云，甚是。蓋此心湛然至虚，廓然無物，是心之本體原如是也。常能如是，即謂之敬，陽明先生所謂合得本體是工夫也。若以心起敬，則心是一物，敬又是一物，反似於心體上添此一項贅疣，是有所恐懼而不得其正，非敬也。

答許敬庵 甲申

伏承翰教，具荷不遺，惟吾丈實學實政，本諸躬行心得，以化俗阜民，足明儒者之實效矣。生歸田一紀有餘，既釋世紛，遂於此學得竭其綿力，端居聚友竟年，惟究心此件，更無他奪。雖甚憨頑鈍，然亦稍有路逕可期深入，不致茫無津畔矣。大抵此學貴有亘萬古、蓋宇宙之志，其功在探本尋源，必到水窮山盡之處，庶爲得之。雖此處無可措心，然學不達此，似終未盡，不得不黽勉從事耳。遥隔教席，無由請正，妄陳其概，以見渴承之私。倘良緣未艾，尤祈續奉提耳之誨也。

答夏雲屏 甲申

學譬如射，必知立的之所在，而後凝神定志以射之。初焉雖不中的，然向之專習之久，期必中的，不中則必不已也。今學者不知的之所在，但漫焉曰學而已。彼以爲學者，不過外面稍稍整飾，無大虧缺，使人稱之曰好人而已。若然，則在自己分上固不能全生全歸，在孔門道脈，亦不能少承其嫡續也，豈足以爲學哉？俟青原會，尚當面叩終請益耳。

答錢啟新邑侯二首

承示「此心常定爲不遷，常一爲不貳」，至言也。夫怒，雖聖人不能無，若怒可無，則喜哀樂皆可無矣。但其本體澄然，不爲血氣遷動。遷之云者，捨其本位而移徙於彼之謂也；不遷，則其怒如風動雷行，不碍不留，而太虛自若矣。孔子辭疾於孺悲，以杖叩於原壤，則皆默寓矜而誨之之意。故凡聖人之怒，皆所以成物，非絶物也，即怒可以觀仁矣。顔子之不遷，視孔子境界，當稍有辨，然非後學之所可易言也。過與惡不同，常人意念邪妄皆謂之惡，不得謂之過。過者，意念無顯然之邪妄，惟習氣渣滓未盡瑩化之謂也。故過惟大賢乃有之，此之謂有不善，雖有不善，而未嘗不知，常知則不貳矣。貳之云者，叛其本主而攜貳於彼之謂也。不貳，則真性湛然，習氣不復用事，亦必以漸而融化矣。孔子大聖，固是無過，然其自言曰「五十學《易》，可無大過」，則聖人之自以爲過者甚微，亦非後學之所可易言也。大抵吾人自性，原如太虛，本無一物，會得此體，而敬以存之，則不遷不貳，境界皆可幾及，乃知聖非絶德，在有志者自勉而已。

又

承示毋意、毋我之説，敬領教矣。所諭欲根盤結，則更有説。蓋理原於性，是有根者也；欲生於染，是無根者也。惟理有根，故雖戕賊之久，而竟不可泯；惟欲無根，故雖習染之深，而竟不能滅性也。使欲果有根，則是欲亦原於天性，人力豈能克去之哉？此是學問大關鍵處，不可不明辨也。智之一字，若專言之，即明德是也，仁義禮在其中矣。原無四者之别，故致知即是明明德，所謂求仁、集義、復禮，皆在其中矣，亦無四項工夫也。

答錢啟新邑侯六首 丁亥

承諭心性之辨甚精當。大率性者，先天之理也，心則兼屬後天之氣而言，理在氣中，故性非在心外，亦非截然二物，性無邊際，而心亦無限量也。若强而言之，則性體而心用也，性無爲而心有覺也，心可致力，而性則存乎悟也。故盡心則性可知矣，存心則性得其養矣。率爾奉復，尚俟面請悉之。

其二

一性之靈，充塞宇宙，所謂乾知大始也，是真知也。一涉形氣，則此知爲形氣所局而不能無蔽，是之謂形靈也。形靈亦真知之流注也。四肢之痛癢，吾能知之，是形靈也，若果悟此形靈，亦是真知之流注，則雖謂知痛癢爲真知亦可也。真知乃可言仁，若局於形靈，未可以言仁也。

形體有痛癢，而能知痛癢之真知，則超於痛癢之外，故真知不受痛癢者也。形體有病，而真知無病也；真知無病，故常不動，常廓然，其有動與不廓然者，是牿於形氣，而真知不能首出者也。真知首出，則痛癢不足爲病，是即真知之治病，非謂真知只是徒知，更於此知之外別起一心以治病也。真知爲形氣所局，故一膜之外遂分爾我，安能通天下爲一身，而視天下之人之痛癢惻然痌瘝之切己也？視天下痛癢惻然切己者，是真知也，故學者惟真知之爲務，捨此更無學矣。

其三

承諭「透徹本體」云云，竊謂「透徹本體」一語，必聖人而後足以當之，豈可易言哉？凡聰明穎悟，聞見測識，皆本體之障。今後學以障爲悟者多矣，若欲到聖人透徹境界，必一切剥落净盡，不掛絲毫，庶幾得之。甚矣，透徹之難也！承示「誠意」講章，敬領容細覽。大抵解釋經傳，即人各有見，不必盡同，惟是好惡二字，自誠意貫至修、齊、治、平，更無他説，乃知無作好、無作惡，則天德王道一齊俱了。故程子特提「廓然大公，物來順應」八字，則一部《大學》盡在是矣。此處真實體認，兢兢業業，務使好惡中節，是謂約情以復性。審如是，則習氣漸不用事，乃可漸次望入透徹本體之境界也。愚昧之見，敢以求正。

其四

承諭：「消融習氣，即透徹本體之工夫。」又曰：「情欲意見之私，皆習氣潛注之所爲。」此數語足以盡爲學之肯綮矣。吾輩無一刻無習氣，但以覺性爲主，時時照察之，則習氣之面目亦無一刻不自見得，既能時時刻刻見得習氣，則必不爲習氣所奪。蓋凡可睹聞者，皆習氣也，情欲意見，又習氣之粗者也。此在切己深體，久乃信之，絶不在講説間。且先儒講説，亦未見有人説到此者。槐蓋以困，心衡慮之，久乃稍見此，原非從師友口吻中傳授得來。茲敢敬以諂正，乞指教至幸。

其五

學誠貴於能疑，但日聞點點滴滴只在心體上用力，則其疑亦只在一處疑，一處疑者，疑之極，必自豁然矣。若不在心體上用力，而泛然測度道理，則其疑未免離根，離根之疑，則愈疑而愈增多歧之惑矣。此孔門所以貴於近思也。

其六

心體本來潔净，無可洗者，只爲染著世情，故所洗者只洗世情而已，豈能於心體上加得一毫潔净乎？ 譬如白衣，原來潔净，只爲染著垢污，故所洗者只洗垢污而已，豈能於白衣上加得一毫潔净乎？ 此是識認心體最緊要處。 潔净即是精微，不精微則亦潔净之未至也。 全放下則湊泊矣，不能湊泊則亦放下之未至也。 學問到歸一處，真是一言可了，所謂愈真切則愈簡易矣。

答劉以剛 戊子

所云：「求之方寸則涉相，離乎方寸則落空。」今欲不涉相，不落空，常見其大，而又常見過，未能也，足知苦心矣。 但此等處，皆緣未識心體，而以安排布置爲功夫，是以於無事中起事，無風浪中自起風浪，雖云力學，而實自生障蔽也。 夫此心之良知，不由學慮，而明覺自然，本無覩聞者也，何相之有？ 本非斷滅者也，何落空之有？ 本無狹小，而大無邊際，然亦無大小之形可覩也，何見其大之有？ 夫非相非空，而常大不可見，此之謂心體。 天之所與我者本如是，不爲堯存，不爲桀亡也。 聖人但能不蔽此體而已，非聖人能特地起爐作竈，以安排布置而杜撰之也。既不蔽此體，則此體常明覺自然，不離方寸，而徧滿宇宙，即有纖芥習氣未融，自不爲習氣所惑，此之謂見過，亦非起心動念，别做一段見過功夫也。靜中默識，當自得之，但潛心體認，綿綿密密，勿冒認，勿造作，久當有悟也。

答錢啟新邑侯八條 戊子

率性而行則謂之道，若不能率性者，只是任情而行，於是有不中節者矣。道雖不覩不聞，而又莫見莫顯，孔子言天下之達道五，即指君臣、父子、夫婦、長幼、朋友而言，未嘗以杳冥昏默爲道也。五倫之道安保無過不及？此道之所以貴於修也。戒懼慎獨者，修道之功也。修道者，不能率性而必欲其率性之謂也。謂之曰莫見莫顯，則此心常發矣。發而中節，則未發之體在是矣。若捨發而别求未發，恐無是理。既曰「戒懼」，曰「慎」，非發而何？子思亦未嘗於戒懼慎獨之外，别説一段未發工夫也。但今人將發字看得粗了，故以澄然無念時爲未發，不知澄然無念正是發也。

其二

盈宇宙一心也，一氣也，安有天地與我之分哉？發育、峻極、博厚、高明云云，正以心一氣一。故吾能自位，則盈宇宙皆位矣；吾能自育，則盈宇宙皆育矣。何也？一體故也。若謂天地自天地，萬物自萬物，我自我，則彼自乖隔，非一體矣。既非一體，則推之必不準，强之必不合，吾安得而位育之？

其三

「生禀之異，而失其中」，朱子之説也，子思未嘗言此，固不必深辨。賢知之過，如佛老之類。未發之中固是性，然天下無性外之物，則視聽言動百行萬事皆性矣，皆中矣。若謂中只是性，性無過不及，則此性反爲枯寂之物，只可謂之偏，不可謂之中也。如佛老自謂悟性，而遺棄倫理，自孔門觀之，正是不知性，故曰不知味也。

其四

凡悟道未盡者，執下則遺上，執精則遺粗，是未能執兩端而用中也。惟舜之大智，精粗本末，融貫無二，是謂執兩端而用中。

其五

朱子以「素隱」爲「索隱」，不以同於《易》之「探賾索隱」爲嫌，似亦無害。如堯舜但言「執中」，孟子又言「子莫執中無權」，若泥其言，則堯舜之「執中」，亦須添一「權」字而後備也。又如《大學》「正心」，而孟子言「勿正心」，如此之類，皆語同而意自別耳。索隱行怪而後世有述，必佛、老、莊、列之流，乃足以當之。朱註「欺世盜名」四字，則未免貶詞之過也。若以素字與素位之素例看亦可，但於義理無大關繫，亦不必疲神於此。

其六

鳶魚上下察，朱子以察爲昭著，蓋此理充塞宇宙，種種色色，皆其呈露顯現處，不必以我察彼，而後爲道也。道體無爲而自昭著，人何與焉？此意味更深長可玩。張横渠言「帝則必察」，似與此同。何如？

其七

天地之間，只是屈伸往來而已，即此是道，此外更無道也。屈伸往來便是鬼神，便是生生之易，凡意念之闔闢，視聽云爲之動静，一語一默，一寤一寐，皆屈伸往來，皆鬼神也。舍鬼神無道矣。然則子思之言乃常談，未足爲異也。何如？

其八

「言足興」、「默足容」與「不變塞」、「至死不變」，語雖異，而理固相通也。孔子言：「邦無道，危行言孫。」然則以默爲偷生全軀，殆未可也。比干言而微、箕不言，固不害其爲仁，惟真能修德凝道之君子，則語默自能合道。不然，則默者爲偷生，言者爲沽直，無一可者也。

八條皆奉來教所及，粗陳其説耳。大抵書上言語，譬如寫影傳神，若執像以辨其人之妍媸，不若捨像而親面其人之爲真也。故求道者，須自求其心，不當留一字於胸中，庶幾得之。若必欲字字句句講求的確，勒成一家之言，則是訓詁家之事，鄭玄、孔穎達之學也，非孔門之正宗矣。何如？

答錢啟新邑侯 戊子

承示可謂深思矣。此理難言，然以虚懷下問，不敢不盡其愚也。夫澄然無念，是謂一念，非無念也，乃念之至微。至微者也，此正所謂生生之真幾，所謂動之微，吉之先見者也。此幾更無一息之停，正所謂發也。若至於念頭斷續，轉換不已，則又是發之標末矣。此澄然無念，譬之澄潭之水也，非不流也，乃流之至平至細者也。若至於急灘迅波，則又是流之奔放者矣。惟此真機，隨動隨静，更無增減，常發而常微，故曰今人將發字看得粗，故以澄然無念爲未發，不知澄然無念正是發也。然則所謂未發者安在哉？此尤難言矣。澄潭之水固發也，山下源泉亦發也，水之性乃未發也，離水而求水性曰支，即水以爲性曰混，以水與性爲二物曰歧，難言哉！難言哉！是在默契，未可筆宣，亦未可以力索，惟高明勿起知見，當自得之，但既悟此理，切忌頻頻拈出以恣談説，惟時時冥會，研精入微，固道之所存也。

答郭墨池 戊子

所云「未接物時，此心炯然不昧；及接物時，是非照察不爽」云云，足見實致力處。又云：「若終日不接物，只照察此心，則學問思辨篤行工夫，全無用處，不免於空寂之惑。」此則又是自生妄疑，不信自己真心，且分心與事、内與外爲兩截矣。夫獨居静坐，目必有視，視即物也；耳必有聞，聞即物也；心必有思，思即物也。一瞬一息，皆不離物，豈有不接物之時乎？終日視無妄視，聽無妄聽，思無妄思，即此便是學問思辨篤行工夫，不論動静，總是此件工夫，何得爲工夫全無用處而墮於空寂乎？故事之體，强名曰心，心之用，强名曰事，其實只是一件，無内外彼此之分也。故未有有心而無事者，未有有事而無心者，故曰「必有事焉」，又曰「萬物皆備於我」，故充塞宇宙皆心也，充塞宇宙皆事也，皆物也。故《大學》不曰經綸宰制於天下，而曰明明德於天下，蓋經綸宰制，總是明吾之明德，非明明德之外别有一段應事工夫也。吾心之大，包羅天地，貫徹古今，故但言盡心，則天地萬物皆舉之矣。今學者誤認區區之心眇焉在胸膈之間，而紛紛之事雜焉在形骸之外，故逐外專内，兩不相入，祇見其支離乖隔，而終不足以入道矣。執事篤實之資，過失自少，但振作奮發，决志希聖一著，似尚欠也。既欠，此志恐未免便以賢於流俗自安，反以僅僅自守，不慕遠到爲老成持重，脚步似穩，但在孔門，則謂之自畫自小，昔人所謂「多病於人未足羞，徧身無病是吾憂」者，願執事更以自省自勵可也。何如何如？

答鄒子予 戊子

所云本體工夫，只可語於成學，若初學之士，不於念慮事爲著力，而止於本體用工，恐不能無遺漏處，此未然也。夫所謂本體者，念慮事爲之體也，念慮事爲者，本體之用也。體外無用，用外無體，一而二，二而一者也。夫能於念慮事爲著力者，果爲誰之著力乎？能著力者，即本體也。故學者以本體爲主，而照察於念慮事爲不少缺欠，則即念慮事爲之致力，而本體於是乎全矣。若謂只存本體，而念慮事爲任其遺漏，則豈有懸空之本體？若謂只於念慮事爲著力，而本體可緩，則所謂念慮事爲者又從何處流出？是皆自作二見，而不知體用一原、顯微無間之理矣。且本體存乎悟者也，念慮事爲存乎修者也。故本體上著「用工」二字不得，舍念慮事爲，亦無用工處矣。原憲未悟本體而强制於念慮，誠爲未盡，顔子有不善未嘗不知，知之未嘗復行，此正悟本體而能消意念之習氣者也。何也？知之一字本體也，有不善未嘗不知，則是以本體之真知而消意念之習氣也。此顔子克復之學，而吾儕希聖者之所當從事也。此學路逕本甚明，但願立必爲聖人之志，用己千己百之功，勿悠悠作輟，恐蹉過光陰，終爲庸衆人，是可懼也。

答祝士廣 己丑

來翰云：「識得太虚本體，更當於發用處加省察克治之功，然亦非待既著而後省克，惟在幾之初動而致力焉，此之謂慎獨。自少至老，無一息可懈。」此一段發明精切，具見實用其力，故能見到此也。甚幸，願執事只如此用功，生亦無庸别爲贅語矣。但所謂「幾之初動」四字，更要深體。蓋此幾之動，無初無終，白沙先生所謂「至無有至動」，所謂「静中端倪」，此幾生生無一刻停，豈有初終？《易》所謂「動之微吉之先見」者，微者，無聲臭之謂，惟常生而常微，不涉聲臭，故有吉而無凶，《學》、《庸》所謂慎獨者，此也。獨者無對之謂，此幾内不著空，外不著相，有無之間，不可名狀，故曰獨也。慎獨者，盡性之功，不慎獨則性雖人人具足，而吾不能實有諸己。故至道必以德而凝，待人而弘也。

答東池宗丈 己丑

向聞道體少有違和，正爲懸念，盛使至，詢已漸安，惟静養中，只宜萬念俱灰，身世盡忘，此是第一上妙良劑也。終日渾渾然，勿認此身是病，勿計何日得安，勿慮不得安時是何境象，凡此皆妄念也。但一味任運兀兀騰騰，視此身如虚舟，隨波蕩漾，不必更作一毫意思支撑主宰，如是則一切不繫與造物游，不知何者是身，何者是病，身不屬我，病將自離，即此是道，更有何道，又奚必俟病愈之後别求究竟而後爲道耶？

答鄒子予 己丑

承别楮所云：「具占嚮往之志，但似未有專功，惟意想測度而已。」此恐未足語學也。夫學貴盡卻塵緣，一味收斂歸静，務令此心澄然無一物，將世上一切可喜可嗔、平生利鈍順逆之境，盡皆摒捨，於我了不干涉，如此久之，然後真性漸露。以此應事，如太虚之涵萬象，明鏡之鑑衆形，觸之即通，物各付物，更無阻碍，又安有先事籌度及事過生悔之失乎？所謂讀《定性書》云云，亦是書册上陳言，未可倚靠，莫若并《定性書》都掃却，只於静中自體本心，務見親切，乃真功也。

答曾用震 己丑

所云數息之功，亦斂念之一法，但當知息從虚無中生，惟此心廓然太虚，則息不待數而自調，由此入微，息本無息，是謂真息。何如？

答錢啟新道長 庚寅

頃辱賜翰，仰見志切於學，孜孜未懈，不以順境奪心，深爲敬服。及見所與蒙山丈書，致問於《易》義者甚詳。生素不知《易》，未能窺心得於萬分之一。但鄙意《易》者，聖人明道之書也，六十四卦三百八十四爻，始於一奇一偶而已，不知此一奇一偶者在吾身中果何物乎？說者每以理欲分奇偶，然奇乾而偶坤，坤果專屬人欲乎？必以坤爲欲而去之，則乾爲獨陽其可乎？若奇偶並立，則吾儕之學於此當作何致力，即今致力之實不知於乾坤二卦果何所當也。此似是學《易》第一義，必先明此，切身而實體之，則易不在書而在我矣。至於詞指訓釋，似可稍緩，何如何如？

與萬思默 庚寅

邇來檢身之功不敢不密，俟專請正。近見海内高明之士，談學者往往以修證爲落階級，以倫物爲非上乘，甚者於繩趨步尺之士，嫉之如讐，孔孟正學其將衰乎！老丈爲世道宗盟，何以救之？

答錢啟新道長 庚寅

伏奉翰教，感謝。所云「以寂感分奇偶」及「以理欲分奇偶」二説，以殊實則各有攸當也。孔子曰「一陰一陽之謂道，繼之者善，成之者性」。夫一陰一陽，自其著者而言之，則寂感理欲皆是也；自其微者而言之，則一息之呼吸，一念之起伏，以至於浮塵野馬之眇忽皆是也。豈截然爲奇爲偶，真若兩物之相爲對待者哉？孔子川上之歎蓋如此。識得此理，則知一陰一陽即所謂「其爲物不貳也」。舍陰陽之外，而世之欲超陰陽、離奇偶以求性者，其舛誤可知矣。此理至近至約，而充塞宇宙，更無餘事，見此謂之見易，存此謂之學易，不識高明，以爲何如？

與萬思默 庚寅

近偶患瘧，衰年覺不能勝病，迄今稍平，然尚未敢出户也。惟病中更無他念，一意此件無頃刻馳散，似於此理漸有親切處。大率此理充塞宇宙，而其機在我，能握其機，道乃可凝。不然，虚見玄悟，終非己有，惟握機最未易言，從人口授不得要，自潛心至極，庶幾近之耳。漫呈其似請正，兄以爲何如？頃聞海内高明之士談禪太甚，使人懸想於荒忽孤絶不可措心之地，而天地一脈生生真種子幾於斷滅，人倫度物不明不察，彼其視孔子之道何啻土苴，往往鄙爲下乘。以弟之愚誠，懼正學從兹大壞，而亂階浸長，將不可復救也，奈何奈何！

答劉惕予 庚寅

承諭：「用功未有所入，瞑目不能脱内境，開眼則種種外象。」足見真實致力，乃出此真實之言，非漫然剽掠套語及猜想測度者比，可敬也。來諭自以鈍根，未能超悟，雖出過謙之詞，然鄙意謂參也竟以魯得。嘗見朋輩中，以鈍而實修，遂底於大成，以敏而自恃，竟蕩而無歸者多矣。且學貴實修，不貴玄悟，今之所謂悟者，皆脱空懸想，脚不點地，口口談玄，念念從慾者不少，此等最爲害道，可戒也。吾輩只當遵孔子「人一己百，人十己千」之訓，刻苦精研，樸實踐履，何患不到古人佳處哉？所云：「瞑目則見内境，開眼則見外象。」夫見内境者，吾心之虛明也；見外象者，亦吾心之虛明也。然則内境外象雖殊，而吾心之虛明無二；境象雖分内外，而吾心之虛明原無内外。即此能見之心，便是真體，何必求他哉？

與賀汝定 庚寅

得遠翰，所諭新功，皆體驗真實所得，足徵近裏著己之功，深爲可喜。大率學貴步步踏實地，所謂登塔未即見頂，而去頂漸近者也。彼恃虛見而無實功者，如對塔頂而遥贊其妙，然去塔頂甚遠也。惟生幾者，天地萬物之所從出，不屬有無，不分體用。此幾以前，更無未發；此幾以後，更無已發。若謂生幾以前更有無生之本體，便落二見。又以知屬體，意屬用，皆自生分别。且以知而照意，即是以一心照一心，心心相持如鷸蚌，然大屬造作，非自然也。陽明先生曰：「《大學》之要，誠意而已矣。格物致知者，誠意之功也。知者意之體，非意之外有知也。物者意之用，非意之外有物也。」但舉意之一字，則寂感體用悉具矣。意非念慮起滅之謂也，是生幾之動而未形、有無之間也。獨即意之入微，非有二也，以其無對謂之獨。故程子云：「其要只在慎獨。」意本生生，惟造化之機不克則不能生，故學貴從收斂入，收斂即爲慎獨，此凝道之樞要也。孔子繫《易》，發明《咸》之九四，所云同歸一致，尺蠖屈、龍蛇蟄者，正以示收斂入微之義，其旨精矣，此孔門心學之傳也。孟子言「不學不慮」，乃指孩提愛敬而言。今人以孩提愛敬便屬後天，而擴充四端皆爲下乘。只欲人直悟未有天地之先，言語道斷，心行處滅，乃爲不學不慮之體，此正邪説淫詞，誘人以入於敗倫傷教之歸者，不可不察其微而慎之也。彼蓋不知盈宇宙間一氣也，即使天地混沌，人物銷盡，只一空虚，亦屬氣耳。此至真之氣，本無終始，不可以先後天言，故曰「一陰一陽之謂道」。若謂別有先天在形氣之外，不知此理安頓何處？通乎此，則知洒掃應對，便是形而上者。而孔子大中至正之矩，誠萬世不可易也。惟潛心入微自得於言語之外是幸。

答王夢峰

小庵重勞道駕枉臨，静對旬餘，竊窺老丈清瑩朗徹，而精進不懈，真後學所莫能仰企萬一者。生幸獲瞻，承領益無量，辱手翰云：「識得生幾，自火然泉達，自穩當，自顯著，安用人爲？」誠至言也。但鄙意謂真識生幾者，則必兢兢業業。故孔子所謂「不足，不敢不勉。有餘，不敢盡」，方爲實學。蓋聖人真識生幾，則常有不敢之心。今後學亦有自謂能識生幾者，往往玩弄光景，以爲了悟，蕩無檢束，則涉於無忌憚之中庸矣。故穩當顯著，雖非人爲，正聖門所謂爲之不厭也。敢以請正。

答賀汝定 辛卯

得手書，詢來使具知道履清勝，且實學所孚，上下交信，使世之學者，知吾道之果可見諸實用，有補於世，而非空談，何其幸也。所云於生幾處默識，斂之以入於至微至寂之地，甚是甚是！但從此日精日密，必可直接孔門求仁一脈，而高不墮虛無，卑不落枝節矣。生近於此理，似愈見分曉的當，無可疑惑。蓋宇宙萬古不息，只此生生之理，本無體用可分，真所謂可一言而盡也。惟此生生之理無聲臭可即，亦非可以强探力索而得之，故後學往往到此無可捉摸處，便謂此理只是空寂，原無生幾，而以念頭動轉爲生幾，謂是第一義，遂使體用爲二，空有頓分，本末不貫，而孔門求仁真脈遂不明於天下矣。執事既信得及，願言珍重。此是萬古斯文仗賴一大事，吾輩非聊以淑其一身而已，不可不敬慎而爲萬古勉圖之也。

與李一吾 辛卯

求復、求仁二會，幸屈道駕臨之，俾後學咸知實踐而恥虛談，有功於吾道誠大矣。近時學者略看數卷佛書，便冒認了悟，以懲忿窒慾爲下乘，孝弟忠信爲末節，且謂此皆障道，必破除之而後爲大徹。生則以爲，此夷狄亂華之漸，生民將淪於塗炭矣，可哀也。恨綿力無能少救之，聊爲老丈漫談之而已。

寄賀汝定 辛卯

聞篤志真修，一介不苟，倡導正學，士類悦從，而當路咸推重知眷特渥，凡此皆足以徵執事踐履之明驗，又以見人心之同然者，未嘗不可以誠感也，孰謂吾道果不可行於今世哉？固不但爲執事欣聞樂道而已。生邇來學力益專，所見似更穩實，不似往年摇兀轉换，日用間點點滴滴頗有歸著，不至滲漏，千里同心，不敢負知己相期至意也。初冬，偶沾瘧疾，伏枕旬日，今已全安矣。病中亦自覺安泰，無一毫别念，庶幾不爲病境所遷耳。乃知吾輩學問只貴當下密實，得其樞要，踐履真確，一一慊心，俯仰宇宙，不致愧怍，則浩然獨立，更無留礙，復何生死之足言？彼異學往往以生死恐動人，甚至造妖揑怪，使人狂走冥趨，而愈馳愈遠，孰知吾孔子之道，真自足而不必他求也。海内高明之士，談禪者浸盛。生近來真見得禪家之學與孔門正脈絶不相侔，豈容混論？今人謂孔釋之見性本同，但其作用始異，此説非也。心跡猶形影，影分曲直，則形之欹正可知，豈有本同而末異之理哉？孔門真見盈天地間只一生生之理，是之謂性，學者默識而敬存之，則親親、仁民、愛物自不容已。何也？此性原自生生，由本之末，萬古生生，孰能遏之？故明物察倫，非强爲也，以盡性也。釋氏以空寂爲性，以生生爲幻妄，則自其萌芽處便已斬斷，安得不棄君親、離事物哉？故釋氏之異於孔子，正以其原初見性便入偏枯，惟其本原處所見毫釐有差，是以至於作用大相背馳，遂成千里之謬也。或者猶謂生生是第二義，生生之上更有無生一著，此乃最不知道者。若如其説，則生生與無生遂成兩截，此等蔽説全屬盲談，何足與議於孔子之道哉？雖然，此聊爲執事略言之耳。孔子之道昭如日星，豈彼詖淫之説所能終害？吾輩但守孟子反經之説，實修實詣，實有諸己，亦不患正學之不大明於世，何必嘵嘵然與彼捕風捉影之徒費齒頰哉？生衰頽日甚，不知何年再得與高賢促席究竟此件否？

答賀汝定二首 壬辰

使至，得手翰，所述近來新功，皆切實明瑩，平正而邃密，深爲喜慰。别紙六條，皆無可疑者。惟第五條所問，其中有精之説。大抵鄙意所指精者，即中涵真幾之謂，非氣凝有質之云也。蓋真幾不可以有無言，若氣凝成質，則涉於渣滓矣。昨歲避入仰慈山中，偶據所見筆之，謂之《仰慈膚見》。一小帙奉覽，覽此即可以代面談也。

又

來問第一條言：「生幾不可識，不可爲，則存乎悟。」甚是甚是！第二條言：「不逐物，不著空，庶幾中矣。不然，徒知一意向裏，而不知中，其不至於沈空守静，厭棄倫物，墮昏塞而趨偏枯者幾希。」皆是也。餘所問者，語未甚瑩，然自是執事用功所得，今姑未暇詳論。惟鄙人近來自覺此心之生理本無聲臭，而非枯槁，實爲天地萬物所從出之原，所謂性也。生理之呈露，脈脈不息，亦本無聲臭，所謂意也。凡有聲臭可覩聞，皆形氣也。形氣云者，非血肉粗質之謂。凡一切光景閃爍，變换不常，滯礙不化者，皆可覩聞，即形氣也。形氣無時無之，不可著，亦不可厭也。不著不厭，亦無能不著不厭之體。若外不著不厭，而内更有能不著不厭之體，則此體亦屬聲臭，亦爲形氣矣。於此有契，則終日無分動静，皆真性用事，不隨境轉，而習氣自銷。亦不見有真性之可執，不言收斂，自得其本然之真收斂矣。此意未嘗漫以語人，今以聞於執事，試體驗之如何，風便，再希翰示，交修之益也。

答郭墨池 壬辰

來翰云：「吾心渾是生幾，善感而善應，惡感而惡應。」此説殆未然也。夫生幾者性也，性本至善，豈有惡乎？惟性善，故發生無不善，其有不善者，乃自離其性而染於外物耳。故善由性生，惡自外染，若曰惡生於性，其害道也甚矣。程子所謂「善固性，惡亦不可不謂之性」，猶言清固水，濁亦不可不謂之水耳。然水之本性豈有濁乎？其流之濁，乃染於外物耳。程子之言，其旨甚精，而執事引之以證惡生於性之說，則誤也。幸慎思之。

答賀弘任 壬辰

所云懲時弊固是，但吾輩既有志爲學，必洞明此道，以纘承孔門正脈，乃爲不負此生，不負宇宙。使孔門正脈大明，則虛見玄談自熄，若自家道眼不明，只區區點檢末節，以爲學止於此，而思以此救時俗玄談之失，恐自家反落枝節，反爲彼玄談者所笑也。先正謂世儒之陋見，反出二氏之下，正謂此耳。今玄談既難頓挽，而吾黨號爲向學者，又往往立志不高，徒粗守繩墨，賢於庸衆人而止耳。則孔門正脈，竟將誰託，良可深歎也。此不獨爲友朋泛說，亦願吾弘任大開心胸，直探正學於千古之上，勿僅僅作鄉邑謹守之人而已。乃所切望，隔遠會稀，莫效切磋之益，因附此致勗，惟勉旃。

答劉濾瀟 壬辰

向承示嘉刻，細覽之，具見心得之邃，領教多矣。中間不無一二欲有請者，但須得面對，從容侍坐數日，乃可深相質正。若恃筆劄往復，終恐詞不達意，反似騰口說也。諒良緣可待，必償此願耳。吾輩爲學必期大徹，而與後學言，最貴謹嚴，觀孔孟之言可見矣。吾輩此身直當扶持宇宙，嘗見先輩有立論稍失中正者，後學襲爲宗旨，遂不勝其弊，乃知孔孟言言密實，宜其萬古攧不破也。何如何如？

答周時卿 壬辰

所云「點檢于視聽言動、子臣弟友、辭受取予，比之空談者不同，第恐零碎煩瑣，有遺本領」云云。此蓋未識本心，故分心與事爲二，是以致疑於此也。夫本心常生者也，自其生生而言即謂之事，事即心也。故心無一刻不生，即無一刻無事，事即本心，故視聽言動、子臣弟友、辭受取予皆心也。洒掃應對便是形而上者，豈有零碎本領之分哉？學者終日乾乾，只是默識此心之生理而已。時時默識此心之生理，内不落空，外不逐物，一了百了，豈有零碎本領之分哉？執事試於此密密體認，久之當有契合處也。

答曾肖伯五條 壬辰

承問第一條：私意潛伏者，指少間而言。此語亦未盡。蓋習氣亦無聲臭，即工夫無間其潛伏者，亦未頓拔也。觀明道先生見周子後十二年，獵心復萌可見矣。然要習氣盡拔，亦無別法，只在工夫無間，愈密愈微，久之，漸能净矣。

第二條：不能盡分者，軀殼累之。此未然也。人倫物理爲其所得爲，即一舉趾、一出言，皆塞乎天地，何分之不能盡乎？又何軀殼之爲累乎？惟所云「不以軀殼起念」一語自佳。

第三條：心之官則思，思者聖功之本。夫中常惺惺即思也，思即窮理之謂也，即融會貫通之謂也。思愈入微，則性天朗徹，旁燭無疆，謂之有思亦得，謂之無思亦得。蓋此思乃極深研幾之思，是謂近思，是謂思不出位，非馳神外索之思也。

第四條：大概亦是陽明先生言，只以必有事焉爲主，纔著重便屬助，纔放輕便屬忘，終日不落助忘，只是必有事焉而已。明道先生言：「必有事焉而未嘗致纖毫之力。」此其存之之道。

第五條：持志無暴氣之説，乃是孟子以告子分心分氣，外氣求心，故幫補言之，以救其失。要之此心真宰即是志，此真宰生生不息即是氣，非有二也。若云於持志之外別有調習以養氣之功，則未然。

答賀汝定 癸巳

來諭所云：「收斂非爲也，藏乎無朕，入於至寂，絶其妄生之端，而真生之幾盎然順流矣。此幾萬古不息，無起無滅，又何晝夜死生之別乎？」此言甚契我心。但於此愈微愈密，體用本末一齊俱了，終日乾乾，只是此件而已，此孔門慎獨之正脈也。孔顔之學，惟程伯子直接其傳，每見《遺書》中往往發明此旨。近代白沙先生云：「至無有至動，至近至神焉。發用茲不窮，縅藏極淵源。」正與程伯子垂訓之旨不異，吾輩所當服膺，何如何如？

答王養卿 甲午

承手翰，具見留心體驗，甚慰。所云千條萬緒，總出一竅。此語最爲近之，惟此一竅，乃太虛中生生之靈竅也。一切念慮知識、萬事萬物皆從此一竅流出，此是天然自有，不學不慮，而人人具足者也。但此靈竅至微至密，本無聲臭。日用間惟打併精神心思，一意歸根，於此透入無聲臭之原，此是聖門極深研幾之實學，求仁之要訣也。若離此靈竅而外求，則學不歸根，去道遠矣。執事既有真志，願從此透入，忽懈至囑。

答王肯齋 甲午

盛使至，詢知静養山寺，甚慰。展讀來翰，又知密修内省之功，尤爲欣仰。所云前此皆意氣近名所爲，不足以語學，足見精察，此亦鄙人所願獻忠告於門下者。今老丈已一語道盡，生無容於贅詞矣。何幸何幸！大抵吾人爲學，須以直透真性，亘萬古而無生滅者，此是千聖相傳正宗，若不透此，總非究竟，故有志之士，終日終身，綿綿密密，闇然自體，不求人知，蓋其真精神、真血脈，點點滴滴，務在歸根復命，不暇向外，誠恐一念向外，便是墮落，枉過一生也。此事全不在言語講論上，不在門面格套上，縱是世間盡稱我爲賢聖，原與我一毫無干。故學以爲己，本非爲名，纔萌一念爲名之心，便自墮落，枉過一生也。所云孝親弟長，不敢爲惡，可質鬼神。此是老丈實自信處，凡在善類，亦皆相信，但不可以此自恃。蓋以聖學論，則此等亦是枝葉，更有透骨透髓真學問所宜究心也。辱在知厚，敢進此言，以爲百尺竿頭之助。此事固在自己静養，然必賴有道賢者，爲之夾持，爲之開導，譬如遠涉遐方，得一慣識路程者與之同行，庶不誤入旁歧，大省力也。何如何如？獨學無友，則勤苦難成，高明裁之。

答郭青螺方伯 甲午

承問心、性、命三者，淺陋何足以知之？惟數十年竭其愚鈍，覯體研求，似有一班之見，敢以請正。

夫盈宇宙，亘古今，一性而已。性者，萬物之一原，非有我之得私也。以其爲天地萬物之所從出，寂無聲臭，不可名狀，强名曰性。然性非枯塞也，蓋於穆常運，以其常運，故有命之名焉。然命非形氣也，蓋廓然太虛，以其太虛，故有心之名焉。三者一之三也，惟性無善惡，是謂至善；涉於命，則化機潛萌，可以清濁純駁言；涉於心，則靈竅漸闢，可以操舍存亡言。惟善學者存其心，以完受中之命，而性徹萬古，彌六合，以不毁矣。《中庸》言天命之謂性，蓋懼學者離命以求性，則性爲有外，而不知命即性也。孟子言仁人心，蓋懼學者離心以求仁，則道爲遠人，而不知心即仁也。蓋自道之統體言之，則性命與心如空中鳥跡，不可得而異也。自道之稟受言之，則性命與心，如鏡之金爲質，明爲體，而照爲用，鏡一而名三，不可得而混也。至如忍性之説，先儒釋爲嗜欲之性，然即謂堅忍其本性，似亦可通。「性也有命」之説，則鄙見以爲與「莫非命也」、「得之有命」之「命」同，蓋主氣數而言。如仁於父子，而舜遇瞽瞍；義於君臣，而文王遇紂；禮於賓主，而穆生不醴於王戊；智於賢者，而孔子見尼於晏嬰；聖人於天道，而堯、湯適遭於水旱。是皆氣數之厄，所謂命也。君子不以數厄而違性，故曰不謂命也。色聲臭味，安佚享受，各有分限，亦氣數也。不可以性之所有而過求，故曰不謂性也。蓋命字雖同，然立言各有攸當，似不當概以「天命」字樣律之。何如何如？又謂性以心爲舍，則是宋儒心大性小之説，恐未然。蓋性無邊際，心亦無邊際，但謂性體而心用則可，謂心大而性小，不可也。凡此皆就明問所及，謬以管見稍爲分疏，不知台裁以爲然否？

答陳蒙山年丈 乙未

易者，變易也。此體常運謂之生，運而無迹謂之無生。無生即真生，真生之運甚微，無變易之迹，而實涵變易之真機，故名之曰「易」也。孔子言「生生之謂易」，「一陰一陽之謂道」，至明切矣。若指其呈露徧滿者而言，則自一息、一念、一舉動、一語默、一刻、一時、一日、一月、一年、一紀，以至元會運世之始終，皆生生也，皆變易也。故舉「易」之一字，而道無餘藴矣。此理不但吾聖人爲然，雖二氏亦然。佛氏曰：「一切法不生，我説刹那義。初生即有滅，不爲愚者説。」老氏曰：「天地之間，其猶橐籥乎！虚而不屈，動而愈出。」皆與「生生之易」言異而指同也。學者必識透此理，然後可以爲學，然後可以論易矣。

與歐克敬 乙未

此體虚而常生。其虚也，包六合以無外，而無虚之相也；其生也，徹萬古以不息，而無生之迹也。只此謂之本心，時時刻刻還他本來，即謂之學。此理至大而至約，惟「虚而生」三字盡之矣。原不必費許多纏繞説話，愈猜想愈不親切矣。幸於此密體之如何？

答歐克敬 乙未

太虚之中，萬古一息，綿綿不絶，非善非不善，原無應感與不應感之分。何也？識得此理，則時時應感，雖瞑目獨坐亦應感也，何有分爲兩截之患乎？時時是應感，即時時是動也，常動即常静也。一切有相即是無相，山河、大地、草木、叢林皆無相也。真性本無杳冥，時時呈露，即有相也。相與無相，了不可得，言思路絶，强名之曰「本心」，透悟到此，則本心猶是强名，習氣何所棲泊，中節與不中節，總爲剩語矣。

答賀弘任 乙未

來翰所云聞謗一事，昔子路人告之以有過則喜，不知彼人告以過者，果子路真有過乎？抑亦彼人未諒而生謗乎？然子路不疑彼人所言之當否，惟喜而受之，此所以爲百世之師也。若使聞人謗，復自計曰：我何嘗有是，彼言謬矣；又或曰：彼言雖以直諒，然有傷厚道；則是未免有不喜聞過之心潛伏胸中，不可不自省察也。昔人謂：「道吾惡者是吾師。」今道吾過，無非欲勉我以進於善耳，安得不喜而受之乎？既喜而受之，便可默默警惕，再勿形之詞色，裝點受善門面，只一味自省自改，所謂不言而躬行乃爲真修。凡人言亦未必全非，蓋或我所爲未能甚當，以致人言。但彼或言之過甚，則容有之，然在我不宜少萌怨尤。若外貌姑示領納，而中心實拒之，則太不可也。

答曾德卿 乙未

來翰云：「合心事而兼修之。」此言近是，但心與事非二也，心包宇宙而統萬物，事者心之變化也，事非在心之外，心實貫於事之中，事者心之散殊也，心者事之主宰也，非有二也。故但舉心之一字，而學無餘蘊矣，非以事與心對立而兼修之也。惟心體本無聲臭，而日見之行事，乃其實踐之地，舍實踐之地，安有所謂心者哉？且非特外而應酬之迹，乃謂之事也，即静中念念不息，此不息之念即事也；即静中無一念，此無念即是本念，亦即事也。知此則知此心更無無念時，即更無無事時。然則全心是事，全事是心，安有心與事之分哉？故學者時時兢兢業業，即是必有事焉，即是存心之實功。時而應外務，必求協于天則，固是實踐；時而静中無應酬，凝然寂然，太虚無物，亦是實踐，總之皆事也，皆心也，非有二也。願執事只依此體認，依此用功，久之自有見處，勉旃勉旃。近世號爲高明之士，或謂一悟便了，行誼上不必點檢，此是不識心體，乃舍事而認心。若如此，則事是誰做？且事不點檢，則此心乃是頑空，全不管事之物矣。彼蓋不知心即事，事即心，歧而二之。彼所謂悟，但得其影響耳，豈真悟哉？又謂静中不可著操字，則孔子所謂操則存者果爲妄語乎？彼蓋不知操者，非以此操彼之謂也。此心兢兢業業，即是心之本體，即是操也。故陽明先生曰「戒慎恐懼是本體」，正謂是耳。若此心不操，則反爲放其心而不知求矣，而可乎？惟操即是本體純一不雜，即是静也，非以蕩然無所用心爲静也。何思何慮，言思慮一出於正，所謂心之官則思，思睿而作聖，非妄想雜念之思慮也，豈可以不操冒認爲何思何慮乎？此等議論，乃是近世海内一種虚談，似是而非，大壞學術，大惑後進，其弊必至於決隄防、縱人欲而滅天理。其説似高出於孔孟之上，而其弊實誘人入於放僻邪侈之歸，不可不深畏而謹避之也。

答陳蒙山 乙未

弟微窺此理，雖廣大無邊，然苟不至德，則至道不凝，故吾輩安身立命穩實之地，須知凝道之方也。昨獲面悟，謬陳淺見，辱兄不鄙，幸甚。先聖謂知崇禮卑，知崇存乎悟，禮卑存乎修，會得此意，則後天有爲功課，皆是先天無爲妙理，未可歧而二之也。

答許敬庵少司馬 乙未

頃四月間，承以嘉刻寄賜，展讀再四，具見深造自得之功，受益多矣。近世學者率務玄談而薄實修，得老先生真切確實之訓以救之，吾道仗藉匡扶，不至淪晦，誠距邪反經之大業也。曷任欽服！惟格物之説。尊教以格去物累爲言，固甚簡明，令人易入，但陽明先生云：「知者意之體，物者意之用，致知格物者，誠意之功。」又曰：「意之所在謂之物。」此數語最精。生竊謂千古之論《大學》者，其描寫此心之秘密藴奥，莫有過於陽明先生之旨矣。此義無由面質，楮墨亦難盡吐，聊陳其概以請，幸裁示之。

生衰落已甚，自念餘光有限，日夜畢力此學，不敢有頃刻之懈。山中士友亦頗群聚，儘賴夾持之力，誓當竭神砥策，無負此生，以奉夙教也。

答劉以剛 丙申

來翰云：「功夫合本體爲難。」夫本體者，即能做功夫之本人也，日間能做功夫者，即是本體，則本體自在矣，何必更求本體乎？何必更疑其不合本體乎？且即此求合者，亦本體也；能作疑者，亦本體也，若舍此他求，便是騎驢覓驢矣。日間知覺運動，種種事爲，皆本體之流行，時時認得皆是本體流行，只還他本色，順以達之，强名曰功夫耳。若更起心動念，造作把持，以爲功夫，便是無風起浪，此是做病，非做功夫矣。即自於本體上添此一障，宜其愈做功夫而愈不合本體也。來翰云：夢中得「知止而後有定」一語。此語真聖學要訣，惟自性微密，本來自止，亦非作意以止之也，若作意以止之，又是自添一病矣。大凡學者有兩種病：一種是以情慾爲天機，冒認本體，全不用真修之功者；一種是以意見障本體，自謂能做功夫，而實自作疑弊者。總之，皆不識自心原一毫散漫不得，亦一毫把捉不得，故或縱或執，兩病而俱失之也。如執事者，未免落在後一種病中，願姑捨造作而直認不學不慮之本心，當有洒然契入處矣。何如何如。

答陳蒙山 丙申

承諭：心量欲廣而不妨時刻銷鎔習氣。良是。蓋既悟心量之廣，而後知習氣之當銷，真銷習氣，而後心量之廣不爲虛見矣。但銷鎔習氣之功，有要約者，有繁難者，此則當有辨矣。

答謝居敬 丙申

來劄所疑靈知近於惡覺，虚寂近於著空，若以動處能遂通，便是不動，又未免發用時失當，因思須是精神自强做得主起云云。凡此展轉調停，未得穩帖，此是未能識透本心之故也。夫心量廣大，包六合以無邊，而真機微密，爲萬有之元宰，可以神會，而不可以力持。本虚也，然執虚則爲著空；本靈也，然執靈則爲惡覺；本即動即静而非動非静也，然執遂通與做主，則爲二見。總之，皆測度想像，扭揑造作，雖云用功，而實自起風波，反成障礙矣。惟來翰云「塵心奔逸，莫如正定爲對症之藥」，此一語最爲近之。《大學》曰「知止而後有定」，是謂知所先而近道。夫性彌宇宙，聲臭俱泯，無可措手，而真機爲萬有之宰，則至微至密，而實知覺思慮、視聽言動、萬事萬物之所從出也。真機非動非静，非體非用，非寂非感，至一而不二者也。以其無對故曰「獨」，知止即慎獨也。孔子於《艮》之象曰「君子思不出其位」，蓋言止也。夫止之云者，真機之凝然隱於無朕，而非空也；躍然妙乎萬有，而非作也。止之云者，非把捉束縛以爲止也，亦非冥頑絶物以爲止也。真機本妙應而常止，吾惟還其本然之止也。大道茫茫，何處下手，止之一字，是凝道盡性之方也，非但爲塵心奔逸之對症而已也。自閒居獨處，以至酬酢萬變，只一知止焉盡之，無二功也。孔子曰：「譬如北辰，居其所，而衆星拱之。」此知止之説也，惟執事善體之。

答曾德卿 丙申

「静坐從調息入」，此是王龍溪先生語也。但龍溪先生所指息字亦甚微，若只以呼吸出入爲息，則恐未盡。蓋真息原無呼吸出入之相，故曰真息本無息。所謂無息者，非頑空斷滅之謂也，乃息之至微至細不可以象求而可以神會者也。若呼吸出入之息，乃是真息之末流耳。龍溪先生所謂調者，亦欲人由粗而入細耳。真息即是真心，得此機括入手，則萬事萬化之原時時在吾掌握，動亦定，静亦定，即此是本體，即此是工夫，時時入微而非把捉也，時時默運而非怠弛也，即此便是戒慎恐懼，即此便是不睹不聞，所謂得一而萬事畢矣。

答郭墨池 丙申

承手翰云：「學之次第有入門、升堂、入室，而門外更有許多關子要打過。」此言固是，但未可看得層數太多，反生疑阻。古人有言：「一燈能除千年暗，一智能滅萬年愚。」孔子亦云：「我欲仁斯仁至矣。」似又無許多層數也。譬如熟睡之人，一覺便不作夢。吾輩但時時提醒此心，當下能不蔽昧，即此便是聖基，即此便是斬關真力量，即此便是入室第一步，即此便是先聖之所深許者。此處須當自信，未可過疑，反自作障碍也。何如何如？

與劉文光工部 丙申

頃辱手翰，具悉道況。且以「斂」名齋，即此一字，便是聖學切要處。先聖所示退藏于密，尚絅闇然之功，皆此斂也。執事復云：下手工夫猶無湊泊，但以斂爲功，不患其不湊泊矣。願深體之。昨劉友士振歸，極道執事譽望隆起，蓋以英邁不群之氣，正直磊落之度，見於世用，自是卓偉，誠足爲吾黨增色矣。邵子有詩云：「施爲欲似千鈞弩，磨礪須如百鍊金。」所謂千鈞弩者，不輕發之謂也。邵子又云：「人之精神，貴藏而用之。」其亦斂之意乎？故斂之一字，乃高賢用世之秘訣也。何如何如？

答郭以濟 丁酉

前書已覽，但學問一事，須於靜中切己體認，將古人言語及近時先覺種種話頭皆掃除不用，直要自己認得此心本來是何面目，却將此自己認得者拈出與明眼人商量，乃是真實磨礱得手之物。若不如此，却只將耳中聞得他人口吻，聊且摸擬測量，略覺有近似處，便以爲是，殊不知此是剽竊得來，非真有也。既非真有，安得不歇手乎？願執事白手起家，勿在他人脚跟下湊泊。是囑。

答曾德卿 丁酉

所云「日間不免有閑思雜想」，夫此心常生者也，默默運行，生而無生，此所謂思之睿也。此思不著於有，不落於無，是生生之本然也。日間只默默體認乎此，即是聖人研機之學，若不知此，則中無定主，精神未免紛蕩，閑雜思慮難收攝矣。《易》曰：「天下同歸而殊塗，百慮而一致，天下何思何慮。」夫惟知同歸一致之學，則殊塗百慮總謂之何思何慮矣。何也？所存者神，則所過者化，故惟存神爲要也。若不知此，而惟閑雜思慮之掃除，必不能矣。所云學聖易，學賢難，此是昔人一時權宜之説，不必泥此。事難則俱難，易則俱易，在人志有大小，功有疏密而已。顔子没而聖人之學亡，蓋謂中行之難其人也。天不變道亦不變，豈無後顔子而自得之者乎？

答蕭勿庵 丁酉

辱翰示，捧誦再四，竊窺深造之學，似是性命交致其力矣。但「性」之一字，本不容言，無可致力，知覺意念，總是性之呈露，皆命也，似不可以知爲性而意爲命也。若强而言之，只云悟性修命可也。蓋性不假修，只可云悟而已。命則性之呈露，不無習氣隱伏其中，此則有可修矣。修命者盡性之功，似不當以性命對舉而並修之也。性者先天也，知屬發竅，是先天之子後天之母也。惟知爲先天之子、後天之母，則此知正在體用之間。若知前求體則著空，知後求用則逐物，知前更無未發，知後更無已發，合下一齊俱了，更無二功，故曰獨。獨者無對也，無對則一，故曰不貳也。意者知之默運，非與知對立而爲二也。致知者，非以知照意之謂也。若以知照意，則能所爲二矣，則彼此爲二矣。此是見之未徹，自生障碍，自生窒滯，恐未然也。

再答蕭勿庵 丁酉

承翰教，具見虚懷，不遺葑菲，敬服敬服。夫充塞宇宙，了無聲臭，不可名言，所謂先天也。思慮運用，萬象呈露，所謂後天也。混沌之中，一靈卓爾，既非頑空，亦非情識，是謂良知，此即先天。若於此知之外求先天，便是著空，此即後天。若於此知之外求後天，即是著相，故不得已而强言之曰：是先天之子後天之母也。非謂此上有先天，此下有後天，此良知又爲先後天之間，則是裂一而爲三，殊不可也。良知者，不學不慮之知，即乾以易知，孔子之所謂無知也，非起照以爲知也。致此知者，知止而定静安慮之謂。《中庸》所以貴於闇然不顯，以造於無聲臭而後爲至也。性命雙修是先輩苦心之説，但以主宰流行分性命，則是二見，以精與一爲雙修，則是二功，恐非聖門爲物不貳之宗旨也。勿畔云者，乃是專以後天爲主，而寓先天於其中，未免偏而不中矣。若直透卓爾靈根，性命合下俱了，乃爲致一不二之學，非勿畔之比也。此是毫釐千里之辨，亦難言矣。

答夏雲屏 丁酉

伏承翰教，以「默識時少，持守時多」云云，竊意此是用心未到微細純熟處也。蓋默識者只在一處默識，持守者只在一處持守，原非有兩路也。默識此件，專注凝定，即是持守；持守入微，不涉造作，即是默識。雖兩名之，實無二功也。何如何如？

答周崦泉 丁酉

承示「明明德於天下，即出世經世，一時俱了」，可謂一言以蔽之矣。蓋此心不離一切，不染一切，本來如是，非强爲也。惟不離，故人倫必察，庶物必明。惟不染，故有天下而不與，出世經世，一心具足，原無等待，亦無二功，此舜之所以允執其中，而爲萬世聖學之宗也。彼以逐物爲經世，以絶倫爲出世，謬矣。

答萬思默 丁酉

弟年來於此學亦漸歸一，日間無瞬息懈散，所密密自信處，實自苦心磨礱之久，僅見一斑，非承襲前人口吻者，亦未敢向人舉似。第潛心默證，尚期從此更遠詣耳。竊謂先輩大賢，所見道之本原，固無不同，至其所入，各有方便之門，所得各有親切之處，似亦不能盡同，然不害其爲同，吾輩正不必執見争辨，要在自己大徹，愈親切即愈光顯矣。何如何如？

答陳蒙山 丁酉

此理與後進言，只貴簡明，使人易曉，若分别細碎，雖未嘗不是，但恐欲求精詳轉益沉晦耳。故談學只於緊要處揭示其端，使上中下根皆可悟入，至其層叠條件，在真實研摩者，當自得之，或迎機而指似可也。何如何如？

與劉文光 丁酉

劉用平至，得手翰，知學術趨向之正，甚幸。大率聖門之學在精研於心術之微，實踐於事爲之著，不容毫髮少差。今人動稱本性自然，不假修習，殊不知性雖本善，而習氣潛伏，不能無蔽，故必剥而後復。且習氣不惟難克，亦且難知。所謂習氣者，亦無聲臭，但根株未拔，則當其未萌時，無可踪跡，及觸境而露，則突然忽然不可撲滅矣。此非透體精一之功，時時戒慎恐懼，徹底入微，直到水窮山盡之處，恐習氣終未有廓清之期也。若漫云吾性自然，吾既見性，更無習氣，此正粗心冒認，既功不透體，豈識真性，反誤以習氣爲性，認賊作子者多矣。若真實學者，知畏天命，則戒慎之功自不能已，更不敢恣口虛談，此君子時中所以異於無忌憚也。生近來於此畢志專精，不敢疏惰，似頗有可循持，不甚迷謬處。鄉中真實之士，亦不多得，聖門正脈，須得入肩荷，願執事勉之。

答李養端 丁酉

辱手翰，足占留心正學，甚幸。但所謂知者，天所與我本然之靈，時時現在，時時具足，非必著意强作，以爲出頭也。惟明覺自然，即是天理，情慾自無所容。少有牽引，一覺便銷，亦非强提此知出頭，以與物爲敵也。且此靈體徧滿宇宙，豈有出頭不出頭之説？今强作之，即非本然之知矣，宜其愈苦而愈不得力也。此事須有希聖真志，又須親炙明師良友，朝夕勿離，庶自己既有專功，又得明眼者印證，乃可漸入。執事若真有志，何不出親師友以求入手之路，徒抱疑守暗，虛度此歲月也。

答劉任之内翰 丁酉

承手翰，於此學惓惓，甚慰。生以鈍根拙修，不能爲高論，第私衷誠懼以虛見勝實事，動稱不假修爲，一悟便了，彼凡爲此語者，豈誠真悟哉？果能真悟，則宜肫肫皜皜，不磷不緇，既已成金，不還爲礦，倘遇俗紛在前，不無微生塵念，則恐雖悟亦迷，即省察克治之力，未可盡廢也。且今後學，豈盡中人以上者？是故以生拙計，莫若直提戒慎恐懼以示後學，尤爲顛撲不破之穩著耳。何如何如？

答鄒子尹 戊戌

性命雖云不二，而亦不容混稱。蓋自其真常不變之理而言曰性，自其默運不息之機而言曰命，命者性之命也，性者命之性也，一而二，二而一者也。然命又有以氣數言者，如「死生有命」，得之不得曰「有命」，「得之有命，莫非命也」，「亡之，命矣夫」之類是也。《中庸》「天命之謂性」，正恐人於命外求性，則離體用而二之，故特發此一言於篇首，其意深矣。若執此語，遂謂性命果無分辨，則言性便剩一命字，言命便剩一性字，而盡性至命等語皆贅矣。故曰性命雖不二，而亦不容混稱也。盡性者，完吾本來真常不變之體；至命者，極吾純一不息之用；而造化在我，神變無方，此神聖之極致也。下此則養性者，陽明先生以爲學知利行之事，立命與俟命同。陽明先生以爲困知勉行之事，是矣。「性也有命，命也有性」章，此「命」字亦指氣數而言，命之爲字一也，而或以於穆言，或以氣數言，蓋字同而指別，言各有攸當，何必牽合以爲一律，反揑扭而不倫矣。何如何如？

承問「欲知性命，以無負聖賢，將何爲要」，此問甚切。愚謂吾心真常而不變者其體，默運而不息者其用，本來如是，人人具足，刻刻圓成，無待幫補，無待湊合。但凡人心，思終日逐外，不知反求，故蔽而不覺耳。學者果有真志，須時時默識此心，必真見此性包乎六合之外而無聲臭，而命在其中；此命徹乎萬有之内而無停機，而性在其中；則真悟中有修，真修中有悟，而性命在我矣。此學之大概也，惟高見裁示之。

答楊復所大司成 戊戌

瞻企有年，摳趨竟阻，蓋草野衰頽之身，莫由望京國而近光儀，其勢然也。第精義微言，則友朋中時有攜尊刻而垂示者，亦幸莊誦而私淑其萬一矣。惟老先生卓見道體，洞徹先天，信手拈來，盡情透露，使後學一聞指誨，果信得及，則宿障頓開，一種扭捏纏縛舊習當下解脱，真可謂太陽銷冰，金鎞剔翳之神力矣。顧鄙劣尤有慮者，以人性雖善，而宿生垢染，誰則無之？且畏難樂徑，亦常情然也。倘其間聞教不善領會，或未免掠虚爲悟，動以準繩爲桎梏，修證爲下乘，此在高明之士，乃有此失，甚至毁戒潰防，妄稱妙用，即於世道不無可憂。不識老先生亦可以上乘兼修中下之説，預塞其流弊否？伏辱台翰，兼賜大刻，已悉心卒業，輒不敢自外，肅此請正鴻便，續望提撕是禱。

與族弟 戊戌

近勞遠顧，不能攀留，歉歉。凡人讀書習舉業者，則名爲士矣。謂之士，則宜異於凡民矣。今凡民尚有敦行孝友者，何況士乎？昨聞賢弟之言，句句皆歸咎於父，則賢弟乃天地間不孝之人也。先儒言天下無不是底父母。蓋人賴父母方有此身，則此身非我所得私也，此身即父母所與之物也。此身既不屬我而屬於父母，則父母雖將我此身斬刈之、割截之、摧折之，皆任其所爲，我不當略萌怨尤之念也。況不至於斬刈、割截、摧折之甚，而但愛之或不周，辱之或稍過，則正所謂父母惡之，勞而無怨可矣。又況愛之無不周，辱之無少過，而爲子者，妄生怨尤，每見父母之不是，豈非天地間大不孝之人乎？即如瞽瞍欲殺舜，而舜負罪引慝，如窮人無所歸，卒之至誠純孝，克諧感格，瞽瞍亦底豫。今父縱或性情稍未平和，決不至如瞽瞍有殺子之事。即使父如瞽瞍，爲子者亦當自責未能純孝以感格之，豈可見父之不是而怨尤之乎？夫見父不是而怨尤者，是舜之罪人也。以舜之罪人而讀書，希望做秀才，豈不爲學校之玷乎？吾恐天地神明臨之在上，身爲不孝，必難受福而蒙祐也。夫父母之恩，雖聖人不能報，何也？凡人惠我一物，我亦酬以一物，是之謂報。今父母生我身，而我不能生父母之身，故曰父母之恩，雖聖人不能報君也。蓋父母之恩至大如此，即如大舜，亦僅能塞人子之責而已，豈遂謂能盡報瞽瞍之恩乎？天子有見於此，故兢兢業業，起敬起孝，決不敢見父不是，以自陷於不孝之罪也。夫父即天也，天有水旱之不明，然天豈有不是？若人生嗟怨，則逆天之罪大矣。父即君也，君有形責之相加，然君豈有不是？若臣不安受，則逆君之罪大矣。故湯遇七年之旱，猶以身爲犧牲六事自責，而文王見囚於紂，猶自謂臣罪當誅兮，天王聖明。以此推之，則知爲子者，決不當見父不是而稍萌怨尤之念也。賢弟急宜自省，起敬起孝，方不忝爲讀書之人。槐昔年承尊堂老孺人重愛幼豚，此恩未報，正欲扶持賢弟做好人，發達前進，儻能致力，庶幾少報尊堂之恩，以慰其英靈於地下。故槐於賢弟，情誼相關，至深至切，不得已苦口言此，所謂「垂涕泣而道之，無他，戚之也」。願鑒我亮我，自勉自修，從此爲孝，槐大有餘光焉。

友慶堂合稿卷之二

書

答王養卿五條

第一條：太極者，性也。天地人物，本同一原者也。謂之發竅，則屬於氣，人與物始有異矣。性爲先天，不假脩也；氣爲後天，則純駁昏明，萬有不齊。故聖學貴脩以還吾本純本明之體，而致一於先天也。性本生生，謂生生屬氣可也，謂生生即性亦可也。何也？性者生生之真體，生生者性之妙用，一而二，二而一者也。非判爲兩歧，亦非混而無別也。若謂全靠後天，而先天全靠不著，則是識釵釧而不識金矣。

第二條：所云心、知、意俱無生滅，而念有生滅，此亦常情之見云耳。若直透真源，則逝者如斯。總無生滅之相，即動靜、寂感、有無，皆不足以名之。若硬作幾層分看，則障道矣。

第三條：知生知死者，非謂硬作主張，固守靈識，以俟去路不迷之謂也。蓋直透真性，本非生死，乃爲真解脱耳。不然，則我相未忘，便落陰界，非通晝夜之知也。

第四條：凡所謂學者，非有加於性也，但銷習氣，不使障性而已。見過入微，甚善。

第五條：心不着境，念念歸根，此《中庸》尚絅之功，惡其交之著，而由闇然内省以入於不顯之域也。《大學》釋「致知」、「格物」，惓惓於知止、知本，亦同此指。此是聖門簡易直捷正路，學者只從此密密還原，庶乎其不差矣。

答賀弘任 戊戌

來翰展讀領悉，惟所云「當如此，不當如此」，恐未免有我之心横於胸中，不能隨時審幾，禮行而遜出，是以每事未免拂人情而取怨尤，即此便是不合天則處，不可不細察也。昔賢謂斷斷必必，自離自失，此理微矣。天下事有當如此，然以執心硬主張，則反爲非理矣。天下事有不當如此，然以虚圓不滯之心處之，則反爲當理矣。所謂學者當於此精研之，不然，只是執見，非學也。所諭遵遺命固是，然處家庭骨肉至戚，凡事苟不至於大害，自可委曲融通，勿致傷情，豈可徒執必信必果以爲孝乎？其中詳悉，僕不能知，未敢妄爲剖判，但以學當去執心爲執事言之，庶可通於順應時中之理，爲宜家宜族之權衡也。敬此少效忠告，惟深亮，勿以逆耳而終拒之，是幸。

答徐德茂 戊戌

承諭，昕夕檢察，矯偏歸正，彝倫日用，隨分自盡，此正學也。惟念念底于純一，事事協於天則，要非可倖致。所貴精神默默，收斂歸根，庶爲入門之基耳。士習日蕩，未易轉移，惟在我切己潛修，以希聖爲志立之標準可也。

答羅伯愚 戊戌

辱手翰，問及生死之説，皆切要語。但所云聞道者，生死隨我所欲，造化在手。夫常情所指生死，特以形骸言耳。真性原無生死，真性即造化也。若聞道者，豈有惟我所欲之心哉？一有惟我所欲之心，即執事所謂銅墻鐵壁千萬重也。所云未聞道之善人，生死任造化，固然矣。若聞道者，亦豈有任之之心哉？一有任之之心，亦銅牆鐵壁千萬重也。夫既無欲心，亦無任心，而真性原無生死，又非頑然枯寂之物，此理微密不容擬議，未可以凡情測量也。願執事只於自性透底精研，久當自得之。

答謝居敬 五條　戊戌

承手翰，所云「諸根不有，本來無我」一段，恐落虚見。夫先天之性，本來無可名狀，謂之無根無境可矣。一到形生神發，便屬後天。後天雖是性之呈露，然陰氣已潛伏其中，是故銷磨剥落，以俟群陰盡净，還復先天純陽之性，是則所謂學也，豈可易言哉？若不知此，漫指現成陰滓之浮靈，誤認以爲真性，謂是靈光顯見，任運騰騰，不無認賊爲子矣。

所云草木無情無妄，不得言蔽。若依此説，則草木反高於人類矣。夫性塞宇宙而發竅於人，故曰「人者天地之心」，又曰「天地設位，聖人成能」。故參贊位育，惟屬於人，而鳥獸不與焉，况草木乎？草木之在天地，猶毛髮之在人身也。毛髮雖亦是性中之物，然冥頑不靈，故孟子辨小體大體，又謂耳目不思而蔽，心則能思，豈可以形質冥頑之物，同於發竅之真靈乎？

所云外四大之説，正與前論草木無異。知草木之爲冥頑，則知外四大矣。惟充塞宇宙，而物以群分，理一分殊，種種各别，子比而同之，誤矣。

所云木石枯槁，山川流峙，造化自有靈也，何待人以盡其性乎？此一段亦與前論草木無異。總之，不見「人者天地之心」與「聖人成能」之旨，故自作見解如此。

欲希聖者，必銷盡潛陰，以完先天真性。下手工夫，貴收斂退藏于密，到得静久，漸入自然，了無安排，而身心盡忘，宇宙渾成一片，庶幾可以言復性矣。

答周時卿

所云「隨一氣呼吸，權且用之，以收攝妄念」，此亦是方便法門，未爲不可也。蓋此心本無形象，極而言之，亦只是一息而已。古人有真息之説，蓋天地一元默運不容已之機，不可以呼吸言，而實爲呼吸之根也。由呼吸而漸細漸微，漸入無聲臭之原，是謂真息。即此真息，便是吾心本來真面目。今姑從呼吸而入，勿助勿忘，若有若無，綿綿若存，漸入佳境，則庶幾近之矣。然非静久功專，恐未可以粗疏率易之功而倖得之也。幸默體之。

答鄒南皋

承示大篇，展讀再四，議論平正而博大，典實而精微，真足以發聖門正學而救末世之空談矣。所云理一而分殊，體圓而用方，此至言也。此義聖人於《易》具言之矣。惟後學不能深造而洞見，是以談一而圓者，或蕩而無歸；談殊而方者，或滯於多歧；其有見及此者，又或以爲兩者當並詣而兼修，則又不免於二之也。所指後儒無碍流弊，深切世戒。末云「識本心」三字，誠入道要約語。夫所謂識本心者，識其理一分殊，體圓用方之本心也。真能識此，則敦化川流，顯微無間，乃知舍子臣弟友之外，别無學矣。面質無期，尚祈裁教。

答蕭存忠戊戌（存目）

答友人戊戌（存目）

答大參静峰汪公戊戌

承示以歸并爲難，以承當爲歉，而不見可疑，其占望道未見之懷。竊窺高明超邁，得於天成，於斯道已見其大者，故能於涉世之中，而翛然得出世之味。惟此理一見便了，似未爲難，然必徹底精純，使萬劫微細之惑净盡無餘，庶得爲法界中了事人。倘於此未能實際，直須一疑，疑到至處，則信到至處，更無歸并承當之可言矣。辱在夙教之末，敬以請正，伏祈裁示。某根鈍力綿，年已耄矣，始發憤自力，不敢時刻少懈，顧同志稀少，獨往甚艱，惟人生只此一大事，不得不勇猛必前，庶於全歸一著，有少分相應耳。密邇道壇，尤冀時賜提撕之，至禱。

答王球石 己亥

所云「知苦落照」。竊謂此是分知與照爲二，故有知有照，宜其用力而愈苦也。何也？執知以離照，則知爲妄知，非太虚本寂之體也；照爲起照，非明覺自然之用也。苦虚寂之明覺，如止水之鑑物，不慮之知，妍媸自辨，性本如是，非由造作，無知亦無照也，知照本無二也。如此，則吾性充塞天地，非内非外，非彼非此，豈有落與不落之説？

答王球石 三條 己亥

知非識之謂也，以識爲性，宜其静坐而念愈多，又以識去念，則愈去而愈煩難矣。莫若敬以直内，收斂歸根，則不必去念而自澄然無事矣。用識則晝惺而夜昧，不用識則晝夜皆寂，是之謂乾知大始之知，晝夜不二者也。

天地萬物與吾之身同一物也，天地萬物與吾之真宰同一性也，不必以我察彼，以我備彼，强而合之也。所謂鳥之鳴，即鳥之性靈自且[一]露也。吾之聽，亦吾之性靈自呈露也。但吾人知

[一] 「且」，據下文當作「呈」。

學，則此性充塞無邊際；鳥獸不知學，則頑然蠢動而已耳。

所諭向裏，正收斂歸根之謂。思入于無思，念入于無念，知入于無知，此全在忘情契性，非懸想也。果能歸根，則一真凝然，如有卓爾，何落空之有？

答羅止庵 己亥

今世衰學晦，即高明之士，往往剽竊禪家之影響，更飾以奇詭之談，致背孔孟而棄倫常，以爲是最上不涉理路之宗乘。其卑下者，持名念咒，希望往生，以爲捷徑，豈聖學遂將泯熄乎？丈著作一出於正，惟其中亦有一二未能頓悉。其最願請益者，如云「心屬形氣，必反歸于性，自然是道」，此語誠無可疑，但不知反歸于性。當作何致力？此是吾儕學問最切要處，不識可便賜一言以開蔽鈍否？此外欲請者尚多，然歸性之旨一明，則其餘可迎刃而解。今姑未敢瑣瀆也。

答曾德卿 己亥

手翰所問「亥子中間」，即所謂坤復之間、晦朔之間、一動一静之間之説也。舉要言之，正所謂動而未形，有無之間，吾心之真幾，聖門所謂獨也。象山先生曰：「有一念要做聖賢便不是。」

蓋本心即聖，若起念要作聖，即是以己合彼，未免於二之也。月窟天根之説，邵子自謂：「乾遇巽爲月窟，是姤也；地逢雷爲天根，是復也。」復爲陽生而升，姤爲陰生而降，一姤一復，閑往閑來，即所謂一動一静之間，無二説也。蓋通天地古今言之，如一元、一歲、一月、一日、一時，皆姤、復之往來，即吾人一息，亦姤、復之往來，此至理也。凡應事必圓融周旋，亦聖門禮行遜出之意，但以真實之心行之，即道之所存矣。

答李養端 己亥

别楮所問數條，足見留心此學，不致虚棄光陰。惟宇宙間此理渾然充塞無間，人人具足，不待安排。但不學者逐於物慾，初學者障於意見，總於本來渾成者不相當矣。今既信得真機原自不息，日間不必起心動念，自生扭揑，只萬緣放下，收斂歸根，無思無爲，亦無善惡分别之想，復還渾然不鑿之體，庶幾近之矣。果能如是，到得純熟時，自有契悟，來問種種之疑，自涣然冰釋也。

答劉以剛 己亥

所云「洗心退藏于密，以還無聲臭之本然，誠知之而無知之相，誠養之而無養之相」，極是。

大抵學離根而逐末，則有善惡，有是非，有明暗，有得失，有寂感，分別揀擇之心，紛然而起矣。若能退藏歸根，則無善惡、是非、明暗、得失、寂感之可言，如鴻濛未判之初。然此退藏歸根，亦本來如是，絶非以人力扭捏造作而爲之。到此，則生幾二字亦是强名，退藏二字亦爲剩語矣。執事以篤實之資用功，皆脚踏實地，故磨礱之久，所見端的如此。願言珍重，益邃養，勿輕談。

答王養卿 三條[一] 己亥

性體從無生有，工夫必從有入無，亦是□□□□神氣精之説。蓋天地間一神而已，自其運行而言謂之氣，自其凝聚而言謂之精，總之一神也。老子言「谷神不死」，則精氣在其中矣。神出入由我，亦自由凡入聖者而言耳。若上聖，則宇宙即吾身，亦無由我不由我之見也。

真息之説，在初學入手，於此歸根，亦方便法。佛家亦有反息循空之説，到得大透，則息即性，性即息，亦無二也。

〔一〕「三條」，據文意當作「二條」。

答錢啟新道長 己亥

所諭與管東溟丈書，似與衛道之見不同，遂疑其爲藏頭露足云者，未敢爾也。夫學，誠貴正矣，然不欲執見之固也；亦誠貴辨矣，然不欲取善之隘也。夫性無邊際，無古今。性該萬行，而執一矩步、一事功，以爲性專在是，未可也。性徹萬微，而守一意見、一徑路，以爲性專在是，未可也。夫宇宙萬古無窮，而聖人盡性亦萬古無窮，此豈可以區區持守見解而能然乎？其必有洞視徹覽，絕於言議，而真得之者矣。果到此，然後可以論儒釋之取捨，融百家之異同。今尚未可草草立説以自成一家，恐立説似確，而實於自己無干涉也。夫道有似反而相成，跡有似睽而互發者，此非達觀宇宙古今者，孰能知之？夫真知道者，然後能衛道。某雖非真知道者，然今日所見與往年拙刻所云，總之皆以衛道，在明者一決擇之，庶知其言之各有所指，而均非謾語也。某辱知辱教至深，今奉别多年，亦不無更有一斑之窺，第恨無由面悉所見以請裁割，今姑陳其梗概，以復尊諭。倘繼此不斳垂示，以開蔽謬，不勝渴願。

答許甸南 己亥

承諭「聞言興起，言過則留滯於中，習見多縈，生機未暢，杜掃兀坐，悶悶焉如自失，見之行事，輒虞躓戾」，何過自謙抑乃？爾今世學者，人稱有悟，了無罣礙，咸自以爲知道者不少也。而來教不自滿假，乃若一無知見然者，以此知執事真任道大器，孔門所謂好學者，其人也。曷勝欽服。

生誠自愧，資鈍功疏，弱冠從師，既耄尚無寸得，何以復明問哉？惟平生一念志學，不敢少懈，揣摩測度，所趨多途，旁蹊小徑，亦皆涉歷。始焉每以嚴謹操持爲事，僅免大戾，然久之終覺造作扭捏之力多，而於天然自性反成障塞，乃知程子所謂「識得此體，不須防檢窮索」真至言也。緣此體本自圓成，原無缺欠，即在困勉之人，亦不過自完其生而安者而已，豈能於本來真性更起爐作竈，添助而張皇之耶？但識此體，亦非易易者。先哲云：「此學不求日增，只貴日減。」故不若大休大歇，放下一切伎倆，栖心虛澹無爲之地之爲近也。白沙先生所謂「千休千處得」，又謂「從前欲洗安排障」，又謂「素琴本無絃」者，殆謂此也。念庵先生云「將精一還堯舜，將求仁還孔子，將主敬還程子，將致良知還陽明」云云，亦是欲人不襲舊聞，不執見解，一絲不掛，直認本心之旨也。倘以此漸次優游厭飫，默而識之，當有冰消凍釋，灑然融徹之期。不審高明以爲不謬否？

與劉公霽 庚子

邇來學力精詣，未審有可相聞者否？惟學貴真修，庶於性分日造實際，且以輔治匡時，於世有裨。今人喜談出世，而薄於人道之修，不知當下性分果盡，豈更有世出世之可言也。禪家亦謂「佛法在世間，不離世間覺」，又謂「了得世間，出世無餘」，乃知薄孔孟而談者，亦彼教中之所不取也。何如？

答高觀我 庚子

承諭「本心平平，因之而已」，具見精詣，曷任佩服。惟本心平平，非由學慮，天然純粹，第凡人蔽於物誘，學人涉於造作，是以失其平平耳。誠能外無物誘，內無造作，真得其天然平平者，是聖人盡性境界，未易言也。不審何以終教。

答曾德卿 庚子

所諭「簿書期會之冗，良朋疏闊，無共學者，大惑不解」云云，皆真實語也。惟學以求仁爲宗，故治邑臨民，一以推此仁心，使境內庶民均沾樂利，此其大指也。惟念念在安民，即是求仁之學，學與政，豈二事哉？一邑民沾樂利，是爲一邑造福，即是爲己身及子孫造無窮之福也。比之不恤民而粉飾文具，以倖獲一時榮遇者，其究竟得失，不亦懸絶哉？但以仁民存心，則事雖繁，境雖逆，自肯耐煩，委曲善處，不至懊惱，反有慊心自得處，泰然在宇宙間矣。此之謂真聖學也。

答楊晉山 辛丑

承諭格致之説，顧淺陋何足以知之？竊謂朱子窮至物理之説，蓋本諸程子以天地萬物之理即吾心性之原，必窮此理，然後能見性，能見性，然後能入道也。此義甚精，但朱子恐初學未易入手，故教以姑從讀書而入耳。至陽明先生，恐後學徒以博文多識爲事，乃云知者吾心之良知也，致此良知以措於人倫事物之間，格其不正以歸于正，然後吾德可明。此説甚正，其與朱子之説似稍異，而理實相通也。生近年復見石經《大學》，蓋表章始于鄭端簡公，而耿天臺先生見而悦之，稍有發明，見于集中。敝邑鄒聚所憲僉，則以白文刊布。鄒四山内翰、劉濾瀟禮部皆註釋之，粤中唐曙臺吏部亦註釋，且聞于朝矣。生讀石經《大學》，見其以「物有本末」一段，接「致知在格物」之下，而繼以「知止」、「知本」云云，似是發明格致本旨。觀此，則朱子之補傳誠爲贅疣，而陽明先生之説恐亦未爲作書者之本旨也。今抄録一册奉覽。愚意謂學不知止，則意必不能誠。何謂知止？蓋意心身家國天下總爲一物也，而有本末焉。何謂本？意之所從出者是也。意之所從出者，性也，是至善也。知止於至善之性，則意心身家國天下一以貫之矣，是謂物格而知至。何謂格？格者，通徹之謂也。謬意窺測如此，不知是否，敬以請正，乞裁示之。

答徐魯源 辛丑

承教翰，及展讀嘉刻，別違之久，忽若面對，感佩無量。生自己亥歲抱病，復遭弱子夭折之痛，病益滋甚，淹延牀褥者兩年，自分必不起矣。近雖殘喘僅存，然精氣頽敗，一味杜門謝客，未能踰閾也。病中世緣已不在念，因自覺舊時雖鋭意爲學，未免在精魄激作處承當，於道尚遠，自此息機澄慮，一切休歇，始覺稍有契悟。此未死之年，因病幸得寸益者，敢以奉聞。風便希指教之。

答王儆所 七條 辛丑

心有體有用，虞廷所謂道心者，以體言也；所謂人心者，以用言也。以體言，則慈湖所謂心體本正，文成公所謂屬未發邊者是也。此處誠無可著力，惟在默悟而已。若心之用，則有可致力，孔子所謂操則存者是也。操存則屬修矣，於用處操存，乃所以完其無可致力之體也。《大學》言正心，只有心不在焉一句，其忿懥好樂之類，則云身有所云云，蓋身即心之用也。《大學》一書，鄙意亦以石經《大學》爲正，其詞義渾成，原無錯簡，無缺文，不必更定而補綴也。明德爲體，親民爲用，而至善又明德之體也，是性也。學以復性爲宗，故止至善其要矣。石經《大學》以「物有本末」一段，緊接「致知在格物」之下，此其爲發明格物致知本旨甚明。蓋自平天下逆推至於誠意，然苟不知性之至善而止之，則意必不能誠。蓋本性貫徹於意心身家國天下，渾然總爲一物也，而有本末焉。性之至善，其本也，知性之至善爲本，時時歸根復命而止之，是謂知本，是謂知之至，則意心身家國天下一以貫之無餘矣。格者，通徹之謂也。蓋知止於至善，則意無其意，心無其心，情順萬事而無情，得一而萬事畢矣。到此，則即末即本，何本末之可言；即用即體，何體用之可言。然在初學，則當以攝末歸本、攝用歸體爲下手處也。

中和與寂感無異。所云未發無可著力，即生所謂心體無可著力也。《中庸》言不睹聞，可謂隱微矣。而實莫見莫顯，故不睹聞。隱微非無也，見顯非有也，有無不可名狀，故强名之曰獨。獨者無對之謂也，離獨而言寂，則爲偏空；離獨而言感，則爲著相，故學惟在慎獨。慎之一字，則戒慎恐懼四字也。獨者，用之原而體之呈露處也，惟此爲可致力，於此時時入微，是謂慎獨，是謂攝末歸本，攝用歸體，即《大學》知止之功，無二學也。

吾儒之學以天地萬物爲一體，佛氏之學則欲超乎天地萬物之外。吾儒既以天地萬物爲一體，則雖究極於不睹聞、無聲臭，而必以親親、仁民、愛物、安懷、位育爲盡性之極功；佛氏既欲超天地萬物之外，則雖云慈悲普度，而必以出三界、證無生爲盡性之極功。蓋端緒毫釐，而門庭自別。象山先生言之盡明晰，請參看之。

告子只知性體無可致力，而不知當於性之用處致力，故謂杞柳本無桮棬，湍水本無東西；性之生，本無分於犬牛與人；性之食色，本無分於義與不義；性之體，本無善與不善。故直以義爲外，以勿求於心爲妙悟，蓋其見似甚高而實甚偏也。彼直以孟子仁義之説爲造作，爲多事，而不知孟子之學正所謂攝末歸本、攝用歸體之實功也。何也？人之本性雖云至善，無可著力，然自形生神發之後，不能無習氣之蔽，故必於性之用處克治懲窒，以復其至善之體，故聖學不專主悟，而必貴修也。近世剽竊告子之緒餘，參入禪宗之影響者，往往以無修無證爲言，視聖門規矩準繩一切以爲未悟而排斥之，遂至於恣情敗行，大壞名教，蕩然無所底止，此真以學術殺天下者。乃知孟子之言，誠爲閑先聖之道，其有功於萬世，甚大矣。

時習者，時時知至善爲本而止之，約情以復性云耳。《大學》「止至善」即《中庸》「慎獨」之功，無二事也，舍此更有何學。

來教精神歸根一語，甚佳。勳業節義，亦因時盡職，合當如此，則不得不然，總之皆盡性之條件耳。文章直寫其心得，貴在明道。若以雕刻爲工，則爲玩物喪志，大害道也。真爲性命者，惟時時歸根以慎獨，而止至善而已。親親、仁民、愛物，自子臣弟友以推極於安懷位育，乃盡性之極功，此實學也。至於升沉濃澹、毁譽得失之關，誠當透底勘破。蓋人生不滿百年，此身竟非我有，一切外物貪戀不捨，真癡心矣。此處不勘破，則道眼不開，即聞至道，無由而入，蓋必超凡乃能入聖也。

答族姪藴卿 辛丑

所云「大成者，未有不以静專爲主」，誠然誠然。蓋此理雖不分動静，然不專一則不能直遂，不翕聚則不能發散，天地且不能違，而況於人乎？古人每以敬字爲千聖傳心之要，蓋敬則動静皆主於收斂，是動亦静也，静亦静也。但初學不免以著意爲收斂，是以動静亦未能合一。若到矜持渾化之日，則應酬與打坐無二矣。收斂到渾化之日，則此理凝然在宇宙間，獨立而不改。來翰所謂不可磨滅之精神者，此也。

答楊晉山 辛丑

承諭「朱子之格物與陽明先生之見，稍有内外之不同」，某於此究心久矣。蓋朱子之説，本於程子，程子以窮至物理爲格物，性即理也，性無内外，理無内外，即吾之知識念慮，與天地、日月、山河、草木、鳥獸，皆物也。皆物，則皆性也，皆理也，天下無性外之物，無理外之物，故窮此理至於物物，皆一理之貫徹，則充塞宇宙，綿亘古今，總之一理而已矣。此之謂窮理盡性之學，此其義不亦甚精乎？此與陽明先生致良知之旨又何異乎？蓋自此理之昭明而言，謂之良知。良知非情識之謂，即程門所謂理也，性也。良知貫徹於天地萬物，不可以內外言也。通乎此，則朱子之格物非逐外，而陽明先生之説非專內，明矣。故曰朱子與陽明先生之説實相通貫者，此也。但朱子之説，欲人究徹彌宇宙亘古今之一理，在初學遽難下手，故教以姑從讀書而入，即事察理，以漸而融會之。後學不悟，遂不免尋枝摘葉，零碎支離，多歧亡羊而不知止，則是徒逐物而不達理，其失程朱之本旨遠矣。故陽明先生以學爲求諸心而救正之，可謂有大功於世，而後學又不悟也，復以心爲在內而物爲在外，且謂理只在心不在物。殊不知心無內外，物無內外，徒執內而遺外，又失陽明先生之本旨也。程伯子謂與後學言如扶醉人，救得一邊，倒了一邊，信矣。

來翰又謂：「性無動靜，性中本無一念之意，意則有動靜矣。意非從性而出也。」某則謂盈宇宙間萬事萬物，無一不從性中流出，何獨謂意而不從性出乎？孔子謂太極生兩儀，兩儀者，動靜之謂也，是動靜從太極而出也，太極非性而何？且性固不可動靜言，而性亦非頑然在動靜之外也。若性在動靜之外，則體用本末，遂成兩截矣。程子所謂「體用一原，顯微無間」者，又何説乎？且意亦不可以動静言也，動静者，念也，非意也。意者生生之密機，有性則常生而爲意，有意則漸著而爲念，如有水而後有波，然謂波在水之外，不可也；謂波有動静而水無動静，亦未可爲至論也。天下未有性而不意者，性而不意，則爲頑空；亦未有意而不念者，意而不念，則爲滯機。惟學者真能透性，則性能生一切，而不可以意言，不可以念言。故欲意之誠，必知性之爲至善、爲大本，而止之而後可也。能知止，則意無其意，是謂意誠；心無其心，是謂心正；而身家國天下一以貫之無餘矣。故鄙意謂果如石經《大學》知止知本之旨，則不必更言窮物理、致良知，而物理良知悉包括於知止之中矣。愚意如是，惟教之。

寄錢啟新道長 辛丑

自奉别後，私忖學未大明，年已及耄，日夜精研，真無一刻少懈，年復一年，愈深愈切，展轉根究，誠亦困心衡慮矣。久之漸有省發處，回視往昔侍教之時，塗轍不異，而真脈似更分曉也。恨無由促席，以求印證耳。

大率虞廷曰「中」，孔門曰「獨」，春陵曰「幾」，程門「主一」，白沙「端倪」，會稽「良知」，總無二理。雖立言似别，皆直指本心真面目，不沉空，不滯有，此是千古正學，更復何説？然非畢力深詣，亦恐落在道理見解一邊，終未親切，此亦世儒之通病也。必覿體徹透，勿墮情識，直到水窮山盡處，庶幾得之。千里懸隔，且衰極之年，計此生面對無期，惟耿耿之懷不得不呈其梗概，以請裁示。惟新功有得，乞賜示一言，以慰翹渴是禱。

答劉以剛 辛丑

承手翰，皆真實體認得來，良爲喜慰。此學只在真志真功，時刻勿懈。至於隨時調停緩急輕重之宜，及識透本來非一非異之理，全在自己。綿綿密密，日久功深，自有渙然冰釋處，非可以言語彼此商量而定也。從古聖賢，未有以一定格式塗轍講定而行者，只是彼此密密用心，到會面時，機有可投，試一拈出，相與印證，心心相契而已。其有一定格式塗轍可講定而行者，則小德川流之事，道之標末處也。今執事所言皆是，鄙人亦别無著語處，願言密詣，俟他日面晤，促席相正，當有彼此交成之益矣。

答徐魯源 辛丑

來翰以「濯暴務專，污雜必盡」二語垂示，具占實修之學。惟近世談者，或謂本性無可濯暴，污雜原自不染，故有一悟便了之説。然往往脚跟不踏實地，當下滲漏，總成虚見。其有真實濯暴以去污雜者，又未免執念著物，矻矻窮年，未有廓清之期，雖不失爲君子，然恐未得謂之聞道也。此中不無尚有握機守約真消息，乃能不涉儱侗，不墮形氣，而庶幾於道乎？無由請質，願賜開示。何如？

答周時卿 辛丑

所云研幾者，或於未發時微用覺照，或于發動時拔去一切人爲之私，此二説皆未盡。夫所謂幾者，蓋此體空寂之中脈脈呈露處，乃無中生有，自然不容已，無一刻間斷，非謂念頭發動時，亦非謂泯然未發也。若於此用覺照及拔去人爲之私，即涉于造作，反害其自然呈露之幾矣。惟是收斂沉潛，退藏于密，則研幾底于極深，所謂淵淵其淵，立天下之大本也。日用應酬，無分動静，一以退藏爲主，此堯、舜、周、孔主敬立極之實學，《大學》所謂知止，《中庸》所謂戒懼篤恭者，此也。願誠體之，有得，更示爲幸。

答劉公霽 壬寅

承翰諭「緣心本心」之説，具見精造。惟此事必面對，即可親證于言語之外，若徒以楮墨酬答，恐終落言詮也。雖然，學之大端，則有可得而言者。孔子言「知崇禮卑，崇效天，卑法地」是也。惟知貴崇，故必透自心源，真得其本來不可名言者，而後大本以立。禮貴卑，故必積習消盡，一瞬一息，一念一事，皆天則運行，動不踰矩，而後大用以行。此道明，則無論世出世間，了無餘事，此堯、舜、周、孔所以爲聖而不可知之神也，豈必舍吾道而他慕哉？世人執名物度數以爲聖學，固爲未盡，其不然者，乃欲破除一切，忠孝不奉於君親，仁澤不加於百姓，人倫不明，職分不脩，而直欲恃其空曠之見以出生死，竊恐釋氏之旨亦或不如是也。抑又有告者，天生先覺，本以拯群生而扶世道，非使自有餘而已也。然世間上根甚少，而中下根多，倘非其器而謾語之，將使中下人掠虚失實，蕩焉恣放，而吾道益衰。故振鐸鳴道者，貴以中道爲的。行遠必自邇，登高必自卑，如《大學》首揭知止，而喫緊於孝弟慈，《中庸》特示未發，而致重於言行之相顧。蓋其見道明而憂世切，故立教慎密謹嚴，常若引其端而不竟其説，寧示人以可踐之途，而不欲開其恣誕之漸，庶使上智者可俯就，下根者可企及，世教賴以久存，所謂良工心獨苦也。今世談禪者紛紛，然或冒認見性，而實則恣情，隄防潰決，世教浸頽，其弊亦居然可見矣。執事今位且益進，此身責任甚重。昔孟子以爲法於天下可傳於後世不如舜爲己憂，願於此深加之意也。必能匡扶世道，乃可慊於本心。本心既慊，庶幾于生死境界無礙矣。何如？

答陳蒙山年丈 壬寅

弟以病卧三年，自分不起，覺往年見解多係扭捏，全靠不著，乃一味休歇，不但世緣盡棄，即道理思索一切放下，久之似覺神氣歸根，身心漸忘，病亦隨愈。自以爲於道稍近，然猶未免在形氣上收攝，於真性究竟處尚有毫釐千里之差。今當密密自破宿障，以證真常之理，庶不枉此一生耳。

兄手翰所云：「似有憑藉，却難描寫，似有欛柄，却難撈摸，且探索無從，踐履似不相干。」此數語足見兄用心精細處。弟平日疑處極多，蓋如迷路之人，但見一歧一徑可以措足，即往趨之，及行到有碍處，乃又別趨一路，是以屢生疑，屢换手。友朋中常謂弟不當如是，然弟正欲尋康莊大路而不得，是以不得不出於此。此殊可憫，非得已也。世無先覺，吾輩亦不可自棄。諺云「皇天不負苦心人」，今雖老，尤當誓竭綿力從事，或可不至終迷耳。得兄誠切如此，願密領指誨，務期究竟，不敢少怠也。

答憲使脩默龔公

伏承垂問，具見體認深切，顧惟淺陋，何能酬對，然不敢仰負虚懷，謹以平日苦學，少有管窺，敬請質焉。

夫性者，天地萬物所從出之原，是純粹至善之理，本無聲臭，不可得而名狀者也。所謂「大哉乾元，萬物資始」者，此也。及天開地闢，人物化生，此理各各具足，所謂乾道變化，各正性命也。夫乾元資始之初，本無父子、夫婦、長幼等名，則所謂親、義、序、別、信云云，亦寂然不可得而見矣。雖寂然不可見，而此理非本無也。及有父子、夫婦、長幼等五倫，乃其至善之性自發之，爲親、義、序、別、信，不容自已。雖發之不容已，而此理非始有也。惟其資始之初，純粹至善，而天真具足，及其各正之後，形生神發，而人僞以滋。則有志於學者，惟當默識乾元之本性，純乎天而勿雜以人，斯可矣。然本性未易識，亦未易存，《中庸》特揭喜怒哀樂未發之中，正示人以識性而存之之方也。夫喜怒哀樂之未發，即親、義、序、別、信之未形也。雖未形而本性渾然無聲臭而不可名狀，即此是完其乾元資始之理，是聖人同天之學也。聖人生知安行，自能如此，吾輩雖未能，亦當以此爲標的。日用問一味剥落枝葉，近裏著己，則性乃漸明，日可見之行，庶幾其近道矣。《中庸》末章極言尚絅、闇然、淡、簡、温、潛伏不可見，以至於不動、不言、不賞勸而篤恭，以復於無聲臭，此其指示下學復性之功，至詳切矣。審能如此，則性體可復，而發皆中節，遇親而孝，遇長而敬，以達於百行之間，是所謂本性以之情，非襲取於外也。孔子言：天下之達道五，而行之在知仁勇，又必本之於一。蓋一者，復性之謂也。此其旨不亦深切而著明哉？或者謂孝親只在奉養定省以至於顯揚，事長只在徐行隅坐以至於恭順，皆實事也，何必言性？亦何必尚絅、篤恭、無聲臭之云？若然，則與孔子言達道而必本之於一者，殆不侔矣。或者又謂離親、義、序、別、信之外無性，故不必識性於未發之先，只貴就事而脩之，則性在是矣。此言似是而實未盡也。且如一人獨坐之時，親不在前，何以盡孝？將懸想孝之事乎？即使想孝，又當於義、序、別、信一一想之而後可乎？若云不必一一如此懸想，只時時存此心純乎天理，則即所謂復性之説也。信乎，得一而萬事畢矣。伏祈更指示之。

再答憲使脩默龔公 壬寅

夫盈宇宙間，惟此性而已。天地萬物，皆此性之流形也。凡流形者，有成毁也，人在宇宙間，亦惟此惟[一]而已。七情百行，皆此性之流形也。流形者有轉换，而性無轉换也。《易》曰「乾知太始」，此知即天之明命，是謂性體，非以此知彼之謂也。《易》曰「坤作成物」，此作即明命之流形，是謂性之用，非造作强爲之謂也。故知者體，行者用，善學者常完此太始之知，即所謂明得盡，便與天地同體，故即知便是行，即體便是用，是之謂知行一、體用一也。故《大學》特揭明明德，即齊治均平，總謂之明明德於天下，更無他道也。

承諭「喜怒哀樂當其未發，何處用識」，夫性不在天地萬物之外，然不隨天地萬物爲成毁，是萬古常未發也。在人則此性不在喜怒哀樂之外，然不隨喜怒哀樂爲轉换，是亦萬古常未發也。

[一]「此惟」，據上文當作「此性」。

孔子曰「默而識之」，若不默識此未發，則日用間但知有喜怒哀樂而不知有性，即使七情不甚差忒，猶未免爲日用而不知也。惟不明善者，必不能誠身，竊恐情不中節者多矣。然則默識之功豈可少哉？程子曰：「仁是性也，孝弟是用也，性中只有箇仁義禮知四者而已，曷嘗有孝弟來？」觀此，則性爲孝弟之本，不可執孝弟而不明性也可知矣。

承諭「思慮兩忘，又將何心以存天理」，夫未發之性即是天理，貴在默識，不可以强思力索而得之，故曰何思何慮，非絶心屏智頑然如木石也。周子曰：「無思本也，思通用也，無思而通者，默識之謂也。」無思即謂之近思，亦謂之愼思，亦謂之思不出位，此義微矣。程子曰：「兩忘則澄然無事，無事則定，定則明，明則尚，何應物之爲累哉？」亦周子無思而通之旨也。大率學者之通病，在心思擾擾，適足以蔽其本心之明，若當下澄然，即本性自在。至於七情之發，皆從太虚中流出，其不中節者亦鮮矣。則當其未應事時，渾然沖漠，固未發也，及其應事時，過化不留，亦未發也，是之謂復性。復性之外，無餘學矣。夫以此知彼，揣摩測度，則謂之空知。若乾知太始之知，即是本性，即是實事，不可以空知言也。以此想彼，如射覆然，則謂之懸想。若默而識之，即是自性自識，覿體無二，不可以懸想言也。性本無聲臭，故學者從無思爲而入，則近性矣。此全在默契，非可以言語講解而入也。惟時時體認此未發之性，則成性存存，固不謂之無；時時體認此未發之性，則廓然太虚，亦不謂之有。心性本無二，若强言之，則程子所謂「心如穀種，仁則其生之性者」是矣。周子曰:「五行一陰陽,陰陽一太極,太極本無極。」故學者必從主静無欲而入,奈何役役於五行、陰陽而不會太極之原?且既會太極,何患無陰陽、五行之用?程子曰:「不得以天地萬物撓己,己立後自能了當得天地萬物。」此《大學》所以貴於知本末先後也。淺學膚見,惟直據平日所自致力、似不甚謬於先聖先賢之訓者如此。尤恐鈍資竟迷至理,萬祈省照,俯賜指誨,以開其錮塞,至禱。

答劉心蘧 壬寅

承手翰,知於此學未懈,良慰。惟學貴純一,真無纖瑕,乃庶幾於至道也,不但檢點目前僅免悖戾而已。人生難得,光陰易邁,亦勿謂此道太高,未易企及。本心本性,人人具足,惟不學則苦,愈學則愈快樂矣。先儒謂静中看喜怒哀樂未發氣象,此一語亦入道方便門也。今姑依此語涵養,久之,則身心安和,到發用時自然中節。且涵養之久,則不分動静,此心常閒,應事常如無事,不必更説事上磨鍊,反似分動分静,認作兩項功夫,不歸一也。凡瑣細俗事,亦宜擺脱,不必累心,程子所謂「且省外事」者,此也。涵養之久,不分動静,渾成一片,又何内外不融通之有?静中涵養,勿思前慮後,但澄然若忘,常如游於洪濛未判之初,此樂當自得之,則真機躍如,其進自不能已矣。此事非提起放下半明半暗之所可成,須要立必爲聖人之志,所謂成則爲王，敗則爲虜，中間更無不王不虜可安身之處也。

寄劉公霽 壬寅

此理天然，人人具足，不假脩習，然真脩以盡性，非造作也。本無轍跡，然物矩即帝則，非外襲也。故信謹爲見龍之實際，而至德爲凝道之真訣。何則？性本不二，探奇逐物，總屬二見。若未免見有妙性超於物外，猶爲法塵影事。何如何如？學者果能透到水窮山盡，最上之上，更無去處，然後肯信當下，小心翼翼，動不踰矩，便爲究竟耳。知執事之高明，已於宗下久留心。竊謂更將宗下一齊刊落，庶爲平等。特以此再求商訂，幸有以開我之不逮也。

答友人 壬寅

大率此道非炫露者可能，惟静退者可入，倘能透骨徹髓立志，必爲聖賢，則一切外物勿入於心，一切俗情勿起於念，忠信篤敬，常如履薄臨深，孔子所謂「質直好義，察言而觀色，慮以下人」，然後行之家邦而必達，此言不可不拳拳服膺也。慨世風日薄，吾輩號爲讀書者，不免放倒身心，塵情俗態，人人皆是。故凡居鄉，不得受真正有道師友相與切磋，鮮有不外粉飾而内頹敗者。然肺腑之視莫掩，十手之指難逃，良可悲矣。孟子言：「人遇困心衡慮，徵色發聲而後作，且喻國遇敵國外患，而後不亡，憂患爲生人之資，德慧由疢疾而得。」觀此則足下遭此一蹶，正天之所以玉成者甚厚也。《易》曰：「懼以終始，其要無咎。」槐老矣，於道未聞，第管窺如此，雖老不敢自棄，尤日夕兢兢，於此自勗焉。願與足下共勉之。

答王儆所 壬寅

學以孔孟爲宗，必正心修身，徵諸實踐，居官盡職，上輔國家，下福生民，庶此道有裨宇宙。若徒事虛談，以詭異之見爲高，竊恐所謂清談盛而晉室衰，憂世者固當過爲之慮也。今海内生民困苦，所賴真心實行、愛國愛民者宜力其間，以濟世艱而扶泰運，豈可視職事如傳舍，漠然不與世同休戚，而妄意世外之説以爲奇乎？某老於山林，日與農樵爲伍，目擊民窮望治之切，是以過計如此，誠爲杞憂，不足爲膴仕者道也。

答劉用平 壬寅

得手翰，知久寓京師，學力未懈，但以友朋鮮少爲歉，然此事全在自求，就如吾鄉歲月舉會，友朋頻聚，乃其間作輟在人，亦非同堂共席者所能與力也。所云「道本平常，無容造作，只緣習業深重，即難消除」，誠然誠然。竊謂《中庸》首揭未發之中，此是聖門直指本原性宗之語，至末章以尚絅闇然，潛伏不顯爲言，其示人所由以透性之要，至深切矣。《大學》之「知止」，《易》之《乾》初曰「潛龍勿用」，皆此義也。蓋真性本止本潛，故學者當由此入。若不知此，而徒以見解測度，以意氣造作，總是逐末，則習業愈難銷除，而平常之道，反增障蔽矣。今談學者紛紛，不無以多言淆亂。本朝白沙先生以致虛立本爲教，最爲近之。執事可取白沙集細心一閱，亦入悟之梯航也。何如？

答唐凝庵 壬寅

承示入德三關，謂：「學非悟無由入，必定靜安慮，戒慎恐懼，積有歲時，忖度念斷，情識路絶，而後有悟。悟後必一念之動，直而遂之，不參以人爲計較之私，惺惺不昧，綿綿若存，無動無静，不得絲毫走漏，則暫者可常，然猶未是收功處也。必於可好可惡之事一觸即發，更無思勉，雖好惡而未常有所，雖喜怒哀樂而未嘗有偏倚，以此通於家國天下，以盡人物之性，以此全我生機，始爲神聖功化之極。」某展覽再四，洗心詳咏，知尊教乃自精專自得中來，非近世高明之士以穎敏照了而承當者比，不任佩服。竊謂學必由悟入，必定静安慮，而後有悟，此不易之論也。若徒以潔潔凈凈爲自了，而好惡不能通於天下，則是著空離物之見，人我未融，是即謂之未悟也，豈曰已悟後又必好惡通天下而後全，得無于悟後更須加幫補之力乎？蓋悟之一字，最未易承當，《中庸》首揭未發之中，此是聖門直指性宗之語。既曰未發，則非可以意見測度、力量捉摸而得，是以貴於悟也。《大學》言「知止」即《中庸》之「慎獨」，皆入悟之方也。《大學》言「明明德於天下」，即《中庸》之「位育」，以言乎吾儒最初志願之有在也。惟志願在于通天下爲一身，故必由知止以入悟，以直透吾萬物一體之真性。果能真悟此性，則親親、仁民、愛物自不容已，此是萬物一體之實事，總之不越乎真悟也。蓋未發之性，充塞宇宙，貫徹古今，無内外彼此久暫之可言。性萬古未發，故萬古能通天下爲一身，若一落枝節，便有不周不徧之處矣。彼只以潔潔净净爲自了，則與本性之充塞貫徹者不相似，此正是未悟。既以未悟爲悟，又防其少偏，更欲好惡通於天下以助益之，恐未免少有湊泊牽合，非所謂得一而萬事畢者，何如何如？

釋氏所以與吾儒異者，以其最初志願在於出世，即與吾儒之志在明明德於天下者分塗轍矣。故悟性之説似同，而最初志願之向往實異。最初之志願既異，則悟處因之不同。悟處不同，則作用自别。非謂釋氏之悟性如宗門止於潔潔净净而已。吾儒則既能悟性，而又能通好惡於天下也。故愚意於三關只是一關，想尊教本旨亦是如此，其分而爲三者，亦是救時之論，不審鄙見亦可少發尊教言外之意否？某老於丘壑，不能遠出就正有道，恐此生竟無瞻望之期，惟此理在宇宙，原無間隔，倘風便，再祈一言終誨之。

答胡濬洛 壬寅

夫誠寂然不動，即誠無爲之謂，發微充周之神，即感而遂通之神之謂。尊教以爲無二者，是也。幾微故幽，則指本然之幾而言。幾善惡則以善惡，雖因發而後可見，然其原皆出於本然之幾，正如程子所謂善惡皆天理之説也。不執其末而深悟其本，豈有精粗之異哉？周子謂「誠、神、幾曰聖人」，蓋指聖人能會體用之全而言。孟子以大而化爲聖，以聖不可知爲神，分而爲二，雖先儒謂非聖人之上有神人，然孔子聖域優入與夷惠之聖不同，則孟子分而爲二，亦可也。但孟子言神字，又與周子言神自别，蓋周子指心之用而言，孟子指造之極而言也。鄙見如此，惟高明裁之。

答吴安節公二首 癸卯

漱郡白鷺之會久湮不舉，幸賴台臺特振起之，九邑士紳祗奉德意，咸惕然知所嚮往，莫春聯聚五日，同志畢集，各出所見，互相砥切，平時少有窺測者既長一格，其未進步者亦自恥不逮，善端自生，皆臺下大造於漱郡，其功德將由漱都以及四方，是大有裨於世教也。第愧時槐等闇於至道，無以仰副盛心，則爲悚懼耳。會語已録出，送廬陵縣轉呈，必已上達矣。

承示躬行未得之説，此實孔門精語。象山先生嘗論懲忿窒慾曰：「知道者懲窒與常人懲窒不同。常人懲窒只是就事就末。」觀此，則知聖人躬行與常人躬行不同，常人躬行只是就事就末，故曰躬行未得，乃孔門之精語也，得者得其本心之謂也。本心不可以形象擬議得，即《中庸》無聲臭之旨，非禪家話頭也。善學者惟即躬行之可睹聞者深探其不可睹聞者，則精粗本末洞徹無二矣。本心徧滿宇宙，貫徹古今，而不可以形求，不可以意測，在潛心默體，當自得之。孔子未得之旨，正示人以未可冒認末節爲極致也。蓋知崇者必禮卑，若視一切倫常爲幻迹而妄意世外，則謬矣。敬陳管見，以請裁教，伏祈終賜指誨是禱。

又

伏承台翰，謂：「陽明先生無善無惡之説，正恐落一善字，便覺涉于形象，故提出心體，令人知本心善亦著不得也。第宗其説者致有流弊，不若無聲無臭字義直截穩當。」尊教及此，可謂既自悟心體，而又慎於立言，具占衛道憂世，意至切矣。大率聖學失傳，自紫陽以後，爲學者往往守定一個天理在方寸之間以爲功夫，雖亦可爲天地間賢人君子，但於聖門無聲無臭之旨不相契，則聖脈幾絶。故陽明先生憂之，特揭無善無惡，亦苦心之言也。今則復因藥發病，遂有藉口無善而縱恣無忌者。明道先生曰：「與學者言如扶醉人，扶得一邊，倒了一邊。」信矣。臺下乃深信無聲臭之旨，而直示藉口無善惡之弊以救之，此則大有功於陽明先生，實吾道之大幸也。拙藁蒙賜大序，深愧淺陋，過辱鼎言之重，光寵無量，尤自懼學無精詣，恐爲臺下知言之累，敢不益自鞭策，畢此餘生，求所未至，以承渥愛？敬此附謝不盡。

答蕭仲先 癸卯

承手翰，有疑於研幾之説。夫幾之爲言微也，是「道心惟微」之旨也。足下顧以幾與深分言之，誤矣。周子謂「動而未形」，夫未形者，即未發之旨也。未發而曰動，此義微矣。足下又謂幾有根則有生滅。周子曰「太極動而生陽」，然則太極亦爲生滅之根乎？足下豈以太極無根而動處乃爲生滅之根乎？然則太極自太極而動自動，太極與動固截然爲二乎？若謂太極畢竟不動，則太極無乃爲頑空乎？彼生滅者，又從何處出乎？足下固信佛者，然得無反落佛家所斥斷常二邊之見乎？願更密體之，此是聖學致一不二之宗，未可漫談也。草草附復，俟他日面盡。

答按院吴安節公 甲辰

屢沐教指，受益弘多。敝郡幸蒙留念，特振白鷺之會，士類興起，此其德教施及悠遠，匪直時槐一人之銘戴已也。

承諭羅近溪「不學不慮」之説，以此言性則是也。在上智固能默契之，第中下根人，不無習氣之蔽，若一切冒認習氣，以爲不學不慮之性，正是認賊作子，後學遂至於蕩恣而叛道者多矣。近溪自是高賢，但立教貴有準繩，不可不慎。如近溪之説，亦在善學者慎之，乃無流弊耳。學不透體，即往往冒認習氣爲本性，然透體豈易能哉？必兢兢業業，操鍊研摩，刊落渣滓，以入精實，如剥笋然，枝葉落盡，靈根始見。故鄙意竊謂未有不修而能悟者。兢兢業業，操鍊研摩，刊落渣滓，以入精實，正所謂修也。修者，入悟之方也。不識台臺以爲何如？

答王球石三條 甲辰

未發之中，性也，非以時言，亦無可用功夫處，此理存乎默悟也。惟形生神發之後，不能無習氣之雜，故必戒懼以復其性，此學之不容已也。

此心生生之端，是吾自己真宰。所謂己也，非己私之謂也。克己，猶言修也，非克去之謂也。學者誠能切己修治，不受攻取之累，則生理渾全，是謂修己以復乎禮也。己與人對，故又曰「爲仁由己，而由人乎哉」，言不必舍自己而他求也。

孟子不言求心，只言求放心耳。虞廷有道心、人心之辨。道心者，未發之中也，本無出入，無可求者；人心者，指形生神發之後而言，則有出入，故必操而存，所謂求放心也。此必密密認本心，得其真面目乃可，若不識心，謾談求與不求，總無干涉。

答錢啟新道長 甲辰

辱台翰，似有疑於「顏子没而聖學亡」一語，然觀孔子自謂「天喪予」，則亦可見矣。蓋聖學塗轍，儒先固能傳之，至其優入境界，未必能齊於聖，則於究極難言處，不無尚有絲毫未逼真者在。此絲毫雖非懸絶，然聖脈遂不盡傳，則雖謂聖學亡，非過也。此是陽明先生獨悟所到，故有是言，非漫説也。

周子《太極圖》，自無極而下至陰陽五行以及萬物，此正孔子易有太極、兩儀、四象、八卦之説。蓋太極之全體本貫古今、彌宇宙，一切該括無欠無餘，安得謂之落下數層乎？豈太極固亢然在上，而下層獨於太極無干涉乎？《西銘》蓋言人道，非止言坤道也，知人道則乾坤盡在是矣。内外爾忘之語，正孔子無意必固我境界，有未易言者，非高禪話頭也。後儒雖不逮聖人，然濂溪、明道二先生則爲聖門正派無疑。此生幸遭遇同時，得沾教末，乃彼此暌隔，未盡傾吐，可勝悵望。尤冀風便，一剖示之。

答鄒子予 甲辰

承手翰云「一點靈明，自作主張，所云主人公也」，但又疑「此是識神，乃無量劫來生死根本」，執事見及此，又疑及此，足見體認之切矣，良可喜也。夫本性真覺，原無靈明一點之相，此性徧滿十方，貫徹古今。蓋覺本無覺，是謂無生，既云無生，安有死乎？孔子曰：「吾有知乎哉，無知也。」文王「不識不知」，乃能「順帝之則」，故無知乃真知也。若有一點靈明不化，即是識神。今勸執事放下，正謂放下此識神耳。識神既不用事，則渾然先天境界，非思議所及也。果能悟此，則形骸本非有無，沉痾自脱然矣。即今果能大休歇，一絲不掛，復歸混沌之初，亦無天地萬物，亦無世界，亦無形骸，亦無古今，其庶幾乎！知執事詢問之意甚切，遂不復隱晦，縱言至此，惟忘情而默會之是幸。

答族姪思靖 甲辰

承手翰，具見愛厚之情，感感。賤體日益衰頽，惟自念學未大成，故汲汲於求友庶幾有助我之益。又念同志者少，恐正學漸湮，故汲汲於接引，庶幾廣勸善之風，尤恐力微無補，但不得不盡此心耳。然應酬雖不廢，而終日默默退藏於歸根復命之理，未敢少違。謬意謂養德養身，其要總在此耳。執事以爲何如？

答周宗濂 甲辰

賜問所云「博文約禮」之説。大率先聖先賢暨諸大儒及先輩，言雖似異，理實一揆，貴在善學者真識自己心體，則紛紛之説自可會通，不必執其詞而疑矛盾也。夫文者，禮之散殊，如視聽言動，子臣弟友，一切應酬皆是也。以其散殊，故曰博。禮者，文之根柢，如孔子言「所以行之者一」是也。以其至一，故曰約。學者時時修實行，謂之博文；事事協天，則謂之約禮。即事是理，而非滯迹；即理是事，而非落空。此博約合一之學也。但實致力於此，久之純熟，則性命諸説可會通於言外，不待辨而明矣。敢敬以此請正，乞裁誨之是禱。

答嶺北道龔脩默公 甲辰

展讀翰教，具見臺下汲汲聞道之心真踰饑渴。及細閲三册，中間如槐之愚昧，或一時率爾應對之語，不足仰承過聽者，而臺下一一採納之不遺，槐則倍深愧汗矣。

蒙諭「洗心退藏于密，似與無思爲之説異者」。若鄙意則謂此語似異，總之只直透本性而已，非有二也。蓋本性即密也，即無思爲也，豈有上下詳略之殊哉？本性不容言，若强而言之，則虞廷曰「道心惟微」，孔子曰「未發之中」，曰「所以行之者一」，曰「形而上」，曰「不睹聞」，周子曰「無極」，程子曰「人生而静以上」，皆即所謂密也，無思爲也，總之一性之别名也。學者真能透悟此體，則横説豎説，只是此理，一切文字語言俱屬描畫，不必執泥。若執言之不一，而遂疑性有多名，則如不識其人而執其姓氏、名諱、别號以辨同異，則愈遠矣。性之體本廣大高明，性之用自精微中庸，今只患不能直透本性，勿疑透性者或墮於外道他歧，而預立一法以防之也。此理非猜想講説可明，直須精神心思打併歸一，凡經書言語，一字勿留于胸中，必密密體認父母未生以前畢竟是如何，透到水窮山盡處，當有豁然大徹時，然後知此理徧滿宇宙，渾淪充塞，即用即體，即末即本，即洒掃應對，便是盡性至命，一了百了，更無精粗、隱顯、内外、大小之可言矣。孰謂真透性者此外更有遺理哉？蓋宇宙間只一性可了，原無許多名目。但學者必須先立乎其大，而後小者不能奪，《大學》所以貴於知所先也。若復疑此，以爲只以透性爲學，即恐落空，流於佛老之歸，故每以尋枝逐節爲實學，以爲如此，乃可自别於二氏。不知二氏之異處，到透性後自能辨之，今未透性而强以猜想立説，終是隔靴爬癢，有何干涉，反使自己真性不明，到頭只做得箇講説道理過了一生，安得謂之聞道也。

承垂問生近用何功？有何注念？百年作何究竟？及欛柄在手，造化生身云云。蓋如上所陳於臺下者，即愚所用功注念處也。百年究竟，欛柄在手，造化生身，總之只靠此件而已。此是人生在世一大事，須有真造詣，乃可大了手，乃爲不虛生。若只作尋常講道理之儒，説得行得不甚差謬，而真性未徹，便自以爲可直接孔孟，即世人稱我爲聖賢之徒，只是浮名，何益！又如有等最僥倖得從祀孔廟者，若性地朦朧，即於自己真受用萬古不毀之事業，亦總無相干。茲恃臺下真實爲道一念最切，故敢以究竟一大事之説奉告，想蒙台察，不以爲妄誕也。何如？

答徐魯源

承示「天然不變」之旨，此至理也。此理必深造實得，乃能真契。蓋自性本出天成，非由矯揉所致，然學者倘不專精畢力，密密研求，直到水窮山盡無可措心之處，朗然自信，徒以浮慧測度而冒認之，則遠之遠矣。即真悟後，尤當有無修證中之真修證者，不識高明以爲何如也。

細閲尊刻，皆莫逆於心。第莫由面對，未免在言句上承領，尤增懸仰耳。近來後學聰敏者不無，而真志實脩者甚少，在主盟立教者，指引後學最難著語。蓋語脈稍疏，便啟後學流弊。此在老丈，今日登壇振鐸，必有提宗示的，而隨機曲成者在也。何如？

答朱守約 甲辰

夙企粹養，竟缺請益，忽辱翰下，展讀如對，不任感慰。承示學貴修德，可謂一言以蔽之。又謂至謂德本固有，非由外鑠修之云者，只是完其天性之本然者而已，非有所增也，敬領教矣。或疑德必由人爲而後有云云。夫此理若非性具，則即加人爲，豈能頓有？譬如蒸砂豈能成飯？故以德非固有，必由人爲者，誠不然也。第德既本具，今欲修之，當何如致力？此處更望指示其方，庶後學知所從入也。風便，幸終誨之。

答鄒南皋 甲辰

宛陵王君至，得領手翰，具見沖虚之懷、真切之學，乃以自封自蔽，今當洗心求進爲言，此非真有千古之志，誰能爲此言？生則領教深矣。

承示佳刻四册，命之細閲裁訂。愧生非知道者，何能贊一詞，然不敢負謙受之誠，即已肅對詳覽，悉心以紬繹之，一字不敢漫然看過。大抵四刻指點當下日用即是性天密義，此聖學正宗也。果能了此，宇宙間更有何事？生於此理亦苦心有年矣，惟海内高明之士，亦有見及此者，即謂見性，第此理終未易言，倘得其似而未徹其真，恐於透底根宗，未免尚隔絲毫，遂使後學承虚接響，盡道即事即理，即粗即妙，非有非無，任情而動，緣物而轉，皆謂妙用，在賢者但見未逼真耳，在不賢者剿襲此説，遂至恣放者有之。佛家謂之龐侗真如，顢頇佛性。又謂之自然外道，近儒墮此病者不少也。何則？彼特見其影而未窮其際，以爲道止於是，遂入玩弄發揚之境，意氣因之潛熾，知解因之增長，儘似得力，而竟難深造矣。今海内豪傑，見似超而德不邃者，似坐此病。此無他，以其自謂見性者實非見性，所謂第二月非真月也。今老丈既用力之久而有卓見，乃尤歉？然自以爲不足，顧垂下問，若以生爲或有可助高深之一二者，此真肩荷宇宙、力追千古、不以世間豪傑自安乃能若是，生之敬服者，此耳。惟此理逼真處，生向來苦於難入，只得謝絶一切，掩户息機，將聖賢書册言語道理盡皆抛捨，不留一字，密密識取自己，直到水窮山盡之處，畢竟父母未生前是何物，久之稍有透入，乃信天地萬物總是此件，千聖萬賢偶留一影，三教微言猶是强名，亦無庸吾輩今日再添箋註，尤恐著句便差，所謂識法者懼也。此理貴珍重，亦難輕與人言，但隨機接人，雖方便多門，而根宗有在。要之立教最是難事，貴使後學不因吾言而生流弊，不得已而言，似當示以直透真原，令其苦心深造，庶幾狂慧者不得恣逞，冒認者不得張皇，自當切己反求，步步穩實，謹倫慎行，不失孔門家法，即於世道有禆。若其上根者，竭才密證，則尤當别論耳。此事全憑自己真精神與後學作榜樣，不貴言説。果有真精神在宇宙間，自耿耿不磨，可以俟後聖、垂無窮，吾輩不可不密密自勉耳。緣面質未期，不忖淺陋，敬述鄙見如此，以請裁教。

答王事心 甲辰

辱翰示：「心了則神氣精皆住。」此誠不易之論，但欲了心，必貴静養，一切世緣俱置度外，絲毫勿掛於中，令此心空無一物，視眼前浮境與吾性命總無干涉。何則？諸境皆是假緣，此心乃爲真理。人生在世，全靠此心此理爲不朽，外境俱不足靠也。

答王儆所十條 甲辰

第一條：性徧滿宇宙，無方體者也。神易者性之用，亦徧滿宇宙，不可以方體言。所謂密與位者指性言，蓋性即任用中。善學者，時時不馳逐於用，而一歸於性，是時時藏密而不出位也。豈捨性之外，别有歸宿哉？

第二條：盡性者，是生知安行之事；致曲者，是學利困勉之事。程子言：「質美者明得盡，渣滓便渾化，却與天地同體。」此盡性之説也。又言：「其次，則莊敬以持養之，此致曲之説也。」鄙意謂曲非一偏也。《詩》曰「亂我心曲」。曲者，此心隱微之地也。學者時時反諸心源，存養於不睹不聞之地，是謂致曲，此下學思誠之功也。故曰曲能有誠。

第三條：太極無極之説，蓋太極本無聲臭，故曰無極，非別有無極在太極之先也。孟子曰：「反身而誠，樂莫大焉。」孔顔之樂，即反身而誠之樂也。此樂不在光景，不可名狀，亦非有樂可尋，亦非有樂可受。白沙曰「至樂應難説」者，此也。

第四條：性、命，一也。自其一定不易之理而言謂之性，自其默運不息之幾而言謂之命，故通天地萬物莫非命也，莫非性也。子思恐人求性於命之外，則有無、隱顯截然爲二，道斯裂矣，故曰「天命之謂性」。孔子言「逝者如斯」，又言「繼之者善」，《大學》言「天之明命」，《中庸》言「於穆不已」，皆性命合一之旨也。

第五條：明明德於天下者，蓋此性本自徧滿宇宙，無論聖人，即愚夫愚婦之性，亦各各徧滿宇宙。所謂明明德於天下，不過全此性之本來分量而已。今人不識自心自性是我固有，遂以爲明明德於天下，別是最高遠難行之事，如人身在水中，却怨枯渴，以此甘於無志，深可歎也。

第六條：人皆可爲堯舜，何堯舜宇宙寥寥，只是前段無志之説也。若真識自性，則凡夫皆是天縱，不必推遜堯舜。

第七條：學者真識自性，然後知盡性之難，即無自足自是之病。若不務盡性，只要在世間做箇無破綻之人，即不免自足自是，且有躁與惑之病矣。

第八條：全歸者，盡性之極功也。不以盡性爲學，即是不知自愛。生死一浮漚耳，又不但如浮漚也，恐業路茫茫，苦境萬狀，雖欲如一浮漚而不可得。學者宜深省之。

第九條：時時以盡性爲學，即能不逐於境。蓋盡性二字是無上妙丹，萬病向此處消也。

第十條：持勝心者、退怯者，皆病也。此理本無窮，堯舜以上善無盡，何勝之有；此理本具足，人皆可爲堯舜，何怯之有。

與王儆所 甲辰

頃辱翰教，於此學惓惓焉，既深欣仰，復蒙垂問，皆切要語已。粗陳鄙見，以請裁割，愧衰病莫由面承，尤耿耿也。大抵此學須密密切己深求，果有一路可入得其真趣，則如食者，既知滋味，則嗜好愈篤，自不肯歇手。不然則如嚼木札相似，久而無味，不免頹廢矣。學者自朝至暮，只此一念，更無第二念，陽明先生所謂如猫捕鼠，如雞伏卵，此真口訣也。慨邇來朋輩多以會講爲文具，求其真有志用專功者殊少，良可念也。

答蔡肖謙 乙巳

別違不記其年，忽奉教翰，深慰懸馳。伏讀尊刻，具占篤學邃詣，領益多矣。竊窺教指，喫緊在於誠意，可謂得希聖之要矣。惟意者此心之真幾，動而未形，所謂獨也。意與念當有辨，誠者天道，意果能誠，即與孔子無意之旨同，非但真切向善而已。敢以請質，不審裁照以爲何如？

答唐凝庵 乙巳

伏承台翰，展讀具領闊别之教，所示潛龍之旨，此真入道之至要也。周子曰「寂然不動者誠」，蓋言性體也。性體本寂，萬古不變，然性非頑空，故密運而常生，惟幾萌知發，不學以反其本，則情馳而性蔽矣。故曰「反身而誠，樂莫大焉」。潛者，反之之功也。然潛非以人力按伏之謂也。天地之化，不克則不能生，理固然也。性者，先天也，先天本寂，何必言潛？幾萌知發，便屬後天，則必貴潛，所謂陰必從陽，後天而奉天時也。承示《南游記》，以一時酬應之語，一一不遺，如此具見沖虛容納之衷，中間所與諸公商訂之語，皆精切謹密，領至教矣。《大學》首章發明詳悉，惟鄙意竊謂：《大學》當以石經爲正，近日亦謬以鄙見於石經《大學》白文之末，略綴數語，尚未成刻，俟少遲當寄上，以請裁割也。

答周雪江 乙巳

西原承枉教，感感。所諭性體空虛，誠是。日間只常復空虛之體，便是工夫，空虛即是無妄，更有何妄可去？空虛即是本正，更有何正可歸？空虛則自能隨事順應，然亦實無一事，不必更瑣瑣逐事而外求，是反於空虚中自添擾擾也。即此謂之躬行，蓋真能空虚，便是真躬行也。何如，請默體之。

答胡季昌 乙巳

心體本虚，非作意以爲虚也。一切應感，皆虚中之變化，但時時不著於變化，而直信心體之虚。此虚原無增減，雖欲實之而不可得，此是當下天然之心，非高非遠，但宜切己體認親切，勿以見解承當，恐未到親切處漫然承當，反成儱侗，久之，便不得力矣，慎之。

答豐城太尹陸仰峰 乙巳

承論「事感紛紜，尚若茫雜，静坐獨居，念頭忽去千里，即旋覺旋收，終若習病牽纏」云云，足占體驗所及。但心體本寂，念者，心之用也。真識心體，則時時常寂，非假人力，其體本如是也。以此體常寂，雖欲擾之而不可得，念之應感，自然中節，而心體之寂自若也。如尊論所云，似是以情識爲本心，而於自心真體之本寂者，尚未深透其親切處也。心體之寂，萬古不變，此正所謂未發之中，捨此則學不歸根，未免逐末，將涉於憧憧往來而於道遠矣。恃在虚懷，乃敢僭陳鄙見，以請裁割，希指誨之。

答郭存甫 乙巳

執事此番既有見於「性體之空寂本無一物，而能生天地人物，本無生死可言」，此一見良是。大抵佛家主於出世，故一悟便了，更不言慎獨。吾儒主於經世，學問正在人倫事物中實脩，故喫緊於慎獨，但獨處一慎，則人倫事物無不中節矣。今云「獨者，性之萌芽處」，又云「獨者，對人之稱」，此亦甚是也。何也，以獨是先天之子，後天之母，出無入有之樞機，莫要於此也。若只云見性，不言慎獨，恐後學略見性體而非真悟者，便謂性中本無人倫事物，一切離有而趨無，則體用分而事理判，甚至行檢不修，反云與性無干，則其害有不可勝言者矣。此聖門所以喫緊於慎獨，其爲萬世慮至深遠也。惟善學者亦非一途，有徹悟本性而慎獨即在其中者，有精研慎獨而悟性即在其中者，總之於此理洞然真透，既非截然執爲二見，亦非混然儱侗無別，此在自得者默契而已。執事留心真切，鄙人深爲喜幸，茲聊布其梗概以相助發，但至理難言，願得之於言外可也。

答族姪吉卿 乙巳

承手翰，以獨學無助，又慮舉業誤人，此言殊過矣。蓋聖賢之學，只是教人存心正而行事日端，即此是學，不必他求，雖鄉中友朋難得，亦可自己默默省察收斂，必可免尤悔，不然，即終日聚友口講，亦是空談耳。至於舉業，係是吾儒本等事，目觀聖賢之書，心體聖賢之意，發而爲文，即是口代聖賢之言，如此則終日與聖賢相對，即此便是收放心，何可謂之誤人也。願賢姪安心隨分，只自做好人，勿求人知而求天知，則處處可學，勿以外境不遂意爲嫌，反添一番懊惱，其於道愈遠矣。

友慶堂合稿卷之三

序

刻小學句讀後序

昔舜命契爲司徒，以人倫爲教，而孔子言天下達道不越乎五倫。然則五倫之教，蓋上下千百年列聖作人致治之成法，不可易也。至孔子復原三達德，推極於一誠，以貫徹於五倫之間，可謂盡洩人道之秘，而昭揭千聖心學之宗矣。是道也，本無小大之分，惟童而習之，以端其始，則曰「小學」；壯而脩之，以詣其極，則曰「大學」。其操履由疏以至密，其涵養由粗以入精，則有可言，乃其學之爲五倫，則童壯至老，不得而異也。《易》曰：「蒙以養正，聖功也。」則知童習即以端希聖之始事。孟子曰「大人者，不失赤子之心」，而以孩提愛敬可達之天下，則知壯脩實以終養正之極功。是故弟子之職，著於《魯論》，與文王之止，列於《大學》者，皆篤倫也。學寧有二乎哉？大哉五倫之道乎！其充之而塞乎天地，溥之而横乎四海，引之而徹乎古今，極之而深於性命之奥者乎！紫陽朱子，懼後學悮以《大學》一書，非童年之所宜聞也，而徒事於浮詞末技，無以豫養其秉彝之良，以爲作聖之基本；又懼其他日稍長而有識，將思以自立，乃於先聖五倫之教夙未有聞，則往往爲異端、空虚、誕漫、杳冥、荒忽之説所惑，以爲妙道高出於五倫之外，於是以忠孝廉節皆爲幻相不屑爲，而遂踰大閑、釀亂階，乃特輯經傳有關於五倫者，遡立教而統於敬身，以爲《小學》一書，使學者童而習之，壯而益精進之，以詣其極，其開來之志誠切，而衛道之功至大矣。我朝成化中，天台陳先生尊信是書，爲之註釋，名曰《句讀》，旨義昭晰，歲久罕傳。督學使虞對朱公，持憲莅吾江省，首崇風教，表節義，不侈言説，而務實脩，所至發先哲之幽光，禮遺賢於淪晦，黜淫比之敗群，於是列郡諸士，始知有所謂聖賢身心之學，非專於詞藝之末者。今春再按螺川，見枉敝廬，尤以士習未端爲慮。時槐因以《小學句讀》請，公曰：「是吾志也，盍以善本遺我，必廣傳之。」既梓成，復命綴一言於其後。竊惟天下將治，未有不由五倫之叙者也；將亂，未有不由五倫之斁者也。故舍五倫無聖學，舍聖學無治功。彼高談玄解，而薄視五倫爲末節；其説浸倡，使學者孩提愛敬之良心已漸斲於童冠之日，且膠序之間，沿襲虚談，咸以妙道有出於五倫之外者，則安望其果行育德，以需國家三物掄材之實用哉？今公心紫陽之心，特梓是書，以爲篤倫之勸。其作人扶世之意至厚，將下之可光昭洙泗達道之訓，上之可仰裨聖明敬敷之化乎。某衰矣，尤願樂觀鄉邑諸英彦，誦習服行，亹亹焉隆愛於庭闈，抑抑焉敦讓於里社，風移而俗歸厚；異時出爲世用，靖共祇肅，畢力以獻忠庶；居爲真儒，出爲藎臣；則是刻之所造就也，而不負公督勸之勤也已。

刻文山先生文集序

昔孔子有言：「志士仁人，無求生以害仁，有殺身以成仁。」説者曰：「仁之成者，謂其忠義之名，垂百世而不朽耳。」予則竊有惑焉。夫名者，上智之所不屑；而身者，常情之所共愛也。聖人者，將責人棄其所愛之身，而狥不屑之名，則立教者無乃涉之誣，而狥名者不亦近於愚耶？自聖學不明，仁之旨晦，而徒以名勸。然世之人，固有薄於徼名者，則名之教有時而窮；名之教窮，則忠義死難之臣，宜不多見於天下矣。故孔門成仁之旨不明，是則可爲世道懼也。夫成仁者，非成名之謂也；害仁者，非害名之謂也。仁者何？吾之本心是已。古之人當生而生，當死而死，蓋不知形骸之有無，名譽之得失，而直欲自全其本心已也。死於所當死，則本心浩然其獨存，安得謂之死？當死而偷生，則本心薾然其淪喪，安得謂之生？此比干之剖、伯夷之餓，所謂直養塞天地而長生；新室之楊雄、五季之馮道，所謂滅絶生理而槁死者也。夫身有所必毁，名有所必盡，而本心之仁，萬古其常新。然則人臣之臨難捐軀，有死無二，固可以決志於斯矣。

宋信國文山先生，精忠大烈，自有天地以來所僅見者也。其蚤阨權奸，貶逐擯斥，不足以渝其直躬之操；崎嶇兵間，顛沛囚執，不足以搖其衛國之義；元主憐材，慰諭優禮，不足以奪其秉節之重；方外傳法，密示勞生，不足以易其畢命之誠。其不愛於形骸之死，世所共知也；其不計於名譽之不朽，而直以自全其本心之仁，世或未之知也。不息之對，正氣之歌，無愧之贊，先生求仁得仁之藴，庶其少見於斯。是宜其萬折不回，從容赴義，而本心之浩然，將敝穹壤、凋三光而莫究其極者。蓋先生萬古之心，固有不依形而獨存者在也。今世之稱先生者，則必曰忠義之名垂百世而不朽耳。嗟夫，是烏足以知先生哉！

予同郡廬陵胡君相，生先生之鄉，雅志嚮往，比節推閩之邵武，特校刻先生文集以傳，迺移書屬予序於簡端。夫先生爲萬古大忠，人孰不得而言之，予惟懼世之以名求先生，而未窺先生之心，則孔門成仁之旨荒，而後之人臣願忠者莫勸也。敬著其膚説，俾讀先生集，知所考焉。

三五劉先生文集序 癸巳（存目）

穀似先生集序 癸巳（存目）

刻時雨樓講義序 癸巳（存目）

論學緒言序 癸巳（存目）

歐陽南野先生年譜序 甲午（存目）

池舍易訓序

「易」者何？ 此心之生理也。凡物之枯槁窒塞者，則不生。不生，則頑然滯碍，不得謂之易矣。惟此理靈徹融通，故常生，常生者，密運不息，是之謂易。自吾心之一念微幾，真動真静，而不可以動静言，以至於作止語默，進退行藏，皆易也。自天地之一陽初動，以至於晝夜寒暑，元會運世，混闢無窮，皆易也。故易貫古今，彌宇宙，易之外無餘理矣。君子體之，終日乾乾，以研幾入微，充之於念念事事，必協天則，是之謂學易，易之外無餘學矣。或謂易爲變易，變易之外更有不變易者存，是謂二見，非知易者也。師泉先生談《易》，本諸苦心磨煉中得來，非徒以文字傳者。讀其言，簡而奥，旨切而義遠。予友松嵒朱君，服膺而備録之，可謂篤信師傳，而欲公斯道於人人者矣。君之孫世賓持以示予，因索一言。予乃粗陳學易之概，俾覽者知反求而自得焉。

能仁會志序

夫會何爲者也？以勸學也。學何爲者也？以正心脩身，盡人道而參天地也。夫欲盡人道而不務學，是猶農者之舍耒耜也；欲務學而不會友，是猶瞽者之失相也。是故務學要矣，會友急焉。古昔聖君賢相，問道於朝，無論已，若大舜耕稼陶漁，樂取諸人，以至成聚成都，天下之士就之，其會之權輿乎！孔子識大識小，學無常師，以至三千及門，誨人不倦，其會之標準乎！自是而降，有宋周、程、朱、陸諸賢，我明白沙、陽明兩先生，皆倡道一時，講席甚盛，以發明虞廷執中、孔門求仁之旨。蓋先聖後賢，以會爲學，其揆一也。或者謂：「但宜躬行，何必會友？」殊不知百工技藝，且有共事之朋，訓詁詞章，亦以孤陋爲愧，世豈有絶師棄友，不由教而知，不求輔而能有成者乎？彼特憚於會友，聊以躬行藉口耳。假令毅然立志，真欲躬行，以盡人道而參天地，則其汲汲求友，殆如饑之問食，病之問藥，固自不能已也。周子曰：「天地間至尊者道，至貴者德，至難得者人，人而至難得者，道德有於身而已矣。求人至難得者有於身，非師友，則不可得已。」至哉言乎！時槐此生多幸，深沭明師良友之益，既獲厠能仁嘉會之末有年矣。兹承諸君子委命，執筆撰次會志，敢敬以務學爲要，而會友至急者，爲吾同志瀆告焉。

廣仁類編序（存目）

玉陽會紀序

孔門之學，主於求仁，然孔子蓋罕言之，何也？仁之體，殆不容言，孔子嘗不得已而有言，則皆求仁之方也。若仁之體，則竟不可得而言也。至「欲立立人，欲達達人」，可謂喫緊以狀仁之根苗矣。其在《易》曰「天地之大德曰生」，惟「生」之一字，其言仁之至切者乎。然後儒或以情愛，或以靈識言之，雖皆不外於生生之呈露，倘遂執之，以爲仁之體在是，殆猶未得爲精詣而深契之者歟。周子特發「動而未形之幾」，蓋即孔門以生言仁之旨也。顧末學又或以意念初萌之端爲幾，則亦涉於形氣，而於生之真體，且漸離之甚矣。仁之難言也，夫盈宇宙一生理而已，統名曰「心」。然生無聲臭而非枯槁也，生必融溢而非情昵也，學者默識真體，而充之以篤倫周物，立人極於宇宙之間，庶於研幾求仁之學，日契其真而不至於違忒者歟。廬陵賀友沚汝定甫，篤志於求仁之學有年矣。其資粹雅而不雜於世紛，其趨端凝而不惑於他岐；束躬飭行，動循矩矱，非以口耳爲學者。乃爲瓊之文昌令，既以所學修其實政，復聯邑之諸生，以正學督誨之，一時英賢多所興起。爰闢書院於玉陽之麓，崇祀白沙先生，以示學之典刑，手著會條及備録鍾文陸公《體仁圖説》，皆發明研幾求仁之旨，可謂詳盡矣。萃爲一編，題曰《玉陽會紀》，屬予一言爲序。予既喜賀子能推所學以同善於人，而其著于是編者，庶幾能究仁之原而不悖於孔門之旨。吾知瓊海之濱，正學將繼江門而益光顯於世也。敬以膚見所及，漫述其似于簡端，尚因之以質正于有道者云。

白鷺書院志序

白鷺之有書院舊矣，至嘉靖丙午始有志。迄今四十餘年，志湮廢，莫有存者。書院且再遷，復增飭祠事，即舊志存，未足備故實也。於是郡侯京口楊公、邑侯毗陵錢公，以新志屬時槐，辭弗獲，既採摭論述，釐爲十篇志之，則復僭爲之言曰：夫書院之設，以明學也。學之謂何？以正心脩身相砥切，共期盡人道以進於聖賢，而下挽頽風，上佐國家昭明之治也。今郡邑有庠序以造士，書院之設，視庠序造士之意則一，乃其所以爲造士之實則尤大有補裨者焉。何者？蓋不專以詞藝爲常課，而直迪之以存天理、去人欲，束躬勵行，而踐之人倫事物之間，此其教以勸德爲宗，一也。不專以位分稱師弟，而鄉之賢大夫、先生、長者與四方之名儒、碩彦，皆得集焉。環聽及於童孺，訓告聞於里社，此其善以廣益爲大，二也。不專以科第爲得士，而貴育真才，續道脉，以垂來世，若鄒魯之後。振鐸而繼響者，則洛之龍門，信之應天，粤之江門，浙之天真，皆嗚道覺人，千古絶緒賴以不墜，此其道以開來爲至，三也。夫惟先覺倡正學，必於書院焉。而善類遂以興起，後之學者承先覺以私淑，而書院因之永傳，復以俟來哲，紹隆正學於未艾。然則，書院寔以輔成庠序之教，而仰裨國家造士之效豈淺鮮哉？夫惟知士篤行於家，不壞於天子之庭，必本於正心脩身，非專以詞藝也，而後知學道之爲急；知學道爲急，而後知書院之設，所繫甚重矣。今創制加宏，倡導彌切，是有位崇風教者，所以重書院也。多士入聚于兹，盍亦思所以自重乎哉！敬書以俟之。

念庵羅先生文要序 壬寅

昔孔門示「未發之中，蓋言性也」，而以戒慎恐懼爲復性之功，此萬世言性學者之彀率也。或疑以性爲未發，得無偏於寂乎？不知性體物不遺，物可睹聞，而性不可以睹聞言，故曰「未發」也。是名爲中，安得謂之偏？或疑性無爲者也，而戒懼得無涉於有作乎？不知性不可致思，存焉可也。戒懼者性自存，存而人力不與，安得謂之作？或又謂性常生者也，曷不任其生機之活潑乎？不知形生神發，物誘而情蕩，性斯鑿矣。戒懼者，本乾元以資始，是謂真生，不然，離性而外馳，是妄生矣。王文成公曰：「良知是未發之中。」又曰：「戒慎恐懼是本體。」可謂言約而盡矣。慨先聖既往，正學不傳，異學者流，紛紛談性，浸入於詖淫邪遁，而聖脉幾絶。後千餘年，周、程繼出，其指道之本原，曰「無極」，曰「人生而静以上不容説」；其言學，曰「主静」，曰「主敬」，孔門之旨，賴以復明。嗣是而降，世儒失於聞見支離，王公有憂之，特揭致知以救其弊。曾未數十年，而襲其説者，誤以情識爲良知，以虚見懸解爲了悟，以員轉逐物爲妙用，以踰矩潰防爲超脱，談愈高而行愈敝，念庵先生憂之，乃曰：「知之良者，以未發也；收攝歛聚以全吾未發，是致之之功也。」聞者乍疑且駭，已而見先生充養完粹，操履純密，如金精玉潤，表裏無疵，始尊信其言。先生没而道彌光，蓋由其竭才密契而自得之，故其言足符往聖之緒，發會稽之蘊，以扶世教之衰，其功甚大矣。直指安節吴公按莅吾吉，篤崇正學，追慕先生，亟欲表章其遺言，以端士習，爰取先生舊刻全集，語時槐曰：「先生非以詩文傳，貴以學傳也。子蓋服膺先生之訓有年矣，盍掇其切要語梓之，俾海内志學之士有考焉。」予敬諾，乃檢閲得其十之三録之，題曰「文要」，復綴鄙言于末簡，以見先生繫斯道之重如此。夫士患無志，志有在矣，貴在擇術。先生之言，誠入道之指南也。學者由其言以入，庶不惑他岐，而可望於孔氏之堂奥也夫！

白鷺洲贍田册序 癸卯 （存目）

吴安節先生日省編序 甲辰

蓋士之言學者，人執悟脩之説，舊矣。予竊謂：學明本心，必密密體認，研精入微，久之，而後有得。夫體認入微，即謂真脩，是悟由修得也。既云有悟，豈遂廢脩哉？必兢業保任，造次顛沛不違，以至於子臣弟友，慥慥相顧，是脩之無盡，即謂悟之無盡也。彼以影響之見爲有悟，且以切己之脩爲下乘，遂未免襲奇僻而越準繩，將導人於侈焉無忌憚之歸，其流弊可勝言哉！直指安節吴公，按蒞吾省，嘉志正學，既下令郡邑師儒，居肆講業，必戒浮誕而崇踐履，諸士翕然興起，而公所明法慎獄，洗寃澤物，憫災救患，肅群僚而剔積蠹，表先哲而彰幽玄者，鑿鑿皆以所學見諸施措，蓋肫肫誠惻之具周，而勤勤纖鉅之畢照也。公既得代出境，乃吉水南皋鄒君以一册示予曰：「此安節公自記日省之功也。是可以訓末學，盍謀梓以傳之。」予展誦終篇，見公之篤修於家居之日，瞬息惕勵，動静察識，真一念不少忽，一事不漫應者，則公之按蒞吾省，諸所施措與其興起於多士者，信出其日省之緒餘也。於是廬陵令陳君圭見之曰：「是誠宜廣示後學，以勸真修。」遂敬録入刻。刻成，屬時槐一言，爰述學必真修而後爲實悟者于篇端，庶好學之士，將有擇於斯焉。

鄒氏學脉序 乙巳

夫先聖設教，以勸學而淑世，其道必本於秉彝之良，徵於人倫踐履之實，不越跬步，以談幽渺。故當其時，家無奇説，而士無詭行，未有身蒙垢疵，而妄意於世外之玄踪，動踰準繩，而蔑視典常爲不屑者，此周、孔、濂、洛諸聖賢所以垂萬世而不可易者也。我明自白沙、陽明兩先生崛起，其教一遵周、孔、濂、洛之軌轍，海内翕然宗之。兩先生没，士或剽掠異説，以奪聖門之嫡緒，至有決防毁戒，而以爲超凡情，貪肆淫放，而以爲證上乘；鄙端士爲陋儒，斥真修爲未悟，將驅後學於蕩無忌憚之歸，有可憂者。惟吾吉鄒文莊公，親受學於會稽之門，退而以開示從游之士。一遵師説，終其身無異詞，諄諄乎戒慎恐懼，致力於子臣弟友，以底于全歸，其道至大而其學至近如此。嗣君穎泉太常、孫聚所憲僉，纘承家學，一遵文莊公之旨。蓋三世一揆，所謂本於秉彝之良，徵於人倫踐履之實者，如出一口。至剽掠二氏，決隄防而談世外，在海内容有之，而獨鄒氏家學，粹然一出於正。愚竊謂：會稽之學得傳於後世者，誠以一脉之真，賴鄒氏一門以存，其功甚鉅也。若文莊公暨太常、憲僉，所自束躬飭行，羽儀於朝而矜式於鄉，皆皭然冰玉而秩然矩矱，則當代有識者，皆見且聞而尊信之，益足以知鄒氏之學，真所謂匪徒言之，寔允蹈之者矣。公之曾孫庠生衮子予氏，夙禀英資，而志繩世德，敬輯祖父三世教語，彙爲一編，題曰《鄒氏學脉》，予得受讀之。子予嘗及予門問學，予嘉其不襲海内奇詭之談，而直信家學之得其宗也。因僭以膚見綴序于篇端，以俟知言者擇焉。

記

道心堂記

昔堯之授舜，特發「允執其中」之一言，遂爲萬世聖學之淵源。至於舜，尤懼萬世之下莫達其旨也，復發三言以明之。夫心彌宇宙者也，而有所謂道與人者何哉？道心者性也，性先天而統萬物，非有我之得私，故强名之曰「道」。道則沖乎寂乎，莫知其端倪，可謂「微」矣。人心者情也，性動爲情，形生神發，乃屬於人，故直名之曰「人」。人則涉形氣而純駁分，由薰習而理欲判，可謂「危」矣。精一者，攝情復性之功也。研幾以造於極深，洗心以入於藏密，是謂「惟精」。精則垢盡天全，情歸性初，致一不二，是謂「惟一」。一則中矣，凡分寂感、岐内外、見生滅，皆二也。二則有對而爲偏，不二則無寂感、内外、生滅之相，一也。一則無對而爲中。執之云者，貞夫一之謂執，而曰允，言非造作矜持以爲執，而適得其性之本然也。夫堯約之以一言，而斯道之統以明；舜詳之以三言，而進道之功益備。萬世之下，欲盡性以凝道者，其孰能外於此哉？自聖遠而學日漓，高之爲異端則墮於空，卑之爲功利則滯於有，精一之旨既湮，危微之機愈淆，而中庸之鮮能，孔子於是乎有遺歎矣。吾郡侯静峰汪公莅吉，篤志造士，重建書院于郡東之白鷺洲，萃九邑諸生，群肄其中，躬臨程督，日課月試，激勵誘迪，寒暑不輟，即父兄之勸誨子弟，殷殷然冀其必成，而憂其或墜，不是過也。公高朗超邁，有隘視人寰、棲神物外之氣。於道，洞徹本原，不爲塵網所縛，時時出其廓大幽玄之見，以示諸生，其意遠矣。先是宋古心江先生來守郡，肇建是院，題其堂曰「道心」。公乃復大書而高揭之，命時槐申繹其義。時槐蓋於堯舜一脉之傳，竊嚮往焉久矣，而資鈍功疏，未足以涉其藩垣，誠愧且懼焉。姑據平日管窺之近似以質于公。夫聖人言近指遠，通於上下，故傳之萬世而無弊。後世君子，探奇失實，其言有高出於精一之上者，而究其所成，不詭於道心者或罕矣。吾郡人士，沐我公陶冶之深，其尚慎守於精一之訓，必兢業如堯舜，敦典盡倫如堯舜，以庶幾不悖於執中之塗轍，而無負我公揭示道心名堂之至意也哉。敬書爲記以竢。

文昌塔記

吾吉人文，自宋天聖以來始浸起，至我朝洪、永之間，號爲甚盛，如庚辰、甲申兩榜及第三人，皆出吾郡；至三人中得二，則迄於成弘之際猶然；正嘉以後，時得其一，特不數數然耳。蓋自國初抵今二百餘年，及第第一人十有一，第二三人各十有一，會試第一人九，進士八百四十五，官至内閣者十，鄉試第一人四十有二，可謂盛矣。議者以今科第名位，固未嘗乏，然大較不逮往昔，豈山川風氣升降之數使然？宜有以維植之。乃堪輿家謂：郡城東北，石屋之山突出，阻峙江流之中，與東岸小洲拱揖對立，若爲吾郡砥障然者。盍謀樹塔于石屋之上，足以壯一郡之雄勝，而培未艾之風氣，是不可緩。於是鄉大夫暨諸鄉薦士，請于郡守曉山余公。公欣然曰：「吾固當任之。」亟捐俸首倡其役，已復白于分巡憲使雷門沈公，命佐以贖鍰，而郡丞敬持孫公，復措給之，諸鄉大夫士民咸出貲協助，爰召匠建治，經始于萬曆甲申十月，畢工于乙酉六月，而塔窿然成矣。爲級者九，中通磴道，曲折登之，憑牖可遠眺。計塔址廣五丈四尺，高至頂九丈，總費金二百緡有奇。余公題其額曰「文昌之塔」。諸士人委時槐爲記，俾郡人永無忘公毓材興運之至意。夫以公守吾吉三年，平刑省賦，御屬肅下，剔蠹而導利，勸讓而黜僭，振圮而舉墜，其誠心仁政，未易縷數。而是塔之建，主於昌人文者，則所繫尤重，宜諸士人之欲有述，以昭示遺愛於無窮也。時槐不敏，嘗憶曩侍鄒文莊公講學於東山禪院。文莊公指塔示諸生曰：「若曹知彼建塔何意乎？蓋取義於頂天立地云爾。彼異教且然，矧爲吾儒，明正學，盡人道，以參兩間，可不以頂天立地爲志乎？」諸生聞者，皆惕然有省。且夫今欲昌吾儒之文而建茲塔，謂非有取於斯義焉未可也。自國初以來，吾郡科第名位，其盛與否，誠不無今昔之感矣。然所貴頂天立地，則豈直以科第名位言哉？夫鉅人不藉科名以爲重，惟科名而得鉅人以當之，然後科名因藉以重也。夫學參兩間者，吾難言之矣。其在吾郡，稱鉅人重科名者則有之。若前代六一、文山諸賢無容論已，入國朝，試舉其最著者，如以羅文毅公、羅文恭公魁天下，而後狀元始重；以鄒文莊公魁禮闈，而後會元始重；以羅文莊公魁省闈，而後解元始重。非三元之足重四公也，得四公而後三元始重也。是四公者，貞心碩行，追踪千古。庶幾哉，頂天立地其人也。其他以及第魁元、進士、鄉薦出爲世用，或勵名檢，或仗忠節，或顯事功，各卓然表見於所謂頂立之義，殆亦無愧焉。夫科名以得人而重，故所重於郡者，亦不曰科名，直曰得人焉耳。其或不然，徒以科名炫赫於一時，夸詡於流俗，詭遇而鮮特起之操，恣横而遺身後之誚，是不免爲冠裳之細人已耳。既乖於頂立之義，將反貽科名之辱，又烏足爲吾郡之重哉？重吾郡，一鉅人而有餘；不重吾郡，累百十細人而不足。愚則以爲，科名盛否之評，蓋決於此矣。然則，我郡公以毓材興運之至意，特允建塔之請，而是塔屹然聳拔於中流，真若障頹波而力挽之者，繼自今，將必有不徒恃科名之榮階，而能益著其頂天立地之偉行，由所謂名檢、忠節、事功而更進之，以媲美於四公者，而益造極於參兩間之學，使海内之士稱之曰：吉郡科名之盛如此，而得鉅人以當之，俾科名與郡並藉以重又如此。夫然後信吾郡人文之果昌，是塔且若增之而愈高，而真不負我郡公今日毓材興運之至勤也已。敬書以俟之。

惜陰會館記（存目）

重修復古書院記 癸卯（存目）

貞裕祠記 癸卯

夫立身宇宙，屹然獨完其降衷而不毁者，豈不以節義哉？蓋節義必窮而後見，窮之所遭，摧殘悲苦，至不可堪處者，惟孤臣嫠婦而已。孤臣嫠婦一失所天，矢死持節而不二者，誠天地之常經，萬古之通義也。雖然，士也嘗治《詩》、《書》，聞法訓，足以束心，而大節且將垂國史以傳不泯，若託質深閨，不襲前聞，不蘄後譽，無所勸而堅所持，豈不尤難哉？抑又有難者，婦以一身秉全節而不二，已足稱希有矣。乃復能以宗祧爲重，俟時立後，勤瘁而孚翼之，以底于成，竟以永祚胤，慰泉壤，而顯聞於當世。嗚呼，此豈非女中奇丈夫，所謂節義屹然，獨完其降衷而不毁者哉？若陽羨吴節婦是已。節婦姓屠氏，歸于吴諱騆之配，乃其夫蚤卒，節婦年纔二十有六，未有子，其父憫之，諷以他適，節婦截髮見志，而夫弟俱年少，尚未舉子，莫爲繼者。節婦曰：「吾其俟之。」踰十年，玄圃公騤始舉仲男，節婦欣然請于姑，襁而育之爲嗣，即今侍御安節公也。

嗣既立，復值外侮，節婦明達而周慮，毅然當之，釁端竟息。督童婢力耕績，而躬自織紝以先之，家遂殷實。教其子就外傅，肄儒業，端蒙養，一出于正。節婦既奉詔旌其閭，復以子貴膺敕贈，終始大節，炳朗昭燭，海内名公侈爲篇什以彰其事。侍御公乃以貞裕祠屬記於予。予惟節以貞一爲節，人所共願也。顧年方少，則憂歲月之難支；子未育，則懼伶俜之無倚；嗣既立，則疑鼎樹之未期；外侮加，則虞銷弭之力薄；家指繁，則計統御之爲艱。是數者，有一于兹，皆足以奪志而移節，而節婦兼有之，乃能不摇於群議，不怵於危機，卓然其定于由衷而不渝也，悽然其甘于荼毒而不恤也，劬然其力于拮据而有條也。矧其義方之訓，式穀之貽，丸熊畫荻，勞愛備至。是以侍御公不獨洊躐巍第，丕隆遠業，而且倡鳴道術，恢張正學，爲世鉅儒，孰非節婦篤真垂裕之所致哉？是其節，匪直止於一身，而亢宗昌後，噓吴氏之遺焰而光大之，比於忠烈英傑之臣，扶社稷而開泰運者等，豈僅以一節稱者所可望哉？夫節義根於性也，節義一失，是謂自戕其性。聖門立教，以盡性爲宗，倘爲士者，進不委身於報主，甚且變塞於蹇躬，聞貞裕之志，宜惕然有餘愧矣。敬爲之記，且以風吾黨之爲士者。

道東書院記 甲辰

吾邑東鄉之有道東書院也，始于萬曆癸巳，大尹養沖劉君偕鄉之士紳、耆舊、文學諸同志，協議捐費共成之，歲集邑之先達，英賢畢聚，相與砥切於正心修身、篤倫厚俗之正學，彬彬然盛也，迄今且有十餘年矣。顧其地密邇比僯，莫可闢治，於冠蓋之駢臨，童冠之游息，疑未甚稱。第以事在創始，兼慮力詘，暫阻改圖，蓋有待也。歲甲辰，侍御鶴峋周君，以讀禮家居，乃躬歷近地，縱覽其勝，越半里許，得夷曠之壤，名曰「沙園」，詢之形家，質之士友，皆以爲吉，乃謀之養沖君，欣然有當於衷也。其地負東陽而嚮三台，左萃靈而右龜嶺，既攬東方之全勝，且地濱江滸，朋來自遠者，捨舟即登，一時群集者，游衍甚適，僉議咸稱良便。乃徧告鄉大夫長者暨諸人士，各出橐助金。邑侯南海潘公聞之，偕貳尹會稽徐君，皆捐俸給工，移舊院於玆地，鼎建而增築焉。中爲講堂，後爲會饌堂，前爲門廡，左右協廳各五，規制宏備。經始于是年某月，落成于某月，而玆院焕然峙立矣。鶴峋君貽書謂時槐曰：「道院幸成，願一言記其始末，且與諸同志共訂爲學之方。」予自愧衰落，於道無聞，未可僭言，惟樂觀道東人文之益昌隆，將遵承孔孟之正學，以造士成德，下裨民風，上扶國祚，而無蹈於詖淫之惑也，則敬與吾黨之士效切偲焉，可乎！竊聞聖人之學，主於盡性，性者天地萬物之一原，人人之所同具者也。性不容言，而生生之德粹然中涵，命之曰「仁」。仁具於中，聖凡不異，善學者養而無害，順以達之於人倫庶物之間，命之曰「孝、弟、慈」。是三者，近在庸行而施及四海，以成身而淑世，堯舜之道胥此矣。不學者自戕其仁，則倫物不明，性窒而施悖，牿之反覆而不遠於禽獸者此也。夫盡性則齊上聖，戕性則至下淪，學與不學之辨也，吾黨之士，將安所擇哉？世衰道微，人趨聲利，飾詞藝以博榮肥，任情慾以恣侮奪，於學既背馳矣，乃復有蔑視民彝，而謬爲荒忽詭異之談；動踰大閑，而特昌遺倫超世之教。聽其説，似高出孔孟之上，稽其行，實醸成亂賊之階，此尤後學易溺之深阱，而衛道者固當重爲之防也。《易》曰：「知崇禮卑，崇效天，卑法地。」夫知之崇也，在於達性天之原；禮之卑也，貴於踐倫物之矩。果能此道，由之以出而仕，則爲國霖雨；退而處，則爲世儀刑。此堯舜孔孟正學之彀率，終萬古而不可易者也。吾知道東諸君子，於此日孜孜焉，而於養沖、鶴峋二君先後建置之盛心，必能以同德相成，由一鄉以風寰宇，昭聖緒以垂百世之光者矣。敬書爲記以竢。

東山會田記 甲辰

昔鄒文莊公親受學於越中王先生之門，歸而以所聞示邑之仕紳、耆舊、諸文學後進，咸翕然興起者，發蔀啟扃，而人覩日月之重輝也。於是聯諸同志，會集於東山塔院，已而門人於塔院之後特建講堂，月舉一會，輪直具膳以爲常。公殁，令子若孫太常憲僉迄今太史侍御世遵行之，弗替也。蓋肇自嘉靖壬寅，既歷六十有餘年矣。顧嘉會頻舉，而供餼未備，非可垂遠，乃公之曾孫郡庠廩生衮子予氏曰：我文莊公倡道，覺人最切，振鐸于兹，以貽我祖父，偕邑中英彦，修盟滋謹，惟置田給膳，先人夙有志焉而未竟者。衮也敢不敬成之？於是特割己田租四百桶入東山，以供會事，議以歲推二友司其出納，更延四鄉士友畢聚，以彰同仁廣益之誼焉。雲屏夏君乃貽書時槐曰：「文莊公之首善，以開我群蒙也至矣，乃今曾孫子予氏捐田供會，是能作求世德而續起斯文於未艾也。願一言以記之。」陳生剛等復以請，乃僭爲之言曰：予曩幸侍文莊公講席之側，竊聞其謦欬。之餘久矣。公之學，以求仁爲宗，以子臣弟友慥慥相顧爲實地，以戒慎恐懼爲密功，以全生全歸爲究竟，此其大指也。公學承越中而直遡濂、洛，以發明孔孟之精蘊，萬世不可易者也。慨先哲日遠，異學紛紜，以奇僻爲妙悟，而蔑視倫理爲不足修；以恣肆爲曠達，而動踰大閑爲不足恥。其談也愈高，其行也愈敝，此今日憂道君子所當急挽其頹波，而拯斯人於横流胥溺之中者也。孔子曰：「仁者人也。」故求仁之學以立人極也。人者，天地之心，人極立，而宇宙爲一，聖學之究竟在是矣。彼薄視人道，而妄意世外以爲奇悟，正聖門所謂迷復之凶也。凡我同志集於東山者，其尚早辨於此哉。昔孟子以入孝出弟，守先王之道，以待後學，而後謂之有功而得食。今東山既有會田矣，凡我同志，其勿蹈無功而食之誚，必遵文莊公之訓，惕躬敦倫，以宜家導俗；居爲碩儒，出爲良臣，使後之人指而稱之曰：是東山造就之賢。誠足徵正學之有裨於世，而詖淫邪慝之説，果不足以亂吾真也。則吾黨不愧爲孔孟之徒，而東山於是爲增勝也夫。

明學書院記 乙巳

夫天命之性，厥賦惟均，故人皆可學，宜不擇地，不易人，而可同歸於道也。然孔子言剛毅木訥，乃近於仁，而《詩》稱崧嶽降申甫之賢，岐周多思皇之士。然則地鍾奇氣，而人禀殊資者，尤爲近道，誠得先覺以正學倡導而造就之，將沛然若決江河而放之海也，詎不然哉？吾吉郡廬陵、泰和二邑之交，爲仁善、淳化、儒行三鄉，歷稽往哲産於兹地者，若胡忠簡、文信國、顔沛縣諸公，皆精忠大節，昭揭宇宙；而羅洞晦、胡比部、王參知、張水部，並秉德蹈義，爲後進儀刑。予嘗一涉其境，山川融結而聳秀，有凝然卓拔之氣。接其人，高明者率果毅勁直，或持身堅確而不可撓，或負材壯鋭而將有爲；謹愿者則又顓樸敦龐，不越矩矱，足知地氣孕靈，以有先哲之挺生，迄今人禀英資，亦所謂剛毅近仁者歟！惟吾吉自鄒、聶、歐、羅四先生，得聞會稽之學，皆闢書院于其邑，集諸士相與講明，而三鄉距城特遠，雖時一赴會，不數數然也。頃歲，是鄉郡守曾見虞君以請告南還，復奉詔起，固辭不出，而胡龍溪、曾虚所、劉斗墟、王從吾諸君，一時皆謝事家居，遂偕諸耆碩文學協議曰：「吾三鄉先哲，屹然足風百世矣。今欲繼美於萬一，宜莫如學，其必在書院乎。是宜亟建書院，聯集勸學，以砥德而興行。」見虞君之言曰：「學以學爲人也，講學以講爲人之學也。在先哲雖云『緣性而得要』，必待學而成，不學何以盡道於君臣、父子、夫婦、兄弟、朋友之間？故學不可一日不明，人不可一日不學。」旨哉其言乎！乃諸君首倡三鄉，咸踴躍從事，家捐貲而人合志，爰卜吉地于新安，得張水部遺址，度材鼎建，中爲大堂，題曰「敬德」，奉安先聖孔子位于堂中，後爲名賢祠，東西各列房舍，外爲大門，規制宏敞，庖湢器物悉具，繚以周垣。門外樹坊，題曰「明學書院」，輯《先正格言》、《大明通禮律令》、《文公小學》諸書于院中，以備檢閱遵行。經始於甲辰某月，落成於某月，遂以乙巳季春，涓吉，邀予偕賀汝定暨諸士友，舉會者五日，比至則三鄉縉紳父老子弟畢集，欣豫而靜肅，揖讓坐起詠歌，雍雍然，秩秩然，莫不歎三代威儀于今幸見也。諸彥士出所見，質疑請益，互相酬答，則又暢懷聽納，莫逆于心，於是信三鄉果爲勝地，宜多士之英資近道，而見虞諸君倡建之功滋大矣。會罷，諸君貽書屬予一言，以記其創置之本意。予惟書院以明學，學以盡爲人之道，而莫先於篤倫，見虞君之言，無以加矣。自今伊始，惟三鄉人士，必尊親而敬長，必睦族而和鄉；儒者必束躬而循矩；仕者必潔己而澤民；富者必施惠以恤孤煢，貴者必斂勢以下卑賤；薄利而崇義，守柔而不爭；一惟孝弟慈是訓是行，此之謂實學。而吾黨聚講於茲院者，必宗孔孟之正脉，勿襲奇詭之浮談；必重天常，勿踰典則，庶有裨民彝，永光聖緒，益增山川之勝，而丕紹先哲之芳矣。顧予耄矣，而一念同善之情，願由三鄉以明此學於海宇，固殷殷然若有迫於衷也。敬書以俟之。

西原敬止堂記 乙巳

萬曆丁亥，西原體仁堂既成，每歲集同志士友講學於堂中，月必三日，而季秋之月，必集九邑及門者，爲會五日，顧朋來漸衆，一堂猶覺其隘也。歲癸卯，賀子汝定謀於諸同志，卜體仁之西北，當能仁寺善法堂之後，有地一片，高爽而平衍，壤接體仁，而境益幽邃，形家咸以爲吉。乃問之寺僧，願受價，遂斂金付之，得其地，構材增置一堂，左右環列房舍。堂前左階下有石，蒼然屹立，高及肩，掘之深不可拔，僉曰此砥柱之象也，宜仍留勿他徙。經始于是年某月，訖工於甲辰某月，而堂宇焕然鼎峙矣。予因題其堂曰「敬止」，諸同志謁一言以發其義。予惟《書》有之曰「欽厥止」，曰「安汝止」，《大學》曰「止至善」，而孔子以「艮止」爲萬物之成始成終，不獨《周詩》以「敬止」歸之文王而已也。夫止之云者，蓋指本性之寂然貞一，爲天地萬物之根柢，歷萬古而不渝者也。敬者，戒慎專凝，以完吾本性而無少外馳之謂也。惟此性人人具足，聖不加豐，凡不加嗇，第形生神發之後，不知學以專凝之，則情漸馳而性始漓矣。性漓，則天君不立，而外誘交奪，措之事爲，必至違忒人倫，因以淪斁庶物，咸失其理，斯世之所以日趨於亂也。聖人有憂之，特揭性之本止，以示斯道之宗，而學必居敬，以爲復性之方。蓋自虞廷而下，曰「道心惟微」，曰「未發之中」，曰「不睹聞」，曰「隱微不顯」，曰「無聲臭」，曰「人生而靜」，皆言性之本止也。曰「允執」，曰「退藏于密」，曰「尚絅闇然」，曰「主静」，曰「主一」，皆言敬也。惟知性之本止，而學必居敬，以完其止之本然，則性復而心正身修，達之爲喜怒哀樂之中節，以馴至于齊治均平之功用，此聖門之實學，萬世所當遵習服行而不可易者也。或者曰：「敬止之於體仁，抑有二乎？」曰：孔子以仁爲達德，而必曰所以行之者一，惟止至善，則德協于一矣。斯仁之底于純，而學之極致矣乎！不然，學未詣極，即力行近仁，尤未得爲止於仁也，是在善學者，精一而深造之焉爾。是堂之建也，自邑侯而次，暨諸同志、大夫、士捐助者，並勒記以垂不泯，而曾生珮督理勤勞，厥功滋茂，法得併書。

傳

近溪羅先生傳（存目）

袁烈婦傳（存目）

志銘

兩峰劉先生志銘

先生諱文敏，字宜充，姓劉氏，吉之安福三舍人。三舍之劉，在邑爲鉅姓，所居東南，有兩山屹立並峙，學者既瞻望先生素養之高不可及，以兩山之秀而特起也，足以配先生之德，遂稱之曰兩峰先生云。先生自幼凝重端確，不妄言笑，飲食出入，必禀命於父母。比就塾，竟日劬書，無少嬉惰；既長，不治家人生事，矜莊堅勵，實天植之。

歲壬午，先生年二十有三，則與其族弟師泉先生共學，思所以自立於天地者，或至夜分，不能即枕，一夕語師泉先生曰：「學苟小成，猶不學也，盍亟省之。」已而讀陽明王公《傳習録》，所論格物致知之旨與宋儒異，展轉研思，恍若有悟，遂決信不疑，躬踐默證，久之，惟覺動静未能融貫，乃歎曰：「非親承師授不可。」則買舟趨越中，見王公，執侍門墻，往復三歷寒暑，歸而與師泉先生砥切于家。其學一以致知爲宗，而殫精畢志，操存克治，一瞬一息，不少懈逸，語默作止，事無鉅細，必蹈準繩；深以末學馳騖空談、遺忽實行，可爲痛戒；每與學者言知體虚明，皎如赤日，但依此知，自照自察，以祛習氣，滌凡情，纖瑕勿留，意念感應，生生化化，務協天則，雲銷日朗，垢盡鑑明，天全而性復矣。其教人大指如此，不涉多岐，詞簡而義切，貌肅而衷懇，及門之士敬畏誠服，已在未言之先。蓋其貞毅直方，可渝金石，儀刑之矩素定，而潛孚之機有在也。同郡東廓鄒公、雙江聶公、念庵羅公，時時聚處，共證所學。雙江公獨揭未發之中，與海内同志往復辨詰，而於先生最所欽伏，間舉主寂相質。先生曰：「發與未發，非判然二也。能致其知，則寂在其中矣。」嘗七宿松原，與念庵公極論，盡洩底裏。公初覺未一，已乃傾信，既別，公貽以詩曰：「歎息卓爾域，千載能幾諧。目擊中有存，意會言無乖。」

歲壬申五月當誕辰，諸子姓上壽畢，先生退居一室，稱微疾。一日忽語其孫弘傑曰：「吾了當而歸矣。」遂明日逝。

先生早遊邑庠，已擅文章之譽，廪食需貢有期矣。一聞正學，即棄去不復應試，布袍蔬食，韜光晦景，没齒不求人知。滁陽朱遜泉先生教寧州，乃具薦於學憲存齋徐公，曰：「劉某養深學粹，見大志遠，孝友刑家，身任斯道，安於躬耕，無慕世用，乞賜録拔，必有補於當時。」徐公嘉之。然公檄聘已先下，且欲召之貢，先生竟辭焉。先生雖投跡林壑，遯世不悔，而實修彌著。撫院、學臺、郡侯、邑長，往往引重，知其不可招致，則降牒遺緘，問老褒賢，以寓其傾企之誠，蓋數數然也。卒之踰月，郡侯欲吾雷公未之知也，猶移文稱劉某：「褆躬幅行，敦尚古誼。」下邑延訪，已而郡邑諸士，合詞請祀先生於賢祠，公嗟悼許之。未及行，而學憲楨陬邵公下郡，曰：「劉某力探聖域，倡明正學，令所司具粟帛羊豕，往佐其喪。諸博士弟子，其議所以應祀典者，列狀以上，吾將俎豆之，以風末進。」嗟夫，先生學不求知，而聲光自溢，所謂誠不可掩者非歟！

時槐與廬陵陳子嘉謨，弱冠時師事先生，獲執灑掃之役者，迄今二十有九年，而賀子涇、王子育仁，已筮仕，並委贄受學。蓋嘗竊窺先生：其峻特而不可正視也，有嵩華壁立之氣；其敦樸而不少絢飾也，有大羹不和之味；其光明瑩潔，則日星炯炯之昭垂；其精進勇詣，則江河浩浩之排決；其教旨直截，則駕安驅良而振轡於如砥之周行也；其推誠無隱，則啟扃授鑰而洞闢乎九陛之堂奥也；其言訥行庸，則菽粟布帛之無以異於人，而屋漏不愧，童孺皆孚，則水寒火燥之必信於世也。先生之學，晰幽昭遐，蓋於天人死生之理如指諸掌，乃其教人惓惓焉，一循其本然之知，以省克於念慮，而實踐於倫物，不爲奇僻險曠之語。

歲己巳，先生年八十，猶陟三峰之顛，静坐百餘日。已而語時槐曰：「夫道本自不離，非力挽之使不離也。」先生未卒之先，春且暮，時槐方自關西謝病歸。先生命舟來神岡西原之間，時槐偕賀子、陳子侍左右者旬日。别之夕，先生曰：「知體本虚，虚乃生生，虚者天地萬物之原也。吾道以虚爲宗，汝曹念哉，與後學言，即塗轍不一，慎勿違吾宗可耳。」夫先生豈預知其永訣，乃喫緊見囑，俾二三子不終墜其緒耶？嗚呼悲夫！先生不喜著述，所遺論學稿，一二僅存，其孤將梓之以傳于世，於是持師泉、三五二先生所撰狀、傳示時槐，委之銘，乃齋沐爲之銘。

銘曰：

道垂末季，嗟其式微。拘攣幽眇，匪誕則離。先生之學，越中正脉。禮卑智崇，中道而立。赫赫明命，湛一以虚。物不踰則，乃慊其知。先生之教，千聖遺矩。精純光大，厥施斯普。木壞山頹，予將疇依。西原夕語，顯示真機。一炬破昏，群矇得睹。敬勒貞珉，以詔終古。

友慶堂合稿卷之四

語録

三益軒會語 一百四十八條　甲申

太極者性也，天地萬物皆從性中流出，一切人畜、草木、瓦石，均禀受焉者也。故曰：性者萬物之一原，非有我之得私。

性一也，横無邊際，豎無古今，不可得而分合，不可得而增減焉者也。故在聖非有餘，在凡非不足，至於鳥獸、草木、瓦石皆然，非偏全之謂也。但明則爲聖，蔽則爲凡，甚則爲禽獸草木耳。性本無蔽，蔽者氣昏質濁之累也。氣昏質濁有厚薄，故蔽有淺深，惟君子不牿於氣與質，而直透其本然之明，是之謂盡性。

性不容言，知者性之靈也。知非識察照了分别之謂也。是性之虚圓瑩徹，清通净妙，不落有無，能爲天地萬物之根，彌六合，亘萬古，而炳然獨存者也。性不可得而分合增減，知亦不可得而分合增減也。而聖凡與禽獸草木異者，惟在明與蔽耳。是故學莫大於致知。

識察照了分别者，意與形之靈也，亦性之末流也。性靈之真知，非動作計慮以知，故無生滅。意與形之靈，必動作計慮以緣外境，則有生滅。性靈之真知無欲，意與形之靈則有欲矣。今人以識察照了分别爲性靈之真知，是以奴爲主也。善學者最宜早辨。

一物各具一太極，萬物統體一太極，各具而此性無欠也，統體而此性無剩也，月映千江而未嘗分也，千江一月而未嘗合也。雖各具不得執爲己有也，雖統體不得離爲外物也。一父而十子，子皆稱父，而非一子之所得私也。子異而父同，父無偏屬，而非一子之能自外也。故曰天下無性外之物，而性無不在。

友人問性與心有辨乎？曰：道心性也，性無聲臭，故微；人心情也，情有善惡，故危。惟精者，治其情也；惟一者，復於性也。情與性一，則體用隱顯，融鎔無二，故曰中。

道心體也，故無改易；人心用也，故有去來。孔子所謂操存舍亡，出入無時，莫知其鄉，亦是指人心而言。若道心，爲萬古天地人物之根，豈有存亡出入之可言？

問：「性情體用截然二乎？」曰：「非然也。性譬則金也，情譬則以金爲盤盂釵釧之類也。金與盤盂釵釧非一也，非二也。或以爲盤盂，或以爲釵釧，故曰有去來。金則一也，故曰無改易。」

問：「程子言理在物，陽明先生言理在心，是有異乎？」曰：「泥其詞，則似異；悟其旨，則無異也。程子之言物，不獨指山川品彙爲物，即方寸之情識思慮皆物也。故物無内外，理無内外，其言何嘗不是。惟後學不悟，乃誤認理在心外，必以内心而格外物之理，所謂以己合彼，自作二見，而聖學幾乎絶矣。陽明先生憂之，乃曰理在心。夫陽明先生所謂心者，非指方寸之情識思慮而言也，是虞廷所謂道心，彌宇宙，亘古今，常爲天地萬物之根者也。故心無内外，理亦無内外，其視程子之言詞若反，而義實不相悖矣。而後學又不悟也，乃復執方寸之情識思慮以爲心，而曰理專在是，此外一切山川品彙皆爲外物，則皆無理之可言，若然，則此心甚小，此理甚隘，不知天地萬物又安從生？噫！學之難明也如此。」

問：「情識思慮果非心乎？」曰：「是心之末流也，如草木之枝葉，而非其根也。情識思慮必從心體而生，然執情識思慮以爲心體則不可。」

問：「情識思慮可去乎？」曰：「悟心體者，則情識思慮皆其運行之用，何可去也？且此心廓然，充塞宇宙，只此一心，更無餘事，亦不見有情識思慮之可言，如水常流而無波，如日常照而無翳。性情體用皆爲剩語。」

知者意之體，物者意之用，此是形容意知物最親切之語。

《記》言「物至知知，而後好惡形焉」，似與格物致知誠意之説頗相發明。

親民者，明德之功；致知格物者，誠意之功；道問學者，尊德性之功；惟精者，惟一之功；博文者，約禮之功。非悟徹者，不能爲此言。後學於此，每忽爲常談者多矣。

道通天地有形外，言心體之大也，與語大天下莫能載焉之意同。若執方寸之内以爲心，則天地大而此心眇乎其小矣。

問：「性與知有辨乎？」曰：「岐而二之固不可，雖然，性不容言，若以知名性，亦未可也。」性不容擬議，不容湊泊，無可措心處。顏子却合下便欲探此性，而有之於己，宜其仰鑽瞻忽而無得也。夫子乃教以博文約禮，於用上致力，而性即在是矣。若曾子，入手却先從隨事精察處着力，又未悟其本也。夫子乃以一貫教之。顏、曾所從入不同，夫子之點化亦異如此。

至善者性也，明德之體也；親民者情也，明德之用也。

後世能仁、敬、孝、慈、信者有矣，而不得謂之止於仁、敬、孝、慈、信，何也？以其非自本性之至善者出之也。

不覩不聞，隱且微矣，而又莫見莫顯，有無之間，不可致詰，故曰獨，謂其無對也。此是子思描畫此心以示人處。

此心之獨，無間於動静、晝夜、死生，故學惟在慎獨，更無餘事。

千聖語學，皆指中道，不落二邊，如言中、言仁、言知、言獨、言誠是也。若言寂，則必言感而後全；言無，則必言有而後備，以其涉於偏也。

「及其至也」之「至」，與「中庸其至矣」之「至」同，言其極致也。此處不容擬議，不容湊泊，雖聖人何所用其知能。

心廓然如太虛，無有邊際，日用云爲，酬酢萬事，皆太虛之變化也，非以内心而應外事也。若誤認以内心而應外事，則心事相對成敵，而牽引牿亡之害乘之矣。

事者，心之影也，如空中華，如水中月，如鏡中像，不可厭亦不可執也。知此則能不撓於應迹，而行其所無事。

「堯舜事業，如一點浮雲過太虛。」程伯子實悟心體，故能爲此言。

聖人心彌宇宙，故欲與天下之人同歸於善；心貫古今，故欲與萬世之人同歸於善。蓋本心一體之真慈，自不容已如此。

性本無欲，惟不悟自性而貪外境，斯爲欲矣。善學者，深達自性無欲之體，本無一物如太虛然，浮雲往來，太虛固不受也。所謂明得盡渣滓便渾化是已。

太極者性也，動而生陽，纔動即屬氣矣。動之一字，乃天地萬物之所從出也。動極而静，静極而動，一呼一吸，一屈一伸，息息如是，無始無終，無少間斷，所謂生生之易也。固未有太極而不生者，亦非先有太極而後有生，故理氣更無先後，但謂理爲氣根則可耳。

心本寂而常生。其寂也，即貫乎生之中；其生也，不離乎寂之外。寂無體也，故不可得執爲己有；生無迹也，故不可厭爲外物。寂而生，故非無；生而寂，故非有。

本心寂然不動，非强制之使不動也。本自不動，雖欲動之而不可得也。惟其亘萬古而不動，故能爲萬有之根也。日用云爲，變化千狀，而不動者自若也。學者不悟此體，乃欲槁心灰念以求不動，其爲動也甚矣。

問：「四時行，百物生，莫非動也，而曰有不動者，豈其不與四時偕行，不隨百物以生乎？」曰：「非然也。所謂不動者，非塊然一物出於四時百物之外也。能行四時，而不可以寒暑代謝言；能生百物，而不可以榮悴枯落言，故曰不動也。此理不即不離，學者要須識取。」

問：「知一也，今謂心體之知與情識之知不同者何居？」曰：「心體之知，譬則石中之火也，擊而出之爲焚燎，則爲情識矣。心體之知，譬則銅中之明也，磨而出之爲鑑照，則爲情識矣。焚燎之火有起滅，而藴在石中者無起滅也；鑑照之明有開蔽，而含在銅中者無開蔽也。致知者，致其心體之知，非情識之謂也。」

心體之知，非作意而覺以爲知，亦非頑空而無知也，是謂天德之良知。致者極也，還其本然而無虧欠之謂也。

情識即意也，意安從生？從本心虛明中生也。故誠意在致知，知者意之體也。若又以情識爲知，則誠意竟爲無體之學，而聖門盡性之一脉絶矣。

問：「陽明先生以知善知惡爲良知，此與情識何别？」曰：「善惡爲情識，知者天聰明也，不隨善惡之念而遷轉者也。此是陽明先生徹上徹下語。」

問：「致知焉盡矣，何必格物？」曰：「知無體不可執也，物者知之顯迹也，舍物則何以達此知之用？如窒水之流，非所以盡水之性也。故致知必在格物。」

一念之動即物也，凡事爲之著，皆一念之形見也，故格物之功無内外。

陽明先生以意之所在爲物，此義最精。蓋一念未萌，則萬境俱寂，念之所涉，境則隨生，且如念不注於目前，則雖泰山覿面而不覩，念苟注於世外，則雖蓬壺遥隔而成象矣。故意之所在爲物，此物非内非外，是本心之影也。

盈天地間皆物也，何以格之？惟以意之所在爲物，則格物之功非逐物亦非離物也，至博而至約矣。

問：「一念未萌即爲空境，亦是物也，何如？」曰：「意在於空境，則空境亦物也，知此則知格物之功無間於動静。」

太極者性也，先天也；動而生陽以下即屬氣，後天也。性能生氣，而性非在氣外，然不悟性，則無以融化形氣之渣滓，故必悟先天以修後天，是之謂聖學。

道即心也，心即道也。今人以道爲心外之理，必以心合道而後可，則是吾心本有欠缺，必外求以增益之也。聖學之晦甚矣。

問：「孔子『從心所欲不踰矩』，顔子『其心三月不違仁』，夫矩與仁者理也，而以心不踰不違，是以心合理也，非二而何？」曰：「孔子曰『仁者人也』，是仁與人一也。孟子曰『仁，人心也』，是心與仁一也。《詩》曰『天生蒸民，有物有則』，則即矩也，若矩在心外，是有物無則也，而可乎？夫不踰不違，蓋自得其本心而言，非以此合彼之謂也。」

人生而静以上不容説，纔説性時，便已不是性也。今人言性，只是説繼之者善也，孟子之言性善是也。此程子談性最精當之語。

性不可言，故孟子言性善只於情上見之，故曰「乃若其情，則可以爲善矣」。於此見孟子真悟性者。

顔子没而聖人之學亡，此陽明先生獨見之語，至當不可易也。孔子自言「天喪予」，其意亦可想矣。

孔子之道，即人倫物理而造天載之神，精粗本末，一以貫之，至遠而近，至高而卑，至虚而實，道其至矣乎！彼役其識於是道之下者，俗學也；恣其見於是道之上者，異學也。均之不可以語孔子中庸之道。

問：「宋儒言物物有理，既未爲不是，則隨物而窮其理亦可矣。陽明先生乃力辨之者何？」曰：「物物有理，即所謂一物各具一太極，萬物統體一太極也。是在潛心默會而自得之，惟實悟良知，則此理自明矣。不然，隨事隨物，一一窮索，則正所謂無用之辨，不急之察，徧物之知也。假令能之，亦祇以誇多鬬靡焉耳，何益於道哉？此是實學與虚見之所由分，陽明先生安得不辨？」

朱子以知覺運動爲形而下之氣，仁義禮智爲形而上之理，以此闢佛氏，既未可爲定論，整庵羅公遂援此以闢良知之説。不知所謂良知者，正指仁義禮智之知，而非知覺運動之知，是性靈而非情識也。故良知即是天理，原無二也。

醫書以手足痿痺爲不仁。夫手足痿痺是不知也，而曰不仁，蓋仁知非二也。聖人與天地萬物爲一體，痛痒相關，俱立俱達，是謂致知，亦謂任仁。

禮者，本心生生之條理也。心之條理，必達於視聽言動，舉視聽言動，則萬事萬物盡於是矣。

問：「執念則障性，若掃念歸空，其近於性乎？」曰：「非然也。性無分於念不念也，且掃念歸空是亦念也。念起念滅皆謂之念，故人心更無無念時，性不離念，如水不離波也。但執念爲實有，則滯於物而性蔽矣。」

孔子墮三都，不克則已之；請討陳恒，不可則已之；欲不見陽貨，而遇諸塗則見之。聖人之無成心如此。

聖門未嘗諱空，如孔子空空，顏子屢空是也。龜山謂人性上不可添一物，意正如此，朱子恐其近於禪，故以空空歸鄙夫，屢空爲空乏，蓋諱言空也。子貢不潛心於天命之性，而徒以多識聞見爲事，如商賈然，故曰不受命而貨殖。

孔子每以回、賜並言，蓋顏子爲道日損，子貢爲學日益，務内務外不同。然子貢資最穎敏，夫子深屬望焉，故屢舉顏子以警發之。及其歎性與天道不可聞，而稱夫子如天如日月，夫子既没，獨廬墓者六年。觀此，則子貢晚年所造已極高遠，有未易測知者矣。「吾與女弗如也」，言汝自以聞見不及於回，則正吾之所與者，聖人所以曉子貢，亦明甚矣。

天地之大德曰生，聖人則之，故以萬物爲一體。必俱立俱達，而後吾生生之心始無遺憾。至大明斯道以淑萬世，尤其一體之不容已者。若區區修飭，以獨善爲心，則非孔子之道矣。

生生之德主愛。賞人以嘉其善固愛也，刑人以驅之從善亦愛也。以愛行刑，則刑出於不得已，故無過；民亦感吾之出於不得已也，故革心而無怨。所謂好生之德，洽於民心者。

處家固貴以正，然不可因責善以傷恩，此便是最難處。陽明先生謂：「大舜蒸蒸，以善自治，而不格瞽瞍與象之姦。」有味乎其言之也。

《大學》一書，誠意焉盡之，故修齊治平章，皆以好惡爲言。夫無作好、無作惡，是天德王道之要也。彼不從事於學，兢兢焉以端其性情，惟任其好惡之私，而曰我能以材智爲治，世運之日下也固宜。

「己欲立而立人，己欲達而達人」，此是形容本心生生真面目。彼偏於空寂者，急於事功者，皆不足以語此。

「鳥獸不可與同群，吾非斯人之徒與而誰與」，此孔子學脉也。

「古之欲明明德於天下」，朱子解謂「使天下之人皆有以明其明德也」。此説極是。蓋聖人一體之本心，實是如此。

問：「晝則寤而明，夜則寐而昏，欲令晝夜不二，其道何由？」曰：「寤明而寐昏者，情識也，性則不可以晝夜昏明言也，欲得晝夜不二，惟在悟性。」

人生而得聞至道，此是蓋世大福緣也。彼醉心於世間俗福，而於斯道，雖歷耳根，無異聾者之於鐘鼓也，雖在目前，無異瞽者之於日月也。亦可悲其大不幸矣。

「哀莫大於心死」，此言良可念。

君子正己而不求於人，則無怨。彼戚戚憂其所遇之不順，而憤世之不我知，皆由内不足，而徒汲汲於外之獲也。多見其識之陋矣。

見其大則心泰，必真悟此心之彌六合而無邊際，貫萬古而無始終，然後謂之見大也。既見大且無生死之可言，又何順逆窮通之足介念乎？

德莫大於一念之好生，惡莫大於一念之好殺；一念好生未有不獲福者也，一念好殺未有不召殃者也，可不慎哉！

念庵先生言：「將精一還堯舜，感應還孔子，良知還陽明，無生還佛。」真至言也。今學者往往承襲前人口吻，曾無覿體自證處，雖有志者，未能免此，正所謂理障耳。

性一也，材能則屬氣禀，人各不齊者也。即如虞廷，稷專播種，夔專典樂，夷專典禮，皋陶專明刑，亦各擅所長，彼此不相兼，能者不以自矜，不能者不以自愧也。何則？惟以盡性爲宗而不以材能論也。又如孔門，由能治兵，求能足食，赤能應賓客，孔子亦各因其材而達之，未嘗責其必相兼也，可以觀古人之學矣。且如濂、洛之賢，若責以用兵，必不能如韓信，草書必不能如王右軍，詩詞必不能如杜工部，然濂、洛竟不以此自愧。今學者不務盡性而惟重材華，必求多能以爲勝，聖學之不明久矣。《記》言：「德成而上，藝成而下。」孔子曰：「君子多乎哉？不多也。」

陽明先生善用兵，亦是氣禀偏長於此，即使於此不能擅長，於道亦何損哉？

如有周公之才之美，使驕且吝，其餘不足觀也已。聖門惟貴不驕吝，而不貴才能也如此。

問：「今仕者假使不能是事而授以是職，則當如何？」曰：「於道有得者，於事雖有擅長與否，然盡其材力所及，行之以正，亦豈至冥行而債戾哉？且任人者，有器使之常法；而受職者，亦有自審之微權。推賢讓能，則非自用之小；度德量力，則無尸位之嫌。君子處此，固自有道也。若必欲多材廣藝以干進，即此一念，於道已背馳矣。」

仁者必愛，然專以愛言仁則不可；仁者必與物同，然專以同物爲仁則不可；仁者必能委曲以濟時，然專以委曲爲仁則不可。學者非有真志實功，於此察之稍不精，則又將藉仁之名，而漸流於狗情阿世者，多矣。

斷續可以言念，不可以言意；生機可以言意，不可以言心；虛明可以言心，不可以言性；至於性，則不容言矣。

如目不自視，如指不自觸，如刀不自割，善學者於此悟入。水中鹽味，撥水而求鹽不可，即水而爲鹽亦未可也。理與事非一非異蓋如此。

人自有生以來，一向逐外，今欲其不着於境，不着於念，不着於生生之根，而直透其性，彼將茫然無所倚靠，大以落空爲懼也。不知此無倚靠處，乃是萬古穩坐之道場，大安樂之鄉也。此須困心衡慮，深探其本，積久而後得之，若漫然以虛見承當，則又遠之遠矣。

問：「不爲君相者，何以位天地、育萬物？」曰：「孔子明道覺人，開萬世之太平，是其位育之功與天壤而俱敝也。次之如濂、洛諸賢，纘承聖緒，使後學有所矜式，何莫非位育乎？又次之如卓行高節之士，儀刑於一家一鄉，及于邦國，雖大小不齊，亦莫不有位育之功存焉。譬之火也，必有受其燥者矣；水也，必有襲其寒者矣。」問：「若然，則中和雖未致，亦可稱位育乎？」曰：「此道大用之大效，小用之小效，致之云者，自其大者言之也。」

正心以應事，本末分焉。如草木之根爲本，枝葉爲末，欲枝葉之茂，必先培其根，此先後之序也。今人語及心性，便以爲過高，反以存心養性爲躐等，不知捨培根而求枝葉茂，正躐等也，其與《大學》知先後則近道之旨悖矣。又有謂只論心正，不妨事邪者，則是形直而影曲也，此尤害道之説。

先儒言：「放之則彌六合，卷之則退藏於密。」愚則謂：「性無爲者也，其彌六合而藏於密，本來如是，不可得而放，不可得而卷也。先儒此言，學者亦須善會。」

陽明先生見處極高，若直吐其所見，世人必大駭，將望塵而卻退者多矣。乃《傳習録》所言，皆俯就下學所及，既詞以喻之，足知其苦心也。及至晚年，始發致良知一語，又於《大學古本序》中，特示以存乎心悟，此則盡洩底藴以俟後學者也。

致良知一語，是陽明先生直示心髓，惜先生發此語於晚年，未及與學者深究其旨。先生没後，學者大率以情識爲良知，是以見諸行事，殊不得力。念庵先生乃舉未發以究其弊，然似未免於頭上安頭。夫所謂良知者，即本性不慮之真明，原自寂然，不屬分別者也，此外豈更有未發耶？

問知行之辨。曰：「本心之真明即知也，本心之真明貫徹於念慮事爲無少昏蔽即行也。知者體，行者用，非可離爲二也。」

問：「情識既非良知，而孟子所言孩提之愛敬，見孺子入井之怵惕，平旦之好惡，嘑蹴之不受不屑，皆指情上言之，何也？」曰：「性不容言，姑即情以驗性，譬之即烟以驗火，即苗以驗種，此正孟子巧於言性也。後學不達此旨，遂認定愛敬、怵惕、好惡等，以爲真性在是，則未免執情而障性矣。」

事親必孝，事長必悌，事君必忠，蒞官必仁，臨財必介，與人必恕，出處進退必以禮，作止語默必不苟，此皆爲學者必不可缺之常道也。若於此有缺，乃曰吾爲心學，世豈有堯心而跖行者哉？指桃實而曰是梅根也，誰則信之矣。

近世有謂：「悟道之士，雖終身被惡名埋没，不得出頭，亦所不恤。」此言最害道，使人藉口玄悟，以自文其貪慾之實，將爲小人而無忌憚也。且未有真悟而不修者，修而未純，未免於過則有之，何至被惡名埋没不得出頭乎？此説行而吾道之防潰，所謂甚於洪水猛獸之災者。

陳白沙先生謂：「名節者，道之藩籬，藩籬不固，其中未有能存者。」薛中離先生謂：「有家必有藩籬，但謂藩籬爲家，則非也，謂家不用藩籬，亦非也。」此皆名言，學者當服膺。

學者以任情爲率性，以媚世爲與物同體，以破戒爲不好名，以不事檢束爲孔顔樂地，以虚見爲超悟，以無所用恥爲不動心，以放其心而不求爲未嘗致纖毫之力者，多矣。可歎也。

「不易乎世，不成乎名，遯世無悶，不見是而無悶。」此是下學立心之始，不如是即非入道胚胎。

能違世獨立，而後可以入道。彼卑卑焉隨俗襲非，務爲圓融，惟恐少露廉隅不諧流俗，是謂凡骨，非超世之器也。

吾吉郡先輩，人品雖不齊，大概其性質，拙而不能巧，方而不能圓，朴而不能華，徑而不能婉，實而不能浮者居多。有不然者，則士論譏斥之，固其風氣近正，亦先輩以名檢相尚而然也。是以其卓然出爲名臣，立忠諫死難之節者，甲於海内，可謂盛矣。抑又以見仗節死義，惟拙僻者能之，彼滑稽便儇者，不能也。此是吾郡相傳舊家法，後來者當思倣慕，不可失此意。

宰我問短喪，蓋自以能致哀於期年者，夫子且以不仁斥之。末世喪禮大廢，所謂汝安則爲之者，未及期而已然矣，可重慨也。

「於汝安乎」一語最痛切。蓋良心之存亡，於其安否焉決之矣，志於仁者，可不深警於斯？

楊忠襄公少處郡庠，目不視非禮，同舍欲隳其守，間拉之出，託言故舊家，實妓館也。公初不疑，酒數行，妓出，公愕然，疾趨還，解其衣冠焚之，流涕自責，其正氣素養如此。及其駡賊建康，刺血書裾而死，蓋以彼平生不肯失身，宜其寧死而不屈也。士於未仕時，喪其所守，則他日所樹立可知矣。

羅一峰先生客晨至，不能具飯，之旁舍乞米，比舉火，日近午矣，亦曠然不以爲意。前輩孤風高節如此。

羅念庵先生言：「某及第，謁見莊渠魏公。公曰：『達夫有志，必不以一第爲榮。』默坐終日，絶口不言利達事，私心爲之悚然。」念庵先生固真能不以一第爲榮者，而莊渠公復警策之如此，前輩以道相期，視科第真不足爲有無，卓識高標可想也。

念庵先生曰：「自古聖賢未有不由嗜好淡泊、用度簡省而能有成者，濂溪攝洪州時，偶病危，衆視其篋中無一長物，無欲之學固如此。今欲師聖賢，而又雜以世俗之見，豈容兩得哉？」先生此言，吾儕當書之座右，以自觀省。

人有不爲也，而後可以有爲。伊尹佐湯事業，乃自一介不取、千駟不視中得之。今或斥廉介爲小節不足爲，而曰吾將建功業於天下。恐無是理。即使違道而能建功業如五伯焉止矣，聖門且羞稱之，況其未必能乎！

程子「饑死事極小」一語，吾儕志於道者，切宜服膺。治舉業者，出仕者，理家務者，皆云吾因此有妨於學，姑俟他日，此等事畢，始可爲學，此是無志者之常談也。其將至老死而竟不能學也決矣。

人有患危病者，其肯姑俟他日事畢而後延醫救治乎？使其懼心死與身死同，其迫切則將不暇寢食，而急於聞道也孰禦。

「心意知物皆無善無惡」，此語殊未穩。學者以虛見爲實悟，又依憑此語，如服鴆毒，未有不殺人者。海内有號爲超悟者，而竟以破戒負不韙之名於天下，正以中此毒而然也。

悟心體者，於行事必盡善，但不區區焉以善事留滯於胸中耳，所謂「夫焉有所倚」也。豈曰事無善惡，遂不屑砥節勵行，而反甘爲寡廉鮮恥之事，而恬不爲愧乎？若然，則是無善而有惡也，安得謂事無善惡乎？

世有言：悟道之士能化臭腐爲神奇，故雖貪財黷貨，趨權附勢，操術飾詐，毁節踰閑，皆爲妙用，於此自信不疑，乃爲得手。爲此語者，其戕人良心而滅人慧命也甚矣。猛虎毒蛇不足以喻其害，可畏也哉！

宋儒之學，雖未大明，而皆卓然足以名世，且傳遠而人信者，以其踐履端方，不少玷缺也，踐履之所繫誠重矣。愛道者，安可自開徑竇，以潰聖學之防？

君子不重則不威，學則不固，浮薄而輕淺，非載道之器也。

白沙先生出處之際，不拂時，不近名，而自合於道，可以占所養矣。

乾知大始，乾以易知，是太極之靈，不慮之知也，即文王之不識不知，孔子之無知乃真知也。陽明先生所指良知蓋如此，彼以情識爲良知者遠矣。

知，乾元也；意，坤元也。坤必從乾，故誠意必先致知。

陽先陰後，故坤先則迷，後則從陽而得矣。西南得陰，朋則與類行；東北喪陰，朋而從陽則有慶矣。《易》之扶陽抑陰如此。

乾元稱大，坤元稱至，乾稱易知，坤稱簡能，聖人形容道體，一字不苟如此。學者欲識乾坤真面目，於此宜潛心。

淪於陰則漸滯於形質矣，反於陽則漸近於超化矣。真陽出現，則積陰自消，此變化氣質之道也。

吾心廓然之體曰乾，生生之用曰坤，夫子極贊乾坤，而心學無餘藴矣。

周子《太極圖説》發明此理，自本而之末，最爲完備而精密，學者所當尊信。

夫乾，静專動直。吾心之知體，寂然一也，故曰「静專」；知發爲照，有直達而無委曲，故曰「動直」。夫坤，静翕動闢。吾心之意根，凝然定也，故曰「静翕」；意發爲念，則開張而成變化，故曰「動闢」。知包羅宇宙，以統體言，故曰「大」；意裁成萬務，以應用言，故曰「廣」。

問：「知發爲照，則屬意矣，然則乾之動直，即屬坤矣。」曰：「不然，知之照，無分別者也，意則有分別者也，安得以照爲意？非精義者，不足以語此。」

「顯比，王用三驅，失前禽，邑人不誡，吉」，此君天下之道也；「包荒，用馮河，不遐遺，朋亡，得尚于中行」，此相天下之道也；「包蒙吉，納婦吉，子克家」，此爲天下師之道也。

陽中得陰，則光輝發越而成離，然陰往而不返，則燥戾生焉。故必抑陰以從陽，是化離而成乾也。此古人變化氣質之道，所謂性涵其情者也。

孔子既没而百家並出，後學惑於横議，莫知所從，孟子特尊孔子而排異端，揭日月於重光，謂功不在禹下，誠然。

告子但知本性無善惡，無修證，一切任其自然而已；纔涉修爲，便目爲義外而拒之，大偏見也。故孟子以知言養氣救之，在告子則必以孟子爲支離，而不知孟子得中道之全，而告子終不免專内之偏也。

宋儒窮物理，與告子義外大不同，宋儒汲汲以求於外，告子則外之而不求者也。

告子之助長，非强制之謂也。彼直任本性之無修證，當下便了，故能先不動心。蓋無涵養漸次之功而頓造者，是以謂之助長。

告子以杞柳原無杯棬，湍水原無分於東西，生性原無分於人與犬牛，原無善無不善，先後所言，總是一箇意見。朱子乃謂屢變其説，恐未然。

告子居之不疑，故能不動心，若屢變其説，則其動也甚矣。

告子生之謂性，言但任其生，生本無善惡，即是性矣。若更於生生處加以矯揉之功，使合於義，便是於性上添了一層，故曰義外也，非内也。孟子以爲若如此，則人與禽獸何别。然告子自是過高，終不肯以孟子之言爲然，故置之不答，非不能答也。要之，告子乃分内外爲二，落在偏空一邊，如佛家所謂二乘斷見也。孟子洞悟中道，原無内外，其與告子言，皆就用上一邊幫補説，以救告子之所不足，良工心獨苦也。

濂溪至精，明道至醇，象山至正。濂溪超然物表者也，明道渾然與物同者也，象山毅然正己以正物者也。

本朝白沙、陽明兩先生，學脉雖稍不同，然於道皆卓然獨悟，挽末學之支離，而扶乾坤於再造，可謂有大功於聖門矣。

問：「程子每見人静坐，便歎其善學，何也？」曰：「學無分於動静，惟始學之士，本心未明，平時精神逐外紛擾已久，且不識何者謂之本心，故必藉静坐，暫遠塵俗，離外境，而後本心漸可識也。既識本心，則隨動隨静，皆致力之地矣。」

問：「事上磨鍊，何如？」曰：「此語甚善，但當知所磨鍊者何物，若只要世情上行得通融周匝，則去道遠矣。」

問：「李延平令學者看喜怒哀樂未發氣象，何如？」曰：「《中庸》所謂未發者，是人生而靜之真性，所謂爲天地萬物之根，亘萬古而常不發者也，不離乎群動而體常靜者也。此性本無聲臭，何有氣象？有氣象則發矣，時時發者，其用也，時時未發者，其體也。若謂有未發之時，恐未然。延平之言，姑借此令學者稍定心氣則可，要之，亦非究竟法也。若以此爲《中庸》未發之本旨，則遠矣。」

問：「楊慈湖教人不起意，何如？」曰：「是慈湖悟後語也。但凡人習氣障重，何由遽能不起意？譬如人已溺水，曾無救援方便之術，而在岸者，極談岸上之樂，雖其言皆是，而於曲成之方未善矣。乃知周子主靜、程子主敬、陽明先生致知之説，皆未談岸上之樂，而急施手援之力，真善誘人者也。」

周子「主靜」與「人生而靜」之靜同，「無欲」與「性之欲也」之欲同，無欲，即未發之謂。

孔顔真樂乃是得其本心，自無纖芥之累，强名曰樂，此樂非可以氣魄情興得也。後儒有以樂爲學者，致其流弊，猖狂縱恣，大壞名教，乃知程子謂「敬則自然和樂」，真至言也。

《朱子晚年定論》一編，陽明先生但據《朱子全集》中摘其議論近裏者爲此編耳。要之，實非盡出於晚年也。及整庵公舉何叔京爲問，先生乃言「知我者謂我心憂」是已。蓋其覺人之心太切，以致如此。然以愚臆見，吾道果是，則以俟後聖可矣，是編可無刻也。

《傳習續録》言：「心無體，以人情事物之感應爲體。」此語未善。夫事者心之影也，心固無聲臭，而事則心之變化，豈有實體也？如水與波然，全波皆水，全水皆波也，在善悟者自得之。若謂水無體，以波爲體，其可乎？爲此語者，蓋欲破執心之失，而不知復啟執事之病，故曰立言之未善也。大抵《傳習續録》一編，乃陽明先生没後，學者自以己意著述，原未經先生覽訂，其言時有出入，未可盡遵也。

未發之中，性也，有謂必收斂凝聚以歸未發之體者，恐未然。夫未發之性，不容擬議，不容湊泊，可以默會，而不可以强執者也。在情識則可收斂，可凝聚，若本性無可措手，何以施收斂凝聚之功？收斂凝聚以爲未發，恐未免執見爲障，其去未發也益遠。

問：「研幾之説，何如？」曰：「周子謂『動而未形，有無之間爲幾』。蓋本心常生常寂，不可以有無言，强而名之曰幾。幾者，微也，言其無聲臭而非斷滅也。今人以念頭初起爲幾，即未免落第二義，非聖門之所謂幾矣。」

問：「有謂性無可致力，惟於念上操存，事上修飭，則性自在。何如？」曰：「似也而未盡也。悟性矣，而操存於念，修飭於事可矣。性之未悟，而徒念與事之致力，所謂可以爲難矣，仁則吾不知也。」

始條理者，智也，巧也，悟也；終條理者，聖也，力也，修也。三子力至而巧未至，故不及孔子。孔子悟修兼到者也。

陽明先生之學，悟性以御氣者也；白沙先生之學，養氣以契性者也，此二先生學所從入之辨也。

先王制喪禮，疾革，遷居正寢，不死於婦人之手，屬纊升屋而號，召魂於帛，而設筵以奉之。及其葬也，治木主而告以舍舊從新，是憑是依，乃徹魂帛，而奉主以歸。水火災變，必先護主，而四時祭奠，三齋七戒，求諸陰陽，若或見之。闔户而侑食，祝嘏而致福。聖人制此禮，豈其僞爲耶？無亦深達鬼神之情狀而然耶？學者貴明理，於此固宜究心。

問：「心一而已，彼條分縷析於情識，無乃多事乎？」曰：「不然也。譬之一室然，自外觀之一室也，然必入其室，於凡門階、廊廡、堂寢、庖湢、奥窔、藩墉之處，一一洞然於心目，而後爲真見此室之全也。不然，將指門而誤認以爲堂，可乎？故學貴悟統同之本一，而又當知辨異之散殊。」

悟性則情識爲智矣，不悟性則情識爲障矣。無極之真，二五之精，妙合而凝真者，性也。精則屬氣，性能生氣，非以二物而合也。然氣生而性未嘗離，又未嘗混也。離則性氣爲兩矣，混則性化爲物矣，非離非混，强名之曰妙合而凝。

後儒誤以情識爲心體，於情識上安排布置，欲求其安定純净，而竟不能也。假使能之，亦不過守一意見，執一光景，强作主張，以爲有所得矣，而終非此心本色，到底不能廓徹疑情而朗然大醒也。亦可謂勞而鮮功矣。

聖人不離人道而應世務，其資生及制用之具，有必需於物者，故佃漁豢畜而殺之，亦不得已也。然先王之制，君無故不殺牛，大夫無故不殺羊，士無故不殺犬豕，而民七十始食肉，仁亦至矣。成湯解網，孔子不綱不射宿，而孟子有遠庖廚之訓，其意可想也。釋氏去室遺世而入山，故得遂其不殺之志。今或因排釋氏而遂以恣殺爲當然，其亦未得聖人之本心，而陷於不仁者多矣。

瑞華剩語 十二條 甲午

甲午初秋，静息瑞華道院，友人見枉，劇談竟日，將别索書，漫筆十二條，仰祈裁正。

性本寂而無外，神偏照而無滯，静無而動有也。靈幾中涵，動静有無，不可致詰，其乾坤合德之奥乎。

天地之大德曰生，生而不有，聲臭泯而非頑空，故命之曰幾。《易》曰「幾者動之微」，周子曰「幾微故幽」，又謂「動而未形，有無之間」也。

聖學以研幾爲宗，蓋中道也。幾未易言，故必極深，乃爲實際。

《學》、《庸》喫緊致力處，皆言「慎獨」。獨者無對也，此心真幾不涉空有二邊，爲物不貳，故曰獨。先正謂：「幾前無未發，幾後無已發。」亦至言也。

白沙先生謂「亥子中間得最真」，其即邵子「一陽初動，萬物未生」之旨乎。復之初爻，惟顔子足以當之，故孔子稱其「庶幾」，聖門秘要其在斯歟！

《大學》貴知止，而《易象》之言止曰：「君子思不出位。」惟思不出位，則入微而得其本然之止，非强爲也。思不出位，其極深以研幾之指訣乎！此心真幾，其混沌初闢之靈竅，而萬有肇端之根柢乎！潛心退藏于密，譬如北辰居其所而衆星拱之，此君子所以闇然而日章也。

《易》之復曰：「先王以至日閉關，商旅不行，后不省方。」夫一陽潛萌於至静之中，吾心真幾本來如是，不分時刻，皆至也。學者識此而敬養之，篤恭不顯而大本立矣，故閉關非墮空也。惟深，故能通天下之志；惟幾，故能成天下之務。閉關之義大矣哉！

知生死之理，則世累必輕，而學力自勇矣；知報應之説，則忿怨必平，而慈心自生矣。此直爲始學者淺言之耳，究其極也，其聖人至命之事乎。

《大易》示吉凶悔吝，教人趨避，非以利誘也；理有固然，不容誣也。悖理則心死形存，凶莫大焉；順理則性全不朽，吉莫大焉。故欲超凡入聖，非明於趨避不可。

從世間毁譽利害起念者，學必僞；從本心生死起念者，學必真，此聖人所以汲汲於朝聞，而不悔於遯世也。

爲天地立心，爲生民立命，爲往聖繼絶學，爲萬世開太平，此聖人至誠無息之能事，亦聖人最初發心之本願也。學者有此大願，方可謂之立志。此志萬古無盡，乃吾性分内事。性無盡，故志無盡。孔子之學不厭、教不倦者以此。

静中偶書 四條 辛丑

朝而興，夕而寢，朝朝如是，夕夕如是。吾興也惺惺然，吾寢也泠泠然。何羡於興，何惡於寢，亦不必捨寢興而别求不寢興者。通乎此，則知萬古一旦暮，翛然無事矣。

心生則萬境紛然，有垢有净，有苦有樂；心忘則一真澄寂，何垢何净，何苦何樂。故一情冥爲聖人，一情取捨爲愚人，此君子所以素位而不願外，則無入而不自得也。

吾之靈智，天也；吾之形質，地也。存神踐形，則天地位於清寧；忘形泯智，則天地歸於混沌。混沌，先天而非無；清寧，後天而非有。有無不二，不可得而名，强名曰道。

一塵即無邊法界，一息即萬劫古今，孰大孰小，孰延孰促。故達延促之因者，能以萬劫爲須臾；徹大小之見者，能攝法界於指掌。此至人所以身無際量，數越終古，而不可思議也。

潛思劄記 五十一條 甲辰

未發之中，性也。性本空寂，故曰未發。性能生天、生地、生萬物，而空寂固自若也。天地有成毀，萬物有生滅，而空寂固自若也。此空寂之性，彌宇宙，貫古今，無一處不徧，無一物不具，無一息不然；無邊際，無方所，無始終；常爲天地萬物之根柢，而了無聲臭，不可睹聞，以其不可得而名，故强名之曰未發而已。

未發之性，以爲有乎，則非色相，以爲無乎，則非頑空。不墮有無二邊，故直名之曰中。

《大學》言「知止」，蓋未發之性，萬古常止也。常止而能生天地萬物，故止爲天地萬物之本。學貴知止，而後定静安而能慮。故《大學》以知止知本釋格致之義，此聖門喫緊最切要之旨也。

周子言「無極」，言「一者無欲」，言「主静」，又言「静則止，止非爲也，爲不止矣」，程伯子言「人生而静以上不容説」，皆發明未發之旨。

未發者性也，性非頑空，故常生。其在於人，一竅初闢而靈啟焉，而意萌焉，而念動焉，而出之爲萬事。蓋自一竅既闢之後，人不知有未發之本原，而一馳於外，任其靈識意念所之，奔放而不返，於是性迷而情熾，萬事舛錯，而人世日趨於亂矣。故必致中而和出焉，乃可以臻位育之效，此聖學所以爲天地立心，生民立命，而開萬世之太平也。

未發之性，先天也。此理本自圓成，非假人力。一涉擬議湊泊，即與性隔矣，其惟貴悟乎！真悟者，則靈識意念自融，習氣盡銷，渾然一先天矣。此惟聖人能之，自大賢以下，雖云有悟，而後天靈識意念或未頓融，習氣未能盡銷，必時時收斂歸根，退藏于密，所謂無修證中真修證也。即後天以還先天，在學利困勉者當如此。《中庸》有自誠明、自明誠之分，盡性、致曲之辨。程伯子云：「質美者明得盡，渣滓便渾化，却與天地同體，其次惟莊敬以持養之。」陽明先生以「盡心、知性爲生知、安行之事，存心、養性爲學知、利行之事」，皆至言也。

佛氏言「本來無一物」，與吾儒言「空空」何異，而卒不同何也？象山先生曰：「佛氏主於出世，儒者主於經世。」此語似分別而實得之。蓋性本無二，佛氏所悟豈容有異，但立教則有辨矣。彼主於出世，故以性超於天地萬物之外；聖人主於經世，故以性貫於天地萬物之中，此其所以異也。然要其極致，超者未嘗不貫，貫者未嘗不超，此在學者深造自得，庶能知之。若學無自得，徒以淺見測量儒佛之異同，皆未免爲瞽談也。

乾用九：「見群龍無首，吉。」坤用六：「利永貞。」蓋乾元者性也，首出庶物者也，然首不可見，若見有首則非矣，故曰「天德不可爲首也」。坤者乾之用也，坤必從乾，貞者收斂歸根以從乎乾也，故曰「利永貞」。

一竅之靈，脉脉常生而無生相，凝然在無邊空寂之中，獨立而無侶，故曰：「如有所立卓爾。」「一陽初動處，萬物未生時。」白沙先生所謂「亥子中間得最真」，殆謂是歟！

一靈初闢而非起照，一意微萌而非有着，一念密運而非鼓浪，此三者同出而異名，總爲真性之妙用，是謂生而無生，萬古常然，無有生滅、垢浄、增減之相，見此者謂之見易。

窮目之原無視矣，窮耳之原無聽矣，窮心之原無思矣，窮身之原無覺矣，故天地萬物，皆以無爲本。無，非斷滅之謂，是寂然未發之實理也。故曰：「反身而誠，樂莫大焉。」

性無邊際，故發之爲目視，爲耳聽，爲心思，爲身覺，一一皆無邊際；性萬古不息，故視聽思覺亦萬古不息，故曰「得其一，萬事畢矣」。

先天之性無方所也，性之發爲後天，則有方所，觀圖書及八卦方位可見。聖學法之，故智欲圓而行欲方，彼妄稱悟性，而動則踰矩者，謬矣。

陽明先生言「無善無惡心之體」，蓋言性也，性之發爲意，意之微萌，動而未形，善惡未分，所謂獨也。聖學喫緊在誠意，誠意之功只在慎獨，能慎獨則意無其意，所謂脉脉常生而無生相。周子云：「妄復則無妄矣，無妄則誠矣。」誠非着意迫切之謂。

敬即慎獨之别名，謝上蔡以其心收歛不容一物言敬，最爲得之。

終日密密，切己體認，剥落枝蔓，務徹本原，即所謂修也，故修非徒點檢末節之謂也。切己體認之修，真積力久而豁然通，乃爲真悟，未有不修而能真悟者也。真悟後，一瞬一息，皆歸本原，發必中節，事事皆協天則，所謂順性以動，即修是性，天行之健，寧有停歇之期？若謂悟後無修，則必非真悟，總屬虚見。又或謂：「悟性者，任情恣行，不由矩矱，皆是妙用，何必言修。」此大邪見，入魔道矣。

事親必孝，事君必忠，事長必悌，與衆必慈，臨財必廉，牧民必仁，一言一行，必蹈準繩，此是盡性之條件，豈容疏漏？所謂一以貫之，若有不貫，則性爲有外，不得謂之一矣。

執一節一行以爲修，而不悟性者有之，未有悟性而毁節踰閑，染聲利而傷名教者。

舜爲法於天下，可傳於後世，故「庸言信，庸行謹」，以善世，乃爲「龍德之中正」。彼奇僻之談，詭異之行，是謂索隱行怪，非可法可傳者，君子所不由也。

知者性之用也，《易》曰「乾知大始」，孔子曰「吾有知乎哉？無知也」。無知之知，是大始之真知也。

陽明先生謂「知善知惡是良知」，亦姑就初學所及而言之。若於此徹悟，便是徹上徹下之道，若未徹悟，徒執知善知惡分別照了爲究竟，即恐落於情識，其去真性何啻千里。

孟子以孩提之愛爲良知，亦與陽明先生所指知善知惡略同，蓋皆指乾知大始之末照而言之，使學者從此透入，有志希聖者，必透到水窮山盡處乃可。

孔子言仁，學者往往以愛言仁，試觀「克己復禮」一語，則非專以愛言者。又以仁爲達德，而必曰「所以行之者一」，又曰「力行近乎仁」，又曰「巧言令色鮮仁」，學者於此，當深思而自得之。

知真性之不毁者，可以知萬古之常一矣；知化機之不已者，可以知萬古之常生矣。故古今一晝夜也，晝夜一呼吸也，息息不停，息息常一，學者深達乎此，亦何疑於幽明生死之故哉？

陽明先生言「無善無惡，是謂至善」，蓋性中本無惡，即善亦無聲臭，不得以有善名之也。善不可名，乃爲至善，先儒謂孟子性善之説不與惡對，是矣。性善而曰無善，即太極本無極之旨。

孟子道性善，及門人致問，只告以乃若其情則可以爲善而已。蓋性善不容言，姑即情以驗性，以此見孟子真徹悟性者。

言有似同而旨異者，告子之説與陽明先生之旨自别，蓋告子執偏空，非真悟性者也。言空則有空相，言覺則有覺相，言無邊際則有無邊際之相，蓋意識之爲也。故有想則有，無想則無，足知其非真也。惟真性不緣想而得，不緣無想而失，此意識所不能到，故貴默會而深契之。

吉凶悔吝生乎動，此心微動之幾，出無入有之端也，學必敬慎於此則吉矣。震一陽初動於下，帝出乎震，爲後天之主宰。此心初動，萬事之所從出，有長子之象焉。故不喪匕鬯，乃可以守宗廟社稷而爲祭主，而《象傳》曰「君子以恐懼修省」，此義精矣。

《中庸》有「致曲」之説，《詩》曰「亂我心曲」，朱子以心中委曲之處釋之，然則所謂致曲者，亦收斂入微之義歟。

慕佛者不屑於用世，而超物之意常多；慕老者不輕於涉世，而自全之意常多，豈二氏之教使然哉？抑末學之流弊耶？惟聖學不遺世亦不枉己，故曰「時中」，然非世儒之所及也。蓋往往逐物而失己，又遠出於學二氏者之下矣。

陽明先生言：「知者意之體，物者意之用。」此語最精。又曰：「《大學》之要，誠意而已矣，乃若致知，則存乎心悟。」皆至言也。

氣者，性之用也。性無生滅故常一，氣有屈伸故常二。然氣在性中，雖有屈伸，亦不可以生滅言，故盡性則至命矣。學者深達此，則無疑於生死之説。

性無爲者也，性之用爲神，神密密常生謂之意。意一也，以其靈謂之識，以其動謂之念。靈識意念，名三而實一，總謂之神也。神貴凝，收斂歸根以凝神也。神凝之極，於穆不已，而一於性，則潛見躍飛，無方無迹，是謂聖不可知之神，非思議所及也。

意者性之用也，性徧滿宇宙，意亦徧滿宇宙。坎者意之根柢，離者意之發見，學必歸根以立天下之大本，故意貴乎潛矣。

致知主悟，誠意主修。能知止，則悟於性也徹矣；能慎獨，則修於意也微矣。

先哲云：「置之一處，無事不辦。」又云：「用志不分乃凝於神。」又云：「但從一門深入。」又云：「譬如學射，習久則巧。」又有承蜩懸蝨之喻。陽明先生曰：「如猫捕鼠，如雞伏卵，精神心思，凝聚融結，而不復知有其他。」皆切至之訓也。學者果能如是，可以進於道矣。

乾元資始，坤元資生，此理人人具足，必於此灼見分明，不離不混，非由安排，本來如是，乃爲見道。則於學也，高之不涉於儱侗，卑之不落於枝節矣。

天地萬物一切色相，其體本寂，寂非斷滅之謂，蓋至真無妄之理也。故周子曰：「寂然不動者誠也。」是知宇宙間一誠焉盡矣，更有何事。

真性本止，非以人力按伏之而止也，若涉人力，則非真止矣。此理微哉，故學貴不言而自得。

學未徹性者，則内執心，外執境，兩俱礙矣。於性徹者，心境雙忘，廓然無際。

孟子言：「人之患在好爲人師。」程子言：「朋友講習，莫若相觀而善功夫多。」學者味此兩言，可以知求友取益之道。

天道必下濟，日月之照臨，雨露之滋潤，皆下濟也。乾下於坤爲泰，不然，亢然乖隔，則造化之生理窮矣。

佛家有智生身、意生身之説，不若玩乾坤二卦盡之；又有不觸不背之説，不若玩孔子「乃順承天」一語盡之。

或謂性無爲者也，安所事修？至於意而善惡分，於是乎有修。予謂意自性生，則即謂性之意可也，意之修孰能使之修哉？則即謂性之修可也。故即性即修，若謂修無關於性，便落二見。

一念之善，此心快然，一念之不善，此心缺然，是孰使之然哉？性也。故事事協天則，乃盡性之功。彼妄談悟性而敗行踰節者，大邪見也。末世學者，往往墮此坑穽，吾儕切宜省戒。

言性至於無聲臭，似極微妙矣。然愚夫愚婦日用間，無一瞬一息不由此無聲臭之性而流出者，則此性真平常至切近之理，非高遠也。

執形氣以言性者，固爲未徹，若謂性在形氣之外，於一切了無干涉，則性如太上皇相似，體用懸絶，作此見者，將馳空而棄倫遺物，於世教爲害不小。

程子言：「論性不論氣，不備；論氣不論性，不明；二之則不是。」夫執一而偏言，則不備、不明，岐二而並言，則不是，惟孔子「逝者如斯夫」一語最盡。

天道氣機之密運，日月星辰之纏度，四時晷刻之潛移，品彙微生之榮謝，一一皆有節次，毫髮不爽其則，故君子大德不踰，細行必謹，無敢疏漏，法天之學當如是。

蘇東坡言：「詩到平淡處，乃炫爛之極也。」予謂學到未嘗致纖毫之力，乃真修之極也。白沙先生言「戒慎恐懼，素琴本無絃」，亦此意。

偶書所見 十四條　甲辰夏

「乾元統天」，聖學之宗旨也。宇宙間一性而已，性萬古不毀，至健也，故名之曰「乾」。性之至健能生天地萬物，以其爲一切群有之資始，故名之曰「元」。元者首也，所謂善之長也，聖門言仁言一，蓋指此也，故曰「天下歸仁」，又曰「一以貫之」。夫天下之歸在仁而貫在一，正「乾元統天」之謂，故曰是聖學之宗旨也。

宇宙生生之理，涵於性中而無聲臭，故曰「元」，由微而著，乃爲「亨、利、貞」，總之一元之貫徹而已。故但言「乾元」，則天地萬物古今之變化皆舉之矣，故聖學莫要於體元。

潛、見、惕、躍、飛、亢，以時位言，皆乾元之用也。因其時位而各當其可，即孔子仕、止、久、速皆「不踰矩」之謂，總之一乾元之爲也，故曰「乾元用九，乃見天則」。

乾元首出庶物，而又曰「見群龍无首，吉」。蓋乾元爲天地萬物之資始，故曰「首出」。乾元能潛、見、惕、躍、飛、亢，而不涉於迹，莫測其變化云爲之所以然，故曰「无首」。若有首可睹聞，則亦一物而已，安能時乘六龍以御天耶？

坤者乾之用也，乾元無對，深達乾元之理，則坤在其中，蓋一切皆乾道之變化也。彼以乾坤，岐而爲二，以爲學當並致其力，如車輪鳥翼然，非聖門一貫之宗矣。

程子曰：「以性言謂之乾，以形體言謂之天。」張子曰：「日月得天，得自然之理也，非蒼蒼之形也。」蓋乾爲天地之祖，天亦乾中之一物，若執天之象以爲乾，則是以氣言，而不達性矣。《中庸》言天之所以爲天，正謂此。

乾之性不容言，孔子以「剛健中正純粹精」七字形容之，此七字非聖人不能言。剛則不屈撓，健則不止息，中則非有無二偏，正則非邪曲，純則不雜，粹則不染，精者言剛健、中正、純粹皆無聲臭也。此性人人具足，聖非有餘，凡非不足，但凡人不知學以全之，乃自蔽其性而與聖人異矣。

孔子言「克己復禮爲仁」，言能反求諸己，復還其生生之理，則天下皆歸，即孟子言「反身而誠，萬物皆備」之旨也。視聽言動一於禮，即一以貫之。理者，天則也，即乾元用九見天則也。先儒言克己復禮爲乾道，信哉。

仁者，乾元也，是生生之性，涵於無朕而不可睹聞，所謂未發之中也。彼以愛爲仁，是但見仁之萌芽，而猶未徹仁之根柢，故愚謂必達乾元統天之宗，乃可以言孔門求仁之學。

或謂性無可致力，必也攝用以歸體乎。愚謂是固有然者矣，是《中庸》所謂「其次致曲」，程子所謂「其次則莊敬持養」之説也。若《中庸》所謂「盡性」，程子所謂「明得盡渣滓便渾化」者，則又當别論。孟子謂：「此天之所以與我者，先立乎其大者，則小者不能奪。」夫曰天與我，則乾元之性我固有之，但學者真志密詣，久之能默契而深信，實見其大本在我，原自具足，不假外求，則一即一切，瞬息作止，日可見之行，由原泉而盈科放海，即所謂致力處也。非必以性爲一物，執捉把持，而後謂之致力也。夫學無定方，其要在深契乾元之理，是在真有志於希聖者自力而已。

乾元之理，充塞宇宙，萬古常生，而無生相。一切群有，賴其胎育顯現，而此理無成壞，無始終，無欠剩，程子所謂「識仁體」者此也。此理可默會而不可以力求，識得此理，惟敬以存之，小心翼翼而了無安排，順萬事而無情，渾然同物而不留物我之見，造次顛沛一於是，直養無害，塞乎天地，至於至誠無息、浩浩其天之境，惟聖者能之，學者當以此爲標的而自勉也。

學者終日專心致志體認乾元之理，勿作天想，勿作地想，勿作人物想，惟見此理彌滿宇宙，貫徹古今，大廓於無外，細入於無間，無一處不該，無一息不運，身心世界渾成一片，雖欲頃刻離之而不可得，本來如是，非意之也。於此真契而深信實有諸己，宇宙間更有何事？又何内外、始終、成壞、生死之可言？到此乃爲道眼豁開，庶幾乎可與達天德矣。

學者體認乾元之理，果有真契，密密停涵，潛修邃詣，必習氣盡消，底于純一，如良賈深藏，無少炫露，此實得也。若乍有少見，便驚詫張皇，玩弄矜伐，誇示於人，即爲罔念作狂，將流入無忌憚小人之歸，此徒恃虛見之爲害也。吁，可戒哉！

《文言》曰：「乾元用九，乃見天則。」又曰：「乾元用九，天下治也。」然則用九之道，必本於乾元，而天下之治胥此矣。大易示聖學之宗，不亦深切而著明哉！

病筆 十二條 甲辰仲冬

性，先天也，無可狀，無可名，存乎悟而已。性之生生爲氣，後天也。氣運而物形，則有無狀之狀，無名之名，故可得而修焉。

性之生而後有氣有形，則直悟其性足矣，何必後天之修乎？曰：「非然也。夫徹古今，彌宇宙，皆後天也。先天無體，捨後天亦無所謂先天矣。故必修於後天，正所以完先天之性也。」

性無爲而後天有修，然則性乃爲兀然無用之物乎？曰：「非然也。性無體，而天地萬物由之以生，通乎此，則謂一塵一毛皆先天可也。一切皆性，性之外豈更有天地萬物哉？」

性貴悟而後天貴修，然則二者當並致其力乎？曰：「非然也。是分性相，判有無，岐隱顯，自作二見，非知道者也。善學者，自生身立命之初，逆遡於天地一氣之始，窮之至於無可措心處，庶其有悟矣。則信一切皆性，戒慎於一瞬一息，以極於經綸事業，皆盡性之實學也。故全修是性，全性是修，豈有二者並致力之説？」

所謂修者，非念念而隄防之、事事而安排之之謂也。蓋性本寂然，充塞宇宙，渾然至善者也。性之用爲神，神動而不知返，於是乎有惡矣。善學者，息息歸寂，以還吾至善之本性，是之謂真修。《易》曰「潛龍勿用」，曰「退藏于密」，《大學》曰「止至善」，《論語》曰「克己復禮」，《中庸》曰「未發之中」，「尚絅」、「篤恭」，以至「無聲臭」，《孟子》曰「反身而誠」，周子曰「主静」，程子曰「鞭辟近裏」，邵子曰「人之精神，貴藏而用之」，白沙先生曰「藏而後發」，陽明先生曰「收斂爲主」，念庵先生曰「收攝保聚」，皆復性之旨也。

或曰：「性本寂也，故一悟便了，若云歸寂，是以此合彼，終爲二之。」曰：「非然也。夫性生萬物，則物物皆性，物物歸寂，即是自性自寂，何二之有。」

昔人有背觸皆非之説，蓋謂遺一切而執性者，是觸也，如臣子之觸犯君父也；狥一切而遺性者，是背也，如臣子之叛棄君父也。此誠微言，未可以爲異説而疑之。

乾始潛龍，惟潛而後能見、惕、躍、飛，故潛龍爲天地萬物之根柢也。《中庸》特引潛伏以證篤恭不顯之學，聖門之秘洩於此矣。

圖書一，皆在下，圖爲體，書爲用，而書則逆行而主克。伏羲八卦，孔子以爲逆數；文王八卦，孔子以艮爲成始而成終。蓋一者，止之歸宿之地也。止於一者，逆數也，造化之理，不克則不能生，逆行主克以歸於一，其聖學之宗乎！孔子以克己示顔淵，其以是歟！

一氣必貞而後元，必剥而後復，一歲必冬而後春，一月必晦而後朔，一日必亥而後子，一息必吸而後呼，此理非一非二，迎之無首，隨之無尾，而常以至一爲萬有之根也。於乎！微矣。

念念歸根，謂之格物，念念外馳，謂之逐物，克念之與罔念，集義之與義襲也亦然。

又七條

性徧滿宇宙，無有邊際。發而爲念，則念念徧滿宇宙，無有邊際；見而爲事，則事事徧滿宇宙，無有邊際。故吾人揚眉瞬目，啟齒容聲，呼吸運爲，舉手投足，無論纖細，一一皆徧滿宇宙，無有邊際，性本如是，不可得而劑量也。

天地之性即吾性，非有二也。天地之性徧宇宙，無有邊際，故一草一木，一蟲一魚，一塵一毛，無論纖細，一一皆徧宇宙，無有邊際，性本如是，不可得而劑量也。

性本至大，故吾人志願不得不大；性無窮盡，故吾人志願亦無窮盡。此孔子所以學不厭，誨不倦，以天地萬物爲一體，不二不息。彼以一身自了爲學者，藐乎其小矣。

盈宇宙間一性也，凡形形色色，皆無聲無臭，不可思議，皆性也。性且不可以善名，安得有惡？惟衆人失於愛憎取捨，學人失於矯揉造作，於不可思議中自生風浪，於是性始蔽而不明耳。是以聖人設教，欲人徹悟本原而稱性以修之，所以完復其現成圓滿之自性，非有所加也。

性不可名言，不容擬議，纔擬心向傍，即是自生風浪。若云一切任他自然，亦是自生風浪，甚矣，學之難言也。

性無我，故聖人舍己以利物；性無瑕，故聖人護戒以絶非；性無嗔，故聖人沖粹而致柔；性無怠，故聖人純一而不已；性不亂，故聖人知止而安定；性不迷，故聖人緝熙而濬明；性無外，故聖人曲成而不遺；性無隱，故聖人善世而博化；性不毀，故聖人貞固於悠久；性至神，故聖人微妙而不測。希聖者，思以盡性，於此宜精詣焉。

聖人以大慈濟世爲心，故欲立欲達，並生並育，仁周六合，教垂萬古，志願無盡，行業無盡，《大學》所謂「欲明明德於天下」蓋如此。性本如是，不如是，非盡性之學也。

友慶堂合稿卷之五

説

仰慈膚見 三十四條　辛卯

盈宇宙間一生理而已，萬古此宇宙，萬古此生理，推之於前而不見其始，引之於後而不見其終，測之於上下四方而不知其邊際。無聲臭，絶睹聞，而非枯槁也；神變化，鼓萬物，而非緣慮也，是之謂性。是性也，天地人物所公共之理，非有我之得私也。

宇宙此生理，以其萬古不息謂之命，以其爲天地人物所從出謂之性，以其不可以有無言謂之中，以其純粹精至極而不可名狀謂之至善，以其無對謂之獨，以其不二謂之一，以其天則自然非假人力謂之天理，以其生生謂之易，以其爲天地人物之胚胎如菓核之含生謂之仁。

會得此生理充滿宇宙，天地人物，本同一體，非有我之得私，庶可默契孔門求仁之學。彼俗學之役於物者固非也，異學之欲超於物者亦非也。

此理浩然無涯，宇宙即吾心，吾心即宇宙，一也，非有二也，時時體認乎此，便時時俱立俱達，時時發育峻極，此之謂學。

即一身而言，目之視，耳之聽，鼻之嗅，口之嘗，四肢之動，心之思，一生理之充塞，以爲視、爲聽、爲嗅、爲嘗、爲動、爲思也。即宇宙而言，天之覆，地之載，日月之明，草木之萌，鳥獸之育，一生理之充塞，以爲覆、爲載、爲明、爲萌、爲育也。此理非動非静而常動常静，非體非用而即體即用，故曰其爲物不二，則其生物不測，若分動静，岐體用，則不識生理真面目，是二見矣。

張子言：「太和所謂道，中涵浮沉、升降、動静相感之性，是生絪緼、相盪、勝負、屈伸之始。」又曰：「氣坱然太虛，升降飛揚，未嘗止息，《易》所謂『絪緼』，莊生所謂『以息相吹野馬』者歟！此虛實動静之機，陰陽剛柔之始。」張子此言，蓋深明此體，原無理氣之分，亦苦心之言也。

一陰一陽之謂道，猶言一屈一伸之謂道也。息息屈伸，密運無跡，繩繩繼繼，於穆不已，動而未形，是謂吉先。故曰「繼之者善，變化成形，各正性命」，故曰「成之者性」。「逝者如斯夫，不舍晝夜」，是孔門言生理之密旨也，程子發明之益親切。嗚呼！千聖心法之秘洩於此矣！

生理之前無寂也，生理之後無感也，生理之前無無也，生理之後無有也。生理亦無前也，亦無後也，寂感不二，有無不分，前後無際，故曰「獨」，聖學之要，慎獨焉盡矣。

談異學者，喜談父母未生前，言思路絶，爲最上第一諦，殊不知萬古此生理充塞宇宙，徹表徹裏，徹始徹終，豈離一切，别有未生前可容駐脚？若云即於一切中要悟未生前，乃爲見性，亦未免落空有二見，非致一不二之學也。

思慮知識，皆生理之發見，不可執思慮知識爲生理。思慮知識可斂可放，而生理不可得而斂放也。思慮知識，有起滅，有明暗，有晝夜生死，而生理則無起滅、明暗、晝夜、生死之可言也。

《詩》言上天之載無聲臭，不言無天載。《易》言神無方，易無體，不言無神易。故張子曰：「大易不言有無，言有無，諸子之陋也。」又曰：「聖人作《易》，但言知幽明之故，不言知有無之故。」此皆張子見道之言。

「維天之命，於穆不已」，此道體也。「於穆」則無聲臭，「不已」則無前後邊際，此理人人具足，物物圓成，原無彼此，無剩欠，此之謂本心。有志於聖學者，必先默識此體，乃爲得其門而入。不然，非卑之爲俗學，必高之爲異端，何哉？以其不識道之本原，遂趨小徑惑異説，而孔門正學竟迷焉而不悟也矣。

程伯子曰：「學者先須識仁，仁者渾然與物同體，識得此體，以誠敬存之而已，不須防檢，不須窮索。」至哉言乎！惟識此體最難，必韜光晦智，潛心一慮，真積力久，密契冥會，從容涵泳，庶其得之。倘以聞見想像，測度摶量，狂馳躁率，妄冒承當，總於此體了無干涉。

聖門言一貫，一無體也，以貫爲體。貫於視、聽、言、貌、思，則爲聖、哲、謀、肅、乂；貫於父子、君臣、夫婦、長幼、朋友，則爲親、義、序、別、信；貫於家、國、天下，則爲齊、治、平。彼談一而謂能超於身世倫物之外，遂視一切爲幻相，於本性漠不相關，是一而不貫也，安得謂本原之一與聖人同乎？ 何則，使果與聖人同其一，則必與聖人同其貫，以其不貫，知其所見之一，視聖人之所謂一，必有差千里於毫釐者矣。

「異端」云者，謂其最初所見之端緒，視聖人有毫髮之異耳。 然末流遂成千里之謬，故君子愼之。 仁者見之謂之仁，智者見之謂之智，仁智豈不是道，只見處稍偏便差了，故君子之道鮮。

此體萬古常運，而不可以思慮言也；萬古常靈，而不可以知識言也。 以非槁塞曰運，以非頑空曰靈，亦强名之耳。

天地之生理無不貫，故草木鳥獸一塵一毛，莫不受氣而呈形；聖人之生理無不貫，故人倫庶物一瞬一息，莫不中節而盡分。 是以聖門教人「大閑勿踰，細行必矜」，非矯飾也，寔以全吾生理，是盡性之實功也。 故曰「灑掃應對便是形而上者」。

盈宇宙一生理而已，本無空也，亦無相也。 若云内不着空，外不着相，得無未達生理，猶少存空相之二見乎？惟達生理，則空相二字總爲剩語。

程伯子曰：「不可將窮理作知之事，但窮得理，即盡性至命，一時俱了。」窮理者，於此生理潛會密契，洞見真體，無毫髮之疑蔽也。即此是知天命，即此是知天地之化育，即此是盡性至命，故曰「一時俱了」。善學者終日乾乾，欲得本心真面目，正是窮理工夫，更無餘事。後儒乃以無用之辨，不急之察，誇多鬥靡，求知聖人之所不必知，以爲窮理，失之遠矣。

程伯子曰：「識得此體，以誠敬存之而已。」又曰：「未嘗致纖毫之力。」此其存之之道。彼揣摩扭捏，縱任玩弄，認定享用，纔涉纖毫，便屬意見，即與此體不相似。

程伯子言「廓然大公」，此語最精。彼欲離世間，超萬物，便是從軀殼起念，要占便宜，乃自私自利之心也。孔子之志，只是老者安之，朋友信之，少者懷之，通宇宙爲一體，更無纖毫我相，此之謂廓然大公。

儒釋之辨，譬之一人志在趨燕，一人志在趨粵，其最初發念起脚，便分南北，此所謂毫釐之辨也。若論其在途之舟車，旅次之資斧，隨行之僕從，晝夜之急程，則兩者不得而盡異也。然要其究竟，趨燕者愈馳則愈北矣，趨粵者愈馳則愈南矣，此所謂千里之謬也。惟發念既殊，究竟復異，則凡其途次之舟車、資斧、隨從、急程，雖云似同，總之皆所以成其異也，安得謂之同哉？故程子曰：「句句是，字字合，然而不同。」又曰：「恁地雖有同處，但本領不是，一齊差却。」

時時默識此生理，勿着纖毫人力，勿起纖毫意見，乃爲善學，久之自融徹矣。程子曰：「默而識之，即所謂學也，惟顔子能之。」

生理浩乎無窮，不可以方所求，不可以端倪執，不可以邊際窺。彼以一念初萌爲生理者，殊未然。

孔門言仁，先儒有桃仁杏仁之譬。蓋桃仁杏仁，生理完具，固非枯槁，而朕兆未露，亦非色相，吾人本心原是如此，此之謂仁體。

談異學者，每以孝弟爲粗節，別有性命爲最上乘，此大誤也。愚竊謂孝弟即聖門之秘傳。

何則？聖學主於求仁，而仁體最難識，若未能識仁，只從孝弟實事上懇惻以盡其分，當其真切於孝弟時，此心油然藹然不能自已，則仁體即此可默會矣。故曰孝弟便是秘傳。《中庸》所謂「致曲」可以入「誠」，孟子以「强恕」爲「求仁莫近」，殆此意也。

親親、仁民、愛物，乃是爲仁之實證驗處，亦是爲仁之實致力處。彼馳空見，遺倫類，是痿痹不知痛痒之人，生理幾乎熄矣。

心體廓然無際，乾也；意從中發，坤也。乾坤法象，人人具足，不特人耳，鳥獸昆蟲皆然。邵子所謂「一物其來有一身，一身還有一乾坤」是已。惟乾大生，坤廣生，總之一生理之充塞流貫，非有二也。《中庸》所謂「天地之道，可一言而盡」，殆謂是歟！

性本至善，自受形之後，情爲物引，漸與性違，習久内熏，脉脉潛注，如種投地，難以遽拔，是謂習氣。夫習氣云者，謂由積習而得，非性本有也。此在大賢以下，皆不能無，但纖翳之與重障，則有辨矣。如大賢學已深造，粗垢俱脱，惟善微有迹，見未頓融，即其德猶可名，亦爲習未盡化；下此則學力各有淺深，習垢不無厚薄，未易具論；其又下焉者，則學力既疏，宿染濃厚，種種忿慾，積成內痼，雖沸浪暫已停歇，而潛症終未滌除，此則隱慝在中特甚者矣。夫隱慝在中，觸境始露，而當其未露，寂焉若無，自非洞察致精，往往冒認無過。此「見過內訟」之人，孔子所以有「已矣乎未見」之歎也。學貴銷慝於未萌，故必内省於潛伏，若一涉浮漫，則習氣乘之，猶不自覺，竟至認妄爲真，可不謹歟？惟既云習氣，本由外染，實無根株，而自性貞明，原未壞滅，有志者深信真性之可恃，即此貞明徹照，便如烈日銷冰，所貴果確無難，未可自生退屈矣。蓋銷磨習氣，正盡性之實功，陰盡陽純，乃臻聖境，故周子言：「君子不息於誠，然必懲窒遷改而後至也。」或有謂：「但識本性，即習氣總成妙用，何必滌除。」此則所謂邪説詖詞，戕人慧命，甚於洪水猛獸之災者。

學必優入聖域，習氣乃盡，如孔子之江漢濯，秋陽暴，而皜皜莫尚是已。顏子有不善，是微細習氣未盡化也，惟未嘗不知，乃其真功，是以未嘗復行。《易》曰「復以自知」，知者，此心貞明之本體，原不受蔽者也。故常知則習氣不行，是謂不遠之復，蓋亦幾於化矣。故孔子以「庶幾」稱之。

明道先生終日端坐如泥塑人，每見人静坐，便歎其善學。夫學當無間於動静，然始焉立基，終焉入微，必由静得；雖有志爲學，不久静，恐以意氣承當，以影響爲究竟，於真體親切處，未能徹底，故貴静也。至一切應感中識取此體，淘汰煅煉，修省對治，打併歸一，總與静功無别，此在學者果有决定希聖之志，自能因症投劑，亦無定方可執也。

《中庸》言：「至誠無息，純亦不已，肫肫其仁，淵淵其淵，浩浩其天。」孟子言：「直養無害，塞乎天地之間。」到此境界，安有生死之可言？夫無生死可言，非斷滅之謂也，不斷滅，非精魂留住之謂也，亦非泛論此理常存，而於人無與之謂也。此未易言，惟深造者自知之。

屈伸往來之理備於易。屈伸往來非兩物，以其能屈伸往來者本一也。一而能屈伸往來，故謂之易。聖學一爲要，萬古此一，能屈伸往來而不息，易之所爲不毁也，是謂生生之易，知易則知生死之説。彼舍聖學而别談了生死，惑滋甚矣。

辛卯夏，掩關仰慈山中，晝夜默坐，密體自心，凡再閲月，外慮都絶，久之，若有迫於中而不能自已者，因筆存之以求正。

支笻漫語 壬辰

予負痾伏枕者旬日，客有扣扉而問學者，予支笻而起，率爾酬答，客退因筆記之。

太虛無際，吾心體也。太虛無際而非空寂。蓋生生之理，彌滿周匝，無一息不運，無一處不偏。無聲臭，絶睹聞，而實爲生天、生地、生人物之根也，是之謂性。程子所謂「心如穀種，仁則其生之性」是已。

性者，天地人物同體，非有我之得私也。其在於人，此心太虛無際，而中含真機，息息不停，有無難名，善惡未分，恍惚杳冥，其中有精。孔門曰「獨」、曰「禮」、曰「幾」，孟曰「幾希」，周曰「動而未形，有無之間」，程曰「天理」，白沙曰「端倪」，皆指此也。此蓋性之呈露，亘萬古而常然，通晝夜而不二，善學者默識乎此，勿涉纖毫安排，惟敬以存之而已。

先儒論敬者多矣，愚謂惟「收斂」二字近之，《易》所謂「退藏於密」，所謂「思不出位」，《大學》所謂「止」，《中庸》所謂「篤恭不顯」，周子所謂「幾故幽」，程子所謂「在腔子裏」，邵子所謂「沉珠於深淵」，白沙所謂「緘藏極淵泉」，皆收斂之義也。是之謂敬，此心真機常生者也。然不克則涉於妄生，故克己乃能復禮。《易》曰：「尺蠖之屈，以求伸也；龍蛇之蟄，以存身也。」故收斂非墮於空也，善藏其用，而其爲用也大矣。

此性充塞宇宙，然測之愈離，惟一切放下，當體自在，故收斂者，迺絶馳求，息萬緣，潛神於淵，以凝道之功也。故曰：「苟不至德，至道不凝焉。」白沙曰：「藏而後發，明其幾矣；形而斯存，道在我矣。」又曰：「吾能握其幾，何必窺陳編。」收斂歸根，是握幾凝道之方也。

收斂歸根親切處，難以口授，惟潛心至極，大休大歇，久自得之，乃天然真止，非造作也。若着意扭捏，執方安頓，則遠之遠矣。

静攝寤言 二十條　乙未

學者率喜談悟，予竊謂：自古未有不修而能悟者。修之云者，切己砥策，操持精研，以求透性之功也。修之之極，究到水窮山盡處，智所不能入，力所不能加，無可凑泊，恍然自信，始有悟焉。悟後更無他爲，只一味默默稱性而修而已。故修之一字，自始學至入聖，徹始徹終，無有止息之期，故曰學而不厭也。

未悟之先，非冥行而漫作也。第所見未徹，姑就其見之所及，操持而力詣之。蓋始也，見一路可入，遵而行之，既久自覺隔礙，則不得已更尋方便，密參顯證，於無路處覓路，質問師友，復自己切實鑽研，一以透性爲宗，尤未能頓徹，則不得不屢離住場，一切刊落，以求實際。此正古人擇善之功，必如是堅志苦修，決不退轉，出萬死之力，必期自得其本性而後已。硬着脊梁，謹着步趨，到得智窮力竭之日，必有悟矣。若自己不致力真參實證，只向古人公案，及隨先輩口吻，以意識卜度，依傍和會，纔見影響，便謂有悟，此是無志者所爲，非學也。

或謂：學者只由一路頓入，便可透脱，何至艱苦費力？曰：生知上聖，非吾儕所及。其次真有志實用力者，即一路之中，更有岐路焉，則未免疑而求通，窒而思奮，困心衡慮，而後漸入，亦不得不然耳。先儒謂學貴善疑，大疑則大進，小疑則小進，蓋未能頓徹，而志愈勵，不以一蹊一徑，聊且自安，而更期遠到，乃不得已棄舊即新，必前無却，精進固如是也。孔子所謂學問思辨，弗明弗措，以至己百己千者，殆謂是歟？

或謂：學者直透本性，合下了無一事，豈有多岐之疑？彼屢疑者，舍本逐末之失也。曰：學以透性爲宗，此誠學之凖的也。然性可易言哉？彼得其似性，而誤以爲真性，侈然自足，而竟蕩無所歸者，或不少矣。未逢真處更求真，志於入聖者固如是。

或謂：性本天成，非由人造，何俟於修。夫性無體也，以無邊法界爲體，是故有無隱顯，致一不二，通乎此，可以言修，可以契性矣。噫，難言哉！

由真修而悟者，實際也；由見解而悟者，影響也。此誠僞之辨也。

夢覺之後，更不作夢，此悟之説也，倘此中尚有絲毫未能割捨，即是夢境，安可云悟哉？

今學者自恃高明，不屑於下學者多矣。聞吾苦修之説，大似可笑，譬如膏粱子弟，享用現成，驕貴自恣，孰知寒門下士，忍饑受凍，辛苦勤劬以自表見者，如此其難哉？雖然，現錢易使，自在不成人，俗諺亦未可忽也。

悟後無奇特相，惟得其平常本性，人人具足者而已。悟後却一味稱性而修，庸言庸行，兢兢不懈，以此終其身，不敢有毫髪縱恣侈泰之意，如執玉，如捧盈，此所謂保任之功也。

或謂：「必修而悟，然則頓悟之説非歟？」曰：「頓悟者，非不修而悟也。如伐木者，斤斧交加，竟以一斧而斷絶；如登山者，攀躋累及，竟以一步而陟巔；徒指其已陟已絶成功之際而言，則謂之頓可也。倘不由斤斧攀躋之勤，而徒頓之羡，其不至於對塔説相輪者，鮮矣。」

或謂：「古有始生而頓悟，有傭賤不識字，乍聞一言而頓悟者，皆不假修而入，何歟？」曰：「是有宿因乘願力而來者，非凡流也。彼宿因之修，已入聖境，故乘願而來，現跡如是。知此則知予所謂自古未有不修而悟者，真非誑語矣。」

修極而悟，真悟也。真悟難與人言，所謂啞子吃苦瓜是已。凡可與後學言者，惟指其入悟之方，非能直吐其所悟也。惟善學者真實自求自參，到得自有省處，却親炙明眼人，密密請質，當有不言而契，非以影響承當者。孔子所謂不求安飽，敏事慎言，就有道而正，是爲好學者，此也。

或謂：「修極入悟，既悟之後，則向者之修皆妄也，得無枉用其力乎？」曰：「非然也。砂石盡排，真金始露；排砂之力甚繁，得金之效至約；約于收效，非由繁于致力不能也。修之多方，正聖門所謂博學者，厥功大矣。」

有悟後翛然無寄，惟平懷應物，以爲保任者；有悟後默默存養，不着纖毫人力，而必有事焉者；有悟後益見習氣隱微，密密銷融者；有悟後益謹言動，慎倫理，細行必矜者，皆所謂稱性而修也。孔子所貴從心而能不踰矩，正謂此耳。彼冒認有悟，遂猖狂自恣者，此人正在迷中，良可悲夫。

學未得道者，其日用修爲不免有滯迹，有英氣，有執心；得道者，日用修爲如水不浪而通流，如鑑無情而普照，此未易能，蓋養盛而自致耳。若於道未得，侈焉自放，曰我能忘機自然，此正色取仁而行違者，非入道真功也。

學問到結束處，只是自得其本心而已，非於本來添得一毫精采也。故學到至處，愈平淡，愈帖帖就實地，兀然如愚，是謂見素而抱朴也。若意氣夸張，纔涉一毫炫露，便是的然日亡，適足以占其爲義襲而取者矣。

真覺本無起覺之相，學者或執精明爲覺，反於自性上妄增一障，所謂猶如太虛生閃電也[一]。

〔一〕「有悟後益謹言動」至「所謂猶如太虛生閃電也」一段，原缺頁，今據清重刊本補。

性廓然無際，生幾者，性之呈露處也；性無可致力，善學者，惟研幾入於極深，其庶矣乎！

研幾者，非於念頭萌動辨别邪正之謂也。此幾生而無生，至微至密，非有非無，惟綿綿若存，退藏于密，庶其近之矣。白沙先生云：「至無有至動，至近至神焉。發用兹不窮，緘藏極淵泉。」旨哉言乎！

警學説 四條　癸巳

堯舜言「執中」；孔子言「求仁」，言「約禮」，言「慎獨」；程門言「主敬」，言「存天理」；白沙先生言「静中養出端倪」。立言似别，指歸則同，學到致一處，直是質諸千聖若合符節。

先儒謂：有求爲聖人之志，然後可與共學。蓋吾性本塞天地，貫古今，至大也。能全此性，是爲聖人。若學者志非希聖，則是性本大而吾自甘於小也。譬則明堂清廟之鉅材，庸匠顧斵而小之，其不可與共學明矣。

性本至善，聖凡同具者也。惟形生神發，不能無習氣之染污，故必加省察克治之功，而後吾性可完矣。學非有增於性也，能去其所以害性者而已。或謂吾性自然，何必修治？是知苗而不知稂莠也，鮮不害道矣。

儒者律身行己自有法度，一念不敢妄萌，一言不敢妄出，一事不敢妄爲。子臣弟友必盡其分，務期俯仰無愧，此躬行實際也。彼恣高談，薄踐履，甚者斁倫傷教，且謂妙道在形迹之外。此説倡，人欲横流矣。吁可戒哉！

仁爲萬善之本，不仁爲衆惡之原。仁者天地生物之心，故君子體之，愛以天下，敬以天下，盎然與萬物爲一體，貫徹融浹，無少乖隔，此吾道正宗也。欲立立人，欲達達人，吾非斯人之徒與而誰與。求仁之學蓋如此。

朝聞臆説 六條　乙未

或問：「孔子曰『朝聞道，夕死可矣』，然則不朝聞者，顧不可以死乎？」予曰：「然。孔子曰『未知生，焉知死』，朝聞者，即知生之謂也。」曰：「然則孔門亦重生死乎？」予曰：「知生而可夕死，是聖人盡性至命之事，安得而不重？」曰：「宋代大儒，以孔門盡性至命之學爲宗，其於朝聞之旨，亦有相發明者乎？」予曰：「周子著《太極圖説》，末引『原始反終，故知死生之説』，而曰『大哉《易》也，斯其至矣』。張子著《西銘》，亦以『存吾順事，没吾寧也』終焉。是孔門知生之旨，先儒皆申述以示人，意獨至矣。」

問：「人之生也氣聚，死也形銷，有生必死，理固常然，委運大化，何必留情？」予曰：「聖門之論生死，非以形氣言也。先哲有言：『哀莫大於心死，而身死次之。』又謂：『必有不依形而立，不恃力而行，不待生而存，不隨死而亡者。』斯言皆未可忽也。」

問：「何謂知生？」予曰：「陽明先生言之矣。蕭惠問死生之道，先生曰：『知晝夜即知死生。』問晝夜之道，曰：『知晝則知夜。』曰：『晝亦有所不知乎？』先生曰：『汝能知晝，懵懵而興，蠢蠢而食，行不著，習不察，終日昏昏，只是夢晝，惟息有養，瞬有存，此心惺惺明明，天理無一息間斷，才是能知晝。這便是天德，便是通乎晝夜之道而知，更有甚死生？』先生此言，即孔子知生之遺旨也。」

問：「人之死也，形既朽滅，神亦飄散，故舜跖同歸於必朽，所僅存者，惟留善惡之名於後世耳。」予曰：「不然。」又問：「君子之修身力學，義當然也，非爲生死而爲也。倘爲生死而爲善，則是有所爲而爲矣。」予亦曰：「不然。夫學以全生全歸爲準的，既云全歸，安得謂與形而俱朽乎？全歸者，天地合德，日月合明，至誠之所以悠久而無疆也，孰謂舜跖之同朽乎？以全歸爲學，安得謂有爲而爲乎？虞廷之惠逆，丹書之敬怠，大易之趨避，皆以吉凶示人，豈亦有爲而爲乎？」

問：「天地合德，日月合明，至誠悠久無疆，特言其理耳，豈真有精神靈爽長存而不泯乎？是反爲沉滯不化之物矣。」予曰：「理果有乎，有即沉滯矣；理果無乎，無即斷滅矣。沉滯則非德非明非至誠也，斷滅則無合無悠久也。此其理殆難言哉！惟此等見解，一切透過，乃可以語知生之學。」

問：「學而全歸，則必超生死之外乎？」予曰：「昧性者，受役於生死，是反覆牿亡之流也；執性者，厭離乎生死，是偏空絕物之見也；盡性者，不役不離，而生死與無生死，皆不足以名之，是至誠無息之域也。夫學者不以至誠無息爲準的，安在其爲善學哉？是故學必優入聖域，乃爲全歸，乃爲知生，乃爲朝聞矣。」

求仁説

天地之大德曰生，盈宇宙間一生理而已。生理渾成，無聲臭，絶睹聞，而非枯槁空寂，實天地人物所從出之原也，故命之曰生理。人人具足，物物均禀，是之謂性，孔門所謂仁者此也。仁非外鑠，本吾固有，聖非有餘，愚非不足，惟學非求仁，則生理漸槁，是謂自賊其性。善學者默識此體，敬以存之，則生理呈露，火然泉達，親親仁民愛物，隨處融貫，不二不息，充塞宇宙，總歸生理之中，故曰「天下歸仁，是謂盡性」。孔門求仁之學蓋如此。彼以空爲性，而幻視倫物，一切欲捨離之，其賊性也甚矣。歐陽康甫聯同志講摩聖學，名其堂曰「求仁」。予嘉其志趨之正也，特著《求仁説》，俾揭于會堂，與諸君子共勉焉。

仁智説 十條 甲辰

《中庸》言仁智皆性之德也。蓋自本性之中涵生理曰仁，自本性之中涵靈通曰知，此仁知皆無聲臭，故曰性之德也。若惻隱是非，乃仁知之端倪發用於外者，是情也，所謂性之用也。後儒以愛言仁，以照言知，遂執此以爲學，是徒認情之流行，而不達性之藴奥矣。

孟子言「君子所性，仁義禮知根於心」，而後生色，見面，盎背，施四體。先儒亦謂：「性中只有仁義禮知而已，曷嘗有孝弟來？」蓋仁是性也，孝弟是用也，觀此則情固性之發用，而不可執情以言性也明甚。

性者，未發之中也，故仁義禮知皆指未發而言。未發本無聲臭也，至發爲四端，則顯現而屬之情矣。學者能常存未發之中，則發自中節，不然，昧性而任情，失其本矣。

孔子云「乾元資始」，蓋言性之仁也。又曰「乾知大始」，蓋言性之知也。性之仁非暗塞也，故亦即謂之知；性之知非枯槁也，故亦即謂之仁；故仁知一也，非二也。程子曰：「醫書以手足痿痺爲不仁，此言最善名狀。」夫手足痿痺，是不知也，而即謂之不仁，學者體此，可以達仁知合一之理矣。

孟子言「孩提愛敬」，蓋指仁之發端言之。陽明先生言「知善知惡是良知」，亦指知之發端言之。皆以性不容言，姑指其發端處示人，使學者即情以驗性，而深悟其本耳。孟子未嘗形容仁之面目，但曰「强恕」，於求仁爲近。陽明先生未嘗形容知之面目，但曰「乃若致知，則存乎心悟」。可見孟子、陽明先生皆深於悟性者。

孔子言「仁者人也」，又言「吾有知乎哉，無知也」，此是孔子形容仁知最親切之語，然亦罕言之。其與門弟子言仁，但示求仁之方而已；與門弟子言知，但示多聞而擇，多見而識，爲知之次而已。學者深達孔子罕言之旨，而真信仁知之爲性德，爲未發之中，庶可以言希聖之學。

孔子立教以求仁爲宗，此萬世不可易矣。而陽明先生特揭致知，何哉？蓋當其時，世儒皆以博聞廣見求知於外爲學，故先生特揭知之根於性而本良者以救之。觀其言曰「良知即是未發之中」，則先生立言之本旨可見矣。既云未發之中，仁知豈有二哉？今末學往往以分別照了爲良知，固昧其本矣。又或疑陽明先生爲未徹性，而以良知之説爲不足信，均非知言者也。

後學或謂：「只將一念之愛擴而充之，至於無不愛，便是仁，不必深探性體之仁。」此與執「知善知惡爲良知」而不深探性體之知者無異。噫，性學之晦也久矣！

未發之中，仁知渾成，不可睹聞。本無愛之可言，而能發之爲無不愛；本無照之可言，而能發之爲無不照。故曰：「溥博淵泉，而時出之。」愛不涉於比昵，照不逐於枝節，大公而順應，過化而不留，一切行所無事，總之一未發之時出而已，此之謂盡性之學。

鐘在懸，叩之而和聲出焉，聲非待叩而後有也；石在山，擊之而火光見焉，火非待擊而後有也。仁知之在性中也亦然。

劉生如晦字説

《易》曰：「日月得天而能久照。」夫天之理不可名，蓋至晦也，而日月之明生焉。是以聖人藏密以爲神知之原，藏用以立顯仁之本，潛龍以豫見躍之基，而《詩》稱文王不顯以純德，不識知以順帝則，夫孰非用晦而明之旨哉？且夫一陽之復生於坤，一日之子起於亥，一月之朔胎於晦，一氣之元涵於貞，大哉晦乎，其萬化之肇端而資始者乎！夫坎正北方之位，由是帝出而漸進以見乎離，即坤以養之，而其極必歸於坎，故曰坎者萬物之所歸也。《易》之以晦示人也至矣哉！《大學》明德必先於止，《中庸》日章必貴於闇然，皆此義也。先儒言「不專一則不能直遂，不翕聚則不能發散」，故學者求端用力，必凝神斂曜，默成於晦焉。夫冬過燠則年不豐，華過艷則果不實，故精元大洩，則物生不遂。在化工且然，而況於人乎？是聖學之微旨，而學者所宜潛心也。廬陵藤橋劉生繼光，字如晦，請問其說。予以生資恬雅而志勤於學，其必可進於斯道也，特著其說以勉之。

譚生二南字說

茶陵譚生大雅，字二南，謁予問學，因請爲字說，以爲朝夕展對自勗之資。生天質穎敏，其所嚮往，在於高邁奇妙之鄉，而予輒以庸常踐履之至近者語之，生亦唯然聽受，不違於衷也。予乃爲之説曰：夫二《南》者，周文王修身正家之實學，以爲化民經世之根本，而底于位育參贊之極功，用此道也。其修身正家，必自《關雎》、《鵲巢》始，其旨微矣，其義遠矣。舜之玄德，已聞於堯，而堯猶以二女試之，故文王之宜兄弟、御家邦，必本於「刑于」。蓋居室之内，吾之密意細行，有可以掩天下之耳目，而不能逃於愚婦賤妾之洞鑒者，即高妙之談，超奇之見，能於大庭廣衆之中以夸示於人，而欲於暗室屋漏成格心之化，則毫髮不可以僞爲而襲取也。故必如文王之小心翼翼，緝熙敬止，不顯亦臨，無斁亦保而後可，此聖學之所爲，至近而至遠，至庸常而至精妙也歟。善學者，惟瞬存息養，兢兢焉如執玉奉盈而不敢失，惴惴焉如臨淵集木而不少怠，庶其近於道乎。《易·家人》之《象》曰：「君子以言有物而行有常。」又曰：「威如之吉，反身之謂也。」夫瞬存息養，以完其反身之理，而一言一行，必蹈準繩，無少滲漏，此二《南》之旨也。孔子云：「言行，君子之所以動天地也。」道有加於此者乎。不謹言行，則千里之外違之，況其邇者，其於二《南》之道悖矣！不爲二《南》，則猶正墻面而立，可不慎乎？彼妄意於物外之超，而脱略於人道之矩，亦何異於欲北適而南轅哉？

湯生君斂字説（存目）

跋

初刻大學古本後跋

《大學古本》刻成，有疑者曰：「《大學》自平治逆推之至於致知，皆由末而反本也。學至於致知盡矣，而又云『在格物』，陽明先生謂格其事之不正以歸于正，則是復求之於外矣，不亦支離瑣屑而失其歸一之旨乎？」時槐曰：「此正見孔門大中至正之學所以異於二氏也。假令推本極於致知而不言格物，則其弊將有遺物而淪空者矣。夫物者何？即意、心、身、家、國、天下是也，格者何？即誠、正、脩、齊、治、平是也。故曰『物有本末』。格物者，格此本末之物，皆正其不正，以歸於正也。誠正以脩身，格其物之本也。自修身達之齊、治、平，格其物之末也。故曰：

『修身爲本，本亂末治者否。知本是謂知至。』言致知在格物者如此。下文詳釋誠、正、修、齊、治、平，正詳言格物之事也。夫舍誠、正、修、齊、治、平，則知無可致之實矣。舍致知，則誠、正、修、齊、治、平無從出之原矣。物無内外者也，格之之功無内外者也，知周萬物亦無内外者也。舉要言之，猶曰古之欲平、治、齊、修、正、誠者，先致其知，而致知即在於誠、正、脩、齊、治、平云耳。此體用一原，顯微無間之聖學，復何疑焉！」曰：「然則陽明先生獨重致知者何？」曰：「《大學》言致知在格物，不言先格其物，則八條目之統於知也，甚明矣。夫知者吾性之真明，命物而不命於物者也。故以知格物則可以，物先知則不可；謂知不遺物則可，謂外知以格物則不可。物有本末，知者貫本末而一之者也。《易》稱『乾知大始』，『乾以易知』。蓋天之明命，首出庶物而能發育萬物者，此孔門法天之學之本旨，宜陽明先生獨重而專揭之也。彼二氏遺物而淪空，固不能達知之用；俗學昧本而逐末，又不能全知之體。惟致吾良知而實踐於事物，是之謂聖學。」曰：「近世儒者，深闢宋儒在物爲理之説，而曰『理在心不在物』，是果陽明先生之本旨歟？」曰：「爲此説者，既未悟陽明先生之旨，且不達宋儒之説矣。夫宋儒之所謂物者，非但指山川、草木、鳥獸而言，即吾人之意、念、思、慮皆物也。物無内外，理無内外，則謂理在物可也。陽明先生之所謂心者，亦非專指方寸之情識而言，蓋虞廷所謂『道心』，《大學》所謂『天之明命』，此心彌宇宙，貫古今，通天地萬物爲一者也。心無内外，理無内外，則謂理在心亦可也。要之心體而物用，可言體用，不可言内外，而謂理在此，不在彼，過矣。惟陽明先生病宋學末流之弊，稍辨正之，而後學不悟，遂執内爲心，外爲物，理在内，不在外，於是有棄倫物，苟言動，毀名檢，而自以爲知道者。其或不然，則以内心應外物，終未免岐而二之，而聖門體用致一之學益晦。陽明先生發明格致，慮遠説詳，學者能深悟此理，始可以會《大學》心法於言語之外矣。」疑者退，因僭附其説於卷末，求正於四方有道者。

刻大學古本跋（存目）

安福鄉約從先録跋 癸巳（存目）

鷺洲會語後跋 癸卯（存目）

仁文會約後跋

文江鄒君南皋，既訂《仁文會約》成，以示時槐。敬受讀之，其曰「先悟」，曰「重脩」，曰「貴證」，蓋聖學之入門與其實踐以底於究極者，則備矣。而君復屬余一言，以余淺陋，抑安能於三言之外復贅一詞哉？竊惟天性在人，與生俱生，各各具足，無俟外求，而俗士凡夫，甘棄其自性，以墮於庸流，則以其無志故也。志苟不甘於庸流，奮然欲全吾自性，以成位于天地之中，是之謂有志。此志一立，如寐欲醒，乃可漸入始悟之門。若無此志，遽以浮識稱悟，是傭丐而談王侯之貴也。由是戒懼惕勵，省察克治，念念勿懈，如《會約》所謂盡分於子臣弟友，復禮於視聽言動，持介於辭受取予，步步躬行，勿少滲漏，久之，足跡既到，夷險自知，是以實脩漸入正悟之境。若無此脩，而冒認已悟，是顛隕而誇升騰之樂也。由是愈精愈一，不息不貳，食充腹而飽不容言，藥奏功而疾乃頓失，自性自成，肫肫皜皜，以完天德，是脩極而悟乃徹，以證於實際，不然猶爲九仞而虧一簣也。嗟夫！學可易言哉！世降道衰，往往穎敏之士自謂有悟，然徐察其實行或缺，真志尚摇者不少，得無以迷爲悟乎？孔子曰：「人皆曰予知，驅〔二〕而納諸罟擭陷阱之中。」是誠可懼也哉！敢敬以真志實脩之説，申繹南皋君三言之旨，以請質于諸同志，期共勉焉。

老子或問跋

昔孔子稱老子曰「猶龍」。夫龍，乾道也。在《易乾》，龍六位，初曰潛龍，蓋惟潛而後能見、

〔二〕「驅」，原脱，今據通行本《禮記》補。

惕、躍、飛，故潛爲乾道變化之根柢也。老子致虚守静，專氣致柔，知白守黑，歸根復命，不爲天下先，皆潛也。《大易》之「退藏于密」，《中庸》之「尚絅篤恭」，非潛而何？孔子以「猶龍」稱，其以是歟。憲使脩默龔公，手著《老子或問》，發明詳悉，覽者當知。學必本於潛也，庶可以幾於龍德矣。

老君三悟跋

《了心經》、《清净經》，世傳以爲出於老子。愚嘗誦而繹之，其視道德五千言，微義邃旨，似當有辨，意後之慕老子者所爲耳。然即其所譚清虚不争之理，詞淺而易見，足以警世之憒憒者，倘學者由之以入，而復深探五千言之奧，其於道也，亦何異江河之必趨於海也。憲使脩默龔公，集諸説而自爲評，以發明之，其有裨於世也大矣。

莊子日録跋

莊子之學宗老子，其於性命之原有洞見焉。所著書，汪洋宏肆，縱談宇宙、古今、幽明、死生之故，朗然徹矣。不但如三一居士所稱神氣鉛汞任督之作用而已。昔孔子思狂者而不可得，若莊子，蓋聖門所謂狂者歟。孔子嘗歎狂者不知所裁，使莊子而遇孔子，不知當何以裁之也。惟

《讓王》以下諸篇，蘇子瞻謂非出於莊子，信知言哉。憲使脩默龔公，於政務繁劇之餘，而於此書獨留神焉，其所自得者深矣。

書劉忠愍公事蹟册後

劉忠愍公進直言而蒙慘害，精忠大節與日月争光，無庸贅矣。予讀瀘瀟劉君所言：狥名而東教，非本其中心之不容已者，皆不得謂之忠誠至論也。至有敢言於朝而敗行於鄉者，尤爲士論之所共詬，況得濫名於忠乎？雖然，世又有愛身貪位，坐視國事之日非，而置之度外，竟不出一言相可否，乃託詞於明哲，飾情於渾厚，此其爲患失而偷生，忘君而妨國，尤巧宦者之常態，而世亦莫有能燭其奸而正其不忠之罪者也。蓋孔子論事君之道曰：「勿欺也而犯之。」嗚呼！盡之矣！彼狥名東教，非本其中心之不容已者，是犯而欺者也；愛身貪位而託之乎明哲渾厚者，是不犯而欺者也。不欺之謂忠，涉於欺則害於忠矣。事君者必明乎此，而後可望於忠愍公之末塵也哉。

重脩金谿總譜後語

《總譜》既成，有語時槐者曰：「惟兹族歷年八百，歷世二十有七，可謂遠矣；食指千餘，可謂繁矣，科第名位，後先迭出，可謂顯矣。族不已大乎！」予曰：「非然也。先儒有言：『子孫才，族將大。』蓋以賢而大，非以世遠、人繁、位顯而大也。」嘗考歐蘇之譜，世近而人且寡，許魯齋公之譜，自祖以上闕焉；李空同公之譜，自功緦之外闕焉，尤至近而寡矣，且顯者特鮮。然彼其族則以四公重也。往予過浙，浙之秦姓無祖檜者，誠恥之也。及入閩，閩之漳南陳氏裔孫來謁，曰：『我布衣剩夫之後也。』夫宰相爲秦恥，而布衣乃爲陳重，然則稱族大者，豈在貴顯哉？吾先世以理學、忠節、勳業卓然自樹者，固有其人，殆足爲吾族重者，非徒以世遠、人繁、位顯而大也。豈惟是哉，藉令先世有賢聖，而後之人弗克肖焉，是族本大，而人顧自小之也。如管、蔡安得襲美於文考，孔光安得借譽於尼父哉！信乎人能大族，族不能大乎人也。惟吾族後人，儻僅僅焉倚華閥爲侈談，席先緒爲夸說則陋矣。尚思所以自脩自成，居則秉仁踐義，爲高士，爲真儒；出則翊運濟時，爲名臣。使人指而稱之曰：是砥行宣猷，純白之賢也。則能自以其身，炳然耀前聞而貽後範，吾族遂因若人而益大，而茲譜之流芳將垂億祺未艾矣。談者退，爰次第其說，以附于末簡。

西方億跋

右《西方億》，予同年陳蒙山丈憂聖學之不明而作也。友人賀君沚汝定甫一見以爲當廣傳，亟付梓，屬予綴一言于末簡。予不知聖學，且未諳西方之説，固辭之，不獲，則强爲之言曰：竊聞吾黨之士，捨聖學而求西方者，蓋有四疑焉。何謂四疑？其一，疑聖學未離苦境，安望極樂。予謂疏水曲肱，樂在其中，簞瓢陋巷，不改其樂，則孔顔當下已生極樂矣，豈待往西哉？其二，疑聖學是世間法，難超三界。予謂聖域優入者，高則曰首出，遠則曰不禦，彼非世間非不世間，且無三界之相，又何超與不超之足言？特凡夫心量淺局，未測聖境耳。其三，疑聖學繁勞，非爲捷徑。予謂聖在自心，欲仁得仁，其道甚近，充此仁心，以親吾親，以長吾長，以慈吾衆，其事甚易，不離日用，直透先天，其機甚速，可謂至捷矣。其四，疑聖學全憑自修，不如西方蒙佛接引。予謂聖人欲立欲達，汲汲皇皇，苟以心至，無不攝受，如互鄉闕黨，公山南子有願見心，皆蒙俯就。孔子雖往，惟此一念常在宇宙，以孔子萬古接引後學，故後學萬古崇祀孔子，感應之理於此足徵。但吾儕希聖心切，則神明若或啟之，帝堯可見于羹墻，周公可見於夢寐，如陽燧取火，磁石吸鐵，蒙聖接引，不隔絲毫矣。且自心是聖，自心是佛，自信自心，是真念佛，非口念也。若心垢未銷，徒以口念，六祖所謂「心中十惡不除，何佛即來迎請」，良可思矣。夫四疑盡釋，正信自生，其進於聖學也孰禦？吾於豪傑之士有厚望焉。汝定謂予言可書，爰書爲跋，庶以質正于四方有道者。

石經大學略義 除經十七條

大學之道在明明德，在親民，在止於至善。

大學者，大人之學也。大人以天地萬物爲一體，故曰「大學」。至善者，明德之體；親民者，明德之用。至善者，性也，性不容言，以其爲天地萬物所從出之原，極純無雜，而了無聲臭可得，强而名之曰「至善」。《大學》以復性爲宗，故止至善焉盡矣。

古之欲明明德於天下者，先治其國；欲治其國者，先齊其家；欲齊其家者，先脩其身；欲脩其身者，先正其心；欲正其心者，先誠其意；欲誠其意者，先致其知；致知在格物。

大學以復性爲宗，格物致知者，悟性之功也。天地萬物皆物也，而物有本末焉，性之至善，是天地萬物之本也。格者，通徹之謂也，即天地萬物而窮其原，真能悟此性之爲本，洞然通徹，無纖芥之疑，是謂物格而知至。

程子曰：「人生而静以上不容説。」又曰：「性即理也，理無不善，堯舜至於塗人一也。」張子曰：「性者萬物之一原，非有我之得私也。」孟子道性善，及其答門人之問，曾無一言以形容性善之狀，而但以情善爲言，此可見孟子真悟性者。楊龜山言「孟子之言性善不與惡對」，其知言哉。

性之至善，彌宇宙，貫古今，了無聲臭可得，然非頑空也。性本生生，意乃生生之微，幾動而未形，所謂獨也。獨者，無對之稱，蓋有無不足以名之，故曰「獨」也。意與念有辨，至於念則純駁分焉，獨幾常生而無可睹聞之相，於此慎之，則此意常微，即孔子無意之謂。誠者，天之道也，意而無意，則人而天矣，是謂「誠意」。

程子曰：「識得此體，以誠敬存之。」格物致知者，識得此體也；誠意者，以誠敬存之也。格致存乎悟，誠意存乎脩，《大學》之要，盡於此矣。

物有本末，事有終始，知所先後，則近道矣。《詩》云：「綿蠻黄鳥，止於丘隅。」子曰：「於止，知其所止，可以人而不如鳥乎。」知止而後有定，定而後能静，静而後能安，安而後能慮，慮而後能得。《詩》云：「邦畿千里，惟民所止。」子曰：「聽訟，吾猶人也，必也使無訟乎。」無情者不得盡其辭，大畏民志，此謂「知本」。自天子以至於庶人，壹是皆以脩身爲本。其本亂而末治者，否矣。其所厚者薄，而其所薄者厚，未之有也。此謂知本，此謂知之至也。

此一段正發明格物致知之義。先儒以爲格致傳闕，誤矣。天地萬物，其本在於至善之性，故格物而知本知止，則於性徹矣。性者意之所從出，不悟性之爲本而常止，則意不可得而誠也。

所謂誠其意者，毋自欺也，如惡惡臭，如好好色，此之謂自謙，故君子必慎其獨也。

性無可致力，意之獨者，性之微萌，脩身之最要，惟在於此。如惡惡臭，如好好色，言意至於誠，則習氣盡銷。其不染也，如惡惡臭；天真極純，其根衷也，如好好色。此誠意之極功，必如是而後可以自慊。然誠之致力當如何？惟在慎獨而已。獨者，一性之呈露，而萬有之根柢，所謂坤復之間，此幾默默常運，了無朕迹，不可以有無言者也。於此慎之，是謂不遠復之學。不知慎獨者，高之或墮空見，下之或落枝節，於道也遠矣。故程子曰：「其要只在慎獨。」

獨固難識，而慎亦未易言。邵子言：「子之半，一陽初動，而萬物未生。」吾心之真幾，息息常生而無生相，其獨之謂乎。獨爲生之端，於此不慎，則意馳而漓其本，故貴於慎也。慎者研幾入微，精以一之之功也。

《易》曰「潛龍勿用」，孔子曰「退藏于密」，周子曰「主静」，曰「寂然不動者誠」，曰「幾微故幽」，程門言「敬」，曰「主一無適」，曰「其心收斂，不容一物」，邵子曰「人之精神，貴藏而用之」，曰「沉珠於深淵」，白沙先生示静中端倪而曰「緘藏極淵泉」，陽明先生曰「性情道德言動，皆以收斂爲主」，曰「爲學須從心髓入微處致力」，念庵先生喫緊於未發，而以「收攝保聚」爲言。觀《大易》、先聖、先儒惓惓垂示之旨，則知慎獨之功當如是矣。

或曰：「《大學》但言至善，未嘗指其爲性；但言獨，未嘗描寫其爲動而未形；但言慎，未嘗極示其爲潛藏收斂。今何所徵而知其然乎？」曰：「吾徵於《中庸》而知其然矣。《中庸》首揭天命之性，而謂未發爲天下之大本，篇中言明善擇善，正指性之至善爲本之説也。

其言獨曰不睹聞，隱微而即曰莫見莫顯，正所謂『動而未形，有無之間』，其描寫獨之面目，可謂親切矣。既言戒慎恐懼，而末章詳言尚絅闇然，由微自以入德，潛伏於人所不見，敬信於不動不言，篤恭於不顯，不大於聲色之末，而歸極於無聲臭之至，正潛藏收斂、研幾入微之旨也。《大學》舉其略，《中庸》示其詳也。賈逵謂《大學》爲經，《中庸》爲緯，皆出於子思之筆，其信然哉。」

《易》以此性之生生取象於龍，然必首於潛而勿用。蓋惟潛而後能見、惕、躍、飛，動合天則，所謂不專一則不能直遂，不翕聚則不能發散也。《書》曰「安汝止」，「欽厥止」；孔子以「思不出位」爲止，而謂「艮止爲萬物之成始成終」；孟子言「集義」，集亦止也，不止而徒飾於外則爲「義襲」矣。

或曰：「性本自止，非假人力而後止也。學惟一悟便了，何必慎獨。」曰：「性，先天也，獨幾一萌，便屬後天。後天不能無習氣之隱伏，習氣不盡，終爲性之障，故必慎之。至於習氣銷盡，而後爲悟之實際，故真修乃所以成其悟，亦非二事也。即上聖且有罔念之戒，況中下根之人乎？彼自恃爲有悟，而慎獨之功疏，鮮不涉于曠蕩自矜，將爲無忌憚之中庸矣。」

性無爲者也，意爲形氣之原，故習氣隱伏其中。習氣極微，當其未萌，亦無聲臭，惟根株未拔，一觸復萌矣。程伯子見濂溪先生後，自言已無獵心，先生曰：「何言之易也。但此心潛隱未發，一日萌動，復如初矣。」後十一年，見獵復有喜心，乃知果未也。於此可見習氣之難於自知且未易銷如此。孔子有「已矣乎，未見能見其過」之歎，正謂此也。今人冒認有悟，而遂謂無習氣可銷，誤矣。昔人謂：「學必優入聖域，習氣乃盡。亞聖以下，皆不能無習氣。」真至言也。

性貴悟而已，無可措心處，纔一拈動，即屬染污矣。獨爲性之用，藏用則形氣不用事以復其初，所謂陰必從陽，坤必東北喪朋而後有慶，後天而奉天時也。

程子曰：「必有事焉而勿正，心勿忘，勿助長，未嘗致纖毫之力。此其存之之道。」白沙先生曰：「戒慎與恐懼，斯言未云偏。後儒不省事，差失毫釐間。寄語了心人，素琴本無絃。」學者會得此旨，乃可以言慎獨。

正心章言忿懥、恐懼、好樂、憂患；脩身章言親愛、賤惡、畏敬、哀矜；齊家治國章言孝、弟、慈、平；天下章言好惡、絜矩。總之皆意之用也。故一誠意，而正、脩、齊、治、均、平皆舉之矣。《大學》在格知天地萬物，本於吾性之至善，而於此性生生之微幾，所謂獨者，慎之以止於至善，而復吾性之本然，則脩、齊、治、平一以貫之，此悟脩兼到之功，孟子所謂始終條理，聖智大成之學也。

不悟性而徹其本原，則雖以學自命，將不免於逐末而滯於形器，甚者重增障蔽，而反謗心法爲無稽。不誠意以達于脩、齊、治、平，則雖少知窺性，將不免於掠虚而流於狂慧，甚者蔑視倫物，而遂毁大閑於無忌。孔子曰：「知崇禮卑，崇效天，卑法地。」道其至矣乎！

右石經《大學》出於賈逵，而表章於鄭端簡。嘉靖間，耿天臺、唐仁卿皆尊信之。近歲劉調甫、鄒汝光爲之疏釋，時槐得受讀，深有契於衷焉。竊以爲朱文公《大學章句》有補傳更定，似涉於割裂裝綴，而王文成公《大學古本》一依註疏之舊，然味其文字旨趣，亦未甚瑩，似不無錯簡也。惟賈逵石經《大學》，則詞義融暢，理致昭晰，渾成一篇，絶無罅隙可疑，此必爲孔門原書，本無舛錯者，讀此則格致不必補傳，亦不必别爲訓釋，而此學朗然昭如指掌矣。惟《大學》之切要，在格致以徹性，誠意以復性，此聖門傳心之正宗，不當以異説淆之者。輒不忖愚陋，略述其義，以質於有道君子云。

友慶堂合稿卷之六

雜著 四十四目

書西原惜陰會籍

予夙生多幸，於弱冠時，得師事兩峰劉先生，側聞陽明王先生指受聖學之餘緒。已而謬通仕籍，以學力未堅，遽涉塵境，深惟墜佚前聞是懼，然此衷彌切，沉思密體，未敢少懈。所請質於四方名賢，傴趨於郡邑先覺，考證於先儒異同，不遺餘力，反求諸心，則垢障之宿積，意見之横生，岐逕之疑似，其乍開而旋翳，暫通而屢滯，展轉焦勞，不知其幾，蓋根鈍器劣，故力苦而機窒如此。徒以志不中阻，慙憤自激，誓竟此生必前無郤，故垂老而僅有窺，然未由大徹，追憶師訓，莫克光昭於萬一焉。邇年以來，郡邑英彦，不我鄙夷，先後過予，委贄問學，予誠願藉朋來，匡我不逮，輒不辭讓，爲述舊聞、攄臆見，以共切偲，期遠到，今且一紀餘矣。是歲，廬陵賀子汝定、劉子文光，偕泰和曾子德卿，謀合同門諸友，訂爲每歲季秋能仁之會。爰置會籍，首揭條規，以明義聚，次列姓名齒序，以重心盟。每會紀其來赴，以稽勤篤，乃謁予一言，繫于籍端。夫學以正心脩身，盡人道而參天地，故學則自成，而日進於聖賢，不學則自棄而不遠於鳥獸，可不勉哉！夫學奮志責躬，惇倫飭行，是必諸己者也。夾持引翼，救過長善，相觀而受益，是資諸友者也。能奮切己之志，則自不容已於求友；能受良友之益，則於切己之志愈有助而大成矣。故學者輔志明道，莫善於會，願諸賢毋以旅進泛交視斯會也。惟奮志責躬，惇倫飭行，以必明孔門之正學，盡人道而參天地，毋憚道遠，毋疑力弱，毋始鋭而終倦，毋安小而忘大，毋伐己而拒善，毋護過而吝改，毋近利，毋干譽，毋薄天常，毋忽名檢，務繩趨尺步，踐形復性是期。予且藉手諸賢，以光昭師訓，後來者，將以吾黨爲真能實修力任，不墜往緒，庶有裨宇宙，可俟來哲於百代，斯會亦永有令聞，願與群賢共勉之。

書南臯卷後

予友劉子述亭，既書論學語以質于鄒子南臯，予讀之，則深歎劉子之言之爲切至也。或有疑者曰：「學貴悟最上第一義，今劉子以一竅之難化，而必加治病之功，得無落階級而非究竟法乎？」予曰：「劉子則既言之矣，是竅也，其體本無聲臭，其用乃有知識。夫内執無聲臭，是謂沉空；外倚有知識，是謂着相。體用之間，不落有無，强名曰竅，是聖門所謂不睹聞而顯見之獨，動而未形，有無之間之幾也。故孔子以克己爲求仁之功，而程伯子惓惓以其要只在慎獨爲言。劉子之説，殆謂是歟！」曰：「此竅既不屬有無，則不可以善惡言矣，何病之有？」予曰：「是難言也。夫性本無病，惟混沌一開，此竅立焉，則業習之氣有潛注其中者矣。習氣之潛注，其來無端，莫知所由始也；其隱無跡，莫測其由伏也。習氣蓋甚微矣哉。故孔子極歎見過之難其人，而以有不善，未嘗不知，獨許顏子。若云此竅無病，不必致力，則人人皆聖，人人皆天，學可盡廢矣。」曰：「治病之説，特接引中下根可耳，若上上根人，一悟而徹，何事治病乎？況病本虚幻，豈有實體也？」予曰：「是則然矣，獨不聞業力不可思議乎？惟業力不可思議，故習氣未易頓消，予以爲必真悟性，乃能見病。譬之日出能見凌虚之塵，目明能察秋毫之末。彼不見病者，如痿痺而不識痛痒，不悟孰甚焉。」曰：「然則，悟後猶云有病，亦何貴於悟乎？」予曰：「不悟者，性爲病蔽，故衆人無病，病斯痼矣。真悟者，性與病離，故至人識病，病斯化矣。夫一絲未盡猶難語化，學者慎毋以痼病之身而冒認大化之境哉。」於是僭附其説于簡末，請正于南皋君，以爲何如焉。

泰和曙台唐侯索書漫呈六條

古人之學，以正心、脩身達於行事，一歸於至善而已。彼藉口心學，而不檢察於事爲者，固非也。若惟事爲之檢察，語及心學則以爲虛誕，又未免懲噎而廢食矣。

古人有所謂不朽者。夫身外之物固必朽，文章、勳業、名譽皆必朽也，精氣、體魄、靈識亦必朽也。然則不朽者何事，非深於道者，孰能知之？

宇宙古今只有一理，原無二理，但諸儒見理，或未盡徹，隨其所見，各自立言，時有同異耳。若後學執一而廢百，非博取而互融之道也，故知道者無常師。受益無方，而不自據蹊徑以爲高。

整庵先生著《困知記》，大指謂知覺爲心，形而下者也；仁義禮智之理爲性，形而上者也。故以心存理，則得之；若但言心，是徒得形下之粗，而遺形上之精矣。此整庵先生苦心語也。若學者執其説，而不得其言外之微旨，恐其蔽亦復不小。此意難言，欲請質於有道者。

學不貴多言，然實用力決志欲明此道者，則審問明辨自不容已。若一向以譚學爲諱，恐此中不無隱微之病。此病在賢者愈難自覺，非全勘破，於道終有妨也。

象山先生云：「與嗜慾之人言易，與有意見之人言難。」夫意見惟賢者有之，彼既修名檢、慎廉隅，足以自安自信。其自處已高，則其取善必狹，儻語以至道，有加於名檢、廉隅之上者，彼將拒而不信也。故大舜之舍己從人，顔子之若無若虚，非實見斯道之無窮，而自視欿然者不能也。

贈劉文光北上三條

天下事，非才不濟，非氣不振，故持英特果毅之資以用於世，則無堅不摧，無廢不舉。何哉？以其才擅長而氣足以充之也。雖然，有道焉。鋒有鈍而愈斂，明有晦而不曜，此古者高世之賢，所以善藏其用也。用愈藏，則心愈細，而氣愈沉，其爲才也始大矣。留侯狀貌，乃如婦人女子；而諸葛獨稱「才須學，學須静」。古人涉世之道，固如此哉！

儉爲美德，古聖人且然，稽諸傳記可知也。夫儉亦多端矣。不泛焉以與人交，是謂儉於應接；不侈焉以通餽問，是謂儉於儀文；不强其力之所不及以濟人，是謂儉於市恩，不急其情之所可緩以矜能，是謂儉於取譽；迫而後應，不得已而後起，是謂儉於酬物；其理也出於温，其辨也成於訥，其斡旋籌量，以挽頽波也，默運於澹樸以無爲，是謂儉於經世。孔子言「以約失之者鮮」，而老氏謂「治人事天莫如嗇」，殆謂是歟。

性本静，而意則易馳。知道者以性爲宗，故雖日應萬變而常静；不知道者爲意所役，故雖獨處一室而常馳。静則能成天下之事，而不尸其勞；馳則不無可喜之功，而終戾於道。何哉？性君而意臣也，君失御而臣躁動，可乎？學者知性本静而不失其宗，斯善矣。

劉友文光，才力壯毅，而意氣峥嶸，真足以有爲，任職一方，必能爲生民造福無疑。予辱知契之久，尤欲進之於道也。特書三條，以致交勗之情。詞或不達，文光尚自得於言語之外可也。

贈别曾中甫會試北上

維天之元氣，渾淪磅礴，無所不貫，故日月、山川、草木、鳥獸以至一塵一毛，物物各賦形委命無少遺焉。維聖人之本心，彌滿充塞，無所不貫，故五常、百行、三千、三百以至一瞬一息，事事各中節協矩無少忒焉。是以聖門言仁，必喫緊於視聽言動，出門使民，居處執事與人，非故屑屑於枝節也。性本體物而不遺，故學之爲體物不遺，乃所以盡吾性也。蓋聖門所謂一貫者如此。儻徒知性無聲臭，不可思議，而謂人倫物理爲末節，不必其盡分與否，則是徒一而不必於貫，得無性爲有外，而尚有不周不徧之處乎？或者曰：「吾但悟性，性自能貫吾，何容心？」予竊以爲不然。夫性本一也，而千古學術，毫釐之際，不能無辨。有學之爲一而貫者，孔子是也；有學之爲一而超者，二氏是也。一而貫，則以天地萬物爲一體，自不容已；一而超，則離天地萬物而無情，亦所必至者也。學者其當慎所趨哉。予與曾中甫以正學相勗有年矣，念中甫北上，且爲世用，而予衰老矣。後會未期，將何以訂久要之義於其別也。書此以贈之，儻與賀汝定晤對於都下，試出此，共切磋，以爲何如？

贈貴州吴心淮會試北上二條

孔子言五達道，「所以行之者一」。夫一貫徹於五達道之間而非虚也。五達道皆一之貫徹而非支也。聖門之學，一以貫之者如此。今學者或以一爲杳冥超絶，迥出於倫物之外，而以倫物爲粗節不屑爲，得無叛于孔子之學乎？此世道治亂攸關，憂世君子宜救其弊矣。

孔子以「人皆曰予知，擇中庸不能期月守」，則與「納諸罟阱」者同，是聖門必以實踐爲真知也。今或極談妙悟，而薄視躬行；子臣弟友，不盡其分；出處辭受，不揆諸義；甚則謂：徹悟者，能於異類中行，即貪戾淫酗，皆爲妙用。率天下而罟阱之，所謂甚於洪水猛獸之災者。

書劉明之扇

明道程子有言：「某作字時甚敬，非欲字好，即此是學。」且程子既「非欲字好」，而又云「即此是學」，然則果何學耶？豈所謂敬者出於作字之外耶？是字與敬爲二也。若云即字即敬，則與「欲字好」何異？學者通乎此，則知一切應事接物，皆當主敬。然非外飾，要人道好，而即此是學也。劉明之善書，宜深體此意，勿徒以筆札稱一藝之工可矣。

書族生永卿扇

大《易》首著潛龍，《中庸》極贊尚絅，故學者必刊落浮華，收斂精神，戒表暴而絕外馳，謙卑韜晦，不敢少露賢智以先人，凝志下氣，欿焉常不自足，此下學立心之始，深培厚養之功，大《易》、《中庸》所爲惓惓喫緊者也。冬大燠則陽氣泄，來歲必不登矣；花大艷則繁郁盛，菓實必不結矣。此屈伸合散之理，不獨在聖學當然，即世人欲享俗福，亦必靜樸退藏，而後能悠久，故收斂爲學問第一義。此予所自警者，因書此，願與永卿共勉之。

禾川金覺王將有新安之行過予索言漫書六條

聖人之道，人道也，道之精洩於天地，天地之精鍾於人，故兼天地而握道樞，惟人爲然。故曰：「人者，天地之心。」又曰：「天地設位，聖人成能。」孔子之學，以立人極爲宗。今或恣談天地之外，而不屑人道之常，甚者以孔子爲鈍根未悟，真瞽談矣。

人生而静以上不容説，誠無可措心處。然性無邊際，種種色像亦無邊際；性萬古不滅，種種色像亦萬古無盡，則何物非性，何性非物。會得此，則上達只在下學裏，所謂洒掃應對便是形而上者。

智貴崇，禮貴卑，卑到極處，即是崇到極處，若離卑以求崇，恐落二見。

道充塞宇宙，本無凡聖之可言，然非實得實證，只成儱侗顢頇之見，究竟到生死關頭，全不濟事，此中不無有至約至近真消息，必研精入微，覿體親證，以持造化之柄者。先哲云：「苟不至德，至道不凝焉。」旨哉其言之也。

開眼人行路，必不蹈荆棘、墮坑塹；醒眼人必不作夢，此悟之説也。今學者倘遇纖塵乍觸，不免絲毫繫念，即是迷情，況錯謬尤甚乎？既到此，修行無力，卻又虚見抹過，云大悟人能行於非道，不受世法束縛，得無以大迷爲大悟乎？

聖人以中道立極，故詭異奇僻之行不近人情者無取焉，而必以庸言庸行之信謹爲訓。蓋吾之一身，乃天下萬世之矩也。我失其矩，使天則民彝，自我而潰其防，以誤天下萬世之人，是自作無邊罪業，聖人之所懼也。吾儕以希聖爲學，要當致慎於此。

衰年求益 丁酉

孔子言：「及其老也，戒之在得。」愚嘗聞先輩云：得非貪得也，蓋言老者自謂學有所得，不能受人之善，更求進爾。孟子言「舍己從人」，程伯子云：「此最爲難事。已者，我之所有，雖痛舍之尤懼守己者固，而從人者輕也。」愚因思：凡人舍己受善誠難事，而在老者尤甚。一則老者自肯受善爲難，一則年少友朋肯以善告於老者亦難也。何則？彼老者自不知其淺陋，妄謂有得，而不受善，孔子已深戒之，無庸論也。不特此也。蓋有老爲人師，擁臯比而據法席已久，後稍覺其見之未徹，但以下問爲恥，而不受善者不無矣。復有平日主張一説爲宗旨已久，後稍覺其理之未然，但以改絃爲恥，曲護舊説，而不受善者不無矣。復有壯無猛力，老難遠詣，雖自覺深造未能，聊且狃於小成，而不受善者不無矣。故曰：老者自肯受善難也。友朋年少者，或聞道先乎吾，然以我齒長，則寧秘其説，不以告我。一者過自謙退而不言，一者尤慮逆耳而不言，故曰：年少友朋肯以善告於老者，亦難也。夫始之以恥問、恥改、狃小成之蔽吝，重之以不聞良友之切偲，是猶草木内戕根荄，而外阻雨露之潤也。其終老而頹墮淪胥，罔生而莫可救，復何疑哉！昔衛武公年九十有五，猶箴儆于國，曰：「毋謂我老耄而舍我，必恪恭於朝夕，以交誡我。」老而汲汲受善，真可爲百世法者。愚今七十有六，耄矣，於道未聞，良切悚汗，誠不敢自謂有得，亦不敢恥問、恥改，狃於錮陋，尤懼同志君子棄我而秘其善，不以垂告也。敬書自警，且以披露願求切偲之至意云。

書卷贈王林二生還瓊州三條 戊戌八月

寂然不動者誠，感而遂通者神，動而未形、有無之間者幾，此是描寫本心最親切處。夫心一也，寂其體，感其用，幾者，體用不二之端倪也。當知幾前無別體，幾後無別用，只幾之一字盡之，故希聖者終日乾乾，惟研幾爲要矣。

周子言「幾微故幽」，則幾無不善矣。而又曰「幾善惡」，何哉？蓋學者研幾入於幽微則善矣，不然，則性雖本善，而靈竅一開，漸涉形氣，則外染得以乘之，將習氣浸漬潛伏於意識之根而不自覺，乃知聖凡之介，於幾焉辨之而已。是故談悟非難，而克己爲切，研幾者，克己入微之功，古之君子所以没齒而不敢懈者也。

談性者云「一悟便了，何必修爲」，然或憑虚見，蕩然恣放，而以習氣爲天機，則於道也斯悖矣。談修者云「念念隄防，事事檢束」，然或執名相，局焉狗跡，而昧天真之本然，則於道也未徹矣。夫性修非二也，真性之修，至約而不煩；真修之性，至密而不漏。故無不修之性，無不性之修，善學者當自得之。舉要而言，其惟研幾而底于極深乎。白沙先生所謂「亥子中間得最真」，殆謂是與！

書僧無宗卷 癸巳（存目）

予友賀汝定爲瓊之文昌令，倡明正學，諸士多所興起。乃王生衷朓、林生汝御，不遠數千里，謁予螺川請益。二生皆資馴雅而志專篤，津津焉嚮往也。予甚嘉之，且厚望之，於其别也，特書三條，以致相勗之義。

西原會規十七條

一、學以求仁爲宗。仁者，天地生物之心，而吾人得之以爲心者也。學之爲仁，則此心常生；如其不仁，則此身徒以血肉頑冥之物，而心已死矣。仁則生生之德，由之以親親、仁民、愛物，自不容已；不仁則一膜之外即爲胡越，如手足痿痺，雖體同而氣不貫矣。仁則德既合於大生，故能參天立極；不仁則戕心敗常，人道淪喪，違禽獸非遠矣。是故學莫大於求仁也。然仁未易言，必從事克己復禮之功，庶幾可入。何者？凡吾人之心未仁，則以有我之私爲累也。己克而禮復，如壅決而泉始達矣。終日乾乾，勿使有一刻一念之懈，蔽吝去而生理完，所謂剥盡而後復也。

一、克己以求仁，當知所致力，不然，徒掃念去私，先儒譬之破屋禦寇，將滅於東而生於西也。孔子曰「脩己以敬」，程子特揭「主敬」之訓。惟敬，則本心爲主，而外誘無由入，先立其大，而小者不能奪矣。

一、所謂心者，非有形狀，惟一生生之理而已。生生者，非念頭起滅之謂也。是吾性之生理，無朕兆可睹，無端緒可執，不睹聞而常顯見，亘萬古而不息者也。孔子川上之歎，蓋深明此理，而程子以道體贊之，可謂深切而著明矣。此心覓之無從，測之愈遠，惟由敬悟入，久當自契。

一、孟子曰：「苟能充之，足以保四海；苟不充之，不足以事父母。」程子曰：「充拓得去，則天地變化草木蕃；充拓不去，則天地閉，賢人隱。」甚矣，此心之生理可充而不可遏也。程子嘗言「其要只在謹獨」。獨者，謂此心生理其爲物不貳，故曰獨也。敬以存此生生之德，是謂主一，是謂謹獨，無二功也。

一、敬者，此心廓然太虚，還吾不慮之本體，非造作，非任縱，不執意念，不認光景，不依習氣，惟得其本心，是之謂敬。此未易言，在有志者自勗諸。

一、《大學》言致知，《魯論》言求仁，非有二也。如手足痿痺，是謂不知，亦即謂之不仁。蓋此理充塞宇宙，更無別體，惟一生生而已。生則爲知，不生則頑然枯朽矣；生則爲仁，不生則悍然隔礙矣。故致知求仁，非有二也。彼言知，則起精靈超脱之想，而不切於倫物；言仁，則起愛昵繫戀之情，而益遠於性真，其失均也。《易》稱乾知大始，則知非精靈超脱之謂，而先儒有桃仁杏仁之喻，則愛昵繫戀不足以語仁也明矣。

一、世儒之必趨釋氏者無他，彼以爲釋氏能超生死，而孔子不能也。夫此心謂之曰生，猶爲强名。生且不可得，則何者爲死，生死之説殆贅論也。斯理也，聖人於《易》備言之矣。

一、道若大路，豈不易簡，豈爲難知，特患無希聖之志耳。程子曰：「有求爲聖人之志，而後可與共學。」又曰：「將天下第一等事讓與他人，便是自暴自棄。」夫志如射之的也，射不期於中的，以何爲準？志之立者，必一切世味、富貴貧賤、毁譽得喪以至生死之際，皆不足以動其心，而後此志始立。自初學至成德，一此志之不息者爲之。彼世味奪心，則志不立，而猶剽掠新奇曠蕩空玄之説，曰「吾能悟道」。此末世學者之痼疾，吾儕所當共戒。

一、學必見於躬行，事親必孝，事長必悌，處族必睦，與人必信，守官必廉，謀國必忠，牧民必仁。出處進退、辭受取予、視聽言動必以禮，出必濟世，居必範俗，必兢兢焉尺步繩趨，如處女律身，勿致纖玷，此之謂實學。彼高談悟道，而謂節行可不必拘，是所謂「人皆曰予知，敺而納諸罟擭陷阱之中」者也。

一、孔門絶學，至程門始大明，宋末漸晦，陽明先生思救其支離之弊，稍辨正之，實則非有異於程門也。後學或因之駕空慕奇，甚則棄禮犯教，言動不檢於身，孝弟不脩於家，廉仁或隳於官箴，節義每虧於素履，反以飭躬謹節者爲未達性宗。是陽明先生衛道之苦心，適以藉寇兵，齎盜糧，憂世者固當共維其敝矣。

一、學貴潛心，勿恃言説，凡同志共聚一堂，務在凝神習静，切己體認，果有所見，或疑而未明，欲質問者，從容呈吐，以請裁正，若問答之際，彼此意見不同，姑默而再思，以俟功深之後，自將融釋，不必競相執辨，徒恣口耳，且長勝心。

一、會時宜肅容斂氣，毋欹側，毋褻侮，毋戲謔，毋諠譁，毋忿詞遽色，毋談鄉邑是非及一切浮泛之事，毋身在席間而心馳宫墻之外，毋以赴會爲姑應故事，而雖聞理義，竟無悦心之味。大抵此會，只以静肅受益爲主，每歲僅八會，每會僅三日，光陰有幾，慎勿虚度可也。

一、會中同志，或有過失，不必對衆面斥。在我既失忠厚，在彼亦或難堪，君子忠告善道，相愛相成，不當如是也。惟婉詞勸諷，或於僻處，密相規戒，庶爲得之。其聞人規勸者，則當虚心聽受，不宜色拒。子路聞過則喜，吾儕所當師也。

一、在會者百十其人，則志行之純駁，過失之有無，自不能齊。孔子曰：「泛愛衆而親仁。」子張述所聞曰：「君子尊賢而容衆，嘉善而矜不能。」學者所當知也。若專以指斥他人過失爲事，或至忿嫉，則其自治者必疏矣。先儒有言：攻其惡，無攻人之惡。蓋自攻其惡，日夜且自檢點，絲毫不盡，則歉於心矣，豈有功夫檢點他人耶？

一、程朱教人，皆以敬爲入門，後學遵之。故宋世儒者，立身行己，皆有法度，傳數百年，雖悟道者有淺深，而踐履篤實，皆不愧孔孟家法。近世學者，漸襲虛見，隳實行，有足慮者；又海內高明之士，有以樂爲教者，一切破除禮法，於言動威儀全不檢束，以此爲天真自然。其流之弊，遂使後輩庸劣者，縱欲敗度；憸狠者，干紀犯憲；如是者，蓋不少矣。賴吾郡諸先覺，力排其說，故昔年郡中有爲此狂談者，能鼓動異省，而吾郡士人竟未受惑，此先覺之功，而吾儕所當恪守也。孔子言「莊敬日强，安肆日偷」，「居處恭，執事敬」，「出門如見大賓，使民如承大祭」。程子終日端坐，如泥塑人，又謂「敬則自然和樂」，陽明先生謂「灑落生於敬畏之常存」。千古聖學，端緒尚可尋也，學者宜慎擇之。

一、禮以範俗，而士者民之望也。吾黨欲以正學挽回澆風，當相率敦禮以先之。近世四禮不行，而喪禮尤廢，不但蔬食、外寢、廬墓罕見其人，甚至有墨衰晉謁上官，出賀親友，及赴宴聽樂，酣歌淫狎者。昔孔子以宰我欲短喪爲不仁，今若此，其心之仁否何如耶？可歎也！又有平居服御交遊，一慕江左吳越華靡之風，務爲侈艷，且漸習爲圓轉流動，放達不羈，以爲高致。

遂使吾吉先輩澹朴、淳龐、勁直之古意，浸以蕩失。竊見郡中高賢，亦往往悵惜於此，先進之從，固當共圖之矣。

一、舉業一事，朝廷以此求賢，而士以此應朝廷之求，實聖學中之一事也。今人或以舉業、理學二者相妨，誤矣。夫舉業命題綴文，本諸四書六經，但以四書六經爲干進之空言，則雖工文詞，取科第，而其身心之塵俗垢污，與常人之競刀錐者等耳，是謂儒名而市心，豈足副國家求賢之至意哉？今誠能讀四書六經，即以四書六經之義理體之於心，措之於躬。凡聖賢之所是者，必行之；聖賢之所非者，必戒之，則即舉業而可希聖賢。由是以吾端静純一之心，而紬繹聖賢之旨，筆之爲文，必理明而詞暢。在庠序則爲真儒，登朝廷則爲碩輔，任一方則爲良牧。是始焉即舉業爲常課，而實以理學修其身；終焉由舉業發科目，而實以理學措於政。則舉業理學本爲一事，何相妨之有哉？有志者可以省矣。

螺川别語四條 并引

安成鳳寰閔侯，晉秩南水部，且行。廬陵啟新錢侯，馳一軸命予手書以爲别，他日侯在數千里外懸座隅，常如鷺院之晤對，庶不負今日相成至念。遂不獲辭，爲述四條，曰期大成、徵實行、遠聲利、勵永貞，奉請裁教。

夫所謂期大成者，蓋言志也。夫志如室之基，如木之根，基不固則室頹，根不深則木拔。程子曰：「有必爲聖人之志，然後可與共學。」吾性至善，本與天地爲一，自形生神發，染欲違真，而性始蔽。聖人者，完其本性，合德天地者也。夫言天地聖人，則莫不憚其高遠，然性吾性也，何高遠之有？故學必期大成，此爲第一義。

夫所謂徵實行者，蓋言修也。夫鶩空談，逞奇見，而夷考其行，每不逮言，可恥孰甚焉？周子曰：「君子修之吉。」夫修之云者，自暗室屋漏之中，幾微念慮之始，達之爲視聽言動，著之爲倫物應酬，繁之爲經綸宰制，一一揆理盡分，務協天則，事無纖鉅，境無静鬧，履薄臨深，惟恐爽忒，必爲宇宙完人，勿致微纇玷損，庶無畔於道乎！故學必徵實行，此爲至切之功。

夫所謂遠聲利者，凡人志欲樹而中奪，行欲飭而竞揉者，則以聲利之爲惑也。夫不惑於聲，則贊毁不足干其直；不惑於利，則亨屯不足渝其堅。故能志伸於萬物之上，行比於二曜之輝，彼内不重而役役於外者，徒垂涎於塵世之聲利耳。能遠聲利，於世何求，吾乃泰然，進道孰禦，故遠聲利者，以衛吾道也。

夫所謂勵永貞者，事誠貴於虔始，功必要於厚終。夫人或脱卑秩而躐顯仕，則砥礪之意浸疏；或蒙特知而涉順軌，則侈大之氣漸露；又或操履峻潔，而世不我與，則沮焉而思改轍以通方；或權欻争趨，而獨處暌孤，則慼焉而欲迎機以遘合。夫始學自力，而末路不符者，其緒多端，未易一二數也。惟兢惕矢畢此生，敵冰霜而銷金石，乃無餘疵乎！故勵永貞者，以稽全德也。

閔侯以扇索言手書二條

目遇色則視，必有能視者；耳遇聲則聽，必有能聽者。聲色者，境也；耳目者，形也；視聽者，識也。以形遇境而識生，不知能生是識者，果孰爲之？此理貴深思，久當悟入，不然，徒貿貿焉視且聽而已。是未免爲行不著，習不察。

凡可覩聞者爲物，不可覩聞者爲性。性者物之體，物者性之用。悟其體，則能宰物而有餘；不悟其體，則反爲物役而不足。是以孔子推達道、達德「九經」之本，而必曰：「所以行之者，一也。」

啟新錢侯内召送別四條

古之學者，志在爲己，不求聲譽，不希利達，闇然自修於内，惟所遇通塞，不入其心，故志專而力定也。蓋以此理天地全而與我，我當全而歸之，汲汲皇皇，惟期了此一大事，舍此何外慕焉，此之謂爲己。若不以爲己爲志，稍涉門面世態以爲學，則謂之僞學也亦宜。

學貴收斂，剥落之極，然後可入。大《易》復生於剥者以此。不冬則不能春，不夜則不能晝，不晦則不能朔，天道則然也。木凋而後能榮，蠖屈而後能伸，羽戢而後能舒，物理則然也。陽明先生曰：「性情、道德、言動，皆以收斂爲主，發散是不得已。」至哉言乎！

學非可以書册得也。凡聖人立言，原是形容此心真面目，若學者不反求自己真面目，只憑書册窺測，參考辨同異，談高説妙，其見似融，其説似徹，而自心益蔽，不復可入道矣。欲反求自己真面目者，當何如？曰：自收斂剥落始。

古人言用世者，曰誠與材合。夫材係於資者也，誠係於學者也。儻天賦之資，獨擅長材，則足以肩鴻任鉅，信爲美矣。若學非存誠，則材美如周公、孔子，猶有遺議焉。是故君子誠之爲貴。

贈劉公霽進士北上五條

聖門之學，以天地萬物爲一體。故仕則廣福澤，以庇群生，不仕則明正學，以扶世教，此其本志也。然必在己實用希聖之功，於道真有所得，然後庶幾能之，不然，真修未逮，顧欲矜功能，飾詞藝，以襲取聲華於外，終不免爲凡俗流輩而已。

天地萬物之理具於吾心，心體之不禦也彌宇宙，不毁也貫古今，不可以智慮求，不可以形色取，而自一念以及於視聽言動，舉而措之事業，皆心之用也。善學者，謹於一念之微。以全吾心之真體，由是以達於萬應，一一務協於天則，以盡吾心之大用，庶可以弗畔矣乎。一念之微，是謂真幾，不二不息，有無不足以名之，於此謹之曰「研幾」，亦曰「慎獨」，聖學舍此，别無致力處矣。

心之真幾曰仁，於此致力，則親親、仁民、愛物，其機自不容已；不於此致力，内之必沉空，外之必逐末。故孔門揭仁之一字，蓋合天人，徹體用，而一言盡之，萬古心法真脉，其在是歟。

仕者以愛人爲主，即防奸禁弊，鋤强遏暴，誅殺討捕，無非驅民而之善，總之以行吾愛人之心也。《虞書》所謂「期無刑，欲並生」，而又切切以「宥過無大，罪疑惟輕，寧失不經」爲言，聖人之以愛行刑也如此。此義果明，則雖執法而不涉於苛，雖緩獄而非流於縱。惟末世急功利者，往往以深文過察爲强明，風力易以受知，遂於愛人一念，不暇密培而謹護焉。古人殺一不辜而得天下且不爲，況以博一官乎？是所當致慎也。

人生天地間，進不能濟時，退不能成德者無他，則以利爲之梗也，身欲通顯，家欲肥潤，更欲厚殖以貽子孫，於是不得不違本心，悖古道，而浸淫於玷穢之歸矣。誠於世澹然無欲，則德業安得不光明而俊偉也？故潔己爲君子立身第一義，縱使守道致貧，在先儒且有「饑死事極小」之言，況未必至此極乎？孟子以「美宫室」、「奉妻妾」與「窮乏得我而受」非禮義，爲失其本心。有志者，宜深省於斯言。

吴心淮問學手書四條酬之

天地萬物，一性之委形者耳。離天地萬物以覓性者，非也；執天地萬物以爲性者，亦非也。不執不離以盡其性，是之謂聖學。

吾人受生，形氣具焉，學者誤認形氣爲性者，多矣。夫湛然虚静，朗然靈照，凝然主宰，與夫活潑流轉，息息不停，皆形氣也。形氣則可睹聞，惟着於睹聞，而性始障矣。於諸睹聞，不生取捨，是謂不着，亦無復有能不着者，於此證入，久之，情忘機釋，法界一如，則性與形氣總爲剩語，道其庶矣乎！

孔子於五道三德而推原「行之者一」，然何者爲一，則未嘗言；於儀象八卦而推原「易有太極」，然何者爲太極，則未嘗言。夫一也，太極也，終不容言，而五道三德、儀象八卦，則諄諄言之，此孔門教學之密旨，吾黨所當知也。

學貴實修，修之云者，非安排造作之謂也。吾性貫徹於人倫事物之間，念念無滲漏，事事無疏脱，行必慊心，動不踰矩，是謂實修。實修之極，乃爲真悟。彼任情妄動，步步蹈迷，而口口談悟，此末世學者自誑誑人之坑穽，所當痛戒。

書示友人

今學者喜談無思爲、無修證，則其流將至於蕩而不檢，或以必思爲、必修證爲學，則又未免於扭捏造作，而違其本真。予謂此兩家之説，執之則落二邊，總之皆離性以談學也。性者何，仁是已。學莫先於識仁，以識仁爲主，則自其透體之難於入微，與習氣之未能頓浄者，謂之有思爲修證可也；自其性體之不容着纖毫者，謂之無思爲修證亦可也。不以識仁爲主，而徒執二邊之説，是猶不識真陽而漫談火候，恐終無結胎沖舉之期矣。

書族弟應斗扇

孔子曰：「已矣乎，吾未見能見其過而内自訟者也。」夫見過自訟，而孔子發「已矣乎未見」之歎，則是舉世無此等人也。然則孰謂見過爲易能哉？夫過者何，是微細習氣，潛注暗滋，而未易見者也。見之且難，而況於訟乎！訟者如怨敵求勝，不肯姑容。蓋真知習氣之爲賊，而決欲克去之也。今人每諱疾忌醫，即名爲講學，亦未免以虚見冒認爲心體者多矣。學者真有志於道，必時時内省，常見己過而自訟之，庶使隱慝無所竄藏，搗巢廓清，而此心廣大高明之體始復矣。

書周時卿扇

「學者先須識仁，仁者渾然與物同體。」此語自程伯子發之，今學者往往視爲常談，漫不加省者多矣。夫學惟不識仁，則雖有志者，躭精幽眇，馳志清虚，非不自以爲妙悟，而去道愈遠。然仁最難識，惟「渾然與物同體」一語，乃描寫仁體至爲親切，學者所宜潛心。此固非沉空寂者境界，亦非任情識者所可冒認也。會此謂之知性，存此謂之養性；入此塗轍，庶可稱爲孔孟之徒，而不爲異端似是之説所惑矣。周友時卿，静對小庵者旬日，志以聖學爲宗，予願其從入之不謬也，敬書此，以爲擇守之助。

書宋螺浦扇

先聖稱顔子「庶幾」，以其有不善而知之，而未嘗復行也。今談者往往謂一悟便了，更無不善，若有不善而知之，而不行，便落第二義。然則，顔子豈未悟而落第二義者耶？何以能「庶幾」也？嘗聞先覺言「顔子惟悟，故能知不善」。然則，今之談者恐未免於迷矣，以迷而冒認爲悟，其可懼也哉！

書鄒子予扇

學以實修爲急。程子著《動箴》曰：「哲人知幾，誠之於思；志士勵行，守之於爲。」夫誠於思者，慎修於一念初萌之始；守於爲者，慎修於行事可見之地。故念念皆善，事事無缺，乃爲實修。彼高譚悟性，乃以縱情妄動皆爲妙用，是以鴆毒爲珍饌矣。

書受所册

所貴於受者，謂能虚己以受天下之善也。雖然，必有所不受，而後能受。夫吾性之真，於聲色貨利原自無染，故善學者，即凡種種世味，必一切不受。不受乃虚，虚故能嗜義如饑渴，聞言若決江河，無不受者矣。甚矣，君子當擇所受也。

書觀物册

夫以我觀物，則物固物也；以道觀我，則我亦物也。故惟深於道者，而後能觀物。能觀物，則超然自立於天地萬物之外，而天地萬物且不足以滿吾之一瞬，此《易》之所謂「首出庶物」。蓋聖人之能事，而吾人有志於希聖者之所當勉也。不然，徒以花鳥蟲魚、山石溪壑、恣情悦目爲雅興，亦未免狥象逐外之俗樂耳。君子奚貴焉？

書輔仁會簿

昔成周造士，以鄉三物教萬民而賓興之，一曰六德：智、仁、聖、義、中、和；二曰六行：孝、友、睦、婣、任、恤；三曰六藝：禮、樂、射、御、書、數。夫先之以德行，以端正心修身之本；游之以藝，以寓達材適用之具。以此學，即以此仕。故學非飾空言，仕非違素尚，此古之士所由以躋于賢聖，而國家賴之以臻于治理者也。後世造士之制屢變，惟我國朝以四書六經課士試義，豈非以三物之教備見於四書六經，欲諸士潛心往訓，以修德行之實，而用之以資于治理者乎？自洪、永迄于嘉、隆，海内崇聖學者，不雜佛老之談；攻詞藝者，一守程朱之旨。是以人無異志，家無詭行。邇年以來，高明貴顯者，登壇而倡道，一本二氏之餘緒，以亂吾孔孟之正宗；甚者藉口妙悟，而以踰閑敗節爲曠達；冒認自然，而以忠孝廉慎爲桎梏。謂一悟之後，貪黷淫慾，無非真性，屈身干進，總屬員神，其談愈高，其行愈難言矣。且復以異説而釋經書，遂使先聖切近精實之言，皆化爲捕風捉影之語，拂常惑世，良可悼傷，乃諸士之未遇者，或慕傚之，於是視六德六行皆若贅疣無庸論已。至所攻詞藝，不惟近叛程朱，抑且上違孔孟，剽掠西竺南華之糟粕，以衒其新奇；杜撰艱怪險澀之字句，以蓋其淺陋。夫上焉倡道，下焉程藝者，其於古人三物之學，率皆背戾如此，吾誠懼士習之日漓，而國家安望得真才以共理也。今吾邑康日觀、彭南之、王宗周諸文學士，聯同志爲輔仁會，以身心之學，交相砥礪；以詞藝之課，兼爲操習；且必擇人而後締盟，不泛與以防敗類，共訂規條，矢爲肅守，是真有意於古人三物之實學，而期他日必爲匡時佐治之名賢者矣。乃不予鄙，持會簿索一言。予故爲述先進之淳風，近代之流弊，願諸君豫養其心，必智仁聖義中和而内以直；實踐其事，必孝友睦婣任恤而外以方；毋踵超悟之浮誕，以遺人倫日用之矩則也。爲文必守程朱，以遵國制；必契孔孟，以明正宗。根至理而蹈大方，毋襲二氏之影響，以害三極大中之典訓也。則諸君茲會，真不愧輔仁之名，充而極之，必以希聖爲準的，毋狃小成，矜一得而中止，宇宙將藉以重光矣，惟諸君其勉之哉。

書振雅會簿

吉水謝友于壯，偕其鄉諸同志，舉振雅之會，蓋以聖學交相勸也。行之數年矣，乃持會簿，請予一言題其端。予展簿備閱，則見其警策也，切切然足起懦矣；其開陳也，秩秩然足章典矣；其戒浮誕也，殷殷然足辨術矣；其周區畫也，井井然足垂久矣。予則復何言哉？予竊謂：搆巨室者，必始于定基；登泰山者，必由於循麓。得其基，循其麓，吾猶懼搆室之功未竟，而陟巔之程尚阻也。儻荒度不先，而跬步未涉，則安望輪奂之坐成，而升躋之驟及也哉？夫聖域譬則巨室與泰山也，而搆之陟之，亦必有基與麓矣。予則謂必先於實行之修焉。夫學者自省平居，尊而父兄，吾愛敬得無未盡乎？近而妻子，吾儀刑得無未正乎？廣而鄉族，吾仁讓得無未孚乎？下而臧獲，吾撫馭得無少忒乎？意氣得無亢溢而未斂乎？忿慾得無浸熾而未遏乎？臨財得無妄取，甚者侵人而不忌乎？己過得無私護，甚者習非而不恥乎？念念而省之，事事而慎之，兢兢乎如白璧之離瑕也，惴惴乎如處子之避玷也。是謂實修其行，是入道之基與麓也。由是即庸行而味至理，據日履而契性原，不二不息，必造其極而後已。希聖者之真切，當如是矣。不然，膠流俗者，既委身於不檢，恃玄解者，亦任意以踰閑，而尤或以操存爲桎梏，孝弟爲贅疣，游談無根，而實德日疵，吾則重爲世道憂之。予既樂聞振雅之會，方興未艾，誠願拭目諸賢之以身踐道，庶由一鄉風于郡邑，將人蹈準繩，而無崇空論，以信吾儒之實學於斯世也。敬書以致愛助之衷云。

永樂會言

永新六十六都，舊有鄉約，歲舉于永樂禪寺。萬曆丁酉季冬，洲尾尹氏國子生震，予及門士也，特迓予至其鄉。尹氏之長者暨諸後進文學，咸詣予曰：吾鄉舊知有約耳，未聞聖學也，願一言開示，庶吾鄉其有興乎。則邀予過永樂，少長畢集，隣都耆彦亦來胥會，環坐一堂者百餘人，衣冠序列，氣態雍和，視聽專而情志洽，足占此鄉淳龐樸雅之風矣。予乃敬告于在會者曰：諸君豈以聖學有越於鄉約之外乎？夫我高皇帝諭民六言，即孔子《大學》一書之旨也。《大學》一書，其要在孝弟慈而已。今聖諭所示，孝父母而敬長上，和鄉里而教子孫，安生理而毋非爲，以言乎孝弟慈則備矣。予故曰：鄉約即聖學也。夫孝弟慈者仁也，是千聖傳心之精，而人人可與知與能者也。實踐乎此，而居畝畝爲良民；實踐乎此，而游庠校爲真儒；實踐乎此，而膺職任爲名臣，無二道也。惟諸君深信即約即學之理，以倡導一鄉，篤厚存心，平恕待物；尊尊而親親，宜家族而諧閭井；富者捐施以濟貧，貴者推愛以扶弱；人有相聯相恤之心，里有讓畔讓路之俗；爭訟永息，和藹沖融，是謂一鄉興於仁；上奉皇言，遠符孔訓，安得謂鄉約非聖學乎？夫天地以生物爲德，人得之以爲仁。仁者博愛兼體，故一體於親而能孝，一體於長而能敬，一體於衆而能慈，是謂上契天地生生之德，則神明必祐，身安家隆，而後嗣昌矣。不仁者反是，故遺親犯長，損人以自利，厚蓄而嗇施，恃强以侮寡弱，飾詐以窘善良；以使氣求勝爲人豪，以乘危助暴爲得計；是謂上逆天地生生之德，則神明降咎，身危家釁，而後嗣衰矣。以此鄉之淳龐樸雅，家詩書而户禮樂，其興於仁也孰禦？予非知聖學者，即辱下詢，固不能於聖諭六言之外，更端以爲諸君瀆告也。於是諸君咸欣然。時别駕學孔、庠生中卿、國子生紹宸，皆嘗及于門者，合請書以爲茲約勸，遂筆授之，異日觀此鄉仁讓成風，並受和平之福，且信予言爲有徵云。

書常德册

夫有志希聖者，但知究極性真，以完吾生身立命之初，以底于萬古不朽之實際，故一瞬一息，孳孳在是，精神心思，凝聚融結，而不復知有其他，彼奚暇知外境，何者爲順，何者爲逆哉？

倘猶知有順逆在前，則此志便分非造次、顛沛不違之學矣。一吾丈云：「人知所遇之險，而不知一身之間，舉心動念，無非險者。」旨哉其言之也。立岡姚君，手録平生所遭之險于册以示予。予試問：君過去之境，已如昨夢，現在之境，由後視今，亦復如是，畢竟當下有與夢境無干者，直須猛省，便登覺岸矣。不然，即順境快樂，總未離夢，予非知道者，方砥礪於斯，願與君共勉之。

書淡江會簿

聖學以求仁爲宗。仁者，本心之生理也。默識此理，瞬養息存，綿綿勿懈，造微藏密，聲臭俱泯，身境渾忘，不涉思爲，廓然無際，本來如是，成性存存，乃還真源，發之爲意念，爲靈照，達之爲視聽言動，措之爲親義序別信，充之以塞于天地之間，一生理之溥博淵泉而時出之也，是之謂聖學。此理至簡而至幽，至約而至大，在善學者自得之。然非有參天兩地，繼往開來之大志，非有發憤竭才，專凝沉密之真功，非有謹言慎行，明物察倫之實事，則高之或涉虚見，卑之或染塵緣，其於仁也遠矣。廬陵淡江蕭生叔姪，及予門有志者，議聯一會，静對切磋，務期有得。蓋深以旅進泛聚、迄無實功爲恥，可謂卓然以希聖爲標的，畢力而趨者矣。予甚嘉之，特書此簿，以爲精進之勸。宇宙一脉，直須肩荷，吾性具足，原非外求，千古豪傑，當仁不讓。予於諸君，有厚望焉。

贈別陳文臺 庚子

天下之物，無所因而生者，天也。聖人成能，則有裁成之道焉。亦因其自然而裁成之，非強爲也，則雖人亦天也。今夫五穀非因后稷而始有，今夫材木非因般輸而後產，豈非天哉？然不種穫、不釜炊，則無以盡穀之性；不斧斤、不繩墨，則無以盡木之性。徒知任天而人不與焉，是亦自棄其天而已。今夫人性本善，豈非天哉？然不懲窒、不修治，則無以盡人之性。乃徒曰任天而人不與焉可乎？今世談性本現成無俟修證者紛紛矣。此說良是，然惟上根徹悟真得者可以契此。顧主盟者，不辨根器，漫然語之，以凡夫目視、耳聽、手持、足行，即與聖無異，不必更言修治，遂以縱恣狂肆、不循矩法者爲有悟，一涉省躬滌慮，則云是於性上加添矣。是徒知穀之現成，而以種穫釜炊爲多事；徒知木之現成，而以斧斤繩墨爲贅疣也。遂使後學承襲口吻，蕩焉無所檢束；高者陷於無忌憚之中庸，陋者甘於決大防而不止；口稱性與聖同，而實行與道背，自誤誤人，將無底極，憂世衛道之君子，得不重爲扼腕而思一救其流弊乎？予懷此慮久矣，適新安文臺陳丈過顧螺川，予以病不出户，乃枉教數四。學博而見遠，予莫能測其涯涘。且虛衷下察邇言，尤拳拳未已也。授簡索言，輒爲布其夙心之耿耿者請正。倘可，出之以與四方好學君子覽而擇焉。

偶述 庚子（存目）

漫筆 庚子（存目）

自題小影 辛丑

鈍根困學，而未聞道。日月遷流，忽已云耄。耿耿有懷，聖學是宗。學之伊何，禮卑知崇。不襲奇談，不忻詭跡。潛心息機，韜光藏密。道大無邊，凝之在德。是予蓋從事焉，而淵乎無所庸吾力也。

書鄧司訓册 壬寅

文南鄧君爲吾邑司訓，六年于兹矣。予寓跡螺川，距邑中特遠，而君時過郡，必枉顧焉。君蓋嘗受學於見羅李先生之門，淳静而真恪，趨向專而操履正，是以吾邑士人交稱其賢，無異詞者。間語予曰：「子之精研於道也久矣，盍直吐一言，吾將日置座右，展而繹之，乃不殊面對之益乎！」予曰：「君既有聞於李先生也，予復何言？」無已則請即李先生之教旨，一共商之。李先生之雅言曰「止修」，予竊謂：「學以全吾性而已。性一也，以言其體寂無一物，强名曰『止』，非作意而止也；以言其用動循天則，强名曰『修』，非作意而修也。體用不二，故真止是修，真修是止，名似二而性一，無二功也。李先生之旨其在是乎？彼或謂『止修如車輪鳥翼，並詣不容偏廢』，則恐墮於二見，非明宗之學矣。」君其密體於身心，更以愚見請質於李先生，還以示我，庶有以進予之不逮乎。

友人索書二條 壬寅

學者所以學爲人也。「爲人」二字，孔子獨以自許，及以許顔子而已。孟子曰：「仁人心，義人路。」然則學爲人者，必居仁由義而後可乎；不然，則無以立兩間而參三才。蓋人道之重如此，有志者當知勉矣。

宇宙至大，吾性彌宇宙而無外；古今至遠，吾性徹古今而無盡。此不但聖人爲然，即凡民莫不皆然。何則？性無分於凡聖也，特聖能全之，凡民自悖之耳。至寶在我，安忍失墜，君子之自强不息者以此。

書劉明之扇 壬寅

性彌宇宙，絶名言，不可得而措心者也。性之用爲神，神浮散而性不存，是故學道者，悟性至矣。凝神其要焉，神凝而性一矣。昔賢云：先天無一字，後天方可着功，後天之功，以還先天之性，非有加也。凝神者，極深入微，不涉絲毫人力，庶其近之。

甯叔虛歸衡陽手書言别 壬寅

未發之中，性也，渾然至善，不可得而睹聞者也。混沌開而靈竅闢，神漸馳而性始鑿矣。是以聖門教人，戒慎恐懼，退藏于密，此心常生而常一，不離日用而直造先天，情順萬事而無情，以完吾未發之性，是謂反身而誠。入聖之功其在兹乎。

四聖測言爲葉友君霖作

羲畫測言

鴻濛未判，大始無名。沖漠寂寥，萬有斯存。清寧乍分，道非初顯。無俟馬圖，徧界炳現。羲皇俯仰，洞然昭晰。設象無文，以立民極。末學支離，孰識畫前。冥心密契，希言自然。

文演測言

易不在畫，矧綴以辭。所嗟群蒙，罔念狂馳。聖心斯惻，示我周行。慎哉趨避，以保天常。翼翼昭事，純亦不已。聖躬即易，非徒文字。玩辭燭理，宇宙充塞。學之伊何，敬止無斁。

周繫測言

易非空言，以前民用。頃刻違之，咎不旋踵。吉凶悔吝，在瞬息間。君子慎之，觀變玩占。卦經爻緯，易義斯備。語默動静，天則攸具。仰思坐待，其道在易。願希聖者，於兹默識。

孔翼測言

三聖開人，世遠益詳。民共由之，莫揆其方。道窮天地，近在眉睫。反身切己，絲毫不隔。孔絶韋編，抉幽發秘。爰述十翼，以昭萬世。仕止久速，寔允蹈之。如日行天，易道重輝。

題族弟東池亦樂軒四條

孔樂伊何，非蔬非水。發憤忘食，純亦不已。樂爲聖域，憤爲樂基。欲尋真樂，孔學是師。

顔樂伊何，非簞非瓢。吾才既竭，鑽仰堅高。樂之不改，實由苦卓。欲尋真樂，顔學是勗。

孟稱大樂，反身而誠。不愧不怍，浩然斯存。樂非外襲，誠乃根心。欲尋真樂，孟學是承。

程言主敬，自然和樂。必有事焉，鳶飛魚躍。静如泥塑，人坐春風。欲尋真樂，程學是宗。

諭族四條

孝報親恩，友篤同氣。勤戒業荒，儉防志肆。謹言勿忤，慎行若畏。六德具敦，是謂良士。

身安家和，神明錫祉。

貪噬招奪，忿怒搆怨。憸毒自害，淫酗人賤。恃强必折，逞訶必債。六惡犯之，是爲禍本。

身辱家危，神明降譴。

崇德曰貴，多仁曰富。陰隲曰福，流芳曰壽。廣推慈心，普施宇宙。薄己利人，彼蒼垂祐。

不愧兩間，慶延爾後。

親賢襲芳，如蘭斯佩。狎邪蒙臭，如投窨穢。耳聽正言，目見正事。身習正行，中存正意。夕惕日乾，庶免淪墜。

書勉族侄吉卿 甲辰

昔孔門稱夫子「温、良、恭、儉、讓以得之」。蓋温則不峻，良則不刻，恭則不慢，儉則不矜，讓則不競，此五者皆聖心，慈柔和順，春生之德之發見於外也。春生之德謂之仁，惟此心純於仁，是以粹然盎然，融液昭著，如春風披拂，欣欣向榮，乃有此氣象。則凡所謂親親、仁民、愛物，萬善旁流，自不容禦，此夫子之德，所謂太和元氣，充溢於宇宙間也。有志希聖者，當取法乎此：慈以宅心，謙以束躬；於人無不愛，無不敬；寧卑己以尊人，寧損己以益人；設有横逆之加，必宜反己自責；勿以一言逞辨，勿以一念生嗔；惟平氣守默，渾涵退遜，以全吾春生之仁；學者能此，庶不墮於流俗，而可望聖賢之門墻矣。由此以充其極，此心廓然，如太虚之無不覆也，如大海之無不納也；則夫子之温、良、恭、儉、讓，亦可企及，斯爲善學矣。不然，悖聖而棄學，徒以鄉人自安，褊心以待人，盛氣以凌物；藩籬未徹，而暴戾日滋，是自戕賊其仁心，而終爲庸下之歸，可懼矣。予族侄吉卿，問學於予。予嘉其有志，深爲助喜。但其資頗壯鋭，予願其慈柔和厚，謙抑退避，以進於仁，則不但爲吾族之賢，將孔門之正學。吾於吉卿有望焉，特書此以勉之。

題慈祥軒二條 甲辰

天地之大德曰生，聖人法之，故天地氤氲訢合，而品彙咸亨。聖人博大沖和，而群情胥協。聖門主求仁，而《大學》喫緊於慈有以也。豈惟聖學則然，即二氏曰「大慈」，曰「慈爲寶」，彼設教雖異，而歸宗於慈則一。蓋天地生德，必不能違如此。故慈之一字，足以盡道矣。

吾心即神明也，神明喜慈而惡刻。故慈則此心常慊，不慈則此心常歉；心慊則百福自臻，心歉則災咎必至。人惟能慈，則宜家、宜族、宜鄉，達之天下，無所不宜，是謂神明康豫，吉祥莫大焉。

族侄君獻有悟於慈祥二字，特以名軒。予甚嘉之，爲書二條，以贊其美，且以致勸德之忱。

續白鷺洲書院正學會條三條 乙巳

一、學者所以學爲聖賢，必貴躬行，非徒口耳也。凡赴會在坐，宜自思平日，此心放逸，何以收攝。此心昏昧，何以開明。素行有缺，何以修飭。事親事長，宜家處鄉，何以盡分。忿怒情慾，何以懲窒。氣質乖僻，何以變化。境有順逆，何以平懷。默默内省，即圖自勉，務期俯仰無怍，勿負此生，是謂有志之士，真實之學也。

一、會日以静坐澄心、操存涵養爲主，勿身在會堂，心馳會外。勿閑談俗事，虚費光陰。勿漫爾隨群，視爲故事，不加體認。勿偏執己見，雖聞善言，拒而不受。倘平日於學有得，可請印證；於學有疑，可請裁決。不妨從容質問，即酬答不契，姑默而静思，勿恣浮辨。又在會友人或不能無過，君子與人爲善，但當以道義薰陶，或於密地忠告，庶彼此有益，慎勿傷於訐露，適以阻其自新之機可也。

一、會罷，或居家，或在館，皆當養性束躬，一如在會之時。但以心爲嚴師，一念必謹，一言一動，必蹈準繩，勿愧屋漏。審能如是，不患其不爲聖賢矣。

友慶堂合稿卷之七

古詩二十八首

示方相士 己巳

一真法界妄有身，譬彼浮漚於大海。漚聚與散等非實，誰能於中起憎愛。世人役役問榮枯，棄海認漚非惑乎？有物廓然超色相，不受人間贊毀誣。虛空可縛影可捉，許汝以形而求我。

歸興二首 辛未

盛夏來關西，蒞事三閱月。西土何淳龐，簿領且希闊。訟牒罕造庭，邊塵況銷歇。强宗異昔聞，逡巡蹈繩尺。穴居太古民，亦復安予拙。秋風雁南羽，感此歸思迫。乞身義有在，去國情偏惻。我行不可留，忍與涇民別。

吾儒出處間，譬之飲水者。冷煖良自知，非取亦非捨。結髮奉明時，丹衷願輸寫。驅馳三十年，力屈功何寡。短髮已蕭蕭，握之不盈把。老嫗還嫁人，豈堪學艷冶。去去金牛山，山幽泉灑灑。瑶琴月下鳴，孤音振大雅。

漫筆 辛未

即看浩劫無窮年，六合一息幾成壞。我來偶爾寄一跡，彈指之間竟何在。愚者干利智者名，名高利足空烟塵。弄丸别有真消息，縱浪乾坤無古今。

盆畜小魚金碧二色傷其失所放之大川 辛未

爾本江湖物，誤爲漁者收。盆水薦華堂，鯨波辭舊游。摇金吹浪細，沉碧依茗柔。坐客時娱目，倚欄情悠悠。寧知滄海心，偪仄翻成愁。山童忍見欺，鼎鑊相與謀。嗟爾罹危機，縱之返長流。南溟恣深逝，綸餌將安投。

謁太華山 丙子

三峰天之上，仙踪不可攀。捫蘿絶危磴，飛躡青雲端。飄飖忽已遠，俯視隘人寰。山雨乍明晦，世外呈奇觀。層甍象緯逼，幽壑風煙寒。乃知棲真宅，塵心非所干。丹砂自可問，無爲凋素顔。

示黄星士 乙酉

吾志固有在，榮名非所期。君言稱奇中，未足窺吾私。跡遠自壺嶠，心冥遡軒羲。於吾計得矣，去此將安之。願君勿復言，吾樂良無涯。

有持扇索書者率爾成句 丁亥

爲善必獲福，如影自隨形。幽室人莫睹，天光能照臨。假令一念起，鬼神燭其情。是以古賢聖，戒懼如履冰。莫疑善報遲，臘盡必回春。爲善莫問天，天近在簷楹。

仰慈山中二首 辛卯

梵宇依空山，殘僧何闃寂。我來愛幽勝，掩關學面壁。機息了無緣，宿垢净如滌。似超形氣外，孤明真歷歷。始信本來人，着相詎能覓。吾今知所歸，多岐徒辨析。識法偏生懼，保護踰金錫。勗哉此耄年，乾乾竟夕惕。

真性本澄圓，起心成大錯。所嗟無始來，習氣障寥廓。習氣甚微細，積陰疑沖漠。誤認以爲心，遂受群魔縛。云何名習氣，纖翳在隱約。驅除轉煩悶，覺即無染着。亦無能覺者，陰魔自銷落。心境頓忘情，翛然本無作。此理慙晚聞，遲暮將安託。鞭策矢餘年，前修視淇澳。

口占答友問二首 甲午

此心湛虛明，常運名爲事。乃知心即事，事外别無心。如水即爲潤，潤外别無水。覓心不可得，事亦非色像。誰能分内外，渾淪本不二。綿綿徹古今，浩浩無際畔。至動亦至静，攝之在一息。逝者如斯夫，一言露玄旨。

右融心偈

此心本常生，生亦不可見。不見故常微，强名曰無生。天地及萬物，生生本無跡。一息浩無窮，吾心固如是。寄語善學者，默識此生幾。無論静與鬧，綿綿其若存。握之不盈掬，廓然周法界。

右真生偈

贈别謝居敬還寧都 甲午 （存目）

書扇示衡兒 丙申

學貴先立志，志必師聖賢。聖賢亦人耳，而獨全其天。身心凈無垢，不爲塵所牽。性真萬古存，金石非同堅。是謂超諸有，亦云象帝先。吾性本如是，實理非幽玄。學以完吾初，孰云苦其難。下流甘暴棄，身心隨俗纏。目色而耳聲，慾火相熬煎。形骸且銷鑠，德義何有焉。鳥獸將同儔，悲哉誰手援。小子初向學，宜早辨媸妍。出門遵康莊，慎勿蹈荊榛。譬如適燕都，北嚮毋南轅。跬步一有差，末路嗟險艱。勗哉在身心，守正戒欹偏。此箴頻顧諟，庶以代墻羹。

贈沈完宇堪輿 丁酉（存目）

贈熊楚陽日者 丁酉（存目）

周生日嚴別歸致勉 庚子（存目）

贈王明宇二首 庚子（存目）

歐大初以形家術遊郡別歸安成 甲辰（存目）

題泰和劉孝子春魁册 甲辰（存目）

病中口占三首 乙巳

孟子悟性善，其功在養氣。千古作聖訣，於此發其秘。性善存乎悟，養氣存乎修。不修而談性，虛見終悠悠。

獨爲形氣原，慎獨性乃復。慎獨極深密，混沌歸太樸。是謂養氣訣，身境都忘却。白沙指端倪，緘藏道乃足。

潛龍貴勿用，此爲下學基。研幾到極深，絶非人力爲。静久自契入，揣度徒滋疑。希聖如有志，願無他岐馳。

又三首

息息無停機，息息即生死。息息無初終，生死强名耳。大化密密移，誰能浪憂喜？逝者其如斯，智人會兹理。

一息復一息，非生亦非滅。生生無生相，萬古一瞬畢。愚者昧兹理，妄意生死外。生死了無踪，機忘自神會。

聖人立人極，終古開太平。無論萬萬劫，立教在明倫。時現亦時隱，此理無故新。朗然大了徹，至樂浩無垠。

又

病骨支離久，行吟獨倚筇。極目誰爲伴，顧影漫遺踪。一息深深住，群機脉脉融。萬古復萬古，此理將安窮？

律詩十四首

漳南署中偶念年光易邁學道無聞願脱塵羈以究遠業悵然有作 乙卯

驅車去去定何如，浪跡人間三十餘。凡界苦隨塵業盡，仙源遥隔水雲居。豈堪腐鼠垂涎久，會看冥鴻振翮初。萬里長風吹海月，飄然舉袂切清虚。

次韻呈萬合溪年丈論格物二首 乙丑

乾坤萬物體原微，感應無端何所依。須識鳶魚非色像，由來靈覺即潛飛。此知本自塞天地，逐物翻令窒化機。若道致知休離物，物知成對尚疑非。

太虛一氣化工神，同體何分天與人？肯信此心即萬物，始知大地露全身。下手格之無別法，微幾萌處識其真。千古聖功惟慎獨，粧枝綴葉總浮塵。

次韻答萬思默丈 丙寅

無聞四十獨傷神，夢寐空慙見古人。天末逢君悲已晚，歲寒結伴語偏親。肯於物外馳心久，欲向寰中用力頻。萬里東溟期共挽，衰殘莫負百年身。

中夜省躬耿耿不寐秉燭成句呈人峰兄兼示周侄二首 戊辰

浮生四十在人間，寡過無能秖厚顔。長憶壯心雄海宇，忍將衰鬢墮塵寰。展書千古思仍遠，伏枕三更涕欲潸。棣萼有情如憫我，願施靈藥起冥頑。

半生章句慙儒者，六尺形骸豈丈夫。悲哉何以還天地，已矣空憐等蟪蛄。逍遥誰許鯤鵬化，潦倒從教牛馬呼。衰病但看猶子在，肯能扶我一筇無。

將發涇州三首 辛未

塞上孤臣何足數，乞身今日已爲遲。未堪闕下追群彦，忍向山中負舊知。雪滿蓮峰迷遠騎，春歸盧阜足幽期。投閑別有經綸業，此義悠悠舉似誰。

秦關朔雪飄零早，楚客南冠歸去遲。涇汭雙流應送別，嵩華遥挹似相知。浮名已逐野煙盡，短鬢空將古道期。但得夔龍滿朝宁，滄江休憶病夫誰。

心將世遠身垂老，學到時過意轉遲。槁木象形因戀寂，精魂弄影爲譚知。情多未許仁同體，機熟寧誇聖可期。一脉乾坤自真訣，病樵歸去更輸誰？

與涇民別二首 辛未

西來五月便南歸，志在憂民恨力微。未展絲毫真鞅鞅，可堪父老尚依依。迎新送舊憐多累，訟簡人淳忍重違。揮涕山亭深囑汝，殷勤驅犢趁春暉。

山腰穿穴即爲家，山頂開荒麥壠斜。土脉全磽寒大早，邊城急餉賦頻加。商帆不到津市絶，驛使交馳供億賒。八郡凉州獨疲苦，傷心回首重悲嗟。

過丁家壋劉春谷上舍語予東距三里許爲孔子自楚返蔡迴車處經臺墨池尚存因出聖跡紀示予索詩率爾次韻

莫將聖跡問荒岑，須信吾儕尼父心。那堪學術委塵土，漫指江山憶古今。迴車徑轉樵人識，揮墨池空草樹侵。不知千載來遊者，誰叩宫墻得最深？壬申

西原會志撰成附以小詩甲申

誰云乍起西原會，千聖由來一脉傳。須信實修能證性，莫將虚見誤探玄。盡孝盡忠爲大節，忘名忘利即真詮。願期正學開螺水，漫吐微衷附此編。

次韻答陳蒙山年丈丁酉（存目）

絶句十二首

乞休候旨不至二首辛未

山中麋鹿應相待，客夢終宵繞故鄉。何事一封天上去，孤踪猶自滯遐方。

明光清切五雲邊，上帝高居碧漢懸。中夜似聞天語下，病農應許早歸田。

庵中與客静對漫呈六首 辛卯

一片太虛彌宇宙，中涵不息自真幾。綿綿窮劫無終始，萬化根源此入微。

真幾非有亦非空，凡聖由來等是同。此理潛心須識取，莫教犯手妄加功。

云無修證常行健，云有思爲本自然。存與不存都剩語，宣尼川上示真詮。

幾前説寂爲空縛，幾後談修逐境移。若問此中親證處，清宵靈籟獨聞時。

果能親證非虛見，三百三千必謹持。若成玩弄遺倫物，影響無端總自欺。

天地生生爲大德，陽生陰極見天心。此是求仁真學脉，閉關至日契其深。

書葉魚山卷三絶 乙未

衰年學道未嫌遲，力猛還應得效奇。世上幼緣都歷盡，急須回首更何疑。

從來聖學説全歸，試問歸程識者稀。老去合尋真樂地，萍踪飄泊事全非。

境無好醜由心起，心既澄空一事無。便向塵寰了人道，即名出世是真儒。

病筆 乙巳

此番衰病懶閑拈，終日昏昏傍枕眠。四大都忘無一念，却疑身世在雲煙。

辭一首

和歸去來辭 辛未陝中作

歸去來兮，煙霞有待須早歸。已於世外得真境，忍淪墮而懷悲？俯人寰之代謝，迅石火以難追。豈玄髮之可恃，驚陵谷之疊非。恨垂老之未悟，紛塵土以沾衣。棄滄溟於行潦，何喪鉅而得微。山雪新霽，夙駕南奔。冉冉秦塞，迢迢楚門。繁華永落，靈根固存。林風散帙，山月移樽。鏗舍瑟而與點，樂在巷以希顔。恍昨夢之初寤，欣積痾之乍安。及春光之入户，聽禽語之間關。遺埃壒以如脱，恣寥廓之達觀。證無生於上乘，鍊金液以大還。已忘辨乎姬孔，寧攘臂于武桓。歸去來兮，將造物而與游。悵東隅其莫挽，庶桑榆之可求。迥獨立於天地，銷浩劫之沉憂。逝予周覽於斯世，傷榛杞於荒疇。既張羿弧，亦盪澆舟。彼肆螯乎虺蜴，仍借譽于索丘。誰揮戈於倒景，迴羲馭之西流。胡滅頂以過涉，抱吾真而退休。吁嗟乎！人生一念自千古，焉能齷齪空淹留。飄飄乎吾駕將安之？蒼梧朝結轍，海岱夕爲期。扶赤輪而照夜，播嘉種以勸耔。契乾始於贊易，振大雅而鳴詩。赫明命以昭揭，中天杲杲祛群疑。

友慶堂合稿卷之末 補遺

世德堂紀序

《世德堂紀》者，吾族之欽村柳川、石泉二公，追繹其先世祖妣劉孺人之節，與其父賚洲公之遺行，及所得海内名公所爲誌傳表誄哀挽篇什，彙而成帙者也。賚洲公曾孫二水應禮爲漢川令，懼其久而散逸，爰付梓以傳，貽書屬時槐。序曰：

吾族之在金谿，肇跡唐季，以迄於今，支派衍分，繁踰千指；科第頻仍，金紫輝映，可謂盛矣。然求世有令德後先濟美如欽村者，誠傑然於吾族中稱最著者也。蓋自刺史公傳十六世曰良粹，以運稅卒於外。配劉氏，年二十有五，守節撫其二孤，歸櫬卜葬欽村，廬於墓側，因定居焉。此其以天常人紀，屹然秉持，式開丕緒，以垂來祚，比於凡情擇勝而徙卜者則遠矣。三傳而爲賚洲公，蹈義踐方，篤倫薄利，勁直而宏博，衷朗而範端，可謂章布之真修，而逸民之流亞也。此其以典則儀型，章軌而錫類，培先慶而裕後昆，比於席成業而僅寡尤者，抑又遠矣。夫始以慈節造基，繼以篤祜貽燕，誠足稱世德不容湮滅矣。然以予觀於賚洲公之後，其以世德作求而亹亹焉崇善繩芳者，尚未艾也。若賚洲公之子柳川、潛軒、石泉三公，聞道於陽明、東廓二先生，鋭情畢力，必以希聖爲學。予髫年時嘗及見石泉公，及幸登一第，歸則見柳川公，惓惓以聖學勉予，若以予爲可以進於道者，時時隆顔款語，意勤切不倦也。予既棄官歸，二公已謝世，則潛軒公復偕予率族人講學於元陽，且舉行鄉約，曰「學明則士習正，約行則民風淳，是吾儕與族人同歸於善之要務也。」嗟夫，以賚洲公之後復得三君子，皆以聖賢學術自勵而勵人，此其世德豈直爲吾族重，將以稱於海内可也。引繼三君子而益世其德者，尤有其人，非予所能具論者矣。夫族非科第官秩之爲貴。予嘗過浙，浙之秦氏以祖檜爲恥；及入閩之樟南，陳氏子弟謁予曰：「我布衣之後也。」夫布衣可爲陳重，而宰相反爲秦恥，然則論鉅族者，可不稱世德哉？故觀於《世德堂紀》，豈直可以示吾族人，抑亦可以風世矣。

王時槐集之三 王塘南先生自考録

教子手卷附

明理學太常寺卿塘南王先生恭憶先訓自考録自序

先大夫於晚歲始舉時槐，雖愛之甚至，而望之甚殷，即在穉年，未嘗一厲色，一峻詞，以示訶斥，第時時以古聖賢嘉言善行訓迪之。時槐敬服膺不敢忘，及稍長治經，既壯從仕，垂老乞休，既耄益自省惕，誠惴惴焉墜，佚先訓是懼也。今年夏，盧陵賀汝定以文昌令陟蘇州貳守，過家來謁，曰：「沚也願聞先生平生履歷之概，固知非一日可悉，倘得賜手筆，歷年書之垂示，至幸也。」時槐曰：「此陳跡，且淺薄，無足道。」汝定固請，乃追維往事，什得一二書之。愧行誼未逮中人，何以仰副先訓於萬一，抑古人之學以全生全歸爲至，今去此尚遠，但餘喘僅存，尤期寸進，未敢少懈。是録姑授汝定以塞其請，仍題其卷端曰『先訓』，庶以識予悚歉之衷云。」

萬曆庚子秋七月庚戌，安福王時槐謹書。

明理學太常寺卿王塘南先生自考録序

士之品大概有三，志於道德者，尚矣。然聖門之學，内之爲天德，外之即爲王道，何嘗區道德功名而二之？孔子仕魯三月耳，周遊之餘，與諸弟子講學杏壇，教澤及於萬世，惟聖同天，惟賢希聖。江右王塘南先生，以明健之資，志一貫之傳。年二十五登進士，歷官及艾□仁學並懋矣。奉身而退，益惟篤行乎倫物之常，以極深研幾於性天之旨，生平著爲集甚多，吾浙諸先輩嘗稱道弗衰。余昔見其《漳南存稿》、《廣仁類編》，後又見其《友慶堂存稿》、《三益軒會語》、《白鷺書院正學問答》，皆於庸德庸言之中，發明莫載莫破之理。考江右殫心理學者固多，如先生之致知力行，學徹性天，或未數數也。今年夏，先生族孫珀，由河南孟縣令奉旨欽取銓曹，以通家誼來謁，呈其家刻一册，乃重刻先生之《自考録》及賀定齋《續補先生自考録》也。卷後有吉安太守吴士奇爲先生傳一篇。雖今所刻者僅存什一於千百，然先生生平之行藏，進道之次第，書集之名目，亦於此大略可覩矣。愚則實而按之。其二十三歲時，檢尋程朱學語及羅整庵先生《困知記》，體諸心而行之，久之，竟窒礙無所得者，則仰鑽瞻忽之見也。三十三歲時，每日看書若干卷，及静坐功。四十五歲時，從事艮背之學，則所謂博文約禮者非耶？五十時，念年已近衰，學道無聞，乃具疏乞休，益加鞭策參求，晝夜不懈，其殆欲罷不能者矣。五十後，自覺本性空寂，了無一物，超然首出，不受塵滓，如是者十年，豈非吾才既竭，而如有所立卓爾者耶？七十九歲時，追叙二十年前功力，謂：「復覺體用未融，一切應感，於本性不無毫髪之判，密疑密認，久之，乃自覺此理無可操執，無可趨向，纔一措心，便覺爲二，至大休大歇，機忘而性復。」又謂：「精明猶是檢察，克治亦屬安排，重以分别揀擇之心，大障無私無爲之體，其於道也從之乎末由耶。世固有能辨之者。」至其初仕兵曹，才堪遠運，事畢而歸餘於帑。僉事閩省，功高禦寇，而抵任已禁革屬縣，折解供應。及參政關西，猶有宿貸未酬。致仕後，吉安郡守余之楨思，委曲以紓先生之貧，而先生固辭之，斯不亦簞瓢陋巷不改其樂之致乎？ 因思顔子明健之資，深潛純粹，年僅三十有二。先生之年，耄且有四，乃得積久而深造焉。先生於道，誠幸矣哉！ 更思先生晚年，僅存孤孫，非有簪笏接踵足以助其聲光，能益使當世傳頌盛德者，而當日朝之寵命，即家超拜至太常，詔稱「清修恬尚，道動朝宁」矣。所在之講學，下而鄉大夫諸逢掖之士，上而巡按、藩臬、監司、守令，靡不傾心奉教。講堂之助建者，吉守張公鳴鶚，有道高德厚之頌矣。没後之列□吉守吴公，有時雨普潤，造物因材，九邑而鄒魯之稱矣。國之謚典，江撫衛公承芳，具疏題請矣。（見安福劉瀘瀟先生《還山續草集》内。）繼以忌者沮之，未即易名焉。我朝豫章之崇祀，中丞宋公諱犖，列贊有文矣。俎豆在千秋也，自非篤行純修實堪媲美，大賢烏能致當時信從後世景仰若此哉？ 夫道德之學，先天後天，原始要終，迪民彝而勷盛治，爲宇宙間經行不敝，歷久而常新者。余披覽遺文，輒動高山之想，援筆以覈其實，授通家子歸而存之，固發於好德之公也，奚必待如世俗之問序，然後爲導揚先哲之辭乎哉？

康熙五十年歲在丙申秋七月，資政大夫禮部尚書浙西後學陳詵撰。

明理學南太常寺卿王塘南先生恭憶先訓自考録

先考贈光禄少卿積齋府君，諱一善，字元夫，早治《易》，遊安福，邑庠鄉試，不遇。而先嫡母贈宜人劉氏，屢生子不育。時同祖諸弟，皆客寓楚之湘陰。同諸弟寓於邑之第八都界頭市，卜娶先母贈宜人姜氏。姜爲湘陰長樂里著姓。

嘉靖元年壬午七月初二日，始生時槐於界頭市，時先考年四十五矣。

嘉靖二年癸未，某年二歲。

嘉靖三年甲申，某年三歲。

嘉靖四年乙酉，某年四歲。

嘉靖五年丙戌，某年五歲。

嘉靖六年丁亥，某年六歲。

嘉靖七年戊子，某年七歲。

始就塾從師開蒙。

某幼稍有識，能步履，即每日出門外小江中，坐灘石與群兒嬉，復携小石歸，至外庭内室，處處磊積以爲樂。及就塾，次日即取所磊積盡棄之江中，先考暨姜宜人大悦。

某就塾，初讀《三字經》，即不好弄而誦習甚易。先考曰：「是可教也，不必更授以雜書。」是冬即教讀《大學》，自是諸書皆先考自點句讀付之，塾師口授之。

楚俗尚鬼，歲時賽會，嘗鼓吹迎神，過市門，塾中生童爭出觀，某獨據席對卷不出。塾師或他往，諸生童或從館側酒肆，覓酒聚飲，某亦獨不往。諸叔父先輩聞之，亟稱許，以爲可教，某愈知自勵。

先考自題家之堂柱曰：「立志非萬仞高不可以爲人，讀書無一字用不可以言學。」先考雅不喜釋老而尊信程朱，時時舉孝悌忠信、先賢實行以示某。復粘二程先生、司馬温公、趙清獻公畫像於堂壁，俾知瞻仰。每食初飯，止許食蔬，再飯或有肉味，長者食，方許食。雖在客寓，歲時必嚴祀先之典，祭時必命某入班端肅供事。

先考同祖兄弟七人，友愛如同胞，憂樂關情，有無相恤，暇則竟日共談，一以教子弟循理讀書爲事。嘗題其堂柱曰：「兄弟怡愉，留與兒孫作式樣；聖賢仰止，休耽釋老薄彝倫。」

嘉靖八年己丑，某年八歲。

嘉靖九年庚寅，某年九歲。

嘉靖十年辛卯，某年十歲。

是冬，先考始携某返吉郡。某在楚讀《四書》、《易本義》已完，頗能屬對，及抵吉，從師，以郡中治《易》者少，於取友非便也，始改治《詩》。

嫡母劉宜人篤愛某，如己出。

嘉靖十一年壬辰，某年十一歲。

始讀《性理大全》，塾師教作舉業文字。

嘉靖十二年癸巳，某年十二歲。

是冬，先考以某記誦未廣，復携往湘，自督教之。

至湘始讀《史略十科策》，嘗以梅福上書命某作論，先考覽之，大悦，以爲可教。

嘉靖十三年甲午，某年十三歲。

嘉靖十四年乙未，某年十四歲。

先考以某未知古人事親事長、立身行己之道，乃命讀小學。

先考每授某諸書，既口授之，復解釋其義，曰：「如此不惟便於記誦，且理路漸通矣。」

嘉靖十五年丙申，某年十五歲。

是冬，先考復携某返吉。

嘉靖十六年丁酉，某年十六歲。

始入府學爲附學生。廬陵縣大尹夢山翁公，諱溥，浙諸暨人。督學憲使存齋徐公，諱階，松江華亭人。

嘉靖十七年戊戌，某年十七歲。

嘉靖十八年己亥，某年十八歲。

先考素嫉緇黄妄誕惑衆，巫覡符章，一切都絶，獨誠於祀先。某敬識於心，自年十七八時，先考在楚，某與二三兄弟在家，新飾堂龕，歲時奉祭，先一夕，出宿於外，質明行事，男婦分班肅立，失儀者罪。先考聞之大悦。

郡庠教授雪峰黄公，諱大廉，福建莆田人，以進士來涖任，躬試諸生，置某第一。人曰：「此新進生也，不可遽躐諸名士之上。」公曰：「吾知論文耳。」不聽。

嘉靖十九年庚子，某年十九歲。

督學憲使舜澤蘇公，諱祐，山東濮州人，按郡試諸生，置某第二□爲廩生，赴鄉試。

嘉靖二十年辛丑，某年二十歲。

嘉靖二十一年壬寅，某年二十一歲。

是春始婚，娶廬陵東門陳氏。

嘉靖二十二年癸卯，某年二十二歲。

仲春，文廟丁祭，舊以廩生當貢者典收祭品，或稍留難，致累里役。教授友軒李公，諱克孝，浙人，特命某典收祭品。某以非舊制辭，不允，勉赴供事。里役以祭品至，一無留難，比訖事。李公曰：「古人序事所以辨賢，蓋如此。」

是秋赴鄉試，後往湘省侍二親，冬返吉，陳氏卒。

嘉靖二十三年甲辰，某年二十三歲。

某資拙而鈍，自少不能爲世俗放蕩之事，然欲效古先儒之飭行，又未能也，以是莫知適從。是年，兩峰劉先生設館於郡西之西塔寺，陳蒙山丈嘉謨一見先生，示以聖學。蒙山悦而師之，不以教人。已而諸友聞之，頗竊笑。某因問何笑？曰：「聞蒙山講學耳。」某曰：「講何學？」曰：「欲爲聖賢耳。」某曰：「學爲聖賢，豈可笑？」乃就蒙山問之。蒙山曰：「我不能述先生之言，子可自往叩之。」某乃見先生，遂執弟子之禮。先生示以程朱教人居敬窮理之功。某乃檢尋程朱論學語及羅整庵先生《困知記》，依其説，體諸心而行之，久之，竟窒礙無所得。

某自少治舉業，文字一任胸臆流出，即歷科程墨、當代名文不觀也。是年，郡庠教授南庵趙公，諱祖元，浙東陽人，以進士來涖任，課試諸生，首拔某，始教以博覽勤習，爲益最大，不當獨任胸臆爲也。某敬受教，自是文思益進。

嘉靖二十四年乙巳，某年二十四歲。

嘉靖二十五年丙午，某年二十五歲。

是春娶廬陵水東鄒氏。

督學憲使□泉蔡公，諱克廉，福建晉江人，按郡試，某第五，赴鄉試，以《詩經》中式第二十名。巡按察院見湖陶公，諱謨，浙秀水人，主考□□□□□□□公，諱□□，□□人；副主考□□□□□□□公，諱□□，□□□人；本房座主餘干大尹蒙泉姜公，諱廷頤，楚巴陵人。揭曉日迎赴藩司之宴，夾道觀者如堵。某重念舊，承先叔南衢公篤愛及先室早逝，馬上淒然，不能傍視。

先是夏五月，某讀書於郡之水東真常觀，夜夢升三清殿，有金甲神人，長丈餘，自殿後出，據西而坐，語某曰：「汝當連登科第。」見殿上爐缾，皆鹿鶴之狀，占者云：「鹿鶴蓋壽徵也。」

是冬，先考自湘歸，某以十一月北上會試。

嘉靖二十六年丁未，某年二十六歲。

是春，會試中式，第二百一十三名，廷試第二甲二十二名，賜進士出身。總裁掌詹事府學士孫毅齊公，諱承恩，華亭人；副總裁掌翰林院學士張龍胡公，諱治，茶陵人；本房座主禮科都給事李石峰公，諱論，萬全都司人。是夏觀禮部政，秋八月除授南京兵部車駕司主事。是年，先母姜宜人始自湘返吉郡。

某自以初登第，學未聞道，且不諳吏事，欲暫請告歸，自仲夏至秋，皆注門籍稱病，出就天壇神樂觀棲止以俟，三踰月而後上疏。一日偶過道士房，見架上群書，信手探之，得《慈湖遺書》一部，覽之，覺洒然有省，默體諸心，見之日用動静之間，但不起意而天機自暢，遂遵信不疑。至七月，吏部不開進士請告之例，乃出就部選，得南車駕主事。

十月抵南京任。時南昌裘魯江、泰和劉兩江、安福歐三溪諸公，皆於公暇相聚講學。某曰：「吾近得《慈湖遺書》，體而行之，殊覺簡易融暢。」魯江大稱賞，曰：「此至道也，幸勿再疑。」某乃益遵信。

屢奉書請先考同一母就養。先考舟行至豐城曲江，病不起。某聞病報，亟請假歸。某從陸歸，途次起居酬應，一以慈湖「不起意」之學行之。因見輿夫遇路之高下險彝，前者呼，後者諾，恍若有悟。曰：「此即不起意之學也。彼呼者不以自矜，諾者不以爲恥，兩無心焉。總之，欲此輿之安而已。故不起意之學，愚夫愚婦可與能，而聖人之道不越乎此也。」

嘉靖二十七年戊申，某年二十七歲。

春二月至螺川，始聞先考棄世，徒跣奔至家，朝夕哭踊，一至情所發，不假安排，雖哀毁骨立，非强爲也。自信以爲不起意之學頗得力。自是蔬食外寢以爲常，先輩有憫其體羸，携酒殽諭勸者，敬辭之。或家庭有慶喜之事，某必避客，終不暫易縗麻以爲禮。

先兄時松，舊同執贄於兩峰先生之門。一日見某在喪次，問曰：「吾弟近日之學如何？」某以慈湖「不起意」之學對。是時鄒東廓先生同劉師泉先生講學於永和之青都觀，先兄往聽講。師泉先生問某何似，先兄以「不起意」對。師泉先生曰：「此固是好，但包裹世情尚在耳。」先兄歸以告某。此語真切，中吾病。及七七日畢，權厝先柩於家園，躬往安福南鄉之南院，請師泉先生下教，終日侍坐，盡捨往日不起意之見，悉心以聽先生之教，同志聚者數十人。先生善開發人，隨問一答，令人爽然有省，每日自朝至暮不起於坐。研摩自心，初焉如入暗室，冥無所見，久之似開一隙，始露微明。但每日二膳後，穀氣未消，似有昏蔽，仍堅坐不起，以敵退之，移刻復明。先生教人，不得遽用自然，某益用苦功，瞬息不懈，先生亦以爲有志可教也。會兩旬，乃别。

錢緒山、王龍溪二先生自浙來，東廓先生邀入青原大會，九邑縉紳士人皆集，與會者七八百人，其徒步往聽教。始與郡中同志友，每月訂會於神岡。

冬，葬先考於安福金田鈀鉏井，祔先祖妣左孺人墓右，鄒東廓先生撰誌銘。

嘉靖二十八年己酉，某年二十八歲。

錢緒山先生自廣東舟返，過螺川，某於舟次聽教，至南浦而别。一日侍坐山寺，方丈某問曰：「何謂心無内外？」時寺僧方在殿叩鐘，緒山先生曰：「今聞鐘時，我不往彼，鐘不來此，而聲聞無間，心無内外可知矣。」某猶未釋然。及歸螺川，問兩峰先生何謂心無内外？兩峰先生曰：「汝謂心有内外乎？」且道：「汝心所管至界到何處而止？若心所管攝無至界，無止處，則此心廓然無際，何内外之有！」某乃豁然有省。

始與萬安郭華南丈静對於西峰寺。華南諱春渠，篤行力學，君子也。某與之處，窮年累歲，以正學切磋，寒暑不輟。

兩峰先生過顧，某侍榻。五鼓先生起坐榻上，問曰：「此時未應物，心有事乎？」某對曰：「一念不息，即事也。」先生以爲然。

嘉靖二十九年庚戌，某年二十九歲。

是夏服闋。某執喪三年之内，未嘗聽樂與宴，未嘗以縗服入公門。是秋北上舊例當補官北部，某以南都稍遠勢利，且應酬頗簡，於進學爲便也，乃請於銓部，仍補南兵部車駕主事。是冬抵任，時嫡母劉宜人年七十五矣，憚遠出。先兄時椿侍養於家，某奉生母姜宜人在任就養。

嘉靖三十年辛亥，某年三十歲。

户部具奏，以京儲缺乏，借南兵車駕司銀叁拾萬，太僕寺亦奏，借五萬。奉旨移咨本部，四司同僚咸以遠軍爲艱，部堂命某領運北行，以四十金爲路費。某領運舟行至濟寧，值挑運河舟阻，乃僱騾車，載銀鞘，從陸行曠野無人之路，護從者皆有戒心，幸無虞，至北京，赴户部、太僕寺交收訖，踰月而返。某自忖：向之賜四十金路費者，慮其久稽也。今事畢速返，豈可過受？乃以原金呈繳部堂。尚書韓石溪公曰：「辭至再三，情非矯激，該司查收，以成其美，仍議所以酬勞可也。」司呈堂賜十金酬勞，某乃受。

嘉靖三十一年壬子，某年三十一歲。

子景憲生，側室陳氏出也。

壽王薨，無嗣。本部當撥快船百餘艘，赴楚德安府，以備宫嬪上京之用。部堂命某督押以往。某慮快船兵夫衆多，所過或至恣擾，先期行令所過州縣，預備拽船人夫及各兵口糧以俟，及船至，即换給，頃刻解纜。所過肅然無擾。至德安，事畢，歸途乘暇登廬山，訪白鹿洞，放舟抵南京。

某在車駕司兩年，適值浙金存庵，諱立敬，亦爲本司主事。存庵奉其父督學憲副一所先生之教，以「喜怒哀樂，未發之中」爲學。存庵篤志躬行，君子也，恥空談而專習静，色温而内勁，言動一無所苟。某朝夕與處，甚受其益。

南都事簡，諸司庶僚賢否，人所共見，故稍知自立者，莫不争自濯磨，懼蒙訾議。某因得親炙諸賢，以匡不逮；暇時則閉户讀書，砥滌身心，未敢少懈。

嘉靖三十二年癸丑，某年三十二歲。

子景明生，繼室鄒氏出也。

春三月，陞本部職方司員外郎。夏四月，陞南京禮部主客司郎中。

秋七月，三年考滿，給由北上，吏部引奏復職，具題奉旨，先考得贈南京禮部主客司郎中，嫡母劉氏封大安人，給敕命。草制者尹洞山公也。十一月，抵南京禮部任。

嘉靖三十三年甲寅，某年三十三歲。

同年陸五臺，諱光祖，浙平湖人，來爲本部祠祭司主事。五臺高朗有卓識，一相見，若宿契，每日升堂畢，即過主客司與某論學。五臺不拘末節，自合矩度。然五臺雅重繩趨尺步之士，故於某獨心契焉。

自五月起，置小册手書，每月所看書若干卷，及静坐功課，題曰《晴雨録》。必一書看畢乃別看一書，庶功不雜施，心志亦定，而事理漸徹，日無虚晷以爲常。

嘉靖三十四年乙卯，某年三十四歲。

是年四月，陞福建按察司僉事，整飭兵備，兼分巡漳南道。冬十一月抵任，駐劄汀州上杭縣。

十二月赴贛州，謁軍門周潭汪公，諱尚寧，徽人，謂某曰：「上杭溪南，三面賊藪也，時出劫掠爲患，已行文福建布政司議處，今來得早議，幸矣。」某曰：「故事，凡兩司奉軍門，行令訂議，必下府縣，縣必下里老議呈，因據之以申覆，是以地方重事，取決於村民無識者之口也。本道意欲躬往溪南察勘，庶得親切。」公曰：「如此甚善。」遂移文下道。某返上杭。

嘉靖三十五年丙辰，某年三十五歲。

春二月，某遣人揭示於溪南，諭以某日單騎臨溪南。至期果單騎往。永定知縣許文獻從溪南人，初甚恐，及見車從簡易，知無他，乃召諸號爲盜首者，引導登山，周覽畢，諭以彈丸之區，無險可恃，而敢爲劫盜，何也？皆叩首言：「隣境廣賊，嫁禍溪南耳。」因諭以此地可縣可館，設官涖治，則廣賊無由嫁禍，汝且謂何，皆願聽令。明日，溪南人及上杭、永定隣縣民，皆具狀，願設縣。乃命屬縣經畫割壤建置之費，且呈贛州軍門及福建兩院。已復計斬其首惡一人，餘悉示宥，皆慴服，尋復自斬其兇渠數人，來請罪。久之，三院以設館爲便，乃築城設館，館傍設社學，溪南人争趨供設，議以捕盜，通判領兵鎮守，仍得奉上司批委，聽理詞訟官，爲擇社學師，教習其子弟，庶各縣人吏，絡繹於溪南，且教養兼資，妖氛之氣自靖矣。館成，溪南人甚安之，盜風寢息。

某題其館柱曰：「皆吾赤子也，宜痛癢之相關；其惟至誠乎，雖豚魚而可化。」自撰《館記》，勒石置堂中。題社學堂扁，曰「教以人倫」。

某自得漳南之命，離南京，過大湖縣。建昌羅近溪丈，時爲大湖令，邀至演武場，觀兵快射。近溪曰：「吾每月校射各兵，但中一箭者，得支本月工食，否則扣工食，不得支。但中二箭以上者，於應得工食外加賞有差，即以所扣者充賞。官不費而兵自勸矣。」某至漳南，即依此法，呈三院允行之，三年之間，各邑兵快無不善射者。近溪又曰：「吾每日此心常在百姓身上轉幾遭。」某佩服斯言，不敢忘。

某自初陞漳南，未赴任時，即聞每年常俸之外，尚有別項各色供應，所入頗富。竊惡其非義之與，有累於民。及抵任，備查每年所入，除常俸外，果有別項各色折銀解道，計一年該銀五百六十金。即行所屬，禁革不許踵舊折解。同年徐麓泉光啟，時亦僉閩憲，問某曰：「聞貴道查革甚多，已呈三院否？」某曰：「吾自盡當如是，豈以徼三院之知乎？」麓泉曰：「不然，此事不呈三院，勒石行下禁革，恐利不在貴道，而在有司矣。」某乃具呈三院批允，行下禁革之。

是冬十月，倭寇犯漳浦，據後江頭土城，四出擄掠。某躬詣漳浦，擇取所屬府縣衛所官有才力者，督兵以往。倭寇閉城拒守，我兵破城，倭以鳥銃拒敵，勢不可近。有獻策者曰：「鳥銃能攻堅，不能攻柔。」乃密諭各兵，取集鄉民田車，載草其上，兵藏車後，環城以進。倭以鳥銃抵擊，鉛彈遇草輟墜，我兵不傷，遂抵城下，舉火焚其城，攻之，城遂破，與倭巷戰，大敗之，俘馘過半，餘倭宵遁入海去。

嘉靖三十六年丁巳，某年三十六歲。

春三月，三院以漳浦捷功具題奉旨，某陞俸一級。

十月，倭寇犯漳州沿海地方。某躬往漳城，督官兵追剿，倭奔漳浦、詔安，我兵追擊，屢報俘馘小捷，倭且掠且遁，至十二月，倭遁至廣東潮州南洋去。

嘉靖三十七年戊午，某年三十七歲。

是秋，廣賊王子文、温祖源等千餘人，流劫福建地方。督兵截剿，溪南人自集鄉兵六百報效。委官領押分道邀賊歸路，生擒賊首及俘馘，呈報三院，至十一月事平。

是冬，倭寇犯詔安，擄掠鄉村，而邑城遇積雨傾圮。某躬詣詔安，督築城垣，除夕猶登城犒兵，以示不自暇逸之意，達旦始下。時邑城完而調兵亦集，倭知有備，入海遁去。

查兵餉支剩尚餘八百金，發上杭縣貯庫。

嘉靖三十八年己未，某年三十八歲。

正月，自詔安返至漳浦，聞南道李御史論劾某不職，且有贓私。某乃具呈三院，回上杭閉門謝事，候旨。李御史劾疏下部。時同年陳蒙山丈在科，檢尋某歷年所得三院薦疏語，偕宋陽山年丈往白於掌院周崦山公。公曰：「王子雖係同鄉，絶無一字入京通問。然吾知其在南都，惟閉户讀書，此豈不自愛者？李所論劾殊不類其爲人，但既已有言，當議遷改以塞忌者之口。」時吏部大察，遂以某不及，當改調，具奏，得旨。

某自備數南都數年，賴良友夾持，勉自樹立，矢志堅確，不以身家爲念。及任漳南，自覺赤子之心未失，潔己愛民，激厲屬寮，禦寇保境，殫心竭智，不遺餘力。嘗冒險者數四，幸無他虞。惟嫉惡大嚴，如呈革府縣科民之害，究治所官虐軍之罪，摧抑豪右，不避權貴，但侵凌細民者，一以法繩之。在任三年，無一字達京師問候，及脩餽致敬於閩中顯宦之門。蓋素性愚拙，不能曲阿也。

某將發上杭，因自念三年勤勞，雖往事俱係陳迹，然欲録存一二，自備觀省。乃取卷牘，摘其中有關繫者，録成一帙携歸，題曰《漳南存稿》，春末抵家。

汀人立生祠於上杭。

巡按福建察院樊斗山，諱獻科，上疏言福建之害，不在倭寇，而在内地。蓋人心不公不平，是非倒置，即内地已化爲倭矣。如今春考察福建僉事王某、晉安知縣盧仲佃、建陽知縣黎復性，皆才守卓著者，今吏部誤聽讒人之口，將王某、盧某皆改調，黎某罷斥，公論何在？如黎某已黜，無論矣。乞敕下吏部，俟王某、盧某赴部聽調，宜優處之，以風吏治。

是夏六月二十一日，先母姜宜人卒。

某在閩三年，未嘗與人談學，以空言不若見之行事也。惟自念學到究竟，必有歸宿，始爲大成。嘗貽書質之羅念庵先生。至是，躬詣先生宅上，乞墓銘。先生見名刺，即出大門外相迓。升堂坐定，問曰：「向所云歸宿者，何如？」某以生死之說對。先生默然。念庵先生持己清嚴，其觀人亦以制行爲重，後學敬憚，未敢狎見。然先生汲引心切，與後學言，每傾懷開示，亦未嘗專立一說。於某注念甚渥，以爲可教。嘗曰：「汝但自求自試，久當自得。」一夕，偶談及生死，先生曰：「人死則已矣，更何有乎？」某先後所得念庵先生手柬，裱成一卷，以備觀省，實心師之。冬十一月葬先母姜宜人於螺山，念庵先生撰誌銘。自是年以後，常習静於金牛寺。

嘉靖三十九年庚申，某年三十九歲。

春三月，赴復真書院會，即赴金田展墓，併看築鈀鉏井地。自是年起，置小册，手書每日所看書及應酬略節，題曰《省躬録》。

嘉靖四十年辛酉，某年四十歲。

夏六月，著《友慶堂家訓》。

秋八月，族中稷時公兄弟派下孫方洲名子敢、温泉名若沂來議合祠事。先是吾族本出唐刺史公諱順之後，昭穆甚明，有洪武癸亥族譜足徵。後因有以弟爲子者，傳數世矣。正統戊辰，稷時公欲復倫，族人不可，先叔祖尚固公亦不欲復倫，遂自修本支譜。景泰庚午，稷時公派下即族之未分者修復倫譜，而東山族人竟不肯從，於是遂分爲三族。至嘉靖乙卯，稷時公派下偕公兄弟派下，言已與尚資公、尚固公派下本同九世祖親屬也，當復合仲宸，以衆意達書於某。方洲子敢來就某議。某以事當慎重，請緩之。至是，方洲、温泉復來議。某乃稟命於先叔茅亭公。茅亭公曰：「昭穆本明，非强合也，如議可矣，乃許之。」已而族之尊屬咸來議。某乃定議當擇址遷祠，奉主合祭，俾昭穆明秩。衆問倫可復乎？某謂以弟爲子，紊也，復倫爲是。族人欣躍，遂遷祠合祭，題祠額曰「金谿王氏南塘祠」，而吾同九世祖一派下，族誼以明。

本祠六房族人，原充里役十名，而虚丁虚糧困累。某乃白於安福縣，併爲一甲，查虚糧，係買田人遺糧未收，照額分撥之，除去虚丁八十丁。六房頓蘇。

嘉靖四十一年壬戌，某年四十一歲。

服闋，北上過鄒縣，謁孟廟。春三月，調除四川按察司僉事，分巡下川南。秋九月，由陸路入蜀，歷萬山險峻，至成都，地始開曠，古所謂沃野千里也。冬十月朔，抵□，駐劄嘉定州。川南簡静無事。蜀王府在省城，某往謁，府規制頗類闕廷而差小，入謁必以昧爽，拜於殿之左門，其體貌尊重如此，出至門，長史請陪宴，辭之。

嘉靖四十二年癸亥，某年四十二歲。

時王御史奉上命訪求法書至四川，以十月登峨眉山。某以本道同行，自峨眉縣行四十里，至半山白水寺，次日復行四十里，至山頂。自白水寺而上，則徧地皆層冰。沿途斫冰而上，途中遇雨，晚至頂，始見日前驅者來告。曰：「佛光現矣。」某乃下輿，同王至最高處，憑欄而立，見萬山中有空曠處，現大圓光，五色絢爛，官吏諸役，人人自見其影在圓光中。王曰：「此大奇景也。」至夕乃没，俯現山下，但見徧地皆白雲彌漫，如海波蕩漾，無異色，山中僅見古木嵯岈，絶無飛鳥。是夜宿光相寺，天雨雪。次日黎明再登，俯視則白雲盡斂，江流如帶，諸山在下，雖高大者，皆如培塿矣。下至嶁眉縣，始得報，某以九月奉旨陞尚寶司少卿。十一月，遂離川南，舟行，過瞿塘三峽，水迅急，舟疾如箭，兩岸皆石壁如削，不可攀躋，地險而境奇矣。過張將軍飛祠，設祭。

嘉靖四十三年甲子，某年四十三歲。

先是，部議欲以郎中陸五臺爲尚寶少卿。五臺白於相徐存齋公曰：「有賢者在蜀，臯當以尚寶處之。」公問爲誰。五臺以某對，公以語吏部，議未決，五臺復白徐公曰：「某所讓者，惟王僉事一人耳，餘人則某不能讓也。」部議始決。命下，友人南昌萬兩溪名恭，時爲兵侍，入謝徐公。公曰：「吾不識王君何狀。」兩溪曰：「王子居官雖久，而絶無世態。」異日到京，見相公，且不能以一語稱謝也。」公曰：「如此，其賢可知矣。」閏二月，抵京赴任，兩溪一見，語人曰：「王君在南都時，不能開口向上談笑，乃今一能開笑顔矣。」三月陞尚寶司卿。南昌萬思默名廷言，浙蘭溪，徐魯源名用檢，俱在郎署，鋭志講學，某甚受其夾持之益。

嘉靖四十四年乙丑，某年四十四歲。

是春，外官入覲，徐存齋公倡集百官，大會於靈濟宫。外官自方伯而下，列坐於堂之左，西向，京官自亞相李石麓公而下，列坐於堂之右，東向，士人以會試到京及庠生，皆得赴會。徐公以《定性書》一篇及《學者識仁》一篇録出，命□□尚寶琨躬送至會堂。設茶畢，兵部郎錢南離朗誦二篇，在坐者互相質問。寧國郡守羅近溪踴躍欣暢。某與會，目擊感歎，羨以爲盛事。

羅近溪邀某同宿，至五鼓，問曰：「近日何如？」某曰：「吾惟直透本心耳。」近溪詰問本心，某請示，答曰：「難言也。譬如蒸飯，必去蓋，始知甑中飯；去甑，始知鍋中水；去鍋，始知竈中火。真難言哉！」某曰：「豈無方便可指似處？」答曰：「莫如樂，但從樂而入可也。」

秋九月，陞太僕寺少卿，奉敕提督寄養馬政。

是冬，出巡畿内附近諸州縣，馬政廢弛大甚，本寺亦無册籍可查。其馬之多少，皆憑州縣開送，州縣視爲末務，養馬户以馬出僱與人，走差馱載多瘦死者。某始置册存本寺，仍令州縣月報循環，以憑註籍稽查，且劾州縣官之損失馬疋，當遵敕參究住俸示罰者，呈兵部行之。

嘉靖四十五年丙寅，某年四十五歲。

春正月，印馬顧御史論劾某持法大苛，疏下，部覆題奉旨，降二級用。

三月，降受光禄寺少卿，某力請於徐存齋公求退，不允。

時萬思默爲光禄寺丞。光禄職務甚簡，復得思默同寅，因聞艮背之説，每日在寺中静坐內觀，從事艮背之學，久之頗覺有效。

隆慶元年丁卯某年四十六歲。

春二月，聞嫡母劉宜人之喪，奔歸，比抵家，則室人鄒氏已奉葬於螺山矣。

與蒙山丈訂，以每月偕郡城同志諸友舉會於能仁寺，以十一至十三爲期，特請周羅山公、劉見川公、周原山公枉教。

隆慶二年戊辰，某年四十七歲。

是年，捐金偕族人脩南塘族譜，割田入祠供祭。

隆慶三年己巳，某年四十八歲。

是夏服闋。

隆慶四年庚午，某年四十九歲。

是春，北上過浙，謁錢緒山公於錢王祠，謁王龍溪公於金波園。錢公論學諄切，王公謂「平常心是道，不可過求」。

舟自鎮江，遡揚子江而上，未至儀真，而日暮不辨色，兩岸大舟湊集不可泊，舟人繫纜於大舟之尾，彼舟人遽斬其纜，我舟遂飄入江中，風正狂甚，舟中人皆號泣，幸舟人先以小纜繫於樹，亟挽小纜至樹下，復懇一大舟繫纜於其尾宿焉，乃幸無恙。次日，舟人欲白於儀真縣，究治斬纜者。某曰：「舟已幸安，不必問也。」

夏六月，復除光禄寺少卿。先是隆慶元年，覃恩京職，得請封某以丁内艱歸，至是具奏，乞補封，奉旨，准與先考得加贈光禄少卿，嫡母劉加贈宜人，生母姜、先室陳氏並贈宜人，繼室鄒氏封宜人，並給誥命，草制者，申瑶泉公也。

隆慶五年辛未，某年五十歲。

夏四月，陞陝西布政司右參政，分守關西道。

六月，抵任駐劄涇州。過平凉，謁韓府，韓王執禮甚謙。某晨入謁，王親出中門外迎迓。某由右門揖讓而入，升殿展拜，王西向立，屈躬扶起，遂設宴於殿上。宴畢，復請次日遊花園，辭之。

遊回中山，山在涇汭二水之中，上有王母祠，祠前有古樹一株，青碧色，無枝葉，而生氣常存，竟不凋枯，周穆王、漢武帝皆列於兩廡。

關西事甚簡，邊境無虞，而宗藩且安静。惟某自念年已近衰，而學道無聞，仕路亦多沮，有掛冠歸隱之意。秋八月，偶有感觸，歸志勃然。家人皆曰：「尚有宿貸未酬，盍少待之。」某曰：「假令今夕一疾將斃，亦可曰：待吾宿貸酬畢而後斃乎？」家人語塞。明日遂杜門謝病，具呈撫按茶馬巡邊，各院皆勉留，乃具疏，遣人赴京奏乞休。恭録先年所奏廷試策問及誥命敕命，成帙鋟梓以存，題曰《恩綸録》。

冬十月，奉旨准致仕，十一月離任南旋。過梁山，唐則天武后陵在焉。陵已荒廢，惟前列女樂及翁仲尚存，有石碑立於左，未刻字。

望華山，過陳圖南先生故居之地，有遺骨在焉。舊以匣藏於懸嵒石室中，有道士能攀緣上，取其一二而下，觀之，頭大如斗，其骨皆黄而潤，似有生氣。先年有察院葬之於山麓者，竟爲水衝決而出，或疑烟霞之骨不當掩於泉壤之下，乃復奉安於嵒石中云。

過驪山，觀楊貴妃浴池。池以白石環砌，水從下仰出，探其水，正温而清潔。有司閉鎖外門，禁庶民不得輒入。

隆慶六年壬申，某年五十一歲。

過河南，遊王喬洞。過漢武帝封五大夫松，在道院，遺址有唐李林甫刻碑尚存。謁拜宋仁宗陵，陵僅基土高丈餘，朝廷數遣使致祭，祭文刻於亭中，傍有賜葬大臣墓。望嵩山，未登。至少林寺，觀達摩面壁像，像前立大石一片，黄色而黑文，現定僧趺坐之影於石中。寺有唐太宗爲秦王時刻碑，「世民」二字，太宗親筆書也。寺僧多習武藝者。

過湖廣界丁家壋，劉春谷上舍邀至其家，言此地爲孔子自楚返蔡迴車處，因出聖跡記索詩。過蘄州，訪顧岩正郎。關於其書屋，其兄曰：「岩大參同。」陪某叩某學，皆近於養生家之問，留二日別。春抵家。

某在光禄時，宦情日薄，家人叩正陽門關王廟求籤，得一籤，曰：「萬里鵬程君有分，吴山頂上好鑽龜。」後踰月復往，叩得一籤，曰：「身似菩提心似鏡，長安一道放春回。」初不解其説，及至陜，乃知吴山在陜，爲西鎮，鑽龜者，卜出處也；陜西，古長安也；一道者，守關西也；放春回者，得告休而春歸也；身菩提心鏡者，從事於身心之學也。其靈驗如此。

夏五月，兩峰先生卒，某偕同門賀少龍、陳蒙山二年丈，趨三舍，哭奠於其家。

萬曆元年癸酉，某年五十二歲。

始立家會，每月以望日，集家庭兄弟子侄會於家，一以孝悌慈祥勸勉。是年，携男景明讀書於水東真常觀。某偶閲《宴樞會要》，其中有論知一段，曰：「固非妄知，雖强覺以爲知，亦不同，太虚之寥廓而無知也。」又謂：「譬如有人問水，答以流行、灌溉，則皆水之用而非其真體也，若直指其真體，則曰濕而已。有人問心，答以分别、照了，則皆心之用而非其真體也，若直指其真體，則曰知而已。」知即德之本，明也，今後學以情識爲知，誤矣。

某自念年及衰而學未成，既棄官歸，世緣已畢，不大明此學，真虚生矣。自此益鞭策參求，晝夜不懈。

萬曆二年甲戌，某年五十三歲。

春正月，手書所見八十七條，題曰《山館筆存》。

豐城李見羅丈諱材、泰和胡廬山丈諱直會於神岡，郡城同志亦集，某赴陪。見羅之學不主良知，廬山志真而行甚端，與友人處，切偲不倦，能令惰者思奮，蓋吾黨中之卓然特立者。始倡集金田兩祠縉紳士人同大橋朱易庵丈一族，以每年冬舉會於元陽觀，三日而罷。自是年以後，每年習静於金牛寺。

萬曆三年乙亥，某年五十四歲。

是春，男景明生一女。秋，景明卒。景明治《易》，爲郡庠生，年僅二十有三，葬於螺山。

萬曆四年丙子，某年五十五歲。

是冬，遷葬先嫡母劉、生母姜及男景明於水東七十都地名廟山下，某撰壙記。

萬曆五年丁丑，某年五十六歲。

萬曆六年戊寅，某年五十七歲。

是春，買舟往建昌，訪羅近溪丈於從姑山房，留旬日而别。近溪簡易坦蕩，與人相對，形骸俱忘，每日蔬飯共食，不設酒殽，方外緇流皆得入席共飯，口不數數談學，而神態超然，迥出塵表。某侍坐自愧器局狹小，不及也，其受益有得於言語之外者。始倡集金田兩祠族人行鄉約。

萬曆七年己卯，某年五十八歲。

春正月，謁南嶽祈嗣，登祝融峰，歸舟過茶陵，訪劉養旦憲副諱應峰於旌忠庵。時值會期，州中士友群集，信宿而別，火田尹氏諸友復邀入陽婁山，相對夜話，次日别。

冬十月，子景衡生，側室黄氏出也，鄒宜人鞠之，篤愛如己出。

萬曆八年庚辰，某年五十九歲。

萬曆九年辛巳，某年六十歲。

是秋，習静於高沙之新興觀。

萬曆十年壬午，某年六十一歲。

是春，偕本邑友人孝廉劉瀘瀟名元卿、門人趙時卿名師孔等，過浙訪徐魯源憲副於蘭溪。信宿别，放舟而下，過錢塘，中流舵折，江濤洶湧，舟摇兀甚，舟人色懼，某及諸友安坐不動，少頃，風静浪平，得泊岸。憩虎跑寺，陸五臺年丈來會三日。五臺聞家庭之訃别去，某偕諸友入沈蓮池之雲棲寺，沈爲同年三洲之弟，同留夜宿，次日，别與瀘瀟共挽舟而歸。

萬曆十一年癸未，某年六十二歲。

是春，男景憲卒，年僅三十有二，葬螺山。秋，採集古聖賢親親仁民愛物之事類書之爲四卷，題曰《廣仁類編》。

萬曆十二年甲申，某年六十三歲。

是春，搆一小室於郡城西智度庵之傍，扁曰「三益軒」，每月逢二日，與學博鄒少梧丈名光祖、正郎劉述亭丈名學朱，會於軒中，同志諸友亦稍集。某因手筆論學語成帙，凡二百二十九條，題曰《三益軒會語》。是自每年嘗習静於三益軒。

是冬，郡守余曉三公諱之禎，四川人，以府志屬某纂修，同志者劉瀘瀟、吉水孝廉羅匡湖名大紘也。府志舊頗冗泛，至是開局，杜門不通私書，而以人物傳密詢於九邑鄉大夫之賢者，慎書之，一無所狥云。

萬曆十三年乙酉，某年六十四歲。

余曉三公一日過顧語某曰：「聞公尚有宿貸未酬，郡中事有可見示者，吾能爲公酬之。」答曰：「某別無寸長，僅守此小節耳，若毁此節，則無一可觀，適以辱我公之知也。」

萬曆十四年丙戌，某年六十五歲。

門人賀汝定、劉文光、曾中甫等，始議倡集九邑同門諸友，每年九月爲西原大會，以十七至二十一日爲期。

某自念年益衰，恐餘光有限，自撰墓誌銘以俟。

萬曆十五年丁亥，某年六十六歲。

始倡諸友斂金，共建體仁堂於能仁寺善法堂之左，扁其門曰「西原會館」。先是，癸未歲，陳蒙山年丈倡建求益堂於寺之東偏，諸友謂稍隘未足，故特建體仁堂爲會講之所，置田供會。

萬曆十六年戊子，某年六十七歲。

廬陵邑侯錢啟新公，諱一本，武進人，倡集兩庠諸生，每月會於城北陽明先生祠。某主會事，遂定以每月二十六日至二十八日爲會期，置會田，後因祠會不舉，乃以田併入西原會。

萬曆十七年己丑，某年六十八歲。

是秋，作《續能仁會志》。

萬曆十八年庚寅，某年六十九歲。

是夏，病瘧杜門，手書所見八條，題曰《支節漫語》。

是秋，作《郡城惜陰會録》。

萬曆十九年辛卯，某年七十歲。

春二月，作《西原同門會録》。

是夏，習静於吉水仰慈庵，手書所見四十三條，題曰《仰慈膚見》。

九月，奉旨起貴州參政；十月，陞南京鴻臚寺卿，俱未赴任。十二月具疏，遣家僮賫赴京乞休。

萬曆二十年壬辰，某年七十一歲。

春正月，陞南京太常寺卿。三月，乞休疏上，奉旨：「王某屢召不赴，清修恬尚，實有可嘉，着以新銜致仕。」

某得《石經大學》，是本出鄭端簡公。古言云：「魏正始中，詔諸儒虞松等考正《五經》，刻之於石，始行《禮記》，而《大學》、《中庸》傳焉。」松表述賈逵之言，曰：「孔伋躬居於宋，懼先聖之學不明，故作《大學》以經之，《中庸》以緯之。」甲申歲，澄海唐氏伯元序而刻之，序云：「按史，逵父徽，受業劉歆，當漢武時，《周禮》出嚴屋間歸秘府，至成帝朝，歆始表而出之，故逵之傳，歆出也。」某往年讀陽明先生所尊信《大學古本》，竊疑其中尚有錯簡，若朱子所更定《大學章句》，以己意補傳，尤爲未安。至是讀石經《大學》，詞旨完明，渾成一書，本無闕誤。某以知止知本釋格至，理極精切，其可信可傳無疑，豈天未喪斯文，以致是書湮晦之久而復出乎！乃録寄門人賀汝定，於荆門刻而傳之。

萬曆二十一年癸巳，某年七十二歲。

秋九月，遣孫女適廬陵夏逕葉日爍。

冬，金田東山祠族人上舍東池名而組、春元犀石名湯孫、庠生秀岳名文煥等，倡議東山南塘同出一祖，不當分爲二族，謀於某，宜合爲一。議既協，遂修總譜，設奠兩祠告祖，長幼序坐，昭穆秩然，百餘年暌異未一之宗，至是復聯如舊矣。十二月，手檢先年諸稿，凡泛常應酬之筆悉刪之，惟摘取論學書柬及詩文稍有關係者，録成三册，題曰《友慶堂存稿》。

萬曆二十二年甲午，某年七十三歲。

是秋，習静於瑞華山，手書所見十六條，題曰《瑞華剩語》。

冬，搆敬業堂於三益軒之東南，及門諸友捐金助成之。

萬曆二十三年乙未，某年七十四歲。

始携景衡讀書於敬業堂。是夏，偶沾病，手書所見二十條，題曰《静攝寤言》。

秋九月，著《朝聞臆説》六條。

冬，搆書屋於金田祖居遺址之上，扁其堂曰「誠心」，某捐金近百，而族中及門諸文學倡各邑同門諸友，斂金共助成之。郡守張雲臺公，諱鳴鶚，浙人，安福大尹楊淇園公，諱廷筠，浙人，均助金，而張公復賜扁曰「道高德厚」。

自題堂柱曰：「子臣弟友四未能學期慥慥，格致誠正一以貫德乃明明。」

萬曆二十四年丙申，某年七十五歲。

是秋七月，景衡生一子名婁孫，復更名曰「允方」，毛氏出也。

冬十月，鄒宜人卒，葬水東廟山下，祔先母劉、姜二宜人及明兒墓右，某撰誌銘。

萬曆二十五年丁酉，某年七十六歲。

萬曆二十六年戊戌，某年七十七歲。

春正月，作《誠心堂助建録》。二月，得《長沙府志》，見先考列名於《孝友傳》，出長沙府舉人楊晉山名廷相筆也，貽書往謝之。秋七月，手檢甲午至戊戌五年諸稿，凡泛常應酬之筆悉删之，惟摘取論學書柬及詩文稍有關係者，録成一册，題曰《友慶堂續存稿》。

萬曆二十七年己亥，某年七十八歲。

春三月，赴金田，舉誠心堂之會五日。

是夏五月，男景衡卒。景衡治《易》，爲郡庠生，年僅二十有一。秋九月，兒婦毛氏卒。

某自三月目病眩暈，夏秋之後益甚，卧不能起，自是杜門謝客不復出。

萬曆二十八年庚子，某年七十九歲。

是三月，合葬衡兒及毛氏於郡城西第一都青塘，某撰壙記。某自歸金田以來，賴吾郡先覺，倡明正學，遺風尚存。郡邑歲時會講不輟。如在郡有青原之會，安福有復古、復真、復禮、道東之會，廬陵有宣化、永福二鄉之會，吉水有龍華、元潭之會，泰和有萃和之會，萬安有雲興之會，永豐有一峰書院之會，永新有明新書院之會。每及期見招，必往赴焉。又間歲放舟會萬思默丈於桑林，自以學未大明，故汲汲求友如是，受益滋多。

自先兄人峰没後，諸姪貧甚，某深念而力不能援。嘗小有割助，諸姪輒轉鬻無存，或時一曲處，少致吾念，竟無裨於其窘急也，則徒心切内愧而已。

某夙負鈍資，所幸自幼承先考之訓，知趨於正。稍長聞先師之教，志彌切，然於道茫無所入，輾轉參尋，疑障萬端。及入仕，勉自檢飭，復遇良友啟迪，切偲之益，得免頽惰。平生不爲身家之計，一於學而已。年及五十，道猶未明，乃身自慚憤，棄官而歸，志益精專，功無作輟，踰年稍有所窺。始焉自覺本性空寂，了無一物，超然首出，不受塵滓，頗似得力，舉以語人，同志亦多見信者，如是者垂十年。已而復自覺體用未融，一切應感似於本性不無毫髮之判，密密生疑，密密體認。久之，乃自覺性雖空寂，而實常運不息。其運也，非色相；其寂也，非頑空；即寂而運存焉，運非在寂外也；即運而寂存焉，寂非在運外也。雖寂運兩名，而實寂運雙泯，有無絶待，不容擬議。此理充塞宇宙，綿亘古今，刻刻如是，萬劫如是，天地人物，原無分別，孔子川上之歎，正描畫此理真面目；《易》所謂「繼之者善」，《中庸》所謂「於穆不已」，皆逼真語也。此理無可操執，無可趨向，纔一措心，便覺爲二，惟可默契而已。戒慎恐懼，保任乎此，非有[所]〔一〕加也。學者但退藏收斂，知識不用，以還混沌未鑿之初，庶爲近之。至大休大歇，機忘而性復，在養盛自[致]，[非]人力所及也。惟着空着相，墮落二邊，後學通患，乃不得已姑提「生幾」二字，與及門之士共商之，且以請正於四方有道者。

偶閱佛氏書，有云「上涅槃，剎那無[有][生]相，剎那無有滅相，若以色身外別有法身，離生滅[求]於寂滅，即爲斷常邪見」，似與形色天性之旨合。又閱老氏書，所云「天地間猶[橐][籥]，[恍]惚中有物，杳冥中有精」，似與體物不遺之旨合。但二氏主於不染一切，以完其性，吾[儒]主於不離一切，以完其性，故先儒以佛出世、儒經世爲言。後學誠有志希聖，必遵守孔孟經世家法，以自淑淑人，庶不墮偏見，而於世有裨矣。

某平日參究生死之説，至耄年竊謂：果能深證孔子川上之旨，則生死之説當自有悟，非可以凡情揣度也。孔子朝聞知生之訓至矣。

病中終日默坐，自覺往年爲學皆意氣也，精明猶是檢察，克治亦屬安排，重以分別揀擇之

〔一〕原書爲□，據上下文義補，後同。

心，大障無思無爲之體。是以先聖教人，必由定静安而後能得，不識不知乃順帝則。程子謂：「識得此體，不須防檢窮索。必有事焉，未嘗致纖毫之力。」其垂示後學，至深切矣。

續補王塘南先生恭憶先訓自考録

門人廬陵賀沚汝定識

先生自叙止於庚子夏，嗣是叩求續補，至於再四。先生以書答云：「自辛丑以後，自覺於學益專詣，未敢少懈，所見亦歲歲稍不同，然書之則不可勝書，亦不能一一記憶而描寫也。但願於此理果徹，當時時與諸賢吐露共商之，則雖不盡登此録，亦未爲缺典耳。」遂未敢瀆請。是秋八月，先生體復康，門人强請出西原會，見士友只拱手不揖，教言亦簡，但默對而已。是冬，同門士訂伏臈十日之會於敬業堂，以便請益置簿。先生序之謂：「學必以孔孟爲宗，以倫物爲實踐，以徹宇宙、貫古今爲分量，以精研入微爲根柢，以合德天地爲究竟。」是會，同門士自遠方來，輒至滿座。先生喜其專凝，歎賞不置，每日必赴，無間雨雪寒暑。自是而後，沚恭記先生動静語默之概，續書而備録焉。

萬曆二〔一〕十九年辛丑，先生年八十歲。

〔一〕「二」，原誤作「三」，據上下文改。

正月初，出赴西原會，始揖客。二月初，訂智度敬業堂小會，每月初八至初十，取接西原會期。自是先生無一會一日不至。

是夏，沚謁先生於私室。先生坐小廳，置几於復臺上諸雜紛前，久之，請曰：「先生豈無一静室可避囂乎？奈何與諸囂爲伍？」先生笑曰：「而聞囂雜，予殊不覺。」竊歎以爲莫能及。

秋七月，先生八秩，屆期先具柬，書辭親友賀甚懇，至是杜户不出。八月乃出西原會，九月同門士大集西原，先生悦，開發亹亹如常。

萬曆三十年壬寅，先生年八十一歲。

春三月，先生約思默萬先生會於樟鎮，沚、王梓齡從，學憲徐匡嶽公亦至，爲會三日而别。會間無多語，其私相印證之言不得聞，别去，先生亟歎思默公之學，正當精深。

九月，西原同門大會十日，先生又赴復真會五日，遠近聞先生至，咸忻躍，聚至數百人，隨赴金谿誠心堂，亦五日，沚、劉允伸、陳鍾、劉守恭、郭大幾從。

萬曆三十一年癸卯，先生年八十二歲。

是春，按臺毘陵安節吴公行部至吉，事竣，問學於先生，甚相契合，於是檄下郡縣，大會九邑士夫、兩學諸生於白鷺洲書院，專迎先生主教，時三月念二至念六，凡五日。會罷，吴公檄取會語，諸士夫各依問答，爲條若干，呈按臺吴公編次，轉檄郡守吴公行縣刻之，題曰《白鷺書院正學問答》，其會規皆出先生裁訂，刻板懸於鷺院正學堂，并載《正學會語》中。吴公又取先生《續存稿》二册，行府刻之，題曰《王塘南先生續稿》，吴公爲序。

秋九月，赴儒行鄉高峰寺會兩日，沚等迎請主教。十七日，同門士大會於西原，因議爲先生建講堂，諸士翕然醵金助費，卜地於能仁寺善法堂之後，連接體仁堂。價買寺僧子旦、子玉等地基。冬，購材興斲。

萬曆三十二年甲辰，先生年八十三歲。

春，著《潛思劄記》五十一條。三月，毘陵凝庵唐公道浙過懷玉，直抵螺川訪先生問學，聚對西原、智度之間，凡七日，辨析極多。於乾元之旨，發揮更詳，言下契合。唐公舉沿途餽禮三十金贍西原會，時講堂工興，遂用以佐費焉。廬陵邑侯建安玉海陳公臨西原，聽會講，見講堂爰搆，捐俸三十二金爲助。是月，安福復古書院修葺成，鄒侍御瀘水請先生主教，會者八百人，先生有詩紀其盛。贊理修葺者，鄒坦泉、彭雲亭、李瑞南也，先生詩贈以美其功。夏五月，講堂成，扁曰「敬止堂」，偶書十五條。

秋九月，著《仁知説》十條。九月，同門士大會敬止堂，請先生居，求講授。先生見規恢宏備，諸士勃興，肅凝聽受，頗爲增喜，盡情啟發。

冬十一月，著《病筆》十四條。

萬曆三十三年乙巳，先生年八十四歲。

春三月，廬陵新安明學書院新成，□□□□大集三鄉士爲會五日，請先生主教，隨赴劉憲副斗墟富田文山祠會五日，郡中士侍行者甚衆。是月，著《石經大學略義》，門人梓而傳之。

四月，先生病，有口占五言古詩六首、絶句一首。五月，復安，出赴敬業堂十日會，時諸生集者七十餘人，先生壹以直透太虛爲教。諸生中有專於參究者，有專於收斂者，皆折衷於先生。先生曰：「只透太虛，不言參究而參究在其中，不言收斂而收斂在其中，貴善會而一之。」或者曰：「體本虛而何所事透？」先生曰：「能不用透更好。」或又曰：「不用透，連虛亦無。」先生曰：「是虛亦無虛爲之。」抵掌一笑。又曰：「性無内外，貫顯微，故學貴虛而行貴實，纖念必察，細行必矜，視聽言動之中，則子臣弟友之盡分，取予辭受之不苟，暗室屋漏之無愧，庶幾積功累行，可爲進道之助。則在一家表正一家，在一鄉表正一鄉，在一國表正一國，在天下表儀天下，舜之爲法於天下，可傳於後世，吾儕當以爲準的，乃爲真虛之實際。不然，一行玷缺即虧，平生明爲人所非，幽爲天所鑒，吾心已歉，氣已餒，德何以成？故談虛而不務實者，學之乖也，道之塞也，士之蠹也。多士其慎諸。」語意切至，聞者悚然。

六月，撰《明學書院記》。八月，赴桐江，與曾〔一〕大宰見臺先生會，信宿，曾〔二〕生惟謙、劉生叔鰲、賀生德煇從。

九月，撰《西原敬止堂記》。十六日，黄岡樊侍御友軒過訪先生於家。十七日，舉西原同門會，先生邀樊公同會於西原，晚備飯，與樊公别。十八日早，先生升堂，劉儀部瀘瀟、王光禄儆所、廖貳守淳初在座，諸生侍者百餘人，先生極論人在生理中，猶魚之在水，由中徹外，無之非是。此理塞天地，亘宇宙，無微可間，無時可息，本性空寂，而非冥頑，其中自有這段生生不容已之幾，瀰滿充周，活潑圓融，孔子所謂「逝者如斯」，《詩》所咏「於穆不已」者是也。須知此理，乃爲知性。又引程子言「天道運而不已，日往月來，寒往暑來，水流不息，物生不窮，皆以道爲體，運乎晝夜未嘗已」一段。又引《易》之「天行健，君子以自强不息」，謂：「先儒歎自漢以來，學者未知此義，豈不然哉？」是日，先生喜見於容，精神透露，言詞敷暢，聞者咸躍然深省。會飯膳，飯不減如常。復升堂，談論如常。將午，先生忽舉右手示諸生，指若有拘攣狀，諸生群起而前，但聞先生曰：「病至矣。」遂不能言。十九日還家，諸生環而侍者，無間日夜，常舉「寂定無礙本性，原超形氣，平生學力，受用在此」爲先生言。先生輒受而頷之。或語

〔一〕〔二〕「曾」，原誤作「會」。

有當意，連首肯微應之，兩目炯然，神志凝定。十月初八日卯時卒。搜遺稿，中得自撰《壙志》《遺命》二帙，一一遵而行之。此外有《友慶堂又續稿》三卷，文集若干卷，以俟另刻。二十日，門人奉主入敬止堂，共祀而瞻仰焉。嗚呼！道微文喪，哲人（闕）。

明理學太常寺卿王塘南先生傳

賜進士中憲大夫知吉安府事新都吴士奇撰

余奉命守吉州，竊聞王塘南、陳蒙山兩先生齒德並爲士儀，比至，而陳坳已踰月，昊天不吊，二老而遺其一也。余始肅客數目王先生於盈庭而心億之曰：必若而人，蓋其齒高而舉趾下我，是以知爲武公者也。先生雖世家安邑，卜居郡城，余得時造焉。每當別，必揖先生無復過我，復過我非守請事之意。余甫去而先生儼然臨矣，曰：「大夫謂我耄而不欲僕僕我也。然而非禮也，敢不重拜？」先生不吐不茹，初就之油油如玉之温，如熱中而飲人以冰，以爲長者也。徐之目不睫，坐不欹，言笑不苟，抑以爲莊者也。久而扣之則洪鐘一振，四座辟易，譚利弊若臚列，辯材品若别黑白，余大異，亦復大快。顧雖饜於滿腹，亦僅飲其一勺耳，惡窮江海之大哉！吉，故儒所淵萃，鄉有社，講有堂，而登壇者必先生。西原、復古，其洙泗也；青原，其洛社也。猶曰此一邑一郡士也。鷺院者，創於宋，大備於有明，其群而會於斯者，則監司守令以及鄉大夫諸逢掖之士，其没而祀於斯者，則宋二程、明王文成，及羅文毅、羅文莊、鄒文莊、歐陽文莊、聶貞襄、羅文恭六君子，聯主賓於□簪，晤今古於旦暮，煌煌乎一代之文獻，東南之巨觀也。是日也，先生振衣高坐，因問發義，上士悟，下士笑，鄙吝者消其蓬心，執拗者融其習見。野叟不解而第首肯，童子無心而自爲舞蹈，此非獨以言感也，先生固有不言而躬行者矣。御史吴公，首尊其説，藩臬王公、丁公、錢公、黄公、龔公、何公，相與闡明之。其他若復真，若復禮，若道東、龍華、元潭、萃和、雲興、明新、明學諸院，歲一再過。隨地異施，合則時雨之普潤，分則造物之因材，故九邑而鄒魯，先生之大有造也。每登講席，危坐終日，或以爲疲，先生曰：「人之精神居常散漫，政宜乘此，力爲凝聚。」程子見人静坐輒歎其善學，有以也。」年八十一，猶駕小舟抵樟鎮、金谿問友焉。先生受學兩峰，顧心契於文恭，自掛冠歸，屏居静存三年，而悟本性空寂，了無一物，超然首出，不受塵滓。又十年，而復覺體用未融，一切應感於本性，不無毫髮之判。益加密參，久之，乃自覺性雖空寂，而實常運不息。其運也非色相，其寂也非頑空。即寂而運存焉，運非在寂外也；即運而寂存焉，寂非在運外也。雖寂運兩名，而實寂運雙泯，有無絶待，不容擬議。此理充塞宇宙，綿亘古今，刻刻如是，萬劫如是。天地人物原無分别，孔子川上之歎正描畫此理真面目。《易》所謂「繼之者善」，《中庸》所謂「於穆不已」，皆逼真語也。此理無可操執，無所趨向，纔一措心，便覺爲二。惟可默契而已。戒慎恐懼，保任乎此，非有所加也。學者但退藏收斂，知識不用，以還混沌，未鑿之初，庶爲近之。至大休大歇，機忘而性復。在養盛自致，非人力所及也。

既厭世儒之溺於訓詁，一破其支離；又恐學士執悟執修，自作二見。乃言善學者，自生身立命之初，逆遡於天地一氣之始，窮之至於無可措心處，庶其有悟矣。則信一切皆性，戒慎於一瞬一息，以極於經綸事業皆，盡性之實學也。故全修是性，全性是修，悟修豈有岐乎？其論二氏曰，彼主於不染一切，以完其性，而吾儒則不離一切，以完其性。後學必遵孔孟經世家法，以自淑淑人，庶不墮偏見，而於世有裨。生平參死生之故，其預爲墓銘有云：「孰成毁，孰初終，孰抱一以遊無窮？則知生之説，川上之旨也。」又云：「病中乃覺，往年爲學皆意氣也。精明猶是檢察，克治亦屬安排，重以分别揀擇之心，大障無思無爲之體。是以自得之後，居安資深，左右逢源，動皆以天，乃與道爲體。」程子謂「識得此體，不須防檢。窮索必有事焉，未嘗致纖毫之力」是也。四方來者接踵。期之中，唐太常自毗陵至，樊侍御自東粤至。九月十八日，先生别樊於山足，復講於西原，極言人在生理中，如魚在水，無之非是。聞者躍然，先生亦喜動色。既膳，再登堂，忽舉右手曰病，諸生驚而前，已不語，趣輿歸。余數顧問，聞先生兩目炯炯，諸生語有當者，猶頷之。至十月八日乃没，年八十有四矣。

搜遺藁，已自銘墓，非先覺不及此。賀汝定言先生故斤斤其爲南主客也，所善獨陸五臺。陸高曠，宜不相入，而臭味獨合。初仕兵曹，轉輸金三十五萬於京，事畢而歸餘於帑，韓尚書嘉之。壽王薨，以百艘載宫嬪自楚返，而先生爲監。所過州邑，戒役夫具糗以待，舟無留行，邑不騷擾。出爲漳南僉事，會上杭議剿溪南三圖亂民。先生白中丞尚寧汪公，請以單騎往諭，中丞壯而許之。先生入而衆慴伏，自斬其魁，請命於軍，乃築城設一倅以鎮之。爲建塾延師，教其子弟。倭犯漳浦，據後江頭。土城倭故以鳥銃爲利器，兵不敢近，先生集田車載草前，蔽兵其後，銃中草輒弱，兵直薄城，俘斬甚衆。以功進一級。其後再犯，再敗之。明年，粤寇王子文等流入閩，而先生前所撫上杭民感先生不殺，集鄉兵六百人邀擊賊於路，大破之。其年冬，倭犯詔安，會積雨，城欲圮，先生繕垣，調兵除夜，操戈登城，旦乃下，倭尋遁去。乃有彈者至，日爲□而汀人顧哭而祠之。當是時，先生力撫創彝，御吏嚴竣，禁郡縣科擾，武弁浚削。抑豪右，卻利金。諸顯者絶無所問餽，以故中外交怨之。法當調，而樊御史力白其枉，再補蜀僉事。時陸久爲郎，以次當補尚寶少卿。而陸顧遜曰：「蜀臬有賢者，非吾所及也。」銓不察，别以其人進。陸語相徐曰：「吾謂王僉事耳，他人則余奚讓焉！」爲少卿，無幾進爲卿。已又進太僕少卿。時戎政久弛，馬多耗。先生獨嚴爲覈，於是忌者復曰：「夫夫當卧馬之日，而欲以苛政行耶？」以疏論改光禄少卿，旋出爲陜西參政，甫三月，先生浩然歸矣。其年始艾，居二十一年，詔起貴州參政，踰月，詔陞南京鴻臚寺卿。隨又召爲南太常卿。一再辭，詔褒焉。先生雖習静，亦不廢遊。初官南曹時，宿鷲峰寺，道經廬山，訪白鹿洞。在蜀雨中登峨眉，忽日出，前驅訝爲佛光。在秦謁王母祠，祠前有古木，不柯不葉，隱隱含生色。過梁山，望武后陵。過華山，問陳圖南遺骨，骨懸石室，頭大如斗。過驪山，觀楊太真浴池，池水湧出石下而温。過河南，探□橋洞，拜宋仁宗陵，觀達摩面壁像。入楚識孔子返蔡迴車處。歸久之，謁南嶽，登祝融。居三載，與劉瀘瀟訪友蘭溪，返憩於虎跑寺，陸五臺過焉，因宿雲棲庵。既歸，乃倦遊。五先生亦且老矣。兀坐小室，塵事滿目。汝定曰：「先生避□而囂乎？」先生笑曰：「而聞囂聲，我殊不覺。」郡志重修，則先生與劉調甫、羅公廓操筆，其傳人物，惟鄉之賢者是□，曹惡不恤也。時李見羅講學於豐城，不主良知，而先生深契焉。先生蚤歲登第，終老食貧，三子遞夭，有孫曰允方，頗慧而尚幼。所著述别爲集，不具載。汝定既以文□令晉蘇州貳守，歸謁先生，而念先生且老，卒與俱□□仕焉。先生名時槐，字子植，世居安福之塘南，自號塘南居士。屬余傳者，汝定、劉文光、曾德卿，皆先生門下士也。

吴士奇曰：夫人在飲食者，屬饜而未覺其甘也，至於食再饑，飲再渴，乃思耳。先生在，而余朝夕於師保也，魚相忘於水中，惡知其樂乎？先生没，而余悵悵何之矣。嗟夫，道未喪世，弘固待人。吉自二程至，而吾道始東；自六君子出，而吾道以明；自先生出，而諸家之同異有所折衷也。吉固多士，今之代興者誰乎？昔尼父没，而子貢獨築室於場，斯亦何益於亡者，而獨心服之，故心喪之也。能篤信先生者，是亦先生之徒矣。興衰繼絶，其在斯人乎？萬曆三十三年乙巳冬十二月望日撰。

重刻塘南王公誠心堂助建録自序（存目）

王時槐

明理學太常寺卿王塘南先生行述

門人廬陵賀沚汝定撰

先生姓王，諱時槐，字子植，其先出唐吉州刺史，諱順之，後世居吉之安福南鄉金田下塘南，後徙郡城南街，故自號塘南居士云。初贈禮部郎中，加贈光禄少卿，諱一善，號積齋，先生父也。初贈太安人，加贈宜人劉，嫡母也。贈宜人姜，生母也。積齋公初爲邑庠生，無所遇，客游楚之湘陰，娶姜宜人，生先生於湘之界市。年十歲返吉時，已善屬對，讀《易》完，又改治《詩經》。十二歲作《梅福上書論》，十六入郡庠，十九爲廩生，二十五舉於鄉，明年成進士，嘉靖丁未科也。初除南兵部車駕主事，丁外艱，服闋，補前秩，陞本部職方員外郎、南禮部主客郎，任滿得請封，陞福建漳南兵巡僉事，以剿倭功，陞俸一級。丁姜宜人憂，服闋，補蜀下川南分巡僉事，陞尚寶少卿，晉本司卿太僕少卿，改光禄少卿。丁劉宜人憂，服闋，仍補光禄。穆皇登極，覃恩得請封，陞陝西參政，分守關西。抵任三月，引疾乞休，奉旨准致仕。萬曆辛卯，詔起貴州參政，陞南鴻臚卿，俱未赴任，尋陞南太常卿，具疏懇辭。奉旨：「王某屢召不赴，清修恬尚，實有可嘉，着以新銜致仕。」此先生歷官之概也。

自初登第至居南曹，無不孜孜於學。南曹簡静，故得以遂其成學之志。其在駕司，解銀三十五萬赴北補京儲，路費銀四十兩。事畢，先生以原金呈繳部堂，尚書石溪諱公曰辭至再三，情非矯激。該司查收，以成其美，仍議所以酬勞可也，於是以十金爲酬，乃受。壽王薨無嗣，本部撥快船百餘艘，赴楚德安府，備宫嬪入京。先生督押快船兵夫衆多，慮其沿途恣擾，先生行令所過州縣，預備人夫口糧，船至即换，頃刻解纜，所過肅然無擾。

時所共事，浙五臺陸公、存庵金公、同鄉魯江裘公、兩江劉公、三溪歐公，公暇輒相與論學，互相砥切。五臺公高朗通達，先生謹守準繩，格調不同，雅相契合。居常閉户讀書，置小册紀每日所看書及静坐功，題曰《晴雨録》。必一書畢乃及别書，功不雜施，使心志專而事理漸徹，日無虚晷以爲常。

乙卯，抵漳南任，適虔臺行福建布政司，議剿上杭溪南三圖亂民。先生至，即白虔臺，請躬往察勘，遂揭示溪南，諭以某日單騎臨，至期果往。溪南人初甚恐，及見單騎來，知無他，皆前叩首迎導，登山周覽畢，諭以彈丸之區，無險可恃，而敢爲亂何也。衆皆叩首曰：「隣境廣賊嫁禍溪南耳。」因諭以設官莅治，則廣賊無由嫁禍，汝且謂何？皆頓首，願聽令。明日具狀，請設縣，乃委屬縣，經畫割壤，建置之由，呈報虔臺及閩兩院。已復斬其首惡，餘悉示宥，衆慴伏，尋自斬其兇渠數人來請罪。三院以設館便，乃築城建館，以捕盗通判鎮守，館傍設社學，爲擇社師教習其子弟。溪南人争趨役，館成，先生題其柱曰：「皆吾赤子也，宜痛癢之相關；其惟至誠乎，雖豚魚而可化。」自撰館記，勒石堂中，社學扁曰「教以人倫」。本道例有别項供應名色，每年該銀五百六十兩，盡行所屬禁革，不許踵舊折解，呈詳三院，允行之。又念地方困窮，查革重大積弊，以蘇民困八事呈兩院，曰庫役之害、門役之害、斗級倉夫之害、該徵之害、禁役與里役之害、牛判與饋送之害，極其條悉。虔臺汪公署其呈曰：「所呈八害，的的時弊，切切民恫，政紊法乖，民窮盗起。治其末，何如培根？遏其流，豈若澄源？依款通行所屬，仍刊示俾知舊染維新。」閩臺吉公署曰：「朝廷設官爲安民計，非欲其藉寵榮庇貪盗也。如該道所呈，皆民之隱害。蓋取者爲常例，而略不知恥；供者爲故典，而恬不動意。上行下效，日浚月削，民奚不窮？欲地方之無慮也得乎？此不待汀州一府爲然，其餘或亦不減。除另行外，依擬嚴禁，仍刊刻大字告示，令小民周知，俾各官常日之有警可也。」又議處紙贖，以備儲蓄；議處防禦，以安地方；議處操練，民壯軍士，以振武備；議定賞罰，以勵人心；議罷長汀、龍巖等縣開採金銀鑛役，呈三院，皆極嘉贊。如議行，歲省民間供應之費千萬計，鑛役之罷，省費無算。丙辰，倭寇漳浦，據後江頭土城。先生躬率材官，督兵往討。倭乘城，以鳥銃拒，敵不可近。乃取集田車，載草其上，兵藏車後，環城而進，銃彈遇草輒墜，我兵直抵城下，舉火焚之，城遂破。與倭巷戰，大敗之，俘馘過半。捷奏，奉旨陞俸一級。丁巳，倭再寇漳州，先生趨漳城，督兵追剿，倭奔漳浦、詔安，我兵襲擊，破之，賊遁去。戊午秋，廣賊千餘流劫閩境，先生發兵截剿，溪南人自集鄉兵六百報效，分道邀賊歸路，擒其賊首，俘馘甚衆。冬，倭犯詔安邑城，積雨傾圮。先生躬詣詔安，督築城垣，除夕登城，達旦乃下，如此以爲衆先。城完，調兵亦集，倭遁去。事平查餉，支剩八百兩，發上杭貯庫。己未，被論歸，汀人爲立生祠於上杭。尋丁姜宜人憂，居家有《省躬録》。又取閩中卷牘，摘一帙，題曰《漳南存稿》。壬戌春，調除四川僉事。九月，陞尚寶少卿，尋轉本司卿。乙丑，陞太僕寺少卿，奉敕提督養馬政。先是，畿輔諸州縣馬政廢弛甚，本寺無籍可稽，其馬之多少皆憑州縣開送，州縣視爲末務，馬多瘦死者。先生始覈實置籍，仍令州縣月報，循環以憑稽查，且劾州縣官之損失馬匹者。於是忌者以持法大苛論劾，奉旨降級，改光禄少卿，旋丁劉太宜人憂。庚午，起復，仍補前秩。辛未，陞陜西參政，抵任三月後，以疾乞休，得旨准致仕，遂浩然歸矣。先生廉介孤潔，出於天性，守正不阿，一言笑不輕。故其居官絶無身家之念，亦無營進之意，惟嫉惡嚴，執法謹，一無所徇。於世情，汩如也。萬兩溪公所謂「王君不能開口向人談笑」，先生誠有之，故亦不免於今之世而讒者，兩（闕）。

增刊塘南先生教子手卷

（上闕）自盡爲弟之道，但願（約闕六字）墜。吾家祖父以來，友于（約闕五字）上懸扁「友慶」二字，切囑切囑。

一、府城南街諸叔姪兄弟及商寓楚之湘陰界頭市者，皆係吾五服之内（約闕四字）聯屬和睦，吾家五服之内人（約闕三字）若情不聯屬，則是自取孤危之（約闕三字）知之。

一、尚固公派下子孫一枝，在楚澧州及楚武岡州，皆人少且生意甚薄，然皆同十六世祖之後，非疏族之比也，亦宜相念勿忘。

一、金田兩祠（原文：園背六房下都。）宗族吾存相處甚善，情誼無纖芥間隔，吾後人當體此意。且先人有主在祠内，祖塋皆在鄉中，又祖居基土（又自注云：已造書屋。）及吾家薄田皆在焉，金田係是吾家根本之地，豈可棄而不顧？故金田宗族，理宜敦睦，不可以地遠而漸疏薄也。

一、吾兒景衡未生之前，吾祈嗣於南嶽，金田卓所叔與吾同往。及景衡初生，乏乳母，卓所叔母劉氏即遣其家人（闕）喚之妻育秀來吾家，抱乳三年，卓所叔夫婦於吾兒施恩甚厚，今卓所叔夫婦及育秀皆已没，（原文：今劉氏已没。）吾兒日後於卓所叔子維則，宜厚待勿忘。（原文：吾兒日後當思報恩於卓所叔二子維新、維則，宜厚待如骨肉。）

一、吾兒景衡初聘賀文南公之女，不幸其女早夭，毛後塘公即許以女，聘焉。然文南公終始垂愛吾兒，禮意勤厚，不以乃嫒之存亡改念。今文南、後塘已喪。（原文：吾兒當於文南、後塘二公一體以岳翁之禮事之。又改：今文南已喪。）倘有事不能自處者，可請教光宇，詳訂而行，（原文：可請稟二公。又改：請教後塘。）必蒙指教扶持也。賀瞻龍以年家親戚受學於吾門，真實君子也。吾兒可親炙聽其教誨，或有事不能自處者，可往請裁示，必能扶汝正路，免於悔戾矣。

一、吾兒當以讀書向上做好人爲志，希聖希賢是吾人分内事，不可自甘暴棄。讀書宜專功，孜孜汲汲，鞭策勿懈，萬無不成材之理。家常粗衣淡飯，省費節用，切戒華靡奢蕩，自取覆敗。勿縱飲，勿賭博，勿搬戲，勿唱曲，勿出外遊狎，虚度光陰，勿踐花街，勿入酒肆，勿種花木、豢魚鳥。一切玩弄無益之具，徒荒正業，令人放佚淫惑，日流於小人之歸。宜親賢師良友，聞正言，行正事，學做正人，則身必超群，家亦不墜矣。朋友中肯勤讀書、孝友、忠信、端謹之士，可恭敬親就，以受其益。若懶讀書，好放蕩，口出不正之言，身爲不正之事，威儀喪失，心志卑污，以群聚博弈，上店傳盃，顛倒錯亂，狂言亂語，使氣駡人，醉生夢死之徒，此等人城市最多，倘被其誘，引入其隊中，必陷人於辱身敗家，貽玷先人，吾兒可謹記吾言。古語云：「親賢如就芝蘭，避惡如畏蛇蝎。」蓋親賢則學成德立而家興，親不賢則學廢德隳而家敗。寧寡交遊，切勿與庸人俗子相近，切囑切囑。

一、做人必孝親，必敬長，必和家庭，必睦宗族，必無失情於姻戚，必無侮慢於鄉黨，每事寧讓勿争，寧退勿進，寧寬勿隘，寧緩勿急，寧利人勿利己，寧損己勿損人，只一味謙和退讓。若己有餘，便當廣行陰德，割己濟人；若己無餘，亦宜仁恕待人，勿爲欺騙覓利之計。能如此存心制行，家庭、宗戚、鄉里，必皆諧協，無怨無害；天地神明，必默祐之，決然召福致祥，子孫昌盛矣。今人不知此理，顧利忘義，一身之外，視如秦越，久之，下失人心，上逆天道，自招災禍，而竟不悟，此真下愚之所爲也。戒之。

一、吾雖叨登科第，官至京秩，（原文：官至方面。）而吾居家常服布衣，夜卧布被布帳，吾室中妻妾皆然。吾食無兼味，室中人以蔬食爲常，惟補敝以蔽體，茹糗以塞腹而已。吾每聞富貴之家，雖其室中人平居無事，亦皆飾容麗服，每食美饌盈前，吾竊歎其非。蓋吾人在天地間，曾無功德及人，何可厚享如此！恐造物忌其多取，其後福必暗損矣。吾兒宜知此，布衣蔬食，自是養德迎福美事，亦是吾清白傳家風度，可踵而行之。

一、吾致仕家居，至老只親書史，如先聖、先賢、先儒理學諸書，吾耽嗜熟味，敬佩不忘。吾平生不曉弈棋、雙陸、投壺、抹牌、賽擲等事，縱是士夫家邀飲，衆賓以此爲樂，吾只袖手旁觀而已。吾室中鄒宜人，躬率婢女，晝夜紡績，決不閑坐。吾曩聞富貴之家，雖室中人亦曉下棋、抹牌，甚則把酒呼市兒歌唱以爲樂，竊疑此非好消息，吾不欲盡言之，願吾兒以爲戒。

一、吾忝縉紳之末，然吾家居未嘗設一酒以請道府縣及諸貴客，亦未嘗餽一節序之儀，然竟蒙見諒不我罪也。蓋我原無慢尊之心，但貧不能爲禮，故亦不復飾情而强爲之。吾没後，吾兒以一書生且薄田，尤恐不足以供饘粥，豈能僭效貴家公子之所爲？只安分自守，一意從儉，庶免後悔。孔子曰：「與其不遜也寧固。」又曰：「以約失之者，鮮矣。」

一、家中婢僕，當以恩愛處之，自己喜怒有常，笞撻不妄施，臨之以正，彼自悦服。若自己能發達，則當約束群小安静守法，不可一毫凌人。若自己不能發達，只一寒士，惟待之自有大體，不暴不徇，而慈恕默存於其中。然其大本，只要自己做個正人，性情停妥，言行無疵，則下人不令而從，此是最切要之道也。（其每年給穀與僕婢，數目另具别紙，在棕籠内，可查照行，或再酌處之。）

一、金田祖墓，在山丫園、鈀鉭井、陳田虎形、張天湖、赤古田、古塚上、九里嶺，共七處；郡城祖墓，在水東廟山下、天華山、螺子山文山祠下、油榨巷，共四處；每年清明掛掃不可缺。家中每年清明祭祖，七月祭祖焚衣，原有定規，（又自注云：有儀式一册，在内廳壁橱内。）及每月朔望於祖龕前焚香展拜，皆照舊行之可也。

一、金田先祖所遺公共屋基，先於壬午年，吾同弟姪立約，但能造居者，即全付之，不論分法。至乙未年，賴同門諸友助金及府縣助金，通共壹百五十餘兩，吾亦自費百兩，建造書屋一所矣。尚餘地基，倘吾先祖尚資、尚固二公派下子孫，（原文：金田先祖所遺衆房、公共屋基，不可變賣與外人，只宜共守，以待吾先祖尚資、尚固二公派下子孫。）有能振作者，聽其竪造居住，以光先人之志。但依前約，不許賣與外人，自蹈不孝之罪。

一、金田租叁百零柒桶，廬陵茅山嶺下租玖拾壹碩貳斗，水東雙江口租肆拾貳碩伍斗，廟山下租貳百貳拾柒碩肆斗，陳家坪租叁百肆拾陸碩肆斗陸升，壇下租柒碩五斗，橋東租壹百零柒碩九斗，以上通共約租廬陵共捌百貳拾貳碩九斗六升，安福金田叁百零柒桶。（此係萬曆甲辰年六月查明實數。）吾祖少，不足以供一年之用，每夏月必問糴以益之，吾兒恐問糴乏資，必更加節用，其浮食之數，或未能汰除，亦宜酌量減給，但處之有方，亦可足食也。

一、吾先年借貸於人，尚有未酬者，其數亦不多，有簿可查。吾平生居官，恥於妄取，而又不知經理家事，晚年致仕，尤以干謁爲恥。故此負竟不能盡償，以累吾兒，吾甚愧焉。若吾兒能讀書望前進，則酬此不爲難；若不能前進，倘有不蒙垂亮者逼迫索取，亦當歡然順受，勿懷憂惱，或變産酬還，未爲不可，只泰然處之爲是。蓋官至方面，不能償債，亦是前人好事，吾兒勿生怨恨。吾見舊時士夫貪財致富而子孫零落，廉潔清貧而子孫昌大者多矣，吾兒可守正以俟天。孔子曰：「君子憂道不憂貧。」又曰：「君子固窮；小人窮斯濫矣。」李古廉先生有詩曰：「聞説有人曾餓死，看來原不爲官廉。」吾兒但立志做好人，天地神明自將降福，不必憂也。

一、吾平日少著述，惟《三益軒會語》一册，（已刻，板在家。）《友慶堂摘稿》二册，（已刻，板在家。）

《友慶堂續摘稿》三册，（未刻。）《廣仁類編》二册，（已刻，板在家。原文：已刻，板在金田。又改：係族人刻，今在家。）後蒙郭青螺刻名曰《語録》一册，（板在家。）《仰慈膚見》一册，《瑞華剩語》一册，《静攝寤言》一册，（俱已刻，板在家。）《朝聞臆説》一帙，（已刻，在家。）《友慶堂存稿》係賀瞻龍刻，二册，《塘南續稿》係吴察院刻，二册。（板俱在家。）餘稿雖尚有數册，多係泛然應酬之筆，其言未盡合道，不足傳也。已上刻板者及《續摘稿》，皆吾手自編定，吾兒他日可留覽，庶知吾志之所存矣。尚有續稿未摘者，可取其關於學問者存之。（原文：又《衛道編》一册，已刻，板在廬陵後堂，今在家。）又《恩綸録》一册，（已刻，板在家，今散失。）又《金谿鄉約》一册。（已刻，板在金田，係族人刻。原文：尚有續稿未刻者。）

萬曆十六年戊子夏六月初九日，塘南居士親筆書。時予年六十有七矣，尤恐一旦辭世，不及一言，故預書此，俟他日吾兒自覽而遵行之，倘旦夕吾即長往，亦可以忘言矣。萬曆二十三年乙未夏六月二十四日，塘南親筆自改。二十五年丁酉夏六月二十五日，塘南親筆再改。二十六年戊戌春二月二十七日，再改。三十一年癸卯冬十一月初六日，查將其中不必用者删去，惟存此紙，雖吾兒景衡不幸先卒，然此紙即可以示吾孫也。三十二年甲辰六月，查安福廬陵租實數，親筆寫入此紙。

家中婢僕舊規量留數人在内喫飯，餘在外者，每人每年給穀柒桶，（原文：每人每月給穀壹桶。）近身服事者，給穀十二桶，惟擡轎之僕，每人每年給穀拾捌桶，（原文：每人每月給穀壹桶半。又自注云：俱吾親筆寫有一單，在棕籠内，可查。）諸僕所生子女，年幼及未供使喚，併養子及媳未供使喚者，俱不給穀，此係吾存日舊規也。（原文：未供使喚者，俱不給穀，但供使喚者，雖年幼亦量給之，其用力之僕，年衰力弱，以養子代役者，亦止給其本身，不增給。此係吾存日舊規也。）吾没後，吾兒可自酌量，或可量減者，減數給之。（原文：吾没後，吾兒不可照此數，可減數給之，諸婢僕俱一樣，每人每月止給穀半桶。）吾見各家士夫没後，即不給穀，且有辦納以助主者。今諸僕既無所費，吾兒每月每人或只以穀半桶給之，亦足以示恩矣。吾兒每年租入既少，租外又無一毫花利，不得不節省耳。

一、家中諸僕，吾平日待之有恩，吾没後，務要忠心服事吾兒衡官，凡事聽三奶奶，衡官分付遵行，（原文：凡事聽鄒奶奶、三娘子，衡官分付遵行。）不許悖逆。諸僕能扶助衡官成立，衡官亦自知恩。顧汝等諸僕所生子女，俱聽吾兒衡官叫喚服事，不許私自出與外人，各宜忠心顧主，安分守法。諸僕宜遵吾言，即可自己保身保妻子無患矣。萬曆十六年戊子六月初十日，塘南居士親筆手書。丁酉年六月二十五日，塘南親筆自改。戊戌年二月二十七日，再改。

教子手卷跋

王　補

安福宗人仲蘭歲貢以塘南王先生《友慶堂合稿》見貽，且致其族裔之請，謂先生舊有《教子手卷》兩軸，屬余題其尾，余諾焉。旋展而讀之，其軸首數行，上下闕殘，而幅末則完具無恙，條列件繫，不下數千言，藹然家人骨肉族姻酬酢之常，無一矯飾者，指事垂訓，不涉空言，宜綴入稿末，世之教子者有賴焉。考先生卒於萬曆三十三年乙巳，而此軸以十六年戊子書，下距屬纊之期尚一十有八年，中更家庭多故，子景衡夫婦相繼夭閼，孤孫僅遺，門户之憂，詩禮之澤，蓋不能無動於中矣。故歷乙丁戊癸，稿凡屢易，至甲而止，點竄删潤，筆擲森然，觀之如對碩學宿儒，殷殷牖迪狀。吁，可畏而仰哉！按稿爲門人賀沚所編，末附志銘，係先生自撰，沚稱其撰於戊子季夏六月，時先生年六十有七。後乙未迄癸卯，歲有改易，甲辰以後，不復經筆，都計其歲時，與此軸先生所自書無少異。殆激於溘先之慮，忍悛不禁，故志墓訓子，同屬草於一時，已而再三酌定，亦兩兩互勘與。余觀其癸卯自題有云：「景衡不幸先卒，此紙即以示孫。」天倫之戚，雖賢者亦無如何，傷已。仲蘭爲余言：先生世胄散處於外，見無居安福者。今摹印合稿，傳布縉紳間，出自族裔，雖先生履德操行，足以感召於無窮，然天下方且逸諺既誕，鄙昔人無聞知矣，彼其族裔，亦豈易及哉？可尚也已。至先生學術淵源所自，南雷黄先生已著之，無俟予言也。己未歲冬至月二十四日，盧陵後學寄籍湘鄉王補敬題。

教子手卷跋

王錫馨

塘南先生《教子手卷》，曩年族伯錫余於敝書簏中，獲卷末二條。嗣在復真書院門首，偶遇攜字幅數事求鬻者，檢視之，而先生《教子手卷》一長幅在焉，欣然購歸，如獲拱璧，顧念數百年墨蹟，輾轉收藏不知凡幾，竟令族裔得於一旦，其亦先生英靈之所致歟？　噫，豈不異哉！　今之有重於先德者，得其楮墨輒寶之，況其文詞如見其人與其家人之事，若是《教子手卷》乎！　兹得湘鄉王澤寰大史爲題之。　因思先生《友慶堂合稿》，已由族人捐貲重刊於光緒丁未歲；《廣仁類編》，得售先生遺基銀圓貳拾元，并旅粤族商加捐，於宣統庚戌重刊。惟《自考録》一書，自兵部貫亭公再梓後，板燬於火，書亦不多見。　族弟鑪青、族姪亦豪，乃向湘粤族商集捐，用活字板翻印二百部，即以《手卷》附於後。　其編次排印悉依先生最後改筆爲正行，其原文及疊次删潤者，仍於每句下分注雙行，注明原文某及又改某、自注某字樣，爰述其顛末，以誌不忘耳。　中華民國九年庚申夏六月，族後學錫馨謹識。

謹將旅湘族商捐款列後：

名珍　損銀元肆圓伍角　鍾衡　損銀元壹圓
實軒　捐銀元肆圓伍角　松齡　捐銀元伍角
貴卿裔　捐銀元叁圓　遺如　捐銀元伍角
南廬裔　捐銀元肆圓　瓊林　捐銀元伍角
欽吾裔　捐銀元壹圓　樹新　捐銀元伍角
啟謨　捐銀元伍角　漢儀　捐銀元壹圓
體載　捐銀元伍角　玉書　捐銀元伍角
吉士　捐銀元伍角　銘卿　捐銀元伍角
信臣　捐銀元壹圓　林春　捐銀元伍角

以上共捐銀元貳拾伍圓正。

謹將旅粵西族商捐款列後：

仙源　捐小洋貳拾角　步顔　捐小洋貳拾角
璞山　捐小洋壹拾角　池青　捐小洋壹拾角
羹卿　捐小洋貳拾角　官保　捐小洋貳拾角

益三　捐小洋壹拾角　鈞山　捐小洋貳拾角

殿材　捐小洋貳拾角　秋山　捐小洋壹拾角

習傳　捐小洋貳拾角　興仁堂　捐小洋壹百貳拾角

以上共捐小洋叁百角，（每壹拾貳角折合銀元壹圓。）共計實折合銀元貳拾伍圓正。

附録一：廣仁類編

刻廣仁類編序

陳嘉謨

學有一言而可盡者，有終日言而不足者。一言而可盡者，仁也；終日言而不足者，求仁之方也。仁，有一言而可盡者，有終日言而不足者。一言而可盡者，孔子之言仁也；終日言而不足者，自孔子而下，諸子之言仁也。孔子曰：「仁者，人也。」此一言而可盡者，所以爲聖人之言也。孟子曰：「仁也者，人也。合而言之，道也。」明孔子之所謂「仁者人也」，乃合而言之之道也，非離仁與人而爲言也。孔孟之所以教人者，其深切著明若此矣。同年安成塘南王君，與予先後引疾歸田里，相與偕郡邑士友講學郡西西原山中，以共繹孔孟求仁之旨。久之，王君出其手集《廣仁類編》一帙，并其所自序示予，君之大意詳於所自序中，覽之當自得之矣。而君且委序於予，予無以加也，則敬爲之申其義曰：兹編求仁之方也。其要歸一主於仁，則孔子之言仁，一言而可盡者也。民非水火不生活，乃孔子以爲仁甚於水火。仁之所以爲人也，其義斷可識矣！今夫學者之相勉，必曰「求爲聖人」，夫聖人者，人之至也，非有加也，胡不相勉曰「求爲人也」？苟知學以求爲人也，則士而學者，匪求異乎庸衆人也，求自塞吾爲人之責爾矣。昔者嘗觀孟子道性善，其言曰「不忍孺子入井之心，人皆有之，蓋不待士而學者有是心也」。及觀孔子答門弟子問孝，有誠其養弗敬者，有誠其敬弗愛者，學於聖門者，宜未有若人也。而孔子諄諄然誠之，則世之弗敬弗愛者，容有之矣乎？彼弗敬愛其父母者，當其不忍於孺子之時，得名之爲仁乎？不得名之爲仁，得名之爲人乎？故曰：「仁也者，人也。親親爲大。」孟子亦曰：「親親而仁民，仁民而愛物。」堯舜之澤物也，昆蟲草木，咸若其性，孟子稱之曰：「堯舜之道，孝弟而已矣。」此一體之學，一本之推，儒者所以親親長長而天下歸仁也。嗚呼！學盡於此矣。或疑是編博取以畜德，曷不及古之藎臣廉士，以勵臣節、砥士行乎？予應之曰：「忠矣而未仁者有之，未有仁而後其君者也；清矣而未仁者有之，未有仁而放於利者也。仲子不受齊國，可以爲廉；其辟兄離母也，不可以爲仁。是故求仁之外無學也，一本之外無仁也。循一本之推而民物歸仁，是編固考鏡之資也已。」王君之族人争先壽梓，以廣其傳，其首事則國子生王子佩所、庠生王子登之、王子藴卿，三子皆有志於求仁之學者，於此見王君之仁之行於其家也。是爲序。

萬曆癸未長至日，年弟廬陵陳嘉謨拜書。

廣仁類編序

王時槐

孔門之學以求仁爲宗。仁者，天地生生之理，而吾人得之以爲性者也。是性也，存之，則渾然凝沖粹之體；達之，則盎然成溥博之用。善學者養其渾然於根秉，以達其盎然於倫物，是以居家則爲孝友諧睦，出仕則爲豈弟循良，處衆則施及於孤窮，與物則澤流於蠢動。蓋親親也，愛人也，澤物也，君子修此三者，而仁之爲用始全也。予閒居稽閱典籍，往往見先聖大賢、敦誼之士，以孝悌慈厚、殊德偉行，流芳垂美於篇帙間者多矣。惟散出而未比次，或無以便觀省也。敬仰前躅，爰據所聞，掇述而纂輯之，爲卷者四：一曰「篤倫」，二曰「德政」，三曰「惠濟」，四曰「活物」，各分條類，人紀其事，一展目之，而親親、愛人、澤物之實則備矣，合而名之曰「廣仁類編」。夫先聖、大賢、敦誼之士與其孝悌慈厚之行，不盡列於是編者尚多也，惟即是編而讀之，將本心生生之理油然其不容已，擴之於火然泉達，以充溢乎宇宙之大，而紹續乎孔門求仁之宗，則是編匪資多識，固爲盡性之階梯矣乎！序而存之，以俟好仁之君子尚覽擇之焉。

萬曆癸未秋八月庚戌，安成王時槐序。

讀廣仁類編

劉日昇

塘南先生彊學不息，力摹古先聖哲，諄復孔門所稱求仁宗旨，開迪來學。四方學者見謂嵩華巋峙，樂所依歸。昇不肖，既壯，迺徼先生辱進爲門下士，以故幸數從先生問學焉。先生不以升無所聞識，教之學聖人之學，即皆求仁宗旨也者。曰：「學以求諸心焉已，無他語也。」蓋亡慮數四請益，罔非斯語也者。亡何，出所輯《廣仁類編》若而卷授之，既卒業則油然興焉，以爲是編也，隱括載籍，森備彝休，惇本晰常，幸天下育群生具之矣。雖然，兹故裒然在經綸措注之間，詎不亦有待於躬行君子乎？胡以頃者問學先生，唯曰「學以求諸心焉已」，無他語也？蓋讀而喜且疑者半，輒不敢以質先生。嘿坐深思，久之，若稍稍有窺先生所爲輯是編、迪後學至意。夫所謂仁也者，非吾心也哉？而「篤倫」、而「德政」、而「惠濟」、而「活物」，直其觸處應者耳。蓋萬應匪有，大虛匪無，學者直求本真，即所見無非仁也者。夫所見無非仁，迺不離乎本真。固宜頃者，先生教升唯曰「學以求諸心焉已」，無他語也。夫砥行修誼之士，繩趨古人，微獨鮮所悖於倫常，其汪湛在天地四方，揆之是編所載，蓋亦多所暗合。然而師心任質，靡繇問學就其所至，要無當於聖門求仁宗旨，即亦安所當於先生所爲輯《廣仁》指者。以方夫虛靈瑩徹、真性充溢、天不容遏、機無容彊，其歸至於萬物一體而已不與。蓋先正所謂天地懸隔者也。昇竊窺先生所爲，迪後學、維世風也者爛具是編，而尤有盎然在是編之外，所願終身從事焉。儻先生以爲此不甚剌謬於「廣仁」指乎，願先生之終教之也。是編出，先生族弟姪佩所、登之、藴卿諸君，争謀付諸梓。夫諸君胡以争謀付諸梓？非其有深當於心然耶？蓋滋信是編爲先生開迪人心鑰鍵，而直以俟夫士之求諸心而有得者。

萬曆癸未仲冬既望，門人廬陵劉日昇頓首謹識。號公靈，丙辰進士。

刻廣仁類編後序

王應禮

《廣仁類編》者，族大夫塘南先生所輯也。族尊幼見而愛之，各捐貲有差，而授之梓。族姪雲程、而組、文焕等董其事。事既竣，則謂不佞於分爲少長，且辱教於先生者素也，宜一言以樂其成。竊嘗謂世之譚理學者衆矣，其間闇昏自修者固多，而資口耳、遺實踐者或亦不盡無也。先生自弱冠時，志聖賢之學，旁搜百家之書，合異爲同，不遺餘力，逮致政歸，慨然有仁讓一家之意，族子姓一時咸師事之。先生之學，以性爲宗，悟其原，若在帝之先，究其所，真切而詳勉者，則不離人倫日用之常。蓋至誠盡性，必盡人物以贊化育，此實際也。先生嘗著爲《金谿鄉約》，述祖訓六條而次第敷陳之，仁及一鄉矣。間復取古聖大賢、孝弟慈厚之行，其事若指掌，其應若蓍龜，分條類紀，合爲一書，名曰《廣仁類編》，蓋廣鄉約之意，而推之以仁四表者也。夫今古大塊，本同一性，上自飛鳶，下及螻蟻，其並生於天地者鈞也。彼私心自用，形骸間隔，則一腔之外若秦越焉，豈其本性若此哉？惟有志之士冥焉而思，默焉而悟，務實修不務虚見，事躬行不事口耳。遇事親則孝，遇事長則順，遇州閭族黨則睦，遇鰥寡孤獨則哀，推而至於斷一樹、殺一獸，咸若其宜，不以傷天地之和，則庶幾哉！仁至而性可盡矣！不佞於先生之學，未能窺其涯涘，而所聞於先生者，亦萬分中之一二耳。兹感族尊幼樂刻之誠，又足以廣先生之仁也，敢述其粗略，并爲同志告焉。

萬曆癸未冬十月甲子，族人仲進父王應禮敬書於蓬萊歸鶴亭。

刻廣仁類編後序

王而組

歲萬曆癸未，族大夫塘南先生手輯《廣仁類編》書成，而組問學白鷺請觀而卒業焉，歸以觀族人僉曰：「可傳哉！　吾族人宜以授梓，子其圖之。」曰：「族人之梓者謂何？」曰：「吾觀於今之族矣，彼其冕而冠、高而談者，非所謂顯者耶？　類多侈勳華以憑人，修邊幅以矜世，甚則恣饕餮，務併兼，族之人且望而走也。　迺吾族世有顯人，世有惠於族，幸先生繼之，以益懋先德。自先生之得請歸第也，日與二三生徒譚道於元陽之里。二三生徒咸師事先生，明天人之介，闡心性之秘，引而論德，坐而鎮俗。　無論饕餮併兼、侈勳華、修邊幅，方恂恂若儒生，即扉屨無以煩族人。　而族人自聞先生之教，賢者奮，愚者啟，懦者争，淬勵至於今有仁里之風焉。　藉令先生不修邊幅，不侈勳華，不恣於饕餮併兼而堇堇以富貴庇族人，族之人有如是哉！　且夫以利惠人者，一世藉之，以德教人者，百世藉之。　吾族幸有先生，又幸有是編，斯族人百世之藉也，可傳哉！」於是而組偕族生雲程、文焕董其事，而族之長者、少者、富而賢者、貧而樂善者，率捐貲以胥厥功。　而組曰：「余觀是編之梓，而有味乎族人之言云：『夫仁則好，不仁則惡，人心之同然也。』先生既仁其身，復以仁教族人。族人即不敢當仁，而是編編自先生，梓自族人，後之觀者，不有動其興仁之思乎？斯廣仁之謂哉！」敬著先生之仁與夫族人之言於篇，如其親親、愛人、澤物之旨，則先生業已序之矣。

萬曆癸未十一月癸酉，族弟王而組謹序。

廣仁類編卷之一

篤倫第一

孝親類 二十九人

虞舜，瞽瞍之子，父頑母嚚，舜克諧以孝。初耕歷山，往于田，號泣于旻天，于父母，負罪引慝。祇載見瞽瞍，夔夔齊栗，瞽瞍亦允若。孟子曰：「舜盡事親之道而瞽瞍底豫，瞽瞍底豫而天下化，瞽瞍底豫而天下之爲父子者定，此之謂大孝。」

文王之爲世子，朝於王季，日三。雞初鳴而衣服，至於寢門外，問内豎之御者曰：「今日安否何如？」内豎曰：「安。」文王乃喜。及日中又至，亦如之。及暮又至，亦如之。其有不安節，則内豎以告文王，文王色憂，行不能正履。王季復膳，然後亦復初。食上，必在，視寒煖之節；食下，問所膳。命膳宰曰「末有原」，應曰「諾」，然後退。

文王有疾，武王不脱冠帶而養。文王一飯，亦一飯；文王再飯，亦再飯。

周公之事文王也，行無專制，事無由己，身若不勝衣，言若不出口，有奉持於文王，洞洞屬屬，如將不勝，惟恐失之。

曾參，孔子弟子也，事親極孝。養父曾皙，必有酒食。將徹，必請所與，問有餘，必曰有。曾皙嗜羊棗，參不忍食羊棗，嘗曰：「吾及親仕，三釜而心樂；後仕，三千鍾不洎吾心悲。」又曰：「大孝尊親，其次不辱，其次能養。」又曰：「養可能也，敬爲難；敬可能也，安爲難；安可能也，久爲難；久可能也，卒爲難。」又曰：「身者，親之遺體也，行親之遺體，敢不敬乎？」參有疾，召門弟子曰：「啟予足，啟予手。《詩》云：『戰戰兢兢，如臨深淵，如履薄冰。』而今而後，吾知免夫小子！」孟子曰：「若曾子可謂養志矣。」又曰：「事親若曾子可也。」

閔損，孔子弟子，早喪母，父娶後妻生二子。母嫉損，所生子衣綿絮，衣損以蘆花絮。父冬月令損御車，體寒失靷。父察知之，欲遣後妻。損啟父曰：「母在，一子寒；母去，三子單。」父善其言而止，母亦感悟，遂成慈母。孔子曰：「孝哉閔子騫！人不間於其父母昆弟之言。」

仲由，孔子弟子，事親至孝。家貧，食藜藿之食，爲親負米於百里之外。親殁之後，南遊於楚，從車百乘，積粟萬鍾，累裀而坐，列鼎而食，乃歎曰：「雖欲食藜藿之食、爲親負米，不可得也。」孔子曰：「由也，可謂生事盡力，死事盡思者也。」

高柴，孔子弟子，執親之喪，泣血三年，未嘗見齒。君子以爲難。

老萊子，孝奉二親，行年七十，作嬰兒戲。身著五色斑斕之衣，嘗取水上堂，詐跌仆卧地，爲小兒啼。弄雛於親側，欲親之喜。

蔡順少孤養母，嘗出求薪，有客猝至，母望順不還，乃噬其指，順即心動，棄薪馳歸。跪問其故，母曰：「有急客來，吾噬指以悟汝耳！」值王莽亂，人相食，順取桑椹，赤黑異器，賊問所以，順曰：「黑者奉母，赤者自食。」因遺米三斗，受而不食。井桔槔朽，在母生年上，順不敢理之。俄而有扶老藤生，繞之，遂堅固焉。母年九十終，未及葬，里中災火將逼其舍，順抱棺號哭叫天，火遂越燒他室，順獨得免。既葬廬墓側，天旦，下神魚四頭於墓前。母平生畏雷，每有雷震，順輒環冢泣曰：「順在此。」後舉孝廉，順不能遠離墓側，不就。年八十，終於家。

江革，少失父，獨與母居。遭天下亂，盜賊並起。革父母逃難，備經險阻，嘗採拾以爲養。數遇賊，或劫欲將去，革輒涕泣求，哀言有老母，詞氣愿款，有足感動人者，賊以是不忍害之。或指以避兵之方，遂得俱全於難。轉客下邳，貧窮，裸跣行傭以供母。周身之物，莫不畢給。漢建武末，與母歸鄉里，每至歲時，縣當案比。革以母老，不欲摇動，自在轅中挽車，不用牛馬，由是鄉里稱之曰「江巨孝」。及母終，至性殆滅，常寢伏塚廬，服竟不忍除。郡守遣丞掾釋服，後舉孝廉，仕至諫議大夫，謝病歸。章帝思革至孝，詔以穀千斛賜之，常以八月長吏存問，致羊、酒。及卒，祠以中牢，復賜穀千斛。

姜詩，事母至孝，妻龐氏奉順尤篤。母好飲江水，水去舍六七里，妻常泝流而汲。後值風雨，不時得還。母渴，詩責而遣之，妻乃寄止鄰舍，晝夜紡績市珍羞，使鄰母以意自遺其姑。如是者久之，姑怪而問鄰母，鄰母具以對。姑慙感呼還，奉養益謹。其子後因遠汲溺死，妻恐姑哀傷不敢言，而託以行學不在。姑嗜魚膾，又不能獨食。夫婦常力作供膾，呼鄰母共之。舍側忽有湧泉，味如江水，每旦輒出雙鯉，常以供二母之膳。赤眉賊經詩里，弛兵而過，曰：「勿驚大孝。」時歲荒，賊乃遺米肉，詩受而理之。後舉孝廉，除江陽令。卒，鄉人爲立祠。

董永，父亡，無以葬，乃從人貸錢一萬，曰：「後若無錢還君，當以身作奴。」永得錢葬父畢，將往爲奴，於路忽逢一婦人求爲永妻。永辭不獲，遂將婦人至錢主家。主問婦曰：「何能？」曰：「能織耳。」主曰：「爲我織絹三百匹，即放爾。」於是索絲，一月之内三百匹絹足。主驚，遂放夫婦二人去。行至舊相逢處，婦謂永曰：「我天之織女，天以君至孝，使我爲君償債，事畢不得久停。」語訖，雲霧四垂，騰空而去。

丁蘭，少喪考妣，不及供養，乃刻木爲親形像，事之如生，朝夕定省。後鄰人張叔妻從蘭妻借看，蘭妻跪授木像。木像不悦，不以借之。張叔醉駡木像，以杖敲其頭。蘭還，見木像色不懌，問其妻，具以告之，即奮擊張叔。吏捕蘭，蘭辭木像去。木像爲之垂淚，郡縣嘉其至孝，通於神明，奏之，詔圖其形像。

王祥，性至孝，蚤喪母，繼母朱氏不慈，數譖之，由是失愛於父。母使掃除牛下，祥愈恭謹。父母有疾，衣不解帶，湯藥必親嘗。母嘗欲生魚，時天寒冰凍，祥解衣將剖冰求之，冰忽自解，雙鯉躍出，持之而歸。母又思黄雀炙，復有黄雀數十飛入其幕，取以供母。鄰里驚歎，以爲孝感所致。有丹柰結實，母命守之，每風雨，祥輒抱樹而泣，其篤孝純至如此。母殁，居喪毁瘁，杖而後起。後仕於朝，官至三公。

王裒，父儀，爲魏司馬，東關之敗，爲司馬昭所殺。裒痛父非命，於是隱居教授，三徵七辟皆不就，終身未嘗西向而坐，以示不臣於晉也。廬於墓側，旦夕常至墓所拜跪，攀柏悲號，涕泣著樹，樹爲之枯。母性畏雷，母殁，每雷輒到墓曰：「裒在此。」及讀《詩》至「哀哀父母，生我劬勞」，未嘗不三復流涕。門人受業者，並廢《蓼莪》之篇。

孟宗，性至孝，母年老病篤，冬月思筍食，時地凍無筍，宗入竹林哀泣。有頃，地上出筍數莖，持歸作羹供食，食畢病愈，人以爲至孝所感。

劉殷，七歲喪父，哀毀過禮。曾祖母王氏，盛冬思堇而不言，食不飽者一旬矣。殷怪而問之，王言其故，殷年九歲，乃於澤中慟哭，曰：「殷罪釁深重，幼丁艱罰，王母在堂無旬月之養，殷爲人子，而所思無獲，皇天后土，願垂哀愍。」聲不絶者半日，於是忽若有人云：「止。」殷止聲收淚，視地便有堇生焉，因得斛餘而歸，食而不減，至是時堇生乃盡。又嘗夜夢人謂之曰：「西籬下有粟。」寤而掘之，得粟十五鍾。銘曰：「七年粟百石，以賜孝子。」劉殷自是食之，七歲乃盡。王氏卒，哀毁幾至滅性，有二白鳩巢其庭樹，晉大傅楊駿表其行於朝，敕有司供其衣食，蠲其傜賦，賜帛二百匹，穀五百斛。惠帝永寧初，拜新興大守。

王延，九歲喪母，泣血三年，幾至滅性，每至忌月則悲啼三旬。繼母卜氏遇之無道，常以蒲穰及敗麻頭與延貯衣，其姑聞而問之，延知而不言，事母彌謹。冬月，卜氏思生魚，使延求而不得，杖之流血。延尋汾水，叩凌而哭，忽有一魚長五尺，躍出冰上。延取以進母，食之積日不盡，於是心悟，撫延如己生。延事親色養，夏則扇枕席，冬則以身温被。隆冬盛寒，身無完衣而親極滋味。父母終後，廬於墓側。

丘傑，年十四遭母喪，以熟菜有味，不嘗於口。歲餘，忽夢見母曰：「死止是分別耳，何乃荼苦如此？汝噉生菜，遇蝦蟆毒，靈牀前有三丸藥，可取服之。」傑驚起，果得甌，甌中有藥，服之，下科斗數升。丘氏世寶此。

潘綜，遭孫恩之亂，與父驃俱走避賊。驃年老行遲，困乏坐地，綜迎賊叩頭曰：「父年老，乞賜生命。」賊至斫驃，綜抱父於腹下，賊斫綜頭面凡四鎗，綜已悶絕。有一賊從旁來，語其衆曰：「此兒以死救父，何可殺之？殺孝子不祥。」賊乃止，父子並得免。有司奏表其里爲純孝里，蠲租三世。

郭原平，禀至行，養親必以己力。每爲人傭作，主人設食，原平自以家貧，父母餚味不辦，惟飡鹽飯而已。若家或無食，則忍饑終日，義不獨飽。俟日暮作畢，受直歸家，易米然後舉爨。父篤疾彌年，原平衣不解帶，口不嘗鹽味，未嘗睡卧。父亡，哭踊慟絶，數日方蘇，以爲塋壙凶功，不欲假人，己雖巧而不善作墓，乃訪邑中有營墓者，出力助之，久乃閑練。又自賣以供喿費，窀穸之事，儉而有禮。葬畢，詣所買主，執役無懈，傭賃養母有餘，聚以自贖。既善搆塚，求者盈門，原平必先貧者。父喪既終，不復食肉，又自起祠堂，每至歲節，常哀思絶飲食。及母終，毁瘠彌甚，僅乃免喪。墓前有田數十畝，每至農月，耕者恒裸袒。原平不欲人慢其墳墓，乃竭資增直以買其田。農月輒束帶垂泣，躬自耕墾，時人皆稱其孝行。

庾黔婁，性至孝，爲孱陵令，到縣未旬，父易在家遘疾，黔婁忽心驚，舉身流汗，即日棄官歸家。家人悉驚其忽至，時易疾始二日。醫云：「欲知差劇，但嘗糞甜苦。」易泄痢，黔婁輒取嘗之，味轉甜滑，心愈憂苦。至夕乃稽顙北辰，求以身代，俄聞空中語曰：「聘君壽命盡，不復可延。汝誠禱既至，故得至月末。」晦而易亡，黔婁居喪過禮，廬於墓側。

吉翂，幼有孝性，父爲吴興原鄉令，爲吏所誣，逮詣廷尉，罪當大辟。翂年十五，乃撾登聞鼓，乞代父命。梁武帝異之，以其童幼，疑受教於人，敕廷尉蔡法度嚴加脅誘，取其款實。法度盛陳徽纆，厲色問曰：「爾來代父死，敕已相許，便應伏法。然刀鋸至劇，審能死否？且爾童孺，志不及此，必爲人所教，姓名是誰？若有悔異，亦聽相許。」對曰：「囚雖蒙弱，豈不知死可畏憚？顧諸弟幼藐，惟囚爲長，不忍見父極刑。自延視息，所以内斷胸臆，殉身不測，奈何受人教耶？」法度更加顔語之曰：「主上知爾父無罪，行當釋宥，觀爾神儀明秀，足稱佳兒。今若轉辭，幸父子同濟，奚以此妙年苦求湯鑊？」翂曰：「凡鯤鮞螻蟻，尚惜其命，況在人斯？豈願虀粉？但父挂深劾，必正刑書，故思隕仆，冀延父命。」法度矜其桎梏，命脱二械，更令著一小者。翂弗聽，曰：「翂求代父死，死囚豈可減乎？」竟不脱械。法度以聞，帝乃宥其父。丹陽尹王志欲舉充純孝，翂曰：「異哉王尹！何量翂之薄！夫父辱子死，斯道固然。若翂當此舉，則是因父買名，一何甚辱！」拒之而止。後裴儉等連名薦翂，敕太常旌舉。

徐積，三歲父死，旦旦求之甚哀，使讀《孝經》，輒涕落不能止。事母朝夕冠帶定省。應舉入都，不忍捨其母，徒載而西。登進士第，以父名石，終身不用石器，行遇石則避而不踐。或問之，積曰：「吾遇之則怵然傷吾心，思吾親，故不忍加足其上耳！」日供具母，所嗜或不獲，即奔走闤市，若有所亡。人或慕其純孝，損直以售之。所奉饌皆自調味，母食時，必率家人在左右爲兒戲，或謳歌以悦之，故母雖在窮巷，而奉養與富貴家等，無須臾不快也。母亡，水漿不入口者七日，悲慟嘔血，廬墓三年，卧苫枕塊，衰絰不去體。雪夜伏墓側，哭不絶聲。翰林學士吕溱過其墓，適聞之，爲泣下曰：「想鬼神中夜聞此聲，亦須爲公泣也！」甘露歲降兆域，杏兩枝合幹，既終喪，不徹筵几，起居饋獻如平生。州以行聞，詔賜粟帛。後屢因表薦，至和州防禦推官。卒年七十六，徽宗賜謚節孝，官其一子。

朱壽昌，爲閬州守。初壽昌年七歲，父巽守雍，出其母劉氏，嫁民間。母子不相知者五十年。壽昌行四方求之不已，飲食罕御酒肉，與人言，輒流涕。宋熙寧初，棄官入秦，與家人訣誓：不見母，不復還。行次同州得焉。劉氏時年七十餘矣，雍州錢明逸以事聞，詔壽昌還就官，由是天下皆知其孝。壽昌以養母故求通判河中府，迎其同母弟妹以歸，居數歲，母卒，涕泣幾喪明。既葬，有白鳥巢墓上，撫其弟妹益篤，爲買田宅居之。其於宗族尤盡恩，意嫁兄弟之孤女二人，葬其不能葬者十餘喪。蓋其天性如此，累官司農少卿，卒年七十。

吴二，事母至孝，一夕夢神曰：「汝明日午刻當爲雷擊死。」吴以老母在堂，乞救護。神曰：

「此受命於天，不可免也。」吴恐驚其母，淩晨白母將他適，母不許。俄黑雲起日中，天地冥暗，雷聲闐闐然，吴益慮驚母，趣使閉户，自出野田以待其罰。頃之，雲氣廓開，吴幸免禍，歸。猶疑神言不實，未敢以告。是夜復夢神曰：「汝至孝感天，已宥宿惡，宜加敬事也。」自是孝養其母終身。

王閏，父素多貲，既老而貧，不甘淡薄，每食必需魚肉。閏朝夕勤苦，入市營奉不闕。父性復乖戾，閏左右承順，甚得其懽心。父嘗卧疾，一夕室中火，閏驚起馳救。火已熾，烟焰蔽寢户，閏突入火中，解衣蒙父抱而出，肌體灼爛，而父無少傷，一女不能救，遂焚死。元世祖聞之復其役。

趙應祥，年十四歲，其父行賈不還，祖母及母養之。既長，欲往尋其父，以祖母老，不得行。及祖母卒，應祥年二十六，時從父自北來，言父已久死，而不知其處。日夜哀號，即辭母往求父骨，誓必得乃還。聞都下有曾老者與父厚善，當知之，即走數千里往詢焉。知父死濱州利津縣，又徒跣至利津縣，得朱琪、張文者言：「汝父無所葬，棺有題識，在城南門外。然歲久，翳然榛莽，塜墓纍纍，不可辨識矣。」應祥往復行哭七日，求不得。即解髮繫馬鞍，祝曰：「隨馬所之，過吾父墳者，當髮解鞍墮。」既歷數墳不應，忽經一墳，髮解鞍墮。發之，棺上具有父姓名，召朱、張視之，信然。遂獲父骨歸。人以爲孝感所致。

友悌類 十六人

虞舜，異母弟象傲，日以殺舜爲事。舜不藏怒，不宿怨，親愛之而已矣，象憂亦憂，象喜亦喜。及爲天子，封之有庳，使吏治其國而納其貢稅焉。

伯夷、叔齊，孤竹君之二子也。父欲立叔齊，及父卒，叔齊讓伯夷。伯夷曰：「父命也。」遂逃去，叔齊亦不肯立而逃之，國人立其中子。

趙孝，遭荒亂，人相食，弟禮爲賊所得，將烹之。孝聞即自縛詣賊曰：「弟久餓，羸瘦不如孝肥。」賊大驚，並釋之，且謂曰：「可歸持米來。」孝求不得，復往報賊，願就烹。衆異之，遂不害。漢明帝聞其行，召拜諫議大夫。

薛包，好學篤行，父母亡，弟子求分財異居，乃中分其財。奴婢引其老者，曰與我共事久，若不能使也。田廬取其荒頓者，曰吾少時所理，意所戀也。器物取其朽敗者，曰我素所服食，身口所安也。弟子數破其産，輒復賑給。漢安帝聞其名，特徵拜侍中。

姜肱，與二弟仲海、季江友愛天至，嘗同被卧，及各娶妻，兄弟相戀，不能别寢，以嗣續計，乃遞往就室。嘗與季江適野，遇盜欲殺之，肱願殺身救弟，季江願受戮以代兄命。盜戢刃曰：「二君賢人，我等不宜侵犯。」乃兩釋之。

王覽，與兄祥友愛甚篤。母朱氏，遇祥無道。覽年數歲，見祥被楚撻輒涕泣抱持。至於成童，每諫其母。其母少止凶虐。朱屢以非理使祥，覽與祥俱。又虐使祥妻，覽趨，妻亦趨而共之。朱患之乃止。祥喪父之後，漸有時譽，朱深嫉之，密以酖酒與祥。覽知之，徑趨取酒。祥疑其有毒，争而不與，朱遂奪覆之。自是朱賜祥饌，覽輒先嘗。朱懼覽致斃遂止。覽後官至光禄卿，其孫導爲晉相，後嗣貴盛不絶。

庾衮，遭大疫，二兄俱亡，次兄毘復危，殆癘氣方熾，父兄諸弟皆出次於外，衮獨留不去。諸父兄强之，乃曰：「衮性不畏病。」遂親自扶持，晝夜不眠，其間復撫柩哀臨不輟，如此十有餘旬，疫勢既歇，家人乃反，毘病得差，衮亦無恙。父老咸曰：「異哉此子！守人所不能守，行人所不能行。歲寒，然後知松柏之後彫。始知疫癘之不能相染也。」

楊椿，與弟津並篤義讓，兄弟旦則聚於廳堂，終日相對，未嘗入内。有一美味，不集不食。廳堂間往往設幃幔隔障爲寢息之所，時就休偃，還共談笑。椿年老，曾他處醉歸，津扶持還室，假寢閣前，承候安否。椿、津年過六十，並登台鼎，而津常旦暮參問。子姪羅列階下，椿不命坐，津不敢坐。椿每近出或日斜不至，津不先飯。椿還，然後共食。食則津親授匙筯，味皆先嘗，椿命食，然後食。津爲泗州，椿在京宅，每有四時嘉味，輒因使次附之。若或未寄，不先入口。椿每得所寄，輒對之下泣。一家之内，男女百口，緦服同爨，庭無，閒言。

崔孝芬兄弟，孝義慈厚。弟孝暐等奉孝芬，盡恭順之禮，坐食進退，孝芬不命，則不敢也。雞鳴而起，且温顔色。一錢尺帛，不入私房。吉凶有須，聚對分給。諸婦亦相親愛，有無共之。叔振既亡，孝芬等承奉叔母李氏，若事所生，旦夕温凊，出入啟覲，家事巨細，一以咨決。每兄弟出行，有獲，則尺寸以上，皆入李之庫。四時分賫，李氏自裁之。如此二十餘歲。

牛弘，爲吏部尚書，弟弼好酒而酗，嘗醉，射殺弘駕車牛。弘還宅，其妻迎謂弘曰：「叔射殺牛。」弘聞無所怪問，直答曰：「作脯。」坐定，其妻又曰：「叔射殺牛，大是異事。」弘曰：「已知。」顏色自若，讀書不輟。

李勣，爲僕射，其姊病，必親爲燃火煮粥。火燎其鬚，姊曰：「僕妾多矣，何爲自苦如此？」勣曰：「豈爲無人耶？顧今姊年老，勣亦老，雖欲數爲姊煮粥，其可得乎？」

王文正公旦，弟傲不可馴，一日遇冬至祀家廟，列百壺於堂前，弟皆擊破之。家人惶駭，公自外入，見酒流滿地不可行，俱無一言，但攝衣步入，其後弟忽感悟，復爲善，終亦不言。

杜正獻公衍，前母有二子不孝悌，其母改適河陽錢氏。祖母卒，公年十五六，二兄遇之無狀，至引劍斫之，傷腦，出血數升，其姑匿之，僅而得免。乃詣河陽歸其母，繼父不之容，往來孟洛間，貧甚，傭書以自資。嘗至濟源，富民相里氏奇之，妻以女，由是資用稍給，舉進士殿試第四。及貴，其長兄猶存，待遇甚有恩禮。二兄及錢氏、姑氏子孫受公蔭補者數人，仍皆爲之婚嫁。

司馬温公光，與其兄伯康友愛尤篤。伯康年將八十，公奉之如嚴父，保之如嬰兒。每食少頃，則問曰：「得無饑乎？」天少冷，則拊其背曰：「衣得無薄乎？」

陳忠肅公瓘，於兄弟友愛甚至。伯兄早世，公撫恤其孤，教養嫁娶，使皆有所成立。初奏補恩澤，捨己子而先伯父之子，及後貶斥以至終身，諸子皆白衣，未嘗有不滿之意。

趙彦霄，兄弟二人，父母服闋後，同爨十二年。兄彦雲，惟聲色博弈是娱，生業已壞踰半。彦霄諫之不入，遂求析籍，及五年而兄之生計蕩然矣。公私逋負尚三千餘紙。彦霄因除夕置酒，邀兄嫂而告之曰：「向者初無分爨意，以兄用度不節，恐皆蕩盡，俱有饑寒之憂，今幸留一半，亦足以給伏臘。」兄自今復歸中堂以主家務，即取分書付之火。管鑰之屬，悉以付焉。因言所少逋負，已儲錢償之。兄初有慚色不從，不得已而受之。次年，彦霄與長子俱膺鄉薦，一舉登第，鄉人大敬服之。

睦族類 十三人

劉君良，四世同居，族兄弟猶同産。門内斗粟尺帛無所私。武德中，楊洪業至其家，見六院共一庖，庭無閒言，子弟皆有禮節，歎息而去。貞觀六年，表其門。

張公藝，九世同居，北齊、隋唐皆旌表其門。麟德中，高宗封泰山，幸其宅，召見公藝，問其所以能睦族之道。公藝請紙筆以對，乃書忍字百餘以進，其意以爲宗族所以不協，由尊長衣食或有不均，卑幼禮節或有不備，更相責望，遂爲乖争。苟能相與忍之，則家道雍睦矣。

江州陳褒，十世同居，宗族七百口，每食設廣席，長幼以次坐而共食之。有畜犬百餘，共一牢食，一犬不至諸犬爲之不食。

宋相李昉家，子孫數世，至二百餘口，猶同居共爨。田園邸舍所收，及有官者俸禄，皆聚之一庫，計口日給餉，婚姻喪葬，所費皆有常數。分命子弟掌其事，其規模大抵出於翰林學士宗諤所制也。

范文正公仲淹，爲參知政事時，語諸子曰：「吾吴中宗族甚衆，於吾固有親疏，然吾祖宗視之，則均是子孫，固無親疏也。苟祖宗之意無親疏，則饑寒者，吾安得不恤也。自祖宗來積德百餘年，而始發於吾，得至大官，苟獨享富貴，而不恤宗族，異日何以見祖宗於地下？今何顏入家廟乎？」於是恩例俸賜，常均於族人，置負郭常稔之田千畝，號曰「義田」，以養濟群族之人。擇族之長而賢者一人，主其出納。人日米一升，歲衣縑一疋，嫁女者五十千，娶婦者三十千，再娶者十五千，葬者三十千，葬幼者十千。族之聚者九十口，歲入給稻八百斛。以其所入，給其所聚，沛然有餘。仕而家居，俟代者與焉，仕而居官者罷其所給，此其大較也。初公之未貴顯也，嘗有志於是矣而力未逮者二十年及參大政，於是始有禄賜之入而終其志。公既没，後世子孫修其業，承其志，如公之存也。公雖位高禄厚，而貧終其身，没之日，身無以爲殮，子無以爲喪，惟以施貧活族之義遺其子而已。

吕正獻公公著，自爲小官，不問生事。而夫人亦好施。仕寖顯，内外姻戚亦益多爲相受賜。所散至十之九三。公俸入，率以周九族，家無餘積。米不足，至糴以繼之。

程太中公珦，前後五得任子，以均諸父之子孫，嫁遣孤女，必盡其力。所得俸錢，分贍親戚之貧者。伯母劉氏寡居，公奉養甚至。其女之夫死，公迎從女兄以歸，教養其子，均於子姪。既而女兄之女又寡，公懼女兄之悲思，又取甥女以歸嫁之。時官小禄薄，克己爲義，人以爲難。

吴文肅公奎，姻族有不能自養者爲畢嫁娶，以錢二千萬買田，號曰「義莊」，以周親戚朋友之貧乏者。終之日，家無餘財，諸子無宅以居焉。

韓魏公琦，合宗族百口，衣食均等無所異。嫁孤女十餘人，養育諸姪，比於己子。所得恩例，先及旁族，逮其終，子有褐衣未命者，追孝祖考，恨不及養，奉塋域甚厚，自五世祖塚皆訪得之，買田其旁，植松檟，召人守視之，貴顯五十年。身爲將相，累更大賜予。及其没也，庫無羨錢，室無奇玩，賴天子賜金帛，官出葬資，喪事得以無乏。

周濂溪先生，奉己甚約，俸禄盡以周宗族賓友，家或無百錢之儲。及知南康軍，上印綬歸，妻子饘粥或不給，亦曠然不以爲意。

劉簽判，哀族人不能爲生者，買田數百畝以養之。初范文正公、吴文肅公皆有志置義田，及後登二府，禄賜豐厚方能成其志；而劉公於初仕，家無餘貲，能力爲之，士君子尤以爲難。

彭汝礪，居家孝友，事寡嫂甚謹。兄無子，爲立後官之，又官其弟汝方，而後其子。汝方聞公喪，即棄官歸，論者多之。族人貧者，分俸錢周給，或爲置義莊。

蔣生輕財重義，其子姪不肖鬻田産者，必隨其價買之。既久，度無以自給，復舉以還，不取錢。已而又賣，復買，又還，至於數四。嘗泛海欲趨郡，偶遭回風所擊溺水，舟行如飛，已而見一人冉冉在水上隨風赴舟所，衆視之乃蔣也，急取之，問其故，曰：「方溺時，如有一物藉吾足，遂得順風相送至此。」人以爲積善之報云。

謹按：孟子云，「親親而仁民」，而「愛物」，此聖學推仁之序也。是編首「篤倫」分類者三，著「親親」也；「德政」、「惠濟」，蓋皆於此焉推之。帝典紀堯之仁，特揭以親九族之一言；《大學》教萬世之仁，惟以「孝」、「弟」、「慈」三字盡之。孟子之學，其堯、孔之正脈乎？孔子曰：「仁者，人也，親親爲大。」誠得其大，則五常百行且具該之，而仁不可勝用矣。王時槐識。

廣仁類編卷之二

德政第二

撫字類 二人

卓茂，爲密縣令，勞心諄諄，視民如子，舉善而教，口無惡言，吏人親愛而不忍欺之。教化大行，道不拾遺。平帝時天下大蝗，獨不入密縣界。後遷爲京部丞，密人老少皆涕泣隨送，尋謝病歸。光武即位，首訪求茂，至以爲大傅，封褒德侯。子戎，大中大夫，崇中郎、給事黄門，徙封汎鄉侯。子孫世嗣封爵。

魯恭，爲中牟令，專以德化爲理，不任刑罰。許伯等争田，累年不決，恭爲平理曲直，皆退而自責，輟耕相讓。亭長借人牛不還，牛主訟於恭，令歸之不從，恭歎曰：「是教化不行也。」欲解印綬去，亭長乃慙悔還牛，詣犯受罪，恭貰不問。建初七年，郡國蝗，獨不入中牟。河南尹袁安遣掾往廉之，恭隨行阡陌，俱坐桑下，有雉過止其傍，傍有童兒，掾曰：「兒何不捕之？」兒言：「雉方將雛。」掾瞿然而起曰：「蟲不犯境，化及鳥獸，童子有仁心，此三異也。」是歲嘉禾生其庭中，恭累官至司徒，壽八十二。子皆貴，孫旭官至太僕。

興利類 六人

李冰，爲蜀守，以江水爲患，乃作三石人以止江水，作五石犀以壓水精，鑿泥堆山，分三十六江以灌溉。於是蜀郡號爲陸海，人無水旱之憂，家有粒食之安。其後入廣漢，後城山中遇一羽人謂冰曰：「公德及民物，已注名天府矣。帝遣吾來迎公也。」遂白日升天，蜀人世祠之。

王濟，爲龍溪主簿，縣有陂塘數百頃，先爲里豪輸租而專其利，濟悉，取之引水以溉民田，自是無亢旱之患。後官至江南西路安撫使。子孝傑，國子博士。

張詠，知崇陽縣，民以茶爲業，詠曰：「茶利厚，官將榷之不若早自異也。」令拔茶植桑，民以爲苦。後果榷茶，他縣皆失業，而崇陽之桑已成，爲絹歲百萬匹，民以殷富。詠官至吏部侍郎，年七十卒，贈左僕射，謚忠定。

胡宿，知湖州，築石塘百里捍水患。既去，而人思之，名其塘曰「胡公塘」。官至太子少卿師，致仕，年七十二卒。子宗炎，直龍圖閣。

陳堯佐，爲兩浙轉運副使，錢塘江篝石爲堤，再歲輒壞，堯佐令下薪實土堤，乃堅。久徙滑州，造木龍以塞水怒，又築長堤移并州。每汾水暴漲，州民輒驚擾，爲築堤植柳萬本作柳溪，民賴其利。官至太子太師致仕，年八十二卒，贈司空，謚文惠。

程明道先生，爲上元縣主簿，會令去攝邑事。盛夏塘堤大決，非千夫不可塞。法當言之府，府稟於漕司，然後計功調役，非月餘不能興作。先生曰：「如是則苗稿矣，民將何食？救民獲罪，所不辭也。」遂發民塞之，歲則大熟。江寧當水陸之衝，舟卒病者則留於小營，歲不下數百人。既留，然後請於府，給券乃得食。比有司文具則困於饑已數日矣，以故至者輒死。先生白漕司給米貯營中，至者與之食，自是生全者甚衆。官至宗正寺丞，卒謚純公，封河南伯，從祀孔子廟庭。

寬稅類 三人

王永爲右丞補闕吴越，納土受命，往均兩浙雜稅。先是兩浙田稅畝三斗，永奏曰：「畝稅一斗，天下之通法。兩浙既爲王民，豈當復循僞國之法？」太宗從之，凡畝稅一斗自永始。後官至京東轉運使。有五子，其孫珪爲宰相，後嗣貴盛。

李允則知潭州，初馬氏暴斂，州人有地稅絹，又有屋稅絹，又牛歲輸米，牛死又輸枯骨稅。允則一切除之。又民輸茶，以三十五斤爲大斤，允則請以十三斤半爲定制。後官至康州防禦使。

虞允文知太平州，舊制，民舉子，必納添丁錢，歲額百萬，民貧懼輸官錢，生子多不舉。允文惻然憐之，爲措置蘆荻稅，錢一色對，補添丁錢百萬。百姓鼓舞生子並舉。先是，允文艱於子孫，明年誕二孫，後遂蕃衍。官至右僕射同平章事，卒贈太傅，謚忠肅。

慎獄類 二十人

于公，爲東海郡曹，決獄平。有孝婦，少寡無子，養姑甚謹。姑欲嫁之終不肯，姑謂鄰人曰：「婦事我勤苦，哀其無子守寡，我不可久累之。」遂自經死。姑女告吏「婦殺我母」。吏捕孝婦驗治，誣服，具獄上府。于公謂：「此婦養姑十餘年以孝聞，必不殺也。」太守不聽，于公爭之不得，乃抱其具獄哭於堂上，因辭疾去。太守竟論殺孝婦，郡中枯旱三年。後太守至，卜其故。于公言孝婦冤狀，太守乃殺牛自祭孝婦冢，因表其墓，天立大雨，歲熟。其閭門壞，父老方共治之。于公曰：「少高大，令容駟馬高蓋車。我治獄多陰德，子孫必有興者。」至其子定國爲廷尉，史稱天下無冤民，後拜丞相，封西平侯。孫永爲御史大夫。

何比干，爲汝陰縣決曹掾，平活數千人，後爲丹陽都尉，獄無冤囚。一日天大雨，有老嫗可八十餘，來避雨，衣履不沾濡。比干異之，雨止，嫗辭去，謂比干曰：「公鞫獄平恕，今天賜策以廣公之子孫。」因出懷中符策，狀如簡，長九寸，凡九百九十枚，以授比干曰：「子孫佩印綬者當如此算。」嫗東行忽不見，比干先九子，累世榮盛，皆符老嫗之言。

盛吉，爲廷尉，決獄無冤滯，每至冬，罪囚當斷，其妻執燭，吉執丹筆，夫妻相對垂泣，妻語吉不可使人濫罪，殃及子孫。視事十二年，天下稱其平恕。庭樹忽有白鶴來巢，乳雛連年不去，後吉生三子，皆仕州郡。

袁安，爲楚守，時楚王英謀逆，辭所連及繫者數千人，明帝怒甚。安理其無明驗者，條上出之，帝感悟，報可。得出者四百餘家。後爲河南尹，未嘗以贓罪鞫人。嘗曰：「錮人於盛世，所不忍爲也。」聞者皆感激自勵。安官至司徒，子孫四世貴顯者十人。

史弼，爲平原相，時詔下舉鉤黨，諸郡承望風旨，所奏相連及多至數百，惟弼獨無所上。從事詰責，弼曰：「天下境土異齊，風俗不同，他郡自有，平原自無，胡可相比？若承望上司，誣陷良善，相有死而已，所不能也。」從事大怒，奏弼欺隱，會黨禁中解得免。官至彭城相，其後子孫繁庶，禄仕不絶。

嚴譔，爲監察御史，武后時用酷吏搆大獄，以譔爲詳審使，平活八百餘人。後按囚司刑，司罷，疑不實者百人，來俊臣等疾之，誣以罪，謫交趾，五歲得還。召拜右散騎常侍。子向爲鳳翔尹，三世皆年八十五云。

狄仁傑，爲豫州刺史，時越王兵敗，支黨餘二千人論死。仁傑上疏言：「臣欲有所陳，似爲逆人申理，然此皆非本惡，詿誤至此。」詔悉謫戍邊，衆感泣，至流所爲立碑。後爲魏州刺史，突厥入寇河北，民多脅從於賊，賊退，懼誅逃匿，朝廷欲置之法，上疏願曲赦之，詔可其奏，所活不可勝計。官至幽州都督平章，年七十二卒，封梁國公，謚文惠。子光嗣、景輝，俱爲顯官。

徐有功，爲司刑丞，時武后僭位，用酷吏周興、來俊臣等捕治將相，俾相鈎連，後輒勸以官賞。朝野震恐，無敢正言，獨有功，數犯顔争，務持平辨枉，所全活不可勝計。酷吏爲少衰，人稱其仁恕過漢于張云。官至司僕少卿，子惀爲恭陵令，五世孫商同中書門下平章事，封齊國公。

楊旬，爲夔州推司四十年，處心平直，積累陰功，私置一囊，每讞囚，但遇吏胥，入輕作重。有從死罪改流，即投一當三錢於囊；從流罪改杖，即投一折二錢；從杖罪量輕決放，即投一小錢。後總計囊中，當三錢積至三十九文，折二錢四千餘文，小錢萬文。又行《太上感應篇》十種益利，濟人甚多。後有子年二十三，將入試，旬夢神告曰：「汝陰隲有感，汝子可改楊椿名納卷，吾助其筆。」旬遂以椿名其子，果取高列。次年赴省試，椿夢神告曰：「今年省題，乃是行王道而王，汝可留心。」試之日，題果如夢，復中選。及殿試唱名，奪天下都魁。

王祐，爲知制誥，時魏州節度使符彦卿有罪語聞於上，太祖遣祐使魏以便宜付之。祐至魏得彦卿家僮一人，挾勢恣横，僅決配而已。及還朝，太祖問曰：「汝敢保符彦卿無異意乎？」祐曰：「臣願以一家百口保之。」太祖怒，貶行軍司馬華州安置。祐手植三槐於庭曰：「吾子孫必有爲三公者。」後其子懿知袁州；旦位太尉，封魏國公；旭知應天府。孫質天章閣侍制，素工部尚書。

錢若水，爲同州推官，有富民走失一小女奴，父母以訴州，委録參鞫之，遂劾富民殺女奴，投屍江中。獄具，獨若水遲疑。録參訴曰：「豈公受富民錢，故求出之乎？」若水但笑而已。又越旬不決，知州亦有語，若水終不奪，上下皆怪訝。一日，若水密語知州曰：「向某所以遲留此獄者，蓋慮其冤，自以家財訪求女奴，今得之矣。」遂送女奴於知州所，知州大驚，呼其父母識之。曰：「是也。」於是引出富民釋之。知州曰：「是推官活汝也。」富民急詣謝，若水閉門不納。富民繞垣而哭，歸傾家財飯萬僧，以爲若水壽。後官至樞密，無疾而卒，贈户部尚書。子延録，爲太常奉禮郎。

向文簡公敏中，在京時，有僧暮過村民家求寄宿，主人不許。僧求寢於門外車箱中，許之。夜中有盜入其家，自墻上扶一婦人，并囊衣而出。僧適不寐見之，自念不爲主人所納，且强求宿，今主人亡其婦及財，明旦必執我詣縣矣。因夜亡去，不敢循故道，走荒草中。忽墮眢井，則婦人已爲人所殺，先在其中矣。明日主人搜訪，得婦屍及僧於井中，執僧詣縣掠治，僧自誣云：「與婦姦，誘與俱亡，恐爲人所得，因殺之投井中。暮夜不覺失足，亦墮其中。贓在井傍，不知何人取去。」獄成上府，府亦不疑，獨公以贓不獲疑之，引僧詰問數四。僧服罪，但言某前生當負此人，死無可言者。公固問之，僧乃以實對。公因密使吏訪其賊，吏食於村店。嫗聞其自府中來，不知其吏也，問曰：「僧某者其獄何如？」吏紿之曰：「昨日笞死於市矣。」嫗歎息曰：「今若獲賊何如？」吏曰：「府已誤決此獄矣，雖獲賊亦不敢問也。」嫗曰：「然則言之無傷矣，殺婦者乃此村少年某甲也。」吏曰：「其人安在？」嫗指示其舍。吏就舍中掩捕獲之。案問具服，併得其贓，一府咸以爲神也。官至左僕射，贈中書令。

歐陽觀，爲綿州推官，嘗夜燭治官書，屢廢而歎。妻問之，曰：「此死獄也，我求其生不得耳！」妻曰：「生可求乎？」曰：「求其生而不得，則死者與我皆無憾也，矧求而有得耶？以其有求而得，則知不求而死者有恨也。夫常求其生，猶失之死，而況常求其死也？」及卒，其子修既長，母常舉此以語修曰：「吾知汝父之必有後也。」後修官至參知政事，追封觀鄭國公。

周濂溪先生，爲南安軍司理參軍，有囚法不當死，轉運使王逵欲深治之。逵苛刻，吏無敢與相可否。先生獨力争之，不聽，則置手板歸，取告身委之而去，曰：「如此尚可仕乎？殺人以媚人，吾不爲也。」逵感悟，囚得不死。後提點廣南東路刑獄，雖荒崖絶島、人跡所不至者，亦必緩視徐按，務以洗冤澤物爲己任。卒謚元公，封汝南伯，從祀孔子廟庭。子壽，寶文閣待制。

程仁霸，攝眉山録事參軍，有竊蘆菔根者，而所持刃誤中主人，尉掾以劫聞，仁霸直其冤，而尉掾争不已，竟殺盗，仁霸坐罷歸。不及月，尉掾皆暴卒。後三十餘年，仁霸晝見盗拜庭下曰：「尉掾未伏，待公而決，前此地府欲召公暫對，我叩首争之曰：『不可以我故驚公。』是以至今壽盡。今日我爲公荷擔而往，暫對即生人天。子孫壽禄，朱紫滿門矣。」仁霸具以告家人，沐浴衣冠而卒，壽九十。其子亦貴壽，曾孫爲監司者三人，玄孫益盛，而尉掾之子孫微矣。

孫立節，爲桂州節度判官，時州守王奇與蠻戰死，謝麟經制溪洞事宜，因收大小使臣十二人，付立節欲盡斬之。立節不可，曰：「獄當論情，透撓不進，諸將罪也，既伏其辜，其餘可盡戮乎？」刑部議如立節言，十二人皆得不死。後立節子二人皆舉進士，貴顯。

張文規，爲英州司理參軍。真陽民張五者數輩盜牛，里人胡達、朱圭、張運等追捕之，達擊殺張五，餘盜不得志，反以被劫告縣。縣令吴邈劾達等十二人强盜殺人，皆誣服，圭、運病死。既上府，事下司理院。文規一問得其情，以胡達手殺人杖脊，餘人但杖臀而已。圭、運乃無罪。已而邈嘔血死，文規遷臨川丞。忽感疾，昏不知人者彌月。一日復甦，乃言方病在牀，有公吏三四人來攝，遂與俱往。至一大官府殿上，垂簾問吴邈事。文規一二以實對，遥見吴邈荷校於簾前，而朱圭、張運立其傍，吏抱主者所判文書，出紙尾示文規，有「添一紀」三字，文規遂痦。後以通直郎致仕，年至七十八，夢羽人來云：「向增壽一紀，今數足矣。陰司以公在英州嘗斷婦人曾氏斬罪降作絞刑，又添半紀。」果至八十三乃卒。

楊參軍，官越州，有盜入民家，而主覺知，持白棒趕賊，一打仆地，遂執付保長。保長復擊之，因而至死。其保長自認打殺，更不抵諱。獄具，楊因閱案驗狀，有左肋下一痕，長寸二分，中間有白路一條。楊疑是背後趕打，此一痕乃致死處，恐非保長所打。獄吏力争，以爲獄案已成，楊不聽，遂追元捕賊之人問，果得其情，及索到白棒首有裂路，方知是捕賊人打之，引法決，登時打殺，罪止於杖。保長遂免死，其家感德，畫其像供養以祝壽。後二子登進士，官皆至大中大夫。

周必大，監臨安府和劑局，失火，逮吏論死未報。必大問寺吏曰：「假使火自官致，當得何罪？」吏曰：「當除籍爲民。」必大遂自誣伏坐失官，吏得免死。後必大試博學宏詞科，至京師，見一班直攜小册，借觀，則鹵簿圖也，悉録記之。及入試，果以此命題中詞科。歷官至宰相，封益國公。先是必大試前，夢入冥，見一判官拷掠一捻胎鬼，指必大曰：「此人有陰德，當位宰相，貌陋如此，奈何？」鬼請爲作帝王鬚，官首肯，鬼起摩必大頰，爲之種鬚。及覺，猶隱隱痛，數日始定。必大既罷相私居，一相士持貴人書來見，適遇於門外，問相公何在，必大曰：「某是也。」相者曰：「何宰相貌如此，得非誑我耶？」必大色愈温，延入上坐。相者復請見宰相，必大答如初。相者起捋其鬚曰：「帝王鬚，真宰相也。」必大驚服，厚賸之，蓋前此種鬚事，雖妻子至親亦不以告也。

王縉，爲兩路提刑，每斷死囚，必焚香奏天，然後行下。一日暮坐，恍見一玉女，長帔大袖，手持一角公文，立於簷前，遥語縉曰：「此汝平生所奏事目，一一皆合情法，無有枉濫。上帝嘉汝，已爲汝父延壽一紀，汝倍增福，汝之二孫，異日皆爲監司。」言訖不見，後果如其言。

恤囚類 四人

陳臨，爲蒼梧守，多善政。民有爲父報讐，捕繫獄。臨乃傷其無子，令其妻入獄，遂産一男。人歌之曰：「蒼梧陳君，恩廣大，令死罪囚，有後代，德參古賢，天報施。」其後子孫繁庶榮顯，果符所祝。

張慶，爲司獄，常以矜慎自持，日躬親掃滌，至暑月尤勤。每戒其徒曰：「人之罹於法，豈得已哉？我輩若不知所重，則罪人何所赴訴耶？」飲食湯藥卧具必加精潔。好看《法華經》，每有重囚就戮，則爲之齋素誦佛，一月乃止。囚有無辜者，輒爲之解釋，嘗爲好言教獄囚，果有罪，當自認，毋誣良善以重己過。其妻袁氏，年四十八，染疫而死，三日尚未殮，忽復甦，自言始至一所，身在穢污中，忽見一白衣曰：「汝不當在此，汝今尚未有嗣，汝夫陰德甚多，子孫當有興者。」乃以手提擲出之，因得甦。自念常事白衣觀音精虔，必其感應。明年袁氏生子享三日，有一道者及門，謂慶曰：「汝本無嗣，今得子，信乎陰功未易量也！吾聽嬰兒聲，又知汝子孫必有文學相繼而出。」遂去。後慶年八十二，無疾而卒，享授三班借職。生六子，皆以文學至顯官。

馬默，知登州。舊制，沙門島罪人官給糧者三百人，每溢額，則取其人投之海中。默建言「今後溢額，乞選年深自至配所不作過者移登州」，神宗深然之，即詔可著爲定制，自是多全活者。後默坐堂上，忽昏，夢見一人乘空來，左右挾一男一女，大呼曰：「汝本無嗣，以汝移沙門島罪人事，上帝特命賜男女各一。」遂置二童，乘雲而去。後果生男女二人。默官至河北都轉運使，年八十卒，贈太保。

孫莘老，知福州，民有欠市易錢者，繫獄甚衆。適有富民出錢五百萬葺佛殿，請於莘老。莘老曰：「汝輩施錢，本欲祈福，但佛殿未甚壞，孰若以此錢代獄囚償官，遂使數百人釋枷鎖之苦，其得福豈不多乎？」富民不得已諾之，即日輸官，囹圄遂空。官至龍圖閣學士。

救荒類 十一人

韓韶，爲嬴長，鄰縣盜起，民廢耕桑，流入嬴界者甚衆。韶憫其饑困，乃開倉賑之，所稟贍萬餘户。主者争謂不可，韶曰：「活溝壑之人而以此得罪，含笑入地矣。」太守素知韶賢，竟無所坐。及卒，同郡李膺、陳實、杜密、荀淑等爲立碑頌焉，子融官至太僕。

王僕射，初爲譙幕，因按逃田，時歲饑，流亡者數千家，乃力謀安集，上疏乞貸以種粒牛糧，朝廷從之。一夕夢空中有紫綬象笏者，以一緑衣童子遺之，曰：「上帝嘉汝有愛民深心，故以此爲宰相子。」後果生一男，王亦拜相。

范公仲淹，少時常言「士當先天下之憂而憂，後天下之樂而樂」，及爲右司諫，歲大蝗旱，江淮京東滋甚。公請遣使循行，未報。乃請間曰：「宫掖中半日不食，當何如？」帝惻然，乃命公安撫江淮，所至開倉賑之，奏蠲除廬舒折役茶、江東丁口鹽鈔，具條上救弊十事。及領浙西，值吴中大饑，公縱民競渡，諭諸寺以荒歲價廉可大興土木。於是諸寺工作鼎新。又新廒倉吏舍，日役千夫，監司劾奏：「不恤荒政，傷財勞民。」公奏：「所以如此，正欲發有餘之財，以惠貧者，使工技用力之人皆得仰食於公私，不致轉填溝壑。荒政之施，莫此爲大。」是歲惟杭饑而不害。公官至參知政事，累遷户部侍郎，卒贈兵部尚書，謚文正，封魏國公。子四人：純佑獎作監主簿，純仁尚書右僕射，純禮權尚書右丞，純粹徽猷閣侍制。其後登仕版者，代不乏焉。

富弼，知青州，會河朔大水，饑民流京東，擇所部豐稔者三州，勸民出粟，得十萬斛，益以官廩，隨所在貯之，得公私廬舍十餘區，散處其人，以便薪水。官吏自前資待闕、寄居者，皆給其禄，使即民所聚選老弱病瘠者廩之。山林河泊之利，有可取以爲生者，聽流民取之，其主不得禁。官吏皆書其勞，約爲奏請，使他日得次第受賞於朝。率五日，輒以酒肉糗飯勞之，出於至誠，人人爲盡力。死者爲義塚葬之，自爲文祭之。有勸其避嫌彌謗者，弼曰：「吾豈以一身易此六七十萬人之命哉？」行之益力。明年麥大熟，流民各以遠近受糧而歸。弼立法簡便周至，天下傳以爲式。官至同平章事，集賢殿大學士，封韓國公，致仕。八十卒，贈太尉，謚文忠。

滕元發，知鄆州，時淮南京東饑，元發慮游民且至，將蒸爲癘疫。先度城外廢營地，召諭富室使出力爲席屋。一夕成二千五百間，井竈器用皆具。民至如歸，所全活五萬人。後爲龍圖閣學士，年七十一卒，贈銀青光禄大夫，謚章敏。

趙抃，知越州，值旱蝗，米價踊貴。諸州皆榜衢路，禁人增米價。抃獨榜衢路，令有米者聽增價糶之。於是諸州米商輻輳詣越，米價更賤，民無饑死者。官至太子少保，致仕。卒，謚清獻。子屼，於潛縣令；屼，考功員外郎。

蘇軾知杭州，歲大旱，饑疫並作。軾請於朝，免本路上供米三分之一，故米不翔貴，復得賜度僧牒三百，易米以救饑者。明年方春，即減價糶常平米，又作饘粥藥劑，遣吏挾醫分坊治病，活者甚衆。是秋大雨，太湖泛溢害稼，軾度來歲必饑，復請於朝，免上供米半，又多乞度牒以糴常平米，并義倉所有，皆以備來歲出糶。朝廷從之。吴越之民遂免流散。官至端明殿學士吏部尚書，卒贈太師，謚文忠。三子邁駕部員外郎，迨承務郎，過通判中山府。孫符禮部尚書。

曾鞏，通判越州，歲饑，度常平不足仰以賑給，而田居野處之人不能皆至城郭，至者群聚有疫癘之虞，前期諭屬縣，召富人使自實粟數，總得十五萬石，視常平價稍增以予民，民得從便受粟，不出田里而食有餘粟，價爲平。又出錢粟五萬，貸民爲種糧，使隨歲賦入官，農事賴以不乏。官至中書舍人。

朱晦庵先生，初請祠家居，崇安饑，乃請貸於府，得粟陸百斛，籍户口散給之。是冬民願輦粟還官，府令留里中而上其籍於官。先生因創立社倉一區，每年出貸，每石量收息米二斗。或遇小歉，即蠲其息之半；大饑，即盡蠲之。故一鄉四五十里之間，雖遇凶年，人不缺食。及知南康軍，值大旱，至秋約苗失收什八以上，乃竭力爲救荒備，奏乞減星子縣税，及禁州縣毋得催已綱官租，因繫排日結絶。又以詔頒賞格諭富室，得米三萬石，復奏請截留綱運，乞轉運常平兩司錢米，充軍糧，備賑濟。郡濱大江，舟艤岸者遇大風輒淪溺，至是募民築堤捍舟籍，是以給饑者而舟患亦息。預戒三縣，每邑市鄉村四十里則置一場，以待賑糴，合爲三十五場。明年春，選見任寄居指使及監押酒税監廟等官三十五員，各涖一場，以轄糴事。而分委縣官巡察之，以戢減尅乞覔之弊。令民赴場就糴，鰥寡孤獨之人，則用常平米賑濟。又慮農事將起，民間乏錢，凡合糴者皆濟半月。都昌無米，自郡運而往，千里之内，莫不周浹，凡三月結局，所活二十一萬七千餘人。其施設次第，人争傳録以爲法。後提舉浙東常平茶鹽事。時浙東大饑，即印榜招海商販廣米至浙東，許以不收雜税錢，依價出糶，更不裁減。於是海商米舟輻輳。鈎訪民隱，規畫纖悉，至忘寢食，躬出按歷，乘輕舟，屏徒御，一身所需皆自齎以行，秋毫不及州縣，所至人不及知，官吏不恤荒政者按劾之，所活不可勝計。後有詔頒行崇安社倉法於天下。官至秘閣修撰，卒年七十一，累贈太師，封徽國公，謚曰文，從祀孔子廟庭。子在吏部侍郎，孫浚兵部侍郎、福安府尹。

韓綜，通判天雄軍，會河水漲金堤，民依丘塚者凡數百家，水大至。綜出令能活一人者，與千錢。民争操舟筏盡救之，已而丘塚潰。

葉夢得，在許昌，值大水災傷，盡發常平所儲，奏越常制賑之，全活十餘萬人。惟遺棄小兒，無由得之，問人之無子者何不收養，曰：「人固願養之，但恐既長，或來識認耳！」夢得閱法，凡災傷收養遺棄小兒，父母不得復取。蓋彼既棄，則父母之恩已絕矣。遂作空券數千，具載本法，給内外廂界保伍，凡得兒者皆使自明所從來，書於券，付之略爲籍記，使以時上其數，給多者賞，且分常平餘粟，貧者量授以爲資，事定按籍給券。凡三千八百人，皆奪之溝壑，而置之襁褓云。

戢兵類 二人

鄧禹，爲將軍，行師有紀，所至輒停車駐節，勞來百姓垂髫戴白，滿其車下，莫不感悦。嘗曰：「吾將百萬之衆未嘗妄殺一人，後世必有興者。」其後累世貴寵，凡封侯二十九人，公二人，大將軍以下十三人，中二千石十四人，列校二十二人，州牧郡守四十八人，侍中將大夫郎謁者不可勝數。孫女爲和帝后，曾孫女爲桓帝后。

曹彬，爲右神武將軍，伐蜀峽中，郡縣悉下，諸將欲屠城，彬獨申令戢下，所至悦服。有獲婦女者悉閉之一第，令密衛之，洎事罷，訪其親還之，無者備禮嫁之。進檢校太傅，伐江南城垂克，彬忽稱疾不視事，諸將問疾，彬曰：「吾疾非藥可愈，惟願諸公誠心共誓，克城之日不妄殺一人，則自愈矣。」諸將乃共焚香爲誓，明日愈。及城陷，李煜與其臣百餘人詣軍門請罪，彬慰安之，卒賴保全。彬薨，年六十九，贈中書令，追封濟陽郡王，謚武惠。子七人：璨河南節度使同平章事，玥興平郡王，瑋彰武軍節度使，玹左藏庫副使，玘虞部員外郎，珣東上閤門使，琮安撫都指揮使。孫儀耀州觀察使，佺嘉州防禦使。曾孫詩尚魯國大長公主而玘之女爲帝后。

釋俘類 二人

李大亮，爲安州刺史，以破輔公祐功，賜奴婢百口。大亮曰：「汝曹皆衣冠子女，吾何忍録而爲隸乎？」縱遣之，後官至工部尚書，封武陽公。

程彦賓，爲羅城使，進攻遂寧，左右以三處女獻，皆有姿色。彦賓曰：「汝猶吾女，豈可相犯？」因手自封鎖，置於一室。及旦，訪其父母還之，皆泣謝曰：「願公早建旌節。」彦賓曰：「旌節非所望，但得死而無病便好。」後官至觀察使，年九十七無疾而卒，諸子皆仕。

禁溺類 三人

張奐，爲武威太守，其俗凡二月五月生子，及與父母同月生者悉溺之。奐示義方，嚴加賞罰，風俗遂改。百姓爲立生祠，後官至九卿，壽考令終。子芝等皆知名當世。

俞偉，爲順昌令。閩俗止育三四子，過其數則溺之，若女則不待三，建、劍尤甚。偉作《誡殺子文》，召諸鄉父老爲人所信服者，列坐廡下，置酒親酌之，出其文，使歸勸其鄉人無得殺子。歲月間活者以千計，故生子多以俞爲小字。轉運判官上其事，朝廷嘉之，就改偉一官，仍令在任。偉嘗被差他郡，還邑有小兒數百迎於郊。雖古循吏蓋未之有也。

蘇文忠公軾，與朱鄂州書云：「昨王殿直天麟見過，言岳鄂間田野小人例，只養二男一女，過此輒以冷水浸殺。其父母亦不忍，率常閉目背面，以手按之水盆中，咿嚶良久乃死。天麟每聞其側近有此，輒馳救之，量與衣服飲食，全活者非一。鄂人有秦光亨者，今已及第，爲安州司法，方其在母也，其舅陳遵夢一小兒挽其衣，若有所訴，其狀甚急，遵獨念其姊將産而不樂多子也。豈其應是乎？馳往省之，則已在水盆中矣。救之得免。準律故殺子孫，徒二年，此長吏所得按舉。願公明以告諸邑令佐使，召諸保正，諭以法律禍福，約以必行且立賞，召人告官賞錢，即以犯人及鄰保家財充。若依律行遣數人，此風便革。但得初生數日不殺，後雖勸之使殺亦不肯矣。自今以往，緣公得活者豈可勝計哉？」

謹按：德政者，孟子所謂「仁民之事」也，分類者九，亦姑舉其大者耳。傳曰：「如保赤子，心誠求之，雖不中，不遠矣！」夫以保赤子爲心則凡可以爲生民計者，周慮曲護，其事萬端，亦豈條類所能具悉哉？抑孟子有言「爲富不仁」、「爲仁不富」，然則志在榮身肥家以自富，則必忍於殘民矣。欲仁民者必先絶其自富之念而後可哉！　王時槐識。

廣仁類編卷之三

惠濟第三

施惠類 十人

裴延年，兄弟三人，雖家貧而俱好施惠，行之不輟。有一老父自言以賣藥爲業，往來憩宿數年，一日謂曰：「觀今兄弟至窶而施與不倦，積德如是，必有大福。此後二十年有世難，吾當相接也。」及安史禍作，老父引入太白左掩洞中，居處仙境，咸授道術。數年亂定，盡室生還。其後，兄弟皆爲美官，子姓婢僕亦壽考焉。

崔酈，家不藏資，有餘悉以周給親舊。男女未婚，死者未葬，皆爲營辦。居室卑陋無廊廡，霖雨則張蓋。後官至檢校禮部尚書，卒贈吏部尚書，謚曰德。子五人，瑶、瑰、瑾、珮、璆，皆達宦。

葛蘩，爲鎮江太守，有一官員於京師舖中見一靴是其父葬時物，詰之，舖翁云：「適有一官人攜來修，可候之。」有頃，果至，乃其父也。拜之，不顧，但取靴乘馬而去。隨之一二里，度力不能及，乃呼曰：「生爲父子，何無一言見教？」父曰：「汝可學鎮江太守葛蘩。」其子謁蘩言之，因問何以爲幽冥所重。蘩曰：「吾始者日行一利人事，或二，或三，或數四，或十，今四十餘年，未嘗少廢。」又問何以爲利人事，蘩指坐間踏子曰：「此物置之不正則蹩人足，吾爲正之，若人渴與之杯水，皆利人事也。自卿相至乞丐，皆可以行。惟行之悠久，乃有利益。」後有異僧見蘩在淨土境中云。

彭矩，慈祥謙遜，有里婦竊其圃蔬，矩佯不知，里人侵過圃界，矩亦不問。嘗與一商同宿于店，商失傘，疑矩持去，且言失衣，怒罵索償，矩如數償之。矩喜行方便，見饑者必減食食之；寒者，解衣衣之。整橋，修路，製藥以施病者。里人侵圃者爲人訟，矩復懇於邑吏以白宰，得免杖。人愈服其長者。矩未有子，禱於西嶽，生三子。後寓蜀遭亂，十室九死，矩家無恙。挈家渡江，舟覆，矩於中流得一木，妻子二人攀柁皆得免。越三日，一漁舟并載其二子至，於是親屬全安。後寓光州避寇山藪，賊縱火焚山，矩所避處，風返火滅。卒年七十七。

陽雍，徙居大道峻阪下，絶水漿處，晨夕輦水漿給行旅，兼補履屩，不受其直。如是累年不懈，天神化爲書生，問曰：「何不種菜？」答曰：「無種。」乃與數升，雍大喜，種之，其本化爲白璧，餘爲錢。書生復曰：「何不娶婦？」答曰：「年老無肯者。」書生曰：「求名家女必得之。」有徐氏，右北平著姓，女有名行，多求不許，乃試求之。徐氏笑以爲狂，戲答媒曰：「得白璧一雙、錢百萬者，與之婚。」雍即具送，徐氏大愕，遂以妻之。生十男，皆俊異，位至卿相，累世貴盛。

孫鍾，幼失父，事母至孝。以種瓜爲業，瓜熟常以設行者，家祀福德神甚虔。瓜熟未獻神，不以設也。忽有三少年詣鍾乞瓜，鍾獻神訖，引少年瓜飯。三人曰：「我示子葬地，葬後，子孫世世貴不可言。」遂令鍾「下山百許步，勿返顧，見我去即葬地也」。鍾行不六十餘步，便返顧，見三人並爲白鶴飛去。鍾記之，遂於此葬母，其塚上常有五色雲氣。鍾後生堅，堅生權，傳子孫五世皆王於吳。

甯崇禮，性好善，常造棺施人，其貧不能葬者又贍以錢米，終其身不變。歿後，其家僮夢崇禮曰：「我平生多做屋與人居住，因此陰功慶延子孫。我子十四郎明年秋試必得解，諸孫相繼登科者不絶。」後果如其言。

陳夷伯，年二十九，一夕夢其父曰：「汝今年當死，可問覺海。」夷伯茫然不曉。一日有蜀僧覺海至，善相術。夷伯問之，覺海曰：「君年促。」即取水一杯，呵氣入水中，令夷伯飲之。曰：「今夜必有夢。」是夜夢至一官府，左廊下男婦皆衣冠欣悦，右廊皆枷鎖哀號。傍有人云：「左廊是修捨橋路人，右廊是毀壞橋路人。若汝要福壽，可自擇取。」伯夷夢覺，即發心凡橋梁道路一一修整，用心不倦。後覺海復來，曰：「汝壽可延矣。」年果九十二而卒，後嗣昌盛。

徐宗仁，鄉有一江湍急，常年因渡船小，觸石船壞溺死甚衆。宗仁發心造一巨船，兩頭裹以鐵葉，自雇篙手專一渡送往來之人，且建善緣以薦亡者。年三十三，星士謂其當死。一夕夢至官府，見王者坐於堂上。有濕衣之鬼數百人告於王曰：「徐宗仁濟生拔死，功德莫大，乞與夫婦壽考，子孫榮貴。」王者語宗仁曰：「汝壽本當盡，今特延三紀。」覺而異之，自此亦好善樂施。果逾三紀而卒，二子三孫皆貴。

張知常，在上庠日有金十兩，同舍生因其出，發篋而取之。學官聞之，集同舍檢索，因得其金。知常不認，曰：「非吾金也。」是夜，同舍生密袖以還。知常曰：「我知汝貧。」分其半與之。

活人類 五人

魏顆，父犨，有嬖妾無子，犨疾，命顆曰：「必嫁之。」疾革則曰：「必以爲殉。」及卒，顆嫁之，曰：「疾革則亂，吾從其治也。」後與秦師戰，遇杜回。回，秦之有力人也。顆見一老人結草以抗回，回躓而顛，遂獲之。夜夢老人曰：「予乃汝向者所嫁婦人之父也，汝用先人治命，予是以報。」晉侯賞顆以狄臣千室。

孫叔敖，兒時嘗出遊，見蛇有兩頭者，殺之，曰：「無留以毒人」。歸，語其母曰：「人言見兩頭蛇者必死，兒今見之，死無日矣！」母曰：「蛇今安在？」曰：「恐他人又見，已殺而埋之。」母曰：「汝不死矣！吾聞之有陰德者必有陽報。德勝百祥，仁除百禍，天處高而聽卑，汝必興於楚。」及長，爲令尹，享壽考而歿。其子封於寢丘，四百户以奉其祀，後十世不絶。

黄汝楫，家頗富，值方臘犯境，拘掠士女二千人，閉之空室。有持金帛至則贖之，否則殺。汝楫即輦二萬緡輸其營，二千人皆得歸，詣汝楫謝，歡聲如雷，又爲誦佛祈福。一夕，汝楫夢金甲神從天而下，呼曰：「上帝有敕，以汝活人多賜五子科第。」後汝楫爲浦江令，其子開、閎、閌、聞、闇，皆登乙科。

建州章刺史妻練氏，素賢，章出兵，有二人得罪，欲斬之。練氏密使二人亡去，後俱奔南唐爲將。攻建州時章已卒，二將遣使厚以金帛遺練氏，且以一白旗授之，曰：「吾將屠此城，夫人植旗於門，吾以戒士卒勿犯也。」練氏返金帛并旗不受，曰：「君幸思舊德，願全此一城人。必欲屠之，吾家與俱死耳。」二將感其言而後止，後所生八子及孫，及第至達官者甚衆。

李善，本南陽李元家奴，元家富而以疫盡死，惟有一孫名續祖，尚在襁褓。諸奴欲共害之分其財，善乃密負續祖逃避山中哺養，乳乃自生汁。至年十餘歲，出山告縣，悉追殺其奴而立續祖。後善官至日南九真守，在少室得仙道焉。

賑饑類 六人

李謙，值歲歉，出粟千石以貸鄉人，明年又歉，人無以償，謙即對衆焚券，曰：「債已償矣！」後歲大熟，人争償之，一無所受。明年又大歉，謙竭家資煮粥以濟之，動以萬計，死者復爲瘞之。一日假寐，夢一紫衣人告之曰：「上帝知汝有德及人，報在爾後。」謙壽百歲而終。子孫皆爲顯官。

祝染，遇歉歲，爲粥以施貧者。後生一子聰慧，赴試將開榜，市中人夢有馳報狀元者，手持一大旗，書四字曰「施粥之報」。及榜開，其子果爲特科狀元。

張八公，家富好施，鄉人德之，號「張八佛」。産分二子，每歲穀價率錢六十文一把，其歲歉，鄉價八十，其子亦增之。八公坐於門，看糴者出，問其價，曰：「略增些。」八公以錢還之。自後其子價不敢增。至曾玄孫皆登第。

陳天福，值歲凶，發廩平糶。貧不能糴，則與米，無米則與飯，或與錢。鄉里甚德之。一日有道人以錢求糴米一斗，天福即與米，不受其錢。道人出，題壁云：「遠近皆稱陳長者，典錢糴米來施捨。他時桂子與蘭孫，平步玉堂與金馬。」後生三子，父子皆舉鄉漕，而其季子名蘭孫，登第，官至太常丞。

張忠定公詠，守成都，嘗夜夢謁紫府真君。坐定，吏忽報請到西門黄承事，真君降階接之，禮甚恭，且揖公坐承事之下。夢覺，莫知所謂。明日問左右，西門有黄承事否，左右曰有，亟命招之，戒令具常服來。比至，果如夢中所見者，即以所夢告之，問：「平日有何陰德，真君禮遇如此？」承事云别無他長，惟每歲禾麥熟時，隨意出錢收糴米糧，候至來年新舊未接之時，糶與細民，價值不增升斗。尚書歎曰：「此宜居我之上也。」令二吏掖之使端拜。承事名兼濟，其子孫繁衍，青紫不絶。世傳紫府真君主天下神仙籍云。

徐孝祥，一日獨步後園，見樹根坍塪，諦視之，下有石甃，啟之皆白金也。亟掩之，一毫不取，人無知者。後三十年，歲大歉，孝祥啟其穴，出金收糴，散給貧者，所全活者，不可勝計，竟不私其錙銖。後其子純夫以明經發解，官至翰林供奉承旨，孝祥封如其官，年九十七乃卒。

平量類 二人

李珏，廣陵人，以負販爲業。人來糴者，珏授以升斗，令其自量。不計時之貴賤，每儋石僅取兩文之利，以資父母。歲久，衣食漸豐。其父曰：「今世人升斗皆出輕入重，吾昔只一升斗，出入皆用之，自以爲無偏矣。汝更使之自量，吾不及也。然衣食豐給，豈非神明之助耶？」後李節帥夢入仙府，見金書列仙姓名内有李珏，仙童曰：「此廣陵民也！」明旦節帥召珏至，問其修鍊之術。曰：「不知也。」具述負販以對，節帥曰：「此陰功不可及也。」後珏百餘歲卒，三日棺裂有聲，視之衣帶不解，如蟬蛻焉，已尸解矣。

周氏婦，賢德能幹，其翁周才美令分理家事，付與斗斛秤尺，皆以輕小短者出，以重大長者入。婦不悅，曰：「翁平日所爲，有逆天道，妾不能爲。」婦願辭去。」才美曰：「汝言是，今當出入但用其一，餘皆毀之。」婦曰：「未也。」問其所用幾年，才美曰：「約二十餘載。」婦曰：「今當以小斗量入，大斗量出，小秤短尺買物，大秤長尺賣物，庶可酬還前日過取之數。」才美感悟，欣然許諾。其婦後生二子，皆少年登科。

還財類 十人

裴度，屢屈場屋，相者曰：「君形神稍異，當餓死。」度一日遊香山寺，見一婦人置緹綉於僧伽欄楯之上，祈禱良久而去。少頃度見緹綉尚在，知其遺忘也，追之不及，待亦不至，因攜以歸。明旦復攜往，其婦人果來，問其故，婦人曰：「父無罪被繫，昨告人得一玉帶、二犀帶，以賂津要，不幸失於此，父禍無所逃矣。」度遂以還之，婦人拜泣，請留其一，度亦不受。後相者見之，大驚曰：「君陰德及物，前程萬里，非吾術所能知也。」度登進士，官至中書令，年七十六卒，贈太傅，謚文忠。子識，檢校尚書右僕射，諗，太子少師，封河東郡公。

白敏中，應舉屢不第，詣胡蘆生問命，生不許。後入安上門，見一婦人以新紫帕裹一物，令女奴捧之，因車馬駢集，婦人、女奴忽相失，遺帕裹在闌傍。敏中爲守護，至日晏，婦人號泣而來，問之，曰：「夫犯極刑，有能救護者惟欲寶帶，今晨遺失，夫不免極刑矣！」敏中即以還之，婦人泣謝而去。後胡蘆生見之，曰：「秀才必種陰德，前程遠大必矣！」來年果及第，位至中書令。

范元之家貧，讀書，盛暑浴於水，拾得金一袋於岸。歸謂其子曰：「世人以財爲命，萬一彼失此者自經於溝壑，將如之何？」翼旦父子攜金於岸待之，有一婦人悲號而至，問之，曰：「夫坐獄當死，易田得金，至此失之。」元之即以還之。婦分與，亦不受。是年其室産靈芝數莖，明年父子登第，歷十二世皆爲郡守。

竇禹鈞，年三十無子，夜夢亡祖父謂之曰：「汝無子，且壽不永。」一夕，禹鈞於延壽寺側得遺銀二百兩、金三十兩，持歸。明旦詣寺候失物者。須臾，一人涕泣而至，問之，曰：「父犯大辟，偏貸以贖之。今失去，父罪不可贖矣！」禹鈞即以還，復加贈之。又族姻有喪不能舉，爲之葬，凡二十七喪；孤女不能適，爲之嫁凡二十八人；故舊窘困者，爲擇其子弟，資金帛俾之販鬻，賴以活者數十家。建書院四十間，凡四方貧士至者，咸館穀之。禹鈞復夢祖父謂曰：「汝有陰德，名掛天曹，特延壽三紀，賜五子顯榮，後當留洞天充真人位。」禹鈞年八十二，沐浴別親戚，談笑而卒。子儀禮部尚書，儼禮部侍郎，侃左補闕，偁參知政事，僖起居郎。八孫亦皆貴顯。

楊存，赴京途次投旅舍，既卧於牀席間，得鹽鈔二萬引。明日問主人曰：「前夕何人宿此？」主人曰：「淮甸巨商某也。」存曰：「此吾故人，若復來，可與語吾在某坊某人家安歇。」又大書於房曰：「某年月日，廬陵楊存寓此。」遂行。不數日，商人果至。主人以存言告，且指壁書示之。乃赴京訪存，存審實，即舉以還之。商人乃捐數百緡就僧寺設齋，爲存祈福。是年存登第，官至中奉大夫。子孫皆貴顯。

劉留臺，家極貧，不能自存。一日，至漳泉市浴堂中，拾金一袋，浴畢託疾卧堂中，終夕不去。翼日有一人號泣而來，自言爲商於外八年，只收得金八十五片，以一袋盛之，昨浴於此遺之。劉即舉以還。商分送數片，一無所受。一夕夢神告曰：「汝安分不貪，將有大顯，且及汝後嗣。」後果登第，官至西京留臺。子孫仕者二十三人。

林積，赴京過蔡州，息旅邸。既卧，於牀蓆間得一囊，内有北珠數百顆。明日，詢主人曰：「前夕何人宿此？」主人云：「潯陽朱仲津。」積曰：「此人必復至，可令來上庠訪我。」具以姓名告之。數日，仲津果至，主人以告，乃趨上庠訪積求珠。問驗符合，悉以還之。仲津選大珠數十顆爲謝，皆不受。仲津乃以數百千錢就佛寺設齋，爲積祈福。後積登第，官至大中大夫。子德新爲吏部侍郎。

京三郎，有鄉人病危，密以千餘緡付三郎，曰：「我死，不肖子必蕩覆無餘。俟其將凍死，然後付之。」他日其子果困極，三郎召至，問之，其子慚懼號慟。三郎曰：「我欲惠汝，恐汝復費於歌酒也。」其子誓改行，三郎乃取所付千緡還之，封記宛然。其子大駭，曰：「父臨死，但云善事京公，無他言。不期有此賜也。」於是循謹自守，家以贍給。三郎後生三子，長曰仲遠，官至丞相。

張孝基，娶同里富人女，富人因其子不肖，斥逐之，而以家財盡付孝基。富人死，其子丐於途。孝基惻然，召使灌園。其子稍有力，又使管庫，其子益馴謹。孝基察其能自新，遂以其父所委財産歸之。其子自此勵操爲善士。後孝基卒，其友數輩遊嵩山，忽見旌幢騶御滿野，如守土大臣，竊視專車者乃孝基也。驚喜前揖，詢其所以致此，孝基曰：「吾以還財之事，上帝命主此山。」言訖不見。

李郡君，有賢德，嘗有老媪攜珠子來貨，既去，遺珠子在地。郡君收之。後媪踰時不至。一日至，形容枯瘦，問之，曰：「向所貨珠子歸途失去，以金十兩償其主不許，因憂愁至疾。」郡君曰：「珠子當時遺在地，我得之金以還汝。」媪感泣，願致金六兩爲謝，却不受。後忽微疾，夢至大官府，見二偉人衣冠坐堂上。郡君知是陰府，遂誦大悲咒。左右皆驚，其堂摇動不已。二偉人立語曰：「勿誦，放汝歸矣！以汝還珠子事，今增二十年壽。」遂寤。果延二十年乃卒。

還居類 二人

趙清獻公抃，所居甚隘，家人以厚直易鄰翁之居以廣公第。公聞不樂，曰：「吾與此翁三世爲鄰矣，忍棄之乎？」亟命還翁居而不追其直。

蘇東坡公軾，居陽羡，嘗以五百緡買一宅，傾囊僅能償之，卜吉入居。一夕與士人邵民瞻步月偶至村落，聞老嫗哭甚哀。公推扉而入問之，嫗曰：「吾有一居，相傳百年，吾子不肖，舉以售人。今日遷徙與舊居别，是以泣。」公愴然問其故居，則公以五百緡所得者也。公曰：「是吾所售，當以還汝。」即命取屋券對嫗焚之，呼其子命翼日迎母還舊居，不索其直。公遂還毘陵，不復買宅，借顧塘橋孫氏居暫住焉。

還妾類 三人

馮商，壯歲無子，至京師買一妾，立券償錢矣。見其妾涕泣，問之，曰：「吾父居官，因綱運欠折，鬻妾以爲賠償之計。」商遂惻然不忍犯，遣還其父，不索其錢。歸家居數月，妻有娠。及將誕，里人皆夢鼓吹喧闐，送狀元至馮家。次早生子，即京也。後果登三元，官至太子少師。

袁生，夫妻俱近五十，無子，因往臨安，買得一妾。見其以麻束髮，外以彩飾之，問之，曰：「妾故趙知府女也，家四川，父殁家貧，故鬻妾以爲歸葬計。」袁即送還其母。聘財一無所取，且聞其家尚不給，盡以橐中資與之，遂獨歸。明年妻生子韶，舉進士，官至參知政事。

馬生，中年無子，置一妾極姝麗，每理髮必引避。怪而問之，曰：「妾父居官，不幸身死，家遠不能歸，故鬻妾耳。約髮以素帛，外以絳綵蒙之，不欲公見，初無他也。」馬生惻然，即日送還其母，且厚有資助。是夕夢一羽衣曰：「天錫爾子，慶流涓涓。」明年果生一子，因以涓名之，及長，中三魁。

代償類 四人

王曾，居京師，一日過甜子巷，聞母子二人哭之哀，因詢其鄰，云其家少官逋四萬錢，止有一女，將易客錢償官。旦夕分離，故哭之哀也。曾乃謂其母曰：「汝女可賣與我，則時得相見。」遂以白金與之，令償其客。約三日來取女，踰期不至。其母復訪曾之所館，則曾已行矣。後曾官至集賢殿大學士，封沂國公，卒贈侍中，謚文公。

曾公亮，布衣遊京師，聞旁舍泣聲甚悲，詰朝過而問之，旁舍生曰：「僕頃官於某，用官錢若干，吏督之急，今無以償之，乃謀於妻，以女鬻於商人，得錢四十萬。將以訣別，故悲也。」公亮曰：「吾士人也，曷若與我？」旁舍生曰：「已書券納直，奈何？」公亮曰：「第償其直，索其券。」公亮即與錢四十萬，約：「後三日以其女來，俟吾於水門之外。」旁舍生如教，商人果不爭。至期攜女以往，則公亮之舟已行三日矣。公亮一夕夢有告者曰：「公有陰德，必獲厚報。」後登相位，封魯國公。年八十卒，贈太師中書令，謚宣靖。子孝寬，吏部尚書。

朱承逸，嘗五鼓過駱駝橋，聞橋下哭聲，視之，有男子攜妻及小兒在焉。扣其所以，云：「負勢家錢三百千，計息已數倍，督索無以償，將赴水以死。」承逸惻然遣僕護其歸，且自往其家，正見債家悍僕群坐於門。承逸即代爲還錢如其數，其人感泣，願終身爲奴婢，不聽，復以二百千資給之。後生二孫服、肱，並登第貴顯。

朱軾，家貧，訓蒙於里中，歲暮得束脩，歸至中途，見田夫械繫悲泣，問其故，曰：「春月貸青苗錢五千三百，今官司鞭笞追索，不能償。」軾盡以束脩代爲納官，其人得釋。邑士人劉澈應舉禱神，一夕夢至官府，有吏責澈德虧，且曰：「汝不知朱軾代納青苗事耶？行將獲陰德之報。」澈覺，後詣軾訪其説，軾曰：「果有此事？豈期冥府注爲陰德？」軾八十四無疾而卒，三子皆顯宦。

嫁婢類 五人

劉弘敬，遇相者謂曰：「更三年，子大期至矣。」後因嫁女，求女奴，用錢二十萬，買一妾，極姝麗，名蘭孫。問其家世，乃云世居河洛，父官淮西，以吴寇家被俘掠。弘敬大息曰：「是忍置於使令之列耶？」收爲甥，以家財五十萬先其女而嫁之。是夜夢一緑衣槐簡者謝曰：「予，蘭孫父也。荷德無以報。聞公短壽，當爲力請於帝。」數日復夢曰：「帝幸已許延君二十五年壽，富及三世。」後二年，相者至曰：「觀君之面，陰德之氣甚盛，壽可延二紀餘矣。」後果符夢相之言。

范明府，選授江南縣宰，自曉星命，云來年秋壽盡，又訪於日者，亦云然。范欲暫之任，得俸入爲嫁女計。及到任，買得一婢，詢之乃堰官姓張者之女，因被兵寇掠賣至此。范即以己女妝奩，擇邑客謹善者，以張女嫁之。秩滿歸，日者見之駭曰：「豈甲子差謬耶？」後聞其嫁女婢之事，乃曰：「此陰德福壽，未可量也！」果歷官數仕而終。

鍾離瑾，爲德化宰，將以女歸許氏，諭其胥魁與老嫗買得一女婢。問之，嫗曰：「是臨川人女，親喪而育於外氏。」女受嫗戒，亦不敢言。後瑾視事，少間退而遇女婢於屏間，見其流涕，詰之，乃曰：「某之父昔曾令是邑，不幸與母俱喪，時年五歲，無所依，育於胥家十年矣。適見明府視事，追感吾父，不覺涕零。」瑾大驚，呼胥、嫗審之，果如女言，瑾乃養之如己女。以書抵許氏，告緩期將輟吾女之資以嫁焉。許亦惻然，復書曰：「予有季子，願得以爲婦。」遂以二女歸許氏。久之，瑾夢一緑衣丈人來謝曰：「吾女辱賜於君，已奏請於帝，奉君十任有土官。」後果歷十郡太守，終於江淮發運使。子孫仕於朝者十餘人。

王知縣，官南昌時，一日凌晨見一婢，堂中執篲而泣，詰之，乃言：「妾本陸知縣之女，父受替去，過鄱陽湖，爲賊所害，獨留妾一身流轉到此。」詢之縣吏，皆曰然。遂語其妻善視此婢，俟擇良配嫁之。王有女許鄰邑知縣之子，乃遣書請緩一年，俟辦奩具，同時出嫁。鄰邑知縣報云：「某有一姪未婚，請以令女奩中分之，嫁吾子與吾姪，共成義事也。」既嫁，王於燭下，忽見一人自稱前任知縣陸鴻漸來謝曰：「吾女蒙君嫁遣，緣此陰德，增壽一紀。子孫三人同及第。」語畢，遂不見。後果如其言。

李文靖公沆，一世僕逋宅金數十千，忽一夕遁去。有女將十歲，有美姿，自寫一券繫於帶，願賣於宅以償焉。公大惻之，囑夫人育之如己女。及笄，擇一婿具奩幣嫁人。其僕後歸聞之，感恩刻骨。公病，夫婦爲刲股，及薨，縗絰三年以報。

釋盜類 二人

陳實，夜有盜入其室，止於梁上。實陰見之，乃呼子侄訓之曰：「夫人不可不自勉，不善之人，未必本惡，習與性成，遂至於此，梁上君子是矣。」盜大驚，自投於地，稽首受罪。實曰：「汝宜克己反善，然必因貧困所致。」以絹二匹遺之。實平心率物，化及鄉閭，年八十四卒。子六人，紀官至大鴻臚。孫群爲司空。

于令儀，長厚不忤物。一夕盜入其家，諸子擒之，乃鄰舍子也。令儀曰：「汝迫於貧耳！」問其所欲，曰：「得十千足以資衣食。」令儀如數與之，復語之曰：「汝夜負十千以歸，恐爲邏者所詰。」留之宿，明旦遣去。盜大感愧，卒爲良民。後令儀子伋登進士第。

娶疾女類 五人

孫泰，未娶時，姨有二女，其長者損一目。姨謂泰曰：「汝可娶吾幼女。」姨卒，泰娶其長女，或問之，泰曰：「其人有廢疾，非泰誰肯娶者？」衆皆服其義。又嘗買鐵燈臺，磨之，乃銀也，送還之。又買居於義興，聞老嫗慟聲即棄居而去。一夕泰夢神人紫衣象簡語曰：「汝有德行，帝命增汝壽，昌汝後。」果九十而終，子展進士及第。

鄭叔通，初聘夏氏，及登第歸，則夏氏女啞矣。其伯妣欲別聘，叔通曰：「此女吾若不娶，則終身無所歸。況先已定婚姻，因疾而棄，豈可哉？」竟娶之。叔通官至朝奉大夫。啞女生一子亦貴。

劉庭式，既定婚，及登第歸，則定婚女已雙瞽矣。庭式涓日成禮，女家辭曰：「女已廢疾，何可奉箕箒？」庭式竟娶之，後瞽女卒，庭式哭之哀。蘇軾爲太守，問之曰：「吾聞哀生於愛，愛生於色，子娶瞽女，愛何從生？」庭式曰：「吾知哭吾妻而已，不知其有目與無目也。」軾曰：「子真大丈夫也！」其瞽目女所生二子後皆登第。

呂君，聘里中女，及登第，而女盲。女家請辭，呂君曰：「既聘而後盲，又何辭？」遂娶之。生五男，皆中進士。其一丞相汲公也。

文紹祖，有子聘柴氏女，後柴女忽中風，紹祖欲別聘。其妻不可，曰：「我有兒，當使其順天理，自然長久。悖禮傷義，是速禍也。」因勸紹祖，仍娶柴氏歸。次年其子登第，柴女風疾亦痊。生三子，皆登第。

納孤婿類 一人

姚雄，初爲將，以女議定一寨主子。後寨主死，妻子皆流落。雄以邊帥赴闕奏計，見一嫗浣衣，有士人家風，問所從來，嫗云：「昔吾夫官邊寨，有將姚姓許以女歸吾子。今夫既喪，無以自存，方貨餅餌以自給。」姚曰：「汝尚記形容否？」嫗曰：「不記矣。」姚曰：「吾是也，女自許歸之後，不與他族。日望婿來，豈以父之存没爲間耶？」嫗泣下氣咽不語，久之，因留嫗并其子，易以新衣，俱載還鎮畢婚焉。

醫藥類 四人

張仲和，善治傷寒，活人甚多。後二子奇、兆俱登第。

張行甫，以醫濟人，子孫典大邦、作提轉者，數世不絶。

許知可，應舉不利，一夕，夢白衣人曰：「汝無陰德，所以不第。可學醫，吾助汝智慧。」知可如其言，醫術果精。病者無問貴賤，診後與藥，不受其直，所活不可勝計。後赴春闈，復夢前白衣來贈以詩曰：「施藥功大，陳樓間處，殿上呼盧，唤六作五。」知可果以第六名登科，因上一名不禄，遂升第五，其上姓陳，下姓樓也。

滑世昌，行醫專以救人爲心。值歲荒疫，凡有危疾，施藥療治，賴以安全者，不可勝計。一夕，夢城隍大王至其家云：「明日此邦有大災，以汝濟活陰功，上帝敕我救汝一家。但貨財不可得，然亦不至凍餒。」及覺，深以爲憂。明日天暮，市中火起，世昌一家十口，在烈焰中無計自脱。忽有壯夫數十輩，著紫衫，排列火邊，驅家人登轎，徑舁至六七里外。適有空屋，趨避其中。黎明人轎俱不見，回視舊居已燬。掇剔埃煤中，得銀三十餘兩，始悟「不至凍餒」之説。夫婦兒女僕妾悉無恙，旋僦屋以居，醫道復振，家業愈盛。子孫三世大富。

逮下類 五人

劉寬，一日將入朝，裝嚴已畢，侍婢奉肉羹，翻污朝衣，婢遽收之。寬神色不異，乃徐言曰：「羹爛汝手乎？」其性度如此。寬位至光禄勳，封逮鄉侯，卒贈車騎將軍，謚昭烈。子松嗣，官至宗正。

裴行儉，有賜馬珍鞍，令史私馳馬壞鞍，懼而逃，行儉招還之，而不加罪。又有瑪瑙盤，廣二尺，文采粲然，因宴出示人。軍吏趨跌盤碎，叩頭請罪。行儉笑曰：「汝非故也。」色不少吝。行儉官至吏部侍郎，封聞喜公，謚曰惠。

張文定公齊賢，爲江南轉運使，一日家宴，一奴竊銀器數事於懷中。公於簾内見之，不問。後爲宰相，門下厮役皆得班行，而此奴竟不沾禄。奴乘間以請，公曰：「我欲不言，汝乃怨我。汝憶江南盗吾銀器事乎？我懷之三十年不以告人，今備位宰相，豈可以盗賊薦耶？吾既發汝往事，汝其有愧，不可復留。今與汝錢三百千，汝去自擇所安可也。」奴震駭，泣拜而去。

韓魏公琦，知北都，有人獻玉盞，云得於壞塚，蓋絶寶也。開宴，召漕使顯官特設一桌，置玉盞其上，將酌酒徧勸坐客。俄爲一吏誤觸，玉盞竟碎。坐客皆愕然，吏伏地待罪。公神色不動，徐語曰：「物破亦自有時也，汝何罪？」又嘗夜作書，令一侍兵持燭。侍兵他顧，燭燃公鬚，遽以袖麾之，而作書如故。少頃回視，則别易其人矣。公恐主吏鞭之，亟呼視之，曰：「勿易渠，今已解持燭矣。」公官至右僕射，卒贈魏郡王，謚忠獻。子五人及孫、曾皆貴顯。

陳公瓘，每夜置行燈於牀側，自提就案。或問：「何不呼侍者？」公曰：「起止不常，若涉寒暑，則必動其念，非可常之道。偶吾性安之，故不欲勞人也。」後官至權給事中，謚忠肅。

助喪類 六人

劉翊，潁陰人，少好道，周人窮困。常於汝南界中遇陳留張季札赴喪而車敗，翊即下車與之，不告姓名。而夫季札意其爲翊，後到潁陰還其車，翊閉門辭却，不與相見。翊平生濟饑殯死助婚事甚多。一日，遇馬皇先生告曰：「吾仙官也，以子陰德感天，太上使我授汝以長生之道。」翊叩頭願受，遂將翊入桐柏山中，授以隱地八術，服五星之華法。後度名東華，爲右理中監。

郭震，年十六入太學，家送資錢四十萬至，會有縗服者叩之，自言五世未葬，願假以治喪。震與之無少吝，亦不問其姓氏。同舍誚之，震曰：「濟人大事，何誚爲？」震十八，舉進士，官至吏部尚書，封代國公，賜一子官。

查道，家貧不能應舉，親族裒錢三萬遺之。行至滑臺，過父友呂翁家。翁喪，貧無以葬，將鬻女以襄事。道即傾囊與之，又爲其女擇婿，捐財資送。次年登進士，知虢州，發廩設粥，活饑民萬餘人。嘗夢神人謂曰：「汝壽止五十七。」後享年六十四，人以爲積善所延也。子循之爲大理評事。

范文正公仲淹，守邠州，暇日與僚屬登樓置酒，未舉觴，見縗絰數人經營喪具。公亟令詢之，乃士人寓邠而卒，將出殯近郊，棺斂皆未備。公憮然，即厚周給之，坐客感歎，有泣下者。

范純仁，文正公之子也，嘗往東吴得租麥五百斛，舟載以歸。道遇故舊石曼卿，自言三喪不能葬，純仁即以麥舟與之。歸而見父，父問東吴曾見故人否，純仁曰：「見石曼卿，云三喪未舉。」父曰：「何不以麥舟與之？」純仁曰：「已與之矣！」後登進士，官至尚書右僕射，卒贈開府儀同三司，謚忠宣。

瘞旅類 五人

趙秋，輕財好施。鄰人李玄度母死，貧不能葬。秋家有二牛，以與之，玄度得以葬。他年秋夜行，見一老母與金一餅曰：「子能葬我，是以相報。子五十以後富貴不可言。」後果官至極品。

王忳，於京師空舍中見一書生卧病，自言腰下有金十斤，願以相贈，乞藏骸骨。未及問姓名而命絶。忳以金一斤營殯，餘金悉置棺下，人無知者。後忳爲縣亭長，初到日，有馬馳入庭中而止，大風飄一綉被墮忳前。忳後乘馬到洛陽，馬突入他舍。主人認其馬，忳具言其故。主人曰：「君何陰德致此？」忳因説葬書生事。主人驚號，曰：「是吾子也，姓金名彦，大恩久不報，天以此彰君德耳！」厚遺忳去。後忳舉茂才，除郿令，子孫皆顯。

羅道琮徙嶺南，過荆襄，有友人同斥者病，將死，泣曰：「委骨異壤奈何？」道琮曰：「吾若還，終不使君獨留此。」瘞路左去。後遇赦歸，過其殯處，積潦不可辨。道琮悲慟，忽波中若盆沸者。道琮曰：「若尸在，可再沸。」果再沸，得尸還鄉。道中夜宿，彷彿見其友，曰：「君厚德不問存亡，名位將不止此。」尋擢明經官，至大學博士。

傅敞，未第時，過吴江僧寺，見東室有殯宫，問之，僧云：「是福建士人客死於此，無力歸窆。」敞惻然，是夜夢一人儒冠，自稱三山陸蒼，所叙述與僧言同，且曰：「旅魂無依，君其念我。」明旦敞遂傾其貲，葬之於官地上，仍修佛果以資薦之。後敞赴試，復夢陸生來謝，且告以三場題目，曰：「慎勿泄，泄之彼此有禍。」敞寤而精思屬稿，及試，盡如其言，遂登第。

殷仲堪，遊於江濱，見流棺，接而葬焉。旬日間，門前之溝忽起爲岸。其夕，夢一人自稱徐伯玄來謝，曰：「感君之德，無以報也。君門前水中有岸，其名爲洲，君將爲州矣。」後仲堪果至荆州刺史。

劉軻，嘗讀書僧寺，夢一人衣短褐，曰：「我書生也，因遊學死於此寺。僧瘞我於北牖下，屍骸局促，願君爲改葬之。」乃問寺僧，果然。軻即解衣裹其骸，具柏棺窆於虎溪之上。是夜夢書生來謝，持三雞子勸軻食之。後軻登第，歷任史館。

掩骼類 二人

陳亢，值歲荒，餓莩無數，作萬人坑，每一坑，設飯一甌，席一領，紙四貼，藏屍不可紀。後生二子廓、度，皆爲監司。子孫相繼登仕。

李之純，爲成都路轉運使，專以掩骼埋胔爲念。吏人徐熙專爲宣力。計其所藏，無慮萬計。一日有王生死而復蘇，自言見冥官，云：「汝以誤追，今當放還。陰司事雖禁漏泄，然爲善之效亦欲人知。李之純葬枯骨有陰德，與知成都府。徐熙督役有勞，與一子登第。汝宜傳於世間。」後皆如其言，之純以直學士知成都府，累遷御史中丞。

存塚類 二人

有道士，因王清化修西太乙宫，以古塚在其北欲毁之，道士再三乞勿毁，清化乃止。是夕道士夢一大官召謝之，後數日遂賜紫。

陳氏母寡，居宅有古塚，每飲茶，必先祠之。二子曰：「塚何知？徒自勞耳！」欲掘去之，母力禁而止。一夕，母夢一人曰：「吾止此塚三百餘年，汝二子常欲見毁，賴相保護。又饗吾嘉茗，吾不敢忘報。」及曉，於庭内獲錢十萬，似久埋者，惟貫新。二子乃慙，母壽至九十餘終。

謹按：張子曰「民，吾同胞」，至以「天下疲癃殘疾、惸獨鰥寡，皆吾兄弟」。然則所謂民者，非直統御之編氓；所謂仁者，非直以上而恤下也。即無位而有恩以及人，皆可謂之仁民矣。故是編於「德政」之外，特著「惠濟」一，分類十八，凡一節一行、薄己利人之事，皆録之，庶見同胞一體之愛，可隨在而自盡云。王時槐識。

廣仁類編卷之四

活物第四

活鳥獸類 九人

楊寶，幼時行至華山，見一黃雀被傷墮地，爲螻蟻所困。寶見而憐之，因收於巾箱中，採黃花葉飼之。經旬日，瘡愈，旦去暮來。忽一夕，變爲黃衣少年拜謝，持玉環四枚以贈，曰：「我是西王母使者，賴君拯救，願君長壽，子孫位登三公。」後寶壽至九十三而終。寶生震，震生秉，秉生賜，賜生彪，四世皆爲三公。

蔡襄，未仕時，喜食鶉。一夕夢褐衣老人，曰：「來日當被害，願公貸命。」襄問：「汝何人？」乃誦詩曰：「食君數粒粟，充君羹中肉。一羹斷數命，下筯猶未足。口腹須臾間，禍福相倚伏。願君戒勿殺，死生如轉轂。」覺而異之，詢厨下，有黃鶉數十，放之。經夕復夢褐衣老來謝，云：「感君從禱，已獲復生。上帝命注公高爵。」後舉進士，官至端明殿學士，卒贈吏部侍郎，謚忠惠。孫佃亦登第。

程明道先生，爲江寧主簿，始至邑，見人持竿以粘飛鳥。取其竿折之，教之使勿爲。及去任，艤舟郊外，有數人共語，自主簿折粘竿，鄉民子弟不敢畜禽鳥，不嚴而令行如此。

陳元植，好行陰隲，禽蟲悉蒙其惠。每將食於高原之上，百鳥遥見必飛鳴，前後或來逼其坐隅，元植甚憫之，如此十餘年。一夕夢有衣緋衣人，長三尺餘，巾帶備具，謂元植曰：「汝將來壽命短促，以陰德及物，須延其壽，汝宜勉之。」覺後，飲食加增於常時。年九十九歲，一日晝坐，忽袖中有一物投地，化爲著緋衣人，長三尺許，謂元植曰：「君壽本不逾四十，以有陰功，是以延壽，今近百歲，須歸常理。」辭爾去焉，遂不見。元植即語子孫，選地封墓，逾月無疾而終。

噲參，養母至孝，有鶴爲人所射，窮而歸，參乃收養療治，瘡愈放之。後鶴夜到參門，秉燭視之，鶴雌雄雙至，各啣明珠來謝。鬻數萬緡，家遂殷富。

俞一郎，專好放生及塑佛。後因病見二鬼引之，前路多有飛禽走獸迎接，又遇僧引至一殿，有王者坐上，命判官檢簿，有何善業。判官云：「此人有贖放物命之功，所放者，已受生人身三十餘矣，合增壽二紀。」命青衣童子送回，後左手掌内有硃字數行，蓋批判語也。

沈文寶，所居鄉鄰多以網釣爲事，獨文寶一家好善，常用錢買所獲禽魚放之。衆笑其癡，沈獨爲喜。復值疫疾，人有夢見瘟鬼執旗一束，自相語曰：「除沈家放生外，餘排門並可揷旗。」其鄉鄰三百餘家皆染疾，死者過半，獨文寶全家獲免。後享高壽而卒。

張提刑，嘗詣屠肆，以錢贖物放之。後臨終時語家人曰：「吾以放生積德深厚，今天宫來迎，當上生矣。」安然而逝。

一僧素無賴，聞黄精能駐年，欲試其驗。置黄精於枯井，誘人入井，覆以磨盤。其人在井，惶迫無計。忽一狐臨井語其人言：「君勿憂，當教汝術。我狐之通天者，穴於塚上，卧其下，目注穴中，久之則飛出。仙經所謂神能飛形者是也。君其注視磨盤之孔乎？吾昔爲獵夫所獲，賴君贖命，故來報恩耳！幸毋忽。」人用其計，旬餘從井飛出。僧大喜，以爲黄精之驗，乃别衆負黄精入井，約一月開視。至期視之，死矣。僧蓋不知前人得出者，狐之力也。

活蟲魚類 二十人

孫真人，未得仙時，出遇村童擒一蛇，困憊將死。真人買放水中，後默坐間，一青衣來請，隨而赴之，至一公府，則世所謂水晶宮也。王者延至上坐，曰：「小兒昨者出遊，非先生則幾死矣！」設宴畢，出種種珍寶爲謝。真人辭不受，曰：「吾聞龍宮多秘方，傳吾救世，賢於金石多矣！」王遂出玉笈三十六方，真人由此醫術彌精，後證仙品。

隋侯，往齊國，路見一蛇，困於沙磧，首有血出，以杖挑放水中而去。後回至蛇所，蛇啣一珠向侯，侯不敢取。夜夢脚踏一蛇，驚覺，乃得雙珠。

毛寶，微時路遇人擕一白龜，買置甕中養之，漸大放江中。後守邾城，戰敗墮水，脚如踏石，渡寶至岸。視之，乃向時所放白龜也。龜亦昂首回顧，乃徐去。

孔愉，嘗放龜，龜浮水中，頻回首望愉，然後長逝。後愉以功封侯，鑄印時，印上龜紐其首迴顧，毁而更鑄。鑄之數四，模直首偏迴顧如舊。鑄者大怪以告愉。愉忽憶放龜之時，龜首迴顧，恍然悟封侯者，放龜之報也。

嚴泰，江行逢漁舟，問之云有龜五十頭。泰用錢五千贖放之，行數十步，漁舟乃覆。其夕有烏衣五十人扣泰門，謂其父母曰：「賢郎附錢五千，可領之。」緡皆濡濕。父母雖受錢，怪其無由。及泰歸問之，乃説贖龜之事，因以其居爲寺，號曰「嚴法寺」。

劉彦回，父爲湖州刺史，彦回自銀坑回，以大龜獻曰：「得此龜者，壽當千歲。」其父即送於坑所。父殁，彦回爲州司士，忽山水暴至，平地數尺。一家惶懼，莫知所之。俄有大龜引路，從之而行，皆得淺處，遂脱水難。是夕，夢龜曰：「昔在銀坑，蒙先君救脱之恩，今故奉報。」

韋丹，未第時，嘗乘蹇驢至洛陽。中橋見漁者得一黿，長數尺，置橋上，呼呷餘喘，須臾將死。群萃觀者皆欲買而烹之，丹獨憫然，問其直幾何。漁者曰：「二千。」時天正寒，丹衫襖無可當者，乃以所乘驢易之。既獲，遂放於江中，徒行而去。時有胡蘆先生，不知何所從來，行止迂怪，占事如神。後數日，丹因往問命。胡蘆先生倒屣迎門，欣然謂丹曰：「我友人元長史談君美不容口，誠託求識君，子便可偕行。」及至一大所，有一老人鬚眉浩然，身長七尺，裘帶而出，自稱曰「元濬之」。向丹拜曰：「老夫將死之命，賴君而活，恩大難酬。」遂具珍饈款宴，於懷中出一通文書，授丹曰：「知君要問命，輒於天曹，録得一生官禄行止所在，聊以爲報。」復託胡蘆先生載五十緡至逆旅以贈，其文書丹常寶持之。自登第至江西觀察使，每授一官，日月無所差異。後丹再欲尋訪元長史之居，不獲。問於胡蘆先生，答曰：「彼神龍也，變化無常，安可尋也？」丹曰：「若然，何以有中橋之患？」曰：「迍難困厄，凡人之與聖人，神龍之與蠕蠕，皆一時不免也。又何得異焉？」丹二子宙、岫，皆貴顯。

程氏夫婦，性嗜鼈，一日偶得巨鼈，囑婢烹治。時暫出外，婢念手所殺鼈已多，今此巨鼈，心欲釋之。「吾甘受箠撻耳！」出池中。主回索鼈，對以走失，遂遭痛打，後感疫疾，將死。家人舁至水次，以俟命盡。夜忽有物從池中出，身負濕泥，塗於婢身，熱得涼解，疾遂愈。主怪不死，詰之，具以實對。主不信，至夜潛窺，則向所失鼈也。舉家驚歎，永不食鼈。

屈師，於元村遇一赤鯉，買放之，後夢龍王延至宫中，謂曰：「君本壽盡，以君救龍，增壽一紀。」

劉之亨，仕南郡，嘗夢二人姓李，詣之亨乞命。之亨不解其意。明旦有遺生鯉二尾，之亨曰：「必夢中所感。」乃放之。其夕夢二人來謝云：「當令君延一算。」

李景文，常就漁人貨其所獲，仍放水中。景文素好服食，常火煉丹砂餌之，積熱成疾，疽發於背，藥莫能療。昏寐之中，似有群魚濡沫其毒，清涼快人，疾遂得瘥。

熊慎，父以販魚爲業，嘗載魚宿江滸。慎聞船内千百念佛聲，驚而察之，乃船中諸魚也。遂歎異而悉取放之，不復以漁爲業。後鬻薪，窮苦至甚。暮宿江上，忽見沙中有光燄高尺餘，就之，得黄金數斤。明日齎詣都市貨之。市人云此紫磨金也。酬鏹數十萬，由此殖産鉅富。

趙概，知漣水軍，有魚池利人公帑，歲殺魚十餘萬。概始罷之，作《放生碑》於池上。概官至尚書左丞，卒贈太師，謚康靖。子三人及孫曾皆貴顯。

楊序，夢神告曰：「子踰旬當死，若能救活億萬物命，乃可獲免。」序曰：「大期已逼，物命有限，何能及事？」神曰：「佛書有云，魚子不經鹽漬，三年尚可再活，曷不圖之？」序乃大書神語，揭示通衢，見人殺魚，輒買其子投諸江中。月餘，復夢神曰：「億萬之數已滿，壽可延矣。」

陳弘泰，家富，嘗有人貸錢一萬，弘泰徵之，其人曰：「請無慮。吾先養蝦蟆萬餘頭，賣之足以奉償。」泰聞之惻然，不索其債，仍別與錢十千，令悉放蝦蟆於江中。後月餘，泰因夜歸，馬驚不進，前有物光明，視之乃金蝦蟆也。

曾魯公放生，以蜆蛤之類爲人所不恤，而活物之命多也。一日，夢被甲者數百人前訴。既寤，問其家，乃有惠蛤蜊數篭者，即遣人放之。夜復夢被甲者來謝。

蔡氏奴，因大水，其主居他處，夜有大鼠浮水而來，伏奴牀角。奴憫而不犯，每以飯與之。水勢既退，鼠以前脚捧青囊，囊有三寸許珠，留置奴牀前，啾啾狀如欲語也。

宋郊，與弟祁，同在大學。有胡僧相之曰：「他日小宋當魁天下，大宋亦不失甲科。」後十餘年，春試罷，復遇僧，執郊手驚曰：「公風神頓異，似曾活數百萬命者。」郊笑曰：「貧儒何力致此？」僧曰：「不然，肖翹之物皆命也。公試思之。」郊俛思良久，曰：「旬日，前所居堂下有蟻穴，爲暴雨所浸，群蟻繚繞穴傍，吾戲編竹爲橋以渡之，由是獲全。得非此乎？」僧曰：「是也。小宋今歲當首捷，然公終不出其下。」二宋私相語曰：「妄也！一歲安得兩魁？」及唱第，小宋果中首選。時章獻太后臨朝，謂不可以弟先兄，乃以郊爲第一，祁第十。始信僧言之不妄。郊後官至司空，封鄭國公，謚元獻。

有沙彌侍一尊宿，尊宿知沙彌七日命盡，令還家省母。囑曰：「七日當返。」欲其終於家也。七日返，尊宿怪之，入三昧，勘其事，乃還家時路見群蟻困水，作橋渡之，蟻得不死。沙彌由此高壽。

一酒匠見蒼蠅投酒甕，即取放乾地，以灰擁其體，水從灰拔，蠅命得活。如此日久，救蠅數多。後爲盜所誣，無能自白，獄將成。主刑者援筆欲判決，蠅輒集筆尖，揮去復集，竟不得判。因疑其冤，詳問之，果誣也。呼盜一訊而服，遂得釋歸。

戒食牛類 八人

趙善弌，以椎牛爲業，嘗夢被追到冥府。庭中兵衛甚肅，主者端服踞几，呼善弌駡曰：「牛有大功於世，汝何忍屠之？今令汝試嘗此苦！」遂命獄卒將尺餘銛利鉅釘釘其首，血灑地，痛楚切骨。善弍呼乞命，願改過。主者曰：「如此則大善，我陰相汝生理，使汝不困乏。」命去釘釋去。忽有婦人著褐衫，抱嬰兒奔來，拜不已，主者曰：「吾已戒之，勿憂也。」及覺則雞鳴矣，驚汗被體。小婢報將殺牛，起視，一蒼色水牸，腹有胎，恍然悟，立命捨僧寺爲長生牛。凡平日所爲不善皆改行，幡然自新。先是其家歲病疫，自爾無恙，衣食漸豐裕。後以恩例補兵馬監押，嘗舉此事勸人云。

孫總管，赴韶州任，舟爲大風飄揚，至一巨山，信步登焉，見一大所，如官府，懇守門者，引入遊觀。見殿上主者端坐，侍衛甚嚴。傍一門守者皆狼牙鬼面，曰：「此獄也。陽世殺食牛肉者皆囚於此。」孫之舅在世好食牛，因以姓名問之，果在獄。其主吏因謂孫曰：「汝亦喜食牛肉，陰司亦減汝算。汝到韶州若能禁殺牛，善誘五百家不食牛肉，則汝舅得升天，亦延汝壽。」孫出，登舟回視，已失山所在矣。及到任，首禁宰牛，并廣勸人勿食牛肉。踰半年，夢舅曰：「主者以汝禁殺牛，且勸到七百家，功德浩大，我得升天，汝亦延壽矣。」

王亨正，嗜牛炙，忽病瘧半年，百藥不效，夢黄衣人告曰：「汝勿食牛肉，則生矣。」既寤，誓不食牛，病果即愈。

李田之子，夢人推車，滿載皆書卷。問是何文書，曰：「他年南省及第人姓名也。」揖而求觀，内有一名李遂夫，車人指曰：「是汝姓名乎？」曰：「然」。其人曰：「此一鄉皆食牛肉，而汝家三世，獨不食，當父子登科。」既覺，以遂夫名應試，果登第。

翟楫，年五十，無子，繪觀音像，懇禱甚至。其妻方孕，夢白衣婦人以盤送小兒，大喜，欲抱取之。一牛横隔其中，竟不可得。既而生子，彌月夭。又禱如初，有聞者告曰：「子嗜牛肉，豈謂是歟？」楫悚然而誓，合家不復食牛。後再夢前婦人送兒至，抱得之。妻乃生子成人。

顧待問，與葛楚輔友善，同赴進士試，語葛曰：「昨夕吾夢至仙府，正見放榜，末甲有吾名，而墨塗去之。叩其所以，一真官曰：『以汝好食牛肉，姑示罰耳！』即謝過曰：『今後不復敢食。』真官曰：『汝果自此不食耶？』曰：『然。』遂取筆復註吾姓名。因借榜細觀，覺而忘之，獨能記君名，蓋又處吾下也。」洎揭榜，果然，顧自是不食牛。

盛肇，嗜牛肉。一夕有叩門者，肇啟門視之，見一蒼頭送一青簡，曰：「六畜皆前業，惟牛最苦辛。君看横死者，盡是食牛人。」讀畢，人與簡俱失。肇驚駭，自此戒不食牛。

林尚書俊，一日赴福建方伯胡公鐸燕席，忽昏寐不醒。良久始甦，語坐客曰：「頃見一青衣使持符召予至一官府引見，主者乃吾宗尚書林聰也。予曰：『何事見召？』聰云：『今閻羅王即宋范文正公，吾爲其屬。冥司以汝昔爲某處官，不禁宰耕牛，上帝命減壽一紀。』予辨曰：『俊彼時已出榜禁宰牛，案卷尚存，可驗也。』聰急命檢卷，須臾彼處土神録俊禁宰牛榜來呈。聰喜，即爲具疏録榜申奏，囑予姑少候，慎勿飲此間湯，即可回矣。俄而天符下降，林俊仍與壽一紀。遂得釋歸，怳如夢覺。」坐客皆驚歎，咸誓終身不食牛。俊後果一紀而卒。

戒殺生類 二人

蘇東坡曰：「予少不喜殺生，然未斷也。近年始能不食猪羊，然性嗜蟹蛤，故不免殺。自去年得罪下獄，始意不免，既而得脱，遂自此不復殺一物。有見餉蟹蛤者，皆放之江中，雖無活理，然猶庶幾萬一。便使不活，亦愈於烹煎也。非有所求覬，但見已親經患難，不異雞鴨之在庖厨，不復以口腹之故，使有生之類受無量怖苦爾。猶恨未能忘味，食自死物也。今日從者買一鯉，長尺有咫，雖困尚能微動，乃置水甕中，須其死食，生即放之。」

俞縣令偉曰：「貪生畏死，人與物同也；愛戀親屬，人與物同也；當殺戮而痛苦，人與物同也。所以不同者，人有智，物則無智；人能言，物則不能言；人之力强，物之力則微弱。人以其無智不能自蔽其身，以其不能言而不能告訴，以其力之微弱不能勝我，因謂物之受生，與我輕重不等，遂殺而食之。凡一飲一食不得肉則不美，至於辦一食，又不止殺一物也，食鳩鴿鶴雀者，殺十餘命方得一羹；食蚌蛤蝦蜆者，殺百餘命方得一羹。又有好美味、求適意者，則不止據見在之物，順平常之理，殺而食之。或驅役奴隸遠致異品，或蓄養雞魚犬彘，擇肥而旋殺。生蟹投糟，欲其味入；鞭魚造膾，欲有經紋。聚炭燒蚌，環火逼羊，開腹取胎，刺喉瀝血，作計烹煎，巧意鬬飣。食之既飽則揚揚自得，少不如意則怒罵庖者。嗟乎！染習成俗，見聞久慣，以爲飲食合當如此，而不以爲怪。深思痛念，良可驚懼。」

經云：「一切畏刀杖，無不愛壽命。」故王克殺羊，羊奔客而告訴；鄒文立殺鹿，鹿跪而流淚；鷙禽投案，請命於魏君；窮獸入廬，求生於區氏。近者沈邁内翰通判江寧府，時厨中殺羊，屢失其刀，窺之，乃見羊啣刀而藏之牆下。周豫學士嘗烹鱔，見有鞠身向上，而以首尾就湯者，剖之，見腹中有子，乃知鞠身避湯者以愛子之故。楊傑提刑遊明州育王山，因晝卧，夢有婦女十數人執紙若有所訴，密遣人往視行厨，果得蛤蜊十數枚，訴者乃蛤蜊求生也。有生愛戀其情如此。當其被擒執時，前見刀杖，乞生無由；傍見親聚，欲戀不得。抱苦就終，啣悲向盡。既受屠割，復入鼎鑊。種種痛苦，徹入骨髓。當此之時，彼心如何？今人或爲湯火所傷，或爲針刀誤傷手足，痛已難忍，必號叫求救，至於暫時頭昏腹疼或小可疾病，便須呼醫買藥，百端救療。於我自身愛惜如此，至於殺物則恣意屠宰，不生憐憫。未論佛法，明有戒勸；未論天理，明有報應。若不仁不恕，惟知愛身，不知愛物，亦非君子長者之所當爲也。諦觀物情，當念衆生，不可不戒，不可不戒！

佛言五戒，以殺戒爲首；佛言十業，以殺業爲首。《楞伽經》云：「若一切人不食肉者，亦無有人殺害衆生。」由人食肉，故屠者殺以販賣。若能竟捨不食，是真修行，堪受一切人天供養。若於食肉未能盡斷，且以漸次方便除去殺心，或者不食四等肉：一者曾見殺則不食，二者曾聞殺則不食，三者人專爲我殺則不食，四者家所自殺則不食。如是而戒，既不廢常食，且於衆生無殺害意。至於蚤蝨蚊蚋，形雖微小，其遭殺受痛，亦與牛羊等。勿謂微小，便輕殺之。至於蛇蝮蜂蠍，偶然現前，未曾傷人，謂其螫毒便輕殺之。至於籠養飛鳥、繫閉走獸，爲其音聲形狀可以悅吾耳目，爲我玩樂，令彼憂愁，又何不仁也？若放之山林，使得自在，何異罪囚得脱牢獄！今日自戒，遂生慈心。慈心既堅，當世世無殺物之意。一身自戒，則一家必不殺；一家不殺，則一鄉必漸效之。其爲功利不可稱量。佛語無虚，理又明白，仁人君子幸垂聽而無忽也。

謹按：先王之制：「君無故不殺牛，大夫無故不殺羊，士無故不殺犬豕。」又：「民七十者，始得食肉。」豈若末世之横殺而恣食哉？ 成湯解網，孔子不綱、不射宿，而孟子有「遠庖厨」之訓。 聖賢仁及群物可知矣！ 孰謂戒殺，獨釋教然哉？ 要之，聖人以一念之仁，自親親推之民，以及於鳥獸魚鼈咸若，而後爲廣仁之極功。 吾道固如是耳！ 或者曰：「是編所著事類，每及報應，何哉？」曰：「惠迪吉，從逆凶，虞廷且言之；善餘慶，不善餘殃，孔子且言之。」然則是編所著，亦虞廷孔子垂訓之旨也，何疑焉？ 王時槐識。

重刊塘南先生手輯《廣仁類編》原稿，除友慶堂基土花邊貳拾元外，並將族商粤西樂捐名數附録。

玉亭裔捐花邊肆元	仙源捐花邊肆元
步顔捐花邊叁元	羹卿捐花邊叁元
習傳捐花邊叁元	子爵捐花邊貳元
殿才捐花邊貳元	泮春捐花邊壹元
心田捐花邊壹元	甫田捐花邊壹元

附録二：逸文與傳銘

一、逸文

語録

盈宇宙一生理之充塞，萬古不息，天地人物皆從此中流出。此理在天謂之命，在人謂之性，宇宙間渾成一片，豈有天人之分？深契此理，即是知性知天；終日乾乾，正是天行健也。

浩然之氣非形氣也，蓋天地間太虛中無非是氣，故曰直養無害則塞乎天地之間。

性本生生，故真性非無也；日用云爲，一生生之變化，故萬事非有也。彼判有無、分理事，其于道也遠矣。

心一也，道心言其體也，不涉聲臭，故曰微；人心言其用也，操存舍亡，故曰危。但體用實非二物，原無絲毫間隔，在人善會耳。

此心真幾，萬古躍如，非由學慮，本來如是。今既識得頭面，日用一味收斂，退藏於密，此其要也。即收斂退藏，亦本來如是，絶無纖毫扭捏造作。到此境界，即真幾二字亦是强名。

欲普萬物而不遺者，必廓然大公、心普萬物而無心者能之。

「爲天地立心，爲生民立命，爲往聖繼絶學，爲萬世開太平」，學者發心之初便須立此大志願。有此大志願，然後能量包宇宙，度越古今，終日乾乾。務欲充滿此志願，則必念念無滲漏，事事無愆違，滿腔惻隱之心，貫徹於天地萬物，無少虧缺，乃爲盡性之實功。此聖門求仁之學也。

所云家事冗萃，於學問實難著力，此非生之所願聞也。夫道無往而不在，故隨動隨静、隨順隨逆，皆吾反躬切己、改過遷善之地。若謂家冗妨學，則是學在事外，必絶倫逃世而後可也。

孔子言，知及仁守而不能莊蒞動禮，尤爲未善。觀此則事爲有差即心官失職，乃知「灑掃應對便是形而上者」真至言也。若謂「只要心善，自然事善」，此言似是，但恐心事稍分爲二，便是見道不徹。他日或致言動滲漏之病不無矣。何也？一念即事也，一言一動亦事也。心無體，以事爲體，會得此意，則知徹内徹外皆事也，皆心也，安得分爲二見，以爲心當先而事可後也？

陽明先生言「惟精者惟一之功，博文者約禮之功」，真至言也。蓋一與禮，即是先天，更無可措心處。故邵子云：「若論先天一字無，後天方可著功夫。」孔子云：「下學而上達。」蓋下學者，上達之功，非下學之外别有上達可致力也。

息息入微亦是後天功夫當如是，若真性則本微，何入之有？既知真性本微，然日間必用息息入微之功，所謂做得功夫是本體，合得本體是功夫也。

古人云「自心取自心，非幻成幻法」，蓋示人直透真體之言也。此體無可湊泊，無可擬議，譬如眼根，不自見眼，故不可取也，取之則成二矣。然非拚捨剥落之極，不能透此真面目，殆未易言也。此真面目即所謂真覺也。若未透此體，誤認籠統顢頇者而復援不可取之云，一味歇下，恐有毫釐千里者矣。既透此體，則真機必呈露。到此更有小德川流一段，合要理會。其路道愈長，功夫愈無歇手時，如此方是全體大用之學。

願將一切書册上舊説徹底掃除，勿留一字於胸中，然後默默體驗吾心本來面目當下何如，却將此當下體認得者拈出與師父商量。何等簡易明白！何等真實親切！

當下果無生死二見，則他日亦無生死二境。

孔子云「逝者如斯」，此未易言，惟真識本心，自能知之。今人以紛擾爲輪迴，以頑空爲不輪迴，此正落斷常邪見，總之不識本心故也。

問：無思無爲也，只是廓然大公否？曰：然。廓然大公固無思爲，物來順應亦無思爲，故曰，禹之行水也，行其所無事也。行所無事，何思爲之有？又曰，吾有知乎哉，無知也。無所知識，又何思爲之有？又固請：畢竟理如何窮，性如何悟？先生嘿然久之，曰：也只須從末上去求本，從用上去尋體。

未發者，獨之體，發者獨之用，但能愼獨，則中和自致矣。

孔顔之學，千載而下，惟程伯子直接其正脈。此外有宋及我朝諸名儒皆得孔門之支派者。

問：有謂不起意之學，一任此心念念變化，更不遏制，自然活潑快樂，所謂無功之功乃真功也。何如？曰：不然，爲此語者蓋未悟心原，姑任意念之遷轉不停，如人墜江流，隨波推蕩，尤以情興激作謂爲快樂，實則馳而不止者也。若果達心原，則廓然朗然，如日常照而無纖翳，乃知前所云者皆落影響，非究竟法矣。

或問：云父母未生前，古有言之者，而又云赤子始孩，又云不失赤子之心，其義何居？曰：父母未生前，先天也；始孩，後天也；不失赤子之心，後天完先天也。其理則一，其時稍異。曰：未生始孩之説，此非吾儒之言也，推墨附儒可乎？曰：非也。易曰「乾元資始」，此即未生前，又曰「坤元資生」，此即始孩時，而孩提也、嬰兒也、赤子也，一而二、二而一者也。人能完赤子之心合於始孩，能全始孩之心以返未生前，則幾已，而人即天已。天有後先，功有漸次。

（以上出自明唐鶴徵撰《憲世編》卷六《塘南王先生語録》，明萬曆四十二年純白齋刻本，《四庫全书》子十二。）

問：《大學》自平天下推本至誠意致知盡矣，而復言在格物，陽明先生又釋爲正其事之不正者以歸於正，得無支離瑣屑而逐外乎？曰：非然也。誠意必先致知，用必本於體也。致知惟在格物，體不離於用也。致知存乎悟，格物存乎修。惟致知在格物，然後體用隱顯，不作二見，而聖學之中道彰矣。陽明先生之旨微矣哉！

未發者，獨之體，發者，獨之用，但能慎獨，則中和自致矣。

學者若無爲往聖繼絶學、爲萬世開太平之志，即未可以入道。

克治也己，即「爲仁由己」之己，無二己也。爲仁由己而不由人，言己之所係至重如此，以見不可不用克之之功。

問：克伐怨欲不行，假令原憲由此而久之，至於純熟，亦可以爲仁乎？曰：不然也。彼克伐怨欲不行是强制於念之功也，若心體，本無四者之累，原憲固未之悟也。即使終身能制四者不行，其於仁體亦懸隔。

觀子夏賢賢易色一章及子游譏其灑掃應對爲無本、子張譏其不可者拒之爲非，則知子夏乃謹守尺寸、規模狹隘之士也。故夫子謂其不及而戒其爲小人儒，蓋恐其流於言行必信果而硜硜者也。

大德不踰閑，小德出入者，言敦化之體常無爲，而川流之用則屈伸往來而不滯也。

古人以「三」爲極致，如三思、三復、三以天下讓之類，三揖而升堂，三加而成冠，三爵而畢獻，三畫而成卦，皆是也。三月言其久也，非三月之後，復違仁也。但不違二字視聖人肫肫其仁，則有間矣。此聖賢之辨也。日月至焉者，言其學淺深各有所至，非許其至於仁也。

陽明先生在虔時，宸濠逆節將萌，使先生少露圭角，則身且不保，況能成大功乎？乃韜光養鋭，寧使其心跡不白於天下，卒擒元兇以安社稷，而天下之人疑忌益甚，先生竟不恤也。此非其心質神明而不愧，安能如此？

平旦之氣，非性也，是孟子姑就常人斧斤暫息、浮氣稍定之時而言也。如語沙漠之外之人指邊城曰此中華也，若遂執邊城以爲帝都則悮矣。

心譬則水也，知則水之明，意則水之發源，物則水之支流也，性則水之所從生而貫徹於源流之中，不即不離，不可得而名狀者也。

孟子告齊宣王以寇讐何服，諫而不聽則易位；譏梁襄王不似人君，責樂正子以餔啜隱几而卧以見客，且以説大人則藐之爲言，此等氣象視孔子渾成處殊不相侔，但當世衰風靡之餘，非得孟子英邁豪雄之氣以振起之，何以成旋乾轉坤之功？則其不嫌於峭厲者，亦或時勢致然也。

（以上出自《復真書院志》卷六「先賢語録」《王塘南先生語録・三益軒會語》。清王吉輯《復真書院志》十卷，北京圖書館藏康熙三十二年原刊本卷一至卷六，卷内題作《安成復真書院志》。）

孔子言，道之不明不行，以過不及失之，惟中庸爲至。程子曰「其要只在愼獨」，蓋言中也。彼高之沉空，卑之着相，各執邊見自以爲得，往往而是，故曰民鮮能久矣。（以上出自《復真書院志》卷六「先賢語録」《王塘南先生語録·瑞華剩語》。清王吉輯《復真書院志》十卷，北京圖書館藏康熙三十二年原刊本卷一至卷六，卷内題作《安成復真書院志》。）

性無我，故聖人舍己以利物；性無瑕，故聖人護戒以絶非；性無嗔，故聖人沖粹而致柔；性無息，故聖人純一而不已；性不亂，故聖人知止而安定；性不迷，故聖人緝熙而濬明；性無外，故聖人曲成而不遺；性無隱，故聖人善世而博化；性不毀，故聖人貞固於悠久；性至神，故聖人微妙而莫測。希聖者思以盡性，於此宜精詣焉。

象山先生云，與嗜慾之人言易，與有意見之人言難。夫意見惟賢者有之，彼既修名檢、愼廉隅，足以自安自信，其自處已高，則其取善必狹。儻語以至道有加於名檢廉隅之上者，彼將拒而不信也。故大舜之舍己從人，顔子之若無若虚，非實見斯道之無窮而自視欿然者不能也。

（以上出自《復真書院志》卷六「先賢語録」《王塘南先生語録・復真會語》。清王吉輯《復真書院志》十卷，北京圖書館藏康熙三十二年原刊本卷一至卷六，卷内題作《安成復真書院志》。）

訓正家

《易・家人・象》曰：「威如之吉，反身之謂也。」孟子曰：「身不行道，不行於妻子；使人不以道，不能行於妻子。」夫正家必始於閨門之内，然非自己正心修身、性情中和、言動不苟，則妻子無所觀法，固難望其賢也。今人不知此義，平居縱情嬉笑謔浪，自以爲無傷。又或身爲邪僻之行，不知忌憚，妻子見其如此，遂生輕忽侮慢之心，或恃其狎昵，或厭其邪妄，漸至悍戾，不受教戒，不聽約束，竟至自失其刑干之柄，反爲所制。事體陵遲，牝鷄搆禍，難以復挽，甚則有不可言者。家道既乖，萬事瓦裂，悔之何及。吕滎公夫人嘗語諸子云：「吾與侍講爲夫婦六十年來，未嘗面赤。雖衽席之上，未嘗戲笑。」先賢不媿屋漏如此，後學者當知所法矣。又自身惟勤讀書，家中切戒扮戲博弈，招進匪人，晝夜崇飲，此是人家將敗之兆也。閨門之内，惟宜麄衣淡飯，切戒華侈。清晨即起盥櫛，勿習宴安，督率女婢專勤紡織鍼指，及潔治中饋以待賓祭，勿閑坐無所事，以致養成驕惰。予見士大夫家宴安坐享者不旋踵，家必敗矣，故特舉以示汝尚敬念哉！汝見汝母鄒宜人終身麄布之衣，一蔬之食，躬督女婢，日夜紡織，一茶一蔬，必躬視之。清晨起沐，嬰嬰弗懈，汝所親覩也，宜敬承之。

勉人

人生天地間，進不能濟世，退不能成德者，無他，則以利爲之梗也。身欲通顯，家欲肥潤，更欲厚殖以貽子孫，於是不得不違本心、悖古道，而浸淫於玷穢之歸矣。誠於世澹然無欲，則德業安得不光明而俊偉也？故潔己爲君子，立身第一義。縱使守道致貧，在先儒且有「飢死事極小」之言也，況未必至此極乎！孟子以「美宫室」、「奉妻妾」與「窮乏得我」而受非禮義爲「失其本心」，有志者宜深省於斯言。

（以上出自《復真書院志》卷六「先賢語録」《王塘南先生語録》。）

傳、序、記

王塘南先生撰周思極公傳略

周一濂，字思極，性孝友，不視家産，志高識遠。早歲聞當代共講良知，先稱贄於朱易庵、劉獅泉之門，已又奉父鶴山偕從姪公典詣余庭，執北面禮而受學焉。余甚重其慕道之殷而研幾之篤也。復真、白鷺諸書院，思極每會必聚，每必切相砥礪，卓卓以古君子自期，與邑中劉瀘瀟、趙彦章、朱松嵒、午山劉邦楨爲性命友。嘗與余言「逍遥無事是認光景而滅真覺者也，果若圓明究竟，則何嘗有事？亦何嘗無事？何嘗不逍遥解脱？亦何嘗有逍遥解脱之相」云云，已知其學之有得。嗣余以奉命北上，思極復同羅公廓遠謁耿公天臺於楚，謁徐公魯源、陸公五臺於越，又得好友王中石，益加精進。歸而著《耿先生述言》，年四十冒病入都中，期與四方名賢相參證，居半載而遂殞，遺稿散佚。嗚呼，何其學之豐、年之嗇也！而襟懷疏宕，喜吟詠，所著有《獨樹齋詩集》，幸其子若孫能世厥學云。

王塘南先生又譔秋渠張公傳

公姓張氏，諱崧，字伯喬，别號秋渠，安福人，世家書岡里。大父諱業，北京國子監少司成。父諱麃，南京刑部員外郎，兩世舉進士第。妣大宜人，浙江憲長韋庵周公之女。仲氏石屏，諱巖周，府教授，以學行著。公穎敏過人，書一覽輒了大義，甫髫入泮，與歐約翁並稱奇童。文譽籍籍起，顧戰藝試場，竟不與解額人士列。一日感仲氏語爲心學，遂勃勃往衡嶽山中習静，久之，暨歸即舉惜陰會于岡麓，同盟者三百餘人，悉公館穀之。明年丁亥，直趨會稽，受學陽明先生之門，日與同門王龍溪、錢緒山諸君子講摩究竟，數越月後充然有得也。又明年戊子，就試失解，則喟然曰：「吾求不失此生已矣，他何求哉？」遂偕仲氏入白鹿洞，颛習會稽之傳，竟歲始歸。其歸也，親宴安袵席之。時常少居别野，與仲氏淬礪之日常多。每病學者聚而談之，居常而違之，又感仲氏「自求實」一語，日孜孜焉勤檢束，不徒病人也。居刑部公喪，迄於襄事，一切放古制，排俗行之事，且仲氏志公墓文。

公既不官，顧其生平爲尊官碩人禮重，又其所建明，多裨於官政。公所至有聲，其在温陵，陳紫峰、王一曜、丘集齋皆邑中士望，即讀公一楮墨之通，亦心賞之。撫臺吉陽何公、浮峰張公爲逸士，扁表其宅。郡邑禮請賓食者凡十一，會邑行丈清虚，欲得敏幹任怨者，委之而難其人。廓翁謂：「任此盤錯，非張君不可竟舉。」公抽丈西路。公當事毅然持法，有擾者持之益堅，至被誣奏，下吏議，得直，卒難累公。乙巳，歲大饑，公爲惻然，日夕策廓翁爲亟拯圖，更著《保民蠡測》數萬言上之，當道魏大巡歎曰：「藿食中有此肉食者，愧矣。」檄郡邑發倉賑貸，於是諸垂殍者賴以全活。兩城靳公、月泉張公守郡時注念民瘼，公上樵語一帙，多所采行。令下地方，人便之，然不知其爲樵語中事宜也。邑令長有大建置，因革能爲士庶福澤者，不能自信，信於公，必悉心翊成之。

所著有《安福叢録》二十餘卷，自漢唐迄明，人物山川無不有考。走檄四方，博稽文獻，皆捐産佐資，梓以成書。王兩洲、鄒廓翁爲之序。有邑中文獻之稱。其先有張履翁者，當宋亡時，以勤王死義，幾三百年始得從祀信國公祠。其事之得請也，公實倡之。書岡之有張氏，自宣義公始；宣義之有祠祀也，自公首事始。宣義而上，各派故有譜諜修於他邑。公謂：「譜以傳信非傳疑。」爲書岡譜書，以詳其所知。又別爲《足徵録》以聯屬各派之情。居家甚肅，嗣人而下稍罹於咎者，輒庭譴之不少貸。嘗著《諭後録》以垂鑒戒。所諭要在世其善，不徒世其富貴已也。族里人有恣其所爲者，輒自計曰「渠翁聞之，得無不可於意」，事因以寢；即弗寢而有競弗平，公出肝膈諭解，感悟者多。是以其族里人識公之心者，至於老死不識獄吏，其有德於族里人甚厚。人有待以舉火者，公訊知之而即爲火之。公既恤窶於孤寡，而窶者軫恤尤加。每賓筵合食，輒念曰：「某嫗嫠庖中且寂矣。」即呼童奴推食餉之，食乃咽。其種種係人之思者類如此。

公年八十有八，猶把讀古人書不倦。捐館前二日，執渠宗手暨諸孫樊曾等曰：「諭後有録，吾復何言？汝曹于兹敬承，即吾目瞑矣。」公素多交遊，晚年惟廓翁、念庵、獅泉、三五、定齋、兩峰、平湖、玉峰、台州、湖山數君子日相往來，餘皆謝絶之。平生所著詩文若干卷，及《三傳性理通通鑑》、《節要》諸書未盡梓者，尚多藏篋中。嗚呼！人品之在古今所稱窮與通之遭，非窮與通也。世之垂纓結綬、揚揚入政事堂者，豈必念蒼生哉？以是即有一日遭遇，君子不謂之通，乃褐衣藿食，往往關喜戚於門外之肥瘠，即終其身卧白雲，君子不以爲窮。夫窮于道之謂窮，通于道之謂通，然則公之所遭奚論哉？

（以上出自《復真書院志》卷之三「先賢列傳」。清王吉輯《復真書院志》十卷，北京圖書館藏康熙三十二年原刊本卷一至卷六，卷内題作《安成復真書院志》。）

重修鎮山塔記

賜進士出身、亞中大夫、陝西布政使司右參政、前太僕寺少卿王時槐撰。

佛教東流兹土千餘禩，源遠而派益分，人各有所由而入，譬之百川赴海，苟疏導決排，奔放而不止，即幽溪曲澗，未有不東下而同歸者也。流之而未達，決已而旋壅，即洪波巨浸秖滋其逆溢而横流耳。蓋自漢晉以來，學佛者若賢首弘華嚴之旨，慈恩演唯識之宗，灌頂持瑜伽之部，南山專毗尼之律，天台開止觀之門，東林結浄土之社，此六家者，皆英明雄傑之士，各以其所由而入，授之其徒，率之皆能盛行於當世。而近代談者往往以曹溪直指般若之性、妙契教外之傳，爲獨得祇園之正脈。是則然矣！夫性者，天地萬物所從出，以其寂而能生，故曰般若。曹溪之與六家所由雖若不同，而其爲説，皆曰由吾言可以躋佛地。夫佛者，性之别名也。然則又何曹溪與六家之異哉！惟學者未徹，則或執情識之影事以爲般若之正性，是所謂洪波巨浸，不善疏決，適滋其逆溢横流而未能放諸海也。

予未及見寧州和尚，□得閲其所著《心地法門》，蓋宗曹溪者也。第其心悟之秘，莫由親叩以真見其放海者爲何如，要之，有所由而入，而知從事於疏導決排之者歟。

予友朱以相嘗謂予言，寧州門庭甚峻，客至對語，其徒數十人，屏氣拱侍不少懈，進止食息，威儀静肅。一人參承法誨，助群侍者皆頂禮聽受。且九龍名勝振古榛翳，寧州駐錫，逐成鉅刹，登壇揮麈，法雨普沾，四衆踴躍，歎未曾有化。權將畢，忽示微疾，預□順寂之辰，乃沐香湯，易服趺坐，令衆欽承遺誨，届期恬然而逝。越三七日入塔，顔貌如生，非夙熏慧領應現弘濟其猷爾哉！

先是鄒文莊公題其遺體之藏曰「鎮山之塔」，歲夕漸圮。萬曆丁丑秋，其徒悟爵重修，本教、本星謁予記以垂諸遠，予故著寧州所由以入，□能泝曹溪疏導決排之，將使後之陟兹山而禮塔者，且益揚波助瀾，沛然東下，必放於覺海而後已，以永光於寧州，是在其徒悟爵自勗而已。是爲記。

皇明萬曆五年歲次丁丑仲秋之吉，廬陵城西順所何汝萃拜書。後學晚徒悟爵重修。

（録自九龍山鎮山塔遺址前殘碑。）

二、傳銘

南太常寺卿塘南王公行略

明　劉元卿

公諱時槐，字子植，江西安福人也。嘉靖丁未進士，曆官陝西參政，引疾乞休，萬曆辛卯詔起貴州參政，陞南鴻臚卿，未任。尋陞南太常寺卿，具疏懇辭，奉旨有清修恬尚之褒，准以新銜致仕，蓋異數也。時年七十一矣。

公考贈光禄少卿，諱一善，爲人嚴正，自幼教公以孝弟忠信、端身正行。嘉靖丙午舉江西鄉試，明年成進士。初仕兵曹，轉輸金三十五萬于京，事畢而歸餘于帑，韓尚書嘉之。壽王薨，以百艘載宫嬪自楚返，而公爲監，所過州邑，戒役夫具糗以待，舟無留行，邑不騷擾。出爲漳南僉事，會上杭民據險爲寇，公白汪中丞尚寧，請以單騎往諭，中丞壯而許之。公入而衆慴伏，自斬其魁，請命於軍，乃築城設一倅以鎮之，爲建塾延師教其子弟。倭犯漳浦，據後江頭土城，倭故以鳥銃爲利器，兵不敢近。公集田車載草前，蔽兵其後。銃中草輒弱，兵直傅城，俘斬甚衆，以功進一級。其後再犯，再敗之。明年粤寇王子文等流入閩，而公前所撫上杭民感公不殺，集鄉兵六百人邀擊賊于路，大破之。其年冬，倭犯詔安，會積雨，城欲圮，公繕垣調兵，除夜操戈登城，旦乃下。倭尋遁去。乃有彈者至目爲貪，而汀人顧哭而祠之。當是時，公力撫創夷，御吏嚴峻，禁郡邑科擾，武弁朘削，抑豪右，卻例金，諸顯者絶無所問餽，以故中外交怨之，法當調而樊御史力白其枉，再補蜀僉事。時陸五臺久爲郎，以次當補尚寶少卿，而陸顧遜曰：「蜀臬有賢者，非吾所及也。」銓不察，別以其人進。陸語相徐曰：「吾謂王僉事耳！他人則余奚讓焉？」乃授少卿。已進卿，已又進太僕少卿。時圉政久弛，馬多耗，公獨嚴爲覈，於是忌者復曰：「夫夫當臨馬之日，而欲以苛政行耶？」以疏論改光禄少卿，旋出爲陝西參政。甫三月，公浩然歸矣，其年始艾。居二十二年而陸進太宰，乃有南太常卿之召。

公自弱冠師事兩峰劉先生，深契文成之學。其爲南主客也，所善獨陸五臺。陸高曠，宜不相入，而臭味獨合。陸嘗戒之曰：「至人處事，不遠人情，汝執一不變，非所以應世。」陸雅崇佛，公弗善也。陸曰：「汝但信未及，必有他日，且姑待之，無作謗語，自斷善根。」公於是亦取佛氏書閱焉。既掛冠歸，屏居静存者三年，若有見於空寂之體。又十年，復覺體用未融，一切應感，於本性不無毫髪之判，益加密參。久之，乃自覺性雖空寂而寔常運不息，生機微密，不涉有無，於是自信孔門求仁之旨誠在於此。蓋始者由釋氏以入，浸漬躭嗜，如酲初醒。已乃稍稍疑之，試歸究六經，寔證於心，如備嘗海錯乃知稻粱之不可易，而後學定而無餘惑。

公既老，了無他營，惟以孔孟正學與諸同志相切劘，若復古、若復真、若鷺洲、若復禮、若道東、龍華、玄潭、萃和、雲興、明新、青原、元陽諸道院，歲一再過，振衣高坐，因疑發義，或更端承稟於函丈之前，或簪筆紀述于比席之後。鄙吝者消其蓬心，執拗者融其習見，野叟不解而第首肯，童子無心而自爲舞蹈，此非獨以言感也，固有不言而躬行者矣，四方來者接踵。卒之歲，唐太常自毘陵至，樊侍御自東粵至。九月十八日，别樊於山足，復講德西原，極論根本枝節一貫之説，忽舉手曰「病」。諸生驚而前，已不能語。越數日，卒。

公初究心二氏，雖習静不廢遊訪。嘗游白鹿洞，登峨眉謁王母祠，過華山問陳希夷遺骨，過河南探王喬洞，觀達磨面壁像，謁南嶽登祝融峰。訪魯源徐先生於蘭谿，宿虎跑寺。邀陸五臺訪學，因入雲栖寺。問沈蓮池佛法，將抵吴門。訪曇陽遺跡不果。蓋庶幾一見異人而其後憬然有悟於晝夜通知之理，於是深信孔子之道之爲至正，而凡二氏之説，舉範圍於其中，故其論釋氏曰：「彼主於不染一切以完其性，而吾儒則不離一切以完其性。」又作《衛道編》以見志，耿先生深契許之。

公蚤歲登第，終老食貧，三子遞夭，有孫曰允芳，頗慧而尚幼。公所著述别爲集，不具載。嘗重修郡志，其所傳人物義例甚嚴，一訪於鄉之賢者，曹惡不恤也。時李見羅講學豐城，羅近溪講學建昌，其持論未必盡合，而公顧契焉。年八十一，猶駕小舟抵章鎮金谿問友，咨切不倦。及門從學者甚衆，而賀汝定、劉斗墟、曾虛所、劉喜聞、周惺予、朱玉槎諸子尤稱高足云。殁之日，門人爲位而哭，不越月而當道予特祠。郡守吴公書其名「理學坊」，又祀鷺洲祠，特傳表之。門人則祀于西原，祀于金谿，人情不謀而協。卒之四年會庭議謚典，公當在議中。於是公之鄉人詣於撫臺衛公，列名具奏。因各拈公生平授簡，論次如右，用彰公論。

（明劉元卿《劉聘君全集》卷八，清咸豐二年重刻本。《四庫全書存目叢書》集一五四。）

塘南王先生傳

明　唐鶴徵

先生名時槐，字子植，世居吉之安福南鄉金田下塘南。嘉靖間，始徙吉郡城。故自號爲塘南居士，人皆稱爲塘南先生云。

父一善，僑居湘陰，以嘉靖壬午生先生於湘陰界頭市。先生稍有識，日與群兒嬉江灘上，時携石以歸，壘之庭室以爲樂。七歲就外傅，輒舉而盡棄之江中，並盡棄其幼志，其能悔過自新概見矣。楚俗喜賽會，鼓吹迎神出入市中，諸童争往觀，先生獨據案對卷如常。塾師他往，諸童或就館側酒食嬉游，先生獨不往，蓋已迥與凡兒異矣。是年，遂通《大學》。父大奇之，亦大期之，題其堂柱曰：「立志非萬仞高，不可以爲人；讀書無一字用，不可以言學。」又時時舉孝弟忠信事實以示之，又粘二程先生、司馬温公、趙清獻公像於堂壁，俾知瞻仰。每食初飯，止許食蔬，再飯稍進肉味，長者食方許食，雖在旅次，歲時必虔祀先之典，且命先生端肅供事。所以培養之者又如此。辛卯，先生年十歲，歸吉，則既已通《四書》、《周易》大義。年十四，其父猶恐先生未悉古人事親事長、立身行己之道，仍命讀《小學》。丁酉，年十六，爲府學生。丙午舉於鄉，丁未成進士。是秋，授南京兵部車駕司主事。戊申丁外艱，服闋，例得補北。先生以南請，仍授原職。會户部以京儲缺，借南京車駕司銀三十萬、太僕寺銀五萬，諸僚咸懼遠運，先生慨然任之，大司馬議以四十金爲旅資，先生逾月而返，於原金一無所費，悉以繳部。大司馬稱賞不置，先生實非以是博名也。癸丑春，陞本部職方司員方郎，夏陞南京禮部主客司郎中。乙卯，陞福建漳南道兵巡僉事，甫蒞任，盡裁諸供應幾六百金。時上杭多盗，漳海多倭，廣賊時復流突沿海地方，稱爲多事。先生單騎至上杭，召其賊首，引導登山，悉其形勢，且諭以禍福。諸盗皆伏，計斬其首惡一人，餘悉宥之。既而其黨自斬其兇渠數人來獻，乃築城設館，議以一捕盗通判領兵鎮守，又爲設社學以訓其子弟，盗遂息。是冬，倭犯漳浦，據後江頭土城，四出焚劫，勢甚猖獗。先生督兵禦之。諸倭據城，以鳥銃拒敵。倭夷精於其技，所擬無不中，中無不斃，士卒莫敢近。先生攬諸所獻策，取鄉民車，實之草而士卒藏其後，環城而進。鉛子遇草輒墮地，我兵舉火焚其城屋，城遂破，俘斬過半。餘倭宵遁，以功陞俸一級。既而倭犯漳州，犯詔安，廣賊流突閩地，皆斬平之。始知儒者之有實用云。在任三年，無一字達京師，亦無一物致敬於閩中顯宦之門。南臺李御史忽以不職論，會大察以不及調。時公論大明，聊以塞忌口云。福建巡按御史樊獻科因疏言：「福建之害不在倭夷而在内地，蓋人心不公不平，是非倒置，内地已化爲夷矣。如今春考，察福建僉事王時槐、知縣盧仲佃、建陽知縣黎復性，皆才守卓著者，吏部誤以讒言改調罷斥去，公論何在？乞敕下吏部，俟時槐、仲佃赴部聽調優處以風吏治。」故事，臺中所論，他御史必不相左，既已被察，尤不敢非及部議。非先生之實德素孚，御史亦未必訟言如是也。

先生歸，丁生母艱，壬戌服闋，調除四川僉事，分巡下川南道，九月陞尚寶司少卿。是時部議擬以郎中陸光祖擢是官。光祖白於華亭以讓先生，且曰：「光祖所讓惟王僉事一人。」蓋光祖與先生同官南部甚久，知先生甚深，故云明年三月陞尚寶卿。時南昌萬廷言、蘭溪徐用檢俱在郎署，鋭志于學，先生悉與之夾持。

乙丑春，寧國守羅汝芳入覲，邀先生同宿，至五鼓問曰：「近日何如？」先生曰：「吾惟直透本心耳。」汝芳詰問本心，先生請示。汝芳曰：「難言也。辟之蒸飯，去蓋始知蒸中飯，去甑始知釜中水，去鍋始知竈中火，真難言哉。」先生曰：「豈無方便可指示？」汝芳曰：「莫如樂，但從樂入可也。」秋九月陞太僕寺少卿，始爲籍以紀寄養馬疋。丙寅，印馬顧御史以先生持法太苛劾之，竟降二級，授光禄少卿。丁卯，復丁嫡母艱歸，遂與陳嘉謨訂月舉會於能仁寺。己巳服闋，明年春北上，訪陽明先生高弟錢德洪、王畿於杭，各有指示。舟至儀真時，兩岸巨舟輳集，日且暮，風忽起，舟人繫維於巨舟之尾，巨舟人斷其維。先生舟飄入風浪中，幾覆。舟人皆號泣，先生危坐不爲動，久之，復挽他巨舟得維焉。晨起，舟人欲白有司究斷維者，先生曰：「舟幸安矣，不必問也。」先生之不以喜怒用事如此。

辛未夏，陞陝西布政司右參政，分守關西道。故事，卿寺鮮外轉者，先生獨出入爲觖望。時邊烽乍息，宗藩奉職惟謹，官事甚簡，先生顧樂之。甫三月忽有感，鋭志請歸，得致仕，遂得畢力於學矣。久之，凡論學者率得罪去，先生已逆覩之云。辛卯九月，奉旨起貴州參政，十月陞南京鴻臚寺卿，十二月具疏乞休，明年五月陞南京太常寺卿。時陸光祖方爲冢宰，遂以新銜致仕。

先生自謂，資拙而鈍，欲效先儒之飭行，莫知適從，會有兩峰劉先生設館於郡西之西塔寺，語人以聖學。陳嘉謨一見而師之，不以告人。已而諸人皆以爲笑，因問曰：「何笑也？」曰：「聞蒙山講學耳。」蒙山，嘉謨號也。先生曰：「講何學？」曰：「欲爲聖賢耳！」先生曰：「學爲聖賢豈可笑？」乃就問之。嘉謨曰：「先生示我以陽明先生之學。」先生曰：「以予所聞，欲學聖賢，必由程朱之教而入，何爲陽明？」嘉謨曰：「我不能述先生之言，子可自往叩之。」先生乃見兩峰，遂執弟子禮，示以立志致良知之説。先生退而潛思，猶以程朱教人居敬窮理似爲穩實，而有疑於致良知之説，且以陽明先生指本心爲知，似不及孔門指本心爲仁、程門指本心爲天理更親切，與嘉謨往復辨論，不合。先生乃檢尋程朱論學語及羅欽順《困知記》，依其説，體諸心而行之，久之，竟窒礙無所得。登第後，得《慈湖遺書》，覽之覺洒然有省，默體諸心，驗之日用動静之間，但不起意而天機自暢，遂遵信不疑。及抵南京，質之會中，亦有稱爲至道者。旋請假歸，因見輿夫遇路之高下險夷，前者呼後者諾，恍若有悟，曰：「此即不起意之學也，彼呼者不以自矜，諾者不以爲恥，兩無心焉，總之欲此輿之安而已。君子之無心應世，一任自然，甲倡乙和，總之欲斯世之安而已。此正愚夫愚婦可與能，而聖人之道所不能越乎此者。」中途聞父喪，徒跣奔歸，朝夕泣踊，一任至情所發，自信以爲不起意之學頗得力。是時鄒東廓、劉師泉講學於永和之青都觀，先生兄時松往聽講。師泉問先生何似，時松以不起意對。師泉曰：「此固是好，但包裹世情尚在耳！」（真不起意則己念且無所容，何以包裹得世情？）時松歸以告先生，曰：「此語真切中吾病！」及七七日畢，即往請教於劉公，盡捨往日不起意之見，悉心以聽。每日自朝至暮，不起於座，研摩自心，初焉如入暗室，冥無所見，久之，似開一隙，始露微明。但每日二膳後，穀氣未消，似有昏蔽，仍堅坐不起，以敵退之，移刻復明。劉公教人不得享用現成良知，先生益用苦功，瞬息不懈。會兩旬乃别。錢德洪自廣東舟返，過螺川，先生一日侍坐山寺。方丈問曰：「何謂心無内外？」時寺僧方在殿叩鐘，錢公曰：「今聞鐘時，我不往彼，鐘不來此，而聲無間，心無内外可知矣。」猶未釋然，及歸螺川，問劉公何謂心無内外。劉曰：「汝謂心有内外乎？且道汝心所管至界到何處而止，若心所管攝無至界、無止處，則此心廓然無際，何内外之有？」先生乃豁然有省。一日，劉過先生，先生侍榻。五鼓，先生起坐榻上。劉問曰：「此時未應物，心有事乎？」先生對曰：「一念不息即事也。」劉以爲然。

先生在禮部時，陸光祖方爲主事，日舉佛學，且極談生死輪迴之説。先生雅不慕佛，而陸亹亹談不置，且曰：「汝既信不及，姑暫置之，他日必自信耳，慎勿起謗，即斷善根。」復邀先生携榻過鷲峰寺，檢閲藏經，曰：「先代大儒皆參此而成，佛典不來東土，則必無周程諸大儒矣。」（吾人無自性、聖賢無血脈乎？）復時時舉西方浄土之説以示，先生雖未頃信，然自此漸發疑端，密密參尋，期究明此一事矣。又自念學到究竟，必有歸宿，始爲大成，嘗貽書質之羅念庵。先生復躬詣其宅，羅公問曰：「向所云歸宿者何也？」先生以生死之説對。羅公默然。羅公於先生注念甚渥，嘗曰：「汝但自求自試，久當自得。」一夕，偶談及生死，羅公曰：「人死則已矣，更何有乎？」

及致仕歸，癸酉始立家會，每月望日集兄弟子姪會於家，一以孝弟慈相勸勉。既而與豐城李材、泰和胡直會於神岡。李學不主良知，胡謂先生曰：「人有此知，如天之有日，若無日則萬古如長夜矣。」先生曰：「知無邊際，（無邊際者非知也，知亦其所發也。）且不可以色相求。日有方所，可以形質見，日不足以擬知也。」及見《胡子衡齊》言「理在心，不在物」，先生曰：「心無邊際，理無邊際。物者，心之變化，亦無邊際，豈可謂心理在内而物在外乎？」復一日，相對於福田寺，因及佛氏無情無輪轉之説，胡曰：「草木之在天地，猶毛髮之在人身，均爲無情物也，何輪轉之有？」

先生聞之有契於心。訪羅汝芳於從姑山房，汝芳謂先生持七俱胝真言，迴向往生極樂之説。留旬日而別，先生甚稱其簡易坦蕩，形骸俱忘，即不數數談學而神態超然，迥出塵表，其受益有得於言語之外者，自愧器局狹小不及也。

壬午春，偕安福劉元卿、門人趙師孔訪徐用檢於蘭溪，信宿而別。過錢塘憩虎跑寺，陸光祖來會三日，陸聞家訃去，因訪沈茲蓊於雲棲寺。沈戒行清潔，勸人持佛號修淨土。友人問：「兼持真言何如？」沈曰：「辟之戰陣，善鎗者，勝敵惟鎗耳，兼一刀敗矣。」

一日，郡守謂先生曰：「聞有宿貸未償，吾能酬之。」先生曰：「某別無寸長，僅此小節並毀之，適以辱公之知爾。」

先生得《石經大學》于鄭端簡《古言》中，甚尊信之，謂：「陽明信《大學古本》，竊疑其中尚有錯簡，朱子以己意補傳，尤爲未妥，惟《石經大學》詞旨完明，渾成一書，本無誤闕，其以知止知本釋格致，理極精切，豈天之未喪斯文，致此書之久湮而復出邪！」乃録寄門人賀沚於荆門，刻而傳之。同門士乃訂伏臘十日之會，於敬業堂置籍，先生序之曰：「學必以孔孟爲宗，以倫物爲實踐，以徹宇宙貫古今爲分量，以精研入微爲根柢，以合德天地爲究竟。」是會同門士自遠方來，日常滿座，先生喜其專切，每日必赴，未嘗以雨雪寒暑間焉。

壬寅會萬廷言於樟鎮，先生甚稱其學之正當精深。甲辰春，毘陵唐鶴徵謁先生，聚對於西原智度間，凡七日，辯析頗多，於乾元之旨發揮更詳，言下大契。五月會於敬業堂，先生一以直透太虛爲教，諸生中有專於參究者，有專於收斂者，折衷於先生。先生曰：「只透太虛，不言參究而參究在中，不言收斂而收斂在中，貴善會而一之。」或者曰：「體本虛，何所事透？」先生曰：「能不透更好。」或者曰：「不用透，連虛亦無。」先生曰：「是虛亦無爲之。」抵掌一笑。又曰：「性無内外，貫顯微，故學貴虛，行貴實，纖念必察，細行必矜，視聽言動之中，則子臣弟友之盡分，取予辭受之不苟，暗室屋漏之無愧，庶幾積功累行可爲進道之助，則在一家表正一家，在一鄉表正一鄉，在一國表正一國，在天下表儀天下。舜之爲法於天下，可傳於後世，吾儕當以爲準的，乃爲真虛之實際。不然，一行玷缺即虧生平，明爲人所非，幽爲鬼所鑒，察吾心已歉，氣已餒，無論道無成，且使人指摘曰：『某爲學而如是，是學之無益於人也。』如此人不信我而遂不信學，是斷人之善根，其罪過孰大焉。故談虛而不務實者，學之乖也，道之塞也，士之蠹也，多士則慎諸。」九月會於西原，先生極論人在生理中，猶魚之在水中，由中徹外，無之非是。此理塞天地，亘宇宙，無微可間，無時可息。本性空寂而非冥頑，其中自有這段生生不容已之機，彌漫充周，活潑圓融，孔子所謂「逝者如斯」，《詩》所詠「於穆不已」者是也。須知此理乃爲知性，（識得此生理，倏盡前實行，更有何事？）又引程子言「天運而不已，日往月來，寒往暑來，水流不息，物生不窮，皆道爲體，運乎晝夜未嘗已」一段，及陽明先生《惜陰説》「天之運無一息之停，吾心之良知，其運亦無一息之停，良知即天道，謂之『亦』猶二之矣。知良知之運無一息之停，則知惜陰矣」，《易》曰「天行健，君子以自强不息」，先儒歎自漢以來，學者未知此義，豈不然哉？是日，先生喜見於容，精神透露，言語敷暢，膳飯如常，復陞堂談論。將午，先生忽舉指示諸生，有拘攣狀，諸生群起而前，先生曰：「病至矣！」遂不能言。十九日還家，諸生環侍，無間日夜，有舉「寂定無礙，本性原超形氣，平生學力受用在此」爲先生言，先生笑而頷之。或語有當意，輒首肯且微應之。兩目炯然，神志凝定，十月初八日卯時卒。

先生之自叙曰：「某夙賦鈍資，所幸自幼承先考之訓，知趨於正，稍長聞先師之教，志學彌切，然於道茫無所入，輾轉參尋，疑障萬端。及入仕，勉自檢飭，復遇良友啟迪切偲之益，得免頽墮。平生不爲身家之計，一於學而已。年及五十，道猶未明，乃深自慚憤，棄官而歸，志益精專，功無作輟，逾年稍有所窺。始焉自覺本性空寂，了無一物，超然首出，不受塵滓，頗似得力，舉以語人，同志亦多見信者，如是者垂十年。已而復自覺體用未融，一切應感，似於本性不無毫髮之判，密密生疑，密密體認，久之，乃自覺性雖空寂，實常運不息。其運也，非色相。其寂也，非頑空。即寂而運存焉，運非在寂外也，即運而寂存焉，寂非在運外也。（此所謂於穆不已。）雖寂運兩名，實寂運雙泯，有無絶待，不容擬議。此理充塞宇宙，綿亘古今，刻刻如是，萬劫如是，天地人物原無分别，孔子川上之歎正描畫此理真面目。《易》所謂『繼之者善』，《中庸》所謂『於穆不已』，皆逼真語也。此理無可操執，無可趨向，纔一措心，便覺爲二，惟可默契而已。戒謹恐懼，保任乎此，非有所加也。學者但退藏收斂，知識不用，以還混沌未鑿之初，庶爲近之。至大休大歇，機忘而性復，在養盛自致，非人力所及也。惟着空着相，墮落二邊，後學通患，乃不得已，姑提生機二字與及門之士共商之。」

先生嘗閱佛典，見六祖言無上涅槃，刹那無有生相，刹那無有滅相，若以色身外別有法身，離生滅求於寂滅，即爲斷常邪見，因歎曰：「此於吾聖門之旨合。」乃讀老子書所云「天地之間，猶槖籥，恍惚中有物，杳冥中有精」，亦與聖門中無異旨。惟二氏主於不染一切以完其性，吾聖人主于不離一切以完其性。故先儒以佛出世、儒經世爲言，要之，吾聖人亦自不染，佛氏亦能不離。（離而不染，不離而染，何足言也？）若謂聖人不能出世，佛氏不能經世，則謬也。但其施設門庭則異。蓋彼教深憫凡情之沉溺，故姑示超脱，亦其救世之微權，至於以不壞世相而證實相爲言，則吾聖人之道，在彼教中亦必以爲最上不思議之圓宗也。

先生又以先儒所著論學之書皆出其所自得，一一購求莊誦，擇而行之。乃讀《白沙先生集》，尤覺有契於心，以爲後學但遵白沙之學而入，庶乎其不差矣。又言平日參究生死之説，至耄年謂果能深證孔子川上之旨，則生死之説當自有悟，非可以凡情揣度也。孔子朝聞知生之訓至矣。

先生病中終日默坐，自謂往年爲學皆意氣也，精明即爲安覺，克治亦屬安排，重以分別揀擇之心大障無思無爲之體。是以先聖教人必止定静安而後能得，不識不知乃順帝則。程子謂：「識得此體，不須防檢窮索，必有事焉，未嘗致纖毫之力。」其垂示後學至深切矣。

先生暮年在郡有青原、白鷺之會，安福有復古、復真、復禮、道東之會，廬陵有宣化、永福二鄉之會，吉水有龍華、玄潭之會，泰和有萃和之會，萬安有雲興之會，永豐有一峰書院之會，先生蓋無會不赴。智度、敬業諸小會，又乘間數舉。且訪錢德洪、王畿、徐用檢、羅汝芳，不憚遠涉，又間歲一會萬廷言於桑林。或習静於金牛寺，或習静於高沙之新興觀。自搆三益軒之後，往往習静其間。先生所以求之人己動静之間，不少間斷如此，又不敢少執意見，宜先生之真窺聖奥也。

（明唐鶴徵撰《憲世編》卷六，明萬曆四十二年純白齋刻本。《四庫全書》子十二。）

太常王塘南先生時槐傳

王時槐，字子植，號塘南，吉之安福人。嘉靖丁未進士。除南京兵部主事。歷員外郎、禮部郎中。出僉漳南兵巡道事，改川南道。升尚寶司少卿，歷太僕、光禄。隆慶辛未，出爲陝西參政，乞致仕。萬曆辛卯，詔起貴州參政，尋陞南京鴻臚卿、太常卿，皆不赴。新銜致仕。乙巳十月八日卒，年八十四。

先生弱冠師事同邑劉兩峰，刻意爲學，仕而求質於四方之言學者，未之或怠，終不敢自以爲得。五十罷官，屏絶外務，反躬密體，如是三年，有見於空寂之體。又十年，漸悟生生真機，無有停息，不從念慮起滅。學從收斂入，方能入微，故以透性爲宗，研幾爲要。

陽明没後，「致良知」一語，學者不深究其旨，多以情識承當，見諸行事，殊不得力。雙江念庵舉未發以究其弊，中流一壺，王學賴以不墜，然終不免頭上安頭。先生謂：「知者，先天之發竅也。謂之發竅，則已屬後天矣。雖屬後天，而形氣不足以干之。故知之一字，内不倚於空寂，外不墮於形氣，此孔門之所謂中也。」言良知者未有如此諦當。

先生嘗究心禪學，故於彌近理而亂真之處，剖判得出。夏樸齋問：「無善無惡心之體，於義云何？」先生曰：「是也。」曰：「與性善之旨同乎？」曰：「無善乃至善，亦無弗同也。」樸齋不以爲然，先生亦不然樸齋。後先生看《大乘止觀》，謂「性空如鏡，妍來妍見，媸來媸見」，因省曰：「然則性亦空寂，隨物善惡乎？此説大害道。乃知孟子性善之説，終是穩當。向使性中本無仁義，則惻隱、羞惡從何處出來？吾人應事處人，如此則安，不如此則不安，此非善而何？由此推之，不但無善無惡之説，即所謂『性中只有箇善而已，何嘗有仁義來』，此説亦不穩。」又言：「佛家欲直悟未有天地之先，言語道斷，心行處滅，此正邪説淫辭。彼蓋不知盈宇宙間一氣也，即使天地混沌，人物銷盡，只一空虚，亦屬氣耳。此至真之氣，本無終始，不可以先後天言，故曰『一陰一陽之謂道』。若謂别有先天在形氣之外，不知此理安頓何外？蓋佛氏以氣爲幻，不得不以理爲妄，世儒分理氣爲二，而求理於氣之先，遂墮佛氏障中。」非先生豈能辨其毫釐耶？高忠憲曰：「塘南之學，八十年磨勘至此。可謂洞徹心境者矣。」

（清黄宗義《明儒學案》卷二十《江右王門學案》五。北京：中華書局一九八五年版。）

王時槐列傳

王時槐，字子植，安福人。嘉靖二十六年進士。授南京兵部主事，歷禮部郎中、福建僉事，累官太僕少卿，降光禄少卿。隆慶末出爲陝西參政。張居正柄國，以京察罷歸。萬曆中，南贛巡撫張岳疏薦之吏部，言：「六年京察，祖制也。若執政有所驅除，非時一舉，謂之閏察。時槐在閏察中，群情不服，請召時槐，且永停閏察。」報可，久之，陸光祖掌銓，起貴州參政，旋擢南京鴻臚卿，進太常，皆不赴。

時槐師同縣劉文敏，及仕，遍質四方學者，自謂終無所得，年五十罷官。反身實證，始悟造化生生之機，不隨念慮起滅，學者欲識真機，當從慎獨入。其論性曰：「孟子性善之説，決不可易。使性中本無仁義，則惻隱羞惡更何從生？且人應事接物，如是則安，不如是則不安，非善而何？」又曰：「居敬、窮理，二者不可廢一。要之，居敬二字盡之。自其居敬之精明了悟而言，謂之窮理，即考索討論，亦居敬中之一事。敬無所不該，敬外更無餘事也。」年八十四卒。

廬陵陳嘉謨，字世顯，與時槐同年進士。爲給事中，不附嚴嵩，出之外。歷湖廣參政，乞休歸，專用力於學。凡及其門者，告之曰：「有塘南在，可往師之。」塘南，時槐別號也。年八十三卒。

（清張廷玉等編修《明史》列傳一百七十一，儒林二。北京：中華書局一九七四年版。）

明朝理學王時槐傳

塘南王先生時槐，字子植，安福人，嘉靖丁未進士。筮仕兵曹，輸金三十五萬於京，事畢，歸餘於帑。壽王薨，百艘載宫嬪自楚返，先生爲監，所遇州邑，戒役夫且糗以待，舟無留行，邑不騷擾。出爲漳南僉事，會上杭民據險爲寇，先生單騎往諭，斬其魁，築城設倅以鎮之，爲建塾延師教其子弟。倭犯漳浦，出奇制勝，以功進一級。其後再犯再敗之。昔爲南主客時，所善惟五臺陸公，學力前所撫上杭民感先生不殺，集鄉兵邀擊賊于路，大破之。粵寇王子文等流入閩，先生推轂，晉尚寶少卿，已晉太僕少卿。時圜政久弛，馬多耗，先生嚴覈，爲忌者所中，出爲陝西參政，甫三年而歸。又二十二年乃有南太常卿之命，辭不赴。

先生之學，致知極王新建之詣，研幾契陳新會之奥，悟性於修，修悟雙融。常曰：「盱江言性有不學不慮之説，以此言性是矣。但世人不無習氣之蔽，不知兢兢業業、操鍊研摩以入精實，而冒認以爲不學慮之性，其不放恣而叛道者幾希。」又曰：「先天無體，舍後天亦無所謂先天矣。故修後天正以完先天之性，故全修是性，全性是修。」此先生之學之概也。

艾年掛冠，屏居静存，與同郡鄒南皋、羅公廓、鄒四山、劉瀘瀟諸同志往復商榷，或操舟遠訪，至老不倦。四方從學如雲，本邑歐陽鳴鳳、王必彰、劉允伸稱高弟焉。臨卒猶會講西原山，忽舉手示客曰「病」，趣輿歸，逾日而逝，豫自銘其墓。所著有《三益軒會語》、《仰慈膚見》、《支笻漫語》、《廣仁類編》、《友慶堂續稿》。

（清李興元等修纂《吉安府志》卷二十四《理學傳》。臺北成文出版社一九七六年據清順治十七年刊本影印。）

明王時槐傳

塘南王先生時槐，字子植，南鄉金谿人，嘉靖丁未進士。筮仕兵曹，時壽王薨，百艘載宫嬪，自楚返，先生爲監，所過州邑戒役夫具糗以待，舟無留行。出漳南僉事，會上杭民據險爲寇，先生單騎往諭，斬其魁，築城設倅爲建塾延師教其子弟。倭犯漳南，出奇制勝，以功進一級。其後再犯再敗之。粤寇王子文等流入閩，先生前所撫上杭民感先生不殺，集鄉兵邀擊賊于路，大破之，晉尚寶少卿，尋晉太僕少卿。時圉政久弛，馬多耗，先生嚴覈，爲忌者所中，出陝西參政，三年而歸。又二十二年有南太常卿之命，辭不赴。

先生之學，致知極王新建之詣，研幾契陳新會之奥，悟性于修，修悟雙融。嘗曰：「盱江言性有不學不慮之説，以此言性是矣。但世人不無習氣之弊，不知兢兢業業，操鍊研摩以入精實，而冒認以爲不學不慮之性，其不放恣而叛道者幾希。」又曰：「先天無體修，後天正以完先天之性，故全修是性，全性是修。」此先生之學之概也。

復真、復禮、道東、龍華、萃和、雲興、明新、明學諸院歲一再過，每講席危坐終日，或以爲疲，先生曰：「人之精神，居常散漫，政宜乘此，力爲凝聚。」又言：「善學者自生身立命之初，逆溯於天地一氣之始，窮之至於無可措心，庶乎其有悟矣，則信一切皆性，戒慎於一瞬一息以極于經綸事業，皆盡性之實學也。」

郡志重修，先生與劉瀘瀟、羅公廓操筆，惟鄉之賢者是詢，流俗好惡不恤也。臨卒猶會講西原，忽舉手示客曰「病」。趣輿歸，逾日而逝。豫自銘其墓，所著有《三益軒會語》、《廣仁類編》及《友慶堂續稿》。

（清張召南等修、劉翼張等纂《安福縣志》卷三《人物志·理學傳》，清康熙十八年刻本。）

明參政王時槐傳

王公時槐，字子植，號塘南，安福人，嘉靖丁未進士。筮仕兵曹，輸本曹金三十五萬於京，事畢歸餘於帑。未幾出爲漳南僉事，會上杭民據險爲寇，公單騎往諭，斬其渠魁一二人，築城設卒以鎮之，爲建塾師教其子弟。倭犯漳浦，詔公督勦，公出奇制勝，以功進一級。其後再犯，公帥兵再敗之。粤寇王子文等流入閩，大爲民害，公患之，前所撫上杭民感公不殺，集鄉兵邀擊賊於路，大破之。昔爲南主客司時，所善惟陸五臺。陸公學力爲推轂，晋尚寶少卿，復晋太僕少卿。時圉政久弛，馬多耗，公剔蠹釐弊，即貴戚包占，多所嚴繳，爲忌者所中，出爲陝西參政，甫三年而歸。

公家居二十餘年，惟潛心研求正學，其學以致知力行爲詣，兢兢業業，操鍊研摩，以入精實。萬曆乙酉，太守内江余公重修郡志，敬簡授公纂修，總裁之，再閱月書成，文獻燦然明備。公艾年掛冠，雖屏居静存而譽望日隆。左給事陳與郊爲國列薦遺賢，而海内獨禮部尚書陸五臺、樹聲，編修鄧以讚與公，僅六七人。詔起公南都太常卿，堅辭不赴。時與同郡鄒南皋、羅公鄜、鄒四山諸同志于西原諸書院往復商榷，或操舟遠訪，至老不倦，四方從學如雲。將卒猶會講不輟，無病而逝。預自銘其墓，所著有《廣仁類編》、《友慶堂續稿》等書。

陳與郊曰：「王參政荀清蔡雅，早有譽於人倫，露潤霜嚴，更馳聲於宦轍，宜蒙陰和之鶴，可用羽儀之鴻，使終振翼，皇路定覘，功勒鼎彝。」

先生嘗語其門人賀公定齋曰：「某初丁艱，乞貸聶貞襄公，公曰：『子義不輕求，當有以應。』久待乃得，微訝其遲也。及晤聶公姪泉崖，云：『叔頃鬻一駿得三十金以應。』」先生愕然感激。聶公官至八座，至鬻駿以周人急，先輩之高誼固難得。即先生以參政歸林，尚不足營喪事，而必求貸于友，則兩先生之清風高節，久堪爲居官者鑒。蕭學立謹識。

（清郭景昌輯、蕭文禮重輯《吉州人文紀略》卷一《理學名臣》，清康熙十九年照天軒刻本。《四庫全書存目叢書》史第一二七集。）

王塘南先生列傳

塘南王先生諱時槐，字子植，金田人，爲柳川先生族姪。中嘉靖丙午舉人，丁未進士。初仕兵曹，轉輸金三十五萬於京邸，事畢而歸餘于帑。甫登籍，即嚴義利之閑，韓尚書嘉之。壽王薨，以百艘載宮嬪自楚返而公爲監，舟無留行，州邑無擾。出爲漳南僉事，上杭民據險爲寇，公單騎往諭，斬其渠魁，築城設倅鎮之，爲建塾延師教其子弟，不血刃而定。倭一犯再犯漳浦，公設策禦之，俘斬甚衆。又前所撫上杭民感公不殺之恩，思所以報，邀擊倭衆，大破之。倭遂遁，不敢犯。公力撫瘡痍，遇吏嚴峻，禁郡縣科擾，武弁朘削，抑豪右，卻利金，諸顯者絶無所問餽，以故中外交怨之，法當調而樊御史力白其枉，再補蜀僉事。時陸五臺先生久爲郎，以次當補尚寶少卿，而陸顧避曰：「蜀臬有賢者，非吾所及也。」主銓者不察，別以其人進。陸語徐相公曰：「吾謂王僉事耳，他人則吾奚讓焉！」爲少卿，出爲陝西參政，甫三月，公浩然歸矣，其年始艾。居二十二年，五臺先生晉太宰，乃有南太常卿之召，一再辭，詔有王某清修恬尚之褒。

既掛冠歸，屏居靜存三年而悟本性空寂，了無一物，超然首出，不受塵滓。又十年而復覺體用未融，一切應感，於本性不無毫髮之判，益加密參。久之，乃自覺性雖空寂，而實常用不息。此理充塞宇宙，綿亘古今，刻刻如是，萬劫如是，天地人物原無分別，孔子川上之歎正描寫此理真面目。《易》所謂「繼之者善」，《中庸》所謂「於穆不已」者，皆逼真語也。此理惟可默契，戒慎恐懼，保任乎此，非有所加。學者但退藏收斂，知識不用，以還渾沌未鑿之初，庶爲近之。至大休大歇，機忘而性復，在養盛自致，非人力所能及也。既厭世儒之溺於訓詁，一破其支離，又恐學者執悟執修自作二見，乃言：「善學者自生身立命之初，逆遡於天地一氣之始，窮之至於無可措心處，庶其有悟矣，則信一切皆性，戒懼於一瞬一息，以極於經綸事業，皆盡性之實學也。故全修是性，全性是修，悟修豈有岐乎？」又嘗曰：「未有此身，天地皆吾身也。天地一氣之始，并未有天地，大虛一吾身也。」

康熙庚午歲，大中丞宋公諱犖修本省理學祠，督學道邵公諱延齡回呈云：「王某服膺大極，契合先天。」宋大中丞贊曰：「未有天地生於何有，既有天地有爲有守。」特崇祀於本省理學祠。公又嘗曰：「今主東越者卑紫陽，主紫陽者卑東越。不知誠悟其指歸，即佛老二氏可參伍而合也，況並儒也而烏乎異？」

講學於西原，極言人在生理中，如魚在水，無之非是。聞者躍然。公亦喜動于色，本郡故儒所淵聚，鄉有社，講有堂，而登壇者必推公。西原復古其洙泗也，青原其洛社也。公每振衣高坐，在問發義，上士悟，下士笑，鄙吝者消其蓬心，執扭者融其習見，野叟不解而第首肯，童子無心而自爲舞蹈。此非獨以言感也，公固有不言而躬行者矣。

御史吳公首尊其說，藩臬王公、丁公、錢公、黃公、龔公、何公相與闡明之，其他若復真，若復禮，若道東、龍華、玄潭、萃和、雲興、明新、明學諸書院歲一再過，隨地異施，合則時雨之普潤，分則造物之因材，故九邑而鄒魯，公之大有造也。每登講席，危坐終日，或以爲疲，公曰：「人之精神，居常散漫，正宜乘此，力爲凝聚。程子見人静坐，輒歎其善學，有以也。」年八十，猶駕小舟抵樟鎮金谿問友焉。年八十四，講學於西原，既膳，再登堂，忽舉右手曰「病」，門人驚問故，已不語，趣輿歸。第見雙眸炯炯，諸生語有當者，輒頷之，尋逝。邑城復古、郡城西原各有專祠祭田，今則傾圮。朱玉槎先生鼎建祠于復真以祀公，後亦傾圮。康熙庚申歲，玉槎先生冢孫、郡丞一行爲之修復，其子孫歷今六傳，代有祀生，克守先範。

（清王吉輯《復真書院志》卷三，清康熙三十二年刊本。）

明儒林王時槐傳

王時槐，字子植，安福人，嘉靖二十六年進士。授南京兵部主事，歷禮部郎中、福建僉事，累官太僕少卿，降光禄少卿。隆慶末，出爲陜西參政。張居正柄國，以京察罷歸。萬曆中，南贛巡撫張岳疏薦之吏部，言：「六年京察，祖制也。若執政有所驅除，非時一舉，謂之閏察。時槐在閏察中，群情不服，請召時槐，且永停閏察。」報可。久之，陸光祖掌銓，起貴州參政，旋擢南京鴻臚卿，進太常，皆不赴。

時槐師同縣劉文敏，及仕，徧質四方學者，自謂終無所得。年五十罷官，反身實證，始悟造化生生之機，不隨念慮起滅，學者欲識真機，當從慎獨入。其論性曰：「孟子性善之説，決不可易。使性中本無仁義，則惻隱羞惡更何從生？且人應事接物，如是則安，不如是則不安，非善而何？」又曰：「居敬、窮理，二者不可廢一。要之，居敬二字盡之。自其居敬之精明了悟而言，謂之窮理，即考索討論，亦居敬中之一事。敬無所不該，敬外更無餘事也。」年八十四卒。高攀龍嘗曰：「塘南之學，八十年磨勘至此，可謂洞澈心境者矣。」

（清定祥等修、劉繹等纂《吉安府志》卷三十一《儒林》。臺北成文出版社一九七五年據清光緒元年刊本影印。）

圖書在版編目(CIP)數據

王時槐集 / (明) 王時槐撰;錢明,程海霞編校.
—上海: 上海古籍出版社, 2020.5
(陽明後學文獻叢書)
ISBN 978-7-5325-9565-5

Ⅰ.①王… Ⅱ.①王… ②錢… ③程… Ⅲ.①王時槐(1522-1605)—哲學思想—文集 Ⅳ.①B248.21-53

中國版本圖書館 CIP 數據核字(2020)第 060650 號

陽明後學文獻叢書

王時槐集

(全二册)

[明] 王時槐　撰

錢　明　程海霞　編校

上海古籍出版社出版發行

(上海瑞金二路 272 號　郵政編碼 200020)

(1) 網址: www.guji.com.cn

(2) E-mail: guji1@guji.com.cn

(3) 易文網網址: www.ewen.co

浙江臨安曙光印務有限公司印刷

開本 890×1240　1/32　印張 27.625　插頁 7　字數 530,000

2020 年 5 月第 1 版　2020 年 5 月第 1 次印刷

印數: 1—1,100

ISBN 978-7-5325-9565-5

B·1136　定價: 106.00 元

如有質量問題,請與承印公司聯繫